तोड़ूँ दिल्ली के कंगूरे

तोड़ूँ दिल्ली के कंगूरे

(साहित्य अकादेमी पुरस्कार से सम्मानित कृति)

बलदेव सिंह

अनुवाद

डॉ. जसविन्दर कौर बिन्द्रा

वाणी प्रकाशन

वाणी प्रकाशन
4695, 21-ए, दरियागंज, नयी दिल्ली 110 002
शाखा
अशोक राजपथ, पटना 800 004
फ़ोनः +91 11 23273167 फ़ैक्सः +91 11 23275710
www.vaniprakashan.in
vaniprakashan@gmail.com

TODOON DILLI KE KANGOORE
by Baldev Singh
Translated by Dr. Jasvinder Kaur Bindra

ISBN : 978-93-5072-940-3
Novel

प्रथम संस्करण 2015
मूल्य : ₹ 495

हर्ष प्रिंटर्स, दिल्ली-110 093 में मुद्रित

वाणी प्रकाशन का लोगो मक़बूल फ़िदा हुसेन की कूची से

लोकगीत

लोकनायक दुल्ला भट्टी के नायकत्व को उभारती एक दन्त कथा। ऐतिहासिक गाथा:--

सुन्दर मुंदरीये, हो
तेरा कौण विचारा, हो
दुल्ला भट्टी वाला, हो
दुल्ले दी धी बिआही, हो
सेर शक्कर पायी, हो
कुड़ी दे बोझे पायी, हो
कुड़ी दा लाल पटाका, हो
कुड़ी का सालू पाटा, हो
सालू कौण समेटे, हो
चाचा गाली देसे, हो
चाचे चूरी कूटी, हो
जिमींदाराँ लुट्टी हो
जिमींदार सदाये, हो
गिण गिण पौले लाये, हो।

लोक-वार

सन् 1973 में पाकिस्तान के अदीब (साहित्यकार) सलीम ने, घुमक्कड़ गुलाम मुहम्मद रुलियाँ से, मुँह-दर-मुँह चली जाती, दुल्ले भट्टी की वार को, पहली बार रिकार्ड किया।

वार के कुछ अंशः

उठ औ दादू डोगरा, माँ लध्धी को घर घल्ल
मैनूं कोई नी दिसदा सूरमा, आवे दुल्ले जवानते चल
वल वल मारां मुग़लां दीआं ढाणियाँ, देवां पूरां ये पूर उथल
मैं बदद्ल बणा दिआँ धूड़ दे, कूटीं अमर तरथल्ल
मैं मार दिआं बग्गे शेर नूं, उहदी हेठ विछावां खल्ल
मैं चढ़ के घोड़ा फेर लां, मेरी जग ते रह जाये गल्ल
कौण कमीना बादशाह, आवे दुल्ले जवान ते चल्ल।

× × ×

दुल्ला मुख तों बोलदा, माता नूं कह ठकोर
मेरा दुल्ला नां ना रखदिऔ, रखदिऔ कुछ होर
चार चक मैं भट्टी ने खावणे, देणे शक्कर वांगर भोर
मारां अकबर वालियां डालियां, तदों जाणी दुल्ला रठौर
मेरे होठां बक्की लक्खी, जिहणी टुरदी सुंब टकोर
मैं पुत्त आं बग्गे शेर दां, मेरे शेरां वरगे तौर
मैं ढाहवां दिल्ली दे किंगरे, पावां भाजण तख्त लाहौर
जमणा ते मर जावणा, औणक उडणा पिंजरे चौ भौर।

चढ़ पिआ दुल्ला सूरमा, रब दा नाऔ धिआ
दुल्ले घोड़ी भजायी ज़ोर नाल, विच जंग दे वडिआ आ

दुल्ले वाही तलवार सज्जे हाथ नाल
दित्ती आं दलां च क्लीरीआं पा।
आउंदी घोड़ी दुल्ले दी देख के
मिरज़े ने हाथी दित्ता बिठा
भज के लध्धी दे पैरीं बहि गया
दुल्ले दा बण गया धार्म भरा
अग्गे पये नूं शेर नहीं खांवदा
लध्धी दुल्ले नूं दित्ता समझा
दुल्ले ने तेगां मारीआं, बांधां लइआँ छुणा।

बहुत कठिन कार्य है बीते समय को पकड़ना

दुल्ला भट्टी, सोलहवीं सदी का महान लोकनायक है, मगर इतिहास दुल्ले के वजूद के प्रति खामोश है। इतिहास बादशाहों, शहंशाहों के चापलूसों ने लिखना होता है। हाकिमों की हिदायतों अनुसार रोज़नामचों तथा तवारीख़ में उन घटनाओं या युद्धों का ही अधिक ज़िक्र होता है जो बादशाहों के गौरव को चार चाँद लगाये। दुल्ला भट्टी दन्त-कथाओं या लोकगाथाओं का नायक है। ये गाथाएँ मौखिक रूप से सफर करती हैं। इनमें समयानुसार लोग अपने हितों की खातिर कम-बढ़ती करते रहते हैं। साँदल बार का दुल्ला भट्टी सूरमा, हमारा ऐसा ही लोकनायक है।

जब मैंने दुल्ला भट्टी पर उपन्यास लिखने का मन बनाया, तब सोचा था, दन्त-कथाओं के नायक को चित्रित करना कोई खास जोखिम वाला कार्य नहीं होगा। ऐसी रचना में विरोध की गुंजाइश कम होती है। 'पाँचवाँ साहिबजादा' तथा 'सतलुज बहती रही' का सृजन करते समय मुझे ज़रूरत से अधिक एहतियात रखनी पड़ी थी। लोगों की आस्था में थोड़ी बहुत कोताही करना कई बार बड़े संकट का कारण बन जाता है। दुल्ला भट्टी लिखते समय मन में ऐसा कोई भय नहीं था।

सभी ओर से मैं दुल्ला भट्टी के बारे में सामग्री इकट्ठा करता रहा। किस्साकारों ने, फिल्मकारों की भाँति हर घटना को सनसनी बनाकर पेश करना होता है। चौपालों तथा खुले में बैठे लोगों को गायक लोग अपने अलौकिक व्याख्यानों तथा गायकी के जलवे से झूमने के लिए बाध्य करना चाहते हैं या श्रोताओं में जोश भरना चाहते हैं।

साहित्य ऐसा कुछ कभी नहीं करता। अच्छे साहित्य का लक्ष्य अलग होता है। वह पाठकों को झूमने नहीं, सोचने पर बाध्य करता है। कुछ प्राप्त जानकारी के द्वारा, कुछ कल्पना के द्वारा मैंने एक बार इसे पूरा लिख डाला था। मुझे पाकिस्तान जाने का मौका मिला। मैं दुल्ला भट्टी के गाँव, पिंडी गया। वे स्थान देखे। भौगोलिक चौतरफा देखा। नसरीन अंजुम भट्टी मेरे साथ थी। वहाँ तनवीर भट्टी तथा डिग्री कालेज के प्रिंसिपल असद सलीम शेख ने दुल्ला भट्टी के बारे में कमाल की नयी बातें बतायीं। असद सलीम शेख ने तो दुल्ला भट्टी के बारे में एक खोज-पुस्तक भी लिखी थी। यह पुस्तक मेरे लिए बड़ी अमूल्य साबित हुई। जानकारियाँ इतनी नयी

तथा अलग थीं कि पहले का लिखा सारा ही मिट्टी हो गया।

वापस लौटकर मैं दुबारा लिखने लगा। मुसलमान भाईचारे तथा रहन-सहन के बारे में फिर कुछ बातें अटकने लगीं। मलेरकोटला गया। जमाअत इस्लामी हिन्द के ओहदेदारों से मिला। उपन्यास में फिर से बड़े-बड़े बदलाव करने पड़े। जब भी कोई नयी जानकारी मिलती, मुझे कुछ हिस्से बदलने पड़ते। इस प्रकार बार-बार तब्दीलियाँ करनी पड़ीं। यह उपन्यास मुझे पाँच बार लिखना पड़ा।

लोकनायक जन-साधारण के हृदयों में बसते हैं। मगर कितनी विडम्बना है इनके बारे में लिखित प्रामाणिक तथ्यों की कमी सदा ही खटकती है। मौखिक इतिहास समय के साथ कई रूप बदल लेता है। सुन्दरी वाली लोक गाथा को ही किस्साकारों ने कभी देबू ब्राह्मण की बेटी, कभी मूलचन्द की बेटी और कभी एक हिन्दू किसान की लड़की बताया है। कई तो सुन्दरी-मुन्दरी दो बेटियों की बात भी करते हैं। इतना सच अवश्य है कि दुल्ला भट्टी ने एक गरीब परिवार की बेटी को अपनी बेटी बनाकर चुग्गतियों के जुल्म से बचाकर उसका निकाह किया था। लोक-कथाओं, दन्त-कथाओं तथा मौखिक इतिहास के आस-पास रहने का यत्न मैंने अवश्य किया है।

दुल्ला भट्टी के बारे में यह पुस्तक हर्फ़-ए-आख़िर नहीं है। कला, संगीत तथा साहित्य में कुछ भी अन्तिम नहीं होता। दुल्ला भट्टी के बारे में किस्सों या नाटकों के अलावा अन्य कुछ नहीं मिलता। मेरी समझ में दुल्ला भट्टी के जीवन पर यह पहला पंजाबी उपन्यास है। मैं उन पाठकों, विद्वानों, इतिहासकारों तथा खोजकारों का धन्यवाद करता हूँ, जो इस उपन्यास को पढ़कर, दुल्ला भट्टी के बारे में अन्य नयी जानकारियों से मुझे अवगत करायेंगे।

दुल्ला भट्टी के समय को सम्पूर्ण रूप से मैंने बयान करने का यत्न किया है, फिर भी हू-ब-हू उस समय में जाना बहुत मुश्किल है। दुल्ला भट्टी हमारे दोनों मुल्कों का एक संयुक्त बड़ा लोकनायक है। मैं उसके जीवन के साथ कितना इन्साफ कर पाया हूँ, ये अब पाठक ही बतायेंगे।

–बलदेव सिंह

1

पूर्वकथा/साँदल बार की मिट्टी

किसी मिट्टी की तासीर ऐसी होती है, उस मिट्टी में पैदा हुए सपूत जीते भी स्वाभिमान से हैं और मरते भी उसी अभिमान से हैं। उन सूरमों की हार ही उनकी जीत होती है और उनके नाम जन-साधारण के मनों में सदियों तक जीवित रहते हैं।

ऐसी तासीर की ही मिट्टी है—साँदल बार की धरती। इस मिट्‌टी के सपूतों ने सदियों पहले महान सिकन्दर को संकट में डाला था। बेशक वह जेहलम के उत्तर-पूर्वी क्षेत्र में राजा पोरस को अपने अधीन कर तथा उसके साथ अपने फायदे में जाती सारी शर्तों के अनुसार सन्धि नहीं कर पाया था। वह चनाब नदी में नौकाओं के द्वारा आगे बढ़ने लगा था। उसका इरादा आगे के सभी क्षेत्रों तथा जनपदों को तबाह कर रावी पार हमले करने का था। वह मगध राज्य के ऊपर कब्जा कर संसार की आखिरी हद को भी अपने नाम करना चाहता था।

अँधेरी रात थी। आसमान के ऊपर जहाँ-तहाँ बिखरे बादल कभी-कभी भयानक गड़गड़ाहट से गरजते तो सिकन्दर की सेना के सिपाही भी डर से काँपने लगते। बरसाती नालों के कारण उफनता, सूखता चनाब दरिया, अजनबी इलाका, चारों ओर सघन जंगल। क्या मालूम किस ओर से तीरों की बरखा होने लगे। अँधेरे में अपनी नौकाएँ ही भयानक मगरमच्छ-सी डरा रही थीं। एक ओर किनारा देखकर, उन्होंने तेज अन्धड़ में भी डोलती नौकाओं को किनारे लगाया। पहले वे काफी समय तक नौकाओं में ही बैठे रहे, साँस रोक स्थिति का जायजा लेते रहे। फिर इशारा पाकर एक-एक, दो-दो कर सिकन्दर की सारी फ़ौज किनारे पर उतर आयी।

ना पता-ठिकाना मालूम, ना दिशा की जानकारी। बेशक राजा अंभी के कुछ मार्ग दर्शन करवाते जासूस सिकन्दर की मदद के लिए साथ आये थे। मगर अभी रात के अँधेरे में तथा बेहद थकावट के कारण वे भी सभी अनुमान लगाने में असमर्थ हो रहे थे। सभी यही जानते थे, शायद वे आगे बढ़ रहे हैं।

हाथ को हाथ सुझायी नहीं दे रहा था। सेनापतियों के द्वारा सिकन्दर का हुक्म मिला; "आगे बढ़ो।" बिना जाने आगे कुआँ है या खाई सिपाही आगे बढ़ने लगे। "बड़े कदमों तथा भारी बूटों संग, आँखें बन्द कर फ़ौजी हमेशा से ही मुल्कों की तकदीरें बदलते आये हैं।"... ऐसा कह सिकन्दर अपने फ़ौजियों को उत्साहित करता

रहता था। आगे घनी कँटीली झाड़ियाँ थीं। वे अँधेरे में साँपों की भाँति टेढ़े-मेढ़े होकर आगे बढ़ते रहे। सैनिक परेशान हो गये। कहीं वे गलत रास्ते पर तो आगे नहीं बढ़ रहे? एक खुला मैदान देखकर सेना ने वहीं 'पड़ाव'[1] कर लिया।

सिकन्दर के सिपाही थके हुए थे, ज़ख़्मी भी थे। इधर स्थानीय लोग जाट, अहीर, हिजरा बेपरवाह थे। दिन चढ़े लड़ाई तो हुई, मगर असन्तुलित-सी। एक ओर प्रशिक्षित सेना, दूसरी ओर लाठियाँ, नेज़े, जातू, टकुए, गंडासे ... और भाले। दोनों पक्षों का लहू गिरा। सिकन्दर का मामूली झड़प के बाद 'सांगला'[2] पर कब्जा हो गया। यही नाम उन्होंने स्थानीय लोगों से सुना था।

थका हुआ तो सिकन्दर था ही। अँधेरा होने तक ज़ख्मी सैनिकों की मरहम-पट्टी होती रही। तीखी शराब के कुछ प्याले चढ़ाकर सिकन्दर अपने शिविर में आराम कर रहा था। चारों ओर सख्त पहरा था। जांबाज घुड़सवार तैयार-बर-तैयार गश्त पर थे। सेना के रसोइये सिपाहियों के लिए रात्रि का भोजन तैयार करने में व्यस्त थे। अचानक एक तीर सिकन्दर के सफेद तम्बू को फाड़कर उसके नजदीक आकर गिरा तुरन्त भट्ठियों की आग बुझा दी गयी। अंगरक्षक तम्बू के अन्दर की ओर भागे। तीर के साथ एक चेतावनी बँधी हुई थी।

"तुम्हारे लिए यही उचित होगा, वापस लौट जाओ—वीरो रसाल।" सिकन्दर हैरान हो गया, ये लोग किस प्रकार के हैं? किस मिट्टी के बने हैं। हार भी गये हैं फिर भी धौंस दे रहे थे। धौंस देने के लिए इनके पास है ही क्या? न घोड़े, न हाथी, न हथियार और न हमारे साथ लड़ने योग्य सेना। मगर सिकन्दर जानता था बहादुर आदमी अपनी तलवार से बिजली चमकते देखता है और कमजोर सिपाही तलवार पर लगे जंग के बहाने गढ़ता है। उसे अनुभव था... हार की बुनियाद पर ही जीत पैदा होती है। वह भीतर से भयभीत हुआ, चिन्ता से सोचने लगा। इस प्रकार तो ये लोग मेरे सीने पर आ बैठेंगे और सीने पर बैठा साँप मारना बहुत मुश्किल होता है।

सिकन्दर के लिए यह साँप शाहकोट का राजा वीरो रसाल था। वह अपने बहादुर सिपाहियों के साथ पहाड़ी की चोटी पर बने दुर्ग में था। जिसे युद्ध के मकसद से ही तैयार किया गया था। पहाड़ी के पैरों में गहरी झील थी। दुर्ग की कच्ची-कच्ची दीवारें दो-दो गज़ चौड़ी थीं। दुश्मन की हरकतों पर ऊपर से निगाह रखी जा सकती थी। वीरो रसाल एकदम प्राकृतिक तौर पर सुरक्षित था।

दूसरी ओर सिकन्दर के मुँह को खून लग चुका था। राजा अंभी की सेना भी उसके साथ थी। उसने अच्छी तरह से दिन भी नहीं चढ़ने दिया था और वीरो रसाल के अधसोये-जागते सिपाहियों पर चढ़ाई कर दी। कम वे भी नहीं थे। जितने योग्य

---

1. पड़ाव वाला यह इलाका आज की पिंडी भट्टीआ तथा सुक्खे की के बीच का साँदल बार का इलाका था।
2. स्थानीय लोग इसे 'साकला' भी कहते हैं।

थे, उतनी ही बहादुरी से लड़े। तलवारें भिड़ीं, नेज़े चले, खंडे खड़के, तीरों की बारिश हुई। स्थानीय सिपाही हैरान थे, अजीब है यूनान की ओर से आयी सेना, अपने कद से ऊँची ढालें उठा लड़ने लगे थे। उनमें सैनिकों के चेहरे भी नज़र नहीं आते थे। हर एक के पास दस-दस, बारह-बारह हाथ लम्बे बर्छे, भाले, तीर कमान कि उससे वे इतने भारी पत्थर भी कैसे इतनी जोर से इतनी दूर फेंकते थे। फिर भी उन्होंने हौसला न छोड़ा। सिपाहियों का इतना खून गिरा, झील का पानी तक लाल हो गया।

जब विजय के एहसास तथा गरूर से सिकन्दर पहाड़ी पर खँडहर बने दुर्ग के अन्दर गया। चारों ओर सैनिकों की लाशें बिखरी पड़ी थीं। जख्मियों की कराहें थीं। उसी समय एक अन्य तीर चेतावनी देते हुए उसके पैरों के पास आ गिरा—

"तुम्हारे लिए यही उचित है, वापस लौट जाओ—साँगला के निवासी।" सिकन्दर समझ गया कि ये लोग दिल से हार मानने वाले नहीं।

ये घटनाएँ सदियों पहले की हैं।

× × ×

इसके बाद लुटेरों, हमलावरों, राजाओं की हिन्दुस्तान पर आयी आँधियों तथा तूफानों का सिलसिला काफी लम्बा रहा।

जलाल-ऊ-दीन-खिलजी पहला राजा था, जो 1290 ईसवी में दिल्ली के तख्त पर बैठा। आये दिन हमलावरों तथा लुटेरों द्वारा अन्धी लूटमार तथा कत्लो-ग़ारत से हिन्द के लोगों ने थोड़ा सुकून की साँस ली। दुखी तो वे पहले भी थे। मगर ज्यादा मुसीबत में थोड़ी तकलीफ सुख सी प्रतीत होने लगती है।

समय अपनी गति से चलता रहा। मौसम बदलते रहे। हुक्मरान भी बदलते रहे। एक समय हिन्दुस्तान पर मुहम्मद तुग़लक की हुकूमत थी। गैर मुसलमानों पर जुल्म होने लगे। लोगों को ज़बरदस्ती मुसलमान बनाया जाने लगा। अन्य कई प्रान्तों की भाँति राजस्थान में भी बगावतें होने लगीं। राजपूतों, मुगलों के दरम्यान टकराव की स्थिति बन गयी। छिटपुट झड़पें भी होने लगीं।

ऐसे समय में एक दिन अचानक जैसलमेर के भट्टी राजपूतों में एक खबर बिजली की भाँति आ गिरी—

"सुना है, राजा भाटी मुसलमान हो गया है।"

"ऐसा कैसे हो सकता है।" बड़ी-बड़ी पगड़ियाँ तथा नुकीली मूँछें फड़कीं।

"पक्की खबर है, पीर शेख इस्माइल को उसने अपना मुर्शिद बना लिया है।"

"बात सही है।" एक अन्य बड़ी पगड़ी वाला बोला।

"हाँ, हाँ पक्की है। वह कलमा पढ़कर मुसलमान हो गया है।"

"तसल्ली कर लो पहले।"

"की हुई है। सुनी-सुनाई बात नहीं कर रहे। आँखों देखी और कानों सुनी है।"

"मैंने तो उसे फज़्र की नमाज़ पढ़ते भी देखा है। अकड़ू होकर खड़ा था, फिर

दोनों कान पकड़ता था।"

"बैठक बुलाओ फिर।" भारी तथा बिखरी मूँछों वाले एक बुजुर्ग ने आदेश दिया।

उसी दिन दोपहर को बैठक जुड़ गयी। जैसलमेर के सज्जण भट्टी राजपूत मूँछों संग मूँछें जोड़े सलाह-मशवरा करने लगे। कभी माथे पर त्यौरियाँ उभरतीं, कभी मूँछें फड़कतीं, कभी बाजुओं की बूढ़ी मछलियाँ फड़कती, कभी आँखें लाल होतीं। अन्त में फैसला हुआ—"राजा भाटी का आज से हुक्का-पानी बन्द। रोटी-बेटी की साँझ खत्म।" कानाफूसी हुई तो एक भारी आवाज़ सभी को सुनाई दी। "ठीक-ठाक हो...?"

पगड़ियों... मूँछों ने एक-दूसरे की ओर देखा।

"ठीक है।" संयुक्त आवाज़ गूँजी।

"राजा भाटी को यहाँ जैसलमेर में नहीं बसने देना।" भीड़ में से किसी ने गुस्से से कहा।

"जब रोटी-बेटी की साँझ खत्म हो गयी, कहीं भी बसे, हमें क्या।" एक अन्य बोला।

"नहीं, हमें बहुत कुछ है। जब वह मुसलमान हो ही गया है तो राजपूतों के मुल्क से चला जाये।"

और कहते हैं, राजा भाटी अपने परिवार तथा लाव-लश्कर सहित नूर महल के जंगलों की ओर चला गया। राजपूतों ने पीछा किया। एक सूरमा ने डींग मारी, "हम पाँच-बीस कोस तक भाटी का पीछा करेंगे।"

जब राजा भाटी को सूह लगी, उसका पीछा किया जा रहा है तो वह सपेरों के भेष में अपने परिवार सहित बच निकला। भटिंडा (आज का बठिंडा) में आया तो यहाँ से भी भगा दिया गया। फिर जगह-जगह भटकता, वह अपने ठिकाने बदलता रहा। कोई कबीला चार दिन बैठने देता तो डेरा लगा लेते, गुस्सा होते तो उठकर आगे चल देते। साथ में और भी बहुत कुछ था—गायें, भैंसें, ऊँट, घोड़े, बकरियाँ, बैलगाड़ियाँ तथा रखवाली के लिए कुत्ते। मुसलमान बनने पर इतना कष्ट भोगना पड़ेगा, इस बात का इल्म भाटी को नहीं था।

वे जहाँ भी डेरा लगाते स्थानीय लोग या चोर अँधेरे में पशु खोल कर ले जाते। बर्तन चोरी हो जाते। कई बार जाग जाने पर आमने-सामने लाठियाँ भी चल पड़तीं। चोटें लगतीं। कभी बाजू या टाँग टूट जाती। सभी को मुसीबत पड़ जाती। राजा भाटी तथा उसके पुत्र-पोते बेहद दुखी होते। कलपते, खीझते आपस में ही लड़ने लगते। "बाबा, इस प्रकार लाठी और डेरे से तो अपना गुज़ारा नहीं होगा।" एक दिन डेरा उखाड़ते भाटी के पोते दराज ने कहा।

"मैं तो खुद भी दुखी हूँ पुत्तरा। इस उम्र में भी तुम्हारे साथ बराबर से भिड़ता हूँ। कई बार तो पशु-डंगर खोलने आये विर्कों के टोले मैंने भगाये हैं। तुम्हें क्या

मालूम नहीं।" भाटी के अन्दर राजपूती खून अभी भी पहले की तरह खौलता था।

"बाबा, किसी एक स्थान पर किल्ला गाड़ें। उसे अपनी मिट्टी कहने लायक तो हो। यहाँ तो बेघरों से चलते ही जा रहे हैं। इस प्रकार तो अपना नाम-ठिकाना भी कहीं नहीं मिलेगा।" दराज के स्वर में बनजारे होने का दुख झलक रहा था।

उस समय वे दरिया रावी के किनारे बैठे थे। राजा भाटी पोते के उदास चेहरे की ओर ताकने लगा। फिर दूर तक निगाह दौड़ायी। कुछ दूर उसके डंगर, ऊँट, घोड़े, भैंसें, बकरियाँ चर रहे थे। चारों ओर झाड़ियाँ, वण, जंड, किकर, फरमाह तथा शहतूत के वृक्ष थे। दूर तक लम्बा चरागाह था। सूना, बेआबाद इलाका मगर रमणीक।

राजा भाटी चारों ओर निहारते हुए गहरी सोचों में डूब गया। धर्म तब्दील करने से क्या एक आदमी इतना अछूत बन जाता है। समाज, भाईचारे, कबीले को उसके साथ रोटी-बेटी की साँझ भी गवारा नहीं होती। उसके अपने ही, उसके दुश्मन बन जाते हैं। वह दर-दर भटकने के लिए मजबूर हो जाता है।

"क्या हुआ बाबा, तुम इतने खामोश क्यों हो गये। मैंने कोई बुरी बात तो नहीं कह दी क़हीं।" दराज को फ़िक्र हुआ।

"नहीं पुत्तर, तेरा संशय सही है। कोई ज़मीन तो आदमी की अपनी होनी ही चाहिए। मैं तो अपने भाग्य को कोस रहा हूँ। कभी राजा थे और आज चार हाथ टुकड़े को भी अपनी मिट्टी नहीं कह सकते। मगर एक बात है पुत्तर, किल्ली तो गाड़ देंगे, मगर तगड़ा होना पड़ेगा। करारे हाथ दिखाये बिना कोई टिकने नहीं देगा।" सारा इलाका खाली पड़ा है, अल्लाह का नाम ले, जगह चुन ले। फिर देखा जायेगा।

"देखा क्या जायेगा बाबा। जो भी सामने से आयेगा, वह भी तो दो हाथ-पैरों वाला ही होगा।" दराज हौसले से बोला।

उन्होंने गाँव फतह से थोड़ा परे पक्के डेरे लगाने के लिए स्थान चुन लिया। जब तम्बू गाड़ने के लिए स्थान खोदा जाने लगा तो बाबा के एक और पोते ने पूछा, "नींव कितनी गहरी खोदें।"

"जितनी ज़रूरत है उससे अधिक गहरी नहीं खोदना पुत्रो। नीवों को कुछ इल्म नहीं होता, उन पर क्या निर्मित किया जायेगा।"

"दो...में तहखाने खोद लें।" दराज पोते ने पूछा।

"क्या ज़रूरत है पुत्तर। जितनी बार हम दूसरों को धोखा देंगे, उससे कहीं ज्यादा अपने आप से धोखा खायेंगे।" भाटी के शब्द उम्र भर के तजरबे से निकले।

× × ×

समय रुका नहीं। समय रुकता भी नहीं है। तगड़े कबीले कमज़ोरों को आगे धकेलते रहे या उनका अलग अस्तित्व समाप्त कर उन्हें अपने में मिलाते रहे। उपजाऊ चरागाहों पर, नदियों के रमणीक किनारों पर, घाटों पर कब्ज़े होते रहे। बलहीनों के डोर-डंगर या तो छीन लिए जाते रहे, चोरी होते रहे या फिर बचा-खुचा

चरने के लिए मजबूर होते रहे।

हिन्दुओं से मुसलमान बने भट्टी राजपूत फैलते गये। बेआबाद चरागाहें आबाद होती गयीं। नये घाट बनते गये। राजा भाटी के पुत्र, पोते, पड़पोते आस-पास के क्षेत्रों, इलाकों तथा बीहड़ों पर कब्ज़ा करते गये।

समय गुज़रता गया।

एक समय राजा भाटी के पोते दराज के पुत्र आदू ने खान गाह एसरूर में बसेरा कर अपना अलग से अस्तित्व स्थापित कर लिया।

दराज के बारह पुत्र थे।

चार पुत्र दाद्रू, लाखड़, अरीकू मल तथा ताजू अपने-अपने परिवारों सहित चनाब नदी की ओर बढ़ गये और एक बेआबाद बीहड़ को देखकर अस्थायी डेरे गाड़ लिये। इसके नजदीक एक गाँव 'बाग सीहू' पहले से ही आबाद था। यहाँ 'हिंजरू' कबीले के निवासी बसते थे और उनका मुखिया सीहू था। सीहू ने भट्टों से कह दिया कि जब तक इस गाँव के वासी तुम्हारे डेरे से परेशान नहीं होंगे, तब तक यहाँ रह सकते हैं। यदि हमारे माल-डंगर या हमारी औरतों के ऊपर मैली नज़र रखी तो हमारे लोग तुम्हें यहाँ से खदेड़ देंगे।

परन्तु ऐसी स्थिति की नौबत न आयी।

दिन भर का काम तो इतना ही होता था, पशु चराने, शिकार खेलना या अगर कोई कबीला हल्ला करे, लूटना या खदेड़ना चाहता उससे दो-दो हाथ करने। अपनी बीवियों संग सोना और कबीले की संख्या बढ़ाना। रात के अँधेरे में एक काम और भी होता था, पूरी मुस्तैदी से जागते हुए अपने डंगर-पशु चोरी होने से बचाने और यदि दाँव लग जाये तो दूसरों के पशु खोलकर दरिया पार ले जाकर खुरा-खोज भी मिटा देना। ऐसे काम को भी जांबाजी का काम समझा जाता था।

एक दिन भट्टी कबीले के दो नौजवान जंगल की ओर शिकार करने के लिए निकले और घूमते-घामते एक जगह अजीब घटना घटते देख हैरान रह गये। दोनों झाड़ियों की ओट में हो गये। एक भेड़ अपने छौनों को बचाने के लिए दो भेड़ियों को रोके खड़ी है और बार-बार उन पर हमला कर रही है। भेड़िये छौनों को उठाने की ताक में थे। कुछ देर तक वे नौजवान इस अजीब तमाशे को देखते रहे। फिर नौजवानों ने भेड़ियों को भगा दिया और छौनों सहित भेड़ को अपने साथ ले आये।

रात को जब सभी भट्टी जुड़ बैठे तो नौजवान शिकारियों ने भेड़ तथा भेड़ियों वाली घटना सुनाई। हैरान हुए बुजुर्गों ने दिन चढ़ने पर उस जगह को देखने का निश्चय किया।

दूसरे दिन जब सभी ने वह स्थान देखा, चारों ओर घनी कँटीली झाड़ियाँ, जंगल, बगल से निकलता बहता चनाब दरिया। हर तरह से यह स्थान लाभदायी था। सभी के सिर जुड़ गये। सलाह मशवरा हुआ और सभी के सभी वहाँ आ बसे।[1]

× × ^

समय बढ़ता गया।

भट्टी कबीले के बुज़ुर्ग इकट्ठे होते। भविष्य के बारे में विचार-विमर्श होता। सयाने लोग नौजवानों को समझाते।

"कुदरत का हर कदम हमारा मित्र बन सकता है और हर कदम वैरी भी बन सकता है। चनाब का पानी जिन्दगी भी देता है और मौत भी। कुछ चीजें अल्लाह ने अपने हाथ में ही रखी हुई हैं। उसकी रज़ा के बिना कोई पत्ता भी नहीं हिल सकता। ज़िन्दगी-मौत, जीत-हार, दुख-सुख सभी अल्लाह के हाथों में हैं। हमारे पूर्वज कितने बड़े आदमी थे हुकूमतें करने वाले। जब तक हममें एकता है, जब तक हमारे बीच कोई दीवार नहीं पैदा होती, हमारे ऊपर किसी का कब्ज़ा होना बहुत मुश्किल है।" वे अपने गुज़रे हुए समय तथा अपने पूर्वजों को याद करते और जीते-जी हिफाजत के लिए योजनाएँ बनाते रहते।

समय अपनी गति से चलता रहा।

ऋतु तथा मौसम लुटेरों तथा हाकिमों के समान बदलते रहे। कबीले भाईचारे तथा लोग, स्थान तथा वफादारियाँ बदलते रहे। बुजुर्ग अपने स्वभाव अनुसार नौजवानों को शिक्षा देते रहे। तबदीली का समय जलेबी, साँप की भाँति बहुत टेढ़ा होता है। जहाँ इसकी पूँछ होती है, वहीं इसने अपना मुँह छुपाया होता है। आप पूँछ पकड़ना चाहते हो, वह धम्म से आपके माथे पर डंक मारता है। आपको यदि साँप पकड़ना है तो अपने माथे की हिफाज़त भी करनी होगी।

× × ×

मुगल धाड़वी, हिन्दुस्तान पर कब्जा करने के लिए, इसे लूटने के लिए बार-बार हमले करते रहे। वे जहाँ से भी गुज़रते, तबाही मचाते जाते थे। संयोग से लुटेरों का मार्ग भट्टियों की पिंडी से गुजरता था। इसी के घाटों से वह चनाब (झनाँ) दरिया पार करते थे। लुटेरों के घोड़े, ऊँट, हाथी सुख-शान्ति से बसते इन गाँवों के निवासियों की फसलें उजाड़ते जाते थे। सिपाही घरों में दाखिल होकर माल-असबाब लूट लेते थे। औरतों तथा लड़कियों की बेइज़्ज़ती करते थे। मुश्किल समय के लिए इकट्ठा किए अनाज को ज़बर्दस्ती उठाकर ले जाते थे। हाल-दुहाई डालते लोग लुटेरों के मुखिया के पास फरियाद लेकर जाते तो उलटा उन्हें कोड़े लगाये जाते। मुआवजा तो क्या मिलता, अधिकतर सिपाही विरोध करने वालों के घरों को आग लगा देते। ज़िन्दा लोगों को जला देते। लुटेरे आगे बढ़ जाते। पीछे रह जाते... तबाह हुए घर, उजड़ी फसलें। हर घर में मातम। लोग धीरे-धीरे सँभलते। घरों की मरम्मत करते।

---

1. यह वह इलाका था, जहाँ सदियों पहले सिकन्दर के तम्बू में तीर लगा था और उसे चेतावनी दी थी, "तेरे लिए यह उचित है, वापस लौट जाओ।" यही इलाका आज पिंडी भट्टीआं के नाम से प्रसिद्ध है।

खेतों में फिर से हल चलाते। बीज बोते। इतने में कोई अन्य लुटेरा आ हल्ला बोल देता। पिंडी और आस-पास के गाँवों में फिर से प्रलय आ जाती।

ऐसे हालातों में बसते लोगों को यह भी मालूम नहीं होता, कि दिन चढ़ते ही उनके साथ कोई अनहोनी घटने वाली है। 'खाया-पिया ही लाभदायी है' की तर्ज़ पर लोग जीने को मजबूर थे।

इतिहास का यह वह समय था, जब लगभग चार सौ वर्ष बाद मुगलों के भटकने के बाद बाबर ने दिल्ली के तख्त पर कब्जा किया। बेशक उसने चार वर्ष ही शासन किया और उसके पुत्र हुमायूँ ने सिर्फ़ छः महीने। मगर इस समय ने ह़िन्दुस्तान के इतिहास का रुख ही बदल दिया।

इस समय पिंडी में नत्थू खान भट्टी का पुत्र बिजली खान जिसे इलाके के लोग साँदल कहते थे और उसका पुत्र फरीद खान एक मत के लोगों को जोड़ने में व्यस्त था। लुटेरों से उकताए तथा दुखी हुए लोगों को बिजली खान उर्फ साँदल मसीहा लगने लगा था। लुटेरों को सामने से होकर टकराने की योजनाएँ हर रोज़ बनने-गढ़ने लगीं। हुमायूँ के समय तो बिजली खान तथा उसके साथियों ने एक शाही टुकड़ी को घेरा भी था। इस टक्कर में कुछ शाही सिपाही मारे गये थे, कुछ भाग गये थे। तब बैरहम खाँ उसके सिपह-सालार ने हुमायूँ को तुरन्त हमला कर बगावत दबाने की आज्ञा माँगी थी। हुमायूँ शराबी, अफीमची तथा विलासी था। इस प्रकार की माभूली बगावतों की वह कम ही परवाह करता था। ऐसी झड़पों से वह नशेड़ी हो तवायफों के नृत्य देखने में अधिक रुचि रखता था।

इस हमले का विरोध न होने के कारण भट्टियों के हौसले बुलन्द हो गये। बिजली खान तथा फरीद खान ने सभी लोगों को हथियार बन्द होने के लिए सरेआम ऐलान कर दिया। तलवारें-नेज़े तथा अन्य पारम्परिक हथियारों को इकट्ठा करने को कहा। पहले वे लुटेरों से डरते थे। अब वे लुटेरों का लूटा माल भी छीनने लगे थे शाही काफिले लूटने लगे थे। लूट का अधिक माल ज़रूरतमन्दों तथा गरीबों में बाँटने लगे थे। समय पाकर बिजली खान साँदल की रावी तथा चनाब दरिया के मध्य इलाके में तूती बोलने लगी। उसने किसानों को लामबन्द किया और किसी भी प्रकार के शाही लगान देने से इनकार कर दिया। सारे बार (इलाके) में बिजली खान साँदल प्रसिद्ध हो गया। बार के बाशिन्दे इसे साँदल की बार कहने लगे।

उधर, हुमायूँ के अचानक गुज़र जाने के कारण, बैरहम खाँ ने वफादारी निभाते हुए उसके तेरह वर्षीय पुत्र अकबर का पंजाब में गुरदासपुर ज़िले के गाँव कलानौर में 14 फरवरी, 1556 को राजतिलक कराकर हिन्दुस्तान का शहंशाह घोषित कर दिया। इस घटना के समय बैरहम खाँ अकबर को साथ लेकर सिकन्दर सूर का पीछा कर रहा था

जासूसों ने ख़बर दी साँदल बार में भट्टी राजपूतों ने बगावत कर दी है। हालात

खराब हैं। किसान लगान देने से इनकार कर रहे हैं। शाही काफिले लूटे जा रहे हैं। गश्त करती शाही टुकड़ियों को घेरकर बन्दी बनाया जाने लगा है। यदि समय रहते कोई ढंग की कार्यवाही न हुई तो जगह-जगह पर साँदल बारें बन जायेंगी।

नाबालिग राजा अकबर हैरान हुआ। पूछा, "किसान, बादशाह को लगान नहीं देते?"

"जी हुज़ूर।"

"क्यों?"

"जहाँपनाह साँदल बार के किसान कहते हैं यदि बिजली खान भट्टी लगान देगा, तभी वे भी देंगे।"

"यह भट्टी कहाँ से आ गये और साँदल बार क्या हुआ? क्या यह इलाका हमारी हुकूमत में नहीं? इन लोगों को हिन्द के बादशाह का भय नहीं?" अकबर ने कौतूहल से पूछा।

"आपके अब्बा हुज़ूर के समय मैंने सलाह दी थी, इन सँपोलियों के सिर अभी कुचल ना दिये तो बड़े होकर ये हमारी छाती पर आ बैठेंगे। अब देखो वही हुआ।" बैरहम खाँ ने बताया।

"ये भट्टी क्या हुए...?" अकबर ने फिर से पूछा।

"हुज़ूर इनके पूर्वज भट्टी राजपूत थे। सुनते हैं, कभी उनकी भी हिन्द में हुकूमत होती थी।"

"और साँदल बार क्या है?"

"बार के लोग बिजली खान भट्टी को मोह-मुहब्बत से साँदल कहते हैं और वह लोगों के दिलों पर राज करता है, हुज़ूर। ज़रूरतमन्दों की इमदाद करता है। भूखों को अनाज बाँटता है और नंगों को कपड़ा।"

"यह तो हिन्द में शहंशाह की तौहीन है, आक्रमण करो। हिन्द के अवाम को तो शहंशाह का नाम ही भूल जायेगा। पहले उसे बातों से समझाओ। बातों से न माने तो लातों का इस्तेमाल करो। फिर भी न माने तो बार को तबाह कर दो। नेस्तनाबूद। ज़िन्दा बाँधकर लाओ। फाँसी पर लटका दो। चमड़ी में भूसा भरकर टाँग दो। खलकत को इल्म हो जाये कि बगावत करने वालों का क्या हाल होता है। आज यह लगान देने से पीछे हट रहे हैं, क्या मालूम कल को सारा पंजाब या फिर सारा हिन्द लगान देने से इनकार कर दे। इस प्रकार तो बादशाहियाँ नहीं चलेंगी। हिन्द की खलकत (जनता) को हुक्म हो जाना चाहिए, अब अब्बा हुमायूँ का शासन नहीं, उसके फरजन्द शहंशाह अकबर का शासन है।"

× × ×

फिर साँदल की बार पर शाही फ़ौज का आक्रमण हुआ। भट्टी, अहीर, विर्क, खरल तथा अन्य सभी इस मुसीबत की घड़ी में एकजुट हो गये। जितना लड़ सकते

थे, लड़े।

हज़ारों की गिनती में शाही सेना के साथ, कुछ सैकड़ों देहातियों का क्या मुकाबला। पिंडी बर्बाद हो गयी। अनेक लोग मारे गये। वृद्ध-बच्चे, औरतें। मुगल सिपाहियों ने दरिन्दगी का नंगा नाच नाचा। बसते घरों को आग लगा दी।

फ़रीद खान भट्टी का एक मित्र चिराग़दीन लहू के आँसू रोया। उसने कराहते हुए कहा–

"अल्लाह लड़ाई दी है तो इसे आँखें भी देता।"

बिजली खान, उसके भाई फतेह खान, राव उस्मान और फिरोज़ खान, बिजली ख़ान के पुत्र, फ़रीद खान, पुराना खान तथा शेखू खान,. फरीद खान के पुत्र, मामूद, बुधा, बहलोल, सांलार जहाँ-जहाँ जा बसे थे, इस मुश्किल समय में सिर से सिर जोड़कर लड़े। वे अकेले ही नहीं लड़े, साथ अपने-अपने गाँवों के जवानों को भी ले आये। वे अपनी मिट्टी के लिए, अपनी ज़मीन के लिए, अपनी बार के लिए तथा अपने लोगों के लिए लड़े। लड़ाई की योजनाओं से फ़रीद खान भट्टी की निर्मित गढ़ी (किला) एकदम टूट गयी। बिजली खान साँदल और फ़रीद खान बन्दी बना लिए गये, उनके साथ और भी काफी लोग थे। काफी मारे गये, कुछ ज़ख़्मी हो गये, कुछ हमेशा के लिए नकारा हो गये। शाही फ़ौज ने पिंडी तथा इसके आस-पास के गाँव खँडहर बना दिये।

सघन आबादी वाली पिंडी में उल्लू बोलने लगे।

× × ×

इससे आगे की कथा को काफी लोग जानते हैं।

लाहौर की शाही अदालत में मुकदमा चला। दोष तय करने वाले भी हाकिम और सज़ा देने वाले भी हाकिम। गवाह भी आप और मुन्सिफ भी स्वयं। बिजली खान साँदल तथा उसके पुत्र फरीद खान को फाँसी दे दी गयी। उनकी खालों में भूसा भरकर लाहौर शहर के दरवाज़ों पर लटका दिया गया।

इतना बड़ा बलशाली कबीला तिनका-तिनका हो गया।

× × ×

ज़िन्दा लोगों ने मरने वालों की लाशें सँभालीं। ज़ख्मियों के ज़ख्म भरने लगे। गिरे घरों का मलबा ठिकाने लगाया जाने लगा। एक ऊँचे टीले पर खड़ा दुखी हुआ फ़रीद खान का मित्र चिराग़दीन खँडहर हुई पिंडी भट्टिओं की ओर देख रहा था। फ़रीद खान की अधगिरी हवेली के आँगन से उठता धुआँ यह बता रहा था, पिंडी में अभी साँस बाकी है। डूबता सूरज चनाब दरिया के पानी में इस प्रकार नज़र आता था, जैसे पानी में आग लग गयी हो।

मियाँ चिराग़दीन ने आह भरी। चनाब के पानी से निगाह फेरकर वह डूबते जा रहे सूरज की ओर ताकने लगा। फ़जर के समय यह फिर आयेगा और असर की

नमाज के समय इसी प्रकार नीचे उतर जायेगा। चाँद भी रोज़ इस प्रकार का खेल खेलता है। मुझे तो ये दोनों चाँद-सूरज खिलाड़ी नज़र आते हैं।... हर रोज़ आते हैं और अपना खेल खेलकर चले जाते हैं। अगले दिन फिर हाज़िर हो जाते हैं। अल्लाह का उसूल भी कुछ ऐसा ही है। जो अच्छा खेलते हैं, अपने फ़र्ज़ सही पूरा करते, अल्लाह उन्हें बार-बार हयाती (जिन्दगी) बख्शता है। मुझे तो लगता है, बिजली खान और फ़रीद खान साँदल बार के लोगों के लिए चाँद-सूरज बन गये। अल्लाह जाने, वह उन्हें किस शक्ल-सूरत में वापस भेजता है।

...चौकन्ने हाकिम यह नहीं जानते, तोपों के गोले तथा फ़ौजें दुर्ग तो गिरा सकते हैं, किलों को खँडहर बना सकते हैं, मगर ख़यालों को तबाह नहीं कर सकते।

सोचते हुए चिराग़दीन ने गहरी साँस ली। उसने देखा अगले दिन फिर उगने के लिए सूरज एकदम नीचे उतर आया था।

इन्हीं दिनों में दुल्ला, लध्धी के गर्भ में पल रहा था।

2

हवेली में घुसते ही दुल्ले ने आँगन में बिछे पलँग के पास पड़े बड़े पतीले को ठोकर मारते हुए ज़ोर से आवाज़ में पूछा—

"कहाँ है माँ?"

अन्दर के बरामदे की ओर लुढ़कता जाता पतीला भी डर से माँ-माँ ... माँ पुकारने लगा।

फुल्लराँ ने अन्दर से ज़रा चिक का पर्दा हटाकर झाँका। बख़तो तथा सलेमो भी अन्दर ही दुबक गयीं। नूरा हवेली के पिछले कमरे में था। मेहरू मालूम नहीं कहाँ नशे में धुत्त पड़ा था।

किसी ओर से हुंकार न मिलते देख दुल्ला गुस्से से पानी वाले घड़े को लात मार कर गिराने ही लगा था, अन्दर से लध्धी सिर का दुपट्टा ठीक करते हुए हड़बड़ायी-सी बाहर आयी, "हाय अल्लाह, तेरे जन्म देने वालों को मार पड़े। यह तो आज फिर आसमान पर चढ़ा हुआ है। अब लध्धीये किस कोठरी में छिपेगी तू।"

अन्दर ही अन्दर सहमी लध्धी मुँह में बुदबुदाती हुई दुल्ले के सामने आ खड़ी हुई। सीधे उसकी आँखों में झाँकी। इतनी लाल आँखें तो उसने कभी देखी नहीं थीं। लध्धी को दुल्ले की आँखों में आग बरसती नज़र आयी। उसने अपने सीने पर हाथ रखा। वह सच में डर गयी। "वे पुत्ता! अंगार कहाँ से खाकर आया है?"

"माँ, आज तू नहीं या तेरा दुल्ला नहीं।" दुल्ले ने क्रोध भरे अन्दाज़ में कहा।

लध्धी को दुल्ले से शराब की तीखी गन्ध आयी। उसने मुँह पर पल्लू लेते हुए ममता भरे स्वर में कहा, "पुत्र! कभी तो आराम से बात किया कर। हर समय चढ़े

घोड़े पर ही सवार रहता है। अब तू...।"

"बस माँ।" दुल्ले ने टोका, "इतने वर्ष तेरे साथ आराम से ही बातें करता रहा हूँ। इतने वर्ष तू अपने बेटे के साथ ठगी करती रही है माँ। इतने वर्ष।" बातें करते-करते दुल्ला का गला रुँधने लगा। उसकी आवाज़ गले में ही कहीं फँस गयी।

बदहवास हुई लध्धी ने पूछा, "माँ, अपने पुत्र के साथ ठगी करेगी दुल्ले? ठगी तो वैसे भी मेरे नसीब ने की मेरे साथ। जब भी दारू चढ़ा लेता है, तुझे कोई होश तो रहता नहीं। ऊल-जलूल बकता, माँ का लिहाज भी नहीं रखता। होश किया कर। अब तू बच्चा नहीं। बेटे-बेटियों वाला है।"

"मुझे पूरा होश है माँ। मुझे तो नशा आजकल होता ही नहीं। नन्दी मरासण ऐसे ही रोज़ मुझे ताने मारती है। मैं अपने मित्रों में शर्मिन्दा हो जाता हूँ।"

"अरे मरासण को तो यूँ ही बकवास करने की आदत है, वो...।"

"और चाचा जलालदीन मेरा इम्तहान लेता है। फिर माँ भला कोई...।"

"क्या बकता है दुल्ले।" लध्धी ने टोका, "कौन पैदा हुआ है मेरे दुल्ले के लहू को परखने वाला।"

"यही तो मैं पूछता हूँ माँ?" दुल्ला खीझकर बोला।

"शरीकों (रिश्तेदारों) को तो ईर्ष्या होती है। उनके सीने में आग जलती होगी। सोचते होंगे सिर पर अब्बा का साया नहीं, फिर भी लध्धी का टब्बर रब का दिया भरपेट कैसे खाता है और दुल्ले की घर-घर में चर्चा क्यों होती है।" माँ ने बेटे को शान्त करना चाहा।

"रब का दिया नहीं माँ, जो लोग कहते हैं, वह बता। जिसे सुन-सुनकर मेरा लहू खौलने लगता है।"

दुल्ला फिर से भड़क उठा।

"क्या कहते हैं लोग? लोगों की जुबान नहीं पकड़ी जाती पुत्तर। उन्हें पिंडी के लोगों का सुख नहीं सुहाता।"

"बात सुख की नहीं माँ। तू बातों को किसी और तरफ क्यों ले जा रही है। मैं बताऊँ लोग क्या कहते हैं।"

"क्या कहते हैं?" पूछते हुए लध्धी अन्दर से काँपने लगी।

"कहते हैं, दुल्ला और उसका टब्बर (परिवार) अकबर के दिये पर पलता है।"

"लध्धी थूकती है बादशाह के दिये पर। तुझे क्या मालूम मैंने कैसे मुश्किलों से भरा वक़्त काटा है। दुखी लोगों के पास से तो वक़्त भी जल्दी नहीं गुज़रता। एक-एक रात बरस जितनी लम्बी लगती है। तुझे इसका कोई इल्म नहीं पुत्तरा। बच्चों को कोई सुरत थोड़ा न होती है।"

"बच्चों को अब तो सुरत आ गयी है न माँ। एक बात बता, भला मैं तेरा पुत्र

नहीं।" दुल्ले ने फिर से माँ की आँखों में सीधे झाँका।

"अरे कौन कहता है तू मेरा पुत्र नहीं।" लध्धी के स्वर में कड़वाहट आ गयी मगर उसकी आँखें भर आयीं।

दुल्ला माँ की ओर वैसे ही देखता रहा, एकटक। सोचा, यह मेरी माँ है। मुझे जन्म दिया है। दुल्ले को वह पोर-पोर दुखी दिखाई दी। अन्दर कुछ पिघला। जबसे होश सँभाली है, उसने अपने अब्बा को नहीं देखा। लोग बाबा की बातें करते सुने हैं। पूरी बार को लोग साँदल की बार कहते हैं। कोई बात तो होगी ही।

जो बातें लोग जानते हैं, मुझे क्यों नहीं बताते। माँ मुझसे छिपाती क्यों है? ...फिर उसने पूछा–

"पहले यह बता, माँ-पुत्र में कोई भेद होता है क्या?"

"अरे कौन पानी पर लाठी मार रहा है पुत्तर?" लध्धी ने दुहाई दी।

"मेरा नाम दुल्ला किसने रखा माँ।"

"मैंने रखा, लध्धी ने, तेरी माँ ने।" लध्धी ने बड़े गर्व से अपने सीने पर हाथ रखते हुए कहा।

"मुझे पैदा भी तूने ही किया होगा?"

"शर्म नहीं आती तुझे यह पूछते हुए।" लध्धी ने मोह से उसे घूरा।

"आती है माँ, तभी तो पूछ रहा हूँ। लोग ताने मारते हैं। मरासण नन्दी ताने देती है। यारों-दोस्तों में तो मैं मिट्टी में गर्क़ हो जाता हूँ। माँ, क्या भेद है जो तू मुझे बताना नहीं चाहती।"

"कोई भेद हो तो बताऊँ पुत्र।" लध्धी के बोल काँपे।

"ठीक है तो न बता माँ। ताने, उलाहने, आवाज़ें सुन-सुन कर मैं भला कितना जी लूँगा माँ।" दुल्ले का नशा उतर रहा था और उसके चेहरे पर बेबसी झलकने लगी थी।

"कौन कसती हैं आवाज़ें, कौन देते हैं ताने? वही होंगे जो सारा दिन तेरे साथ शहतूत ढूँढ़ते फिरते हैं। निकम्मे, लफंगे, न काम के न काज के, दुश्मन अनाज के।" लध्धी नफरत से, परे मुख्य द्वार पर खड़े दुल्ले का इन्तजार करते उसके मित्रों की ओर देखकर बोली।

लध्धी से डरते सभी जने दरवाज़े की ओट में हो गये।

दुल्ला उनकी ओर ताकते हुए बोला, "इन्होंने क्या कहना है माँ? इन्हें जान प्यारी नहीं? ये तो जैसा दुल्ला, वैसे ये।"

"और कौन हैं, मेरे बाप के...?" लध्धी गाली देते-देते रुक गयी। फिर बोली, "कौन मेरे शेर पुत्तर की पैदाइश परखना चाहता है।"

"पिंडी में कम हैं माँ?"

"अरे, कौन मौत को आवाज़ दे रहा है? वे लध्धी को नहीं जानते या उसके

ख़ाविन्द को नहीं जानते?"

दुल्ले को माँ की आँखों में ललकार नज़र आयी।

"जानते हैं माँ। मेरे अब्बा को भी जानते हैं और मेरे बाबा को भी जानते हैं। तभी तो कहते हैं। नहीं तो दुल्ले को तू जानती है माँ, मैं बात बाद में करता हूँ और अगले का गिरेबान पहले खींच लेता हूँ माँ। मेरे बेली तो अब मरने-मारने पर उतारू हैं। कहते हैं, दुल्ले, वे आवाज़ें तुझ पर कसते हैं और आग हमारे सीने में जलती है। माँ, मुझे अपने यारों में सिर ऊँचा करके जीने दे वरना...।"

"वे पुत्र, दो बीस बरस हो गये हैं पिंडी को उजड़े हुए।" दुल्ले के मुँह पर हाथ रखते हुए लध्धी ने कहा, "अल्लाह की खैर-मेहर से अब पिंडी सुखी बसने लगा है। मुझे तो लगता है, होनी अभी टली नहीं। अभी भी हँस रही है इस टब्बर पर, पिंडी पर। होनी को बन्दा नहीं जानता पुत्तर। जैसे हम ये नहीं जानते, मन में क्या तूफान उठ रहे हैं।" लध्धी ने दुल्ले तथा दरवाज़े की ओट में खड़े उसके साथियों की ओर नज़र दौड़ायी। पूछा, "अकेले ही भेद जानना है या अपने...।" उसने उसके साथियों की ओर इशारा किया।

"माँ, तुझसे कहा न, जैसा दुल्ला वैसे वह।"

"बुला ले उन्हें भी।" लध्धी के चेहरे पर दुल्ले ने अनोखी कठोरता देखी, जो उसने पहले कभी नहीं देखी थी।

सभी झिझकते हुए भीतर आ गये।

"सलाम कहते हैं अम्मा।" तीनों साथियों ने सभी की ओर से कहा और लध्धी की घूरती आँखों से डरते थोड़ा पीछे ही खड़े हो गये।

"आगे आ जाओ नासपीटो, अम्मा ने साँप तो नहीं छोड़े हुए।" लध्धी ने झिड़का तो सभी बगलों में मुँह छुपाते हुए कुछ नजदीक आ गये।

"बैठ जाओ यहीं।" फिर दुल्ले की ओर झाँकी, "अब पूछ क्या पूछना चाहता है। खून को गर्म करने से मसले हल नहीं होते पुत्तरो। कहता है, माँ ने ठगी की है इसके साथ। ऐसे ही कह रहा था ना?"

दुल्ला नज़रें झुकाए बैठा था। उसके बेली अभी भी खड़े थे। "ओए, बैठते क्यों नहीं। खड़े पिंडों आये हो क्या?" लध्धी ने रौब से पूछा तो सभी बैठने लगे। कोई पलँग की पिछाड़ी, कोई पीढ़ी पर, कोई मूढ़े पर, एक ने तो डोल को ही उलटा कर उसी पर आसन जमा लिया। बाकी फ़र्श पर पालथी मारकर बैठ गये।

भीतर से निकल फुल्लराँ भी हैरान हो ओट में खड़ी हो गयी। बख़्तो और सलेमो भी आकर पीठ पीछे बैठ गयीं। सभी हैरान थे, अम्मा लध्धी आज कौन-सी हाँड़ी का ढक्कन उठाने लगी है। पहले तो समझाती रहती थी, ढकी हुई पके और कोई न बूझे।

"नूरा कहाँ है? अपने बेटे को भी हाँक लगा दुल्ले और मेहरू। रोज़-रोज़ ये

किस्से थोड़ा मुँह पर आयेंगे। मुझे जहान और कमाल खान भी कहीं नज़र नहीं आ रहे?" लध्धी ने दुल्ले के दूसरों लड़कों के बारे में पूछा।

"माँ, तू भी हद करती है। अभी परसों तो उनका मामू उन्हें अपने साथ लेकर गया है। कह तो रहा था, अब ये दोनों वहीं रहेंगे।" दुल्ला खीझ रहा था। वह चाहता था, माँ जो बताना चाहती है, वो बताये। ऐसे कहानियाँ ना सुनाती जाये।

"और नूरा।" लध्धी ने फिर पूछा।

"बख़्तो, जा, जा के अपने भाई को बुला ला। माँ गड्ढा खोद लेती है और काम कम होता है।" दुल्ले का जैसे-जैसे नशा उतरता जा रहा था, वैसे ही वह यहाँ से जल्दी उठ जाना चाहता था।

नूरा भी आ गया। लध्धी ने बारी-बारी सभी की ओर देखा।

"सिर ठंडा रखकर सुनना मेरी बात। धीरज से। जल्दबाजी न करना और न बीच में टोकना। हयाती (जिन्दगी) की खिड़कियाँ बहुत कम होती हैं और ये कभी-कभी ही खुलती हैं पुत्रो।"

"अम्मा, मुझे मेहरू नज़र नहीं आ रहा। फिर तू बोलने नहीं देगी।" फत्तू मिरासी ने लध्धी से पूछा।

"तू तो अपनी आदत छोड़ेगा नहीं फट्टे में टाँग अड़ाने वाली। वह अपनी टोली में बैठा कहीं पोस्त पी रहा होगा या किसी कोने-नुक्कर में सो रहा होगा और क्या उसने लाहौर के तख्त से जाकर भिड़ना है।"

लध्धी की बात पर सभी हँस दिये।

"ये हँसने की बातें नहीं पुत्रो। दुल्ले का बाप और चाचा बड़े भारी बलशाली थे, सूरमे, दिलेर। गीली धरती में लात मारते और पानी निकाल देने वाले। यह मैं नहीं कहती बच्चो, जग कहता है। उन्होंने अपनी सारी जिन्दगी में अकबर की ईन (रौब) नहीं माना। अकबर बार के लोगों से लगान लेता था, धौंस से। अब भी लेता है। लाहौर तथा दिल्ली का तख्त कमज़ोरों तथा हीनता वालों का दुश्मन रहा। दुल्ले के अब्बा तथा दादा ने बार के लोगों को इकट्ठा किया, अपने भाइयों को साथ लिया, पुत्रों को साथ लिया। सलाह की, इन मुग़लों का हाथ रोकना ही पड़ेगा। मगर वे तगड़े थे, फ़ौज वाले थे और फिर मुग़लों के शासन में 'नाबर' (इन्कारी) होना कोई आसान बात थी? यहाँ बार में लोग सीधे-सादे अपना-अपना काम करने वाले। उन्होंने ना कभी जंग देखी ना लड़ी। सभी अल्लाह का नाम लेने वाले और वो...हथियारों वाले। फिर भी पुत्तरो, बार के लोगों ने शह लगाकर जंगल में घुसना और शाही फ़ौज पर अचानक वार कर देना। कभी शाही खजाना लूट लेना, कभी सामान-रसद लूट लेना, कभी तोहफ़े लूट लेना... ।"

अम्मा लध्धी की बातें सुनते दुल्ले के साथी, जोश में आ चौकड़ी (पालथी) छोड़ उकड़ूँ से बैठ गये।

"...दुल्ले के बाप-दादा कहते, हम बार के लोग लगान नहीं देंगे। खेती हमारी, खेत हमारे, मेहनत हमारी, यह अकबर कौन होता है लगान लेने वाला। उन्होंने बार के सभी किसानों को राजी कर लिया और बार में विरोध का डंका बजा दिया। बादशाह के मुल्ला-मौलानाओं हिस्सेदारों ने लाहौर दरबार में जा, बातें बढ़ा-चढ़ाकर बतायीं। उनमें हमारा रिश्तेदार जलालदीन भी था। इसका तो मुँह ही कभी दिल्ली की ओर, कभी लाहौर की ओर रहता था। बादशाह को लगा, यह उसकी हत्तक (बेइज्ज़ती) है। आज बार में विरोध हुआ है भट्टिओं का, कल अन्य इलाके वाले भी सिर उठायेंगे। बाप के मरने के बाद अकबर नया-नया बादशाह बना था। छोटी बुद्धि, अपने नूरा से पाँच-छः बरस छोटा होगा। सलाम तो आदमी का दिमाग आसमान पर चढ़ा देते हैं। उसने पिंडी पर चढ़ाई करवा दी। बहुत खून-खराबा हुआ। पिंडी के लोग जानते हैं या अल्लाह। दुल्ले का दादा, उसके भाई, दुल्ले का अब्बा, उसके भाई, किस-किस का नाम लूँ, पुरणा खाँ, शेखू खाँ, उनके बच्चे, दुल्ला के सभी भाई, मेरे पुत्र...हाय...।" लध्धी ने आह भरी, सीने पर हाथ रखा, "मेरा मामूद, मेरा बुद्धा, बहिलौल, सालार...।" उसका गला रुँध गया। "सभी के सभी अल्लाह को प्यारे हो गये। मेरे भीतर तो गाँठें बनी हुई हैं पुत्तरो।...एक मेहरू जीता है, पोस्ती न होने के बराबर और एक यह बैठा है...।" उसने दुल्ले की ओर इशारा किया। "पूछता है मुझसे, मुझे तूने ही पैदा किया है ना माँ? और कहता है तूने मेरे साथ ठगी की है।" कहते ही लध्धी रोने लगी।

सभी लोग उसके आस-पास चुपचाप से बैठे रहे।

लध्धी ने कुछ देर बाद दुपट्टे से अपना नाक-मुँह पोंछा, फिर गला साफ कर बोली, "बच्चो! तुम क्या जानो पिंडी पर कितना कहर बरपा। अकबर की फ़ौजों ने पिंडी को घेर लिया। दुल्ले के बाप-दादा, चाचा, ताऊ, भाई, पिंडी के लोग, जब तक साँस थी, लड़ते रहे। पड़ोसी गाँवों के लोग भी आकर साथ देने लगे। जब लोग लड़ते हैं न अपनी धरती के लिए, अपने लोगों, अपने घरों के लिए तो जंग अपनी नहीं रहती, यह जंग उस धरती पर जन्म लेने वालों की हो जाती है। पुत्तरो! एक ओर शाही फ़ौजें, हथियार, घोड़े, हाथी और दूसरी ओर तुम जैसे लोग, न ढंग के हथियार, न लड़ने का तरीका और जब दुल्ले का अब्बा, दादा और दूसरे भाई बहुत ज़ख्मी होकर गिर पड़े तब उन कुत्ते फ़ौजियों ने उन्हें जंज़ीरों में जकड़ लिया। पिंडी को लूटा गया। बहू-बेटियों की इज्ज़त लूटी गयी। सारी पिंडी उजाड़ बना दी...।"

लध्धी खामोश हो गयी। एक बार फिर आँखें पोंछीं। आ़ह भर उसने सभी की ओर देखा। वे सभी नज़रें झुकाये पैरों के अँगूठों से मिट्टी खुरच रहे थे।

"फिर क्या हुआ अम्मा।" सहमे बैठे नूरा ने धीमे से पूछा।

"होना क्या था पुत्र। मैं सभी कुछ गँवाकर मायके चली गयी। तेरा अब्बा मेरी कोख में था तब।" कहते लध्धी ने नज़र झुका ली।

पर ओट में बैठी लड़कियों बख्तो, सलेमो तथा फुल्लराँ ने आह भरी।

"अम्मा, अकबर बादशाह अब कहाँ है।" रूड़े जाट ने भारी रोष से पूछा।

"क्या मालूम शेरा, लाहौर में होगा या दिल्ली-दक्खन में होगा। बादशाहों ने किसी से पूछकर जाना तो होता नहीं।"

"अब्बा और बाबा की तरह हम भी तो लोगों को इकट्ठा कर सकते हैं माँ?" अचानक बैठा हुआ दुल्ला उठ खड़ा हुआ।

"ना पुत्तरा।" लध्धी ने दुहाई दी जैसे। उसके हाथ जुड़ गये।

"एक बार तो फिर टकरायेंगे माँ अकबर से। हिसाब-किताब तो पूरा करेंगे।"

"अरे पुत्रो, मैंने तो पहले ही बरसों जैसे दिन काटे हैं। अल्लाह से रहमत माँगती हूँ, मुश्किल से इतना-सा परिवार सँभाला है। यहाँ जगह-जगह पर राजा के आदमी भेष बदले घूमते रहते हैं पुत्तरो। बादशाहों के कान बड़े नहीं होते।" लध्धी अभी भी जैसे अपने पुराने ज़माने से भयभीत थी।

"एक बार तो तख्त से भिड़ना ही पड़ेगा माँ।" दुल्ला का नशा बेशक एकदम उतर चुका था। मगर अब खून गर्म होने लगा था।

"ना पुत्र। अब तो तू ही रह गया है मेरे पास। बाकी तो...।"

"दुल्ले ने रोज़-रोज़ पैदा नहीं होना माँ और ये भी जो सभी बैठे हैं, ये भी दुल्ला नहीं।"

"ना बच्चो! लाहौर और दिल्ली की ओर मुँह नहीं करना। उधर जाते, सभी रास्ते मौत के रास्ते हैं। इसीलिए मैंने इतने बरस अपने भीतर सब दबाये रखा दुल्ले। बन्दूक अन्दर छुपाकर रखी।"

"वो बन्दूक जो नूरा कल बाहर खींच लाया था?" दुल्ले ने पूछा।

"हॉ पुत्तर।" लध्धी ने भारी दुख से कहा।

"माँ, इतने बरस, तूने जहाँ बैठने को कहा, बैठ गया। जहाँ तूने खड़े होने को कहा, खड़ा हो गया। मैंने कभी तेरा विरोध नहीं किया। तूने कहा, तेरा अब्बा तेरा निक़ाह तय कर गया था, मैंने सिर झुकाकर मान लिया। आज तक हवेली में जहाँ भी तूने ताला लगाया है, मैंने कभी झाँककर नहीं देखा, ना कभी खोलने के लिए कहा। मुझे क्या मालूम था माँ, तूने अन्दर अब्बा-दादा की बन्दूक छुपायी हुई है। मुझे आशीष दे माँ और मेरे साथियों के सिरों पर भी हाथ रख। दुल्ला और उसके साथी अब जियेंगे तो पिंडी के लोगों के लिए, मरेंगे तो पिंडी के लोगों के लिए। हम तो सभी भटक रहे थे माँ, तूने तो हमें जीने की राह दिखा दी।" फिर दुल्ले ने अपने मित्रों की ओर देखा,"मित्रो! आज से शाही खज़ाने में कोई लगान नहीं देना और न ही बादशाह के नौकरों-चाकरों को बार में घुसने देना है।"

"अरे ना पुत्तरो, वे तगड़े हैं। लध्धी के सिर पर पहले से ही साँई नहीं, अब जहान से खाली न भेजो। मैं हाथ जोड़ती हूँ।"

"माँ।" दुल्ला दहाड़ा।

लध्धी पैरों तक काँप गयी। ओट में बैठी दुल्ले की बीवी फुल्लराँ और लड़कियाँ भी डर गयीं। वे डर गयीं, "अब्बा, इतना ऊँचा तो पहले कभी नहीं बोला।"

"माँ, हाजी चिराग़दीन कहता है, जग में जीना हो तो आदमी को अपनी जगह स्वयं तलाशनी पड़ती है। मुझे उसकी कही बात समझ में नहीं आती थी। आज समझ में आयी। अब मुझे अपनी जगह मिल गयी है। पहले तो मैं ऐसे ही खामख्वाह हाथ मारता फिरता था। अब मुझे इल्म हो गया है, दुल्ले ने अपने बाप-दादा का कर्ज़ उतारना है। अब दुल्ले का वैर अकबर राज्य की नींव से है।"

"मेरे प्यारे पुत्र, पहले ही तेरा बाप, दादा, चाचा...।"

"माँ।" दुल्ले ने टोक दिया, "जब मैं तेरी कोख में था, क्या खाती रही थी?" गुस्से तथा रोष से दुल्ले की आँखें जलने लगीं।

फुल्लराँ ने 'हाय अल्लाह' कहते हुए मुँह खोला।

माँ ने पहले अपने बेटे की ओर देखा, फिर अन्य सभी की ओर। चेहरे पर व्यंग्यमयी मुस्कान फैल गयी जैसे बीते बरसों पर हँस रही हो। बोली, "यह घर इतना गया-गुज़रा नहीं था। तेरा अब्बा और बाबा फ़ौज को तंग करने के लिए धावा मारते थे। डालियाँ लूटते थे। घर सूखे मेवों और नियामतों से भरा रहता था। किसी की क्या मज़ाल, तेरे अब्बा के होते कोई बार के निवासियों से लगान ले जाये।"

"हमें दिल्ली, लाहौर के रास्ते पर जाने से भी रोकती है और बाप-दादा की लूटमारों के कारनामे भी बताती है। माँ, मुझे यह बता, जब मैं पैदा हुआ था, मुझे गुढ़ती किस चीज़ की दी थी। " दुल्ला खीझने लगा।

"मैं तब चनाब पार कर रही थी पुत्र। बेड़ी में थी, जब तू पैदा हुआ। तुझे शराब तथा अफीम मिला कर चटा दिया और तेरे मामा की सान पर चढ़ी तलवार का पानी धोकर तेरे होठों को लगा दिया था।"

"मेरा नाम दुल्ला तूने रखा था या दाई ने।"

"तेरा नाम दुल्ला मैंने रखा था बेटा।" लध्धी की आँखों में आने वाली चिन्ता का भय झलकने लगा।

"ये सभी निशानियाँ तो मौत के रास्ते की ओर जाती हैं न माँ और तू कहती है मैं लाहौर-दिल्ली की ओर मुँह न करूँ। अब अन्दर घुसकर कैसे रहूँ माँ? या तू मुझे ये बातें बताती ना और अगर तूने मुझे दबाकर रखना था तो मेरे जन्म के समय साग-सब्ज़ी तोड़कर खाया करती? चूल्हे की मिट्टी, रोड़ी, चिकनी मिट्टी, केले खाया करती और मेरा नाम रखती घसीटा, नत्थू, भौंदू या कोई भी ऐरा-गैरा-सा रख देती। अब तू नियामतें खाकर मुझे सान पर चढ़ी तलवार का पानी पिलाकर कहती है, लाहौर के तख्त से टक्कर न लूँ। तूने इतने बरस मुझे गफ़लत में क्यों रखा माँ? अभी कहती है, तूने मेरे साथ कोई ठगी नहीं की?" दुल्ला माँ के नज़दीक

जा खड़ा हुआ।

"डरती थी पुत्तर, दूसरों की तरह तुझे भी गँवा दूँगी। लाहौर या दिल्ली की ओर जाते सभी रास्ते मौत के हैं। इसीलिए तेरे पुरखों की बन्दूक अन्दर छुपाकर रखी थी।" लध्धी चुप कर गयी।

"बन्दूक तो नूरा दूसरे कमरे से निकालकर लाया था। ताला तूने किसी और कोठरी को लगाया हुआ था। उसमें क्या छिपाया हुआ है?"

"दुल्ले, इससे आगे कुछ न कहना, न पूछना अपने दोस्तों से कह, जाकर आराम करें नहीं तो दीवानखाने में लेट जायें। जा तू भी अब जा।" लध्धी के तेवर एकदम से बदल गये। उसने बहाने से सभी को टालना चाहा। "मेरे माथे में तो जैसे साँप घूम रहे हैं।" वह अपना सिर दबाने लगी।

"बात बीच में नहीं छोड़नी माँ। न आज कोई पर्दा रखने की ज़रूरत है। सारा किस्सा आज ही खत्म कर, नहीं तो हमें नींद नहीं आने वाली। बता, जब अब्बा और दादा को पकड़कर ले गये, फिर क्या हुआ।"

"मुझसे अब कुछ नहीं बताया जायेगा पुत्तरा न तुझसे सुना जायेगा।" लध्धी की आवाज़ भर्रा आयी।

"मेरा नाम दुल्ला रखती है। तलवार के पानी की गुढ़ती देती है और फिर कहती है, मुझसे कुछ सुना नहीं जायेगा। मेरी जवानी के साथ तूने पहले ही बहुत ठगी की है माँ। अब कुछ ना छिपा। मेरे मित्रों को भी मालूम हो, दुल्ले के बाप-दादा के साथ जो हुआ था।"

लध्धी नज़रें झुकाकर रोने लगी।

पिरथे ने दुल्ले की बाँह खींच वहाँ से ले जाना चाहा तो दुल्ले ने झटके से बाँह छुड़ाते हुए कहा, "ठहर यार।"

"माँ, यह रोना-धोना तो तुम अन्दर बैठकर भी कर सकती हो। हमें तो किसी किनारे पर लगा।" दुल्ले ने माँ को कन्धे से पकड़कर झिंझोड़ा।

"पुत्तरो।" आँखें पोंछते हुए लध्धी ने आह भरी, "मैं डर रही हूँ, इसलिए नहीं, मैंने तुझे नाराज़ कर दिया है। ना मुझे अपनी मौत का डर है। मैं तो माँ होने के नाते डरती हूँ। यदि तू भी अब्बा के रास्ते पर चल दिया...।"

सभी की साँस फिर से रुक गयी।

"पुत्तर, लाहौर ले जाकर तेरे अब्बा को, दादा और भी काफी सारे लोगों तेरे ताऊ, बाबा, भाई सभी को फाँसी पर चढ़ा दिया गया। उनके सिर उतारकर लाहौर के दरवाज़ों पर टाँग दिये। जिस्मों में भूसा भरकर, कहते हैं किले के बाहर लटका दिया।" लध्धी की आँखें पहले भर आयीं, फिर गला रुँध गया, "तूने पुराने ज़ख्मों को फिर से उधेड़ दिया पुत्तरा।" और वह रोने लगी, जैसे बाढ़ का पानी बाँध तोड़कर बहने लगा हो।

सारे सुन्न हो गये। वे बुत बने बैठे थे। कुछ देर बाद खुद पर काबू पाते हुए दुल्ले ने पूछा–

"इतने बरस बीत गये पिंडी पर और भट्टिओं पर हुए जुल्मों का बदला लेने के लिए कोई योद्धा पैदा नहीं किया पिंडी ने।" उसकी आँखों में खून उतरने लगा।

"परायी आग में कौन हाथ जलाता है पुत्तर।"

"यह तो लोगों की अपनी आग थी माँ, सारी बार को झुलसा गयी थी।"

"क्या मालूम पुत्तरा, जो भी लाहौर से होकर आता, वह पिंडी के लोगों को डरा देता। कहता, बाप-बेटे की लाशें लाहौर के दरवाज़ों पर लटकती देखी हैं और हरेक आते-जाते से बादशाह के आदमी कहते हैं, इन भट्टिओं ने बादशाह के ग़रूर को ललकारा था। जो लोग शाही धौंस के आगे नहीं झुकेंगे, उनका हश्र भी ऐसा ही होगा। यह सब देख-सुनकर सभी दहल जाते थे पुत्तरो। सोचते होंगे, अगर तख्त के विरोध में गये तो हमारी लाशें भी ऐसे ही लटकेंगी। फिर बादशाह की ताकत की ओर आँख उठाकर देखने का हौसला कौन करता पुत्तरो।" लध्धी ने आँखे पोंछी। दुपट्टे की नुक्कर से नाक दबाया और ऊपर आसमान की ओर देखकर नज़र झुका ली।

"यह हौसला अब तेरा दुल्ला करेगा माँ और दुल्ले के यार-दोस्त करेंगे। साँदल बार के लोग करेंगे। बादशाह सोचता होगा साँदल बार के लोग अब तख्त लाहौर की ओर आँखे उठाकर नहीं देखते होंगे। वह नहीं जानता माँ, सज़ा आदमी की नीयत को नहीं बदल सकती। आज से अब्बा का रास्ता हमारा रास्ता। हम दिल्ली के कंगूरे तोड़ देंगे। माँ, तख्त लाहौर को भगदड़ में डाल देंगे। अब हम हर उस शै पर चोट करेंगे जो किसी न किसी तरह से अकबर से जाकर जुड़ती हो। दुल्ले को तू मीठे शक्कर पारे खिलाती रही इतने बरस। इतने बरसों में तो एक युग बीत गया माँ। हमने बिना मतलब ही शराब पीते, शिकार खेलते और लोगों के पशु चुराते जवानी को व्यर्थ ही गँवा दिया। मगर अब नहीं माँ, शिकार तो हम अब भी खेलेंगे। लेकिन खेलेंगे और किसके साथ, यह अब देखना है। तूने तो हमारी सारी बाज़ी पलट दी माँ। दुनिया में रहने का कोई बहाना तो होना चाहिए और अब तेरे पुत्तर के पास, उसके साथियों के पास बहुत से बहाने हैं। चलो भई..." अपने मित्रों को ओर देखकर उसने ललकारा मारा।

सारे तुरन्त उठ खड़े हुए।

लध्धी फुर्ती से उठकर सभी के आगे जा खड़ी हुई, "ना मेरे पुत्तरो, पहले ही मैं दुल्ले का दादा और अब्बा गँवा चुकी हूँ। अब तुम लोग उस रास्ते पर न चलो।" लध्धी ने मिन्नत की।

माँ, पहले भी समय ने हमारे साथ बहुत हेर-फेर किया है। अब रुकावट न बन माँ। अब हमें परवाह नहीं कि कौन जीतेगा या कौन हारेगा। अब तो तेरा दुल्ला और उसके आदमी बतायेंगे, बार में भट्टिओं का लहू अभी इतना ठंडा नहीं हुआ। अभी

उनमें लाहौर तख्त को आँखें दिखाने की ज़ुर्रत है। नूरे, नगाड़ा खींच बाहर और उस पर चोट लगा। अकबर को बता दे, फ़रीद भट्टी का पुत्तर और साँदल का पोता दुल्ला जंग का ऐलान करता है। अकबर ... आ ...।" दुल्ला ज़ोर से गरज़ा, "अब हम तुझ से टकरायेंगे जो गाँठें तूने हाथों से लगायी थीं, वो तुझसे दाँतों से भी खोली नहीं जायेंगी।" दुल्ला का चेहरा ताँबे की भाँति धधकते देख लध्धी डर गयी।

"पुत्तवे, पिंडी अब सुखी बस रही है।"

"कहाँ सुखी बसती है माँ। हमें मालूम है, लोगों को दो जून जीने का हक़ भी नहीं देते शाही कारिन्दे। ये हक़ अब हम लेंगे अपने ही बलबूते पर। तू खुद तो बता रही थी, हमारे पुरखे कभी राजा होते थे। हम तो रोज़ कुआँ खोदकर पानी पीने वाले बन गये माँ। बहुत हो गया, अब शाही धौंस की टक्कर बगावत से ही होगी माँ। अकबर ने पिंडी के राजपूतों को जो सौगात भेजी थी उसे अब लौटने का सही समय आ गया है।"

"होने दो जालिम। हम भी कोई भेड़-बकरियाँ नहीं हैं।"

"नूरा का रिश्ता तय है। निकाह हो जाय सुख से। अल्लाह की मेहर से बरसों बाद इस घर में खुशी आयेगी।"

"निकाह गाजे-बाजे से होगा माँ। साँदल बार के भट्टी राजपूतों का ब्याह है, लोग देखेंगे।"

"दुल्ले, दिन कितने रह गये हैं आती पूर्णमासी में? अभी तो कोई तैयारी, सौदा नहीं खरीदा।" लध्धी ने फ़िक्र जताया।

"संशय ना कर माँ मेरे यार-दोस्तों को जानती है न तू। जब तैयारी करने पर आ गये...।"

"जानती हूँ तेरे लफंगे दोस्तों को। दो प्याले दारू ज्यादा पी लें तो फिर बेशक घी के घड़े बहते जायें। ऐसी भद्रकारी में ये निकाह करेंगे।"

"अम्मा तू तो हमें ज़मीन पर पटकती जा रही है। लौंडे-लफंगे तो बना दिया तो अब पूँछें भी लगा दे।" फत्तू बोला।

"चुप कर ओए मीरज़ादे। आग लगाने के लिए तीली हाथ में ही रखता है।" लध्धी ने मिरासी को झिड़का।

"समय आने दे अम्मा, हमारी भी कलाबाजियाँ देखना।" शल्ला टुंडा हँस पड़ा।

"बस रे बस, दोनों वक़्तों का ही समय है। सारे कुफ़्र न तोलो अब, जाओ अपने-अपने घरों में।" लध्धी उठ खड़ी हुई।

सूरज घर की छतों से नीचे उतरने लगा। कौए, चिड़ियाँ और अन्य परिन्दे अपने घोंसलों की ओर जाने लगे। आषाढ़ का महीना था। हवा में थोड़ी-थोड़ी ठंड बढ़ने लगी थी। दिन के समय अभी भी काफी तपिश रहती थी।

फुल्लराँ और उसकी बेटियाँ धीरे से उठकर रात के भोजन की तैयारी में जुट गयी थीं।

मेहरू अभी तक घर नहीं आया।

दुल्ले के साथियों का नशा उतर चुका था। वे बाहर जाने के लिए उतावले होने लगे। लध्धी ने भी अब उन्हें अपने घर जाने के लिए कह दिया था। उन्होंने दुल्ले की ओर देखा तो उसने उन्हें आँख के इशारे से रुकने का संकेत किया और साथ ही नूरा से कहा, "नूरा चिराग़ तो जला दे पुत्तर, देखें माँ ने अँधेरी कोठरी में क्या-क्या छुपाकर रखा हुआ है।"

नूरा चिराग लेने उठा तो लध्धी पहले ही घबराकर दौड़कर कोठरी के दरवाज़े के सामने आ खड़ी हुई।

"माँ, आज कोई भेद मैं नहीं रहने दूँगा। पिरथे, रूड़ा, फत्तू, सदीका, आओ सारे देखें। हमारी बेबे ने कौन-सी शै को इतने बरसों से ताले में रखा हुआ है।"

नूरा चिराग़ लेकर आ गया।

सारे कोठरी की ओर बढ़े।

बन्द कोठरी के दरवाज़े के आगे खड़ी लध्धी ने दुहाई दी–

"दुल्ले, मेरे पुत्तर। तू जो पूछता गया, मैं बताती गयी। अब कोठरी के बन्द दरवाज़े नहीं खुलेंगे। पिछले पैंतीस-चालीस बरसों से मैंने इसके अन्दर नहीं झाँका। एक माँ का सब्र तो देखो।"

"माँ, ताला खोलने दे।" सख्ती के साथ दुल्ले की आवाज़ में मिन्नत थी।

"अन्दर सौ साँप-कीड़े होंगे।"

"तेरा दुल्ला अब साँप-कीड़ों से नहीं डरने वाला। अब तो सभी की गर्दनें मरोड़ने का समय आया है माँ। परे हो जा माँ।" दुल्ले ने माँ की बाँह पकड़ उसे एक ओर करना चाहा।

"दिन चढ़ लेने दे पुत्तर। मेहरू भी आ जाये। मैं खुद दिखा दूँगी सभी कुछ। नूरे पुत्तर का निक़ाह हो लेने दे पुत्तर।"

"मेरे सिर को खून चढ़ने लगा है माँ। अब बहाने ना कर। एक ओर हो जा, नहीं तो मैं रिश्ते का कोई लिहाज़ नहीं करूँगा। बदसलूकी हो गयी तो मेरा कोई कसूर ना होगा।" आगे बढ़कर दुल्ला माँ को गर्दन से पीछे खींचने लगा तो लध्धी ने आखिरी बार विनती की–

"पुत्तरे, अगर ताला खोलना ही है तो मेरी लाश पर से गुज़रकर ताला खोल ले।"

"मुझे इम्तहान में न डाल माँ। आज मुझे कुछ भी दिखाई नहीं दे रहा।" दुल्ला ने माँ को पकड़कर एक ओर धकेल दिया और चीखा, "रूड़े, अब क्या सोच रहा है।"

रूड़े ने गँड़ासे का भारी वार ताले पर किया तो ताला मेढक की भाँति उछल कर एक ओर जा गिरा।

कोठरी के पल्ले भयानक चीं-चीं की आवाज़ करते हुए खुले तो ऊपर गर्द, मिट्टी-घट्टा दुल्ले के मुँह पर आ गिरा। हाथों से जाले एक ओर हटाते हुए उसने हरख कर आवाज़ दी, "नूरे, कहाँ है तू।"

नूरा सहमा-सहमा-सा हाथ में जलता चिराग ले कोठरी में आगे होकर चलने लगा। अन्दर बढ़ते ही सभी के हाथ-पैर-मुँह जालों से भर गये। अजीब-सी साँस रोकने वाली उमस में सभी के लिए साँस लेना मुश्किल हो गया। अन्दर से इस प्रकार की दुर्गन्ध आ रही थी, जैसी जगह-जगह पर चूहे मरे हों।

बाहर खड़ी लध्धी, कुछ देर तो डर से काँपती रही, फिर हौसला कर झिझकते, सँभलते सभी के पीछे जा खड़ी हुई।

"अम्मा ने तो कोठरी में नरक लगा रखा है।" पिरथे ने नाक-मुँह ढकते हुए कहा।

"और तू कोठरी में जन्नत देखने के लिए घुसा था।" मिरासी ने छेड़ा।

"मुझे तो उलटी आने लगी है।" शल्ला टुंडा बाहर की ओर भागा।

दीये की मद्धम-सी लौ में अन्दर की चीजें धीरे-धीरे स्पष्ट होने लगीं। हरेक वस्तु पर मोटी गर्द की पर्त चढ़ी थी। कोठरी का अन्दर का दृश्य देखकर दुल्ले तथा उसके साथियों की आँखें फ़टी की फ़टी रह गयीं।

कोठरी के एक कोने में तलवारों का ढेर लगा हुआ था। साथ ही ढालें तथा बर्छे पड़े थे। दूसरे कोने में खंजर पड़े थे। दुल्ला हैरान हो कभी तलवारों, कभी बर्छों और कभी खंजरों की ओर देखने लगा। उसे लगा, कोठरी की दीवार संग खड़े उसके दादा-अब्बा उसकी ओर घृणा से देख लानतें भेज रहे हों, "दुल्ले, ये हथियार नहीं। इन्हें यहाँ इस प्रकार तबाह होने के लिए नहीं बचाकर रखा। तू इनकी ओर बरसों से पीठ किये रहा। हम तो इन्हें हर रोज़ चमकते, परखने के लिए सँभालकर गये थे। तेरे मर्द होने का उलाहना है दुल्ले। यह तो हमारे खून का अपमान है। तेरी रगों में हमारा खून है तो इन हथियारों को उठाकर लाहौर के रास्ते चल दे। लाहौर के दरवाज़ों पर लटकी हमारी लाशें तुम्हें पुकार रही हैं सूरमे...।"

अर्ध सुप्त अवस्था में ही जैसे दुल्ले ने एक मिट्टी-गर्द से भरे जंग लगी तलवार के हत्थे को पकड़ लिया। कुछ पल वैसे ही खड़ा रहा। फिर उसकी बाँह छत की ओर तन गयी। उसने अपने साथियों को ललकारा—

"देख क्या रहे हो, हथियार उठाओ। आज से अब्बा का राह हमारा राह है।"

तलवार हाथ में लिए दुल्ला माँ के पास गया। सामने खड़े हो कुछ पल सीधे उसकी आँखों में झाँकता रहा, फिर कहा, "माँ, अब इस कोठरी के दरवाज़े बन्द नहीं होंगे।"

"पत्तरो, इस राह पर न बढ़ो। अल्लाह पर भरोसा रखो।"

"क्यों रखूँ अल्लाह पर भरोसा? मेरा अब्बा मारा गया, दादा मारा गया, मेरे

ताया, चाचा, भाई, पिंडी के लोग मारे गये। पिंडी उजाड़ दी गयी, कहाँ था तब तेरा अल्लाह? क्या किया तेरे अल्लाह ने हमारे लिए? कभी तरस खाया है हम पर तेरे अल्लाह ने?"

"पुत्तर करने-करवाने वाला तो वही अल्लाह है, तू यकीन क्यों नहीं करता?"

"क्यों यकीन करूँ? बड़ी अच्छी शै है तेरा यकीन। यकीन आँखें बन्द करने पर बनते हैं और आँखें खोलने पर टूट जाते हैं। तू हमें आशीष दे माँ, तेरी आशीषों में ही हमारा अल्लाह है।"

"पुत्तरो, आशीष तो माँ के ज़िगर से निकलती हैं। माँ की हर साँस में बच्चों की खुशी के लिए दुआ होती है। पुत्तरो! तुम क्या जानो, माँओं को चीरने पर लहू की बूँदें कम गिरती हैं, असीस ज्यादा।" लध्धी सिर पकड़कर नीचे ज़मीन पर बैठ रोने लगी।

दुल्ला माँ की ओर से बेपरवाह हो, कुछ देर तक अपने साथियों को समझाता रहा, फिर बोला, "आमों वाले कुएँ पर चलो, झाड़ी में।"

"ऊपर से रात हो रही है प्यारो, दिन तो चढ़ लेने देते।" लध्धी चीख मारकर रोते हुए बोली।

"रात के बाद दिन तो निकल ही आयेगा माँ।" फिर वह नूरा की ओर घूमा।

"नूरा, माल-डंगर का ध्यान रखना और लड़कियों को बाहर न घूमने-फिरने देना ज्यादा। तुम भी घर पर ही रहना। साहा निकला हुआ है, इधर-उधर एकदम न जाना। खाने में बात पड़ गयी है या नहीं।"

"पड़ गयी है।" गले में अटका थूक निगलते हुए नूरा बोला। "और माँ ज्यादा फ़िक्र ना कर माँ। निक़ाह के लिए जो कुछ चाहिए, कल मुझे बता देना। फिर तुझे मालूम है हम इससे बड़े निक़ाह में व्यस्त हो जायेंगे।"

दुल्ला परे खड़ी अपनी बीवी और बेटियों की ओर गया। स्नेह से उनके सिरों पर हाथ रखा। फुल्लराँ से कहा, "ख़याल रखना इनका।"

फुल्लराँ ने कुछ कहने के लिए मुँह खोला ही था, एकदम पलटकर दुल्ले ने अपने साथियों से कहा, "चलो भई।"

लध्धी दोनों बाँहें पसारे फिर सामने आ खड़ी हुई।

"अब क्या हुआ माँ?" दुल्ला ने रोष से कहा।

"एक ज़बान दो तुम सारे मुझे।" लध्धी चुनौती देने के समान बोली।

"बोल, क्या माँगना है?"

"जब तक नूरा का निकाह नहीं हो जाता, तुम कोई हरकत नहीं करोगे।"

सभी ने एक-दूसरे की ओर देखा, फिर दुल्ले की ओर देखने लगे।

"ठीक है माँ। तू नूरा का निक़ाह कर ले, फिर हम अकबर को सौगात लौटायेंगे।" दुल्ले ने कहा, फिर सभी हवेली से बाहर निकल गये।

लध्धी छाती को हाथों से पीटते हुए उस घड़ी को कोसने लगी, जिस घड़ी यह सारी आप बीती सुनानी पड़ी। वह अपने रिश्तेदार जलालदीन को बद्दुआ देने लगी। फुल्लराँ, बख्तो तथा सलेमो भयभीत हो, अम्मा लध्धी के पास आ खड़ी हुईं।

"क्यों बिलख रही हो अम्मा। नूरा के अब्बा ने अपनी मन आयी ही करनी है। करने दे उसे।" फुल्लराँ के स्वर में बेबसी थी।

"कैसे करने दूँ मन आयी?" लध्धी झपटती-सी बोली, "तू जानती नहीं धीये, बहुत बुरा वक़्त आने वाला है। भला तख्त वालों से सिर भिड़ाकर कोई जीता है? अल्लाह बख्शे, मुझे तो लगता है, इन बच्चों को बिन बाप के रहना पड़ेगा।" दोनों बेटियों को अपनी बाँहों में भर वह फिर से रोने लगी। फुल्लराँ की ओर देखकर बोली, "तू मुझे नंगे सिर दिखाई दे रही है धीये। मैं ऐसे ही नहीं बिलख रही।"

पिंडी पर से आसमान ज़रा-ज़रा नज़र आने लगा। लाहौर की ओर से लाल आँधी सी घटा, धीरे-धीरे ऊपर चढ़ने लगी। और देखते ही देखते पिंडी पर फैल गयी।

"अरी लड़कियो, अरी फुल्लराँ, ये देखो ऊपर कलयुग नज़र आने लगा है। क्लेश का हर वक़्त कलयुग का होता है बेटियो। अब हथियार ले गये हैं। जब आदमी के हाथों में हथियार आ जाता है तो वह आँखों-कानों से देखता-सुनता नहीं। मुझे तो लगता है, वक़्त उलटा घूमने लगा है। जब दुल्ला के अब्बा को लाहौर ले गये थे घसीट कर, तब भी लाहौर की ओर से ऐसी ही आँधी आयी थी।" लध्धी एकटक, पल-पल काले होते आसमान की ओर ताकने लगी।

फुल्लराँ तथा लड़कियों ने डर से सीनों पर हाथ रख लिए। "आओ लड़कियो बर्तन-भाँडे सँभालें।" फुल्लराँ उन्हें चौके की ओर ले गयी।

तभी कोई बाहर से ज़ोर-ज़ोर से मुख्य द्वार पीटने लगा। चौके की ओर गयी फुल्लराँ तथा लड़कियाँ, डरकर लध्धी के पास आँगन में आ खड़ी हुईं।

दरवाज़ा, कोई अभी भी पीटता जा रहा था।

3

लध्धी के कहने पर दुल्ले के पुत्र नूरा ने हवेली का द्वार खोला तो मेहरू गिरती-पड़ती हालत में अन्दर आया। उसे देखते ही लध्धी जल-भुन उठी—

"अरे तुझे कोई शर्म-हया नहीं। बेगानों की तरह दरवाज़ा पीटने लगा? हाँक लगाता मुझे। अल्लाह ने ज़बान नहीं दी?"

"जबान तो दी है बुढ़िया, तेरा अल्लाह, भड़ुए को हाँक लगाने की हिम्मत भी तो देता।"

"तू बोलता कैसा है मुए। माँ संग ऐसे बोलते हैं?"

"तेरी जीभ पर कौन-सा अल्लाह बैठा है, तू भी अन्दर घुसते ही भेड़िया बनकर

टकराती है।" टूटे नशे के कारण मेहरू को पलँग भी कोसों दूर लगा।

"मैंने तो तुझे यही कहा है, जीभ का काम लातों से क्यों लेता है। हाँक मार लेता।" लध्धी कुछ नम्र पड़ गयी।

"थोड़ी पोस्त रख दे मेरे सिरहाने, साथ में अफीम और दारू भी, फिर देखना बुढ़िया तेरा मेहरू खान कैसे चिल्लाता है। फिर मेरी टाँगों से नहीं मेरी आवाज़ से ही तेरी हवेली के दरवाज़े खुल जायेंगे।"

"ना तुझे दीन की ना धर्म की शर्म। रोज़े के दिन हो तो भी पेट भरने के लिए तुझे और कुछ नहीं सूझता।"

"कहा तो है बुढ़िया, पोस्त पड़ा हो मेरे सिरहाने, नशे-पत्ते पूरे हों। तेरा मेहरू तो चार दिन रोज़ा ना खोले। मैं तो होश में ही उस दिन आऊँ, जिस दिन रोज़े गुज़र जाये। यकीन नहीं आता तो ऐसा करके देख ले। फिर तुझे मालूम हो जायेगा, मेहरू क्या चीज़ है।" कहते हुए, पहले खड़े होने के लिए उसने खम्भे का सहारा लिया, फिर बैठते-बैठते नीचे ही बैठ गया।

"पता नहीं सारे टब्बर को क्या होता जाता है। खुदा का ख़ौफ ही नहीं रहा इन्हें। अल्लाह-ताला को तो ये भैंसें चराने वाला चरवाहा समझते हैं। मेरी सुरत में तो न कभी दुल्ले ने रोज़े रखे हैं न नूरे ने। नूरा तो कहता है, यही तो खाने-पीने की उम्र है अम्मा। बड़ा हो जाऊँ, रोज़े तो रखने ही हैं। जो बड़े हुए हैं उन्हें क्या मैं नहीं जानती। औरतें अपने चाव कैसे पूरे करें, उनका मौज-मेला तो मर्दों संग ही होता है।"

"ऐसा क्यों कहती है अम्मा। अल्लाह को जान देनी है मैं तेरे हुक्म से कभी बाहर गयी हूँ क्या कभी। अपनी बेटियों से पूछकर देख ले।" पूरे मान से कहती हुई फुल्लराँ लध्धी के पास आ खड़ी हुई।

"नहीं, मैं भूली नहीं हूँ। रोज़ों के दिनों में तू अन्दर बैठकर सूखे मेवे चबाती रहती है। लध्धी ने दुनिया देखी है और एक दूसरी इस नूरां को, उसे भी जानती हूँ मैं। घोड़ों की औरत, रोज़ों के दिनों में झन्नाँ की लहरों में छिप-छिप कर दुल्ले से कबाब खाती थी। बात करती है लध्धी साथ।" लध्धी के तेवर देख, फुल्लराँ झट चौके में घुस गयी।

"तेरा पुत्त घोड़ा कब से बन गया अम्मा?" फुल्लराँ ने दूर से ही दाल की हाँडी को चूल्हे से उतारते हुए कहा, "निकाह तो मेरा अच्छे-भले आदमी के साथ हुआ था।" वह हँसने लगी।

"तेरा खसम हथियार लेकर बाहर निकल गया है अपने टोले के साथ, तू दाँत दिखा रही है।" लध्धी ने घृणा से होंठ बिचकाये, "शर्म, हया का घाटा। मालूम नहीं अक्ल कब आयेगी।"

"अब मैं भी चली जाऊँ उसके पीछे-पीछे? अम्मा हमें तो समझ में नहीं आता,

तुझे क्या होता जाता है?"

"मुझे क्या होगा। मुझे बुरे दिन दिखाई दे रहे हैं। बीती बातें मेरे सिर से नहीं निकलतीं। दुल्ले का अब्बा, दादा, भाई मुझे सभी हवेली के अन्दर चलते-फिरते नज़र आ रहे हैं। उनकी रूहें भटक रही हैं यहाँ। उन्हें तो ढाई हाथ कब्र भी नसीब नहीं हुई, ना किसी ने मय्यत को कन्धा दिया, ना फातिहा पढ़ा, न किसी ने तेइयां खत्म किया, न किसी ने नौमी की, ना हंगामा हुआ, ना तेरहवीं। अल्लाह जानता है, उन्होंने तो अपने लोगों के लिए, पिंडी के लिए अपने जिस्मों में घास-फूस भरवाया। रब उन्हें जन्नत नसीब करे...।"

"ओए माँ लध्धीये, कसीदे फिर पढ़ लेना। जब तेरा जी करता है, मर गयों को लेकर बैठ जाती है। मैं इधर जीते-जी नरक भोग रहा हूँ, तू मरे हुओं के लिए जन्नत चाहती है। नशा दे दे, कोई चुटकी भर या मेरे जीते जी ही मेरा जनाज़ा नमाज़ पढ़ती जायेगी।" बोलते-बोलते मेहरू का शरीर ऐंठने लगा, टूटने लगा। उसकी चीख निकल गयी।

"कहाँ है अल्लाह, ओए रब कहाँ ओट में जा बैठा तू ठठेरा?"

"कोढ़ी, रब को क्यों गालियाँ देता है तू।" लध्धी कलप गयी।

"रब ने जो टाँग तोड़नी है मेरी, तोड़ दे।"

"नासपीटे, काली जीभ वाले, क्यों बुरी बात मुँह से निकालता है। पता नहीं किस वक़्त की कौन-सी बात सुनी जाये।" लध्धी ने दुखी होकर कहा।

मेहरू में माँ के साथ बहस करने की ताकत नहीं थी। वह अपनी ओर से सारी ताकत लगाकर उठा और कमर झुकाये चलते हुए पलँग पर जा गिरा।

बख्तो और सलेमो मेहरू की ओर देखकर हँस भी रही थीं और दुखी भी हो रही थीं।

"मैं क्या करूँ इसका। यह न मरे में न जीते में। इसके दादा, अब्बा तो भारी योद्धा थे, एक दम राजपूत सूरमे। पता नहीं इस पर किसका साया पड़ गया। इसने तो पैदा होकर उनके लहू को ही दाग़दार किया। दिनों-दिन नशेड़ी होता जाता है फुल्लराँ तेरे निकाह के समय तो इसका चाव देखते बनता था धीए। मस्त बाराती होकर भागता फिरता था। इसके यार-बेली बताते थे, इसने बारात में भी खूब मस्ती की थी।"

"बारात में तो इसके जैसे और भी कई थे माँ, सेवियैं में नमक डालने वाले। मेरे अब्बा ने कह दिया था, अगर बारात दो दिन नहीं रुकेगी तो मेरी बेटी निकाह कबूल नहीं करेगी। पाँच बछड़े मेरे निकाह पर जिबह करने के लिए खरीदे थे अम्मा।" फुल्लराँ ने मायके की बड़ाई की।

"शाबाश धीए। खुदा उन्हें रहमत बख्शे। उनकी उम्र लम्बी हो। हमने भी कोई कसर नहीं छोड़ी थी धीए। दुल्ले का अब्बा सिर पर नहीं था। जलालदीन

जैसे रिश्तेदार को आगे करना पड़ा था बाप की जगह पर, तो भी धीए पाँच बीस मोहरें तथा सेर पक्की चाँदी रखी थी हक़ मेहर के लिए। पूरी बार में बातें हुई थीं, भट्टिओं में अपनी इज्ज़त बनाकर दिखा दी।... कल की बातें लगती हैं।" लध्धी ने पुराना समय याद कर आह भरी, "तेरी डोली इस दरवाज़े से अन्दर आयी थी। मेहरू ने आकर मुझे बताया था...जब मौलवी ने तुझसे पूछा, दुल्ला खान भट्टी वल्द फ़रीद खान भट्टी वल्द बिजली ख़ान साँदल भट्टी साकन पिंडी संग निकाह के लिए रज़ामन्दी है? कबूल है। मेरी तो आँखों से टप-टप आँसू बहने लगे थे धीए। याद आया। गर दुल्ले का अब्बा आज ज़िन्दा होता...।" लध्धी की भर्रायी आवाज़ निकली। उसने सिर झटककर चक्कर लगाती यादों को छिटका, फिर खुद को संयत कर बोली, "मैंने कभी तेरे साथ सास वाला व्यवहार नहीं किया फुल्लराँ धीए, न उसके साथ किया। जो पता नहीं कितने बरसों से दुल्ले को चोरी-चोरी आमों वाले कुएँ की झिड़ी में चूरी खिलाती रही।"

लध्धी अम्मा की बातें सुन लड़कियों का चेहरा शर्म से सुर्ख हो गया, जो हलके अँधेरे के कारण लध्धी और फुल्लराँ दोनों को नज़र न आया।

लध्धी को फुल्लराँ के माथे पर उभर आयी त्यौरियाँ भी न नज़र आयीं। वह अपने ही वेग में बोलती गयी—

"धीऔ चार दिन की जवानी तो भेड़ के लेले पर भी आती है। यह उम्र ही ऐसी होती है। अक्ल के सारे दरवाज़े बन्द हो जाते हैं और... चलो छोड़ो। मैं तो कह रही थी कि, मैंने कभी सास बनकर नहीं दिखाया। कभी टोका-टाकी नहीं की। गिराओ, सँवारो, बिगाड़ो, सब अल्लाह की रज़ा माना। अब तेरी बारी आयी है फुल्लराँ धीए। रब की सात ख़ैरें हों। इस घर पर अकबर का कहर न होता तो देखती, हम भी जनमजात से राजा थे। मेरे घर में बहिश्तें थीं। क्या रौब था दुल्ले के अब्बा का। पिंडी के चौधरी भी चूँ तक नहीं करते थे उसके सामने। जब पगड़ी का शमला ऊपर की ओर खड़ा करके घर से निकलता तो लोग उसे देखने के लिए अपने दरों पर आ खड़े होते थे। ऐसा योद्धा था, ऐसा मर्द पूरी पिंडी में तो क्या सारे देस पंजाब में भी कहीं नज़र नहीं आता था। अकबर ने कहा था, मेरी फ़ौज में आकर चाकरी कर ले, तुझे पाँच हज़ारी का रुतबा दूँगा। मेरी रज़ा में रहकर मौज़ कर, दुल्ले के अब्बा ने कहा, "चुगतियों संग मेरी कोई साँझ नहीं। मैं मुग़लेटियों को पंजाब से बाहर धकेलने को फिरता हूँ और तू कहता है मेरी चाकरी कर, मेरी रज़ा में रह। मैं अपने लोगों में ही रहूँगा, अपनी पिंडी में। शाही दरबार तुझे मुबारक। भट्टिओं को गुलामी में जीने की आदत नहीं।" लध्धी साँस लेने लगी। फुल्लराँ तथा लड़कियाँ उसके और पास खिसक आयीं।

"बेटी, बख्तो, दीया तो जला ले। बसते घरों में इस समय अँधेरा होना बुरा होता है।"

अम्मा की बात सुन बख्तो दीया जलाने चली गयी और लध्धी ने छूटा सिरा फिर से पकड़ लिया, "पता है फुल्लराँ आदमियों की जमीर कैसे मरती है?"

"मैं क्या जानूँ अम्मा।" फुल्लराँ को गुस्सा आने लगा। वह जानती है, जब भी अम्मा बातों का पिटारा खोल लेती है फिर...।

"मैं बताती हूँ। आदमी के आगे रोटी के दो टुकड़े फेंकते जाओ, गोश्त की बोटियाँ फेंकते जाओ तो लोग लारें भी चाटने लगते हैं। फुल्लराँ अल्लाह सुन रहा है, तेरे ख़ाबिन्द के बाप ने, दादा ने लाहौर दरबार की लारें नहीं चाटीं। वे तो खुद राजपूत भट्टिओं के बादशाह थे। दिन बाद में चढ़ता था, लोग सलाह लेने के लिए पहले ही दीवानखाने के आगे इकट्ठे होने लगते थे। आस-पास के गाँवों से भी आदमी आते थे। ये गाजीआणा, जलालपुर, खानगाह डोगरों की वाणी वाले, तारड़ वाले की मंडी, जहाँ सिक्खों के बाबे ने सच्चा सौदा किया था। बहुत आदमी आते थे। एक दरबार लाहौर लगता होगा अकबर का, और एक दरबार पिंडी में लगता था राजपूत भट्टिओं का। वे क्या समझते थे अकबर को। वे तो पिंडी के अकबर थे...।"

"बस भी कर अम्मा।" फुल्लराँ सुनते-सुनते खीझ उठी, "हर समय गुज़रे वक़्त को उधेड़ने लगती है। अब तेरा पुत्तर भी चला गया न तलवारें, छवियाँ लेकर। अब यह कहेगा मैंने लाहौर दरबार को सलाम नहीं कहना। बादशाह को बादशाह तो मानना ही पड़ेगा न भोली अम्मा। तेरे पुत्र के बाप-दादा ने नहीं माना तभी तो लाहौर के दरवाज़ों पर लटका दिया उन्होंने। अब तेरा पुत्र।"

"जल जाये तेरी जीभ, कलमुँही।" लध्धी भड़क उठी, "मैंने कभी तेरा मुँह नहीं फिटकारा। कभी फिट्टे मुँह नहीं कहा तुझसे। जब घर के लोग ही ऐसा सोचने लगे तो बाहर वाले तो फिर ऐसा सोचेंगे ही, अरे अपने आदमी में तो ऐब भी हो तो आप बाहर नहीं निकलने देते। घर की दुश्मन। दुर फिट्टे मुँह तेरे।" लध्धी ने रोष से पीठ कर ली।

फुल्लराँ उठकर लध्धी के सामने जा खड़ी हुई, "अम्मा, पीठ करने से होनी नहीं टलेगी। तू मुझे एक बात बता।"

"तू बस रहने दे, चुप कर। मुझे जला ना अब।" लध्धी ने हाथ जोड़े। फुल्लराँ बाज़ न आयी। वह अपनी ज़िद पर डटी रही और बोली, "अम्मा, जब अकबर रोज़गार उन्हें देता था, पाँच हज़ार घुड़सवार देता था। बादशाहों के पास और भी बहुत कुछ होता है, माल खज़ाना, हाथी-घोड़े, रुतबे। मैं तो समझती हूँ उन जैसा मूर्ख कोई नहीं होगा।"

लध्धी कहर भरी नज़रों से फुल्लराँ की ओर देखने लगी। "बादशाह ऊँचे लोग नहीं होते अम्मा। इनके साथ जोड़-मेल बनाकर रखने वाले भी ऊँचे हो जाते हैं। भला ऊँचों को आँखें क्या दिखानी। यदि दिखाई तो देख लिया, क्या हश्र हुआ फिर। अब तेरा पुत्तर भी उन्हीं का रास्ता पकड़ने के लिए उतावला हो रहा है। रोक सकती है

तो रोक ले। नहीं तो हमें भी तेरी तरह...सारी जिन्दगी...।"

"मुझे तो लगता है, इस हवेली को शौहर का सुख न भोगने का सराप मिला हुआ है।" फुल्लराँ आज सारी भड़ास निकालने पर आमादा थी।

लध्धी ने पास पड़ी जूती उठाकर दिखाई, "मेरे बाप की रन्न...।" फुल्लराँ तेजी से पीछे हटते हुए बोली, "सच्ची बातों से कब तक बचती रहेगी अम्मा। पहले ही यदि नकेल डालकर रखती।"

"अरी डायन, तू तो अपनी ज़बान को नकेल डाल ले।" लध्धी गुस्से से उठ खड़ी हुई। "मैं तो हुई बेअक्ल औरत; अपने खसम को नकेल न डाल सकी। अब तू आ गयी है न बड़ी अक्ल वाली, तू तो नकेल डाल ले इसको। दुल्ला गर मेरा पुत्र है खसम तो तेरा है।" कहते हुए लध्धी हवेली की मुँड़ेरों की ओर झाँकी, कोई अड़ोसी-पड़ोसी छत पर घूमते, सुन ही न रहा हो।

"मैं तो कभी की लगाम कसती अम्मा, मगर तेरा पुत्तर, धौंस ही बड़ी उलटी देता है। जब भी इन कुत्ते कामों के लिए टोकती हूँ तो कहता है, चोटी खींचकर घर से बाहर पहले निकालूँगा और तलाक, तलाक, तलाक बाद में कहूँगा। धमकी देता है, मेरे पास है दूसरी। जिसे तू कहती है, झन्नाँ की लहरों में कबाब खाती है।" फुल्लराँ ने बेअदबी से लध्धी की ओर झाँका, होंठ बिचकाये और बड़बड़ायी, "जिसे झन्नाँ के किनारे पर अलग महल बनाकर दिया हुआ है।"

"लड़ती तो मेरे संग है, दूसरी को बीच में क्यों घसीट रही है। उलटी चालों वाली?" लध्धी गुस्से से बोली।

"अरी अम्मा, उसी कारण तो मस्ती में आया हुआ है तेरा सूरमा। नहीं तो मैं अपनी चोटी के साथ बाँधकर दिखाती उसे।"

"तो अब बाँध ले।" लध्धी ने चुनौती दी।

"अब कैसे बाँध लूँ, वो तो सौतन के पराँदे संग बँधा हुआ है।"

"अरी, किस घर में सौतन नहीं?" लध्धी ने पूछा, "सारे तेरे खसम के अब्बा जैसे थोड़े ही होते हैं। पराई औरत की ओर देखना हराम था उसके लिए। कहते हैं, अकबर तीन सौ से अधिक औरतें रखे हुए है।"

"तेरा पुत्तर भी तो अब अकबर बादशाह बनने लगा है?" फुल्लराँ भी लस्सी में और पानी डालने लगी।

"अकबर भी बन्दा है रब का, ऊपर से नहीं गिरा। उसे भी किसी ने ही जना होगा। फिर मेरा पुत्तर किस बात से कम है अकबर से। बस यही कि वह अकबर की तरह लोगों की गर्दनें नहीं दबाता। सूरमा पैदा किया है लध्धी ने। सारी बार जानती है। दुल्ले घर-घर पैदा नहीं होते। एक ही ऐब है बन्दे में, मेरे कहने से बाहर है। मन आयी करता है। मगर अब मन आयी वह अपने लिए नहीं करेगा। मैं जानती हूँ भट्टिओं के खून को। इसलिए इतने बरस कोठरी को ताला लगाये रखा। अब तो

उसके तेवर ही बदल गये हैं। कब्र में पड़े जलालदीन, जिसने गहरी चुभन दे देकर दुल्ले को भड़काया। अब वह किसी के काबू नहीं आयेगा। ना दुल्ला के अब्बा, दादा ने अकबर की धौंस मानी थी, न दुल्ला मानेगा। पिंडी अब फिर से उजड़ेगी। तुमने खा-पहन लिया, जो भी तुमने करना था। लध्धी के पेट में तो जगह-जगह पर गोले बने हुए हैं। मुझे ताने न दिया कर। पकती दाल पर से ढक्कन नहीं उतारते। कौन तुझे घर में समझाये।" लध्धी चुप हो गयी। दुपट्टे से सिर को कसकर बाँध लिया। पीठ घुमाकर बैठ गयी, जैसे इशारा किया हो, अब मैं कुछ नहीं कहूँगी।

फुल्लराँ, लड़कियों के पास चौके में चली गयी।

नूरा हवेली के पिछले दरवाज़े से आया और बाहर पड़े नगाड़े से छेड़खानियाँ करने लगा।

"नूरे पुत्तर।" लध्धी ने प्यार से आवाज़ दी।

"आया अम्मा।" नगाड़ा एक ओर खिसकाकर नूरा लध्धी के पास आ खड़ा हुआ।

"नगाड़ा न छेड़ा कर पुत्तर। इसकी आवाज़ से मेरे कलेजे में हूक उठती है। पुत्तर देख तो मेहरू सो गया है। शोर मचा रहा था। इसे ढूँढ़कर दूँ कहीं से, दुल्ला कई नुक्करों-कोनों में छिपाकर रखता है दारू की मश्कें। और पुत्तर अब तूने ज्यादा बाहर की ओर नहीं जाना। साहा बँधा है तेरा, सोहणे।"

नूरा ने शर्म से नज़र झुका ली और मेहरू ताऊ को देखने चला गया।

जाते हुए नूरा को देख लध्धी ने आह भरी, "पता नहीं इस घर में खुशियों के दिन किस तरह आयेंगे।"

"अम्मा अन्दर तो है नहीं वह।" अन्दर से मुड़ते नूरा ने बताया। "अरे सोहणे वह पिछवाड़े जा लेटा होगा। कौड़ी को गायों-भैंसों का गूँ-मूत्र सूघँते नींद कैसे आ जाती है।"

लध्धी ने आसमान की कालिख की ओर देखा। अब काफी अँधेरा हो चुका था। बरामदे के आले में जलते दीये की मद्धम लौ में साये भूत-प्रेत बने फिरते थे। "...मालूम नहीं कहाँ होंगे इस समय?" लध्धी ने दुल्ले तथा उसके साथियों के बारे में सोचा। फिर दुल्ले की बेगम से पूछा, "अरी फुल्लराँ क्या बनाया है आज?"

"पकाने को क्या यहाँ छत्तीस पकवान बनाने हैं बादशाहों की तरह। वही उड़द-चने की दाल है, मिर्चों और प्याज की चटनी है। लड़कियाँ तन्दूर लगाने लगी हैं।

"अरी, कभी छत्तीस पकवान भी भूनती रही है। आदमी को सुख का समय भूलना नहीं चाहिए।"

"सुख का समय तो आँख झपकते गुज़र गया मेरी अम्मा। अब उसे कहाँ साथ उठाये फिरें।" फुल्लराँ फिर अपने रंग में आने लगी थी।

"अच्छा भाई अच्छा। मैं तेरे साथ बक-झक नहीं कर सकती। काम समय पर

निपटा लिया कर। कुसमय तो टक्करें ही होती हैं। तेरे खसम ने आते ही रोटी माँगनी है और आज वह अपने आप में भी नहीं है। उसने जूते मारने पर उतर आना है।"

"जूते मारने के लिए और बहुत से बहाने हैं तेरे पुत्र के पास अम्मा।"

"तन्दूर गर्म हो गया हो तो रोटियाँ मैं उतार देती हूँ।" लध्धी उठ खड़ी हुई। कुछ देर तक सोचती रही। हवेली के मुख्य द्वार की ओर ताका। उसे भ्रम हुआ जैसे किसी ने दरवाज़े पर दस्तक दी हो। फिर आँगन के कोनों में पड़े, तन्दूर की ओर चल दी।

तन्दूर से अभी भी आग की लपटें ऊपर की ओर उठ रही थीं और इस कारण आँगन में रोशनी हो गयी थी।

इतने में बख्तो ने आटे की परात लाकर तन्दूर के पास रख दी।

"सलेमो कहाँ है, नज़र नहीं आ रही?" अचानक लध्धी ने पूछा।

"यहीं कहीं होगी अम्मा।" फुल्लराँ बड़ी लकड़ी से तन्दूर की आग देखने लगी।

"वह कोई सुई है। यहाँ होती तो नज़र न आती?" लध्धी ने हवेली के सारे आँगन में नज़र दौड़ायी।

"बरकता की नसीराँ के पास चली गयी होगी अम्मा।" फुल्लराँ ने लापरवाही से कहा।

"छोटी को ऐसे बाहर नहीं जाने देना। बड़ी हो गयी है अब। तुझे मालूम है न दुल्ला कितना गुस्सेवाला है। कोई झूठ-मूठ की तोहमत भी सुन ली तो वह मरने-मारने पर तुल जायेगा।"

"अम्मा, तुम जब भी बात करती हो, आसमान नीचे ले आती हो। सलेमो अभी छोटी-सी बच्ची है। पिछले बरस सावन-भादों में तो वह बिना दुपट्टे के घूमा करती थी।"

"छोरियों पर जवानी आते देर लगती है फुल्लराँ? पर्दा ही ठीक है। लड़कियाँ तो आटा के दीये की तरह होती हैं। अन्दर रखो तो चूहे कुतरते हैं, बाहर निकालो तो कौए झपटते हैं। बहुत बुरा ज़माना है धीए। अकबर के सिपाही भेष बदलकर गाँवों में घूमते फिरते हैं। कुत्तों की तरह सूघते-फिरते हैं। किसी ने मुख्बरी कर दी, पिंडी में भट्टिओं की छोरियाँ राजे के हरम के लिए तैयार हैं तो वह उसी समय घुड़सवार दौड़ा देगा। फिर मालूम नहीं कितनों के सिर फटेंगे।"

"ठीक है अम्मा, तू बात को पिंडी से खींचकर लाहौर तक ले जा। जा री बख़्तो, हाँक मार ला उसे?" फुल्लराँ ने खीझकर कहा।

"बख़्तो क्यों जाये इस समय? मैं जाती हूँ, साथ बरकताँ से मैंने कोई बात भी करनी है।" लध्धी उठकर बाहर की ओर चल दी।

"एक ही बात करना अम्मा, कहीं बातों का पिटारा न खोलकर बैठ जाना।"

फुल्लराँ ने ऊँची आवाज़ में कहा तो पहले लध्धी इसका जवाब देने के लिए रुक गयी, फिर कुछ सोच कर चल दी।

तभी फत्तू मिरासी ने बाहर से आवाज़ दी, "अम्मा लध्धीये! बरकत बनी रहे, दरवाज़ा तो खोलो।"

तन्दूर के पास खड़ी फुल्लराँ और बख्तो चौकन्ना हो गयीं। क्या मालूम मिरासी के साथ दुल्ला भी हो।

जब लध्धी ने दरवाजा खोला, फत्तू मिरासी ने कान खुजलाते, झिझकते हुए कहा, "अम्मा, दुल्ले सरदार ने कहा है कि, घर से दारू की एक मशक ले आ।"

"अरे तुम लोगों को कोई शर्म-हया है कि नहीं। अल्लाह से ख़ौफ़ नहीं खाते उजड़ जाने वाले। मुझसे बेवक़्त गालियाँ सुनते हो। अब वहाँ कोई नया कुआँ तो नहीं खोदने लग गये।" लध्धी ने चिन्ता से पूछा।

"दुल्ला सरदार ही जानता है अम्माँ।" फत्तू वैसे ही कान खुजलाता रहा।

"तू सरदार के चमचे, ऐसे ही बात को छुपाता फिर रहा है। तुझे मालूम नहीं उसने क्या करनी है मशक?"

"अम्मा हलवाहे-कमीनों की क्या मज़ाल जो पूछ ले। जहाँ हुक्म मिला, चल दिये। हम तो पशु हैं, खूँटी से बँधे हुए, पट्ठे खाने वाले।" फत्तू ने सिर का गमछा सँवारा।

"जो पट्ठे तू खाता है वह मैं जानती हूँ। अब मूत्र पीकर सो जाना घोड़े बेचकर। सुरत कोई रहेगी नहीं, बेशक कुत्ते मुँह चाटते हैं।" लध्धी ने फत्तू की गर्दन पर धौल जमाया तो उसका गमछा उतरकर कन्धे पर आ गिरा। फत्तू ने फुर्ती से उसे नीचे गिरने से पहले दबोच लिया।

"अम्मा, मशक बता दे कहाँ पड़ी है। इधर तू झिड़क रही है, उधर दुल्ला सरदार गालियाँ देगा। फत्तू मिरासी तो दोनों पुड़ों में फँसा हुआ है। मेरा तो कुछ भी रहने वाला नहीं।" फत्तू लध्धी की ओर चोर नज़र से देखते हुए हँस दिया। उसकी आँख तेज़ी से फड़कने लगी। "यहाँ बैठ ज़रा। जल्दबाजी न कर। सब्र रख। मैं अभी आयी।" लध्धी धीरे-धीरे बरकताँ के घर की ओर चल दी।

फत्तू मिरासी हवेली के द्वार पर ही बैठ गया।

× × ×

अन्दर हवेली के पिछवाड़े में जहाँ दुधारू पशु तथा घोड़े बँधे रहते थे, एक चारपाई पर टेढ़े-मेढ़े पड़े मेहरू को इतनी आहट तो आयी कि बाहर कोई आया है। नूरा भी उसे झिंझोड़कर गया था। उसने अपने टूटते शरीर से हिम्मत की और उठ बैठा। कुछ पल वैसे ही बैठा रहा। सोचा, हवेली के पिछवाड़े से निकल किसी यार-दोस्त के पास चला जाये। कहीं से नशा ले ले। धीरे-धीरे वह उठ खड़ा हुआ। इधर-उधर झाँका, फिर पैर घसीटते आँगन वाले दरवाज़े की ओर चल दिया।

फुल्लराँ ने बख्तो को आँख का इशारा करते हुए कहा, “अम्मा का एक सूरमा यहाँ घूम रहा है।” फिर दोनों हँस दीं।

तन्दूर तप गया था। वह तेज़ी से लोइयाँ बनाने लगी।

मेहरू बाहर बैठे फत्तु मिरासी के पास आ बैठा।

अँधेरा और भी गहरा हो गया था।

बरकताँ के घर से लध्धी लौटी तो साथ में सलेमो भी थी। लध्धी तुरन्त भीतर घुस गयी। लध्धी बोली, “जा, उठकर ला दे अन्दर से मशक। वहाँ पड़ी होगी बायीं ओर। ठहर मैं ही उठवा देती हूँ।” अँधेरा होने के कारण लध्धी ने मेहरू को नहीं देखा था।

“तू माँ है कि डायन।” मेहरू अचानक से बोला, “इन्हें भर-भरकर मश्कें देती हो। दुल्ला दो बार तो पैदा नहीं हुआ ना। मेरा सारा बदन टूट रहा है। मैं सुबह से तड़प रहा हूँ। मुझे एक कुप्पा ही भरकर दे दे। मैं तेरा पुत्तर नहीं मुझे श्मशान से उठाकर लायी है क्या?” मेहरू ने दरवाज़े से टेक लगा ली।

“मैंने कब कहा कि तू मेरा पुत्तर नहीं।” लध्धी के अन्दर मोह भरा तरस उमड़ आया।

“फिर दुल्ले के साथ आज बड़ा सलाह-मशवरा हो रहा है, मैं किसी बेगाने गाँव से आया हूँ?” मेहरू रोने लगा।

“मैं तेरे साथ क्या बातें करूँ पुत्तरा।” माँ के सीने से हूक उठी।

“मेरी सुरत तो साँईं लोगों की तरह ऊपर चढ़ जाती है, ’गर नीचे न उतरी तो फिर पीटते रहना। नशे को तरसता चला गया मेरा सोने जैसा बेटा। जीते जी मिट्टी जैसा भी नहीं मानती।” टूटते बोलों से मेहरू रोने लगा तो लध्धी ने उसे बाँहों में भर लिया।

“न पुत्तर, कुसमय ऐसे बुरे बोल न निकाल। ये रोना-धोना अब मुझसे सुना नहीं जाता पुत्र। अन्दर आ जा। खाट पर लेट जा। मैं लेकर आती हूँ तेरे लिए दवा-बूटी।”

“अम्मा जल्दी कर। आधी रात को कुत्तों से मेरी टाँगें खिचवायेगी क्या।” फत्तू वापस जाने के लिए उतावला हो रहा था।

“चुप कर रे, कुत्तों को भी कुत्ते काटते हैं कभी। आओ मेरे पीछे।” लध्धी मिरासी को डपट और मेहरू को दिलासा देकर भीतर ले गयी। मेहरू गिरता-पड़ता फिर अपने बिस्तरे पर जा गिरा।

कुछ देर बाद, फत्तु मिरासी दारू की मशक कन्धे पर रखे घर से बाहर निकला। लध्धी ने दारू का भरा गिलास मेहरू को जाकर दिया।

बखतो ने एक और चिराग जलाकर बरामदे के आले में रखा और दूसरे को तेल से भर दिया। अब्बा के आने तक तो जलता रहे, उसने सोचा।

उसी समय फत्तू मिरासी मशक उठाये अँधेरे में कुएँ की ओर तेज़ी से जा रहा था।

4

पिंडी के पूर्व की ओर घने आमों का बाग। और भी वृक्ष हैं टाहली, तूत, वण, फरमाह, जंड, कँटीली झाड़ियाँ भी हैं। यह दुल्ले तथा उसके साथियों का पक्का डेरा था। बीच में कुआँ है। एक ओर ज़मीन खोदकर भट्ठी बनायी गयी है। ऊपर सारा दिन एक भारी देगचा पड़ा रहता है। सभी जने यहाँ पर नहाते हैं और खरमस्तियाँ करते हैं। फुरसत में हो तो, लँगोट डाल एक-दूसरे को चुनौती देते जाँघों को थपथपाते हैं। कुश्तियाँ लड़ते हैं। धोबी पटड़ा लगाते हैं। फत्तु मिरासी सारा दिन टहल-सेवा में लगा रहता है। शिकार खेलते कोई जानवर फाँसे में आ जाये या साथ में बहती झन्नाँ में से मछलियाँ हाथ में आ जायें तो उसे इसी बाग में ही भूनते हैं। आज तक दुल्ले के आदमियों ने कभी कोई अभद्र हरकत नहीं की, फिर भी, कोई शरीफ स्त्री, लड़की या डरपोक आदमी इस बाग की ओर आने की हिम्मत कम ही करता है। एक तरह से यह बाग दुल्ले तथा उसकी टोली की सल्तनत है। बाग को इनकी सल्तनत बनाने में फत्तु मिरासी का बड़ा हाथ था।

एक दिन बड़े पीपल के नीचे बैठे लोगों में फत्तु बाग की ओर शोर मचाते हुआ आया। पगड़ी उसकी बगल में दबी थी और जूतियाँ हाथ में।

"मीरज़ादे डाकू आ गये क्या?" एक ने उसे छेड़ते हुए पूछा।

"अल्लाह बरकत बनाये रखे, मैं तो मुश्किल से बचा हूँ भूतों से।" फत्तु ने डरावना-सा चेहरा बनाकर कहा। उसकी आँख फड़कने लगी। "भूत? कहाँ?" कुछ लोग इकट्ठे बोले।

"बाग में। मैं थड़े पर बैठा था, पहले एक चुड़ैल कुएँ में से बोली, फिर तो हर वृक्ष पर भूत लटकते जायें। मुझे तो उन्होंने उठा लिया। मेरी तो चीखें निकल गयीं। फिर वे उड़ने लगीं, मैं लटकता जाऊँ। बहुत शोर मचाया, मेरी कोई तो बात सुनो। मुझे लेकर उड़ने लगे। एक भूत ने सूरज को मुँह में डाल लिया, रात हो गयी। फिर दरिया से पार किसी ने आग जलायी। भूतों ने सोचा, दिन निकल आया, मैं उनके पंजों से छूट गया। सीधे नीचे आ गिरा दरिया में। मेरे पीछे मगरमच्छ पड़ गया। दरिया से निकला तो भूतों ने फिर आ घेरा। मैंने दरिया की रेत भूतों की आँखों में दे मारी। वे आँखें मलने लगे और मैं इधर भाग आया।" फत्तु डरकर इस प्रकार पीछे की ओर देखने लगा जैसे भूत अभी भी उसके पीछे लगे हों।

कमज़ोर दिल वाले कुछ बच्चे तो उसी समय अपने घरों की ओर दौड़ गये। फत्तु की इस अफवाह के बाद लोगों ने उस बाग की ओर जाना एक तरह से छोड़ ही दिया।

तब से सभी ये साथी उस बाग में खूब बेखौफ होकर मौज़ करते। आज हवेली से आकर सभी बाग के भीतरी कुएँ के पास बने थड़े (बेंच) पर बैठ गये। एक दुल्ला ही नज़र नहीं आ रहा था। जिस समय अम्मा लध्धी ने परिवार के साथ

बीती घटनाएँ सुनाई हैं, दुल्ला सहज नहीं हो पा रहा। हवेली से बाग की ओर आते हुए, उसने कहा, "फत्तु को हवेली भेजो, शराब की मशक उठा लाये और तुम सभी कुएँ पर पहुँचो, मैं एक काम कर आऊँ।" उन्होंने देखा, दुल्ला लौटा तो गाँव की ओर ही था, मगर उन्हें यह मालूम न हो सका, दुल्ला बाग के एक ओर दरिया में उतर गया था।

× × ×

दुल्ला बेहद परेशान तथा बेचैन था। माँ की बतायी बातों से उसका लहू खौल रहा था। मगर वह कुछ कर नहीं पा रहा था। नूरा का निकाह भी तय था। निकाह की सौगात भी आ गयी होगी। इतना बेबस तो वह कभी नहीं हुआ था। दुल्ला एक भारी झुके वृक्ष के तने से टेक लगाकर बैठ गया। पिंडी के लोग, चौधरी, मौलवी, चाचा तथा नन्दी मिरासण उसे कितने बरसों से ताने मारते आ रहे हैं, मगर उसने कभी भी परवाह नहीं की थी। यदि मालूम हो जाता, भीतरी बात क्या है तो ताने मारने वाले की जीभ खींच लेता। उसे अपने आप पर गुस्सा आ रहा था। इतने वर्ष व्यर्थ गँवा दिये।

...दुल्ला बीते वर्षों को याद करने लगा, जब वह जवान होने लगा था। आवाज़ बदलने लगी थी। आवाज़ भारी और खुश्क होने लगी थी। वह, उसके मित्र गुलेलें लेकर वृक्षों पर बैठी चिड़ियों तथा पक्षियों को घायल करते रहते थे। वे सारे बीते वर्ष दुल्ले को, बहते झन्नाँ के पानी पर तैरते-फिरते दिखाई देने लगे।

...दोहपर ढल गयी थी। पिंडी की कुछ औरतें कुएँ से पानी भरने के लिए बाहर निकली थीं। इनमें नन्दी मिरासण भी थी। इतनी मुँहफट, बोलते समय किसी का भी लिहाज़ ना करती थी। उस दिन तो सारी टोली मेरे साथ थी; रूड़ा, पिरथा, गाहणा, सदीक, रमज़ा के साथ फत्तु मिरासी भी था, मगर नन्दी को औरतों के साथ देखकर टोली में से खिसक गया था। सदीक को एक वृक्ष पर बैठी मुरगाबियों का जोड़ा दिखाई दिया तो उसने मुँह पर उँगली रखकर 'शी...शी' कहते हुए सभी को चुप रहने का इशारा किया। हमने तो साँस भी रोक लिए थे। जब सदीक ने खींचकर निशाना लगाया तो वृक्ष के पत्ते झड़कर नीचे गिर पड़े और मुरगाबियों का जोड़ा अजीब-सी आवाज़ निकालते हुए वहाँ से उड़ गया।

"निशाना तो ठीक ही लगाया था, परिन्दे ही यहाँ-वहाँ हो गये।" सदीक ने शर्मिन्दगी से कहा।

हम सभी कितना हँसे थे तब।... सोचते हुए दुल्ले के चेहरे पर फीकी मुस्कराहट तैर गयी।

इतने में ही औरतें कुएँ से पानी लेकर लौटीं। सबसे आगे थी फत्तु की नन्दी बड़े नखरे से कूल्हे मटकाकर चली आ रही थी और मैंने गुलेल निकाली, घड़े का निशाना लगाया। अगले ही पल कुछ 'ठाँय' करके नन्दी के घड़े से लगा और सारा

पानी उसके सिर से गिरता हुआ पैरों तक आ गया। नन्दी तो ऐसे हो गयी, जैसे झन्नाँ से गोता लगाकर आयी हो।

हमारी ओर देखते हुए नन्दी कैसे चीख उठी थी, "बड़ा चाव है तुझे निशाना लगाने का।"

"एक और लगाकर दिखाऊँ?" जब मैंने आगे से कहा तो सारी टोली खिलखिला कर हँस दी।

"अकबर के महलों से खाना-पीना आता है न, तभी मस्ती चढ़ी है। हाथों से कमाकर खाना पड़े तो मालूम हो। औरतों के घड़े तोड़ने वाले, अम्मा लध्धी से जाकर पूछ, लाहौर के दरवाज़ों पर लाशें किन की लटकती रही हैं। घड़े तोड़कर सूरमा बनना है, निशाने वहाँ लगा जहाँ जाकर लगाने चाहिए। खसमां खावे यदि निशाना कहीं और लग जाता, मेरा मिरासी तो रंडवा हो जाता।"

"मैंने कहा था, नन्दी मासी निशाना कैसे चूक जाता। यह दुल्ले की गुलेल है। अभी तूने मेरे तीर कमान का कमाल नहीं देखा, वह भी दिखाऊँगा तुझे एक दिन जिस बिल में कहेगी वहाँ तीर लगेगा।" नन्दी ने कहा था, "अरे बहुत कमाल वाले, अम्मा लध्धी से पूछ जाकर, इन बिलों में साँप भी होते हैं।"

मैं तो उसे घेरकर खड़ा हो गया था, "कहा था, माँ के पास तो अँधेरा होने पर जाऊँगा, तू अभी यही बता दे।"

"अपनी माँ से पूछना जाकर।" उसने फिर कहा था।

मैंने बच्चों-सी ज़िद की थी। "पहले बता, नहीं तो हम तुझे ऐसे जाने नहीं देंगे।" सभी ने नन्दी को घेर लिया था।

"जो साथ फिरते हैं न तेरे मुश्टंडे, इनके बापों, चाचों, ताओं से पूछना जाकर। पर पीछे हो सामने से, मैं जा रही हूँ तेरी माँ के पास। पुत्तर को टोकती नहीं, जब जाती हूँ एक घड़ा पकड़ा देती है, जैसे घर में आवाँ तपाकर रखा हो। हट जा पीछे से मुए रास्ता दे दे मुझे।" नन्दी ऊँचा-ऊँचा बोलती मुझे परे धकेलते हुए चल गयी थी।

मैंने पीछे से हाँक लगायी थी, "मासी नन्दी ज़रा रुक जा।" सभी खड़ी हो गयी थीं। मैंने पूछा "मासी यह तो बताती जा, मेरा निशाना कैसा था।"

"अरे निशाने जाँचने का इतना ही चाव चढ़ा है तो जा उनके सिर तोड़ दे जिन्होंने तेरे बाप-दादा...।" और नन्दी ने घबराकर जीभ काट ली थी और हमारे घर की ओर चल दी थी।

मेरे सभी मित्र बड़े हैरान हुए थे। आज भी वे कौन-सा कम हैरान हुए हैं। उन्होंने पूछा था, ''यह मिरासण हर बार तेरे बाप-दादा तक जा पहुँचती है। बात आखिर क्या है?''

"मालूम नहीं। जब भी पूछता हूँ, बात क्या है। कहती है अपनी माँ से जाकर पूछ। कभी कहती है अपने साथियों के बापों-चाचों से पूछ जाकर...।"

और उस दिन तो रात के समय मैं माँ के पीछे ही पड़ गया था। माँ ने कहा

था, ऐसे ही भौंकती है मिरासण। आने दे हवेली, उसकी चोटी खींचती हूँ। जब वह आती माँ उसके बाल क्या खींचती, बल्कि उसे नया घड़ा देकर भेज देती।

दूसरे दिन मैंने नन्दी को खेतों में जाते समय घेर लिया था। "नन्दी मासी कल क्या कह रही थी तू। माँ कोई सिरा नहीं देती। तू गहरी रमज़ छेड़ती है, सारी टोली मेरा मज़ाक बनाती है। मुझे रात को नींद नहीं आती है।"

नन्दी तो डरकर इधर-उधर झाँकने लगी थी। "दुल्ले रास्ता छोड़ मेरा। यदि मिरासी ने देख लिया तो मेरी हड्डियाँ तोड़ेगा। वह कहेगा। तू छोरों के साथ मस्ती करती है। वह तो पहले से ही मुझसे कहता रहता है। तू कुतिया औरत है। आठ-दस कुत्ते पीछे लगाकर रखती है। रास्ता दे मुझे।" और वह रास्ता काटकर आगे चल दी।

मैंने उसे जाते देख पूछा था, "और लाहौर के दरवाज़ों वाली बात?" वह कुछ न बोली। एक तरह से दौड़ ही पड़ी थी।

सोचते हुए दुल्लें ने गहरी साँस छोड़ी। सिर को तने से टिका लिया। आँखें बन्द कर लीं।

झन्नाँ के पानी पर से दृश्य बदल गया।

सन्ध्या समय माँ रिझते दूध की कड़ाही बाहर रख रही थी। "दूध पियेगा पुत्तर?" मुझे देखते ही माँ ने पूछा था।

मेरे हाथ में गुलेल थी, उसे आले (ताक) में रखते हुए मैंने पूछा था, "मेहरू कहाँ है माँ?"

"क्या कहूँ पुत्र यहीं कहीं पोस्त पीकर पड़ा होगा।" मुझे माँ का ढीला स्वर सुनाई दिया।

"दूध नहीं पीना क्या? रिझते-रिझते गुलाबी होने लगा है।"

"माँ नन्दी मिरासण मुझे आये दिन ताने देती रहती है। बात क्या है आखिर। ना वह कुछ बताती है और न तू बताती है। मुझे लगा इस ओर चलने से रोकने के लिए ही माँ मुझे कढ़े हुए दूध का लालच दे रही थी। अब भी मेरी बात सुनकर वह एक बार तो काँप गयी थी। फिर नन्दी को बुरा भला कहने लगी। उसकी तो जीभ को बवासीर हुई रहती है पुत्तर। ऐसे ही भौंकती रहती है।"

"मेरे और भी मित्र हैं पिरथा, रूड़ा, सदीका, गाहणा, रमजा उन्हें तो कुछ नहीं कहती।"

"मिरासियों की तो जात ही ऐसी है पुत्तर। वह उलटी औरत है, आते-जाते के साथ छेड़खानियाँ करती रहती है। छित्तर भी खाती है मिरासी से। आ लेने दे उसे, सीधा करती हूँ उसे।"

मिरासण की भाँति माँ ने बात टाल दी थी।

दुल्ले ने फिर से गहरी साँस ली। आँखें खोलीं। ऊपर आसमान की ओर देखा। सूरज कब का नीचे उतर चुका था। तारे नज़र आने लगे थे। उससे थोड़ा परे हिरणों का एक जोड़ा पूरा चौकस होकर, कान खड़े कर चारों ओर को ताड़ने लगा,

फिर बेफ़िक्र होकर पूँछें हिलाते हुए, घास चरने लगा।

...कभी मैं भी इन जानवरों की तरह घूमता रहता था। न खाने का फ़िक्र, न काम का फ़िक्र। जवानी तो अभी आनी थी, माँ ने पहले ही निकाह पढ़वा दिया। माँ को चाव भी बहुत था मेरे निकाह का। मेहरू कौन-सा कम मस्ती करता था उन दिनों में। आने-बहाने लड़कियों में जा घुसता था। माँ उलटा लड़कियों को झिड़कती थी, "तुम्हें खायेगा नहीं।..." बरसों बाद हवेली में खुशियाँ आयी हैं।

घर की जिम्मेदारियाँ तो मैंने निकाह के बाद भी नहीं उठायीं। यार-दोस्तों ने साथ न छोड़ा। टोली वैसे ही जुड़ती रही। ना अपने शौक छोड़े। पड़ोसी गाँवों में चौधरियों के पशु खोलकर ले आना, कभी राहगीरों को लूट लेना, कभी व्यापारियों से सामान छीन लेना। हवेली के डंगर किस समय पानी पीते हैं और किस समय घास खाते हैं, लध्धी जाने, फुल्लराँ जाने या फिर शल्ले टुंडे का छोटा भाई जाने। वही सँभालता था पशु-डंगरों को, खेतों को और उसकी औरत करती घर के अन्य काम। हम तो आधी रात को पशु लगाकर बाँध देते और फ़जर से पहले-पहले दरिया पार करवा देते।

पशु खोलकर लाने से नूरा की याद आ गयी। पिंडी से ढाई-तीन कोस ही होगा गाँव सुक्खे के नज़दीक। बड़े अहंकार वाले चौधरी थे। ऐलान किया हुआ था, हमारे पशुओं की ओर कोई मैली नज़र से देखे तो। उन्होंने जाने-माने बलवानों तक को पीट डाला था। शेरों जैसे तो उनके कुत्ते थे। रात को खोल देते थे।...

मैंने पिरथे और सदीक ने मन ठान लिया, डंगर खोलकर लायेंगे चौधरियों के, नहीं तो, यह काम ही छोड़ देंगे। पन्द्रह दिन लगातार आधी रात तक हम उनके कुत्तों को गोश्त खिलाते रहे। वे तो हमें देखते ही पूँछ हिलाने लगे। फिर माघ की अमावस्या को, हमने उनके पशु खोल लिए। ठंड भी इतनी, कम्बलों में भी कँपकँपी छिड़ती थी। चौधरियों के कुत्ते गोश्त खाते रहे और हमने घोड़ियों से लेकर भेड़ें-बकरियों तक सभी खोल लिये। अभी चले ही थे, एक ऊँची दीवार की ओर से कोई जना मुँह-सिर ढके एकदम सामने आन खड़ा हुआ। पिरथे ने छवी उठायी तो मैंने रोका, "वार नहीं करना।"

"किसी भ्रम में न रहना, चौधरियों के किसी बन्दे को मालूम नहीं।" एक ज़नाना आवाज़ आयी।

मैंने आगे होकर पूछा, "तुम कौन हो?"

"पीछे ही रुक।" उसने रौब से कहा था।

इतना हौसला, मैं हैरान हुआ। वह एक औरत ही थी।

"मैं दस दिनों से देख रही हूँ तुम्हें।" फिर बोली, "शक तो मुझे पहले ही था, रात के वक़्त कुत्ते भौंकते क्यों नहीं। फिर मैं ताड़ती रही। मैं तो तुम्हारी ज़ुर्रत पर दंग रह गयी। फिर सोचा, देखूँ कहाँ तक बढ़ते हो। अभी तक कोई पैदा नहीं हुआ

था चौधरियों के डंगर-माल खोल ले जाने वाला।"

''अब तो पैदा हो गया न।'' मैंने कहा था।

''तुम में से दुल्ला कौन है?'' औरत ने फिर पूछा।

मैं हैरान था, यह तो मेरा नाम भी जानती है। यह तो तुरन्त मुझे पकड़वा देगी। इतने में पीछे खड़े सदीक ने कहा–

''मैं हूँ दुल्ला।"

"औरतों से डरकर पीछे खड़ा होने वाला दुल्ला नहीं हो सकता।" कहते हुए उसने अँधेरे में मेरी ओर इशारा कर कहा, "तू है दुल्ला।'' "हाँ मैं हूँ दुल्ला।" मेरे मुँह से निकल गया। मुझे उसकी दलेरी पर हैरानी हो रही थी। जाड़ों की ठंडी रात। चारों ओर अँधेरा। अकेली औरत, तीन अनजाने आदमियों संग बहस कर रही है। यह औरत के भेष में कोई भूत-चुड़ैल तो नहीं, जो हमारी जान लेने आयी हो।

फिर वह बोली, ''सुना था, दुल्ला है कोई बार में, लध्धी ने पैदा किया है। आज देख लिया। जा ले जा, खोलकर डंगर।''

"अब नहीं ले जायेंगे हम। कहें तो जैसे खोले थे, वैसे ही बाँध देते हैं। हमने तो निश्चय किया हुआ था, चौधरियों को कानों कान खबर नहीं होगी और डंगर दरिया पार। तूने तो हमें देख लिया है।''

"चौधरियों को अभी भी कोई ख़बर नहीं। वो मेरे ही अब्बा, चाचा, ताऊ हैं। तुम जाओ, मैंने भी तुम्हें नहीं देखा। डंगर अब तो दरिया पार जायेंगे। चौधरियों को ख़बर तो हो...।"

''क्या ख़बर हो?'' पूछा हमने।

"ख़बर हो, बार का दुल्ला डंगर ले गया है, हिम्मत है तो लौटा लायें।'' मुझे लगा, वह हँसी थी और मेरे लिहाज़ से हमारे बैलों के गले की टलियाँ बज उठी थीं।

मैंने पूछा था, ''क्या लगती हो चौधरियों की?"

"कहा तो है, मेरे अब्बा, चाचा, ताऊ हैं।"

"हमने समझा कोई रिश्तेदार होगी।" मैंने हँसकर कहा था।

"डंगर अब हम नहीं ले जायेंगे दुल्ले।" पिरथे बोला।

''डंगर न ले जाओ और अपना नाम दुल्ला बदल लो।'' उसने मेरी ओर बाँह कर मुझे सीधी चुनौती दी।

मैंने झट फैसला लेते हुए कहा था, ''पिरथे, ले चल।''

वह पलटी तो मैंने पूछा, ''मेरा नाम जानती है, अपना तो बताती जा।''

वह रुक गयी। पीछे मुड़ी और मेरे एकदम निकट आकर बोली थी, ''जिस दिन डंगर खोलने न आया, मेरा नाम ही पूछने आया, बता दूँगी।''

''कैसे मालूम होगा।'' मुझे समझ में नहीं आया मैं क्या कहूँ। ''हर महीने अमावस की रात आती है, आज की तरह।'' कहकर वह चल दी।

"पुन्नियाँ भी तो आती है।" मैं उसे रोशनी में देखना चाहता था, मगर वह

पलटी नहीं।

यह सोचते हुए दुल्ले के चेहरे से हवेली वाली तल्खी तथा कड़वाहट गायब हो गयी थी और मीठी-सी मुस्कान झलकने लगी।

हम रातोंरात सारे डंगर दरिया पार पहुँचा आये। पूरी बार में चौधरियों के डंगर चोरी होने के चर्चे होने लगे। मगर मेरा ध्यान दिन-रात उधर ही रहने लगा। कौन थी वह। इतनी दिलेरी। करने को तो हमने चौधरियों के डंगर चोरी किये थे, मगर लग यह रहा था जैसे मुझे ही किसी ने खूँटी से बाँध लिया था। बार-बार सिर-मुँह ढके वह मेरे सामने आ खड़ी होती। पूछती, "दुल्ला कौन है तुममें से।"

मेरी तो रातों की नींद उड़ गयी। मुझे यूँ लगा, अगली अमावस जैसे वर्षों बाद आयेगी।

फिर अमावस तो क्या हम पुन्नियाँ में भी मिलने लगे। अल्लाह की रहमत थी, सभी कुछ ढके-छुपे ही हो रहा था। नहीं तो चौधरियों की नूराँ और पिंडी के दुल्ले के लोगों ने क़िस्से बना देने थे।

एक दिन हमने सख़ी सरवर के मेले पर मिलने का वादा किया। दुल्ला आज अपने ही वेग में बहता जा रहा था। मेले में दिन के समय तीन-चार बार हमारा टकराव हुआ। सहेलियों में घिरी नूराँ नज़रें झुकाकर होंठों में हँसती निकल जाती और मेरे अन्दर हलचल होने लगती। एक रेहड़ी पर उसकी टोली माला, पराँदे, चूड़ियाँ और छोटा-गोटा सामान खरीदने में लगी थीं। नूराँ चूड़ियाँ चढ़वा रही थी। मैंने धीरे से पीछे से जाकर, इधर-उधर ताड़ते हुए हौले से कहा, "तंग चूड़ी ध्यान से चढ़ाना चूड़ी वाले नर्म कलाई है।"

''इतनी नर्म भी नहीं है।'' कहते वह सुर्ख़ हो गयी थी शर्म से और उसकी सहेलियाँ खिलखिलाकर हँस रही थीं। मैंने सहेलियों से आँख चढ़ाकर धीमे से पूछा था।

"सोहणियो रात का मेला देखना है कि मुड़ना है।"

"मुड़ना है।" कहते हुए उसने नज़रें न उठायीं।

"पिंडी अच्छी नहीं लगी?''

''पिंडी तो अच्छी है।''

"बन्दे नहीं अच्छे यहाँ?" मैंने फिर पूछा।

"बन्दे भी अच्छे हैं।" उसकी आवाज़ सुनाई दी।

"फिर रह जाना, रात का मेला देखेंगे।" मैंने सच में मिन्नत की।

"बस, एक ही रात रखेगा।"

"तू कहे तो बारात लेकर आ जाऊँ?"

नूराँ खिलखिला दी।

"मैं दरिया किनारे हूँगा, बड़े वटवृक्ष के नीचे।" इतना कह मैं वहाँ से चला आया।

काफी देर तक मेले में घूमता रहा। और भी यार-बेली मिल गये। पिरथा, रूड़ा

के साथ नचारों का नाच भी देखा मगर मेरी आँखों में तो नूराँ बसी हुई थी।

उस रात इसी वटवृक्ष के नीचे बैठे थे हम दोनों। फागुन महीने की मीठी-मीठी हवा—आसमान में छटाँक-सा चाँद। ठाणं मारती झन्नाँ की लहरें। बाँहों में बैठी नूराँ से सेंक आ रहा था। कभी वह मेरे नाक की कोठी को छेड़ती कभी कान में घास का तिनका मारकर हँसती। झन्नाँ की लहरों की तरह मचलती हुई थी। झन्नाँ के दूसरी ओर से एक नौका बहाव के साथ-साथ आती नज़र आयी। बीच में कोई मल्लाह लम्बी टेक लगाकर कुछ गाता जा रहा था। बाग में से मोर बोला और जंगल की ओर से शेर के गरजने की आवाज़ आयी। दुल्ले को होश आया ...आह! मैं भी किस बहाव में बहने लगा था। बातें तो डंगर चोरी करने की थीं। और भी इसी प्रकार छीना-झपटी करते रहे। कभी कोई मोटी असामी भी हाथ लग जाती थी। यही इस बाग में गोश्त रिझते और शराबें उड़तीं। मुझे और मेरी टोली को रब की कोई याद नहीं थी।

...और एक दिन जब सन्ध्या समय पिरथा एक घनी डाली के खोल में टाँगें लटकाकर तीन ओर से आते रास्तों पर ताड़ती नज़रें टिकाये बैठा था। वह दृश्य सारा का सारा दुल्ले की आँखों के सामने, अँधेरे के कारण झन्नाँ के काले नज़र आते पानी पर तैरने लगा।

पिंडी से पन्द्रह-बीस कोस परे खानगाह डोगरों के नजदीक वाली झाड़ियों और सरकंडों की ओट से आठ आदमियों का एक टोला छुपा बैठा है। पिरथा अचानक चौकन्ना हो गया। दबी-सी सीटी मार उसने हाँक दी। "तैयार हो जाओ भई, धूल उड़ रही है। कोई आ रहा है।"

तुरन्त सभी ने बर्छे, गँडासे, लाठियाँ हाथों में ले लिये। सभी ने अपने चेहरों के नकाब कसे, फिर कच्चे रास्ते पर उड़ती धूल की ओर एकटक देखने लगे।

घुसमुसे का समय था। इस समय तो घुसपैठियों की हुकूमत लागू हो जाती। समझदार, राहगीर या व्यापारी इस समय किसी भरोसे वाले स्थान पर पड़ाव करना उचित समझते। दुल्ला हैरान है कि ये कौन-से सूरमा हैं? इतने में पिरथा ने डाली से नीचे छलाँग लगा दी।

"चार आदमी लग रहे थे। एक बैलगाड़ी है। एक ऊँट पर कुछ लदा हुआ है। साथ में हथियार भी होंगे।" पिरथा ने जानकारी दी। "मोरचा सँभाल लो भई।" दुल्ले ने दबी आवाज़ में सभी को आदेश दे, कुछ आगे बढ़ा। दोनों ओर से जाकर उन्होंने पीछे से राहगीरों को घेर लिया।

दुल्ले ने देखा थकावट और सफर के कारण राहगीरों के होंठ तो पहले से ही सूखे हुए थे, अब उनके चेहरे भी पीले पड़ गये। वे डरे-सहमे से एक-दूसरे की ओर देखने लगे।

"किधर जा रहे हो?" दुल्ले ने आगे बढ़कर पूछा।

"लाहौर जा रहे हैं भाइयों। शाही दरबार का माल है।" गाड़ीवान ने हिम्मत

करके कहा।

"ज़िन्दा वापस जाना है या बैलगाड़ी में जाना है।" इस बार दुल्ले ने कठोरता से पूछा।

"गाड़ियों में जीते-जी कैसे जायेंगे। सेर अन्न तो हम भी खाते हैं।"

राहगीरों में से बर्छे वाले ने अकड़ दिखाई।

"कम तो हम भी नहीं खाते, तैयार हो जाओ फिर।" दुल्ले की चुनौती सुनकर सभी राहागीरों पर टूट पड़े।

राहगीर चार थे और ऊपर से माल-सामान लूटे जाने का डर। एक-एक को दो जनों ने घेर लिया। बैल घबराकर गड्डे समेत एक खेत की ओर मुड़ पड़े और एक मेंड़ पर गड्डे का पहिया चढ़कर टेढ़ा हो गया। एक बैल नीचे बैठ गया और दूसरा खेतों में से निकल भागने लगा, साथ ही वह चिंघाड़ने लगा।

तीन आदमियों को उन्होंने पकड़ लिया। एक की लाठी पड़ने से घुटने के नीचे से टाँग टूट गयी। बह रास्ते की धूल में लथपथ हुआ दुहाई देने लगा।

उस आदमी को रोते-कराहते वहीं छोड़ दुल्ले के साथियों ने गड्डे में रखा माल ऊँट पर लादा और पिंडी के रास्ते चल दिये।

"टूटी टाँग वाले को तो उठा लाते।" बाग में आ पिरथा हँस दिया।

"वही तो कह रहा था, हम सेर अन्न खाते हैं।" कहकर दुल्ला सामान की पड़ताल करने लगा, "माल तो बहुत कीमती लिए जा रहे थे। मैंने तो सोचा था, हमारे ऊपर रौब डालने के लिए शाही दरबार का नाम ले रहे हैं।" सदीक ने माल की ओर झुकते हुए सूखे मेवों की एक पोटली खोल ली।

"मैंने तो दो को अच्छा डराया। एक की सलवार पिंडली में आ गिरी और वह औंधे मुँह जा गिरा।" रूड़ा ने ठहाका लगाया।

"औंधे पड़े हुए का पिछवाड़ा नहीं देखा?" पिरथा ने कहा तो सभी जोर से हँस दिये।

"अच्छा ऊँट की खुरजियों में तो कमाल का माल है दुल्ले, देख ज़रा इधर। मुश्कनाफे, कस्तूरी, रेशम, काबुली मेवे, बादाम, पिस्ते, लो ज़रा स्वाद तो चखकर देख।" खुश हुए सदीक ने एक मुट्ठी भर मेवा दुल्ले की ओर बढ़ाया।

"फत्तु मिरासी सिर्फ लाठियाँ खाने के लिए ही रखा है। इधर भी दो मुट्ठियाँ फेंक। हम भी तो शाही नियामतों का स्वाद देखें।" फत्तु ने रोष से कहा तो दुल्ला बोला—

"क्यों मर रहा है मीरज़ादे, ये सारा माल तेरे ही हवाले कर देंगे। खुशबू सूँघत रहना।"

"हाँ, हाँ माल की रखवाली के लिए फत्तु, खाने के लिए पिरथा, रूड़ा और ...फत्तु को तो तुमने सूँघने के लिए ही रखा है न। खा-खाकर धड़ा-धड़ पाद मारते हो, वो भी तो फत्तु मिरासी ही सूँघता है।"

सभी खिलखिलाकर हँस दिये।

उसी समय बैलगाड़ी से लायी गयी एक गठरी में से रूड़ा एक मटका निकाल कर सभी के आगे रखता है तो सभी की आँखें अँधेरे में भी चमकने लगती हैं।

"पहले ये बताओ, इसमें क्या हो सकता है।" इतनी देर तक उनके साथ कार्यवाहियाँ करता काना सैदा आज खुलकर बोला।

"घी होगा।" रूड़ा ने तुरन्त कहा।

"शहद होगा।" सदीक ने कहा।

"शराब होगी।" फत्तु की बात पर सभी हँस दिये।

"मीरज़ादे तू ही खोल इसे। शराब हुई तो तेरे मुँह में घी और शहद दोनों।" पिरथे ने छेड़ा।

"शराब कहते हुए तुम्हें साँप सूँघ जाता है।" फत्तू ने कहा तो सभा का कहकहा और भी ऊँचा हो गया।

जब फत्तू ने मटकी के ऊपर से आटे से चिपकाया गया ढक्कन उतारा तो चारों ओर तीखी गन्ध फैल गयी।

"भई वाह।" सभी के चेहरे खिल गये।

"आज आयेंगे काबुल-कश्मीर के झोंके। दारू भी और सूखे मेवे भी हैं। अल्लाह ने गाजरें भी भेजी हैं और साथ में भेजी हैं खुरपी।"

मचलता फत्तु तेज़ी से हाथ रगड़ने लगा।

"पिरथे, कोई प्याला ढूँढ़ ले।" दुल्ले ने कुएँ की ओर नज़र दौड़ाते हुए कहा।

"मुझे तो ओक से ही दो घूँट पिला दो भई।" कहते हुए फत्तु ने दोनों हाथों की ओक बना ली।

"सँभलकर पीना इसे। यह अपने पिंडी के कलाल का पानी नहीं। बादशाह दरबारियों के इस्तेमाल की शै है।'' दुल्ले ने खबरदार किया।

"यह तो बाद में मालूम होगा, पहले सेर अन्न खाने वालों को भगाते उड़ती धूल जो गले में उतर गयी है इसकी खुश्की तो उतार ले।" पिरथे ने मटकी टेढ़ी कर अपना कटोरा भरते हुए कहा।

× × ×

थोड़ी ही देर में सभी शराबी हो गये।

बाहर तेज बहती हवा, बाग के वृक्षों से गुज़रते इस प्रकार का राग पैदा कर रही थी, जैसे किसी पीर के दरगाह पर मेले के समय कोई गवैया लम्बी सुरीली हेक लगाकर गा रहा हो।

"दुल्ले मेरे भाई, अच्छी चीजें तो मुग़लेटे ही ले जाते हैं, हमारे हिस्से में तो छप्पड़ों का पानी ही आता है।" नशा सदीक को चढ़ गया था। उसने बेंच से टेक लगा ली।

"मुग़लेटे तो पंजाब में ऐसे घूमने फिरने लगे हैं, जैसे यहीं पैदा हुए हों।" रमजा बोला।

"इनमें भगदड़ मचायेंगे कभी...।"

"पैदा होगा कोई शक्तिशाली, डालेगा भगदड़।"

"राख डालेगा भगदड़। मेरा चाचा जलालदीन देख लो, क्या उलटी अक्ल है उसकी। कभी दिल्ली, कभी लाहौर चुगली करने जाता रहता है।" अँधेरे में दुल्ले के चेहरे पर उभर आयी घृणा उसके दोस्तों ने न देखी।

"तेरे चाचा के साथ भी करेंगे हिसाब-किताब कभी पूरा।" काना सैदा कम बोलता था, मगर बात तीखी करता था।

"अपना माल ठिकाने लगायें। दिन में हम इन्हें ज़रूरतमन्द घरों में बाँट ही देंगे। कह कर दुल्ला उठ खड़ा हुआ।

"मैं तो इसी बेंच पर सो जाऊँगा।" शल्ला टुंडा वहीं टेढ़ा हो गया।

दरिया के परले किनारे छपाक-छपाक की आवाज़ सुनी तो दुल्ले की आँखों के सामने से झन्नाँ के पानी पर तैरता दृश्य ओझल हो गया। उसने आस-पास देखा। सुनसान था। उसने एक बार फिर गर्दन पीछे कर आँखें बन्द कर लीं। मन आज बहुत बेचैन था। माँ की कही गयी बातें अभी भी वैसे ही कानों में गूँज रही थीं। मगर बीते समय की बेपरवाहियाँ अभी भी पीछा नहीं छोड़ रही थीं।

जिस दिन राहगीर लूटे गये थे और बाग में सभी जने शराबी थे, उस रात का एक-एक पल उसे याद था।

जब टिकी रात में मैं घर आया, माँ और फुल्लराँ अभी जाग रही थीं। मैं दबे पाँव चलने लगा तो माँ ने कहा था, "अब तू अपनी चुस्ती दिखा रहा है।" मुझसे सिर्फ मैं-मैं ही निकली थी।

"इधर आ।" माँ ने हुक्म दिया। मैं नजदीक हुआ तो दीये की लौ में माँ मेरी ओर देखती ही रह गयी, "अरे सोहणे, तू तो मुझे एकदम ऐसे लगता है जैसे तेरा बाप धरती से उग आया हो। वही कद-काठी, वही चौड़ी छाती, लम्बी बाँहें ...माशा ...अल्लाह।" माँ ने ऊपर की ओर हाथ जोड़े, फिर कहा, "अब तू बच्चा नहीं रहा। खुद बच्चों वाला है। इस तरह कुसमय बाहर घूमता-फिरता है।"

मैं क्या कहता, मेरी तो नज़रें झुकी हुई थीं।

माँ बोली, "मैं सब जानती हूँ। तुझे पैदा किया है। सलेमो अब्बा-अब्बा करती घूमती है, बखतो, नूरा कभी तो उन्हें बाप की तरह लाड़ लड़ाया कर। फुल्लराँ अलग परेशान है। तुझे अपने परिवार की कोई फ़िक्र नहीं। अपना टब्बर पाल सोहणे। बहुत माल-डंगर है, खेती-बाड़ी है। लूट-खसूट करने से ज़िन्दगी थोड़ा न निकलती है।"

"चाचा जलालदीन की चुगलियाँ हुई लगती है माँ।" मैंने सीधे कहा।

"चुगली कोई ऐसे तो नहीं करता दुल्ले। कोई पंख गिरता है, तभी तो पता

चलता है कि इधर से पक्षियों की डार निकली है। अपने चाचा-बाप का नाम दाग़ी करेगा पुत्तर। पिंडी में बहुत लाहौर दरबार के सूहिये घूमते फिरते हैं। अपने मुल्ला और ब्राह्मण का लाहौर में काफी आना-जाना है। मैंने सुना है तू उन्हें भी अँगूठा दिखाता है। कोई मुसीबत खड़ी कर देंगे।"

"मुसीबत खड़ी करेंगे तो समझ ले माँ, उनका काल उन्हें आवाज़ मार रहा होगा। जब तूने मुझे पढ़ने भेजा था, मैं तो तभी काम तमाम करने लगा था, पिरथे ने रोक लिया था और बामण कुफ़र तोल कर पिंडी वालों को ठगता फिरता है। हाजी मियाँ चिराग़दीन एक दिन कह रहा था, यह बामण बड़ी शातिर और मौक़ा परस्त जमात होती है। खुद लड़ाई से भागते हैं और दूसरों को लड़ाई की ओर धकेलते हैं। इस बामण के लिए तो अपना शल्ला टुंडा ही काफी है। इसे भी सबक पढ़ाना पड़ेगा एक दिन।"

"किसको-किसको सबक पढ़ायेगा दुल्ले।" माँ ने दुखी होते हुए कहा था, "सिर पर बाप नहीं। रँड़ेपा काटकर तुझे पाला है, तेरा निकाह किया और अब चार दिन सुख के देखने थे तो मरने-मारने की बात करने लगा है। शरीफों की तरह कोई काम-धन्धा तो करना आता नहीं तुझे। लाहौर चला जा, बादशाह ने जबान दी है, दुल्ला जब चाहे आ जाये। शाही दरबार में लोगों के साथ तेरा भी असर-रसूख बढ़ेगा।"

मैंने कहा था, "शाही दरबार में मेरा असर-रसूख तो चाचा ने ही काफ़ी बढ़ा रखा है।"

"कौन-सा चाचा?" पूछते ही मैं जान गया था कि माँ डर गयी है। "कितने चाचा हैं मेरे?" मैं आगे से पूछा तो माँ स्वयं ही कहने लगी थी।

"तू जलालदीन की बात कर रहा है? वह तो दरबारी पिट्ठू है पुत्तरा। जी हज़ूरिया। उसकी बातों की ओर ज्यादा ध्यान न दिया कर।" फिर झट ही माँ ने स्वर बदला और फुल्लराँ को हाँक लगायी थी।

"फुल्लराँ खाना दे जा।" फिर मेरी पीठ को सहलाते बोली थी, "पुत्तर, आज मुर्गी का गोश्त पकाया है।"

जब भी चाचा या बाप की बात उठती थी, जब भी तख्त लाहौर के बारे में पूछता था, माँ बातों को दूसरी ओर मोड़ देती थी। शक तो था, माँ मुझसे कुछ छुपाती रहती है। उस रात भी मैं सो नहीं पाया था। नशा भी था पर नींद न आयी। .....नन्दी के ताने, चाचा जलालदीन की कसती आवाज़ें याद आती रही थीं। नन्दी बार-बार कहती, निशाने लगाने हैं तो उनके सिरों के लगा। चाचा कहता, माथा लगाना है तो लाहौर से लगा। माँ से पूछता तो वह कोई सिरा न पकड़ाती थी।

......और अब कहीं जाकर माँ ने धुआँ निकलने दिया था। दुल्ले ने गहरी साँस ली। देखा, हिरणों का जोड़ा मालूम नहीं कहाँ चला गया था। अँधेरा पहले से और भी गहरा हो गया था। उसे दूर से आवाज़ें सुनाई दीं।

"दुल्ले ओ दुल्ले आ जा ......।" हाँके लगाते उसके साथी इधर दरिया की ओर ही आ रहे थे।

दुल्ला उठकर उनकी ओर जाने लगा। आवाज़ें पहचान ली थीं उसने। वे जल्द ही उसे मिल गये। रूड़े ने एकदम निकट आते हुए उसके कन्धे पर हाथ रखते हुए कहा, "अम्मा का कहा, मन से मत लगा। हम सभी तेरी बाजू बनेंगे।"

"कब से ढूँढ़ रहा है तुझे, बिना बताये ही इधर आ गया।" पिरथे के गुस्से में स्नेह था।

"फत्तु मशक ले आया है, हम सभी तेरा ही इन्तज़ार कर रहे हैं।"

दुल्ला खड़ा हो गया। कुछ पल पिरथे तथा रूड़े की ओर देखता रहा। रूँधी आवाज़ में बोला, "माँ ने बरसों तक मुझे अँधेरे में रखा भाइयो। मेरी जवानी मिट्टी हो गयी।" और वह रूड़े के कन्धे से लग गया। उसकी चीखें निकलने लगीं।

इसी समय फत्तु मिरासी हाँफते हुए पहुँचा। सभी हैरान रह गये। दुल्ला भी सँभल गया। "अम्मा लध्धी आमों वाले कुएँ पर आकर बैठी हुई है।" जब आकर फत्तु ने बताया तो सभी जल्दी-जल्दी बाग की ओर चल दिये।

5

उस रात लध्धी उसे घर ले आयी। अपने सामने बिठाकर खाना खिलाया। बेशक वह दुल्ले की पीठ, कन्धे सहलाती रही, मगर दुल्ले के माथे की त्यौरियाँ न हटीं। हर ग्रास उसके मुँह में घुलता रहा। ज़बर्दस्ती आधी-अधूरी रोटी खा, वह अपनी चारपाई पर लेट गया।

कितनी ही देर तक लध्धी अपने कलेजे पर हाथ रखकर खड़ी रही, फिर वह भी कमरों के बाहर बरामदे में खाट बिछाकर लेट गयी। नींद पता नहीं कहीं उड़ गयी थी, वह लगातार जागती रही। काफी आँखें मूँदती, उसे काफी कुछ भयानक नज़र आने लगा, डरावना, लड़ाइयाँ, लहू, चीखें। वह घबराकर आँखें खोल देती। फिर आसमान में टिमटिमाते तारों की ओर ताकने लगी ......उसे तारों में दुल्ले का बाप नज़र आया। उधर एकटक देखती, वह दुल्ले के अब्बा से बातें करने लगी, "भला कितनी देर यह भेद बना रहता? कभी तो उसे मालूम होना ही था। मैं न बताती तो कोई और बता देता। रिश्तेदारों ने बता ही देना था। वह सफाई देने लगी। मैं क्या करूँ, तेरा पुत्र तुझसे भी ज़बर्दस्त है। गाँव के अपने सभी हमजोलियों से ऊपर है। सनकी भी बहुत है। तभी तो चौधरियों की आँखों में खटकता था। मैंने इसका निकाह भी जल्दी कर दिया। सोचा था, इस ओर से लौट आयेगा। अपने बाल-बच्चों में जी लगायेगा। मेहरू तो पक्का पोस्ती है। नशा मिलता है तो उसे होश आता है नहीं तो ....। क्या कहूँ माँ हूँ ना, जीभ पर बुरे लफ्ज़ आते ही नहीं। यही दुल्ला

है, जिसने वंश आगे ले जाना है। चलाया भी है। नूरा भी सुन्दर जवान निकाला है अल्लाह की मेहर से। अब तो उसका भी निकाह होने वाला है। घर में खुशियाँ आने वाली हैं। परन्तु दुल्ला तो आज उदास है। जबसे उसे तुम्हारे साथ हुई बीती का पता लगा है, तभी से गुमसुम है। डरती हूँ तुम्हारे रास्ते पर न चल दे, फिर तो ...।" लध्धी ने देखा, एक तारा टूटकर लम्बी चमकती लकीर छोड़ते हुए बुझ गया। उसने नीचे थूका। "अल्लाह-ताला मेहर करना।"

वह फिर से बातें करने लगी, "तुम्हें तो गोर (कब्र) भी नसीब न हुई। कहाँ चिराग जलाऊँ। मैं तो जानती हूँ बादशाहों से टक्कर लेने का हश्र क्या होता है। पुत्तर को कैसे लौटाऊँ। बादशाहियाँ बहुत जालिम होती हैं। इसलिए मन उदास है। पहले तुझे इस राह से ना रोक पायी, तुझे गँवा लिया, अब पुत्तर भी हाथ से जायेगा। अपना तो खानदान ही धूल-मिट्टी में मिल जायेगा। अब सोचती हूँ, माँ-बाप ने तेरे जैसे शक्तिशाली के साथ क्यों भेजा। न खाकर देखा, न कुछ भोगा। यहाँ तो अपने मामले ही नहीं निपटाये जाते। तू और तेरा बाप अकबर से टक्कर ले बैठे। अब तेरा पुत्तर भी आ गया है उन्हीं रास्तों में। कैसे रोककर रखूँ....। लध्धी का दुख समझता है न तू। देख रहा है न, जानता है, रंडी माँ को कैसे अपने पुत्तरो को पालना पड़ता है।" लध्धी को मालूम नहीं क्या हो गया था, उसकी आँखों से आँसू बहने लगे थे।

उसे कदमों की आहट सुनाई दी, कोई उसकी ओर आ रहा था। उसने तुरन्त आँखें पोंछ लीं। देखा दुल्ला सिरहाने खड़ा है। लध्धी का मन काँप गया, जल्दी से उठ बैठी, "क्या बात है पुत्तर। नींद नहीं आ रही।"

"तू भी तो नहीं सोयी माँ।" कहते हुए दुल्ला पायताने बैठ गया।

"पुत्तर जाग रहे हों तो मांओं को कैसे नींद आयेगी।" लध्धी ने आह भरी।

"माँ, एक बात मेरे सीने में काँटे-सी चुभ रही है।"

"बोल ना पुत्र।"

"इतने बरस तूने मुझे अँधेरे में क्यों रखा माँ?"

"ऐसे न कह दुल्ले। मैंने तुझे हथेली पर पड़े छाले की भाँति सँभालकर रखा।"

"माँ, कुफ्र कहती है तू मेरे सामने। एक दिन जब नूरा नगाड़ा बाहर खींच लाया, उस दिन भी तूने कहा था, "नूरा, इस पर चोट न मारना। मेरा कलेजा फड़कता है। कहा था न।"

"कहा था पुत्तर।" माँ ने धीमे से कहा, "इसकी आवाज़ से डर लगता है। तेरा अब्बा बजाता था, जब उसने लोगों को इकट्ठा करना होता था।"

"लोगों को इकट्ठा क्यों करता था अब्बा।"

"पुत्तर, अब तो तुझे इल्म हो गया न, अब क्यों पूछता है?"

"तेरे मुँह से सुनना चाहता हूँ।"

"नगाड़े का बजना अच्छा नहीं होता पुत्तर। इसकी धमक जंग को बुलावा देती है। एक दिन पूछा था न, अब्बा फ़ौत (स्वर्गवास) कैसे हुए तो मैंने कहा था न, जैसे लोग फ़ौत होते हैं। उम्र हो गयी, अल्लाह का बुलावा आ गया और चला गया। बात इतनी-सी नहीं थी पुत्तर। अब तो तुझे बता ही दिया है, तेरे बाप-दादा के साथ क्या हुआ था। तू तो पुत्तर, पाँच महीने के बाद पैदा हुआ था।"

"माँ यह भी मालूम हुआ है कि मुझे, तू अकबर के बीज को ही पालती रही है?"

"वह भी पुत्तरा महलों की कोई चाल रही होगी।...उन्होंने कहा, अकबर की बेगम को दूध नहीं उतर रहा। मैं तो समझती हूँ, अकबर बादशाह सोचता होगा, इस बहाने से भट्टिओं संग दुश्मनी ठंडी कर लूँ। इसलिए उसने कहा था, तेरा पुत्तर जवान हो जाये तो इसे शाही दरबार की ओर भेज देना। मगर तू छोरियाँ-बेटों वाला होकर लूटमार करने लगा। सयाना पुत्तर बन। बादशाह की रजा में रहेगा...।"

"माँ, आगे कुछ न कहना बस।" दुल्ला एकदम से भड़क उठा।

"खून गर्म कर हुकूमत को नाराज करेगा पुत्तर। एक छलाँग लगाकर गिर पड़ेगा, फिर सौ छलाँगें मारकर भी बाहर नहीं निकल पायेगा। गाँव में सूहिये फिरते रहते हैं, किसी ने गर बादशाह के कान जा भरे, वे सभी को बाँधकर ले जायेंगे। तेरे बेटे-बेटियाँ हैं, तेरी बीवी...। तेरी माँ एक बार मर चुकी है, उसे बार-बार न मार पुत्तर।" लध्धी का गला फिर भर आया।

"माँ खुद ही बता रही थी, अकबर ने अब्बा-दादा के जिस्मों में घास-फूस भरवा दिया। यह भी जानती है, मेरी रगों में अब्बा फ़रीद भट्टी का ही खून है। या तो माँ कह दे कि मेरी रगों में मेरे बाप का खून नहीं था फिर मुझे लाहौर के रास्ते जाने दे।"

"अरे ना पुत्तरा। लाहौर की ओर जाने वाला रास्ता मौत का रास्ता है। तेरी माँ ने तो तेरे अब्बा के आगे भी काफी मिन्नतें की थीं। उसने मेरी एक न मानी। तू उस रास्ते न जा पुत्तर। माँ, पुत्तर को कब्र के रास्ते कैसे जाने दे। अल्लाह-ताला इस टब्बर पर मेहर रख।" लध्धी ने दुहाई दी और उसके दोनों हाथ ऊपर की ओर उठ गये।

"माँ, अब ना तेरे अल्लाह से मेहर होगी ना तेरे अकबर बादशाह का एहसान मानना है। राजाओं के एहसान कैसे होते हैं, हाजी बाबा चिराग़दीन कहता था, राजा तो चालें चलते हैं, शह और मात। अब तो अब्बा का रास्ता मेरा रास्ता। रुकावट ना डालना माँ, नहीं तो सब कुछ मसल कर आगे निकल जाऊँगा। यदि मेरे अब्बा-दादा ने बादशाह की धौंस नहीं मानी, तेरा पुत्र भी उन्हें सलाम नहीं कहेगा माँ। एक बात और सुन ले माँ, दुल्ला अब वही करेगा, जो अकबर को डंक मारेगी और एक बात

दिल कड़ा करके सुन ले, समझ ले अब दुल्ला इस घर में है ही नहीं। दुल्ले बिना जीना सीख ले माँ। यह बात फुल्लराँ के कानों में भी डाल दे।"

"पुत्तर....।" लध्धी ने दुल्ले के मुँह पर हाथ रखते हुए कहा, "पिंडी बसती रहने दे, इसे फिर ना उजाड़।"

"मालूम नहीं पिंडी अब बसी हुई है कि उजड़ी हुई है। वक़्त आने दे। नूरा के निकाह तक हम चुप बैठे हैं। तुझे ज़बान दी है। निकाह के बाद तेरा दुल्ला किसी भी बात से नहीं मानेगा।" दुल्ला उठकर अपनी कोठरी की ओर चल दिया।

रात आधी से अधिक बीत चुकी थी। तारे घूम रहे थे। दुल्ला अभी भी बेचैनी में करवटें ले रहा था। समय-समय गाँव की चौपाल पर होती और कभी-कभी बड़े बरगद के नीचे चौतरे पर बैठे सयाने लोगों में होती आपसी बातों के अर्थ आज उसे समझ में आ रहे थे।

एक बार जब उसने अहमद चौधरी के लठैतों से इसलिए पंगा ले लिया था, जब उन्होंने लहणे के छोटे भाई की पक्की फसल को ज़बर्दस्ती अपने घर ले जाने की हिमाकत की थी। उसने चौधरी के लठैतों के हाथ-पैर तोड़ दिये थे। जुड़ी पंचायत में चाचा जमालदीन ने कहा था, "खुद को इतना बलशाली समझता है तो जाकर बादशाह अकबर से माथा भिड़ा।"

"जब वह फसल काटने आयेगा, उसे भी देख लेंगे चाचा।" मैंने उसी रौ में जवाब दिया था।

"वो सिरों की फसल काटता है।" चाचा व्यंग्य से हँसा था।

"किसके सिरों की फसल कटी है चाचा?"

"लध्धी से पूछ जाकर। वह बतायेगी तुझे, लाहौर के दरवाज़ों पर किसके सिर लटकते रहे थे।"

"जब तुझे मालूम है तो तू क्यों नहीं बता देता चाचा।"

"जा बच्चे, अपनी माँ से पूछ जाकर। राह जाने वाले को लूट लेना। साहूकारों को लूट लेना, चौधरी के लठैतों को पीट देना, यही शुगल है ना तेरा? खून इतना ही सिर पर चढ़ा है तो मुगलों से टक्कर ले सोहणिया।"

चाचा जलालदीन की तीखी बातें सुनकर तो मेरा कलेजा धधकने लगा था। मैंने जुड़ी भीड़ से पूछा था, "पिंडी के बुजुर्गो आप तो जानते हो अकबर किन सिरों की फसल काटता रहा है। मेरा चाचा बार-बार मुझे बाप-दादा के ताने देता रहता है।... क्या हुआ था उनके साथ।"

जुड़ी भीड़ चुपचाप बैठी रही थी।

काफी देर के बाद अहमद चौधरी बोला था, "हम तुझे मनमर्ज़ी नहीं करने देंगे। हमारे इलाके में लूट-खसोट नहीं होगी। पिंडी को हम फिर से उजड़ने नहीं देंगे।"

"तू पिंडी का चौधरी है न। तेरी तो लाहौर के साथ सीधी बात होगी, होगी

क्या है। यदि पिंडी को उजड़ने का सराप मिला हुआ है तो तेरे रोकने से उजड़ने से नहीं रुकेगी। मैं जान लूँ, असल बात क्या है, फिर तुम्हें बताऊँगा दुल्ला साहूकारों, राहगीरों को लूटना ही नहीं जानता, दुल्ला कोई और ही शेर है। यहाँ बरगदों, पीपल के छाया में बैठकर हुक्के गुड़गुड़ाते हुए बातें करनी आसान हैं।" और वह अपने साथियों के साथ बाग की ओर चला आया था।

एक बार तो मैंने सोचा था, मौलवी और बामण को उठाकर कुएँ पर ले जाते हैं और किसी आम से उलटा लटका देते हैं और नीचे जला देते हैं आग, खुद बकने लगेंगे।

...गाँव में मुझे हाजी चिराग़दीन भला आदमी लगता है। वह कहता भी है "दुल्ले, मैं तेरे दादा का हमजोली हूँ।" उसे मालूम होगा।

कभी-कभी बातें करता भी है "तेरे अब्बा और दादा बड़े सूरमा आदमी थे, उन्होंने लाहौर दरबार की धौंस नहीं मानी थी। ना उन्होंने खुद लाहौर के मुनसिफदारों को लगान दिया ना गाँव के किसानों को देने दिया।" इससे आगे हाजी मियाँ ने कभी कुछ नहीं बताया। मैंने पूछा भी कभी नहीं था। मगर कोई बात होगी ज़रूर। चाचा भी कोई-कोई बात करता है, चौधरी भी कहता रहता है, हम पिंडी को उजड़ने नहीं देंगे।

...उस दिन जब चाचा जलालदीन ने ताने दिये थे, हम सभी बाग में आ बैठे थे। मैं परेशान रा एक ओर बैठ गया था। सिर घुटने में दे दिया था। रूड़े ने पास आ मेरे कन्धे पर हाथ रखकर कहा था, "दुल्ला, चाचे की बातों की ओर ध्यान न दे। हम लूटमार करेंगे, डाके मारकर गरीबों में बाँटते हैं। पिंडी के गरीब-गुरबे हमें दुआ देते हैं।"

"बात चाचा की नहीं रूड़े", मैं कह रहा था, "यही बात नन्दी मिरासण भी कहती है। मैंने तो कभी परवाह ही नहीं की थी। माँ कहती ह—"मिरासण की जीभ में तो बवासीर होती रहती है। मगर कोई बात तो है रूड़े। पिंडी का कोई भी भड़ुआ मुँह नहीं खोलता। आज माँ से फैसला करना ही पड़ेगा...या तो आज माँ अपना मुँह खोलेगी या फिर दुल्ला हवेली को आखिरी सलाम कह देगा।"...फिर तो सभी ने मुझे घेर लिया था। पिरथा, सदीक, रमज़ा, शब्ला, गाहणा, लरुणा, फत्तु...।

"हम करेंगे अम्मा से बात" सदीक ने कहा था।

"शराब कहाँ है रूड़े।" मैंने पूछा तो वह कितना हैरान हुआ था, "आगे तो कभी तूने इस वक़्त पर नहीं पी।"

"वक़्त की कौन-सी बात है। सिर को ठिकाने पर नहीं लाना क्या, नहीं तो मुझसे आज किसी का खून हो जायेगा, क्या मालूम चाचा या चौधरी अहमद का या फिर खुद ही कुएँ में छलाँग लगा दूँगा।"

फिर हम देर तक पीते रहे थे और जब सभी मुझे हवेली तक छोड़ने आये तो

मैंने आँगन में पड़े पतीले को गुस्से में आकर ठोकर मार दी थी।

...और आज माँ ने बरसों के बाद जो साँप निकाला, उसका फन मुझे ही कुचलना पड़ेगा। अकबर बादशाह, दुल्ले को अब रोशनी हो गयी है। जो तूने मेरे बाप-दादा के साथ किया, उनका हिसाब लेने आ रहा है साँदल बार का दुल्ला। रोक सकता है तो रोक ले...।

जोश में आया दुल्ला उठकर बैठ गया। हवेली के पिछवाड़े बड़े पीपल के घोंसलों में बैठे परिन्दे चहचहाने लगे।

"या अल्लाह दिन भी चढ़ आया। रात आँखों में ही निकल गयी।" उसने हैरान होकर सोचा और उठकर आँगन में आ गया।

लध्धी चूल्हे में आग जलाने में लगी हुई थी और फुल्लराँ चाटी में दूध मथने लगी थी। वह घड़ों की ओर बढ़ गया। पानी का लोटा भरा। पहले आँखों पर छींटे मारे, फिर मुँह धोया और लोटे का बाकी पानी उठाकर पेट में उड़ेल लिया। सिर के साफ़े से मुँह पोंछा। मूँछों को ताव दिया। चौके में बैठी माँ की ओर देखा, सोचा, पहले आज चिराग़दीन मियाँ के पास जाऊँगा। परन्तु माँ ने कहा है, नूरा के ब्याह तक कोई हरकत नहीं करनी। कर लेने दूँ, माँ को चाव पूरे। फुल्लराँ तथा छोरियाँ के भी चाव होंगे, मालूम नहीं हवेली पर कौन-सी और गर्म हवाएँ चलनी हैं। मैंने तो कभी माल-डंगर की खबर सार भी नहीं ली...सोचते हुए वह हवेली के पिछवाड़े में चल दिया।

पिछले हिस्से में बायीं ओर लम्बी दीवार के साथ नाँदें बनी हुई हैं। उनके किल्लों से बँधे कुछ पशु बैठे, कुछ खड़े जुगाली कर रहे थे। दुल्ले को देख भैंसों-गायों ने कान खड़े कर लिए और मुँह उठाकर उसकी ओर ताकने लगी, फिर जुगाली करने लगीं। दुल्ला खड़ा देखता रहा। दूसरी ओर बुवाई-कटाई का सामान रखा था। हल, तंगलियाँ, पंजालि, टकुए। एक ओर पट्ठे कुतरने के लिए दरख्तों के टुकड़े गड्डे हुए थे। सामने एक अस्थायी-सा छप्पर डाला हुआ था और नीचे काफी कुछ छोटा-मोटा सामान पड़ा था। बैलों के गलों में बाँधने वाले घुघरुँओं में पट्टे, घोड़े-घोड़ियों की काठियाँ, बकरियों के गले की माला।...बचपन में कितना चाव होता था उसे, भैंसों की पूँछें पकड़कर झन्नाँ में उतर जाना। मेमनों को उठाये फिरना। पैदा होते बछेरों तथा कटुओं के गले में फूलों के हार बाँधने। डंगरों को देखकर दुल्ला वापस आ गया। अब कैसे बेगानों की तरह देख रही हैं। मैं भी कितना इनके पास आता हूँ! एक समय था जितनी देर आकर इनके सींग तथा पीठ न सहलाता घास-चारा नहीं खाते थे। अब शल्ला के भाई जाने, कब पट्ठे डाले जाते हैं। अब दूध दुहना, कब दरिया की ओर ले जाना। उसकी औरत झाड़ू आदि लगाती है, हवेली में भी और उधर भी...।

फिर वह भैंसें-गायों की गन्दी पूँछों से बचते हुए अपनी घोड़ी के पास गया।

उसकी पीठ पर हाथ फिराया, थपथपाया। उसका मुँह उठाकर उसकी आँखों में झाँका। उसके कानों पर हाथ फिराया और मुड़ गया। अब तक फुल्लराँ ने दूध को मथ लिया होगा नहीं तो ऐसे ही एक कटोरा भर पी लूँ। सोचते हुए वह हवेली में आँगन की ओर चल दिया। देखा एक ओर कोने में मेहरू घुटने पेट में दिये गहरी नींद में सो रहा था। उसे देखकर मूँछों में ही हँसते हुए दुल्ला दूध मथती फुल्लराँ के सिर पर आ खड़ा हुआ।

6

हवेली में नूरा की शादी की तैयारियाँ होने लगीं। कभी नाई, कभी मोची, दर्ज़ी इत्यादि चक्कर लगाने लगे।

हवेली के आँगन में मूढ़े पर बैठा दुल्ला सोच रहा था, दो-ढाई महीने की बात है, माँ ने पूछा था, "फुल्लराँ के मायके से मिरासी आया है, नूरा के निकाह के लिए उन्होंने भेजा है, पूछा है, निकाह के लिए कौन-सा महीना हमें ठीक बैठता है।"

मैंने कहा था, "सलाह करके बतायेंगे, खबर भेज देंगे।"

मिरासी खेस और शगुन लेकर चला गया था।

फुल्लराँ और माँ मुँह फुलाये घूम रही थीं। मैंने कहा, "माँ, नूरा अभी बच्चा है, कुछ बरस रुक जाते हैं।"

"तेरा निकाह तो नूरा से भी छोटी उम्र में..."

"मेरी बात और थी माँ ..." मैंने टोका था। "अभी तो नूरा को पगड़ी भी ढंग से बाँधनी नहीं आती। खेलने और मस्ती करने के अलावा बता और कोई काम करता है क्या वो।"

"निकाह होने दे, खुद ही करने लगेगा।"

"नहीं माँ, जब तक नूरा कोई ताकतवरों वाला काम करके नहीं दिखाता, जब तक बिरादरी की मौजूदगी में पगड़ी बाँधकर नहीं दिखायेगा, उसका निकाह नहीं होगा और तू जानती है भट्टिओं में गबरुओं को पगड़ी कब बाँधी जाती है।" मैंने साफ कहा था।

"अरे पुत्र, ऐसा न कह...।"

"नहीं माँ और कोई सलाह न देना। बता नूरा कहाँ है।"

"यहीं कहीं होगा।"

"उससे कह, मुझसे मिले।"

"डाँट-फटकार न लगा देना, अभी बच्चा ही है।"

"मेरी समझ में नहीं आता माँ, डाँट-फटकार के लिए वह बच्चा हो जाता है, निकाह के समय गबरू हो जाता है।"

"पुत्र, लड़की वाले जल्दी मचा रहे हैं।"

"उनसे कह, घर में ज्यादा है देने को तो वैसे ही देकर भेज दे नाई को। दुल्ला जब पुत्तर ब्याहने आयेगा पूरे ठाठ-बाट से आयेगा।"

और उसी दिन सन्ध्या समय उसे नूरा और उसके दोस्त आपस में खेलते नज़र आ गये। मैंने हाँक लगा नूरे को बुलाया। साथ में उसके दोस्त भी आ गये।

"नूरा, तेरी अम्मा कहती है, अब नूरा को पगड़ी बाँधनी पड़ेगी।" मैंने तरीके से बात शुरू की।

"अम्मा कहती है तो बाँध लूँगा अब्बा।"

"यहाँ पिंडी में खेलते हुए तो तुझे पगड़ी बाँधने का हक़ नहीं।"

नूरा हैरान था, "मुझे हक़ क्यों नहीं अब्बा?"

"तुझे मालूम है, सिर पर रखी पगड़ी का मूल्य क्या होता है।"

सभी मेरे मुँह की ओर देखने लगे।

मैंने कहा, "देखो लड़को, अब तुम सभी छोटे नहीं हो, गबरू होने वाले हो। गबरुओं के सिर पगड़ियों से ही सुशोभित होते हैं। तुम्हें मालूम है, पगड़ी बाँधने से पहले, पगड़ी के लायक होना पड़ता है। नूरा, मैं कहता हूँ पुत्तर, बहुत खेल लिया तूने। अब सूरमा वाले काम करने का वक़्त है। मुझे भी मालूम है, हमारा नूरा अब बलशाली हो गया है और उसे अपने सिर पर पगड़ी बाँधने का हक़ है। अम्मा तेरा निकाह करने के बारे में सोच रही है।"

"बताओ अब्बा, मैं क्या करूँ?"

"मैं क्या बताऊँ नूरा। बार के भट्टी राजपूतों, विर्कों तथा खरलों की रिवायत है, जितनी देर तक बार का जवान, कोई डाका नहीं मारता, कोई लूट-खसोट नहीं करता, किसी बड़े-चौधरी के पशु-डंगर नहीं खोलकर लाता, तो क्या मालूम हो कि हमारा गबरू भी सूरमा है। इसने भी बार के दरिया का पानी पिया है। अब इसे पगड़ी बाँधने का हक़ है।"

यह बातें कह मैं तो भूल ही गया था।

एक दिन मैं उठा, तड़के ही, अभी काफी अँधेरा था। देखा, हवेली के अन्दर एक तरफ दो ऊँट और एक घोड़ी खड़े हैं।

"कोई आया है क्या रात को।" मैंने फुल्लराँ से पूछा।

"नहीं तो, दारू पीकर सपने ही देखता रहता है क्या।" फुल्लराँ ने जैसे मेरी पिंडली पर दे मारा।

"फिर यह ऊँट, घोड़ी...।"

"क्या मालूम, नूरा ही लाया है आधी रात के समय।"

"ओए बटले ओए शेरा, नूरा तो फिर नर निकला।" मेरे चेहरे पर चमक आ गयी थी।

फिर मैं तेजी से आँगन में आया। सोचा, इन्हें तो समय पर ठिकाने लगाना होगा नहीं तो कोई खोजी पीछे लगा, अभी आता ही होगा लोगों को लेकर। मैं अपने तबेले में गया। अपनी दो घोड़ियाँ खोलीं, पहले दोनों को हवेली के दरवाज़े पर घुमाया। फिर हवेली के अन्दर आँगन में चक्कर लगवाये। अजनबी घोड़ी ने कान खड़े कर देखा, बेचैनी से पैर भी मारे, फिर मैंने दोनों ऊँट-घोड़ी खोले और अपनी घोड़ियों में मिलाकर, पिरथे और रूड़े को साथ लिया। दिन चढ़ने से पहले-पहले, पशु रासगीर के पास पहुँचा दिये। रासगीर ने उन्हें दरिया पार करवा दिया। मुद्दा खत्म...। सोचते हुए दुल्ले के चेहरे पर विजयी मुस्कान तैर गयी।

...मगर बात अभी खत्म नहीं हुई थी। दिन बढ़ा ही था, पशुओं के मालिक एक खोजी को साथ ले पिंडी आ पहुँचे। ऊँट के पैरों तथा घोड़ी के खुरों के निशान तो इधर ही आ रहे थे। अपनी हिफाजत के लिए उन्होंने पिंडी के चौधरी अहमद खान तथा फज़लदीन को साथ लिया और खोजी पैरों के निशान देखते-देखते दुल्ले को हवेली के मुख्य द्वार तक आ पहुँचा।

"यहाँ तो कई पशु हैं।" खोजी उलझन में पड़ गया। इतने पैरों के निशानों में से कोई निशान वह पहचान लेता, कोई ना। खोजी अपने हुनर का माहिर था। उसने कहा, "पशु एक बार तो हवेली के अन्दर गये हैं।"

"आदमी बहुत टेढ़ा है।" चौधरियों ने बताया।

"दरवाज़ा तो खटकायें। हाँक तो दें।" मालिकों ने कहा।

"हम चलते हैं फिर।" चौधरी सुबह-सुबह अपनी बेइज्ज़ती होने से डर रहे थे।

"अगर पशु अन्दर गये भी और अगर न भी गये हुए, उसने बेइज्ज़ती करने में पल नहीं लगाना। हम जानते हैं उसे सारे गाँव वाले। आप बात करो, हम यहीं पर हैं।" चौधरी थोड़ा पीछे हटकर पीपल के नीचे जा खड़े हुए।

पशु के मालिक ने दरवाज़ा खटखटाया।

कुछ देर बाद लध्धी बाहर निकली। अजनबियों को देखकर हैरान हो गयी।

"घर में कोई मर्द है, उसे बाहर भेज दो।" एक ने कहा।

"काम क्या है।" लध्धी ने पूछा।

"हम पास से ही आये हैं। कोई काम है।" खोजी हवेली के आँगन में ताड़ती नज़र रख रहा था। मालिक भी उचक-उचककर हवेली के अन्दर पशु ढूँढ़ रहे थे।

लध्धी असमंजस से मुड़ी।

"अपने पशु तो अन्दर आये हैं।" खोजी ने पूरे यकीन से कहा। कुछ देर के बाद दुल्ला अँगड़ाई लेता और उबासी लेता बाहर आया।

"सलाम भाई जान।" बाहर से आने वालों ने कहा।

"वालेकम सलाम।" कहते दुल्ले ने फिर उबासी ली और पूछा—

"फज़र समय क्या मुसीबत आ पड़ी आप लोगों को।"

पशुओं के मालिक तथा खोजी दुल्ले का कद-काठ देखकर भौचक्के रह गये। उन्हें समझ में न आया, क्या कहें। पशु चोरी होने तथा उनके पैरों के निशान अन्दर जाने की बात कैसे करें। यह तो एक साथ दो आदमियों को बगल में दबा उनकी साँस रोक दे। दूर पीछे खड़े चौधरी दुल्ले की ओर एकटक देखने लगे।

"हम किससे बात कर रहे हैं।" एक ने हिम्मत कर पूछा।

"आप पिंडी के दुल्ला खान भट्टी से मुखातिब हो।"

"रात को हमारे पशु कोई खोलकर ले आया उसके निशान आपकी हवेली तक आ रहे हैं।" दूसरे मालिक ने झिझकते हुए कहा।

"पशु लेने आये हो।" दुल्ले ने व्यंग्य से पूछा।

"हाँ।" सभी ने एक साथ कहा।

"वे पशु तुम्हारे थे। दो ऊँट और एक घोड़ी थी ना।"

"हाँ हाँ...।" मालिकों के चेहरों पर रौनक आ गयी।

"एक तो बतारू था, मुश्किल से पन्द्रह महीनों का होगा।" एक मालिक ने जानकारी दी।

"अच्छा-अच्छा।" दुल्ले ने भारी सिर हिलाया, "तो वो तुम्हारे पशु हैं। आधी रात को मेरे पास आये थे चार आदमी। कह रहे थे, पशु रख लो। मैंने कहा, अब मैंने यह धन्धा छोड़ दिया है। कोई और घर देखो। फिर मालूम नहीं वो किधर चले गये।"

"निशान तो हवेली के अन्दर आ रहे हैं।" खोजी ने तसल्ली से कहा।

"अन्दर निशान आ रहे हैं तो आओ अन्दर आकर देख लो हवेली में। मैंने कौन-सा पशु छत पर चढ़ा रखे हैं।" कहकर दुल्ला एक ओर हो गया।

"आओ अन्दर आ जाओ। लस्सी, दूध, पानी जो कहें, हाज़िर है साथ में हवेली भी देख लो।"

दुल्ला उन्हें अन्दर ले आया और दीवानखाने की ओर ले गया। वे झिझकते-झिझकते अन्दर घुसे। आस-पास बड़े ध्यान से देखा। हवेली के अन्दर निशान घुले-मिले हुए थे। खोजी हैरान था, घोड़ी तो एक थी, मगर यहाँ इतने पशु कहाँ से आये।

इसी समय फत्तु मिरासी "भट्टी सरदार की खैर...बरकत बनी रहे।" कह अन्दर आ गया।

"बड़े समय से आया है मीरज़ादे। जा अम्मा से लस्सी का डोल भरवाकर ले आ। मेहमानों की सेवा करनी है।"

फत्तु भीतर की ओर गया तो पीछे से दुल्ले ने कहा, "मक्खन भी लस्सी में डलवा लाना।"

लस्सी पीकर निहाल हुए पशुओं के मालिक मूँछें पोंछने लगे। खोजी अभी भी बेचैनी में इधर-उधर घूम रहा था। उसे पूरा यकीन था, पशु अन्दर आये हैं। दुल्ला उसकी बेचैनी को तोड़ते हुए बोला—

"तुम्हारे पशु तो गये दरिया पार बाबा।"

"तुम्हें कैसे मालूम।" एक ने पूछा।

"जब मैंने उन्हें जवाब दे दिया तो वे कह रहे थे कि दरिया की ओर जाना पड़ेगा।" दुल्ला ने बारी-बारी तीनों की ओर देखा।

"अब।" दोनों मालिक खोजी की ओरं देखने लगे।

खोजी ने ना में सिर हिलाया, जैसे कह रहा हो, "अब पशु नहीं मिलेंगे।"

वे उदास तथा निराश होकर उठ खड़े हुए और दुल्ले से सलाम कह हवेली से बाहर निकल गये।

उनके जाने के बाद पीछे से दुल्ला बोला, "चाहते हैं चोरों के घर से लस्सी।"

"लस्सी तो फिर भी पी गये सरदारा।" फत्तु ने छेड़ा।

"वो लस्सी और होती है...।" दोनों ज़ोर-ज़ोर से हँसने लगे।

× × ×

इन दिनों नूरा के सभी हमजोली बड़े जोश में थे। उनकी शरारतें बढ़ गयी थीं। अब उन्हें घमंड था, हमारे अन्दर भी भट्टी राजपूतों के खून का अंश है। उनका हाथ खुलने लगा था।

नूरा के एक मित्र ने भी साबित करना चाहा...वह भी किसी से कम नहीं। एक दिन वह पिंडी के ही एक किसान के बैल खोल लाया।

दुल्ले को मालूम हुआ तो उसने फत्तु से कह नूरा और उसकी टोली के सभी लड़कों को बुलवा लिया। वे भागकर आये, सोचा आज नूरा का अब्बा उन्हें शाबाशी देगा।

दुल्ले ने सभी को अपने पास बिठा लिया, समझाया, "पुत्तरो, यह अच्छी बात है कि तुम अब जवान होकर मर्दों के काम करने लगे हो। मगर मेरी एक बात पहले बाँध लो, ना तो पिंडी के किसी आदमी से लूट-खसूट करनी है और न किसी के पशु खोलकर लाने हैं। दूसरी बात, किसी गरीब के घर पर कभी नहीं झाँकना। तगड़े को हाथ डालना है। जिस घर में एकाध पशु हों, वहाँ भी ऐसी कार्यवाही हरगिज़ नहीं करनी। ये बैल कौन लेकर आया है।"

"दीने...।" एक बोलने लगा तो दुल्ले ने टोका।

"ठीक है, दीने ने काम तो बड़ा किया है, मगर अभी जा पुत्तर, बैल उनके घर पर बाँध आ। मैं जानता हूँ उसे, उसके पास दो ही बैल हैं, अब वो कैसे गुड़ाई-बुवाई करेगा।"

"मुझे शर्म आती है चाचा। उससे कहना खुद ही बैल ले जाये।" दीना नज़र झुकाकर खड़ा हो गया।

"ठीक है, मैं कह दूँगा। आगे से ऐसी कोई हरकत न करना। अब तो मैंने तुम्हें मुँह से समझाया है, फिर...। इससे पुत्तरो अपनी हेठी होती है। भट्टिओं की। चौधरियों और अपने में यही तो फर्क है।"

"हमें तो मालूम नहीं था चाचा कि पशु खोलने के लिए ढंग का घर ताड़ना

पड़ता है। हमने तो सोचा, जहाँ दाँव लग गया...।"

"नहीं बच्चो, ऐसे नहीं होता। मुश्किल में पड़े आदमी को और मुश्किल में नहीं डालते। तगड़े लोगों के यहाँ सेंध लगाते हैं, उन्हें भी तो मा़लूम हो कि उनके ऊपर भी कोई है।"

लड़कों ने कान पकड़े, "इस बार माफ कर दो चाचा।"

दुल्ला खुश हो गया। लड़के जाने लगे।

"सुनो। एक बात और भी है। कल नूरा को पगड़ी बाँधनी है। हाजी मियाँ चिराग़दीन से मैंने कह दिया है। तुम सभी आना। अब नूरा का पगड़ी बाँधने का हक़ बनता है।"

खुशी में नूरा के साथियों ने उसे ऊपर उठाकर उछाल दिया।

× × ×

हवेली में काफी रौनक थी। नूरा के साथी तथा दुल्ले की पूरी टोली मेले में जाने के समान सजी-धजी थी। लध्धी ने मीठे चावलों की बड़ी कड़ाही रखी हुई थी। मखाने, किशमिश और भी कितना कुछ मेवा डालने के लिए मँगवा रखा था। गुलाबी पगड़ी को खास तौर से माँड़ लगायी गयी थी।

फुल्लराँ, बखतो और सलेमो भी आज नये कपड़े पहन घूम रही थीं। सारी तैयारी हो चुकी थी। पानी के छींटे देकर हवेली के आँगन में एक चौकी रखवा दी गयी थी।

हाजी चिराग़दीन साथ में तख्ती लिए अन्दर आया तो सभी ने सलाम करते हुए उसे आदर से बिठाया।

नूरा को चौकी पर बिठाया तो सभी ने उसके पास घेरा डाल लिया।

"चढ़ते की ओर मुँह करके बैठ बरखुरदार।" हाजी चिराग़दीन ने कहा।

"चढ़ता किस ओर है।" नूरा ने हैरान होकर पूछा।

आस-पास खड़े सभी हँस दिये।

लध्धी ने उठाकर उसका मुँह पूर्व दिशा की ओर कर दिया।

"इधर से ही चढ़ता है।" फत्तु मिरासी बोला तो फिर सभी हँस दिये।

हाजी चिराग़दीन हाथ में पगड़ी लेकर दुआ करने लगा।

"बिस्मिला, अररहमान रहीम, इल्लाह लाइलाहा, मुहम्मद रसूलउल्लाह। नूर खान भट्टी वल्द दुल्ला खान भट्टी वल्द फ़रीद खान भट्टी, गबरू जवान हो गया है, खुदा की रहमत है। बार की रवायत मुताबिक अब वह पगड़ी बाँधने का हक़ रखता है। खुदा इस बच्चे पर अपनी मेहर की नज़रे-इनायत करना। बुरी नज़रों (अलामतों) से बचाना। बच्चा लम्बी हयाती भोगे...भट्टिओं का नाम रौशन करे...आमीन" हाजी ने दोनों हाथ कानों को लगाये।

फिर हाजी ने पगड़ी को माथे से लगाकर, नूरा के सिर पर पगड़ी का एक सिरा लपेटकर उससे कहा, "अब खुद ही बाँध लें बरखुरदार।"

"अरे कोई मेरे मेहरू को भी आवाज़ लगाये।" लध्धी को अचानक से याद आया, फिर फत्तु की ओर निगाह गयी, "जा रे फत्तु।"

फत्तु हवेली के पिछवाड़े की ओर चल दिया।

जब लध्धी सभी को फुल्ले, मखाने और किशमिश बाँट रही थी तब फत्तु और मेहरू भी आ गये।

"माँ मेरे हिस्से भी आती है कोई पगड़ी।" मेहरू ने रोते हुए कहा।

"सभी पगड़ियाँ तेरी ही हैं सोहणे।" लध्धी ने उसे मुट्ठी भर मेवे दिये।

"एक बार खड़ा हो जा नूरा पुत्तरा।" फुल्लराँ ने कहा।

"क्यों?" नूरा हैरान हुआ।

"शगुन होता है।"

जब नूरा उठकर खड़ा हुआ, सिर पर बँधी पगड़ी के साथ एकदम दुल्ला ही लग रहा था, जैसे दुल्ला बीस बरस छोटा हो गया हो। चिराग़दीन हाजी के मुँह से स्वाभाविक ही निकला, "माशा...अल्लाह।"

"माँ सदके जाये नूरे।" लध्धी भी देखती रह गयी। फिर वह फुल्लराँ के पास गयी, "सुन, डंडी समेत सूखी मिर्चें नूरा पर से वारकर चूल्हे में फेंक दे। कइयों की नज़रें तो पत्थर फाड़ देती हैं।"

फिर हाजी ने नूरा को पगड़ी की अहमियत के बारे में नसीहत दी, "ये महज़ चार गज कपड़ा नहीं है बरखुरदार।" ये पगड़ी खानदान की इज्ज़त होती है। ये सिर की कलग भी बन सकता है और पैरों की धूल भी। इसे बचाकर रखना अब तेरी जिम्मेदारी है बरखुरदार।

लध्धी ने सभी को मीठे चावल बाँटे।

पिरथे ने हौले से दुल्ले को छेड़ा, "मीठे चावलों से हम नहीं टलने वाले।"

"शाम को बाग में।" दुल्ले ने आँख मारी।

और उस रात दुल्ले के यारों ने बाग में गोश्त भूना, शराब उड़ायी और खूब मस्ती की। वृक्षों के घोंसलों में बैठे पक्षियों की नींद में खलल डाला।

...आँगन में शोरगुल सुनकर दुल्ले ने अधमुँदी आँखें खोलकर इधर-उधर ताका। हैरान हुआ...वह किन सोचों में डूबा हुआ था। आज तो उसे कई काम करने थे। वह मूढ़े से उठा। तहमद ठीक से बाँधी। पगड़ी सिर पर ठीक की। परे नुकर में शल्ला और उसका छोटा भाई जीउणा, दीवारें, मुँड़ेरों की लिपाई-पुताई की तैयारी कर रहे थे।

फिर उसे याद आया, अभी तो शादी का सारा सामान खरीदना है। मन के एक

कोने से आवाज़ आयी, "नूरां से नहीं मिलेगा। वह तेरा रास्ता देख रही होगी...और नूरे का निकाह...।

दुल्ला बेमन से लध्धी की ओर चल दिया।

7

लध्धी का चाव देखते ही बनता था। फुल्लराँ के मायके से नाई, नूरा के निकाह की गाँठ दे गया था। नन्दी मिरासण और शल्ला टुंडा के भाई जिउणे की औरत अल्लाह रखी पिछले तीन दिनों से गली की सुहागिन औरतों को बार-बार लध्धी के घर आने के लिए याद करवा रही थी।

आज लध्धी ने चक्की लगवानी थी।*

हथियारों वाली कोठरी से दुल्ला तथा उसके साथियों ने सारे हथियार बाग में छुपा दिये थे। जिनकी मरम्मत होनी थी या धार तेज करने वाले थे, उन्हें गाहणे लुहार की भट्ठी ऊपर पहुँचा दिये थे। सभी साथियों ने नूरा के निकाह तक चुपचाप रहने का प्रण कर लिया था। ना कहीं वारदात करनी थी और न किसी साहूकार को लूटना था।

रूड़े, सदीक तथा शल्ले ने गाँव के बड़े छप्पड़ से चिकनी मिट्टी निकालकर हवेली के कोने में घोल बना दिया था। लध्धी, नन्दी और अल्लारखी भी साथ में लगी हुई थीं।

हवेली की दीवारें पोत दी गयी थीं। मुँड़ेरों पर पीली मिट्टी से नोकें निकाल दी गयीं और पांडों मिट्टी से भीतर कोठरियाँ शृंगार रही थी। हथियारों वाली कोठरी को भी पोत दिया गया।

फर्श पर गोबर-मिट्टी पोती गयी। पहले उस कोठरी में से मरे हुए चूहों की दुर्गन्ध आती थी, अब इस प्रकार की गन्ध आती है, जैसे सूखी पड़ी धरती पर पहली बूँदें पड़ने से नशीली महक उठती है। सारी हवेली महक उठी थी।

फुल्लराँ, बखतो तथा सलेमो चौके की दीवार पर चिड़ियाँ, मोर, मुर्गियाँ बनाने में व्यस्त थीं। नूरा शर्माते हुए किसी के सामने नहीं आ रहा था। पड़ोस की ताइयाँ, चाचियाँ भी उसे छेड़तीं तो वह हवेली के पिछवाड़े की ओर चल देता। बखतो, सलेमो घुटनों में मुँह छुपाकर हँसने लगतीं।

इन दिनों दुल्ले के साथी भी मनचले हो रहे थे।

---

* विवाह के पहले पड़ोस की औरतों को बुलाकर चक्कियों पर आटा पीसा जाता था। यह रिवाज से विवाह में शरीक भी होते थे और एक प्रकार से मदद भी करते थे। हरेक औरत अपनी चक्की साथ लेकर आती थी।

सारी हवेली में खुशियाँ-प्रसन्नता देखकर लध्धी ने दुआ माँगी, "अल्लाह मेहर कर। हवेली पर किसी की बुरी नज़र ना पड़े।" फिर सोचती दुल्ला का अब्बा जीवित होता, मुझे क्या डर था और खुशी के मौके पर भी उसकी आँखें भर आयीं।

बखतो, सलेमो, बरकताँ की नसीराँ तथा अड़ोस-पड़ोस की अन्य सहेलियाँ हवेली की ऊँची दीवार की ओट में बैठकर बाग फुलकारियाँ काढ़ रही थीं। भाई की शादी का चाव सलेमो को कुछ ज्यादा था। उसने कहा, "भाभी पर यही बाग़ लपेटकर हवेली के अन्दर लाना है।" दूसरी भी हँसने लगती। कानाफूसी करती एक-दूसरे को छेड़ती थी और फिर बाग-फुलकारियाँ मुँह में देकर हँसने लगतीं।

दीवानखाने के बाहर बरामदे में दर्ज़ी बैठा लगातार कपड़े सीने में व्यस्त है। बुधराम खत्री का पिता हवेलीराम हलवाई अपनी कड़ाहियाँ, छाननियाँ तथा खुरचने रख गया था। हवेली की एक नुक्कर में भट्ठी बना ली। ऊपर एक अस्थायी-सा काम चलाऊ छप्पड़ भी डाल लिया था। लध्धी ने कहा था, "रब का क्या भरोसा भाई, कब बूँदाबाँदी होने लगे। फिर कई तरह के चिड़ियाँ, परिन्दे ऊपर से निकलते हैं। ऐसे कामों में पहले से ही प्रबन्ध होना चाहिए भाई। फिर ज़रूरत पड़ने पर तो कई बार पास पड़ी चीज भी दिखाई नहीं देती।"

दुल्ले ने जिउणे को सख्ती से कहा था, पशुओं-डंगरों को सँभालना है और हवेली राम का भी पूरा ध्यान रखना है। उसे किसी प्रकार की कमी न हो।

हलवाई का कहा गया सारा सामान, वह अपने दोस्तों को साथ लेकर ऊँटों पर लादकर ले आया था।

× × ×

बाग-फुलकारियाँ काढ़ती लड़कियों का दिल करता तो धीमे-धीमे गाने लगतीं। नसीराँ टप्पे बहुत जानती थी। वह नज़रें झुकाकर आस-पास देखते हुए अभी भी धीमे-धीमे गा भी रही थी–

दो पत्तर अनाराँ दे
सड़ गयी जिन्द माहीया
रह गये ढ़ेर अंगारां दे...

फिर बोली, "मुझे शर्म आती है सोहणिया"

बखतो ने जानबूझकर उसकी गर्दन को छुआ, "अरी हरामन तू तो सच में अंगारों का ढेर बनी हुई है। तन्दूर की तरह तप रही है तू तो।"

सभी हँस दी।

"मैं नहीं गाऊँगी फिर।" नसीराँ ने नाक चिढ़ाकर कहा।

"नी सुक्खो तू सुना तो जरा नीले घोड़े वाला।" बखतो ने उसे टहोका मारा।

"हट, चाचा आ जायेगा ऊपर से फिर।"

"अब नहीं आयेगा अब्बा, वह बाग की ओर चला गया है।"

"नहीं, मुझसे नहीं गाया जायेगा...।"

"तू भी नसीराँ की तरह नखरे कर रही है, चल अब सुना भी दो।" सभी सुक्खो को घेरने लगीं।

सुक्खो ने सूई बाग में टाँकते हुए सभी ओर देखा। परे हवेली की सफाई करती अल्ला रखी ने नन्दी को हिदायतें देती लध्धी की ओर देखा। सुक्खो ने धीमे सुर में लम्बी होक लगायी–

जे तू चलियौ चाकरी वे.......वे–
नीले घोड़े वालियां
सानूं भी बोझे दे पा वे.........।
जिथे तां आवे रातड़ी,
वे नीले घोड़े वालियां
सानूं कढ़ कलेजे ला वे...........।

सभी खिलखिलाकर हँस दीं।

"हाय, कौन है नीले घोड़े वाला, हमें भी तो बता ज़रा।" नसीराँ ने उसे गुदगुदी की।

"कुत्तीयों, यह तो गीत है।"

"कोई तो नीले घोड़े वाला होगा सुक्खो।" बखतो ने छेड़ा।

"इस प्रकार तो हरेक लड़की का होता है कोई नीले घोड़े वाला।"

सभी फीकी हँसी हँस दीं।

"तुम मानती नहीं हो हिड़-हिड़ कर दाँत निकाल रही हो।" फुल्लराँ ने दूर से ही उन्हें झिड़का।

"हँस-खेल लेने दो इन्हें।" लंध्धी बोली, "यही तो दिन है। जब ससुराल चली जायेगी, फिर कौन इन्हें हिड़-हिड़ करने देगा। हँसो धीओ हँसो। उठकर गिद्धा डालो। अल्लाह की मेहर से हवेली में रौनक आयी है।"

घर में कोई मर्द नहीं था। नूरा शर्म के कारण इधर नहीं आ रहा था। अम्मा के उत्साहित करने पर लड़कियाँ उठकर नाचने लगीं।

बखतो ने बोली डाली–

मेरे मुँह विच मिश्री घुलती,
वीर तेरा नाउ लै दियाँ।

लड़कियों को नाचते देख फुल्लराँ और लध्धी भी पास आ खड़ी हुई। फुल्लराँ ने भी बोली डाली–

मापिआं दे घर रही लाडली
सहुरी ला लई रहे वे
ऐवै जन्म गवायां,

नन्नण वरगी देह वे

नसीराँ ने अपनी बारी ली—

जिस पत्तणों आज पाणी लंघदा
फेर ना लंघणा भलके,
बेड़ी दा पूर त्रिछजंणा दीयाँ कुडियां
फिर न बहणा रल के।

"अरी सुक्खो, तू क्यों नहीं बोली लगा रही?" फुल्लराँ ने आकर उसे जोर से लाफा मारा।

"मुझे नहीं आती चाची।"

"झूठ बोलती है, हमारे सारे दिन कान खाती रहती है।"

"चल डाल गिद्धा।"

"साथ नाचोगी।" सुक्खो ने शर्त रखी।

"तू बोली तो डाल, हम आँगन में भट्टी जैसा गड्डा बना देंगी।"

"पूणीयाँ मैं ढाई कत्तीआं
टूट पैणे दा पन्द्ररवां गेडा।"

लड़कियाँ नाचने लगीं, साथ ही लध्धी का डपटना सुनाई दिया—

"बहुत हो गया नी। चलो अब अपने-अपने घरों में। चार-पाँच दिन यही कुछ करना है।"

और लड़कियाँ अपने बाग-फुलकारियाँ समेटने लगीं।

× × ×

भट्टी चढ़ी हुई थी। हवेली राम हलवाई ने लड्डू, शक्करपारे, पकौड़ियाँ, बालूशाहियाँ बना-बनाकर परातें भर दी थीं। हवेली की एक कोठरी तो मिठाई के लिए सुरक्षित कर दी थी। रिश्तेदारों को 'भाजी' देने का सारा बन्दोबस्त लध्धी ने कर लिया था।

फुल्लराँ के मायके वाले भी आ गये थे। लध्धी के मायके से दुल्ले के मामा जंग खाँ और जलाल खाँ भी आ पहुँचे थे। हवेली में रौनक हो गयी थी।

मेहरू सोने के बटनों का कुरता और सलवार पहने, आँखों में सुरमा और कानों में इत्र-फुलेल के फाहे रखे पहले ही सजा खड़ा था। उसने लध्धी से कह रखा था, "माँ, ये दो-चार दिन मुझसे नशे-पत्ते को दूर न रखना। नहीं तो विवाह में पंगा हो जायेगा।" लध्धी उसका ख़याल रख रही थी। दुल्ले से चोरी ही दिन चढ़ते ही वह दारू तथा पोस्त की पोटली उसके सिरहाने जा रखती।

इन दिनों मेहरू पूरा खिला हुआ था।

वह अपने दोस्तों के साथ चुहलबाजी भी करता। वह मेहरू को छेड़ते। मेहरू को तो अल्लाह याद नहीं था। एक दोस्त ने नुक्ताचीनी की, "मेहर खान भट्टी, तू

जा रहा है भतीजे को ब्याहने, गर किसी ने वहाँ पूछ लिया नूरा से, तेरे ताऊ का निकाह हुआ है...। तो क्या बतायेगा वह?"

"नूरा क्या बतायेगा। मैं ही आगे बढ़कर कहूँगा, मेहर खान तो अभी छड़ा है, कोई छोरी निकालो और कहो उससे मेहर खान वल्द फ़रीद खान भट्टी से निकाह के लिए राज़ी है। मैं हक-मेहर भी पूरा दूँगा, जितना माँग लो। औरत को सूखे मेवों की कोई कमी नहीं रहेगी।"

सभी हँस दिये। मामा लोग भी हँसने लगे।

किसी अन्य ने गम्भीरता का नाटक करते हुए पूछा, "भाई मेहरू, सच बता, गर तेरा निकाह हो जाये तो।"

"कहा तो है कंजरो! मैं तो औरत को पैर नीचे नहीं रखने दूँगा। परख करनी है तो अपनी किसी भानजी, भतीजी के साथ मेरी बात चलाओ, बेशक अन्धी, कानी हो या गूँगी-बहरी हो, मैं तुरन्त कह दूँगा...कबूल, कबूल, कबूल...।"

उसके आस-पास खड़े सभी ताली मार हँसने लगे। मेहरू अपनी तिल्ले वाली जूती को रुमाल से साफ करने लगा।

× × ×

नूरा को 'माइयाँ' (इस रस्म के बाद वर या वधू इस कमरे या घर से कहीं बाहर नहीं जाता) बिठाने के बाद उसके ननिहाल तथा दादेहाल वालों में आपसी छेड़छाड़ का सिलसिला शुरू हो गया। दोनों ओर हँसी-मज़ाक चल रहा था। नन्दी मिरासण लड्डू, जलेबियाँ, शक्करपारे, पकौड़ों के थाल उठाये सभी नातेदारों में घूमती फिर रही थी।

एक कोने में नाईन तथा अल्लारखी बर्तनों का बड़ा-सा ढेर माँज रही थी।

नाते-रिश्तेदारों से घर-आँगन भरा हुआ था। फुल्लराँ के मायके वाले काफी तैयारी के साथ दो ऊँट-गाड़ियों में लाये थे।

× × ×

बारात जाने के दिन सभी सुबह-सवेरे ही उठकर बैठ गये। दुल्ले के मामा इत्यादि तड़के ही नहाने-धोने लगे। एक बड़े कड़ाहे में अहीर तथा फत्तु ने पानी भर दिया। हर कोई पानी खत्म होने से पहले नहाने-धोने की ताक में था। कुछ मेहमान तो दरिया की ओर भी चले गये।

दुल्ले के मामा लोग पहले से ही सुक्खे वाला जाकर रंगरेज से अपने पगड़ियों को रँगवाकर माँड़ लगवा लाये थे।

इधर फुल्लराँ ने खुद ही हवेलीराम की दुकान से रंग लाकर पगड़ियों को रंग दिया था और आटे को बारीक कपड़े से छानकर माँड़ तैयार कर लिया था। आज तैयार हुए बारातियों की गुलाबी, हरी तथा हल्दी रंग पगड़ियों के शमले हवेली के आँगन में घूमते हुए ऐसे लहरा रहे थे, जैसे कबूतरों को रंग कर छोड़ दिया हो।

गाहणा लुहार अपना रथ शृंगार कर ले आया था। उसके बैलों पर डाले रेशमी झूल्लर तथा तेल लगाकर लिश्काये बैलों के सींग चमक रहे थे। घोड़े, घोड़ियों पर काठियाँ डाली जा रही थीं। आज के मौके पर विशेष तौर पर लोगड़ी के फूलों से सजायी गयी ऊँटों की लगाम पकड़े बाराती तैयार खड़े थे। ऊँटों तथा बैलों को जैसे मालूम हो, वे भी बार-बार सिर हिलाकर गले में पड़ी टलियाँ टुनकाते अपने वजूद का एहसास करवा रहे थे।

उधर हवेली में नूरा को नहाने-धुलाने की रस्म करती बिरादरी की औरतें "राजे दा बेटडा नातड़ा वे...उहने डोलिया पाणी...।" जैसे गीत गा रही थी। उबटन लगाया जा चुका था। इस समय मामा की ज़रूरत है...। जैसे गीत गाकर उसे उसके कर्तव्यों के प्रति सचेत किया जा रहा था।

पिंडी के बच्चे, बूढ़े, जवान नूरा की बारात देखने के लिए जमा हो गये थे। औरतें और लड़कियाँ घरों की छतों पर या छोटी दीवारों की मुँड़ेरों पर से उचक-उचककर देख रही थीं।

कुछ खास लोग, मेहरू की तैयारी देखने आये थे। कानों में इत्र-फुलेल के फाहे डाले, नुकीली कढ़ी हुई जूती जो चीं...चीं कर रही थी। मेहरू अपने नशे-पत्ते जमा करने के जुगाड़ में लगा हुआ था। वह बार-बार लध्धी से भी कह रहा था—

"जहाँ मेरा नशा खत्म हो गया न, मैं वहीं से वापस लौट आऊँगा।"

"अरे, सारा कुछ माँ से ही माँगता जायेगा या कुछ खुद भी हाथ-पैर मारेगा कभी जा अन्दर जाकर देख, आज नहीं रोकूँगी तुझे।"

"अन्दर गया तो दुल्ला...।"

"कुछ नहीं कहेगा वह भी तुझे। मैं कह दूँगी, बहू के घर आने तक मेहरू से कुछ न कहना।"

सभी ने देखा, कुछ देर बाद मेहरू बगल में फूलों वाला झोला दबाये पूरी चढ़त के साथ बारातियों से कह रहा था, "चलो भी अब सभी लोग। गर धूप निकल आयी तो मुझे फिर से खुद से खड़ा करना पड़ेगा। अभी कहो तो मैं अपना पैर नूरा के ससुराल में जाकर ही टिका दूँगा।"

गड्डों में तेल दिया गया। ऊँटों को एक बार फिर से पानी पिलाया गया। घोड़े-घोड़ियों को छोले, घास, दाना डालकर उनकी तसल्ली करायी गयी।

फिर दोहे, टप्पे तथा गीतों की गूँज में सेहरा बाँधे 'लाडा' (वर) बना नूर मियाँ ख़ैर की दरगाह पर अपने हमजोलियों, रिश्तेदारों तथा अन्य रिश्तेदारों से घिरा सजदा करने तथा दुआएँ लेने के लिए रवाना हुआ।

इस समय पिंडी का बाजीगर लगातार ढोल बजाकर विवाह के माहौल को रौनकमयी बना रहा था।

इस शोरगुल और भीड़-भड़क्के में दुल्ला फत्तु मिरासी की बाँह पकड़कर एक

ओर ले गया, "जो काम तुझसे कहा था?" उसने गहरी नज़र से फत्तु से पूछा—

"कौन-सा सरदार?" फत्तु की आदतन आँख दब गयी।

"तुझसे कहा था, कोठे पर कुछ पहुँचाना है समय पर?"

"कर आया सरदार। मिठाई की बड़ी मटकी भरकर छोड़ आया हूँ।"

"किसी को खबर तो नहीं हुई?"

"मैं हवेली के पीछे दरवाज़े से बाहर निकला था, फिर फत्तु को कौन रोकता।"

"नूराँ ने कुछ कहा?"

"गुस्से में लग रही थी। पहले तो कहने लगी, ले जा मोड़कर। कुछ नहीं चाहिए। फिर रख लिया।"

"ठीक है, जा जा काम कर, जो काम कर रहा था।"

दुल्ले के चेहरे पर तसल्ली झलक आयी, फिर वह बारातियों को इकट्ठे करने लगा।

× × ×

जब दुलहा उचककर अपनी घोड़ी पर बैठा तो मचलती घोड़ी दोनों अगले पैर हवा में उछालकर हिनहिनायी, जैसे कह रही हो, "नूरा के निकाह का मुझे भी चाव है।"

गाजे-बाजे के साथ बारात रवाना हुई।

लध्धी ने बारात के जाने के बाद अल्लाह-ताला से रहमतें माँगीं।

दुल्ला और उसके साथी पूरी जिम्मेवारी से बारातियों का ख़याल रख रहे थे।

फुल्लराँ, उसकी मामियाँ, बेटियाँ, पिंडी की लड़कियाँ और औरतें, रिश्तेदारिनें सभी बारात के जाने के बाद हवेली के आँगन में, "नसीबा वालियों दे होंगे कारज पूरे।" बोली डालकर गिद्धा डालने लगी।

आज तो लध्धी भी सिर पर दुहरी चादर लपेटकर बाँहें उठा चक्कर लगाने लगी।

× × ×

दुल्ला बेशक बाराती बना हुआ था, मगर उसके भीतर आग धधक रही थी। यदि माँ से नूरा के निकाह तक कोई हरकत न करने का वादा न किया होता तो अब तक वह कई जगहों पर भगदड़ मचा चुका होता।.......कोई बात नहीं। निकाह अच्छे से हो जाये, फिर सोचते हैं खेती-बाड़ी का लेखा-जोखा किस-किस से लेना है। हाजी मियाँ चिराग़दीन से मिलना पड़ेगा।

धनकती दुनकती टलियों और बारातियों की भीड़ में भी दुल्ला जैसे एकदम अकेला जा रहा था।

8

दुल्ले के घर में बहू आ गयी। सभी रिश्ते-नातेदार, मामा, फूफा, बुआ लध्धी तथा फुल्लराँ को ढेर सारी मुबारकबाद दे विदा हो गये थे। हवेली का रंग-ढंग सहज होता जा रहा था। निकाह की सभी रस्में, मन्नतें, शगुन इत्यादि पूरे हो चुके थे।

लध्धी ने देखा, मिठाई वाली कोठरी में अभी थाल-परातें भरे पड़े थे। एक बड़े पलँग पर बिछाये खेस पर लड्डुओं का ढेर पड़ा था। नीचे लीपे सँवारे कच्चे फर्श पर शक्करपारे, पकौड़ियाँ जगह-जगह पर बिखरे पड़े थे।

अल्लाह रखी को देने के लिए लध्धी बिखरी मिठाई सँभालने लगी। कुछ देर बाद लध्धी आँगन में आयी तो दुल्ला, माँ की आँखों में चुनौती भरे अन्दाज़ से देखने लगा। लध्धी जानती थी, घर रहकर अब वह कुछ खीझा तथा उकताया-सा नज़र आ रहा था और बाग की ओर जाने के लिए उतावला लग रहा था।

जब लध्धी निकट आयी तो दुल्ले ने कहा, "दुल्ला अब तेरे वादे से मुक्त है। अब सँभाल अपनी हवेली।"

"अरे ना सोहणियाँ, सवा महीना तो पूरा होने दो।"

"ऐसी कोई शर्त नहीं थी माँ तेरे साथ। तूने निकाह तक रोका था और दुल्ले ने तेरी बात पूरी की। अब नयी दुल्हन घर में आ गयी है, अब बेकार की ज़िद न कर। उसके सामने कोई तमाशा न कर। तुम लोग अपना काम करो और मुझे अपना काम करने दो....।"

लध्धी क्या कहती, वह तो दुल्ले के बदलते तेवरों को देखती ही रह गयी।

× × ×

पिंडी पर सूरज अभी धीरे-धीरे उदय हो रहा था पूर्व की कोख से सिन्दूरी रंग गहरा होने लगा। पिंडी के कोई-कोई लोग जंगल-पानी के लिए जाते नज़र आते थे। रमजा का बड़ा भाई सैदा कन्धे पर हल रखे, बैलों को आगे लगाये, पानी लगे खेत में बुवाई करने जा रहा था। घोंसलों से निकल पक्षियों की कतारें चुग्गा चुगने के लिए अपने सफर पर निकल पड़ी थीं।

तड़के उठे पिंडी के कुछ लोगों ने देखा, दुल्ला काफी सुबह ही हाजी मियाँ चिरागदीन के घर की ओर जा रहा था। हैरान हो कुछ लोगों ने जाते हुए दुल्ले को देखा, फिर अपने कामों में जा लगे। फज़र की नमाज के समय मौलवी की बांग मद्धयम-सी दुल्ले ने सुनी थी। उसने बारी-बारी अपने दोनों कान पकड़े, जैसे खुदा से माफी माँगी हो। फागुन महीने की बहती ठंडी हवा, दुल्ले के भीतरी तपिश को सकून देती थी। वह हाजी मियाँ की नमाज का वक़्त सोचकर खेतों की ओर निकल गया।

दुल्ला जब लौटा तो सूरज थोड़ा-सा ऊँचा हो चुका था। हाजी के दरवाज़े पर

पहुँचकर उसने हाँक मार, कुंडा खटकाया।

हाजी चिराग़दीन के पोते ने आकर दरवाज़ा खोला।

"शेरा, हाजी बाबा को ज़रा बाहर भेज दे।" लड़का भीतर जाते हुए दरवाज़े को भेड़ गया।

कुछ देर बाद हाजी चिराग़दीन हाथ में तसबीह लिए बाहर आया।

"सलाम कहता हूँ बाबा।" दुल्ला आधा झुक गया।

सलाम का जवाब देते हुए, हाजी ने पूछा, "फ़ज़्र समय क्या मुसीबत आ पड़ी दुल्ले।"

"सलाम करने आया था बाबा।"

"अन्दर आ जा।"

हाजी मियाँ ने आधा दरवाज़ा खोल दुल्ले को अन्दर आने को कहा और बायीं ओर पड़े तख्त पर दोनों बैठ गये।

ज़नानाखाने की ओर लटकती खस की सफ के पीछे कोई खड़ा कुछ पल इनकी ओर देखता रहा, फिर भीतर गायब हो गया।

"बाबा आजकल मुझे रात को नींद नहीं आती।"

हाजी ने दुल्ला के चेहरे की ओर देखा। वह उसे कुछ अधिक ही परेशान नज़र आया। पूछा, "निकाह में कोई गड़बड़ नहीं हुई ना।"

"निकाह तो अल्लाह की मेहर से ठीक रहा बाबा।"

"फिर क्या हो गया बरखुरदार।" पूछकर हाजी मियाँ तसबीह फेरने लगे।

"कुछ सवाल सिर में घूम रहे हैं। इनके जवाब ढूँढ़ने आया हूँ, जो हाजी बाबा तेरे सिवा कोई और नहीं बता सकता।"

"मैं बताने लायक हुआ तो ज़रूर बताऊँगा बरखुरदार।"

"टालमटोल न करना बाबा, मुझे आखिरी जवाब चाहिए।"

"दुल्ले, किसी भी सवाल का कोई आखिरी जवाब नहीं होता।"

"तू पूछ जो पूछना चाहता है। जो मालूम हुआ, अल्लाह हाज़िर नाज़िर है, सही बताऊँगा। तेरे साथ मैंने पहले भी कभी कोई लुकाव-छिपाव नहीं रखा पुत्तरा। पहले यह बता लस्सी पियेगा या शर्बत के लिए कहूँ।"

"नहीं बाबा उधर हवेली में भी तेरा ही है। अभी-अभी पीकर आया हूँ। कोई ज़रूरत नहीं है। हुई तो माँग लूँगा। इस घर को मैं अपना ही समझता हूँ।"

"तो पूछ, क्या पूछना चाहता है।"

"हाजी बाबा, माँ कहती है, अकबर बादशाह का पुत्तर, उसका दूध पीता रहा है।"

"ठीक है पुत्तर।"

"बादशाह के महलों में दूध की कमी थी, ताज्जुब है?"

"दूध की कमी नहीं थी बरखुरदार, यह कोई तख्त की सियासत होगी।"

"मैं इतना अक्लमन्द नहीं बाबा। तफसील से बतायें तो जानूँ।"

"डाके मारना, लूटमार करना या लाठी चलाना और बात है दुल्ले, दुनियादारी परखना और बात है।" चिराग़दीन अपनी लम्बी सफेद दाढ़ी पर हाथ फेरते हुए फीका-सा मुस्कराया।

"बस यही दुनियादारी परखनी नहीं आयी दुल्ले को, तभी तो फज़र समय तेरे पास आया हूँ।"

"तेरे दादा बिजली खान के साथ में हुक्के की साँझ थी दुल्ले। पिंडी के चौधरी तब भी थे तख्त लाहौर के मुखबिर और अब भी हैं। ये चौधरी, ये राजा, ये हाकिम एक-दूसरे के बन्धु होते हैं दुल्ले। उनके पास तख्त ताज हो या न हो। अकबर को वर्षों बाद औलाद नसीब हुई। तब कुछ ही महीने हुए थे, बार के राजपूत भट्टिओं के साथ उसके सींग फँसे थे। उधर अकबर के घर में पुत्र पैदा हुआ और उधर पिंडी में तू पैदा हुआ। सूहियों ने अकबर के कान भरे होंगे, बागियों के घर में भी पुत्र हुआ है। सुना है, अकबर ने कहा था, "जहाँ में रोज़ ही बच्चे पैदा होते और फौत होते हैं।" मुखबिरों ने कहा, जन्मते-मरते तो हैं जहाँपनाह बड़े फ़िक्र की बात तो यह है कि, ये लड़का उस औरत ने पैदा किया है, जिनके राजपूत बलशाली हैं। हज़ूर उन्होंने आपके गरूर, रुतबे तथा शाही दरबार को चुनौती दी थी। मालूम नहीं यह सच है कि नजूमियाँ ने इनाम लेने के खातिर ऐसे ही मनगढ़ंत बात बना ली थी......।

"बादशाह के मन बहुत कच्चे होते हैं दुल्ले। सच-झूठ जो उनके मन में पड़ता है, वह असर करता है। कहते हैं, बादशाह सोच में डूब गया। नजूमियाँ ने कहा, 'एक ही समय में दोनों का पैदा होना अच्छा शगुन नहीं। साँपों के पुत्र साँप ही होते हैं। अच्छा हो, उसका फन अभी कुचल दिया जाये।'"

दुल्ला अभी तक चुपचाप बैठा सुन रहा था। यह सुनते ही वह जब्त ना कर पाया। बोला, "हाजी मियाँ फन तो अब मैं उसका कुचल दूँगा।"

"जल्दबाजी न कर बरखुरदार। सब्र से बात सुन। बादशाह तो बादशाह होते हैं। उसने कहा, 'औकात क्या है पिंडी में रहती उस बेवा औरत की। पाल लेने दो पुत्र को। बड़ा होगा तो शिकार करेंगे उसका। मज़ा आयेगा।'

"नजूमियाँ ने बताया, शहंशाह हज़ूर का पुत्र सेहत से बड़ा कमजोर है। यदि इसे बलवान सूरमा, निडर तथा योद्धा बनाना है तो किसी बहादुर मज़बूत जिस्म वाली राजपूतानी औरत का दूध पिलाये। फिर खोज की गयी और उन्होंने तेरी माँ लध्धी के बारे में बताया। राजा ने खदशा ज़ाहिर किया, ये बागियों का गाँव है। शहज़ादा क्या दुश्मनों के दूध पर पलेगा।

"ये सभी सुनी-सुनाई और बढ़ा-चढ़ाकर कही गयी बातें हैं दुल्ला। मैं समझता हूँ, यह कोई शाही तख्त की सियासत होगी। बादशाह के पुत्र को अन्त में बादशाह ही बनना है। उसने सोचा होगा, बागियों के खून की गर्मी उसके शहज़ादे में भी आ

जायेगी, बागियों को शाही सहूलियतें मिलेंगी तो इन बागियों की गर्मी में भी कुछ लचक आ जायेगी। तख्त को इस ओर से खतरा नहीं रहेगा। मगर ये कुछ दिनों का खेल था दुल्ला। यह भी मालूम नहीं...बस बातें ही हैं। कुछ भी हो, हुकूमत कहाँ तक जा सकती है, यह सोच। क्या मालूम, बागियों के पुत्र को शाही चकाचौंध में उलझा, झोली उठाने वाला, अमीर वजीर बनाकर, बादशाओं को सलाम करने लायक ही बना देने की सियासत होगी। ये शहंशाहों के दाँव-पेंच हैं बरखुरदार..... ।"

"यही बात तो मेरे खाने में घुसती नहीं हाजी मियाँ।" दुल्ला गर्दन खुजलाने लगा। बोला, "बाबा, मैं तुझे अब्बा और दादा की जगह पर मानता हूँ। पिंडी में तेरे जैसा एक भी नहीं जो दुल्ले की पीड़ा को समझ सके। तुझे मालूम है बाबा, माँ ने इतने बरसों तक मुझे इसका कोई भेद नहीं दिया था।"

"वह डरती होगी बरखुरदार। पुत्तर न गँवा दे। अपनी माँ को दोष न दे। मैं जानता हूँ तुझे कैसे पाल पोसकर उसने बड़ा किया है। लध्धी का देना तू नहीं दे सकता पुत्तरा। वह बड़े धैर्य वाली औरत है। लध्धी बनना आसान नहीं पुत्तरा। ऐसी माँएँ हर किसी को नसीब नहीं होतीं। पिंडी को यदि तेरे अब्बा और दादा पर गर्व है तो लध्धी पर भी उतना ही गर्व है।" हाजी चिराग़दीन आज सचमुच दिल से बोल रहा था।

"हाजी बाबा मेरे अन्दर बरसों से सोया पड़ा शेर जाग उठा है और अब यह सोने वाला नहीं। पिंडी में तेरे अलावा मुझे किसी पर भरोसा नहीं। मेरे सिर से अपना हाथ ना उठाना। दुआ करना मेरे लिए। देखना, दुल्ला अब लाहौर के तख्त से कैसे टकराता है। अल्लाह कहीं समय को पीछे की ओर घुमा दे तो मैं पन्द्रह-बीस बरस पीछे मुड़ जाऊँ फिर... ।"

"वक़्त तो हदों में बाँधा नहीं जा सकता बरखुरदार। वक़्त चलता ही रहता है।" कह हाजी फिर से तसबीह फेरने लगा।

"वक़्त लौटता तो है न बाबा। चाचा जलालदीन कहता है, पिंडी फिर से उजड़ेगी। यदि उजड़ेगी तो वक़्त लौटेगा ही न बाबा।" दुल्ले की समझ में कुछ नहीं आ रहा था।

"नहीं बरखुरदार, गाँव तो बसते-उजड़ते रहते हैं। नगरों के नगर तबाह हो गये, नरक हो गये, खँडहर बन गये, नये बनने लगे...बस्तियाँ बनती हैं उजड़ने के लिए। जैसे आदमी जन्मता है मरने के लिए। ये दिल-जिगर है न, जहाँ अल्लाह का घर है।" चिराग़दीन ने अपने दिल पर हाथ रखा, "पुत्तरा, इस दिल की बस्तियाँ नहीं उजड़तीं, बस। वक़्त तो मुसलसल चलता ही रहता है। या ...अल्लाह.... ।" कहते हुए चिराग़दीन ने गहरी साँस ले, हाथ ऊपर की ओर उठा दिये।

"एक बात और है बाबा, मेरे अब्बा-दादा और लोग लड़ते रहे थे, क्या लाहौर से आयी फ़ौज उन्हें बाँधकर ले गयी।" दुल्ले ने पूछा।

"तू लड़ाई की बात कहता है, पिंडी की गलियों में जो लहू गिरा था। अकबर की फ़ौजें तो ले गयीं तेरे बाप-दादा को, मगर उन्हें इल्म हो गया कि उनका वास्ता राजपूतों से पड़ा है...।"

सुनते ही दुल्ला जोश में आ गया।

"फिर चाचा जलालदीन ताने क्यों देता रहता है और माँ इतने बरसों तक इस बात को छिपाती रही। अब्बा-दादा के हथियारों वाली कोठरी को इतने बरसों तक क्यों ताला लगाकर रखा? कितने हथियार जंग खा गये। कितने सड़-गल गये?"

"बरखुरदार और भी बहुत-सी बातें होंगी, जो तेरी माँ ही जानती होगी। जब अब पर्दा खुल गया है तो माँ से कह और बातों से भी पर्दा उठा दे।"

"तुम्हारी बातों से मेरा कुछ अँधेरा तो दूर हुआ हाजी बाबा। माँ से कहूँगा, अपने और भी छुपे भेदों को धूप लगवा दे। मुझसे छुपाते-छुपाते गल गयी होंगी।" कह दुल्ला उठ खड़ा हुआ।

बाहर की ओर जाते हुए, मियाँ चिराग़दीन ने दुल्ले के कन्धे पर हाथ रखते हुए कहा, "जो करना है पुत्र, सोच-विचार कर करना। हर किसी को अपने ढंग से हयाती जीने का हक़ है। यह हक़ चाहे राजा छीन ले या कोई छीने, ये अन्याय है और अल्लाह की नज़रों में अपराध भी।"

"आपकी नसीहतें मैं याद रखूँगा हाजी बाबा।" सलाम कर दुल्ला वहाँ से चल दिया।

आमों वाले कुएँ की ओर जाते हुए वह सोचने लगा, बाग में जाकर दोस्तों से मिले या हवेली में जाकर माँ से बाकी के भेद उगलवाये। कुछ देर उलझन में पड़ा दुल्ला आखिर हवेली की ओर मुड़ गया।

9

लध्धी को घेरा डाले आज फिर सभी आ बैठे थे। लध्धी हैरान थी, आज तो मेहरू भी खाट के सिरे पर बैठा था। शायद नूरा के निकाह के दौरान भीड़-भड़क्के में उसने अपने नशे-पत्ते का काफी भंडार जमा कर लिया था।

सभी के पीछे नूरा की दुल्हन दुल्ला तथा मेहरू से घूँघट किये थोड़ी-सी पीठ घुमाकर बैठी थी।

"रब बुरी नज़रों से बचायें।" लध्धी ने दुआ माँगी, फिर दुल्ले की ओर झाँकते हुए बोली, "तू बच्चों की तरह बहुत ज़िद करने लगा है।"

"माँ, अब दुल्ला की जून बदल गयी है। औरतों के घड़े तोड़ने वाला दुल्ला तो कब का मर गया माँ। सच कहता हूँ माँ, तूने मुझे राख बना दिया था। उस राख से दुल्ले ने फिर जन्म लिया है। पहले तख्त लाहौर पिंडी को आँखें दिखाता , अब

पिंडी के पुत्तर लाहौर को...।"

"ना पुत्तवे। हमारा और मुग़लों का कैसा मेल? घर में अल्लाह की मेहर से खुशियाँ आयी हैं और तू तख्त से टक्कर लेने की बातें करने लगा है।" लध्धी ने भारी चिन्ता से कहा।

"माँ, लाहौर से इतनी दूर बैठे भी हम लाहौर से डरते बैठे हैं। ये डर ही लोगों के दिलों से निकालना है। आदमी आधी मौत तो डर से मर जाता है। आज पूरा टब्बर तुझसे पूछता है माँ, गर अभी भी कोई भेद है तो उससे भी आज ढक्कन उठा दे माँ।"

"अरे अब और कौन-से ढक्कन उठाने बाकी हैं अभी—जो कुछ हुआ बीता, जो तेरी माँ के साथ हुआ, सभी तो तुझे बता दिया है। तुझे तो पुराने ज़ख्मों को बार-बार उधेड़ने का पागलपन उठा है।" लध्धी अपना पीछा छुड़ाना चाहती थी और यह भी चाहती थी कि दुल्ला फिर से वे बातें न दुहराये। उसे बहुत तकलीफ होती थी। उसके चिन्तित चेहरे पर ऐसा ही प्रभाव दिखाई देता था।

मगर दुल्ला टलने वाला नहीं था। वह बार-बार ज़ख्मों को कुरेदने लगता। आखिर लध्धी को बताना पड़ा...

"पुत्तर, अकबर बादशाह ने मालूम कर लिया था कि मैं कौन हूँ। सूहिये भी तो खबर देते हैं। बादशाह चाहता था कि वैर मिटाने के लिए, मैं महल के बच्चे को दूध पिलाऊँ। बहान्ना तो वो यह लगाता था कि, बच्चे की माँ को दूध नहीं उतरता। बच्चे की जिन्दगी के लिए वह एहसान भी मानेगा। यह भी चाहता था, दोनों बच्चे एक साथ पलेंगे तो आने वाले समय में यह टकराव नहीं रहेगा।"

"माँ, यह तो शाही दरबार की कमीनी चाल हुई फिर। ये हुकूमतें करने वाले कितनी दूर तक का सोचते हैं।" दुल्ले ने घृणा तथा गुस्से से कहा।

"मैंने कहा था न पुत्तर, गबरू होकर गर मेरे पुत्तर का खून खौलने लगा तो?"

"उन्होंने कहा, इतना फ़िक्र न कर। गबरू होने में भी अभी बहुत वक़्त बाकी है। तख्त लाहौर, तोहफों, रियायतों तथा शाही नियामतों से तेरे पुत्तर का खून ठंडा करता रहेगा।"

"और माँ तू राजी हो गयी?" दुल्ले को फिर से गुस्सा आने लगा।

"क्या करती मैं। ना करती तो वे मुझे और दोनों बच्चों को मरवा डालते। अपने बलों के लिए तो मैं कुछ भी कर सकती थी। मैं डर गयी थी पुत्तरो। अपनी मौत के कारण नहीं, एक माँ होने के नाते। मैंने शर्त रखी, बच्चे को पिंडी भेजना पड़ेगा। अकबर मान गया। अल्लाह जानता है, जब वह दूध पीता तो मुझे लगता वह मेरा लहू पी रहा है। मुझे सपने आते मेरी गोदी में जैसे कोई साँप पड़ा हो रोज़ ही। हर समय बादशाह के सिपाही मेरी निगरानी करते। शाही वैद्य बच्चे को दिन

में कई बार देखता।"

"और मैं कहाँ रहा माँ?" मेहरू ने पूछा।

"तुझे तो पुत्तर तेरे मामा लोग ले गये थे। लाहौर के दरबारी मेरी हर ज़रूरत का ख़याल रखते। दुधारू भैंसें बाँध गये। जर्जर हवेली को फिर से सँवार दिया। दीवानखाना बनवा दिया। तेरा मामा तक को शाही तोहफे पहुँचने लगे। खाने-पीने के लिए लाहौर से बहुत कुछ आता था। पोस्त, डोडे, अफीम, शराब, मेवे। ऊँट के ऊँट लदे हुए आते। तेरे मामा तुझे पोश्त का कटोरा भरकर पिला देता और तू पीकर गलियों में खेलता-फिरता, ऊल-जलूल हरकतें करता। मामा खुश होते कि मेहरू बहुत शरारती है। अब यह हाल है पुत्तरा, जब तक तेरे अन्दर पोस्त, डोडे, दारू न निगले, तू उठ नहीं पाता। यह तो अब पता लगता है, तुझे, तेरे मामों को नशे पर लगाने की लाहौर वालों की लम्बी चाल थी। देख लो पुत्तरो, राजा-बादशाहां क्या-क्या चालें चलते हैं।"

"हाजी चिराग़दीन भी यही कहता है माँ। तख्त सदा लोगों के साथ सियासती खेल खेलता है।" दुल्ले ने कहा।

"सियासत ही होगी पुत्तरा, नहीं तो जो मैंने खाना-पीना होता उसे शाही वैद्य क्यों पहले परखता। पिंडी के लोग सोचते होंगे, लध्धी शाही नियामतों पर ऐश लूट रही है, तभी तो ताने मारते रहते हैं तुझे। मगर मेरा रब जानता है पुत्तरो, जब वह अपने तुख्म को ले, लाव-लश्कर के साथ यहाँ से चला गया तो मुझे लगा जैसे मैं जेल से बाहर निकली हूँ। पिंडी के चौधरी और तेरा चाचा तो मेरे साथ सीधे मुँह बात ही नहीं करते थे। मगर धीरे-धीरे सब ठीक होता गया। दूर-दूर खड़ी होती औरतें हौले-हौले पहले निकट आयीं और फिर हवेली में आने लगीं।"

"और मैं ननिहाल घूमता रहा, मामा लोगों के पास ही?" मेहरू ने पूछा तो फुल्लराँ हँस दी।

"अरे नहीं, मैं तो तुझे तभी ले आयी। फिर....।" लध्धी भारी दुख से बोली, "तेरे मामा लोगों ने समझाया मुझे....लध्धिये, इसे एकाध कटोरी डोडो के पानी पिला दिया करना, नहीं तो यह चारपाई से उठ नहीं पायेगा। सोहणियां, मैं एक पुत्तर पाल रही हूँ और एक पुत्तर गँवा भी रही हूँ। लध्धी के दुखों का तुम्हें क्या मालूम।"

"रिश्तेदारों तथा चौधरियों के पैरों तले तो आग जलती रही होगी?" दुल्ले ने पूछा।

"आग जैसी आग। वे तो सोचते रहे भट्टिओं के खानदान का तो नामो-निशान ही मिट जायेगा और अब भट्टिओं का मेहरू भी तगड़ा होने से रहा। दुल्ला बचपन से ही अपने हमजोलियों को आगे लगाकर चलता।"

"माँ, मुझे याद है, एक बार हम, पिरथा, रूड़ा, सदीक तथा रमजा लाहौर मेला देखने गये थे।" दुल्ला ने कहा।

"तेरे मामे ले गये थे पुत्तर। हर बरस जाते हैं।" लध्धी ने बताया।

"वहाँ मेले में मैंने घोड़ा भी दौड़ाया था और तीर-कमान से निशाने भी लगाये थे।" दुल्ले को मेले के दिन याद आ रहे थे।

लध्धी अन्दर से पूरी खुश थी, मेले के दिन याद करते हुए दुल्ला को जो बातें बताते समय मुश्किल हो रही थी, उनसे हट रहा था।

"बादशाहों के चोंचले होते हैं पुत्तरो। दरबारी चापलूसी राजाओं को खुश करने के लिए, इसी प्रकार के खेल-तमाशे करवाते ही रहते हैं। कभी रथों की दौड़ करवाना, कभी घोड़ों की। कभी मुर्गे लड़वाने, कभी तित्तर, बटेर, कभी भेड़ लड़वा देने, गबरुओं की कुश्तियाँ करवा देना और कुछ नहीं मिला तो साँड़ों की टक्कर करवा देना। बादशाहों की मौज होती हैं पुत्तरो, उन्हें कोई रोकने-टोकने वाला होता नहीं। मुक्केबाजी, नेज़ेबाजी, आदमी मरे या जीये, उनकी बला जाने।"

"माँ थोड़ा-थोड़ा याद है मुझे, घोड़ों की दौड़ देखते हुए एक आदमी ऊँची-सी कुर्सी पर बैठा हुआ था। बड़ा हार-शृंगार किया हुआ था। सिर पर पगड़ी भी रखी थी। कुछ आदमी उसके इधर-उधर खड़े हुए थे। वही राजा होगा....।"

"अरे वही होगा पुत्तर। राजाओं को ऊँचे ही बैठना होता है।" लध्धी ने लापरवाही से कहा।

"और माँ, एक छोरा मेरी ही उम्र का था निशाना लगाता हुआ। कपड़े लत्ते तो उसने भी कुर्सी पर बैठे जैसा ही पहने हुए था।" फिर क्या हुआ, "एक आदमी मेरे पास आया और मुझसे कहने लगा, तू पिंडी का है न?" मामा ने कहा, "पिंडी का है।"

"छोहर के निशाने देखने हैं, बादशाह हज़ूर का हुक्म था।" मामा ने कहा, "जा दिखा दे इन्हें, तीर कमान हमें भी चलाना आता है। माँ, मामा ने बताया होगा तुझे भी। मैंने राजा के छोहर को नीचे लगाये रखा। फिर उन्होंने मुझसे घुड़सवारी करवायी। मैंने उसमें भी उसे पछाड़ दिया। माँ, जो मेरे साथ निशाने लगाता था और घुड़सवारी करता था, वही था। राजा का पुत्तर जिसे तूने...।"

"क्या मालूम पुत्तर।" माँ ने टोका। वह दुल्ले को उस रास्ते पर जाने वाले रास्ते से रोकती थी।... दस-ग्यारह वर्ष बीत गये थे तब तक जब ये बातें हुईं। मुझे तेरे मामा ने बताया था, पिंडी के लोगों को भी बताया था, अम्मा तेरा दुल्ला आज बादशाह के पुत्तर पर भारी पड़ा है, माशा अल्लाह ...। मैं तो डर गयी थी पुत्तर। बादशाहों को अपनी हेटी हज़्म नहीं होती। मुझे लाहौर में तलब किया। छोड़ इन बातों को। इन बातों पर अब समय की धूल पड़ गयी है। पुत्तर, एक बात यह भी है, अपना लाहौर के साथ क्या मेल। बड़े सिरों की बड़ी पीड़ा। अकबर ने कहा था,...मैं तुझे पढ़ने भेजूँ। मैंने तुझे मदरसे में भेजा और एक दिन तूने मौलवी को पीट डाला फिर गुलेलें, तीर-कमानें लेकर अपने जैसे लंडे-मीणे इकट्ठे कर लिये।"

"लंडे-मीणे तो मेरी बाँहें हैं माँ। इनके बगैर तो मैं...।"

अचानक हवेली के मुख्य द्वार पर दस्तक हुई।

दुल्ला उठा। दरवाज़े के पास जाकर ज़ोर से पूछा, "कौन है भई।"

"मैं रूड़ा हूँ वीरे (भाई)।"

दरवाज़ा खोलकर दुल्ला बाहर आ गया। रूड़े ने कान के पास मुँह कर धीमे स्वर में बताया, "पिंडी के पश्चिम की ओर कोई अमीरज़ादा रुका हुआ है। पन्द्रह-बीस ऊँट तो मैंने खुद देखे हैं। तम्बू भी लगा लिए हैं और तीन आदमी पहरे पर भी हैं।"

"दरिया किस समय पार कर लिया उन्होंने?" दुल्ले ने हैरानी से पूछा।

"मालूम नहीं, मैंने तो तम्बू लगे ही देखे हैं।"

"पिरथा, सदीक, गाहणा, रमज़ा, शल्ला कहाँ होंगे सारे।"

"इस समय अपने घरों में होंगे।"

"इकट्ठे कर ले उन्हें जल्दी से। और भी जो मिल जाये, कहना, कुएँ पर चलेंगे।" रूड़ा मुड़ा।

"हथियार?" दुल्ले ने जरा ऊँची आवाज़ में पूछा।

"कुएँ पर ही हैं।"

"वे इस्तेमाल कहाँ हुए। अभी गाहणे से कहना धार लगाकर लाये कुएँ पर।"

रूड़ा मुड़ने लगा।

"सुना" दुल्ले ने फिर से हाँक लगायी।

"सैदा, बुधराम और भी जो टक्कर जाये, आवाज़ दे देना। यदि तीन-चार पहरे पर खड़े हैं तो तम्बुओं में कितने होंगे। पूरी तैयारी रखनी होगी। निकल जा कुएँ पर, वहीं मिलते हैं।"

रूड़ा तेज कदमों से चल दिया।

दुल्ला ने पीछे मुड़कर देखा।, लध्धी पीछे आ खड़ी हई थी।

"इस समय कौन था पुत्तर?" लध्धी ने फ़िक्र से पूछा।

"अपना ही आदमी था माँ।"

"मुझे तो लगा रूड़ा था पुत्र।"

"मालूम है तो पूछती क्यों है माँ। जा जाकर कोई खेस चद्दर दे दे जाकर। मैं कुएँ पर जा रहा हूँ।"

"रात हो गयी है पुत्तर। सो जा जाकर अब। फज़र में चला जायी। जा मेरा पुत्तर सो जा जाकर।" लध्धी दुल्ले के कन्धे पर हाथ रखकर उसे अन्दर की ओर खींचने लगी।

"इतने बरस सोया ही रहा माँ। तूने मेरे बहुत से रास्ते रोककर रखे। अब मेरे रास्ते में न आ माँ।" दुल्ला ने झटके से अपना कन्धा छुड़ा लिया।

"मेहरू को भी साथ ले जा पुत्तर।" लध्धी अन्दर से डरी हुई थी।

"मेहरू को भाँग रगड़कर दे, उसे बहिशतें दिखा। नशा टूटा हो तो वह ऊँट पर जाते हुए भी कहता जायेगा, मुझे कुत्ता काट लेगा। मैं उसे कहाँ सँभालता फिरूँगा।"

आह भर लध्धी अन्दर चली गयी।

कुछ देर के बाद खेस कन्धे पर डाल दुल्ला हवेली से बाहर निकल गया।

लध्धी ठगी-सी खड़ी रह गयी, उसे अँधेरे में गायब होते देखती रही।

10

आमों के सघन वृक्षों पर डेढ़-सा चाँद अपनी मद्धम रोशनी बिखेर रहा था। दरिया झन्नाँ से पार पश्चिम की ओर धुँधलाये-से बादल झूलते हुए इस प्रकार प्रतीत हो रहे थे, जैसे धरती उन्हें धीरे-धीरे अपने ऊपर तैनात कर रही हो। कुएँ के पास वाले थड़े पर एक-एक कर दुल्ले के साथी इकट्ठे हो रहे हैं। चैत्र महीने के पहले पाक्षिक का चाँद, आमों तथा अन्य वृक्षों के पत्तों से कभी-कभी झाँकते हुए आँख-मिचौली-सा खेलता लग रहा था

रात आधी से अधिक बीत गयी थी। कुएँ तथा घने बाग में साज़िश भरी चुप्पी का पहरा था। सूखे पत्तों पर चलते हुए भयानक शोर सुनाई दे रहा था। झाड़ियों में छोटी झाड़ियाँ और सरकंडे राक्षसों के समान भयानक दिखाई दे रहे थे। भट्ठी में आग जलाने या मशाल जलाने के लिए दुल्ले ने सख्ती से मना किया हुआ था। सारा कुछ भयानक चुप्पी में डूबा हुआ था।

दुल्ला और उसके साथी छवियाँ, गँड़ासे, तलवारें रेत रहे थे। यदि कोई ज़रा भी अधिक आवाज़ करता तो दुल्ला घूरता, "सँभालकर।"

रूड़ा, आज एक नये गबरू तारी को बुला लाया था। उसके अन्दर डाका मारने का बड़ा चाव चढ़ा हुआ था। गाहणा लुहार, धार लगाये अपने हथियारों की तारीफें कर रहा था और दुल्ले से धार पर हाथ फिराकर उन्हें परखने के लिए कह रहा था।

"गाहणे, तेरे धार लगाये हथियारों को परखने का समय इतनी जल्दी आयेगा, यह तो सोचा नहीं था। हमने अब यही काम तो करना है।" थड़े के आस-पास भूखे शेर से घूमते हुए दुल्ले ने हँसते हुए कहा।

"चलना कब है भाइयो, मैं तो कब से हाथों को दाँतों से काटता जा रहा हूँ।" नया तारी कुछ अधिक उतावला लग रहा था।

"वक़्त तो होने दे, इतना गर्म नहीं पीते, जीभ जल जाती है। अभी तू नया है। हथियार क्या उठाया है तूने।"

"ये फावड़ा है।" तारी ने बताया।

"फावड़े से ऊँट की लीद इकट्ठी करेगा क्या?" दुल्ला हँस दिया।

"रूड़े ने हाँक लगायी, तारी बाहर आ जा खड़े-खड़े और जो हाथ में आता है, ले आ। मेरे हाथ में फावड़ा आ गया।" बताते हुए तारी को शर्म आ गयी।

"अन्धी नाईन, बारात का वर्णन।" कहकर फत्तु मिरासी हँसने लगा। बाकी अन्य भी हँसने लगे।

सारी टोली आज पूरे जोश में थी। दुल्ले को अपने सभी साथियों पर पूरा भरोसा था। सभी उसके देखे-परखे हुए थे।

पिरथा छः फुट के करीब कद, सुगठित शरीर, मूँछों को नुकीला बनाकर रखता। नुकीली जूती। घुटनों तक कुरता। चेहरे के बायीं ओर आँख के नीचे बड़ा काला सा मस्सा। सिर पर कभी पगड़ी बाँध लेता, कभी सफाचट। अकबर की फ़ौज जब भट्टिओं पर चढ़ी थी तो पिरथे का बाप उसमें मारा गया था। इसी रंज में ही पिरथा अब दुल्ले का दाहिना हाथ बना हुआ था। घर के कामकाज की सारी ज़िम्मेवारी उसने अपने बाबा तथा छोटे भाई को दे रखी थी। वह घर किस समय आता-जाता है, कहाँ खाता-पीता है, उसके घर के सदस्य इस बात की अधिक परवाह नहीं करते।

रूड़ा जट्ट, दुल्ले ने देखा वह दरिया की रेत से बर्छे के फल को चमका रहा था। पक्का रंग छः फीट से थोड़ा कम कद, भारी, फुर्तीला शरीर, चौड़े कन्धे, यदि साँड़ से भी भिड़ जाये तो उसके भी पैर न लगाने दे। दाढ़ी-मूँछ कतरकर रखता। कभी कुरता-शलवार पहनता, कभी तहमद बाँधता। मोटी आँखें, मोटी गर्दन। वह अखाड़े का पहलवान लगता। दुल्ला उसके पक्के रंग को देखकर कभी छेड़ता, "तू रूड़ा नहीं भुना हुआ है।" तो रूड़ा आगे से हँस देता, "माँ ने पेट से पकाकर ही निकाला है, कच्चा-पिल्ला नहीं पैदा किया।" फरीद भट्टी के समय रूड़े का चाचा मुगलों के हाथ से मारा गया था।

सदीक दरम्याना कद-काठी, मगर कान बड़े। लम्बी बाँहें। आँखों में हमेशा सुरमा डाल कर रखता। कानों में इत्र-फुलेल के फाहे भी रखता। दुल्ले के बचपन से उसका साथी। गुलेलों तथा तीर-कमानों से पक्षियों को मारते ही लूटमार करने लगे थे। उसके अन्दर मुग़लों के प्रति घोर नफरत थी, उसकी कुँवारी बुआ को धोखे से अगवा कर ले गये थे और फिर उसकी कोई खबर नहीं मिली थी।

और भी बहुत सारे थे, रमजा, शल्ला, सैदा, गाहणा, लहिणा। गाहणा तो दुल्ले का खास आदमी था। लुहार था, उसने कह रखा था, कोई भी हथियार एक बार दिखा दो; यदि हू-ब-हू वैसा न बना दूँ तो गाहणा लुहार न बुलाना, कुछ और बेशक कह देना। उसे पिंडी के बुजुर्गों ने बताया था, जब अकबर की फ़ौजों ने पिंडी पर चढ़ाई की तो उन्होंने सबसे पहले गाहणे के बाप की भट्ठी को तोड़ा था, फिर गाहणे के भाई, बाप तथा चाचा को गलियों में घसीट-घसीटकर मारा था। फ़ौज के मुखिये को किसी ने मुखबरी की थी—जितने हथियार पिंडी के लोगों के पास हैं, ये सभी इन लुहारों के बनाये हुए हैं। अब गाहणा इसलिए दिन-रात भट्ठी जलाकर रखता

और कहता, "मेरे बनाये हथियार ही अब मुग़लों के सिर उतारेंगे।"

दुल्ले की टोली में एक और भी है फत्तु मिरासी, जिसे सभी अपनी औरत की तरह मज़ाक करते रहते हैं और फत्तु अपनी बातों से सभी को मात देता है। मद्धम शरीर, सिर पर ढीली-सी पगड़ी। मूँछें कतरी हुई, दाढ़ी रखी है। दाढ़ी भी उसकी ठोढ़ी पर ही थी, शल्ला टुंडा उसकी दाढ़ी के कारण उसे छेड़ता रहता था। फत्तु जब बात करता तो उसकी दाहिनी आँख खुद ब खुद दब जाती थी। बहुत बार उसने इस कारण गाँव की औरतों से गालियाँ खायी थीं। कई बार जूते भी खाये थे।

"अल्लाह की मर्ज़ी है, मार लो जूते..।" वह कहता भी जाता और आँख भींचता भी जाता। पिंडी के लोग तथा औरतें तो अब जान ही गये थे। नन्दी मिरासण को पहले सभी बहुत उलाहने देती थी, "अरी सँभालकर, वरज कर रख मिरासी को। औरतों को आँखें मारता फिरता है। जे घर में बता दे तो लड़के उसकी आँखें ही निकाल देंगे।" ये तो पुरानी बातें हैं। मगर गाँव में बाहर से आयी कोई भी औरत अभी भी उसे काफी कुछ सुना जाती है। वह बेशक सफाई देता फिरे, "भई, मैं आँख थोड़ा मार सकता हूँ, मेरी क्या मज़ाल। यह तो अल्लाह ही आँख-मटका करवाता है।" उसकी पिटाई होती और लोग हँसते। दुल्ले के लिए वह बहुत काम का आदमी था। दुल्ले और उसके साथियों का फत्तु बिना गुजारा न था और न ही फत्तु का इनके बिना।....बाग से पिंडी तक और पिंडी से बाग की ओर, जो भी कोई आता या कोई खबर देनी होती, फत्तु के बिना और कोई नहीं कर सकता था।

दुल्ला सभी की ओर देख रहा था, बारी-बारी से। आज एक और नया आया है तारी। गाँव के अन्य नौजवान भी दुल्ले के साथ मिलना चाहते हैं। दुल्ला भी ऐसा ही चाहता है। अब तो एक पूरी फ़ौज खड़ी करनी पड़ेगी। लाहौर से टकराना है तो लाहौर के बराबर का होकर टक्कर देनी होगी।

इस समय पिंडी में अधिकतर लोग सो रहे थे। इधर बाग में भी झींगुर बोल रहे थे। दुल्ला अचानक खड़ा हुआ और बोला।

"अल्लाह का नाम लेकर चल दो," सभी खड़े हो गये।

"रूड़े डेरे किस ओर हैं।" दुल्ले ने पूछा।

"पप्तण (किनारे) के पीछे की ओर।"

"पप्तण किस समय पार कर लिया इन्होंने।" दुल्ला हैरान था।

"हम गाहणे के पास थे भट्ठी पर, उस समय ये पार कर आये होंगे।"

"फिर आगे बढ़े भई।" रूड़ा हथियार बन्द टोली का नेतृत्व करने लगा। नये आये तारी का दिल ज़ोर-ज़ोर से धड़कने लगा। मगर जल्दी ही ठिकाने पर आ गया। बादलों ने चाँद को भी ढक लिया था।

रात के घने अँधेरे में दुल्ला तथा उसके साथी, रूड़े के पीछे-पीछे किसी अमीरज़ादे के पड़ाव की ओर बढ़ रहे थे।

आगे जाकर उन्होंने देखा, पिंडी से थोड़ा परे एक मैदान में कुछ तम्बू लगे हुए हैं। एक तम्बू के बाहर एक बाँस पर एक मशाल बुझने को थी। अँधेरे में बैठे ऊँट रेत के टीलों से लग रहे थे। हथियार बन्द पहरेदार कमर-बन्दों में तलवारें तथा हाथों में लम्बे बर्छे लिए चारों ओर पहरा दे रहे थे।

दुल्ले ने हाथ के इशारे से साथियों को रुकने को कहा। सभी रुक गये। साँस रोक लिये। नये भर्ती तारी का दिल जोर से धड़का। अमीरज़ादे के तम्बू की ओर इतना पहरा देख, सभी हैरान थे।

दुल्ला अपने साथियों के पास आया। सभी को धीमे से चुनौती दी, "यहाँ आज पकवान खाने का पता लगेगा पिरथे और साथियो। सामने से भी टक्कर मिलेगी।"

"चुपचाप वार करना है अचानक कि....।" रूड़ा पूछने लगा तो दुल्ले ने टोका।

"सूरमों का काम तो ललकारकर ही वार करना होता है। पहले उनसे पूछ तो ले, ये हैं कौन, जो पिंडी की सरहद में दुल्ले से पूछे बिना ही आ घुसे हैं।"

जब दुल्ले ने ललकारा मारा तो पहरेदारों के पैरों से ज़मीन खिसक गयी। उन्हें तम्बू के अन्दर जाकर खबरदार करने का मौका भी न मिला। पल-क्षण में ही तम्बू में प्रलय आ गयी। ऊँट चिंघाड़ने लगे। अधसोये पहरेदार चीखने लगे। फटा तम्बू दरिया में तैरती बेड़ी के बादवानों-सा फड़फड़ाने लगा।

रात की खामोशी दम तोड़ गयी। आधा चाँद बादलों से बाहर निकल आया। पिंडी के लोग सहमे से घर की छतों पर खड़े वारदात की टोह लेने लगे। दूर से बजते ललकारों पर खड़े लोगों को सुनाई देने लगी।

ठीक इस समय लध्धी अपनी हवेली के आँगन में खड़ी उस घड़ी को कोस रही थी, जब दुल्ले को बीती बातें बतायीं और कोठरी, अन्दर पड़े बाप-दादा के हथियारों का भेद दुल्ले को मालूम हुआ था। उसके अन्दर से हूक उठी। डर तथा सहम से अपने सीने पर हाथ रखा और लड़ाई की टोह लेने लगी।

"अम्मा, दुल्ला कहाँ है।" किसी ने छत से पूछा।

"मामा के घर गया है कल से।" लध्धी को यही सूझा। मगर उसे पक्का यकीन था कि, लड़ाई में दुल्ला ही होगा।

फुल्लराँ, लड़कियाँ तथा नूरा भी आँगन में आ खड़े हुए।

"क्या हुआ अम्मा, कौन लड़ रहा है?" नूरा ने आँखें मलते हुए पूछा।

"क्या मालूम पुत्तर, इधर मगरिब की ओर से शोर सुनाई दे रहा है।"

"अब्बा...।" नूरा ने फिर पूछा।

"वही होगा पुत्तर...।" लध्धी ने आह भरी, अँधेरा हुए रूड़ा बुलाने आया था।

कुछ देर सभी वैसे ही खड़े रहे, पत्थर बनकर। नूरा की बीवी भी सभी के पीछे बखतो के पास खड़ी बार-बार उसकी बाँह दबाती जा रही थी। वह कुछ अधिक ही डर गयी थी।

लध्धी का दिल ज़ोर-ज़ोर से धड़कने लगा। वे इन लड़ाइयों या अकबर से टक्कर लेने की पीड़ा जानती थी। यह त्रासदी वह झेल चुकी थी। उसे मालूम है, दुल्ला जानता नहीं, लड़ाई अन्धी होती है। यह माँओं की कोख भी उजाड़ती है और उन्हें बेवा भी बनाती है।

मगर दूसरे ही पल लध्धी के मन में रोष पैदा होता। उसका मन करता, अकबर और उसके अमलकारों का भी वही हश्र हो जैसा दुल्ले के अब्बा तथा दादा का हुआ। दुनिया में बार-बार नहीं आना। जैसे पिंडी ने भुगता, वैसे लाहौर के महलों की ईंट से ईंट खड़के। लाहौर के बादशाह को मालूम हो जाना चाहिए, भट्टिओं का खून अभी साँदल की बार में उछलता है। अकबर को इल्म हो, सोया हुआ दुल्ला जाग उठा है अब। तख्त लाहौर की नींद उड़ जाये और लध्धी के कलेजे में ठंड पड़े। अकबर की फ़ौजें जान जायें कि बार में है कोई दुल्ला, लध्धी का जना हुआ, फरीदखान भट्टी का पुत्तर। दुल्ला दहशत बन जाये। अकबर और तख्त लाहौर के दरबारी चौंककर सोये-सोये उठकर चीखें मारें...आ गया दुल्ला। दुल्ला का नाम सुनने पर तख्त को पसीना आ जाये। दुल्ले का नाम सुनते ही, अकबर के सिपाहियों का पेशाब निकल जाये। बस...इससे आगे नहीं जाना चाहती लध्धी। आगे सोचना नहीं चाहती। इसके आगे सोचने या जाने पर, वह जानती है गँवाने के लिए। उसने गँवाया भी है। पिंडी उजड़ी है। पिंडी की बहुएँ, बेटियों की लाज चौराहों में नष्ट की गयी।

वह सब कुछ बड़ा डरावना था। उसका मन उस समय को याद करने से भी डरता है।

"आज पश्चिम की ओर से यह कौन शोर डाल रहा है अम्मा?" पड़ोसी छत से बरकता की छोटी नसीराँ ने पूछा।

"तेरी माँ कहाँ है।" लध्धी ने पूछा

"वो अगले मुँडेर के पास खड़ी है। अम्मा कोई घुसपैठिया है या लाहौर की फ़ौजें चढ़ आयी हैं।" नसीराँ की आवाज़ में डर था।

"क्या मालूम धीये। मैं तो खुद कलेजा पकड़े खड़ी हूँ। कहीं दुल्ला ही न हो।"

"अम्मा हम भी जाकर देखें छत से?" बख्तो तथा सलेमो ने लध्धी से पूछा।

"लड़ाई में क्या देखना होता है? चलो इधर लध्धी ने डपट दिया तो लड़कियाँ फिर अपनी माँ और नवेली दुल्हन के पास जा खड़ी हुईं।

थोड़ी देर बाद कुछ और आवाज़ें सुनीं और फिर एकदम भयानक डरावनी खामोशी छा गयी।

लोग पहले की तरह छतों पर खड़े रहे। इन्तज़ार करते रहे, शायद फिर से आवाज़ें सुनाई देंगी। मगर कोई आवाज़ न आयी। सुन्न और डरे हुए लोगों की तरह जैसे आज चाँद भी एक ही स्थान पर जड़ हो गया था।

फिर धीरे-धीरे बादल चाँद की ओर सरकने लगे।

तरह-तरह के कयास और अन्दाज़ें लगाते लोग, छतों से नीचे उतरने लगे।

बरकताँ हवेली की मुँडेर के पास आ आधी नीचे की ओर झुक आयी, पूछा, "अम्मा, लाहौर की फ़ौजें हैं तो गहने इत्यादि सँभाल ले।"

"क्या कहूँ बरकताँ मैं तो खुद अँधेरे में हूँ। दुल्ला भी घर नहीं लौटा। मेरा तो लहू पानी बना हुआ है बरकताँ। मैं तो रब से दुआ करती हूँ, इनमें दुल्ला ना हो।"

और बाकी रहती रात, पिंडी के लोगों ने जागते तथा कीमती सामान सँभालने में गुज़ारी।

11

पिंडी के पश्चिम की ओर एक भारी बरगद था। कई तनों वाला, स्थान-स्थान से लटकती डालें। ज़मीन तक पहुँची डालें और जड़ें पकड़ चुकी के भी तने निकल आये थे। बरगद के नीचे बड़े गोल आकार का कच्चा थड़ा। घने पत्तों में कलोल करते तोते, कौए, चिड़ियाँ, गुटारें, गोहले काट-काटकर नीचे फेंकते रहते। पक्षियों की बीटें और गाहिले से बचायी गयी खस की पंक्तियाँ रस्सों से चारों ओर बँधे हुए थे। इस प्रकार थड़े पर सदा सघन छाया रहती थी। बरगद के नीचे पिंडी के लोगों की मजलिसें लगतीं। इस ओर से एक दलान झन्नाँ दरिया की ओर उतरती थी। पिंडी के पशु-जानवर पानी पिलाने या नहलाने के लिए इसी रास्ते से लाये-ले जाये जाते थे। इधर से ही पिंडी की औरतें, लड़कियाँ दरिया पर कपड़े धोने या काम-धन्धे के लिए जाती थीं।

मियाँ चिराग़दीन हंजरा कबीले का इज्ज़तदार बुजुर्ग था। अस्सी वर्षों से ऊपर उम्र होने के बावजूद सेहत से एकदम तन्दुरुस्त था। कभी घुटने-गिट्टे नहीं दुखते थे। उसकी उम्र के कई बुजुर्ग ढीले पड़ गये थे और उसे कहते थे, "मियाँ पाँच बीस बरस हयाती जियेगा।" जबसे हज करके आया था, सभी उसे हाजी मियाँ कहकर बुलाते थे। भट्टिओं के साथ और खासकर दुल्ला के अब्बा और दादा के साथ उसकी अच्छी दोस्ती थी। दुल्ले का बाबा बिजली खान और वह दोनों हमजोली थे। पहले उनके पूर्वजों के समय हंजरा कबीले के साथ भट्टिओं के साथ पूरा वैर था, परन्तु अब वे दोनों बरगद के नीचे इकट्ठे बैठकर कभी हुक्का साँझा करते, पुरानी बातों को याद किया करते थे। मगर ये बातें दुल्ला के पैदा होने से पहले की थीं।

अब मियाँ चिराग़दीन नयी पीढ़ी को पिंडी बनने, बसने तथा उजड़ने की घटनाएँ

सुनाया करता था। अफज़ल मियाँ उसका पड़ोसी था दोनों की आपस में बनती थी। जब भी फुरसत मिलती दोनों बरगद के नीचे आ बैठते कभी लाहौर, कभी दिल्ली तथा कभी पिंडी के पूर्वजों की बातें छिड़ती रहतीं।

आज वह काफी दिनों बाद इकट्ठे हुए थे। थोड़ा परे कुछ बच्चे खेलते हुए, शोर मचाते, एक-दूसरे पर मिट्टी डाल रहे थे। अफज़ल मियाँ ने झिड़का, "अरे, शरारत करने से टलते नहीं छोरो।"

छोरों ने जीभें निकाल अफज़ल मियाँ को चिढ़ाया, अफज़ल गुस्सा होने लगा तो मियाँ चिराग़दीन हँसने लगा, "करने दो मस्ती बच्चों को अफज़ल मियाँ। उम्र है इनकी...।" फिर उसने खरमस्ती करते लड़कों से कहा, "पुत्तरो, थोड़ा दरिया की ओर जाकर खेलो।"

बच्चे सचमुच ही दरिया की ओर चले गये।

इतने में मियाँ करीम बख्श भी चिराग़दीन के पास आ बैठा। दुआ-सलाम हुई। एक-दूसरे का खैर-सुख पूछा।

"करीम मियाँ रात को पश्चिम की ओर बड़ा शोर सुनाई दिया था।" अफज़ल मियाँ ने पूछा।

"मैं तो तुमसे पूछने आया हूँ, तुम मुझसे पूछ रहे हो...।" करीम बख्श हैरान था।

"जो भी है, जो भी हुआ है, पिंडी के लिए अच्छा नहीं होगा।" कहकर मियाँ चिराग़दीन ने गहरा साँस लिया।

"हाजी मियाँ, हमारी किस्मत में बसना, उजड़ना, फिर बसना, फिर उजड़ना ही क्यों लिख दिया अल्लाह ने। हमारे हिस्से का अमन-अमान कहाँ खो गया?" अफज़ल मियाँ ने भारी दुख से पूछा।

"अमन-अमान दो ही ढंग से रह सकता है अफज़ल मियाँ। या तो हाकिम जो करता है उसे जी हज़ूर कह सिर झुकाये रखो हाकिम का फरमान लाहौर का फरमान जानो या फिर हाकिम यदि सेर हैं तो उसे सवासेर होकर टकराओ।" कहकर मियाँ चिराग़दीन ने हुक्के की नली मुँह में डाल ली।

"हाजी मियाँ हुकूमतों को गरीब क्या सवा सेर होकर टकरायेंगे। अधिकतर लोगों को तो दोनों समय चूल्हे में आग जलाने का फ़िक्र ही खत्म नहीं होता।" करीम बख्श बोला।

"सच कहते हो करीम बख्श। समय एक-सा कभी नहीं रहता। अल्लाह जानता है, तख्तों वालों ने घास खोदी और घास खोदने वाले तख्तों पर बैठे। सूरज चढ़ते समय, शिखर समय और छिपते समय साये बदलते रहते हैं मियाँ। ऐसे ही बादशाहियों के साये भी बदलते रहते हैं।" कहकर चिराग़दीन ने हुक्का खींच 'गुड़गुड़' की।

"सही कह रहे हो मियाँ।" करीम बख्श ने अपने सिर को हिलाते हुए हामी भरी।

"देख ही रहे हो, किधर गये दुनिया को फतह करने वाले। कोई राहों में मर खप गये, गोर भी नसीब न हुई। कोई शर्मिन्दगी से मर गये। इतना कत्लों-गारत किसके लिए किया। अब भी जब हल जोतते हैं, कोई फाल किसी खोपड़ी में जा लगता है। क्या मालूम, बीते समय का कोई शाहजहाँ रहा हो, कोई फकीर रहा हो, यहाँ हमारे खेतों में मर-खप रहे हैं।" कहकर चिराग़दीन फिर से हुक्का खींचने लगा।

सभी जानते थे, समझते हैं चिराग़दीन बातें करता है, उसकी ज़बान पर जैसे अल्लाह आ बैठता है। आसमान की बातें करता है। मालूम नहीं कहाँ से आती हैं ये बातें। पिंडी के कुछ लोग तो उसे पीर औलिया की तरह मानते हैं। उसकी उम्र भी काफी बड़ी है। पिंडी में उसकी उम्र के दो या तीन जने ही होंगे। मगर वह सेहत में ढीले हैं और घर से कम ही बाहर निकलते हैं। मियाँ चिराग़दीन सदा साँझी बात करता है। जब चौपाल में आ बैठता है, सभी उसे इज्ज़त देते हैं। उसकी कही बातें बहुत ध्यान से सुनते हैं। जब कभी भट्टिओं की बात चलती है तो मियाँ चिराग़दीन को बिजली खान साँदल भट्टी संग रहने का बहुत गर्व महसूस होता है।

बरगद के नीचे हमेशा मजलिस लगी रहती है। कभी किसी को अचानक घर का काम याद आ जाता, कभी नमाज का वक़्त होता तो आना-जाना लगा ही रहता। पिंडी की रियासत का बरगद के नीचे रोज़ दरबार लगता और दुनिया जहान की बातें चलती रहतीं।

× × ×

आज फिर बरगद के नीचे पूरी मजलिस लगी हुई थी। हुक्के की नली घूम रही थी। करीम बख्श, मियाँ चिराग़दीन, अफज़ल मियाँ। सदीक का अब्बा, रमजा का दादा और लोग भी बैठे थे। चौधरियों की ओर से रहमत अली को बुधराम सहारा देकर पेड़ की ओर आते देख, अफज़ल हँसा, "आज तो रहमते का भी रस्सा उतार दिया बेगमों ने।"

उस समय करीम बख्श हुक्के का कश खींच रहा था। हँसते हुए उसे खाँसी आ गयी।

चिराग़दीन आज फिर भट्टिओं की बातें छेड़ बैठा था। बातों में विघ्न न डालने के कारण रहमत अली और बुधराम इशारे से ही दुआ सलाम कर बैठ गये थे।

"ये बातें कितने समय की होंगी हाजी बाबा?" हवेली राम हलवाई के लड़के बुधराम ने पूछा। सभी जानते थे, बुधराम से अधिक देर तक चुप नहीं बैठा जाता था।

"यह कहीं आज की बातें है पुत्तरा। गाँवों को, शहरों में बसने में सदियाँ लग जाती हैं। हमलावर आते हैं घड़ी पल में बस्तियों को खँडहर बना देते हैं। जो जीते रह जाते हैं, फिर से तिनका-तिनका जोड़ने लगते हैं। बसना तो सभी चाहते हैं।"

"आज करीम बख्श ताऊ तो सुबह से ही आया बैठा है हाजी बाबा।" बुधराम

ने छेड़ा।

"तूने मुझे हलवाईन के पास ले जाना था क्या।" करीम बख्श ने पलटवार किया तो रहमत अली पोपले मुँह से हँस दिया।

"ताऊ हलवाईन का वजन पच्चीस पंसेरिया है, गर नीचे आ गया तो टेढ़ा हो जायेगा।" बुधराम ने कहा तो सभी बुजुर्ग हँसने लगे।

करीम बख्श को आगे कोई जबाब न सूझा। वह पालथी मारकर बैठ गया और हुक्के की नली दूसरे से पकड़कर अपनी मुट्ठी में मसला।

"हाजी बाबा ताऊ करीम बख्श तो आज शाहजहाँ अकबर बना बैठा है।" बुधराम ने फिर छेड़ा।

"अरे बुधुआ तेरा दिमाग तो लड्डू बनाने लायक ही है। अकबर हमारे जैसा कैसे हो सकता है। उसके सिर को सौ मुसीबतें। हम हुए इस बरगद के नीचे वाले तख्त के बादशाह। न किसी की ज़मीन दबानी है और ना कोई बन्दीखाना खोदना है। अल्लाह का रिजक खा लेते हैं और उसका शुक्र कर देते हैं। और क्या चाहिए आदमी को ज़मीन ही चाहिए न कुल ढाई हाथ। वह बादशाह को भी मिलेगी और हमारे भी नसीब में लिखी हुई है।" कहकर करीम बख्श ने लम्बा कश खींचा। आँखों में कुछ सुर्खी आ गयी।

सभी ओर तम्बाकू की तीखी गन्ध फैली हुई थी। बैठे-बैठे रहमत अली के मुँह से 'या अल्लाह' निकला तो बुधराम मुस्करा दिया।

"ओए खत्रिया, अल्लाह के नाम पर हँसता है।" अफज़ल ने झिड़का।

"तौबा-तौबा।" बुधराम ने शरारत से दोनों कान पकड़े। "मेरी क्या मज़ाल अल्लाह के नाम पर हँसूँ। मैं तो हँस रहा हूँ। चाचा रहमत अली आज बेवक़्त ही अल्लाह को याद करने लगा है।"

"अरे काफिरा अल्लाह को भी याद करने का कोई वक़्त होता है।" रहमत अली ने हुक्के की नली लेते हुए बुधराम को घुड़का।

"लाहौल-बिला-कुव्वत।" हाजी चिराग़दीन के मुँह से निकला और वह तसबीह फेरने लगा।

रहमत अली, मियाँ चिराग़दीन की भाँति पक्की उम्र का बुजुर्ग था। बैठ जाये तो खुद उठ नहीं पाता था। कुछ दूर जाना हो तो किसी के कन्धे का सहारा ढूँढ़ता रहता था। इस उम्र में आकर उसने चौथा निकाह किया था। उसकी चौथी बेगम पच्चीस वर्ष की सुडौल जिस्म वाली लड़की थी। उसके मुकाबले में रहमत अली शारीरिक तौर पर एकदम हारा हुआ था। कभी घुटने दुखते कभी कमर दर्द होने लगती, नज़र भी पहले जैसी नहीं रही थी। थोड़ी दूर देखने के लिए उसे हाथों की ओट बनानी पड़ती थी।

एक दिन संयोग से रहमत अली की चौथी बेगम की जरा-सी झलक बुधराम को

नज़र आ गयी। उसने अफज़ल मियाँ के संग धीरे-धीरे कुछ कानाफूसी की।

"अरे चाचा मैं तो लुट गया आज।" बुधराम की आँखों में शरारत थी।

"क्यों जलेबियाँ खा गया?" हलवाई होने के कारण सभी उसे इसी प्रकार के मज़ाक ही करते थे।

"नहीं चाचा, आज रहमत बाबा की चौथी बीवी देख ली। उसकी तो आँखें ही मशाल की तरह जलती हैं बाबा।"

"अरे कुत्ते मूर्ख। तेरी अम्मा लगती है वह। इस तरह नहीं कहते।" अफज़ल ने झिड़का।

"तू लाख कह चाचा। रहमत अली की उम्र के रिश्ते से तो ज़रूर मेरी अम्मा लगती होगी। मगर है वो मेरी उम्र की। हाँ, एक बात है, रहमत अली सारी पिंडी का चाचा है, इस लिहाज से चाची कह दूँ। अम्मा कहलवा कर तो वो भी खुश नहीं होगा चाचा जान।" सभी जानते हैं, बुधराम बेहद शरारती है। अब भी शरारत कर रहा होगा। अफज़ल मियाँ ने बात हँसकर टाल दी।

आज जब रहमत अली हुक्के का कश खींचने में मस्त था, बुधराम से सब्र न हुआ। सरककर उसके निकट हो गया और सभी को सुनाकर पूछा, "अलीचाचा शरीर तो ठीक है न?"

"रब की मेहर है।" रहमत अली बोला।

"हमारी चाची खुश रहती है न?"

रहमत अली ने हुक्के की नली करीम बख्श को पकड़ाते हुए ताज्जुब से बुधराम की ओर झाँका।

"हमारी नयी चाची।" बुधराम ने थोड़ा पीछे हटते हुए कहा।

"ओए गन्दे तुरूम माँ, काफिर, तुझे कितनी बार वरजा है, मसलित करते ज़नान खाने की ओर जाते।" रहमत अली ने अपनी जूती पैर से उतार हाथ में लेते हुए कहा।

"हालचाल तो दुश्मनों का भी पूछ लेना चाहिए चाचा।" बुधराम एकदम मचल रहा था और उसकी निगाह रहमत अली के हाथ में पकड़ी जूती की ओर थी।

"कमबख्त, तुझे सभी के साथ बैठकर बात का शऊर नहीं? चाची, माँ होती है, कभी अपने बाप से भी पूछा है, तेरी अम्मा को खुश रखता है कि नहीं।" द्वेष से रहमत अली ने दो-तीन बार जूती थड़े पर दे मारी।

"रहमत अली। इन जवानों पर गुस्सा न कर। इन्हें बातें छोड़ने का ठर्क़ है। खुद एक औरत को भी खुश रखने के लायक नहीं। रात के समय खेतों में जा सोते हैं। बहाना करते हैं, रखवाली करने का। हम बूढ़ों में अभी भी दम है। इस बुध को कह गर कोई चाची, ताई खाली हो तो चादर डाल ले आते हैं और अगले वर्ष एक बच्चा हमसे ले जाये...।" अफज़ल मियाँ की बात सुनकर सभी हँसने लगे।

"इसे क्या मालूम कल के पैदा हुए को। ..." अब रहमत अली हौसले में आ

गया। "हमारे वक़्त तो आदमी फौत हुआ नहीं कि तुरन्त किसी और के साथ निकाह के कलमे पढ़ लिए। न आदमी सब्र करते हैं और न औरतें।"

"मान लेते हैं अली चाचा की बात। मगर सारे एक से तो नहीं होंगे। हाजी बाबा, लध्धी है न दुल्ले की माँ। इन्हें तो काफी सब्र है।" बुधराम ने बात को घुमा दिया।

"बुधुआ। बरखुरदार, हर कोई लध्धी नहीं बन सकता। लध्धी तो किसी और ही मिट्‌टी की बनी हुई है। सारी हयाती रंडेपा काट दिया पुत्तर...।"

बुधराम बात काटकर बोला, "हाजी बाबा, अली चाचा की तरह डपटना नहीं, गाँव के चौधरी तो कुछ और ही कहते हैं।"

"चौधरी तो बातें करेंगे ही। इन्हीं बातों के कारण ही तो उनकी सुनवाई होती है। इनका चौधरपना तो बादशाहों की रज़ामन्दी से सलामत रहता है। चौधरी चाहते हैं, अन्य लोगों की तरह दुल्ला भी उन्हें सलाम कहे। दुल्ला तो बादशाह तक को सलाम नहीं कहता।" कह हाजी चिराग़दीन ने हुक्के की नली अपनी ओर कर ली।

"चौधरी तो कहते हैं लध्धी अम्मा का सारा खाना-पीना, पहनना-ओढ़ना लाहौर दरबार से ही चलता रहा है।"

"चलता रहा होगा। किसने देखा है। बातें ही हैं। सच क्या है, झूठ क्या है, खुदा जानता है। मगर असल में फ़िक्र की बात यह है अफज़ल मियां, दुल्ला मेरे पास आया था। पूछ रहा था, बाबा और तुम आपस में हमजोली रहे हो, सच बता, उनके साथ क्या हुआ था? जब से लध्धी ने उसे बताया है, वह गाँव के बुजुर्गों से पूछता फिर रहा है। दुल्ला अब अपने आप में नहीं रहा। वह गाहणे लुहार को हथियार बनाने को कह आया है। गाहणा गाँव से टूटे बटलोही, कड़ाहियाँ, कहियाँ इकट्‌ठे करता घूम रहा है। वह तो लोगों से कह रहा है, अगर और कुछ नहीं तो हलों के फाले ही दे दो। लोग दुल्ले से पूछते हैं, हल न रहे तो बुआई-जुताई कैसे होगी। दुल्ला कहता है, ज़िन्दा रहोगे तो खेती-बाड़ी करोगे न। हथियार हमें ज़िन्दा रखेंगे। अब गाहणे की भट्‌ठी हर समय धधकती रहती है।"

"हाजी बाबा चौधरी तो कहते हैं, शाही पदार्थ खा-खाकर बन्दा वैसे ही खस्सी हो जाता है। दुल्ले से बढ़ती जवानी में तो कुछ हुआ नहीं, अब क्या होगा।" बुधराम की बात सुन रहमत अली से चुप न रहा गया, बोला—

"देखते हैं बुधुआ, जब सिर पर आ बनी, बछड़ा खस्सी है कि...।"

"चाचा तेरे जैसा ना हो कहीं, साँदल बार की नाक ही कट जाये।"

इतना कह बुधराम ने बैठे-बैठे ही पीछे की ओर छलाँग लगा दी।

"हाजी मियाँ ये मेरे से जूते खायेगा। इससे कहो जीभ को बाँधकर रखे।" रहमत अली ने बुधराम की ओर जूती फेंककर मारी।

बुधराम ने जूती को बगल में दबाते हुए कहा, "यह अब नयी चाची को देकर

आऊँगा”

“क्यों तेरी जीभ काबू में नहीं औ बुधुआ? गर रहमत अली का हाथ पड़ गया न तो बाकी उम्र बोलने लायक नहीं रहेगा। कुम्हारों के आतू की तरह ऊल-ऊल करता फिरेगा।”

अफ़ज़ल मियाँ की बात सुन सभी ठहाका लगाने लगे।

इन्हें हँसते देख दुल्ले का चाचा जलालदीन अपने घर की ओर जाते-जाते इन की ओर मुड़ आया।

“आ भई चौधरिया, घड़ी-पल आदमियों में भी बैठा कर।” अफ़ज़ल मियाँ ने गहरी चोट मारी।

“बड़े ठहाके लगा रहे हो?” जलालदीन ने मूँछों को ताव देते हुए पूछा।

“कोई बात ही ऐसी थी चौधरी।”

“रात को जो वाकया हुआ, उसके बारे में मालूम है।” अपनी एक टाँग थड़े पर रखते हुए चौधरी ने पूछा, “शोरगुल तो बहुत था...।”

“यहाँ बरगद के नीचे बैठे सारे शोरगुल सुनने वाले ही हैं। रात को दुल्ले आदि ने तख्त-लाहौर का एक व्यापारी लूट लिया। लूट भी लेता तो कोई बड़ी बात नहीं थी। लूटना तो उसका धन्धा है, शुगल है उसका। बड़ी बात तो यह है कि उसने व्यापारी का कत्ल कर दिया। लाश अभी भी गाँव की हद पर पड़ी है।” जलालदीन ने घृणा और नफरत से कहा।

जलालदीन चौधरी की बात सुनकर सभी सन्न हो गये। वे जानते थे कि जलालदीन हमेशा काटवीं बात करता है, रिश्तेदारों वाली। दुल्ले के परिवार के साथ उसके सम्बन्ध ताऊ-चाचा वाले नहीं हैं। दुल्ले की बात को बढ़ा-चढ़ाकर करने की उसकी आदत है। मगर रात को एक व्यापारी को लूटा गया और उसका कत्ल भी हुआ। यह बात सच ही है।

सभी को ख़ामोश देख जलालदीन ने व्यंग्य से कहा, “यहाँ बैठकर हँसो। दुल्ले की करतूतें अब पिंडी को भुगतनी पड़ेंगी, तैयार रहो अब।”

“चौधरी जलालदीन, पहले दुल्ला के बाप-दादा ने की, पिंडी ने वो भुगती। तू तो जानता है। गर अब दुल्ले की कार्यवाहियाँ पिंडी को फिर से भुगतनी पड़ेंगी तो भुगत लेंगे फिर। होनी तो टलती नहीं, न कभी टली है। दुनिया इसी तरह चलती रही है चलती रहेगी।” कहकर हाजी चिराग़दीन ने जैसे इस क़िस्से को रोकना चाहा। वह तसबीह फेरने लगा।

“सभी जानते हैं, दुनिया तो चलती रहती है। बिना वजह साँप के बिल में हाथ डालने की ज़रूरत क्या है? सोये हुए शेर की पूँछ खींचोगे तो...।” जलालदीन के स्वर में नफरत और कड़ुवाहट थी।

“चौधरी जलालदीन, सीधी तरह कह जो कहना चाहता है। पहेलियाँ न डाल।”

अफज़ल ने कहा, "तुझे हुक्के का कश लेने को नहीं कह सकता, क्योंकि यह अब ठंडा हो गया है।"

"सीधी बात यह है जो वारदात रात को हुई है, अब हुक्के ठंडे ही रखने की नौबत आ जायेगी।"

"बाबा जलालदीन चौधरी साहब, मैं एक बात कहूँ...।" बुधराम ने कहा।

"तू कह जो कहना है।" जलालदीन ने उसके बोलने से अपनी बेइज्ज़ती महसूस की।

"दुल्ला लूटमार करता है। है तो बुरी बात। मगर अच्छी बात यह है कि चाचा, दुल्ला साहूकारों को लूटता है और गरीबों में तकसीम (बाँट) देता है। अपने पास तो खाने-पीने लायक ही रखता है। खाना-पीना तो होगा ही। भूखे पेट डाके खाक मारेगा।"

"बात लटका दी तूने बुधराम।" जलालदीन के बोलने से पहले ही करीम बख्श बोल उठा, "दुल्ला अब वह नहीं जो कुछ दिन पहले होता था। अब तो वह लाहौर का रास्ता पूछता है। बात सोचने वाली है, जलालदीन चौधरी साहब। मालूम नहीं होनी को क्या मंजूर है। अल्लाह ही जानता है। फरीद भट्टी और साँदल को जब फाँसी पर चढ़ाया गया, चार महीने बाद दुल्ला पैदा हुआ। इतने बरस लध्धी ने अपने साथ हुई कारगुजारियों की हवा नहीं लगने दी दुल्ले को। अब देखते हैं, दुल्ला अपने बाप-दादा के स्वाभिमान वाला रास्ता पकड़ता है या...।"

"करीम बख्श, मैं तुझे टोक रहा हूँ, एक बात कहता हूँ मैंने दुनिया देखी है।" हाजी चिराग़दीन कहने लगा, "मैंने बादशाहियों के किरदार देखे हैं। शाहंशाहियाँ सदा जुल्म करती आयी हैं और सूरमे-योद्धा उनके जुल्मों के आगे खड़े होते आये हैं। ये सिलसिला बन्द होने वाला नहीं। कभी फरीद भट्टी बनकर, कभी साँदल भट्टी बनकर और रब खैर करे कभी दुल्ला भट्टी बनकर। दुल्ले सदा पैदा होते रहेंगे।

"याद रखना मेरी बात। जब तक इस मिट्टी पर तख़्तों के हाकिम शहंशाह अत्याचार करते रहेंगे, फरीद, साँदल पैदा होते रहेंगे। यह अल्लाह की मर्ज़ी है। एक जगह पर जुल्म करने वाला भी पैदा होता है, उसी समय किसी जगह पर जुल्म से बगावत करने वाला भी पैदा होता है। हमने तो बहुत ज़िन्दगी जी ली। अब तो गोर में जाने के किनारे पर खड़े हैं। मगर अभी भी मन करता है, कुछ देर अभी और जीना है तो गर्दन ऊँची रखकर ही जीयें।"

हाजी चिराग़दीन की बातें सुनकर जलालदीन ने नाक से फुंकारा-सा मारा और चल दिया।

"क्या हुआ चौधरी, दो घड़ियाँ बैठ तो सही, मजलिस तो अब लगने लगी है। लोग तो अब चबूतरे पर आने लगेंगे।" अफज़ल मियाँ ने चौधरी को रोकना चाहा।

"नकारा लोगों की बातें सुनने से तो अच्छा है, जाकर घोड़ी को दाना डालूँ।

भूखी होकर पौड़ मार रही होगी। मैं तो बस यही बताने के लिए रुका था, भई पिंडी पर आफत आने वाली है कोई। तुम लोगों ने बातों का रुख ही किसी और तरफ मोड़ दिया।"

"ठीक है चौधरी, तू अपने घर जा और घोड़ी को पट्ठे डाल। ये बातें तो अब पिंडी में होती ही रहेंगी।" करीम बख्श ने लापरवाही से कहा।

करीम बख्श की बात सुन चौधरी जाते-जाते रुक गया। "बात इतनी-सी नहीं, पिंडी में ये बातें आये दिन होती रहेंगी। किसी व्यापारी को लूटा गया है, उसका कत्ल हुआ है, यह भी कोई खास बात नहीं है। खास बात तो यह है हाजी मियाँ, व्यापारी बग्गा मलकीरा कोई छोटी-मोटी हस्ती नहीं। बादशाह के साथ उसका सीधा सम्बन्ध था। इधर से खबर लाहौर पहुँचेगी और उधर से बादशाह फ़ौज बढ़ा देगा। दुल्ले को इल्म नहीं, वह दही के भ्रम में कपास मुँह में डाल बैठा है।" कहकर जलालदीन चल दिया।

"एक बात मेरी भी सुनता जा चौधरी।" चिराग़दीन बोला तो जलालदीन रुक गया, "दुल्ला सगा है तेरा। यह जो वाकया किया है न दुल्ले ने रात को, अब यह बात अकेले दुल्ले की नहीं रहा। अब वह फिर से साँदल बार की बात करता है, राजपूतों की बात करता है। भट्टिओं की बात करता है और ज्यादा अब यह पिंडी के लोगों की बात है। अब यह ताना अकेले दुल्ले को नहीं, भट्टी राजपूतों को ताना है। पिंडी के लोगों को ताना है। अगर तेरी बात सही है, दुल्ले ने लाहौर दरबार में व्यापारी को मारकर लाहौर तख्त के पाये को हाथ डाला है तो हमारा यह फर्ज़ बनता है, हम दुल्ले के साथ रहें। बार की धरती हमसे यही माँगती है। मैं भट्टी नहीं, मगर ये मिट्टी भी मेरी उतनी ही है।"

"हाजी मियाँ हुकूमत ने काफी सूहिये छोड़े हुए हैं। बात तो लाहौर तक पहुँच भी गयी होगी। मुझे तो यह खबर भी मिली है कि दुल्ला बग्गे मलकीरे का सिर उतारकर अपने साथ ले गया है। तूने तो मियाँ कह दिया, हमारा फर्ज़ बनता है, दुल्ले के साथ रहें। ये बातें लाहौर तक जायेंगी। लाहौर दरबार से बागी होने का मतलब क्या होता है, सभी जानते हैं। बच्चे सहित दुख दो, संगसार कर दो, दीवारों में ज़िन्दा चिनवा दो, चमड़ी उधेड़कर घास-फूस भर दो और लाहौर के दरवाज़ों पर लटका दो, मालूम है न मियाँ? तूने बहुत दुनिया देखी है।" जलालदीन मियाँ चिराग़दीन की ओर नफरत से देखते हुए कमीनगी से हँसते हुए चला गया।

"दुल्ले का चाचा तो अन्दर-बाहर से जला-भुना-सा फिरता है।" बुधराम हैरान होकर बोला।

"बरखुरदारा, ये जो शाही हज़ूरिये होते हैं न इनकी साँस बादशाहों के कारण चलती है। यही बड़े मुखबिर हैं तख्तों के बन्दे ने चार साँसें लेनी हो तो ग़ैरत से ले, नहीं तो...।" चिराग़दीन गहरी साँस ले चुप हो गया।

"चुप हो गया हाजी मियाँ।" कहते हुए अफ़ज़ल ने ठंडा हुक्का एक ओर कर दिया।

"चुप ही करना है। बेगैरतों की क्या बात करनी। असल में अफ़ज़ल मियाँ बात यह है, डाका दुल्ले ने मारा। माल उसने लूटा, आदमी उन्होंने मारा। आग रिश्तेदारों के पैरो के तलवे जला रही है।"

"रिश्तेदार कौन से हैं दुल्ले के?" रहमत अली ने पूछा।

"तेरा भी दिमाग चल गया है रहमता। रिश्तेदार कहीं से लाये जाते हैं, घर में ही होते हैं। यहीं से तो गया है उसका चाचा जलालदीन चौधरी। कभी तख्त लाहौर की ओर दौड़ता है, कभी दिल्ली की ओर। मुख़बिरी के सिर पर जीता है। यह बग्गा मलकीरा, जिसे जलालदीन कहता है बड़ी शै है, यह भी मुख़बिर है। व्यापार करता है। बादशाह को तोहफे भी देता है। एकाध टुकड़ा चौधरी जलालदीन की ओर भी फेंकता होगा। ऐसे आदमियों की ही बादशाहों को ज़रूरत रहती है। बादशाहियों के पैर नहीं होते। तख्त बड़े फिसलनबाज़ होते हैं। कब नीचे से फिसल जायें, क्या मालूम। बादशाह के लिए बग्गा मलकीरा नहीं मरा, उसके आधे राज्य की मुख़बिरी मर गयी। बस इतनी-सी बात ही दुल्ले का चाचा कह रहा था, शहंशाह ने फ़ौज चढ़ा देनी है पिंडी पर। बादशाह इतने उतावले नहीं होते। उनके लिए एक मलकीरा मरता है सौ आदमी और मलकीरा बनने के लिए तैयार होते हैं। एक बात जो फ़िक्र करने वाली है, वो है फ़ौजदारों, मनसबदारों तथा सिपाहियों के पास यही वक़्त होता है। वे तो चाहते ही हैं, बादशाह कूच करने का हुक्म दे। फिर वे अपनी मनमानियाँ करें, लूटमार करें। औरत हाथ में आ जायें तो उसकी बेइज्ज़ती करें। उन्हें पूरा मौका मिले। जीत हो गयी तो लूट का माल जो भी हाथ में आया उनका, नहीं तो लाशें कुत्ते-गीदड़ खींचते फिरते रहते हैं। अब देखते हैं, क्या होता है। चौधरी तो अपने तेवर चढ़ाये फिरता है। पिंडी के लोगों के लिए मुसीबतें ही मुसीबतें...।" हाजी चिराग़दीन खामोश हो गया। तसबीह फेरते हुए उसके मुँह से निकला, "अल्लाह।"

इसी समय सभी ने फत्तु मिरासी को भागते हुए आते देखा।

पास आने पर बुधराम कूदकर उसके सामने आ गया।

"फत्तु, तुझे हाथों-पैरों की पड़ी हुई है। बाग में किसी ने आग तो नहीं लगा दी।" बुधराम हँस दिया।

"अब तो लाहौर को आग लगानी है। एक ओर हो जा। चुनौती के लिए मशकें तैयार रखो। पीछे हो जा पीछे, मैंने जल्दी जाना है।" फत्तु एक ओर से निकलने लगा तो बुधराम ने उसे फिर से रोक लिया।

"हुआ क्या है। पैरों में लट्टू बाँधा है क्या।"

"जजमान मैं तुझसे कह रहा हूँ, एक तरफ हो जा। इतना वक़्त है नहीं।" मिरासी उससे बचकर निकलने लगा तो बुधराम ने उसे फिर से घेर लिया।

"रात को क्या हुआ?"

"रात को...?" फत्तु ऊपर मुँह कर सोचने लगा। फिर तुरन्त बोला—

"हाँ-हाँ रात को मुक्का-मुक्की हुई।" इतना कह दाँव लगा वह आगे निकल गया।

सभी भागते जाते फत्तु को देख हँसने लगे।

"क्यों रहमत चाचा, देखीं फत्तु मिरासी की हरकतें।" बुधराम ने उसकी दाढ़ी को छेड़ा।

"ओए काफिर अल्लाह की शै को हाथ न लगा।" रहमत अली ने सिर पीछे करते हुए दाढ़ी को अपने हाथों में छिपा लिया।

करीम बख्श हँसने लगा।

"हँस क्यों रहा है भई?" अफज़ल ने पूछा।

"मैं तो हँस रहा हूँ मीरज़ादा तो लध्धी की हवेली और झिड़ी के रास्ते में आते-जाते ही हाँफने लगता होगा।"

"तेली के बैल को घर में ही पचास कोस हो जाते हैं मियाँ।"

"मगर यह फत्तु बड़ी कुत्ती चीज़ है। यह तो पूछते-पूछते दिल्ली को हाथ लगा आये।"

करीम बख्श की बात पर सभी फिर से हँस दिये।

मगर अचानक ही हँसी रुक गयी। देखा, लध्धी आमों वाले कुएँ के रास्ते की ओर जा रही थी। हाजी चिराग़दीन ने सोचा, कोई बात तो है, नहीं तो इस तरह, इस समय...। वह तसबीह फेरना भूल गया और वह फ़िक्रमन्द हो गया।

12

झिड़ी में, कुएँ के नजदीक थड़े पर दुल्ले की सारी टोली जमा थी। थोड़ा पर अँधेरा होने पर रोशनी के लिए लकड़ियाँ इकट्ठी कर रखी हुई थीं। टोली में शामिल हुआ तारी कुएँ से पानी का डोल खींच रहा था। इस गहरी हो रही शाम में, आम, टाहली जंड तथा अन्य दरख़्तों से गुज़रती हवा सरसरा रही थी। तेज़ हवा के कारण झिड़ी के बगल से निकलती झन्नाँ की उछलती लहरों का शोर यहाँ तक सुनाई दे रहा था। झिड़ी के अन्दर दुल्ले की टोली की हरकतें देखकर लगता था, मौसम खुशगवार है।

एक ओर झिड़ी की ओट में आज नये बनाये अस्थायी बड़े चूल्हे पर फत्तु मिरासी तथा शल्ला टुंडा गोश्त पका रहे थे। कुएँ के आस-पास अजीब-सी तीखी गन्ध फैली हुई थी। वृक्षों के सूखे पत्ते इधर-उधर उड़ रहे थे। दरिया की ओर कोई लम्बी तान निकालकर गा रहा था। अचानक एक हिरण आमों के दरख़्तों से निकलकर झिड़ी से बाहर की ओर भागा। कच्चा आम कुतरती गिलहरियाँ रुककर देखने लगीं। पत्तों

में छिपे बैठे तोते भयानक आवाज़ें निकालते हुए उड़ान भरने लगे।

शराबी हुए दुल्ले ने देखा, बग्गा मलकीके लूटे माल के निकट से एक काला फनदार साँप तेजी से सरकते हुए वृक्षों के गिरे सूखे पत्तों में जा छुपा। सूरज छिप कर अब नीचे दरिया में डूबना चाह रहा था।

गाहण, रूड़ा, पिरथा, सदीक, रमजा, लहिणा और सैदा एक ओर बैठे छवियाँ, गँड़ासे रेत से माँजकर चमका रहे थे। रात को मारे डाके की डींग हाँकी जा रही थी। चूल्हे में जलती लकड़ियों का धुआँ ऊपर की ओर जाता नज़र आ रहा था।

पिरथे ने देखा... दुल्ला गहरी सोच में डूबा हुआ था।

उसने रूड़े को टहोका मार इशारा कर बताया। रूड़ा दुल्ला की ओर देख होठों में हँसा और अपना गँड़ासा चमकाने लगा।

पिरथा उठकर दुल्ले के पास चला गया, "दुल्ले।"

दुल्ला बोला ना।

"दुल्ला सो गया क्या।" पिरथे ने झिंझोड़ा।

दुल्ला चौंककर सीधा हो गया। हैरान हुआ। आस-पास देखा। बोला, "मैं तो बहुत दूर निकल गया था पिरथे।"

"रावी पार कर ली थी?" पिरथा हँस दिया।

"ऐसे ही समझ ले, मैं तो लाहौर की ओर, दिल्ली की ओर घूमता-फिर रहा था।"

"मैंने सोचा, तू सो गया है।"

"सोये ही रहे इतने बरस। जागा तो अब हूँ। माँ ने कभी शाही खैरातों की लोरी संग सुलाये रखा, कभी निकाह के भुलावे में लगा सुलाये रखा। बहुत सो लिया पिरथे। अब तो आठों पहर जागने का वक़्त आ गया है मित्र। अब तो एक ही अफ़सोस हो रहा है, इतने बरस यूँ ही गँवा दिया। इन्हें पीछे कैसे लौटा लाऊँ। माँ ने बड़ी ठगी की दुल्ले के साथ। कोई और औरत होती तो सिर उतार देता मैं उसका उसी समय। अब माँ से क्या कहूँ। वह तो कहती है, गर रब भी है तो उसे भी किसी माँ ने ही पैदा किया होगा। इस लिहाज़ से तो माँ रब ही हुई ना। मगर मेरी नींद तो उस दिन से उड़ी हुई है पिरथे, जब से माँ ने अपनी बीती बातों से पर्दा उठाया है।"

"भाई दुल्ले, मुझे घर जाना पड़ेगा। छोटा भाई बता गया है, बाबा ढीला है कई दिनों से। मैं जल्दी मुड़ आऊँगा, पिरथे ने पूरी गम्भीरता से कहा।

"अब घरों की ओर लौटना मुश्किल है पिरथे। अकबर संग टक्कर लेना बड़े जिगरे और बड़ी अक्ल का काम है। तुम सभी मेरी बाजू हो। दिल्ली-लाहौर को बताना है, साँदल बार के भट्टी अब जाग उठे हैं। तुम अपनी नींद से बाहर निकल आओ। फिर ना कहना भट्टी सोये हुओं के ऊपर आ धमका।" पिरथा को लगा,

दुल्ले के अन्दर जैसी आग जल रही हो, बोला—

"ये दिल्ली, लाहौर वाले बड़े लोग नहीं भाई। इनका सोना बनता है। इनकी रक्षा के लिए छोटे लोगों को जागना होगा। पहरेदार भी तो हाँक देता है, 'जागते रहो...।' वे हमें ही तो जगाते हैं। हम फिर बड़े लोगों के लिए जागते हैं।"

"हमने इन लोगों के लिए जागना था जाग लिया, पिरथे। इन लोगों को अब हमारे लिए जागना होगा। बाबा चिराग़दीन कहता है, ये बड़े लोग बहुत ख़तरनाक होते हैं, ये सोये भी जागते रहते हैं और हम जागते हुए भी सोये रहते हैं। यही दस्तूर है दुनिया का। मगर अब हम दुनिया के दस्तूर को उलटा चला देंगे। अब उन्हें भी सोने नहीं देंगे। अब डाकों का दस्तूर भी बदल देंगे। कमज़ोरों की रक्षा करनी है। बड़ों को हाथ डालना है। गाहणे को इधर बुला...।"

पिरथा गाहणे को बुला लाया।

"गाहणे, अब तेरा काम भट्ठी की ओर ज्यादा होगा।"

"मैंने तुम्हारे साथ क्या बेइंसाफी की है, अलग करने लगा है तू तो।"

"नहीं सोहणियाँ, अब हथियारों की ज़रूरत पड़ेगी और तुझे भट्ठी दिन-रात सुलगाये रखनी होगी।" दुल्ले ने समझाया, "आठों पहर हथियार बनाते रहना।"

"इतना लोहा कहाँ से आयेगा दुल्ले।"

"लोहा बहुत है लोगों के घरों में। तू उसकी चिन्ता न कर। हमने आदमी इकट्ठे करने हैं, अक्ल वाले। अब घोड़े, हथियार लूटने का वक़्त है। लाहौर तख्त को मालूम हो। फत्तू मिरासी से कह दे, दिन निकलते ही पीपा खड़का दे पिंडी में। आस-पास भी कह आये, अब अकबर के आदमियों को कोई भी लगान नहीं देगा। जो लगान देगा, वह हमारा दुश्मन है और दुश्मन को हम साँस भी नहीं लेने देंगे।"

तभी फत्तु मिरासी ने आवाज़ दी।

"गोश्त पक गया जजमानो।"

ठीक उसी समय सूखे पत्तों से कोई इनकी ओर आता नज़र आया। सभी चौकन्ने हो गये। मगर लध्धी को देख सभी की साँस थम गयी।

दो गज़ से भी लम्बी देह, चौड़े कन्धे, लम्बी गर्दन, भारी लटकती छातियाँ, दो-दो गिठ बड़े पैर। मोटे नैन-नक्श, गेहुआँ रंग। मोटे खद्दर की कुरती, शलवार, सिर पर चार खाने वाला खेस। लम्बी बाँहें, भारी हाथ। जो दो आदमियों की गर्दनें पकड़ ले तो जीभें बाहर लटका दे।

लध्धी गुस्से में थी। उसके तेवर देखकर, सभी एक-दूसरे की ओर झाँकने लगे। घबराये फत्तु मिरासी ने पानी कड़ाही में डालने की बजाय भट्ठी में गिरा दिया। आग बुझ गयी। एकदम धुआँ उठा।

नये भर्ती तारी को खाँसी आ गयी।

जलती हुई आग की रोशनी में लध्धी ने देख लिया था, परे एक ओर दू: का

सामान पड़ा है, गठरियाँ बँधी हुई थीं। खुरजियाँ, शराब के मटके, मटकियाँ, सूखे मेवों के टोकरे। एक छोटी-सी टोकरी में कपड़े से कुछ और भी ढका पड़ा था।

फत्तु मिरासी डरते हुए, बुझी भट्ठी से पीछे हट एक भारी वृक्ष की ओट में हो गया।

लध्धी अचानक बिजली की तरह कड़की।

"तुझे हया-शर्म कोई नहीं दुल्ले। बेटियाँ जवान हो गयी हैं। तुझे कोई घर का फ़िक्र नहीं। जो कुत्ते का काम तू और तेरे मित्र करने लगे हैं इनका हश्र जानता है, क्या होगा। बेशमो, दोजखों में जाओ, अल्लाह सब देखता है ऊपर से।"

"अम्मा, मैं बताता हूँ।" नशे में हकलाता सदीक बोलने लगा तो लध्धी ने उसे डपट दिया–

"बैठा रहा सदीके! तुझे तो जीभ की काई उतारने के लिए शराब चाहिए। शराब न मिले तो तू मूत्र भी पी ले। उजड़जाणे, बन्दा लूटा है लाहौर दरबार का और यहाँ बैठे शराब पी रहे हो। सारी पिंडी त्राहि-त्राहि कर रही है। तुम्हारा कोई बाप अब तक मुखबिरी करने लाहौर पहुँच गया होगा।"

× × ×

"रंग में भंग डाल दी अम्मा। ये तो बहिशतें...।" कुछ और कहते हुए रूड़ा चुप हो गया।

"घर सँभाला नहीं जाता, आया बड़ा बहिशतों वाला। दुल्ले का चाचा लाहौर चला गया है। जो चाँद रात को चढ़ाया था, अच्छा है उधर ही जाओ सारे। गर पकड़े गये तो बादशाह के बन्दीखाने में बहिशतें देखनी पड़ेगी।" लध्धी इतना कह झटके से मुड़ी और चल दी। "लाहौल-बिला-कुव्वत।" कहते हुए फत्तु मिरासी कूदकर ओट से निकला, "अम्मा तो आज काली अँधेरी आँधी-सी चढ़ आयी। मेरा तो नशा ही उतर गया। रूड़े दे एक प्याला और।"

"पीछे होकर बैठ जा मीरज़ादे। सोचने दे हमें। माँ बिना मतलब से कभी नहीं आती। पिंडी में ज़रूर कोई बात हुई है।" फ़िक्र से दुल्ले ने कहा।

"रूड़े, पहले माल ठिकाने लगा ले। एक आदमी जाओ मेधे बनिये के पास। खाने-पीने का रखकर बाकी का आगे-पीछे कर दो। चाचा गया होगा ज़रूर लाहौर। वहाँ रुकने वाला नहीं।"

"अब तेरे चाचा के साथ भी हिसाब करने का वक़्त आ गया है दुल्ले।" सदीक ने कुछ गुस्से और रोष से कहा।

"वह तो दुल्ला का सगा है।" रमजे ने कहा।

"सगों से क्या, सगापन उतारना है। जो हमारे पैरों के नीचे से ज़मीन खींचता है, उसके पैरों के नीचे की ज़मीन हम नहीं रहने देंगे।" दुल्ले ने ललकारकर कहा। फिर गाहणें की ओर पलटा, "तू मालूम कर, गाँव में और कौन-से सूहिये हैं मुग़लेटों

के उन्हें भी मौलवी वाला पाठ पढ़ाना पड़ेगा।"

"दो आदमियों का मुझे मालूम है दुल्ले।" सदीक ने प्याला खाली कर एक ओर रखते हुए कहा।

"लाहौल-विला-कुव्वत। तूने अभी तक भेद अपने पेट में ही सँभालकर रखा है।" दुल्ला हैरान हुआ। "उन दोनों में से, एक तू तो नहीं।"

"तू मेरी हत्तक कर रहा है। दुल्ले।" सदीक चोट खा गया।

"मैं तो हँस रहा था, तू आदमी बता।"

"एक है मौलवी...।"

"और दूसरा?"

"दूसरा है पंडित।"

"या अल्लाह, एक मोमन, एक काफिर, ये कैसा जोड़ हुआ?" दुल्ले ने सभी की ओर देखा और भेद भरी हँसी हँस दिया।

"दोनों लालची हैं। बादशाहों से खैरात लेने वाले। इनकी गर्ज़ एक ही है। तो दीन-धर्म भी आड़े नहीं आता।" लहिणा बोला।

"बाँध लायें कुएँ पर।" पिरथा जोश में आ गया।

"इतना गर्म ना हो पिरथा। अभी तो बग्गा मलकीरे का सामान बिखरा पड़ा है। पहले इसे ठिकाने लगा ले। कहीं नहीं जा रहे मौलवी और पंडित। ये तो घड़े की मछलियाँ हैं। बिना जाल फेंके ही पकड़ी जायेंगी।" दुल्ले ने हौसले से कहा। फिर हुक्म देते हुए बोला, "रातोंरात माल ले चलो दीवानखाने के तहखाने में। कल मेधा बनिया आना चाहिए। किन्तु, मीरज़ादे तू जायेगा खबर देने। कहना, दुल्ले ने बुलाया है। बग्गे मलकीरे का माल सुनकर तो बनिया नंगे पैर भागकर आयेगा।"

"ठीक है सरदार, रूड़े से कह, आधा प्याला और दे दे। गहरी नींद में सो गया तो पहले पहर उठकर जाना पड़ेगा।"

"मटकी तो खाली है।" रूड़े ने मटकी उलटी करके दिखाई।

"वाह री किस्मत, आयी बीवी की सवारी, उजड़ गया तख्त हज़ारा।" फत्तु ने ढीले पड़ते हुए कहा।

सभी हँसने लगे।

"कंजरा, गोश्त तो देख पक गया है या नहीं। तेरी तो अम्मा को देखते ही जान निकल जाती है। तूने तो पानी डाल चूल्हा ही बुझा दिया।" सदीक ने उसे छेड़ा।

"गोश्त तो नीचे लगने लगा था, अच्छा हुआ आग बुझ गयी, नहीं तो अभी तक ये कड़ाही में हमारी तरह जलने लगता।" फत्तु ने नहले पर दहला मारा।

"साले, तुझे भी एक दिन कड़ाही में डालकर पकाना पड़ेगा।" गाहण भी नशे में एकदम धुत्त था।

"साला ही बनाना है, तुम्हें कोई ढंग का आदमी नज़र नहीं आता।" फत्तु ने

रोष किया और कड़ाही उतारने के लिए चूल्हे की ओर चल दिया।

"मिरासी के साले, शल्ले टुंडे को कीड़े पड़े हैं क्या। ये टुंड तो देख।" शल्ले ने हवा में टुंड घुमाया तो फिर सभी हँस दिये।

जब तारी और फत्तु ने कड़ाही उतार सभी के मध्य लाकर रखी तो सभी कच्चा-पक्का गोश्त खाने लगे।

× × ×

फिर उन्होंने झिड़ी में सँभालने वाला सामान, झिड़ी में छुपाया बाकी माल की गठरियाँ सिरों पर रख, गाँव की ओर चल दिये।

कपड़े से ढकी टोकरी दुल्ले ने स्वयं उठा रखी थी।

जब वह झिड़ी से बाहर निकले तो आसमान में आधा चाँद डोलते-डोलते उनके सिरों पर आकर हैरानी से देखने लगा।

झाड़ियों में बोलते झींगुरों ने पल भर के लिए साँस ली। शायद आहट के लिए। तुरन्त बाद ही वह अपना राग अलापने में फिर से व्यस्त हो गये।

13

दिन चढ़ गया। पिंडी जाग उठी।

हवेली के आँगन में आकर दुल्ले ने देखा, आसमान पूरा साफ था। नीली रंगत लिए हुए। घर के बाकी सदस्यों की ओर देखा। फुल्लराँ चाटी में दूध मथ रही थी। नूरा अभी जागा नहीं था। लड़कियाँ भी सो रही होंगी। चौके की ओर देखा, चौका सूना था। शायद माँ भी अभी जागी नहीं थी।

वह हवेली का दरवाज़ा खोलकर खेतों की ओर निकल गया।

आस-पास देखते हुए वह हैरान हुआ। गेहूँ की फसल तैयार खड़ी थी। कुछ खेत अभी हरे खड़े थे। सदीक के अब्बा ने तो आधे खेत का काम खत्म कर लिया था। फिर तो शल्ले से कहना पड़ेगा, छोटे भाई से कहकर जल्दी काम खत्म करवा ले। माँ तो पहले ही मुझ पर नाराज़ हैं। दाने तो आ जायें घर समय पर।

रूड़े का बाप अपने खेत में पहले ही निगरानी करते नज़र आया दुल्ले को।

"चाचा खैर मेहराँ ने।" दुल्ले ने दूर से ही पूछा।

"अल्लाह का शुक्र है।" रूड़े के बाप ने ऊपर की ओर हाथ किया।

"कुल्हाड़ी पकड़ ली है सुबह-सुबह।"

"बेरी काटनी है आज। गाहण फाल बना दे समय पर। बारिश-आँधी का क्या भरोसा। पक्की खेती खत्म हो जायेगी।"

दुल्ला आगे चल दिया। हवा में नीम के फूलों की महक घुली हुई थी। दाहिनी ओर झिड़ी में से मोर बोला, फिर चारों ओर से मोरों की आवाज़ें सुनाई देने लगीं।

दूर दुल्ले को काली घटा नज़र आयी। उसे रूड़े के बाप की कही बात याद आ गयी। उसके मुँह से निकला, "अल्लाह मेहर रखो, दाना तो घर में डाल लें।" लम्बा चक्कर लगाकर दुल्ला वापस आया। कालू बकरियाँ-भेड़ें चराने के लिए जा रहा था।

मालूम नहीं दुल्ले के मन में क्या आया, वह गाँव के उत्तर की ओर चल दिया। झन्नाँ के साथ-साथ। इधर ऊँचे सरकंडे और घना जंगल था। हाजी चिराग़दीन बताया करता था, कभी जंगल वाले स्थान पर दरिया बहता था, अब थोड़ा पीछे बहने लगा था।

दुल्ले के पैरों की आहट सुनकर, झाड़ी में से एक जंगली मुर्गा पंख फड़फड़ाता भाग गया।

सामने जंगली वृक्षों का झुरमट था। एक ओर गहरी झील की तरह खड़े पानी में बत्तखें तैर रही थीं। किनारे के दूसरी ओर एक मोर पंख फैलाये नाच रहा था। एक खरगोश छलाँग लगाता पानी पीने आया, प्रकृति की किसी अजनबी चीज़ को देखकर घबरा गया। कान सीधे खड़े किये। दो बार रुई जैसी उसकी पूँछ हिली। फिर वह बिना पानी पिये ही छलाँगें लगाता झाड़ियों में जा छुपा। दुल्ले के होंठों पर मुस्कान आ गयी। दूर एक हाथी के चिंघाड़ने की आवाज़ सुनाई दी। दुल्ले को देख हिरनों की एक डार चौंककर रुक गयी, फिर उसी पल मुँह घुमाकर जंगल में चली गयी।

दुल्ला पक्षियों, जानवरों के इस विचित्र संसार को देखता धीरे-धीरे चलता गया। हवा पहले से भी तेज हो गयी थी। वृक्षों से सूखे पत्ते पगडंडियों के आस-पास बिखरने लगे। दुल्ला एक भारी वृक्ष के तने संग टेक लगाकर खड़ा हो गया। उसने देखा, मशरिक की ओर से आसमान सिन्दूरी होने लगा था।

फ़ज़र की नमाज के लिए मुल्ला की बाँग सुनाई दी।

दुल्ला घर लौटने के लिए सोचने लगा।

उसे याद आया, आज तो मेधा बनिये को बुलाया हुआ है।

× × ×

सूरज शिखर पर था। पश्चिम की ओर से उठी सवेरे वाली काली घटा बिखर गयी थी। कोई-कोई सफेद बादल ज़रूर आसमान में थे। दीवानख़ाने में दुल्ला तथा उसके साथी बैठे मेधे बनिये का इन्तजार कर रहे थे। एक कोने में बग्गे मलकीरे का सामान पड़ा था। कपड़े से ढकी छोटी टोकरी पर अब लाल रेशमी रुमाल बँधा हुआ था।

बग्गे मलकीरे से लूटी अंगूरी शराब सभी के सिर पर चढ़ी हुई थी। दुल्ला कुछ कहने ही वाला था कि दीवानख़ाने के दरवाज़े पर दस्तक हुई।

"शल्ले, उठकर देख ज़रा।"

शल्ले ने उठकर थोड़ा-सा दरवाज़ा खोला तो मेधा बनिया तथा फत्तु मिरासी

भीतर आ गये।

सिर पर छोटी-सी गोल पगड़ी, ठिगना कद, छोटी आँखें, पक्का रंग, नीचे सफेद धोती, पैरों में जूता। कानों में सोने की नतिया। छाँटवा शरीर। दुल्ले ने सोचा, मैं तो इसे बच्चों की तरह गोदी में उठा लूँ। मगर सभी जानते थे, मेधा वाणिज्य में बहुत बड़ी शै था।

"लो भई आ गया तेरा मेधा बनिया। अकबरे का न आगे न पीछे।" पिरथे ने मेधे को छेड़ा।

"न भई, इस तरह न कहो।" दुल्ले ने पिरथे को टोका, "यह तो व्यापारी है। इधर से सौदा लेता है, उधर दे देता है। बनिये का तो काम ही यही है न। हमसे फायदा लेना हुआ तो हमारा, अकबर से फायदा लेना हुआ तो अकबर का। बनिया अपने लाभ का मित्र होता है।"

दुल्ले की बात सुन सभी हँस दिये। मेधा भी झेंपते हुऐ हँस दिया।

"घर आये को जूते भी मारते हो और साथ-साथ भिगोते भी जाते हो।" कहकर मेधा हीं-हीं करने लगा तो फिर सभी हँस दिये।

"अरे रूड़े, एक प्याला दे बनिये को।"

"ना दुल्ले सरदारा, मुझे तो तुम्हारी हवा में साँस लेना भी मुश्किल हो रहा है। अन्दर चली गयी तो मेधा आज अपने पैरों पर वापस नहीं जा सकेगा।" मेधा ने दोनों कान पकड़ लिए।

"बैठ तो जा बनिये, बल्ख बुखारे के तोहफे हैं यह तो....।"

"ना सरदार, तेरा बन्दा तलब कर ले आया। जो काम है, हुक्म कर मेधा के लिए।"

"पहला हुक्म यह है, आबे-हयात का मज़ा ले सहज हो जा हमारी तरह, फिर बात करेंगे व्यापार की।"

"ना भाई, ना वीरे, ना दुल्ले सरदारा, मैं तो रावी का पानी पीने वाला, क्या जानूँ आबे-ए-हयात बारे।" मेधे ने फिर से कान पकड़े।

"अरे शल्ले, बर्तन दे एक।" दुल्ला जल्दी से मानने वाला नहीं था।

"तौबा दुल्ले, मेरे देवतों की तौबा, मेरे पुरखों की तौबा, यह ज़बर्दस्ती ना करना। राजसों का यह खान-पान मुझसे नहीं होगा।"

"ओए बनिये, हम राक्षस हैं फिर?" दुल्ला ने घुड़की दी।

"मैंने तो यह नहीं कहा सूरमे सरदारा?" डरते हुए मेधा ने हाथ जोड़े, क्या मालूम धक्का-मुक्की ही न कर दे।

"शल्ले, तुझसे कहा है, बर्तन दे कोई।"

"अब हमें इनके हाथ से खाना-पीना भी पड़ेगा, दुल्ले। अल्लाह का खौफ़ खा।" मेधा बहाने से अपना बचाव करना चाहता था।

"बनिये....." शल्ला लाठी उठाने लगा, "चूहड़ों के हाथ में खुजली हो रही है।"

"ये बातें तेरे भेजे में नहीं आयेंगी शल्ले। ये दीन-धर्म की बातें हैं।" कहते हुए मेधा दुल्ले के पास जा खड़ा हुआ।

"तेरा धर्म हमारे इस पर .....।" शल्ले ने गुस्से से अपनी कमीज ऊपर उठायी। "गर हाथ की एक भी लाठी पड़ गयी न, जो भेजे की बात करता है, उस भेजे को टुकड़े-टुकड़े होते देखना चाहता है।"

"दुल्ले, समझा इन कुजात वालों को। मेधा कोई गलियों का कुत्ता नहीं। तख्त लाहौर से सीधा वास्ता रखता है।"

"ना भई शल्ले, यह बनिया है व्यापार करने वाला। आज तो हमने इसे बुलाया है। सौदा करना है इसके साथ। बग्गे मलकीरे का माल मेधा बनिया ले सकता है, और कोई नहीं है लाहौर तक।"

"तू तो घर बुलाकर पीटने लगा है।" मेधा ने रोष प्रकट किया।

"गुस्सा नहीं करते मेधे, यह भी सारे अपने ही हैं। बनिये को गुस्सा करना शोभा नहीं देता। बनिये ने जाना होता है, फायदे की ओर। हाजी मियाँ चिराग़दीन कहता है, बनिया नीचे पड़ा भी भारी और ऊपर पड़ा भी भारी। जिधर धेला ज्यादा दिखेगा, उधर ही पासा पलट लेगा। ले पकड़, शल्ले के हाथ से न पी, मेरे हाथ से तो ले ले।" दुल्ले ने दारू का भरा प्याला मेधे की ओर बढ़ाया—"खींच ले अपनी किसी देवी का नाम लेकर।"

सभी हँस दिये।

"दुल्ले भाई।" मेधे ने फिर से कान पकड़े और जीभ काटी।

"मेधे, रज़ामन्दी से प्याला पकड़ ले तो गाल का सौदा होगा, नहीं तो वो जाता है रास्ता लाहौर की ओर। जाने से पहले, ऊँट की तरह तुझे बिठाकर, प्याला तेरे अन्दर उड़ेल देना है। दुल्ले के लिए व्यापारी काफी हैं।"

दुल्ले की धमकी से मेधा फँस गया। रोने जैसा मुँह हो गया। काँपते हाथों से प्याला पकड़ लिया। मुँह सिकोड़कर प्याले को मुँह से लगाया। घूँट भरते ही अन्दर धुकधुकी-सी होने लगी।

"शल्ले, अब एक और प्याला दे दे भरकर।" दुल्ले ने हुक्म दिया। शल्ले ने मेधे को फिर से प्याला भरकर दिया।

मेधा प्याले की ओर झाँकते हुए, मुँह तक ले जाने तक दुनिया में फँसे देख दुल्ले ने कहा, "सौदे तो होते रहेंगे। दुल्ला डाके मारता रहेगा। मेधा ने सौदे करते रहना है। अब तू हमारे भाईचारे में शामिल हो गया है। ज़ितनी देर मौज़ लूट सकता है लूट ले। यही जायेगी साथ में। बाकी सब तो गैरों के लिए यहीं छोड़ जाना है।"

मेधे ने आँखें मूँदते हुए प्याले से घूँट भरा।

"स्वाद कैसा है?" दुल्ले ने पूछा।

"मैं तो डरते हुए पी रहा हूँ दुल्ले, स्वाद की ओर तो...।"

"मैं पूछता हूँ स्वाद पहले जैसा ही है?"

"हाँ वैसा ही है...।" मेधा ने उबकाई ली।

"मैंने सोचा, शल्ले ने हाथ लगा दिया, क्या मालूम नीम का पानी न बन गयी हो।" दुल्ला मेधा की ओर झाँकते हुए हँसा।

"दुल्ले व्यापार की बात करें, मैंने लौटना भी है समय से।"

"बग्गे मलकीरे का माल है। तू जानता है वह दिल्ली तथा लाहौर के तख्तों का शाही व्यापारी है। माल चोखा है। देखना है तो...।"

"भट्टी सरदारा बात यह है, तेरे डाके अब अकबर बादशाह ने अधिक देर तक चलने नहीं देने। बग्गा तख्त का आदमी था। बातें तो लाहौर पहुँच गयी हैं।"

"मेधे डरा रहा है या माल सस्ता लेने की सियासत कर रहा है।" दुल्ला ने रौब से कहा।

दुल्ले के साथी पी भी रहे थे और दोनों की बातें ध्यान से सुन भी रहे थे।

"मेधा खत्री नर आदमियों के साथ सियासत नहीं खेलता दुल्ले। मगर मेधे को एक बात का खदशा है, तूने सीधे बादशाह की मूँछ को हाथ डाला है और बादशाह ने जो तेरे बाप-दादा...।"

"अरे सूअर की औलाद, पिंडी में आकर भी अकबर की बोली बोलता है। तुझे जान नहीं चाहिए?" दुल्ले ने मेधे की गर्दन पर धौल जमाया और वह औंधे मुँह शल्ले के पैरों में गिर पड़ा। दारू का प्याला बिखर गया।

मेधा उठा। एक हाथ से गर्दन दबाने लगा। फिर धीमे से बोला, "मैंने जो सुना, कह दिया। बादशाह के आदमियों पर हाथ डालेगा तो...। सभी मेधे नहीं होते दुल्ले। वह हथियार वाले हैं, फ़ौज वाले हैं।"

"बनिये चिड़िया जितना तो तेरा जिगरा है कुल। कहता है तख्त लाहौर से सीधी बातचीत रहती है। कह देना जाकर अपने बादशाह को अब दुल्ले तथा उसके साथी बादशाह के आदमियों को ही हाथ डालेंगे। दुल्ला किसी की ज़ागीरें नहीं छीनता। हम तो चाहते हैं अकबर दिल्ली में रहे, हमें क्या। इधर पिंडी में न आकर झाँके। ज़मीनें हमारी हैं, खेत हमारे हैं, बीजते-काटते हम हैं, तब हमारे में अकबर कहाँ से आ घुसता है। कैसा लगान चाहता है हमसे? तू बनिये का दिमाग रखता है, बता ज़रा। उससे कह साँदल बार ने न उससे कुछ लेना है और न उसे कुछ देना होगा। वह उधर राजा है और हम इधर के राजा हैं। गर वह धौंस देगा, फ़ौजें चढ़ायेगा तो एक बार जो कर गया गाँव से, दूसरी बार ऐसा हम करने नहीं देंगे।" बातें करते-करते दुल्ला का चेहरा लाल हो गया।

दुल्ले के तेवर देखकर मेधा अन्दर से हिल गया। इतने में उसके इतने यार

बेली, ऊपर से शराबी। मेधा ने बात बदली, "दुल्ले ये बड़े मसले हैं। बादशाह जाने, तू जाने। मुझे बता क्या हुक्म है। वणज करना है तो कह। धन के खच्चर लेकर कल ही आऊँगा।"

"व्यापार तो धन से ही होगा। चाहे सिर में ला, या खच्चरों पर लादकर ला। माल है, बादशाह का, काबुल का, कश्मीरी बहिशत के सेब। आब-ए-हयात अंगूरी। सूखे मेवे, कस्तूरियाँ। वो पड़ा है माल।" दुल्ले ने दीवान-खाने की नुक्कर की ओर इशारा किया।

"आगे भी तेरे साथ व्यापार होता आया है। इस बार तो शाही आदमी लूटा है। बादशाह को जाने वाला माल खरा ही होगा।"

"मेधे झूठी बात। इस बार तो माल भी खरा देना है और पैसे भी खरे लेने हैं। लाहौर वाले इस माल का रास्ता देख रहे होंगे।"

"इतना भी चाव ना कर दुल्ले। कहाँ बदखशाँ, कहाँ लाहौर, कहाँ दिल्ली। बग्गे मलकीरे को लूटकर कितने दुश्मन बना लिए होंगे। बादशाह की डालियाँ पेट में हज़म करना इतना आसान भी नहीं होता।" मेधे ने फिर दुल्ले के अन्दर शाही ताकत का डर पैदा करना चाहा।

"बनिये, बात को फिर से घुमा दिया ना। एक बात तू अपने भी भेजे में डाल ले। अकबर तेरे बादशाह को इल्म हो जाना चाहिए, बदख्शाँ से दिल्ली के बीच में, साँदल बार पड़ती है और वहाँ एक गाँव बसता है राजपूत भट्टिओं का पिंडी गाँव। अभी तो सिर्फ एक पिंडी ही बागी हुई है। साँदल बार का बन्दा-बन्दा तख्त लाहौर का हुक्म मानने से इनकार करेगा। घर-घर दुल्ले पैदा नहीं होते। तू हमें अकबर का डर ज्यादा न दिखा, अपनी बात कर। व्यापार करना है तो परसों शाम को माल तेरा, नहीं तो दुल्ले को शाह काफी है।"

"दुल्ले बात...।" मेधा बोलने लगा।

"बस, आखिरी बात मैंने कह दी है। एकाध और प्याला पीना हो तो पी ले, मुँह से कुछ ना कहना।"

मेधा उठ खड़ा हुआ। पैरों में जूती डाल ली।

"जा रहा है?" पिरथे ने हैरान होते हुए पूछा।

"परसों शाम को मिलना है तो जाना ही पड़ेगा ना?" मेधा बोला।

"माल नहीं देखना?" दुल्ले ने फिर पूछा।

"मेधा आदमी देखता है।" कहकर दीवानखाने से बाहर निकल गया।

"यह बनिया अब नहीं आयेगा दुल्ला।" सदीक बोला।

"सदीक मियाँ, यह बनिया जात है। इसे धेला भी बचेगा तो परसों शाम को यह यहीं होगा, देख लेना।"

"चलो, शाम का वक़्त कौन-सा बारह बरस आयेगा। आज सोये, कल जागे,

कल सोये परसों जागे और फिर शाम का समय आ जायेगा।" कहते हुए फत्तु मिरासी की आँख दब गयी तो सभी का कहकहा छूट पड़ा।

दुल्ला रेशमी लाल कपड़े से ढकी छोटी टोकरी की ओर देखने लगा।

इसी समय मेहरू दीवानखाने के अन्दर जाकर बोला, "मैं भी चख लूँ, क्या मार मारी है मैंने। पिंडी में तो बदबू फैली हुई है।" उसने एक खाली प्याला उठाकर रूड़े की ओर बढ़ा दिया।

जब भरा प्याला मेहरू ने एक ही घूँट में निगल लिया तो मेहरू की ओर देखते हुए, बिना मतलब ही दुल्ले का चेहरा खिल गया। उसने रूड़ा से कहा, "बड़े भाई की निशाँ करा दे आज।"

फिर दुल्ला रेशमी कपड़े से ढकी छोटी टोकरी की ओर देखने लगा, जैसे टोकरी में से उसे कोई घूर रहा हो।

14

मेधा खत्री एक दिन छोड़कर शाम को आने का वादा कर गया था। अगले आधे दिन दुल्ले का गाहण लुहार की भट्ठी पर गुज़रा। सन्ध्या समय सभी इकट्ठे हुए तो दुल्ले ने सभी को तैयार-बर-तैयार रहने को कहा। खबरदार भी किया, "मेधा खत्री व्यापारी आदमी है। धन के साथ पाँच-चार लठैत भी ज़रूर लायेगा। इसका भरोसा न करना।"

"यदि लठैतों ने रास्ते में खत्री के साथ बग्गे मलकीरे जैसी ही हरकत की तो धन भी जायेगा और खत्री भी जायेगा।" कहते हुए फत्तु की आँख भिंच गयी।

"तू चुप कर ओए मूर्ख, जब भी बोलेगा, आदमी को मारने से कम की बात नहीं करेगा।" दुल्ले ने झिड़का।

दिन भी गुज़र गया।

आज सन्ध्या समय मेधे खत्री ने आना था। दुल्ला सुबह से बिना किसी को बताये आमों की झिड़ी की ओर चल दिया। सूरज अभी दो गिठ ऊपर ही हुआ था।

सघन झिड़ी के जंगल में मुकम्मल शान्ति थी।

दुल्ला बेचैन था, उसके मन में जैसे हलचल मची हुई थी। उसे अहसास हुआ, जैसे मथानी चाटी में दूध मथती है, जैसे कोई उसके अन्दर मथता जा रहा है।

उसने सुना, कोई जैसे वृक्षों के सूखे पत्तों पर चला आ रहा है। जल्दी से पीछे मुड़कर देखा, एक लीलगाय, उससे हटकर इस प्रकार भौचक्की-सी खड़ी, जैसे सोच रही थी, यह मैं किधर आ गयी। पूरा सावधान, कान खड़े कर, वह कुछ पल दुल्ले की ओर झाँकी, नथुने फुंकारे और दरिया की ओर दौड़ गयी। उसके खुरों के नीचे टूटते सूखे पत्तों ने भयानक शोर किया। छेड़े करती गिलहरी, पूँछें खड़ी इधर-उधर

झाँकने लगी। काली चिड़ियों का झुंड वृक्षों से उड़ गया।

दुल्ला खड़ा कुछ देर तक झिड़ी का कुदरती शोर सुनता रहा। फिर आकर कुएँ की मुँडेर पर बैठ गया। नीचे कुएँ के पानी की ओर देखने लगा। कुएँ से किसी मेढक की आवाज़ सुनाई दी। दुल्ले ने एक छोटा-सा पत्थर उठाकर कुएँ में फेंका। नीचे धड़ाम की आवाज़ सुनाई दी। मेढक की आवाज़ एकदम रुक गयी। कुछ मेढक इधर-उधर उछलने लगे। उनके हिसाब से तो कुएँ में प्रलय आ गयी। दुल्ले के चेहरे पर अजीब-सी मुस्कान आ गयी। वह मूँछों को ताव देने लगा। .... अब अकबर के सिपाही, भट्टिओं के आगे उछला करेंगे।

दुल्ले ने देखा, झिड़ी से परे निकल रही बैलगाड़ियों के धूल उड़ रही थी। बैलों की गलों में बाँधी टलियाँ, झिड़ी के सन्नाटे को भंग कर रही थीं। बायीं ओर एक झिड़ी से जंगली तीतर बोला। दुल्ला हँस दिया, "क्यों कसाइयों को हाँकें मार रहा है?"

मन बेचैन था। कुछ समझ नहीं आ रहा था, क्या करे। ... मैं तो मेले के दिनों में जी रहा था। इतना अँधेरा रखा माँ ने? अब टक्कर तख्त से होगी, शाही फ़ौजों संग, और हमें कोई मोरचा मारने का गुर नहीं आता। हाजी चिराग़दीन के पास जाऊँ। सयाना बुजुर्ग है, दुनिया देखी हुई है। किसे सीधे रास्ते पर ही डालेगा। दुल्ला उठा, झिड़ी से बाहर आया और गाँव की ओर चल दिया।

दायीं ओर चरागाह में पिंडी के चरवाहे कालू तथा गोधा अपनी भेड़ें-बकरियाँ चरा रहे थे।

"सलाम कहता हूँ भट्टी सरदारा।" कालू ने लम्बी तान लगाने की तरह कहा। दुल्ला ने बाँह खड़ी कर उसके सलाम का जवाब दिया।

दुल्ले के चेहरे पर एकदम रौनक आ गयी। जुलाहों के घरों की तरफ से मियाँ चिराग़दीन खेतों की ओर जाता दिखाई दिया।

"हाजी बाबा सलाम भेजता हूँ।" दुल्ले ने कालू चरवाहे की तरह ही तान लगाकर कहा।

"वालेकुम सलाम बरखुरदार।" कहते हुए चिराग़दीन दुल्ले की ओर मुड़ा।

"मैं तो आपकी ओर जा रहा था हाजी बाबा।" दुल्ले ने कहा।

"कोई खास बात है दुल्ले।"

"बात तो कुछ खास ही है, गर वक़्त है तुम्हारे पास तो...।"

"तेरे लिए वक़्त की कमी कहाँ, बता?"

"इस तरह नहीं। आओ झिड़ी में बैठते हैं फिर दो घड़ियाँ।" दोनों झिड़ी की ओर मुड़ गये।

दुल्ले ने आगे बढ़कर, कुएँ के पास बनाये गये थड़े को साफ़ किया और ऊपर अपना साफा बिछा दिया।

थड़े पर बैठते ही मियाँ चिराग़दीन बोला, "दुल्ले, तू गर मुझे हाँक न लगाता

तो आज मैं खुद तुझे बुलाने जाता।"

"अल्लाह की मर्ज़ी है हाजी बाबा, मैं आपसे मिलने ही निकला था।"

"सही है बरखुरदार। अल्लाह की मर्ज़ी न हो तो दूसरी साँस नहीं आती। वह जानता है, किसे किसकी ज़रूरत है और फिर खुद ही संयोग बनाता रहता है। मैं पिंडी में बहुत बुरी बातें सुन रहा हूँ। यह सही है तो पिंडी को बहुत मुश्किलें आने वाली हैं दुल्ले। यह बड़े फ़िक्र वाली बात है।" हाजी नज़रें झुकाकर तसबीह फेरने लगा।

दुल्ले को सच में मियाँ चिराग़दीन फ़िक्रमन्द नज़र आया। उसने धीमे से पूछा, "कौन-सी बुरी बातें सुनी हैं बाबा?"

"सुना है, तूने बादशाह के शाही व्यापारी को लूटा भी और उसे मार भी डाला?"

"अपने बाप-दादा के साथ हुए जुल्मों का हिसाब लेना कोई बुरी बात है?"

"बरखुरदार, जिन्होंने ये जुल्म किये नहीं, उन्हें सज़ा देना कोई अच्छी बात है।" हाजी चिराग़दीन दुल्ले की ओर झाँका।

"इनका ताना-बाना बादशाह के साथ ही जा जुड़ता है।"

"जुड़ता रहे। दया और माफ करना बड़ी बात है।"

"हाजी बाबा, यह दया गरीबों, दुखियों के लिए क्यों बनी है, इसका बादशाहों से कोई लेना-देना नहीं?" दुल्ले ने दुखी होकर पूछा।

"अपना राजा-बादशाहों से क्या मेल पुत्तर। उन्हें तो अपने महल से ऊँचा करके कंगूरा तोड़ने की सनक होती है। इनकी खोपड़ी में एक तीखे दाँतों वाला कीड़ा होता है और यह कीड़ा हर समय इनके सिरों में डंक मारता रहता है।"

"हाजी बाबा किसी को तो वह कीड़ा मसलना पड़ेगा।"

"पुत्तर, वे कहते हैं राजा खुदा के भेजे हैं।"

"मुझे तो लगता है हाजी बाबा, खुदा अन्धा और बहरा है। कहीं मर ही न गया हो। बादशाह धोखा करे, फरेब करे, सब माफ। अगर दूसरा करे तो फाँसी पर लटका दो। ये कैसा इन्साफ़ है।"

"अच्छी बुराई और अच्छा हाकिम बनना मुश्किल है बरखुरदार। हमें मालूम है, राजा ज़ालिम है, मगर वे कहते हैं, हाकिम ने सत्ता चलानी होती है।"

"सत्ता चलानी होती है डंडे से? लाशों को सरेआम लटकाकर? घास-फूस भरकर, मैं समझता हूँ बाबा....।"

"नहीं दुल्ले शेरा, तू कुछ नहीं समझता।" हाजी मियाँ ने टोका, "बात यह है, बन्दे को पहले खुद जागना चाहिए। मैं तो कहता हूँ आदमी को जागते ही रहना चाहिए।"

"मुझे अब जाग आ गयी है। माँ ने भुलावे में डाल-डाल सुलाये रखा मुझे हाजी बाबा।"

"देख बरखुरदार, अल्लाह का नियम है जो जागता है, उसे एक दिन नींद आ जाती है और जो सोया रहता है, एक दिन जाग ही उठता है।"

"अब मुझे जाग आ गयी है बाबा। दूसरी बात है, मौत से मुझे कोई डर नहीं लगता। मौत डरने वाले को ही डराती है...।"

"मैं जानता हूँ दुल्ला पुत्तर, तू सूरमा भट्टी है। बलशाली है। अपने बाप-दादा का लहू तेरी रगों में है। तवारीख़ में बहुत सेंक होता है दुल्ले। यह मुल्क और कौम के लहू को गर्म रखता है। मगर होश भी तो चाहिए न आदमी को। उसे सोच समझ लेना चाहिए है, वह किस से टक्कर लेने वाला है...।"

"मैं जानता हूँ हाजी बाबा, टक्कर बादशाह से है। बादशाह होये बेशक। अब कोई चीज़ मेरे रास्ते में नहीं आ सकती। दुल्ला अब लाहौर से परे कुछ नज़र नहीं आता।" सिर पर रखी पगड़ी दुल्ले ने दोनों हाथों से इधर-उधर घुमा कर ठीक की और उसका दायाँ हाथ मूँछ पर चला गया।

"भूल रहा है दुल्ले। अल्लाह की मर्ज़ी के बगैर कुछ नहीं होता। ये दुनिया देखती है ना, कितनी ख़लकत है, इसके बाहर कोई अल्लाह नहीं और अल्लाह से बाहर कोई जहाँ नहीं। मैं जब खेतों की ओर जा रहा था। रास्ते में जुलाहे का फ़जलू अपनी बकरियों के लिए कीकर से पत्ते तोड़ रहा था और वह मुख्तार ढाई-तीन कनाल ज़मीन होगी उसके पास कहता है मैं विर्क जाट हूँ। अपने घर के आगे बैठा तूत की छिट्टियों से टोकरा बना रहा था और उसकी बीवी बाजरे का टुकड़ा हाथ पर रखकर खाने में लगी थी। यह सभी अल्लाह का शुक्र मनाते होंगे। इन्होंने क्या लेना है मुल्कों की सियासत से। इन्हें क्या फ़र्क पड़ता है, तख्त लाहौर पर कौन बैठता है और दिल्ली का सिंहासन किसने सँभाला हुआ है। बाबर आया, मुख्तार तब भी टोकरे बनाता था, अब भी बनाता है। उसकी बीवी तब भी बाजरे का टुकड़ा खाती रही होगी। फजलू ऐसे ही अपनी बकरियों के लिए कीकरों को छाँटता रहा होगा। कालू और गोधा, इनके बाप-दादा भी भेड़ें चराते रहे और इनके पुत्र-पोते भी ऐसा ही करेंगे। गर मुग़लों से बच गये तो। राज कोई भी करे दुल्ले, लगान तो हरेक ने माँगना है। हिन्द पर कितने ही राजा चढ़ कर आये, कितने गये, अवाम ऐसे ही भूखा मरता रहा। अकाल पड़े, महामारी फैली, बाढ़ आयी, लोग चुपचाप मर गये। किसी ने हाय भी नहीं कहा। जैसे कीट-पतंगे मर गये, ऐसे आदमी मर गये। बादशाहों का क्या है? उन्हें तो चाहिए मामला, हरम में औरतें, खाने को मेवे, पीने को शराबें और लोगों से कहते हैं, हमें ख़ुदा ने भेजा है। बादशाहियाँ करो, हुक्म चलाओ, जुल्म करो। सामने से कोई बोले तो उसे फाँसी दे दो।" हाजी चिराग़दीन साँस लेने लगा।

"सामने से बोलने वाले भी आ गये हैं बाबा।"

"बादशाहियों का सूरज भी छिपता है दुल्ले। सुना है लाहौर की ओर एक फ़कीर

है मस्त-मलंग। वह अल्लाह का बन्दा है। बादशाह को सीधे से टकरता है और बादशाह के चापलूस उसकी जीभ को लगाम देने पर लगे हुए हैं। अल्लाह के बन्दे को कैसा डर? ना कुछ लेना न देना।"

"बाबा, तू समझ ले, दुल्ला भी अल्लाह का भेजा हुआ बन्दा है और बादशाह का अब मुझे कोई भी भय-डर नहीं। मुझे इतना तो पता लग गया है, मेरे अब्बा-दादा ने कहा, साँदल के लोग राजा को लगान नहीं देंगे। जो भी हश्र हुआ सभी को मालूम है। अब मैं गाँव भर में ऐसा ही ऐलान करूँगा, पिंडी के किसान लगान नहीं देंगे। टोकरे बनाने वाला, पशु चराने वाला और बाजरे की रोटी खाने वाले लोग लगान क्यों दें। हम किसान-जाट भी क्यों दें? जो होगा, हमें मालूम है।"

दुल्ले के चेहरे पर दृढ़ता और पक्का इरादा देखकर हाजी चिराग़दीन को उस पर दया आयी, हमदर्दी भी जागी। वह बोला, बरखुरदार, बादशाहियों की चतुराई इतनी जल्दी समझ में नहीं आती। दिल्ली पर अब मुग़लों का राज है। पुराना सब कुछ बदल दिया गया है। दिल्ली अब तुर्कों की नहीं रही। अब दिल्ली मुग़लों की है। रहेगी भी इन्हीं की। समय किसी की पकड़ में नहीं आता। धरती का भार उठाने वाले बैल ने अपना सींग बदल लिया है। पहले मुसलमान हिन्दुओं से भय खाते थे, अब हिन्दू मुसलमान से भय खाते हैं। पहले हिन्दू आकड़खान थे, अब मुग़ल हैं। तू खुशी से अपने लोगों को जगा। इकट्ठा कर, फ़ौज खड़ी कर, मगर तख्त के कहर का भी ख़याल रखना। मुझे भरोसा है, साँदल बार में से तेरे साथ लोग जुड़ेंगे, परन्तु मेरी एक बात याद रखना, वे शाम को उसी मिट्टी को उसके सिर पर भी डाल सकते हैं, जिसे सुबह 'अकसीर' समझ माथे से लगाते हैं। लोगों में बड़ी ताकत होती है। मुझे चिन्ता है, गाँव के चौधरी, तेरा बाबा जलालदीन, मौलवी, पंडित सभी तख्त लाहौर के मुख़बिर हैं। तू दिन में कितनी साँस लेता है, इसकी खबर भी लाहौर जायेगी, तेरी हरकतों की बात तो दूसरी है। घर के भेदिये से बचना होगा। घर का भेदी, दुनिया के सभी हथियारों से अधिक खतरनाक होता है। बड़े-बड़े जंगल, बीहड़ झिड़ियाँ, शेर, चीते, हाथी से भय नहीं खाते, मगर किसी वृक्ष की छोटी-सी टहनी भी फावड़े का दस्ता बनने के लिए रज़ामन्द हो जाये तो सारा जंगल, बीहड़ काँपने लगते हैं। बस, समय को उलटा फेर नहीं देना। अल्लाह तुझ पर मेहर करेगा। वो समय और था, ये समय और है। अब यदि तख्त सियासत खेलते हैं तो हमें भी सियासत सीख लेनी चाहिए। पुत्तर, जंग में लड़ते हुए मर जाना बहादुरी नहीं, बहादुरी है, जीते रहकर, जंग जारी रखना और हाकिमों को सोने न देना। इसी बात से मैं तुझे खबरदार करना चाहता था।" कहकर मियाँ उठ खड़ा हुआ। चारों ओर झाँका, "माशा अल्लाह, यहाँ तो बहुत सुकून है। यहाँ आकर तो अल्लाह से बातें हो सकती हैं।" वह चल दिया और झिड़ी को ताकते हुए धीरे-धीरे बाहर जाने लगा।

दुल्ला, जाते हुए हाजी मियाँ को देखता रहा, जैसे पिंडी के बीते समय को देख

रहा हो। हाजी मियाँ झिड़ी से बाहर निकल गया।

दुल्ला, सूनी पड़ी झिड़ी की ओर फिर से ताकने लगा। उठकर दरिया के पास आया। दूर तक चमकते पानी से आँखें चौंधिया रही थीं। हाजी चिराग़दीन की बातें उसे अल्लाह का फरमान लगीं। अचानक उसे नूराँ की याद आ गयी। नूराँ के निकाह के बाद तो वह जा ही नहीं पाया था उधर। नूराँ को क्या मालूम, दुल्ले पर कैसी गर्म हवाएँ गुज़र रही हैं। उसके हिसाब से तो दुल्ला अभी भी, चौधरियों के पशु चोरी करने वाला और डाके मारने वाला होगा...।

दुल्ला, नूराँ से मिलने के लिए बेचैन हो उठा। आज वक़्त भी है, फिर तो मालूम नहीं लाहौर से भिड़ गया—मुलाकात भी होगी या नहीं।

... सोचते-सोचते दुल्ला दरिया के साथ-साथ उत्तर की ओर चल दिया।

15

झन्नाँ दरिया के किनारे-किनारे दुल्ला कोस भर चलता गया। आगे दरिया से थोड़ा परे, शहतूत, टाहली तथा फरमाह के भारी वृक्षों में पाँच घरों की बस्ती है। घरों के पास पहुँचते ही दुल्ले ने देखा, बाहर चूजे-चूजियाँ चोगा चुग रहे हैं। एक घर के खुले आँगन में दो बकरियाँ बँधी हुई हैं।

दुल्ला एक साफ-सुथरे घर की दहलीज़ में जा खड़ा हुआ। मुँडेर लीपी हई थी। दीवारों पर पांडो मिट्टी लीपी हुई है। पहले कभी उस इस घर में घुसते हुए झिझक महसूस नहीं हुई थी, आज क्या बात है वह हैरान है। डाके मारने वाला या घुसपैठ कर पशु खोलते समय तो उसका दिल कभी नहीं धड़का था, आज उसे क्या हो गया है? तह दबे पैर भीतर आ गया।

सामने छोटे-से आँगन में बने चौके की दीवार पर नील से तोते, मोर, चिड़िया उकेरे गये हैं। वह चुपचाप खड़ा घर की हर शै की ओर देखता रहा। थोड़ा आगे बढ़ा, दीवार की आड़ में खाट पर, अपने घुटनों पर ठोड़ी रखे नूराँ गहरी सोचों में डूबी हुई थी।

दुल्ले ने धीमे से पुकारा, "नूराँ।"

वह चौंकी, पीछे पलटकर देखा।

"मर गयी नूराँ।" कह उसने तुरन्त चेहरा घुटनों में छिपा लिया। दुल्ले ने आगे बढ़कर अपनी दोनों बाँहों में उसका सिर लेना चाहा तो वह रोने लगी। झटके से दुल्ले की बाँह परे झटक दी और तेजी से उठकर दूर जा खड़ी हुई।

बलवान दुल्ला, दस-दस योद्धाओं की परवाह ना करने वाला, नूराँ के सामने बेबस और पिघला खड़ा था।

"मैं तेरा दोषी हूँ नूराँ।"

"अब नज़र आ गयी नूराँ।"

"मुझ पर क्या बनी, ये नहीं पूछेगी?"

"जो मुझ पर बनी, वो किससे कहूँ?"

"तू मुझसे कह, मैं तुझसे कहूँगा।"

"दूसरी औरत मायके गयी होगी, अब इधर आ गया है।" नूराँ फिर से रोने लगी।

"अल्लाह ही जानता है नूराँ, दुल्ला तेरे पास कभी सेज भोगने के लिए नहीं आया। तेरे साथ रूह का रिश्ता है।" वह नूराँ के थोड़ा करीब आ गया।

"रूहों के रिश्ते हों तो कोई ऐसा करता है, यह भी न जान, नूराँ जीती है या मर गयी।" नूराँ का गुस्सा अभी शान्त नहीं हुआ था।

"मैं जानता हूँ नूराँ, तेरे पास आ नहीं पाया। मगर दुल्ला अब वह नहीं जिसे तू झन्नाँ किनारे मिलने आती थी। मैं तो आधी रात भी किसी की परवाह न करते हुए तेरी हवेली के पिछवाड़े चढ़कर तेरे पास आया करता था...।"

"नूराँ तो अभी भी वही है। मुझे क्या मालूम था, जिसे मैं सूरमा समझती रही थी, अब वह अपने गुनाह माफ करवाने में लगा हुआ है।"

"तेरे चाबुकों से तो दुल्ला बिन आये भी मर जाता। ऐसे न कह। तेरे साथ गुज़ारी घड़ियों के लिए तो मैं जन्नत भी छोड़ सकता हूँ।"

"यह झूठ है एकदम।" आगे बढ़ते दुल्ले को देख नूराँ और पीछे हट गयी।

"यह सच है नूराँ। खुदा जानता है। मैं सच कह रहा हूँ।"

"बात इतनी ही सच है तो तूने इधर एक फेरा क्यों नहीं लगाया। नूरे का निकाह क्या किया, मुझे तेरी सूरत ही दिखाई नहीं दी। अब तू रब बन गया है, दिखाई नहीं देता मुझे?"

"नूराँ, ऐसे ताने न दे। दुल्ला सूरमा ही तेरे कारण है, दुल्ला गर अकबर की परवाह भी नहीं करता तो तेरे कारण।" दुल्ले ने गर्व से कहा।

"और जो औरत घर में बैठी है।"

"वह घर की औरत है बस। कामकाज के लिए।" लध्धी माँ ने कहा। निकाह करना है, अब्बा तेरा ज़बान दे गया था। मैंने तो अब्बा की ज़बान रखी। रब गवाह है नूराँ, जब मैं उसके पास होता हूँ, अब क्या कहूँ मैं। फुल्लराँ में भी नूराँ ही पास होती है मेरे। मैं मानता हूँ, इधर नहीं आ पाया। सच्ची बात तो यह है नूराँ, मैं तो एक रात भी घर में नहीं टिक पाया। फुल्लराँ आँखें दिखाती है, मैं रात को तेरे पास होता हूँ। आज तू मुझसे झगड़ा करने पर तुली है। दुल्ला तो दोनों जहानों से गया। मैं तो तेरे सहारे उड़ रहा था नूराँ। गर तेरे तेवर बदल गये तो दुल्ले तो बेमौत मारा जायेगा। फिर क्या लड़ेगा दुल्ला। मरूँगा भी कैसा कलंक लेकर। लोग कहेंगे, दो औरतों संग सोने वाला टक्कर लेने लगा था तख्त लाहौर के साथ, वह पड़ा औंधे मुँह जाकर। इससे तो अच्छा है, तू ही खंजर घोंप दे मेरे कलेजे में।" कहते हुए दुल्ले

ने कमर में कसा खंजर निकालकर नूराँ की ओर बढ़ाया।

नूराँ कुछ नरम पड़ गयी।

"मैंने तो अपने अब्बा, चाचा, भाइयों की भी परवाह न की, तेरे साथ भाग आयी। मेरा एक भतीजा अपनी बाँह भी कटवा बैठा तुझसे।"

"नूराँ कितना समझाया मैंने, पीछे लौट जाओ। वे माने नहीं, पिंडी तक पीछे आये, गर मैं उन्हें न रोकता तो उन्होंने गर्दन उतार देनी थी शल्ले की, कलाई तो उसकी भी उतर गयी।"

"मैं फिर भी तेरे पीछे आती गयी।" नूराँ आँखें भर रोने लगी।

दुल्ला आगे बढ़ा, झिझकते हुए उसने नूराँ को बाँहों में भर लिया। कुछ देर तक नूराँ तने समान अकड़ कर खड़ी रही। मगर दुल्ला जैसे-जैसे उसे अपने सीने से दबा, उसकी पीठ को प्यार से सहलाता गया, उसकी बाँहें हरकत में आने लगीं और धीरे-धीरे दुल्ले के चारों ओर कस गयीं। वह सिसकियाँ लेते ज़ोर से रोने लगी।

दुल्ले ने रोका ना। नूराँ रोती रही, दुल्ला उसकी पीठ सहलाता रहा। उसे अपने सीने से लगाये खड़ा रहा।

नूराँ कुछ शान्त हुई। दुल्ला उसे उसी प्रकार सीने से लगाये कोठरी में ले आया। जाते-जाते देखा, चूल्हा ठंडा पड़ा था। चारपाई पर बैठते दुल्ले ने नूराँ को और भी अपने साथ भींच लिया। दुल्ला उसके आँसू पोंछने लगा। नूराँ ने भीगी आँखों से देखते हुए पूछा, "क्या हुआ लाहौर के तख्तों को?"

"पहले यह बता, तूने कुछ खाया कि नहीं?"

"मैंने कल से चूल्हा नहीं जलाया।" नूराँ ने सिसकी लेते हुए कहा।

"भूखी रह कर दुल्ले को सज़ा देना चाहती हो?"

"भूख ही नहीं लगती। तू आता था तो मिलकर खा लेते थे। अब मैं अकेली चूल्हा किसके लिए जलाऊँ?"

"ऐसे तो तू मुझे जीते-जी मार डालेगी।" दुल्ले ने उसके सिर को अपने हाथों में ले, उसका मुँह चूमना चाहा तो वह खुद को छुड़ाकर पीछे हट गयी।

"पहले यह बता लाहौर में तख्त की क्या बात कर रहा था।"

दुल्ले ने शुरू से लेकर अन्त तक सारी आप बीती उसे सुना दी। अब नूराँ उसे अपने से सटाये बैठी थी। रोती भी जा रही थी।

"तूने मुझे बताया क्यों नहीं?" प्यार और गुस्से से नूराँ ने दुल्ले की पीठ पर एक धौल जमाया।

"हाय रबा।" दुल्ले ने नाटक करते हुए ज़ोर से कहा।

"हाय अल्लाह।" कहते नूराँ ने उसे अपने साथ कस लिया और पागलों की तरह दुल्ले को चूमने लगी।

"हट, पहले मैं तेरे लिए कुछ खाने के लिए ले आऊँ।" दुल्ला उसकी बाँहों से

निकल खड़ा हो गया।

"खाने के लिए यहाँ काफी कुछ पड़ा है। नूरे के निकाह के समय जो मिठाई तूने भेजी थी फत्तु के हाथ। मैंने तो अभी उसे खोलकर भी नहीं देखा।" वह उठी और एक कोने से मिठाई उठा लायी।

"तूने अभी तक रखी हुई है। इसे तो काई लग गयी होगी।"

"तेरे बगैर कैसे खाती। मैंने तो उसी दिन ठान लिया था, खायेंगे तो मिलकर ही खायेंगे। खुद मुँह जूठा नहीं करूँगी।"

दुल्ले ने भावुक हो उसे फिर अपने साथ लिपटा लिया। कितनी देर तक उसकी आँखों में ताकता रहा।

"क्या देख रहा है।" अब नूराँ की आँखों में भी मोह उमड़ आया।

"तू आज भी मुझे वैसे ही नज़र आती है। अँधेरी रात में चादर लपेटे दीवार की ओट में खड़े...।"

हँसते-हँसते नूराँ ने उसके सीने पर सिर रख दिया।

"मैं जाता हूँ दरिया की ओर। पत्तण पर मल्लाह हुआ तो मच्छी भूनेंगे आज। यहीं पकाते-खाते हैं। फिर पता नहीं अकबर की फ़ौजें ऐसा मौका दें कि ना दें। क्या मालूम...।"

नूराँ ने दुल्ले के मुँह पर हाथ रखा, "और कुछ न कहा अकबर की फ़ौज आये तो ख़बर कर नूराँ को। फिर देखना नूराँ क्या है, जिधर देखेगा, नूराँ तेरे साथ खड़ी नज़र आयेगी। जब मैं हवेलियों को लात मारकर तेरे साथ आयी थी तो याद है रास्ते में क्या कहा था?"

"तुझे देख मैं सब कुछ भूल जाता हूँ नूराँ।"

"मुझे याद है, तूने कहा था, गर किसी मुल्ला ने फतवा दे दिया। पिंडी छोड़नी पड़ी तो इकट्ठे छोड़ेंगे। मरेंगे भी इकट्ठे और जियेंगे भी इकट्ठे। अब मैं कहती हूँ, अकबर की फ़ौजों के साथ लड़ना पड़ा तो लड़ेंगे भी इकट्ठे।"

"नहीं नूराँ, तू मुझसे दूर न जाना, बस। जब तेरा रूठा हुआ चेहरा देखता हूँ तो सच मानना, मैं आपे में नहीं रह पाता। जी करता है सारे जंगल में आग लगा दूँ। या लगता है, जैसे किसी ने मेरा सारा लहू चूस लिया हो। तू यहाँ बैठ मेरे लिए दुआ करना, फिर देखना, दुल्ला कैसे आँधियाँ लाता है।"

"अरे, मैं तो दिन-रात तेरी खैर माँगती हूँ सोहणिया।" नूराँ फिर उससे लिपट गयी।

"तू चौके की ओर जा। मैं आया। फिर शाम को मेधे बनिया ने भी आना है।"

"यहाँ से जल्दी निकलने के बहाने पहले ही जेब में डाल कर लाता है...।"

"नूराँ, मैं गया और आया।" नूराँ की बाँहों से निकल दुल्ला हँसता हुआ, दरवाज़े से निकल दरिया की ओर चल दिया।

16

पिंडी पर से सूरज अब पश्चिम की ओर नीचे उतरने लगा था। दुल्ले के दीवानखाने में उसके सभी साथी आकर बैठे थे। दुल्ले का चेहरा आज आम दिन से अधिक खिला हुआ था। मूँछों को भी एकदम नुकीला किया हुआ था। एक ओर वह बैठ कर तलवार की धार को पत्थर रगड़ रहा था। पिरथा उसकी हरकतें ताड़ रहा था। उससे रहा न गया, पूछा, "दुल्ले, आज कहाँ रहा सारा दिन?"

"मैं कहाँ था, यहीं तो था।" दुल्ला पर आज नूराँ का नशा हावी था।

"ना तू घर पर था, न झिड़ी में था। गाहणे के घर भी मैं तुझे देखकर आया?"

"मैं घर पर ही था, गाहणे के पास भी गया और झिड़ी में भी बैठा रहा, बस हम आगे-पीछे रहे होंगे...।"

"नहीं दुल्ले। दाई से पेट नहीं छिपाते...।" पिरथा शरारत से हँस दिया।

"फिर पूछ क्यों रहा है, खुद ही अनुमान लगा ले।" दुल्ले ने धार जाँचते हुए कहा।

"पहले अनुमान लगाओ मेधे खत्री का, मुझे तो लगता है, वह नहीं आयेगा। परसों से डर गया होगा।" रूड़ा फ़िक्र से बोला।

"रूड़े, गर मेधा असल बनिया हुआ तो ज़रूर आयेगा, नहीं तो एक दिन तलवार की धार उसकी गर्दन पर भी परखी जायेगी।" दुल्ले ने उँगलियों के पोर तलवार पर घिसाये और फुर्ती से हाथ उठाते हुए एक उँगली मुँह में डाल ली। उसकी आँखों में चमक आ गयी। बोला, "पिरथे, यह तलवार तो अपने भार से ही किसी की गर्दन उतारकर परे मार देगी।"

"दुपहर ढल चुकी है दुल्ले।" अब सदीक को भी फ़िक्र हुआ।

"सन्ध्या तक देख लेते हैं। तब तक मेधे की मर्ज़ी, फिर अपनी होगी।" दुल्ले ने तलवार को एक खिड़की से आती धूप की ओर लहराया तो वह चमकने लगी।

ठीक उसी समय मेधा खत्री दरवाज़ा धकेलकर अन्दर दाखिल हुआ और मन्द-मन्द हँसते हुए बोला, "दरवाज़ा तो खुलवा दे दुल्ले। खच्चर अन्दर आ सकें। किसी मनहूस आदमी की निगाह पत्थर फाड़ देती है। यह तो मेधे खत्री का धन है।"

दुल्ले का इशारा पाकर, फत्तु मिरासी ने तुरन्त हवेली का पिछला दरवाज़ा खोल दिया।

मेधा उन सभी के बीच पालथी लगाकर बैठ गया।

"दुल्ले, मैं वक़्त बर्बाद नहीं करूँगा। ऊपर से रात होने लगी है। तू अपना धन सँभाल ले और मुझे माल चुका दे। मैं वक़्त से अपने एक पड़ाव तक पहुँच जाऊँगा।"

"मेधे, खच्चरों पर माल नहीं जायेगा। फिर तू अकेला भी है।"

"क्या बात कर रहा है दुल्ले। ऊँट भी हैं दो, साथ में चार आदमी भी खड़े हैं, मेधा कोई ऐसा-वैसा शाह है? पुश्तों से ही यही काम करते आ रहे हैं दुल्ले। पूर्वज बता गये हैं, जहाँ चीज ज्यादा हो वहाँ से खरीदना, जहाँ कमी हो वहाँ बेचना और मेरा यही धर्म है।" मेधा फिर भेद भरा हँस दिया।

"हाँ, अब हमें भी व्यापारियों की कुछ-कुछ समझ आने लगी है। लूटमार, छीना-झपटी, डाके मारना हमारा काम है। मरना-मारना हमारे हिस्से में आया और बनिये ने उससे व्यापार करना है।"

मेधा फिर छी-छी कर हँसने लगा, फिर बोला, "एक बात कहता हूँ दुल्ले, व्यापार के कामों के लिए अमन-शान्ति चाहिए होती है, तभी व्यापार भी होता है। जो तू कर रहा है, इससे अमन-अमान को लात लगती है। अकबर बादशाह को रास नहीं आयेगा यह। बादशाहियाँ, लूट, डाके, जंग नहीं चाहती। अकबर तो राजपूतों तथा खत्रियों के साथ रिश्तेदारियाँ गाँठने में लगा है। जिनकी बहनें अकबर के साथ बस गयीं, वे क्यों अकबर से जंग करेंगे? उनकी तो आँख भी झुकी रहेंगी न। ये भी तख्तों की सियासत है। समझ आयी तुझे मेधे खत्री की बात?"

"हाँ समझा तो दिया तूने मेधे। दुल्ला तथा उसके साथी हुए सीधे-सादे लुटेरे। बाँहों के जोर पर जीते हैं। बाजी हाथ में आ गयी तो ईद, नहीं तो रोज़े।"

मेधा मुस्कराते हुए बोला, "ठीक है, ठीक है तेरी बात।"

"एक बात और मेरी सुन ले मेधिया। पहले तो हम माल लूटते और लाठियाँ लगाते रहे। अब तेरी बातों ने तो हमें भी व्यापारी बना दिया। थोड़ी-थोड़ी सियासत हम लोगों के भेजे में भी आने लगी है। अब तो हम सीधे अकबर बादशाह से ही व्यापार करेंगे और करेंगे भी तुझे सालस (मध्यस्थ) बनाकर, मेधे।"

"क्या कहता है दुल्ले?" डर से मेधा भीतर से काँप गया, सोचा...

"मैं भी कितना मूर्ख हूँ। धन के खच्चर तो अन्दर ले आया। ये सभी उजड्ड, बेशऊरों के पास हथियार। ऊपर से रात होने वाली है। बैठा भी बेगानी जगह पर हूँ। क्या मालूम क्या कर बैठें। तुझे सयाना कौन कहेगा?" सोच रहा था, बोला... "मैं तो तुझे ख़बरदार कर रहा था दुल्ले। अकबर बादशाह सख्त है...हथियार, फ़ौजें, घोड़े... ।"

"मेरे जूती से अकबर बादशाह।" दुल्ले ने गुस्से से टोका।

"इतनी गन्दी जुबान न बोल दुल्ले। दीवारों के भी कान होते हैं।"

"दीवारों के डरने की ज़रूरत तुझे होगी खत्रियाँ। मैं तो नगाड़ा बजाकर कहता हूँ, कोई शाही व्यापारी, कोई साहूकार गुज़रकर दिखाये तो इधर से। अकबर से कहना, खुद आकर देखना चाहे तो आकर देख ले।"

"ऐलान कर दे फिर। बैठ जा तख्त पर। मेधा तुझे सलाम करेगा।"

"तख्त पर तो बादशाह बेठते हैं मेधे, दुल्ला नहीं। दुल्ला तो अपने लोगों में

बादशाह है। समझा? हमने तो तेरे बादशाह की नींद हराम करनी है।" रातों में सोते-सोते चौंक कर कहा करेगा, "आ गया, दुल्ला।"

दुल्ले की बातें सुन मेधा खुद को धिक्कार रहा था...। चलते समय कौन सामने पड़ा था? किसी ने पीछे से आवाज़ तो नहीं दी थी...। बिल्ली ने रास्ता तो नहीं काटा था? रास्ते में तीतर दायें बोला था या बायें।

"कौन-सी सोच में डूब गया खत्रिये। सोचने के लिए राजाओं के महल होते हैं, पिंडी नहीं। मगर एक बात तो ठीक है, तू तो आदमी ही महलों का है, तू सोच सकता है। महल वालों को तो सोचने का हक़ है।" दुल्ले ने रड़क से कहा।

"मुझे माल चुका दे दुल्ले।" मेधा ढीला-सा बोला।

"माल तो तुझे चुकाना ही है, जाकर अपने बादशाह से कह देना, पंजाब के लोगों का अपना ही धर्म और उसूल चलता है। इसमें बादशाहों की ज्यादा गुंजाइश नहीं चलती। साँदल बार में तो बिल्कुल भी नहीं। रूड़े, पिरथा, सदीक समझाओ भी बनिये को, दुल्ला क्या शै बन गया है। यह हमें बादशाहियों के पाठ पढ़ाने आया है और हमने इसे भट्टिओं का पाठ पढ़ाना है। जाओ, खच्चर खाली करो और उन्हें लाहौर के रास्ते डाल आओ। मेधा यहीं रहेगा हमारे पास, पिंडी में।"

"माफ़ कर दुल्ला सरदारा, मेरा भाई, मेरे वीरे, गर कोई भूल हो गयी हो, मेरे सिर पर जूते मार ले। मेरी तौबा, मेरे बाप-दादा की तौबा, मेधा का तू ही बादशाह है। अकबर गर तेरी जूती है तो मेरी भी जूती है।" मेधा रुआँसा हुआ दुल्ले के पैरों पर गिर पड़ा।

"अरे परे मर लाहौर जाकर, पैरों पर गिर अपने बादशाह के।" दुल्ले ने पैरों की ठोकर से उसे परे धकेल दिया।

"मैं तेरे साथ व्यापार करने आया हूँ दुल्ले।" मेधा हाथ जोड़ कर गिड़गिड़ाया।

"तूने ही तो समझाया है कि व्यापार कैसे करते हैं। अब अकबर के साथ सीधे व्यापार करने का वक़्त आ गया है। बिचौलिया तुम बनोगे इस व्यापार में। कहा था न तुझसे?" दुल्ला रौब से मेधा की आँखों में झाँका।

"कहा था।" मेधा के मुँह से मुश्किल से निकला।

"जा जाकर उस छोटी टोकरी से लाल कपड़ा खोल जाकर।" दुल्ले ने हुक्म सुनाया।

"क्या है उसमें?" मेधा काँपा।

"जाकर देख ले। तेरे बादशाह के लिए तोहफा भेजना है।"

मेधा डरते-डरते टोकरी तक गया। जब उसने टोकरी के ऊपर से कपड़ा खोला। तो चीख मारकर पीछे की ओर गिर पड़ा।

किसी आदमी के बड़े सिर की खुली भयानक आँखें बाहर की ओर निकली हुई

थीं, मेधे को घूरती लगीं। अजीब-सी गन्ध दीवानखाने में फैल गयी। मेधा बेसुरत हो गया।

"बनिया तो गया।" सदीक ने उसके मुँह पर तुरन्त पानी के छींटे मारे और हँसने लगा।

भयभीत मेधे ने आँखें खोलीं।

"उठकर बैठ।" दुल्ले ने दबकाया। मेधा का धोती में ही पेशाब निकल गया।

"आबे-हयात बहने लगा है।" फत्तु मिरासी ने कहा तो सभी हँस दिये।

मेधा को कुछ होश आया तो दुल्ले ने फिर से डपटा।

"टोकरी पर कपड़ा बाँधकर उठा ले इसे।"

"यह तो किसी आदमी का सिर है।" कहते हुए मेधा की लार निकल गयी।

"कोई आदमी नहीं, यह तेरा शाही व्यापारी है, बग्गा मलकीरा। अकबर को भेंट करना है। यह भी तेरी तरह अकबर की सिफ़त कर रहा था। अब ये पड़ा है टोकरी में। उठा इसे और ले जा लाहौर। सुना है, अकबर आजकल लाहौर में रुका हुआ है।"

"ये तो बड़ा डरावना लग रहा है। मलकीरा तो ऐसा नहीं था।" मेधा ने रोते हुए कहा।

"जब आदमी टोकरी में होता है तो ऐसा ही हो जाता है। तू भी अगर न माना तो तू भी ऐसा ही बन जायेगा। फिर अकबर को दो तोहफे देने पड़ेंगे।" दुल्ले ने तलवार हाथ में ले ली।

मेधा काँपने लगा और रोने लगा।

"उठा ले, वक़्त से, नहीं तो...इस तलवार की धार तेरे लिए तीखी की है।" दुल्ले ने तलवार दिखाई।

रोते-रोते मेधा ने टोकरी पर कपड़ा बाँधकर उठा ली।

"यह जो माल है, तेरा ही है। हमारे पास तेरी अमानत पड़ी है। लाहौर से लौटकर, ले जाना। दुल्ला व्यापार में ठगी नहीं मारता। तेरा धन ही लूटना होता तो दस कोस परे ही लूट लेता।" दुल्ला मेधा को कुछ ढाढस देने लगा।

मेधा डोलती टाँगों से, सिर पर टोकरी उठाये दीवानखाने से बाहर जाने लगा तो दुल्ले ने धमकाया, "तोहफा बादशाह को भेंट करना है मेधा। इसमें बेईमानी न करना। नहीं तो हम तेरा मुहल्ला भी जानते हैं और घर को भी।"

मेधा चुपचाप बाहर निकल गया।

"रूड़े, प्याला भरकर दे यार। बग्गा मलकीरे का बोझ तो सिर से उतरा।" कहते हुए दुल्ले ने बेफ़िक्र साँस ली और तसल्ली से दीवार से टेक लगा टाँगें फैला लीं।

"बग्गे का बोझ अपने सिर से उतारकर, बनिये के सिर पर रख दिया।" शराब का मटका बीच में रखते हुए रूड़ा हँसा।

पिंडी में अँधेरा पसरा हुआ था, मगर दुल्ले के दीवानखाने में एक दीया जल रहा था।

सारे आदमी शराबी थे।

"दुल्ले, हमने बग्गा मलकीरा भी लूटा और मेधा खत्री भी। ये दोनों हुए शाही दरबार के आदमी। मेधा की एक बात तो सही है। बड़ी ऊँची जगह पर हाथ लगा बैठे हैं।" पिरथे ने फ़िक्र से कहा।

"साँप की पूँछ छेड़ेंगे तो वह डसने तो आयेगा। यही तो दुल्ला चाहता है पिरथे। वह डसने के लिए आये और हम उसका फन कुचल दें।"

"उसके साथ दो-दो हाथ करने की तैयारी भी तो करनी पड़ेगी दुल्ले। हम कितने आदमी हैं, बीस, तीस हद पचास। बादशाह चुप नहीं बैठेगा उसे कोई डर-खतरा नहीं होगा।"

"मैं जानता हूँ पिरथे। ये बातें अकबर को हज़म नहीं होंगी। गर फ़ौज लेकर आयेगा, वे भी तो आदमी ही होंगे। वे भी भाड़े के टट्टू। ये बैठा है गाहणा। आज से इसका झिड़ी की ओर आना बन्द। ना इसे किसी वारदात में लेकर नहीं जाना।"

"मुझसे क्या गलती हो गयी दुल्ले।" गाहणा बीच में से बोला।

"तेरे पास और भी बड़े काम हैं। तेरी भट्ठी दिन-रात सुलगनी चाहिए। हथियार बनाने हैं, छवियाँ, बर्छे, तलवारें, टकुये...।"

"हमने कल से आदमी इकट्ठे करने हैं, तू हथियार इकट्ठे कर। मेरी एक बात याद रख, हमारा आदमी अन्न से बेशक मर जाये, हथियारों की कमी से नहीं मरना चाहिए। यदि टक्कर ऊँचे लोगों से लगाया है तो ऊँचा होना ही पड़ेगा। झिड़ी में जो भी हथियार पड़े हैं, उनकी धारों पर सान तो चढ़ाना ही पड़ेगा, मरम्मत चाहिए तो मरम्मत करो। सारे हथियार कल तेरी भट्ठी पर पहुँच जाएँगे।"

गाहणा एकदम उठ खड़ा हुआ।

"क्या हुआ?" दुल्ले ने हैरानी से पूछा।

"होगा क्या? तूने भट्ठी लगाने को कहा है, मैं जा रहा हूँ। तू लोहा पहुँचा दे।" कहकर गाहणा दीवानखाने से बाहर निकल गया।

"हर आदमी दस-दस पन्द्रह-पन्द्रह आदमी अपने साथ जोड़े। पिरथे आस-पास के गाँव में फैल जाओ। रिश्तेदार, लिहाज़ अब काम आयेंगे। परखी भी जायेगी। सुक्खे की, काले की, रसूलपुर, जलालपुर, भीखी, जंडियाला, चूहणराणा, कोई अपने ननिहाल, कोई अपने ससुराल, जाकर अपने लोगों को बताओ, अकबर को कोई लगान नहीं देगा। ज़मीनें हमारी, खेत हमारे। मुजारों से कहो, इकट्ठे हो जाओ। जो खेती-बाड़ी करते हैं, ज़मीन उनकी। मैं भी कल निकलता हूँ चनिआटे वाले मामा की ओर। हम तुरन्त लाहौर में भगदड़ डाल देंगे, मुग़लेटों को भगाकर रख देंगे देखना...।" जोश से दुल्ले की मूँछ फड़कने लगी।

कुछ रुककर दुल्ले ने सभी को खबरदार किया, "चौधरियों, मौलवी और दुर्गा बामण से बचाव रखना। कल कुएँ पर मिलेंगे।"

सभी उठ खड़े हुए और दुल्ले के अलावा सभी बारी-बारी बाहर निकल गये।

17

लाहौर शहर!

नवाबों, बदशाओं, सुल्तानों का शहर।

शाम का समय।

शहंशाह अकबर का काफ़िला फतहपुर सीकरी से चला, अभी-अभी ढाई महीनों के बाद यहाँ पहुँचा है। लाहौर के दूसरे सूबेदार ने विशेष स्वागत के साथ शहंशाह को लाहौर में प्रवेश करवाया। वह दिलकश नज़ारा देखने वाला था। लाहौरवासी उसी बावत एक-दूसरे से चर्चा कर रहे थे।

शहंशाह एक सजे हुए हाथी पर विराजमान था। आगे-आगे भोंपू तथा बाँसुरियाँ जैसे साज बज रहे थे। नगाड़े वाला लोगों को सावधान कर रहा था। अनगिनत घोड़ों पर बादशाह के अंग-रक्षक इस प्रकार चल रहे थे, जैसे वह किसी के साथ जंग पर जा रहे हों। पीछे सजे हुए हाथी थे, पालकियाँ जिनमें शहंशाह की बेग़में होंगी। लाहौर दरबार के दोनों ओर दरबारी, कोतवाल, कानूनगो, सिपाही, फ़ौजदार सिर झुकाये खड़े थे। शहंशाह पर फूल बरसाये जा रहे थे। 'अल्लाह-हू-अकबर' के नारे गूँज रहे थे। बाज़ारों में दुकानदार हाथ बाँधे खड़े थे। आगे मश्क इत्र वाले पानी का छिड़काव करता जा रहा था। सारा लाहौर शहर महकने लगा था।

सन्ध्या उतरते ही किले की ओर जाते रास्तों तथा किलों की दीवारों पर मशालें जला दी गयी थीं। किले का हरेक सरकारी आदमी हरकत में आया हुआ था।

इस सबके बावजूद प्रबन्धक, अधिकारी सभी फ़िक्रमन्द थे। बेमौसमी बरसात ने शहंशाह का मिजाज़ खराब किया हुआ था। इस मौसम के कारण, काबुल फतह करने की मुहिम में रुकावट आ रही थी। सख्त आँधियाँ, तूफ़ान, बारिश से टूटे दरख्तों के कारण रास्ते रुके पड़े थे। दरियाओं का पानी उफन रहा था। इस कारण काबुल की ओर बढ़ती फ़ौज को रुकना पड़ा था।

बादशाह अकबर गहरी चिन्ता में था।... मालूम नहीं मौसम कब साफ हो। विजय प्राप्त करती फ़ौज को रुकावट घेर ले तो यह बड़ी घातक सिद्ध हो सकती है। बादशाह जानता है।

शाही सूहियों ने खबर दी, पंजाब की ओर बढ़ता आता मुहम्मद हाकिम मौसम का कहर देखकर तथा शहशांह के लाहौर-फेरे से डरते हुए वापस काबुल लौट गया है। बादशाह की सारी फ़ौज सिन्ध नदी के किनारे पर फँसी हुई है। ऐसे मौसम में

नौकाएँ पार नहीं जा सकतीं। बड़ा ख़तरा है। दरिया के बहाव को देखते हुए दो महीने भी रुकना पड़ सकता है।

इस खबर ने अकबर को अधिक उदास तथा फ़िक्रमन्द कर दिया है। उसे अफ़सोस है, जब लोहा गर्म था, मौसम ने उस पर ठंडा पानी छिड़क दिया।

अचानक तेज़ आँधी के साथ वर्षा शुरू हुई तो किले की दीवारों पर लगी जलती मशालें बुझ गयीं।

बेहद उदास हुआ अकबर शाही किले के मेहमान-ए-खास में इधर-उधर घूमने लगा। बाहर बारिश तेज़ हो गयी थी। खूबसूरत दासियों ने अंगूरी शराब की सुराहियाँ सजा दीं।

हाथ में प्याला पकड़े, झरोखे में से बारिश की ओर देखते हुए बादशाह भी बेचैन हो उठा। दुखी होकर सोचने लगा, इतना रहम-दिल होने के बावजूद, उसके सभी भरोसेमन्द अहलकार भी राजद्रोह करने लगे हैं। मुहिम से आते हुए उसके सौतेले भाई मुहम्मद हाकिम की ओर से शाम मंसूर को लिखा ख़त पकड़ा गया। हमने मंसूर पर क्या-क्या मेहरबानियाँ नहीं कीं, फिर भी गद्दारी। चुनांचे, उसे एक साथ फाँसी देनी पड़ी। अन्दर से हम कितने दुखी थे। मगर दूसरों को तो सबक देना ही था। हमारा इतना लायक माल-अधिकारी सदा के लिए हाथ से गया।

अकबर खुद से इतनी ऊँची-ऊँची बातें करने लगा, जैसे किसी को सुना रहा हो। किसी....? उसे खुद समझ में नहीं आ रहा था। अपनी आत्मा को? खुदा को? बादशाह थका-थका-सा महसूस कर रहा था। चार प्याले पीने के बाद भी मन की उदासी गयी नहीं थी। वह और भी बेचैन हो गया था।

बादशाह समझता था, चिन्ता और फ़िक्र से जितनी थकावट होती है, उतनी दूर से दूर की मंज़िल तय करने में भी नहीं होती। फिर भी वह उदासी से पल्ला न छुड़ा पाया।

एक बाँदी आयी और शहंशाह का खाली प्याला भरकर चली गयी।

× × ×

फतेहपुर सीकरी से यहूदी पादरी मोन शराटे, शाही इतिहासकार अबुल-फ़जल, बीरबल, दरबारी गवैया तानसेन, शहंशाह के पुत्र सलीम तथा मुराद, उसके साथ ही पंजाब आये थे।

शराब का प्याला भरकर पीछे की ओर मुड़ रही बाँदी को अकबर ने रोका, "पहरेदार को हाज़िर करो।"

अगले ही पल पहरेदार ने आकर सलाम किया और नज़रें झुकाकर सावधान की मुद्रा में खड़ा हो गया।

"पादरी तक तुरन्त फ़रमान पहुँचा दो, वह तुरन्त शहंशाह से आकर मिले।"

शाही फरमान तुरन्त रुतबों की सीढ़ी बढ़ते हुए मोन शराटे तक पहुँचा।

शाही रहन-सहन का ढंग अजीब होता है। हर छोटा रुतबा, बड़े रुतबे का हाथ बाँध गुलाम, जी हजूरिया, दास आदि। सबसे ऊपर होता है शहंशाह। सभी उसी के आस-पास घूमते हैं या उसके हुक्म से बँधे होते हैं। शहंशाह किसी के हुक्म से नहीं। शहंशाह को खुदा ने भेजा है, जिस छोटे रुतबे ने भी इस सारे चक्कर में कोई गलती की, वह चाहे पुत्र हो, बाप या भाई, बीवी या कोई अहलकार, सेनापति, शहंशाह की नज़रों में वह बाग़ी है, उसे सज़ा मिलनी ही चाहिए।

बादशाह अब अपने सौतेले भाई से ख़फ़ा है। उसे समझ में नहीं आ रहा कि उसके साथ क्या व्यवहार किया जाये।

पादरी मोन शराटे के साथ यही गुफ्तगू करनी है। मेहमान ख़ाने से निकलकर मोन शराटे ने मेहमान-ए-ख़ास में आ पहरेदार को अपने आने के बारे में ख़बर देने को कहा। पहरेदार तुरन्त अन्दर गया और उलटे पाँव लौट, भीतर जाने का इशारा किया।

"बिना झिझक के आ जा पादरी। तशरीफ़ रखें।" बादशाह ने प्याला तश्तरी में रखते हुए कहा।

"शुक्रिया, इस प्रकार आप हमें शर्मिन्दा न करें।" मोन शराटे ने आगे बढ़ झुककर सलाम करते हुए कहा।

"शोक़ फ़रमायेंगे?" अकबर ने अंगूरी शराब की सुराही की ओर इशारा किया।

"शुक्रिया! आप हुक्म करें। नाचीज़ को इस समय याद करने का मकसद?"

"मन उदास है। बेचैनी ज्यादा है। मोन शराटे, मालूम नहीं शाह मंसूर वृक्ष संग लटकता क्यों बार-बार दिखाई देने लगा है। हमने तो उसे गद्दारी और राजद्रोह करने की सज़ा दी थी। क्या वह ऐसी सज़ा का हक़दार नहीं था?" अकबर बादशाह पादरी के एकदम करीब आ खड़ा हुआ और उसकी ओर देखने लगा।

"एक गद्दार की ऐसी सज़ा वाजिब है शहंशाह।" इतना कह मोन शराटे हिचकिचाकर थोड़ा पीछे हट गया।

अकबर उसकी ओर देखने लगा। दो गज़ से भी लम्बा कद, घुटनों तक लम्बा सफेद चोगा। गले में लटकती सलीब। वह रूहानी आदमी प्रतीत होता था।

"सज़ा वाजिब है तो इतनी बेचैनी क्यों है?" अकबर के स्वर में पीड़ा थी।

"शहंशाह-आलम, मैं हुज़ूर को ईसा मसीह के रहम का क़िस्सा सुनाता हूँ। सकून मिलेगा।" मोन शराटे अपने मकसद की ओर मुड़ा।

अकबर जानता था, यह ईसाई पादरी उसे ईसाई बनाने की लगातार कोशिशें करता आ रहा है। वह इस धर्म के प्रति थोड़ा उदार भी हो गया था तो भी वह इस्लाम धर्म के प्रति अभी इतना लापरवाह नहीं हुआ था। अंजील में शहंशाह की दिलचस्पी बढ़ने लगी थी। मोन शराटे को मालूम था।

पादरी यीशू मसीह के रहम का क़िस्सा सुनाने लगा, सुनाता गया। इस दौरान बादशाह ने शराब का एक प्याला और पिया। जब पादरी ने अपना प्रवचन खत्म

किया तो बादशाह ने पूछा, "ख़बर आयी है, मेरा भाई मुहम्मद हाकिम फिर काबुल की ओर लौट गया है। क्या उसका पीछा करना चाहिए?"

"मेरे विचार से, उसका पीछा नहीं करना चाहिए। फ़ौजें जहाँ हैं, वहीं उन्हें रोक देना चाहिए। मुहम्मद हाकिम हुज़ूर का भाई है। यीशू मसीह कहता है, रहम की शान, बदले की शान से कहीं बड़ी और ऊँची होती है।"

"आपके इस जवाब से हमें काफी तसल्ली हुई; मोन शराटे। हम खुश हैं। बेचैनी कम हो रही है। शुक्रिया। हमने खुद महसूस किया है, बदले की बजाय रहम की शान अलग है। हम आपके मशवरे पर अमल करेंगे।"

शहंशाह की बातें सुन पादरी खुश हो गया। उसने गले में पड़ी सलीब को चूमा।

"मौसम ठीक हो रहा है शहंशाह-ए-हिन्द। यीशू मसीह और कुदरत हज़ूर के साथ है। यीशू की मेहरबानी हुई तो कुदरत की हरेक बिपदा आपकी मित्र बन सकती है।" पादरी ने पूरे खुशामदी लहज़े में कहा।

"एक और बात हमें काफी परेशान करती है पादरी। इधर पंजाब की ओर जब भी आते हैं तो लगता है मन खीझ और गुस्से से भर रहा है? सुकून क्यों नहीं हासिल होता? हमारे पास ख़बरें पहुँचती हैं, इधर पंजाब का एक हिस्सा तो हमें बादशाह ही तस्लीम नहीं करता। सारी हिन्द हमारी ताकत का लोहा मानती है।" अकबर ने अफसोस तथा दुख से गहरी साँस ली।

"शहंशाह निज़ाम के अन्दर छोटे-छोटे बाग़ी पैदा होते रहते हैं। कभी भी किसी हमलावर या बादशाह की हुकूमत के समय, रियाया में मुकम्मल गुलामी नहीं होती। यहाँ कुदरत का नियम है, जहाँपनाह। तलवार के जोर से मनुष्य का शरीर तो गुलाम बनाया जा सकता है, उसका मन और आत्मा नहीं। लोगों में एक ऐसी रूह या शख्स होती है, जो हुकूमत के लिए चुनौती बनती है, भविष्य में भी ऐसा होता ही रहेगा। गुस्ताखी माफ़ शहंशाह हुज़ूर, छोटा मुँह और बड़ी बात, एक बात कहने की इजाज़त माँगता हूँ।" पादरी ने माथे को हाथ लगाया।

"कहो पादरी, आपको इजाज़त की ज़रूरत नहीं। आपके विचार हमें सुकून देते हैं।"

"हुज़ूर, एक शहंशाह बेशक सारी पृथ्वी पर राज करता है। वह अपने रियाया के शरीरों पर भी अपना हक़ जमा लेता है। उन्हें अपना गुलाम बना लेता है। इसके उलट, लोगों से उठा, एकाध शख्स, जो हुकूमत को आँखें दिखाता है। उसकी शाही ताकत से इनकार होता है, जो सदा अपने लोगों के हितों की रक्षा करता है, वह लोगों के दिलों पर राज करता है।"

"तो क्या हिन्द के लोग अपने मन से हमें शहंशाह नहीं मानते?" अकबर के माथे पर त्यौरियाँ उभर आयीं।

"मानते हैं शहंशाह। हिन्द के लोग हुज़ूर को शहंशाह मानते हैं। मगर इस मानने

में आपकी ताकत का डर अधिक शामिल होता है। यहाँ सच्चाई है। मुझे अफ़सोस है, यह सच्चाई जानकर आपको अधिक खुशी नहीं होगी। मगर इस सच्चाई को हुज़ूर को सदा ध्यान में रखना चाहिए। नियति को मनुष्य नहीं जानता, जैसे हम मन में इकट्ठी बातों को जान पाते।" कह मोन शराटे खड़ा हो गया।

अकबर हैरानी से पादरी की ओर देखने लगा।

"जहाँपनाह, मुझे आज्ञा दीजिए। मैं जाना चाहता हूँ।" पादरी ने नम्रता से कहा।

"कुछ और भी कहो पादरी, अच्छा लगता है।" अकबर ने मानो विनती की।

"जहाँपनाह! जिन्दगी में ऐसे मौके कम ही मिलते हैं, जब हयाती के बाल ने पहली बार अपना मुँह खोला हो तो उस समय जो कुछ आपके पास अच्छा खाने लायक हो, उसके मुँह में डाल दो। उसके कोमल अंगों को, एकदम सच्चे मन से प्यार दो। वह सदैव के लिए आपका मित्र बन जायेगा। फिर इस संसार में न कोई हाकिम पैदा होगा न बाग़ी। सभी इन्सान होंगे।" कहकर पादरी ने अपने सीने पर सलीब का निशान बनाया।

"एकदम सही है पादरी। हिन्द का शहंशाह आपका मशवरा हमेशा अपनी ज़ेहन में रखेगा। मैं यत्न करता रहूँगा। इस मुल्क के लोग मेरी ताकत के डर से नहीं, मेरी भलाई के कामों के कारण मुझे बादशाह मानें। आपके इस मशवरे के लिए शुक्रिया।" अकबर के चेहरे पर मोन शराटे के लिए प्रशंसा का भाव था।

"शुक्रिया जहाँपनाह।" कहते मोन शराटे ने झुककर सलाम किया और मेहमान-ए-ख़ास से बाहर निकल गया।

बाँदी फिर से शहंशाह का प्याला भर गयी। पादरी चला गया। उसकी बातें अकबर के दिमाग़ में घूम रही थीं। उसने अपने ख़ास भरोसेमन्द अबुल फ़ज़ल को बुलवाया। उसके आने पर उसे एक गुप्त सन्देश दिया।

"निजामुद्दीन तक खबर पहुँचे, उस मुहिम से वापस लौट आये। मुराद से कहो, शाही फ़रमान है, पाँच सौ हाथी और पाँच हज़ार घुड़सवार लेकर मोर्चे पर डटा रहा। अगर मौसम ठीक रहे तो आगे बढ़ें और हो सके तो मुहम्मद हाकिम का पीछा करें। इंशा-अल्लाह फतह नसीब होगी।"

"हुज़ूर बेफ़िक्र रहें। हुज़ूर का हुक्म समय से पहुँचा दिया जायेगा।" अबुल फ़ज़ल ने सलाम करते हुए कहा और जाने के लिए मुड़ा।

"और सुन।"

अपने पीछे शहंशाह की आवाज़ सुन, अबुल फ़ज़ल रुक गया। पीछे पलटा और हुक्म की प्रतीक्षा करने लगा।

"इधर अफगानिस्तान की ओर दरिया चनाब के किनारे कोई ग्राम है, वहाँ के वासी बाग़ी हो रहे हैं। उधर अपना एक सूहिया भेजने का बन्दोबस्त करो। पता लगाया जाये। ये बाग़ी कौन हैं, क्या चाहते हैं? सूबा लाहौर से कहो, शहंशाह को

पूरी इत्तलाह मिलनी चाहिए।"

"हुज़ूर का इकबाल बुलन्द हो। तख्त लाहौर को इत्तलाह देने वाले शख्स पहले ही हर गाँव, नगर में अपना काम कर रहे हैं।" अबुल फ़जल ने जानकारी दी।

"फिर भी मालूम किया जाये, कोई एक शख्स है या ज्यादा हैं। हथियार बन्द हैं? अगर हथियार बन्द हैं, हथियार कहाँ से आते हैं। अगर घुड़सवार हैं तो घोड़े कहाँ से खरीदते हैं?" बादशाह के माथे पर चिन्ता की लकीरें और भी गहरी हो गयीं।

"हुज़ूर के हुक्म की तालीम होगी।" कहते अबुल-फज़ल ने सिर झुकाया। फिर धीमे से कहा, "हुज़ूर, उधर चनाब के आस-पास भट्टी राजपूतों के गाँव हैं। कोई दुल्ला है जो लोगों को बाग़ी बना रहा है। आज भी कोई उस इलाके से मुख़बिर आया है।"

"कौन है यह दुल्ला?"

"तफ़सील मालूम नहीं हज़ूर।"

"मालूम करो।"

"जी हज़ूर।" कहते हुए अबुल फज़ल ने जाने की इजाज़त माँगी।

अकबर ने सिर हिलाया।

अबुल फज़ल के जाने के बाद, अकबर का मन पहले की तरह फिर से परेशान हो गया। वह बेचैनी में घूमने लगा। बाँदी शराब की सुराही ले आयी और सहमे से नखरे से उसका प्याला भरकर चली गयी।

बाहर मौसम साफ़ हो रहा था। वैसे अभी भी कभी-कभी बादलों की गर्जना सुनाई दे रही थी। अकबर ने सोचा...शेखू बाबा को बुलायें। पहरेदार को बुला लिया, फिर इरादा बदल लिया। भीतर आरामगाह में चला गया। पलँग पर जा बैठा। माथा पकड़ लिया। यह दुल्ला कौन है? अबुल फज़ल कहता है, तफ़सील मालूम नहीं। वह जान-बूझकर तो मुझे अँधेरे में नहीं रख रहा। हमारे पास तो काफी ख़बरें आती हैं। दुल्ला अपनी बार के लोगों को उकसा रहा है, दुल्ला किसानों से कहता है, बादशाह को लगान नहीं देना। किसी तख्त का हुक्म नहीं मानना। यदि ये ख़बरें हमारे पास पहुँच सकती हैं तो सूबा लाहौर के पास क्यों नहीं? सभी मिलकर कोई साजिश तो नहीं कर रहे? यह दुल्ला हमारे लिए कोई मुसीबत तो नहीं बन रहा? मोन शराटे भी कहता है, ऐसे लोग रियाया के दिलों पर राज करते हैं। कल दरबार लगाना पड़ेगा, तभी इलाके की वारदातों की जानकारी मिलेगी...।

अकबर देर तक छत पर लटकते फानूस की ओर देखता रहा। फिर मालूम नहीं कब उसे नींद आ गयी।

सोने से पहले उसने सुबह दरबार लगाने का फ़रमान जारी कर दिया था।

किले के अन्दर सारी रात बादशाह के अहलदार, पहरेदार तथा सिपाही सुबह के दरबार की तैयारी में लगे रहे। सभी को अपने पदानुसार काम समझा दिये गये।

किले के अन्दर पहरा और भी सख्त कर दिया गया।

18

आज बादल नहीं थे।

मौसम कुछ-कुछ खुशगवार हो गया था। किले के अन्दर सजाये शाही दरबार की चकाचौंध और जलवा देखने लायक था। नीचे फ़र्श पर पट्टियाँ बिछाकर, ऊपर से सफेद-शफ्फ़ाक चादरें बिछायी हुई थीं। सिंहासन के दोनों ओर सुन्दर दासियाँ हाथ से बड़े-बड़े पंखे झुला रही थीं। दरबारी, अमीर, वजीर, मनसबदार अपने-अपने पदानुसार कुछ बैठे थे, कुछ खड़े हुए थे।

शहंशाह को वातावरण में भीनी-भीनी महक का एहसास हुआ। मुराद सिन्ध की ओर अपनी सेना लेकर रवाना हो गया था। सलीम उर्फ़ शेखू बाबा शहंशाह के दायीं ओर विराजमान था। शहंशाह का इशारा पा, एक ओर विशेष आसन पर गावतकिये का सहारा लिए बैठे तानसेन ने तानपुरा का रुख सिर किया और तारें झनझना उठीं। पलों में ही सभी ओर वाह, वाह, खूब-खूब होने लगा। सुर तथा आलाप के आनन्द में अकबर ने आँखें मूँद लीं। दूर कहीं मोर कूक उठा। किले की फ़सील की बगल से निकलता रावी नदी की लहरों का मद्धम-सा शोर तानपुरे के संगीत में शामिल हो गया।

ठीक इसी समय एक व्यक्ति दहाड़ें मारता, पहरेदारों के द्वारा सख्ती से रोकने पर भी दरबार में हाज़िर होने की ज़िद करने लगा। उसके रोने पर पहरेदारों द्वारा धमकाये जाने की आवाज़ें दरबार तक पहुँच गयीं। सुर तथा आलाप का तिलिस्म भंग हो गया। बादशाह के माथे पर बल पड़ गये। तानसेन ने तानपुरा एक ओर रख दिया।

"मालूम करो, कौन कमबख्त है?" हज़ूरी में खड़े कोतवाल की ओर अकबर निगल जाने वाली नज़रों से घूरा।

कोतवाल जितनी तेजी से गया, उतनी ही तेजी से लौट आया।

"हुज़ूर, एक शाही व्यापारी है, मेधा खत्री नाम है। एक टोकरी उठायी हुई है। कहता है, यह टोकरी शहंशाह के अलावा किसी अन्य को नहीं दे सकता।"

"क्या है टोकरी में?" अकबर अभी भी क्रोधित था।

"दिखाया नहीं हुज़ूर। कहता है, बादशाह को ही दिखाना है।"

"कहाँ से आया है?"

"बार की ओर से, पिंडी से, भट्टी राजपूतों का गाँव है हुज़ूर।"

अकबर सोचने लगा, यह व्यापारी उसी बाग़ी दुल्ले की पिंडी का ही हो सकता है। चलो इसी बहाने कोई भेद निकल सकता है। देखते हैं, शहंशाह के सामने कौन-सा साँप निकालता है। "अन्दर आने दो उसे...।"

पहरेदार पीछे हट गये। मेधा खत्री थर-थर काँपता, रोते हुए, सिर पर लाल कपड़े बँधे टोकरी उठाये कोतवाल के पीछे चल दिया। सारे दरबारी हैरान हो उस

सींकिया व्यापारी की ओर देखने लगे। मेधा ने टोकरी उतारकर शहंशाह के पैरों के पास रख दहाड़ मारी–

"दुहाई है हज़ूर।"

दरबारियों की साँस रुक गयी।

शहंशाह मेधे की ओर धधकती आँखों से झाँका तो उसके हाथ स्वयं ही जुड़ गये।

"मैं साहूकार हूँ हुज़ूर। व्यापार करता हूँ। साँदल बार के भट्टी ने मुझे तबाह कर दिया हुज़ूर।"

"साफ-साफ बोलो।" अकबर ने रौब से कहा।

"हुज़ूर बग्गा मलकीरा, हुज़ूरा का ख़ैरख्वाह व्यापारी है। काबुल-कन्धार से। वह हुज़ूर के लिए तोहफे ला रहा था। रास्ते में दुल्ले ने उसे लूट लिया। फिर मुझे माल खरीदने के लिए बुलाया हुज़ूर। मैं इस बहाने से गया कि लूट का माल खरीदकर हुज़ूर को भेंट करूँगा। मगर हुज़ूर दुल्ले और उसके साथियों ने मेरा सारा धन लूटकर यह टोकरी जबर्दस्ती तलवार के जोर से मुझे उठवा दी और मुझसे कहा, बादशाह को भेंट करके आऊँ। यह भी धमकी दी हुज़ूर, गर भेंट करने न गया तो सिर उतार देगा।" मेधा रोने लगा।

"क्या है इसमें?" अकबर टोकरी की ओर देखने लगा।

"मैं क्या कहूँ हुज़ूर। मेरी औकात ही क्या है। मेरी तो जीभ जल गयी है।" मेधे ने फिर से हाथ जोड़े।

"कपड़ा हटाओ इस पर से।" अकबर ने कोतवाल को हुक्म दिया।

सभी की आँखें टोकरी पर लगी थीं।

कपड़ा हटाते ही कोतवाल घबराकर एकदम पीछे हो गया। दरबारियों ने दाँतों तले जीभ दबा ली। उनकी आँखें फटी रह गयीं।

टोकरी में बग्गा मलकीरे का सिर पड़ा था।

अकबर गुस्से में शेर समान दहाड़ा, "उस गुस्ताख की इतनी ज़ुर्रत? इतनी हिम्मत? कौन है यह दुल्ला, जो हिन्द के शहंशाह को आँखें दिखाने लगा है।"

बदायूँनी ने माफ़ी माँगते हुए कहा–

"बादशाह सलामत, हुज़ूर का इकबाल बुलन्द हो...।"

"पहले इसे हटाओ यहाँ से।" शहंशाह ने घृणा से टोकरी की ओर इशारा किया। फिर हुक्म दिया, "और इस साहूकार को पन्द्रह कोड़े लगाकर किले से बाहर फेंक दो। इसने शाही दरबार में आने की मूर्खता की है। पहरेदार ने तुरन्त टोकरी उठा ली और पहरेदार मेधा खत्री को पकड़कर एक ओर ले गये।

शहंशाह ने बदायूँनी की ओर देखा।

"यह दुल्ला साँदल बार का राठौर राजपूत है। हुज़ूर को याद होगा, बहुत अर्से पहले, इसकी माँ लध्धी को बुलाकर हुज़ूर ने समझाया था। इस गँवार लड़के को

किसी अच्छे मौलवी के पास भेज तालीम दिलायी जाये। हुज़ूर की इच्छा थी, इस जंगली घोड़े को तालीम की लगाम देकर यहाँ दरबार में कोई नौकरी देकर, शाही रहतल की चकाचौंध दिखाकर तख़्त का जी हज़ूरिया बना देंगे। इसकी माँ लध्धी ने इसे पढ़ने भी भेजा था। मगर यह मौलवी को पीटकर मदरसे से भाग निकला। अब तो साँदल बार में इसकी बहुत दहशत है। बड़े-बड़े बलशाली चौधरियों के पशु खोलकर ले जाता है, व्यापारियों, साहूकारों को लूटता है और कहते हैं गरीबों में तकसीम कर देता है। यह वही दुल्ला है हुज़ूर, जिसके बाप और दादा को हुज़ूर के हुक्म से लाहौर के दरवाज़ों पर लटकाया गया था।"

"इसका मतलब है कि, इस गुस्ताख़ को फिर से बताना पड़ेगा कि तख़्त को आँखें दिखाने का अंजाम क्या होता है?"

"सही फरमाया हुज़ूर।" बदायूँनी ने सहमति प्रकट की।

"जाओ, सौ घुड़सवार ले जाओ और दुल्ले को बाँधकर हमारे सामने पेश करो?" हुक्म देकर शहंशाह ने कोतवाल की ओर देखा।

"जो आज्ञा जहाँपनाह।" कोतवाल ने सिर झुकाया।

"ख़याल रहे, दुल्ला हमारे सामने ज़िन्दा पेश किया जाये।"

"जी हुज़ूर।" दुबारा सलाम कर कोतवाल सम्बन्धित अधिकारी को बादशाह का फरमान पहुँचाने चला गया।

सलीम अकबर के कुछ निकट हुआ, "अब्बा हुज़ूर, मैं कुछ कहना चाहता हूँ।"

"कहो, शहंशाह-ए-हिन्द के दरबार में हर शख़्स को अपनी बात कहने का हक़ है।"

"मुझे एक मौका दिया जाय। मैं देखना चाहता हूँ, यह दुल्ला क्या चीज़ है। आज्ञा हो तो मैं खुद जाना चाहूँगा।"

"हमें शाही मर्यादा में रहना होता है। शाही बाशिन्दे आम रियाया से सीधे टक्कर लेने से बचते हैं। उन्हें बचना भी चाहिए, क्योंकि उनके सिर पर निज़ाम की जिम्मेदारी होती है। लिहाज़ा शाही बाशिन्दों को आम लोगों से अधिक मेल-जोल नहीं रखना चाहिए।" अकबर ने सलीम को शाही ढंग की जानकारी दी।

"शहंशाह-ए-हिन्द, मैं इस बात का पूरा ध्यान रखूँगा। मगर मेरी इच्छा है...पिंडी की ओर...।"

"नहीं शेखू बाबा, हिन्द के तख़्त का वारिस इस प्रकार जाये, यह तख़्त को मंजूर नहीं। जबकि हुकूमत के पास सूबेदारों, फ़ौजदारों, मनसबदारों, सिपहसालारों और सिपाहियों की बड़ी फ़ौज है। तुम्हारे करने के लिए और भी बहुत से काम हैं। तुमने किसी सूबे की बागडोर सँभालनी है।"

"मैं समझता हूँ अब्बा हुज़ूर। यह काम बिना किसी झड़प से हो सकता है।"

"तू ज़िद कर रहा है शेखू।"

"ज़िद नहीं। मैं बेकसूर लोगों को मारे जाने को बचाना चाहता हूँ।"

"सलीम, जंगल में शेरों और चीतों के साथ भेड़, बकरियाँ, हिरन, अन्य कई कमज़ोर जानवर भी होते हैं। वे इसलिए होते हैं ताकि जब वक़्त आये, ये कमजोर जानवर उनकी खुराक बन सकें...।"

"आपकी नसीहतों का मैं पूरा ख़याल रखूँगा अब्बा हुज़ूर। मैं तैयारी करता हूँ।"

"एक तजुर्बे के तौर पर तुम्हारी परख होगी। यह तुम्हारे लिए एक चुनौती भी होगी।"

"मुझे मंजूर है अब्बा हुज़ूर।"

"निहत्थे न जाना। घुड़सवार और अंगरक्षक तेरे साथ रहेंगे। झड़प तब करनी है, जब ज़रूरत हो। ताकत दिखाने से ज्यादा ताकत का डर कारगर होता है।" अकबर ने हिदायत दी।

"मैं पूरा यत्न करूँगा, दुल्ला सुलह-सफाई से लाहौर आने के लिए राज़ी हो जाये।"

"मूर्ख की प्रशंसा कर वह काम करवाया जा सकता है जो तलवार के ज़ोर से शायद मुमकिन न हो।" शहंशाह ने अपने तजुर्बे की बात बतायी। फिर आदेश दिया, "कूच की तैयारी करो। यह काम हमारे लाहौर रहते ही हो जाना चाहिए।"

सलीम तुरन्त उठ खड़ा हुआ।

अदब के लिए सभी दरबारी खड़े हो गये।

इस समय मेधा खत्री किले के बाहर अपने जिस्म पर पड़े कोड़ों के निशानों को सहलाता फटेहाल रोता जा रहा था।

19

शहज़ादा सलीम के पिंडी रवाना होने से पहले ही कोतवाल के हुक्म से पच्चीस घुड़सवारों की एक टुकड़ी दुल्ला भट्टी को पकड़ने के लिए कूच कर चुकी थी। सलीम को जब मालूम हुआ तो उसने उनका इन्तज़ार करना ही बेहतर समझा।

लाहौर का सूबेदार भी यही चाहता था। उसने बड़ी अधीनगी से शहज़ादे सलीम से कहा, "हुज़ूर, आप ख़ामख्वाह परेशानी में पड़ रहे हो। दुल्ले के लिए तो हमारे पच्चीस सवार ही काफी हैं। देखना कल नहीं तो परसों दुल्ला किले के बन्दीखाने में होगा।"

"खुदा करे ऐसा ही हो। इंशा-अल्लाह मैं पिंडी देखूँगा ज़रूर।" सलीम ने कहा और मन ही मन पिंडी जाने की तरकीब सोचने लगा।

× × ×

जिस समय लाहौर से चली शाही सिपाहियों की टुकड़ी रास्ते में ही थी, उसी समय साकलदा तथा सफदराबाद की हदों के परे जंगलों में दुल्ला तथा उसके साथी शेर के शिकार में व्यस्त थे। पिरथा, रूड़ा, सदीक, रमज़ा, सैदा काणा, तारा, नहिणा

और आज पाँच नये नौजवान भी साथ थे। गाहणा लुहार नहीं आया था। वह लगातार हथियार बनाने में व्यस्त था। फत्तु मिरासी भी नहीं आया था। उसने झिड़ी वाले कुएँ पर ही कह दिया था, "मैंने शिकार पर जाकर क्या करना है। शेर को देखते ही मेरा मूत्र निकल जाता है... ।"

तू हमारे साथ चल तो सही, हमें देखते ही शेर मूतने लगेगा।" कह दुल्ला हँस दिया तो आगे से फत्तु ने कहा था, "इतने कीचड़ में फिर शिकार कैसे करोगे? दोनों का मूत्र ही घुटने-घुटने तक आ जायेगा।"

फत्तु की बातें याद कर अभी भी कई हँस रहे थे।

अभी वह जंगल के भीतर तक नहीं गये थे। लाहौर की ओर से उड़ती धूल को ग़ौर से देखते हुए रूड़े न कहा, "कोई सौदागर आ रहा लगता है।"

"मुझे तो लगता है कोई राहगीर है। साथ में ऊँठ-भड्डा तो कोई है नहीं।" सदीक ने अपनी समझ अनुसार कहा।

"कौन-सा शिकार करना है दुल्ले, जंगल वाला कि ... ।" पिरथे ने पूछा।

"नज़दीक तो आने दो।" दुल्ले ने लापरवाही से कहा।

धूल के बादल पल-पल नज़दीक आने लगे।

घुड़सवारों की शाही वर्दियाँ देख दुल्ले ने कहा, "ये टुकड़ी कहीं हमारे लिए तो नहीं भेजी गयी? मेधा खत्री बग्गे का सिर लेकर लाहौर पहुँच गया होगा और अकबर आजकल लाहौर में ही है।"

अभी वे बातें ही कर रहे थे। जंगल में शेर की गर्ज़ना सुनाई दी। इतने में घुड़सवारों ने दुल्ले आदि को घेर लिया।

"दुल्ला राठौर है कोई तुम लोगों में से?" घुड़सवारों के लीडर ने पूछा।

जंगल से शेर फिर गरज़ा।

"आवाज़ सुनाई नहीं देती। दुल्ला अन्दर जंगल में दहाड़ रहा है।" सदीक ने छेड़ा।

"मैंने दुल्ले के बारे में पूछा है?" लीडर ने फिर पूछा।

"बता तो दिया।"

"सरकारी आदमियों के संग मज़ाक नहीं करते। जो पूछ रहे हैं वो बताओ। शेरों की तरह दहाड़ना हमें भी आता है। लाहौर तलब किया जा सकता है।"

"ये धौंस किसलिए ... ।" पिरथा कुछ कहने लगा, दुल्ले ने झट इशारे से रोक दिया।

"किसे पकड़ने आये हो?" दुल्ले ने नरमी से पूछा।

"इधर बार में एक दुल्ला है।" एक सिपाही ने कहा।

"यहाँ तो सभी दुल्ले हैं। आपको कौन-सा दुल्ला चाहिए।" दुल्ले ने पूछा।

"दुल्ले को नहीं जानते? शाही व्यापारियों को लूटता है, डाके मारता है, और खुद

को साँदल बार का बादशाह समझता है। लाहौर के दरवाज़े पर उसके बाप-दादा...।"

"बस, आगे कुछ न कहना। समझ गये हम। उस दुल्ले को हम नहीं जानते।" रूड़े के इस प्रकार अचानक भड़क जाने से सिपाही हैरान रह गये।

"मैं जानता हूँ उस दुल्ले को।" दुल्ले ने आगे होकर कहा।

"घोड़े रखने की आज्ञा किसने दी?" घुड़सवारों के लीडर ने फिर रौब से पूछा।

"दुल्ले ने" दुल्ले का एक हाथ मूँछ पर चला गया।

"कहाँ है दुल्ला?"

"उतावले न बनो, एक शर्त पर बताऊँगा।"

जंगल से शेर की गरज फिर से सुनाई दी।

"क्या शर्त है?" लीडर ने तेज़ी से पूछा।

"हम शेर का शिकार करने निकले हैं। यदि शेर तुम लोगों ने मार लिया तो दुल्ले को तुम्हारे साथ भेज देंगे, यदि शेर हमने मारा तो तुम मूँछ मुड़वाकर लाहौर के रास्ते जाओगे। मंजूर है?"

दुल्ला चुनौती दे सीधा लीडर की आँखों में झाँका।

घुड़सवारों का नेतृत्व करने वाला दुविधा में पड़ गया। हम पच्चीस हैं, ये दस-बारह हैं। यदि शेर ना भी मारा गया तो भी इन पर भारी पड़ेगा। यदि शेर मार दिया, दुल्ले की मुश्कें बाँधकर शहंशाह के सामने जाकर पेश कर सकेंगे। इनाम, तोहफे क्या मालूम 50 घोड़ों का रुतबा बख्श दे। सौदा तो खरा है।... वह अपने मातहत घुड़सवारों की ओर झाँका। उनकी रज़ामन्दी देखकर बोला, "मंजूर है।"

"ठीक है। तुम लोग दाहिनी ओर से बढ़ो, हम बायीं ओर से बढ़ेंगे।" दुल्ला ने कहा।

"नहीं, दिशा का चुनाव हम करेंगे।" लीडर ने शर्त रखी।

"मंजूर है।" दुल्ला बोला।

"हम बायीं ओर से बढ़ेंगे।"

"यह भी मंजूर है। दिशा का चुनाव करना तुम्हारा ही हक़ है।" दुल्ले ने कहा।

"ठीक है, हम यहीं पर मिलेंगे।" सिपाहियों के लीडर ने कहा। दोनों पक्षों ने घोड़ों को एड़ लगायी और अपनी-अपनी दिशाओं से जंगल में दाखिल हो गये।

कई स्थानों में जंगल इतना घना था कि, दोपहर के समय भी रात प्रतीत हो रही थी। कुछ देर के बाद भयानक ललकारें तथा घोड़ों की हिनहिनाहट जंगल में गूँजने लगी। कभी किसी जानवर की भयानक चीख भी सुनाई दी। बड़े भारी वृक्षों पर बैठे परिन्दे अचानक चिचलाते हुए उड़ने लगे। थोड़ी देर के बाद शेर दहाड़ा, जैसे किसी पर झपटा हो। पक्षियों, बन्दरों तथा गिलहरियों ने चीत्कार आरम्भ कर दिया।

जंगल की शान्ति एकदम भंग हो गयी। छोटे जानवरों तथा पक्षियों के लिए मानो प्रलय आ गयी हो।

दोपहर ढल रही थी। एक-एक कर घुड़सवार जंगल से बाहर आने लगे। वृक्षों की टहनियों तथा कँटीली झाड़ियों के कारण काफी आदमी ज़ख़्मी हो गये थे।

कुछ देर के बाद दुल्ला भी बाहर आ गया। उसकी बायीं बाँह से खून निकल रहा था। पगड़ी का सिरा किसी टहनी में अटककर खुल गया था और कन्धे पर लटका हुआ था। बाहर आते ही दुल्ला ने पहले पगड़ी का सिरा खोंसा। उसे खाली हाथ खड़ा देखकर शाही सवारों की टुकड़ी के चेहरों पर रौनक आ गयी।

थोड़ी देर के बाद उन्होंने देखा, जंगल से निकले दो आदमियों ने घोड़ी के पीछे शेर बाँधा हुआ है और उसे घसीटते ला रहे हैं। सिपाही घुड़सवारों के चेहरे मुरझा गये।

दुल्ला अब आगे बढ़ा। उनके एकदम नज़दीक आ गया।

पूछा, "जानना है, दुल्ला कौन है?"

"यही जानने के लिए तो आये थे, तुमने हमें ...।"

"यह खड़ा है दुल्ला। साँदल बार का सरदार दुल्ला भट्टी। तुम्हारे बादशाह के आँख की किरकिरी।" दुल्ले का हाथ फिर मूँछ पर चला गया।

घुड़सवार के लीडर को तलवार के दस्ते पर हाथ डालते देख, पिरथे ने ललकारा मारा, "खबरदार।"

तुरन्त आमने-सामने से बर्छे तन गये।

"मूँछें मुड़वाने के लिए तैयार हो जाओ।" दुल्ले ने सहजता से कहा।

"सदीक उस्तरा है कि तलवार से ही...।"

दुल्ले के सभी साथी हँस दिये। लीडर ने म्यान से आधी तलवार बाहर खींच ली।

"यह उसूल की लड़ाई है। हमने एक खेल खेला, तुम हार गये। शर्त के उलट कोई हरकत नहीं करनी चाहिए। अब तुम दुल्ले की हिरासत में घूम रहे हो। यहाँ तुम्हारे बादशाह के कायदे-कानून नहीं चलते। यहाँ दुल्ले की बादशाही है। आँखें झुका लो। यदि कुछ करना चाहा तो कब्र भी नसीब नहीं होगी। कौए, गीदड़ खायेंगे लाशें। रूड़े, उतारो इन्हें घोड़े से। अब इन्होंने दुल्ले के सामने घोड़ों पर बैठने का हक़ गँवा दिया है।"

दुल्ले के तेवर, सब्र तथा हौसला देखकर शाही टुकड़ी का मुखिया काँपने लगा। उसने दुल्ले की ओर देखा। उससे हाथ भर लम्बा, तगड़ा शरीर, नुकीली मूँछ, मुगदल जैसी बाँहों, मजबूत जाँघों वाला...। जान बख्शने के लिए उसके हाथ अपने-आप ही जुड़ गये।

"शर्त पूरी करो। दुल्ला माफ़ करना भी जानता है।"

शाही टुकड़ी मुखिया का इशारा पा घोड़ों से नीचे उतर आयी।

× × ×

शाम हो गयी थी।

लोगों ने देखा शाही सेना के कुछ सिपाही, मुँह ढके पैदल लाहौर की ओर जा रहे थे। वे हैरान थे, बादशाह को इतनी कमी आ गयी कि सिपाहियों के लिए घोड़े भी नहीं मिले।

रास्ते में एक सिपाही ने अपने मुखिये से पूछा, "जनाब, हमें उनके साथ दो-दो हाथ तो कर के देखना चाहिए थे। वे अपने से आधे थे?"

"बेगानी हद में सरकारी आदमियों का कोई हिमायती नहीं होता। यही सोचकर तो मैंने...। यहाँ लाहौर में होता, फिर देखता मेरे हाथ।"

"हाँ, उसने कहा था, कब्रें भी नसीब नहीं होंगी...।" अन्य सिपाही ने कहा और मूँछों वाली जगह पर हाथ फिराने लगा।

"अभी तो लाहौर बहुत दूर है।" एक अन्य सिपाही ने कहा।

सभी की चाल थकावट के कारण कम होने लगी थी।

× × ×

दूसरे दिन सन्ध्या समय, मुँह ढके ही सिपाही लाहौर की हद में दाखिल हुए।

उससे अगले दिन कोतवाल ने सिपाहियों को शाही दरबार में पेश किया तो गुस्से में बादशाह अपने सिंहासन से उठ खड़ा हुआ।

"कौन है यह बदबख्त जो लाहौर तख्त का अनादर कर रहा है?" बादशाह की आवाज़ में काफी कड़ुवापन था, यदि दोषी सामने हो तो उसे कच्चा चबा जायें।

"हज़ूर, दुल्ला, दुल्ला भट्टी।" कोतवाल ने धीमी आवाज़ में कहा।

"उसे पकड़ने के लिए तो हमें ही जाना पड़ेगा क्या?" अकबर ने कोतवाल की ओर क्रोधित नज़रों से देखा।

"वह बहुत अहंकारी है हज़ूर। हुज़ूर की शान में भी बहुत कुछ बकता रहता है।"

"और हमारे सिपाही औरतों की तरह मूँछ मुड़वा कर भाग आये। इन्हें अब घाघरे पहना दो। पाँच-पाँच कोड़े लगाकर सारे शहर में घुमाओ। लाहौर वाले जान लें, शहंशाह-ए-हिन्द की फ़ौज के सिपाही कितने बहादुर हैं।"

थर-थर काँपते सिपाहियों को कोतवाल बाहर ले गया।

बादशाह अकबर बहुत गुस्से में था। दरबारी सहमे हुए थे। अकबर हैरान था, कोई आदमी इतनी ज़ुर्रत भी कर सकता है। हमारी फ़ौजों से काबुल, कन्धार, दिल्ली-दक्खन वाले सभी डरते हैं। क्या है साँदल बार और उसका गाँव पिंडी? इस आदमी को कोई डर-भय नहीं है। इल्म नहीं इसके बाप-दादा के साथ क्या कहर बरपाया गया था। वह जानता नहीं कि गर बालपन में बादशाह यह सब कर सकता है तो अब क्या-क्या नहीं करेगा? व्यापारी का सिर हमें भेंट करने का मकसद क्या

हो सकता है। भट्टिओं का लहू बाग़ी है या उस औरत के दूध में इतनी आग है। कुछ देर तक तो शेखू बाबा ने भी उस औरत का दूध पिया है। उसके अन्दर तो इतनी आग नज़र नहीं आती। बहुत वर्ष पहले ही मैं जान गया था। यह लड़का शेखू बाबा पर भारी पड़ेगा। अचूक निशाने लगाता था और कमाल का घुड़सवार था। मैंने उस समय सोचा था, यह लड़का जवान होकर तगड़ा योद्धा बन सकता है, अगर इसे फ़ौज में रख लूँ...।

सोचते-सोचते अकबर के मुँह से निकला "तकलिया...तक...।"

सभी दरबारी उठकर बाहर जाने लगे।

बादशाह के चेहरे पर अभी भी चिन्ता थी। शेखू ने कहा था, वह खुद पिंडी जायेगा। रवाना तो नहीं हो गया। उसे खबरदार करना चाहिए, चौकन्ना रहे। ऐसे सिरफिरे आदमी का क्या भरोसा...।

बादशाह नयी चिन्ता में घिर गया।

× × ×

सलीम कुछ सिपाही और अंग रक्षकों के साथ पिंडी की ओर रवाना हो गया। नशे में बादशाह की चिन्ता और बढ़ गयी। शेखू को समझाया तो बहुत था, यह भी बताया था, बादशाही मर्यादा क्या होती है। उसकी हिफाजत के लिए और सौ घुड़सवार भेजने चाहिए।

अपनी आरामगाह में बेचैनी से घूमते हुए अकबर को यह भी याद नहीं रहा था, उसके हाथ में पकड़ा प्याला, उसके रेशमी लिबास पर छलकता जा रहा है। दुल्ला उसके जेहन में फँसा हुआ था...। अगर सच में दुल्ला वही लड़का है...उसे बहुत पहले की लाहौर फेरी याद आ गयी। उसके स्वागत के लिए खेल-तमाशे और मनोरंजन का प्रबन्ध किया गया था। रथों की दौड़...घोड़ों की दौड़, मुर्गों-तीतरों, बटेरों की लड़ाई, साँड़ों की मुठभेड़, तीर अन्दाजी, नचारों तथा तवायफ़ों के नाच, कुश्तियाँ, छलाँगें-कूदें। और भी काफी कुछ था।

सफेद शामियाने के नीचे शाही ठाठ के जलवे में खोये अकबर को एक दरबारी ने कहा था–

"शहंशाह-ए-आलम हुज़ूर। यहाँ एक बारह वर्ष का लड़का आया है, अपने तीरों से उड़ते परिन्दों को निशाना बनाता है।"

"वह हमारे शेखू से भी बड़ा निशानची है क्या?" अकबर ने घमंड से पूछा।

"क्या कह सकते हैं हुज़ूर।"

"मुकाबले तो होते रहे हैं। उस गँवार लड़के का, शेखू संग मुकाबला करवाओ। खूब मज़ा आयेगा।" अकबर ने खुश होते हुए कहा।

मुकाबले के लिए प्रबन्ध होने लगा। तीर-अंदाजी के लिए अलग। बन्दूकों के निशाने के लिए अलग से। बाँस गाड़कर ऊपर मटके उलटे लटकाये गये। घुड़सवारी

के लिए घोड़े मँगवा लिए गये।

शाही नगाड़े वाला लगातार ढोल पीट रहा था।

वह सारा दृश्य बादशाह के सामने एकदम से साकार हो गया। उस समय हम सोच रहे थे... कहीं यह ना हो, शेखू का पलड़ा उस देहाती से कम पड़ जाये। रियाया में शाही शर्मिन्दगी का अर्थ मालूम नहीं कैसे लिया जायेगा। शेखू तो बादशाही नूर है। आगे जाकर उसने तख्त की बागडोर सँभालनी है। गर शेखू देहाती से भारी साबित न हुआ तो मालूम नहीं उसके मन पर क्या असर पड़े। देहाती हार भी जाये, कोई फ़र्क नहीं पड़ेगा। उसने तो ढोर ही चराने हैं।... मैंने एक दरबारी को समझा भी दिया था। ख़याल रहे, देहाती इस मुकाबले में हारना ही चाहिए।"

मगर सब कुछ उलट हुआ।

मुकाबला शुरू होते ही लोगों की भीड़ के शोर ने, लाहौर शहर को जैसे सिर पर उठा लिया हो।

तीर अन्दाजी हुई, शेखू का तीर चूक गया।

बन्दूक का निशाना लगाया, पहले तो देहाती बन्दूक चलाने से डरा, जब ढंग बताया तो उसने मटके के टुकड़े भी उड़ा दिये।

घुड़सवारी की बारी आयी, शेखू दो बार घोड़े से गिरते-गिरते बचा।

देहाती बाज़ी मार ले गया।

हम तो शर्मिन्दगी से उठकर चले आये थे। मुझे याद है, दरबारी भी फ़िक्रमन्द थे। दीवान-ए-आम में मैंने पूछा था, "कौन है, यह गुस्ताख-गँवार?"

"यह लड़का साँदल बार में पिंडी का रहने वाला है हुज़ूर, दुल्ला नाम है।" एक दरबारी ने बताया था।

और जब तफसील से बताया गया तो मैं कितना हैरान हुआ था, "यह गँवार उन बागियों का तुखम है?"

"जी हुज़ूर।"

"क्या नाम बताया था?"

"दुल्ला, हुज़ूर-आला।"

...मैं तब भी चिन्तित था। ये रंग तमाशे, ये मुकाबले अभी तो खेल हैं। कल को यह कोई खतरनाक शक्ल भी अख्तियार कर सकते हैं। हमें उस गँवार लड़के की आँखों में अजीब आग नज़र आयी थी। ऐसी नज़रें, ऐसी बाँहें, ऐसी फुर्ती कल को बादशाहत के लिए खतरा बन सकती है। अब वे फ़िक्र सच होते नज़र आ रहे हैं। बाग़ी लहू के बीज के अन्दर चिनगारी तो मैंने देख ली थी, यह भी सोचा था, इस अग्नि को भड़कने नहीं देना होगा। लिहाजा उसकी माँ को बुलवाकर समझाया था, इसे तालीम दी जाये...। लाहौर का सूबेदार भी इसी हक़ में था। उसने कहा था, "इस गँवार को दरबारी रहतल का सबक पढ़ाना लाज़िमी है। शाही दाँव-पेंच यह

कहते हैं हुज़ूर कि कमजोर आदमी को भी बार-बार सिफ़त करते जाना चाहिए।"

मगर लगता है, हमारी शाही नीति में कहीं नुक्स रह गया है। साँप के इस सँपोलिए का फन पैदा होते ही कुचल देना चाहिए था। अब करने वाले तो और भी बड़े काम हैं। दक्खन की ओर बगावत हो रही है। मुहम्मद हाकिम आँखें दिखाने लगा है। कश्मीर की ओर भी जाना है। इन मामूली देहाती गाँवों में उठती बगावतों से निपटने का वक़्त ही कहाँ है? चलो देखते हैं, क्या रंग बदलता है दुल्ला। ऐसे सिरफिरों के पीछे अपना दिमाग खराब करना भी शाही तख्त की तौहीन है। हमें और भी कई बड़ी फ़िक्र-चिन्ताएँ हैं। बंगाल की ओर बगावत का धुआँ उठने लगा है।

अकबर ने सिर पर से बाँहें इस प्रकार घुमायीं, जैसे सोचें और फ़िक्रों के बाजों को उड़ा रहा हो। वह पलँग पर आ बैठा और प्याला मुँह को लगाकर खाली कर दिया।

पलँग पर बड़े सिरहाने से टेक लगाकर अधलेटा-सा छत को घूरने लगा। नशे में होने के बावजूद, उसे देर रात तक टोकरी में पड़ा बग्गे मलकीरा का सिर डराता रहा।

ऊपर से एक और विपदा, शेखू अब तक पिंडी पहुँच गया होगा। अगर मलकीरा की भाँति, उसका सिर टोकरी में...।

"नहीं...नहीं।" अधसोये से अकबर की नशे की हालत में भी चीख निकल गयी।

वह चौंककर उठ बैठा। घबराकर उसने इधर-उधर देखा कोई नहीं था। उसने इत्मीनान की साँस ली।

पलँग से उठा। हाथों को पीछे बाँध गहरी चिन्ता में ग्रस्त इधर से उधर चक्कर काटने लगा।

रात जूँ की तरह रेंग रही थी।

20

लाहौर से चलते समय सलीम काफी दुविधा में था।

...अब्बा हज़ूर को तो हाँ कह दिया, यदि दुल्ला मेरी पकड़ में न आया। यदि उसने मेरे किसी भी मशवरे पर भरोसा न किया। गर उलटा मेरे ऊपर ही हमला कर दिया। इतने घुड़सवारों के साथ मैं क्या करूँगा। अब्बा ने कहा है, एक बादशाही मर्यादा होती है। क्या सच में हमें रियाया से एक निश्चित दूरी बनाकर रखनी चाहिए। मगर, मालूम नहीं क्या वजह है, दुल्ले की शूरवीरता मुझे इतनी बेचैन नहीं करती। क्या मेरे अन्दर दुल्ले ने पैठ तो नहीं बना ली? अब्बा ने बताया था,...मैंने कुछ समय तक उसी माँ का दूध पिया था। तब बादशाह ने रियाया के साथ एक दूरी क्यों नहीं

बनाकर रखी? यह निज़ाम की कोई साजिश थी या एक बाप की मजबूरी?

अनेक सवाल, सलीम को परेशान कर रहे थे। आखिर उसने फैसला ले लिया, एक बार तो पिंडी अवश्य जायेगा। रवाना होने से पहले अब्बा से भी मिलेगा नहीं, नहीं तो वह फिर से नसीहतों की झड़ी लगा देंगे।

सलीम, गिनती के कुछ ख़ास घुड़सवारों को साथ ले चुपचाप पिंडी की ओर चल दिया।

उसके अंगरक्षक भविष्य के बादशाह को घेरे में रख आगे बढ़ते जा रहे थे। सलीम सोचों में घिरा हुआ था। चलने से एक दिन पहले अब्बा हज़ूर से हुई मुलाकात उसे याद आ रही थी। उस समय तक कोतवाल की भेजी टुकड़ी, दुल्ले तथा उसके साथियों से मूँछें मुड़वाकर अभी लाहौर नहीं पहुँची थी। मैंने अब्बा हज़ूर से कहा था, "मैं दुल्ले की माँ को सलाम करने के बहाने जाऊँगा। हो सका तो दुल्ले को अपना भाई बना, लाहौर शहर दिखलाने के इरादे से किले के अन्दर ले आऊँगा।"

अब्बा हज़ूर बहुत खुश हुए। कहा था, "शेखू बाबा, तेरी रगों में शाही खून है। हुकूमतें इसी प्रकार चलती हैं। हम दुल्ले को बिना खून-खराबा के कैदखाने में...।"

मैंने टोका था अब्बा को, "मगर मेरी एक शर्त होगी।"

"अब बेटा भी बाप के आगे शर्तें रखेगा।" वह हैरान हुए थे।

"यह ज़रूरी है।" मैंने कहा था।

"शर्त मानने योग्य हुई तो अवश्य मानेंगे।"

"माननी पड़ेगी। शहंशाह-ए-हिन्द को वादा करना पड़ेगा।"

मैंने थोड़ी सख्ती से कहा था।

"ठीक है, बोलो...।"

"अगर दुल्ला, मेरे साथ आने के लिए राज़ी होगा तो लाहौर से उसे सही-सलामत रुख़सत करना शाही दरबार की ज़िम्मेवारी होगी।"

"मैं शेखू बाबा को नाराज़ नहीं करूँगा।" अब्बा ने सुस्त आवाज़ में कहा था।

"वादा करो अब्बा हज़ूरे।"

"वादा।" उन्होंने तसल्ली दी। फिर कहा था, "ख़याल रहे, शेखू बाबा कोई आम शख्स नहीं है। वो शहज़ादा ही नहीं, लाहौर-दिल्ली तख्त का वारिस भी है।"

पिंडी की हद में दाखिल होते ही उसके विचारों की लड़ी टूट गयी। सभी रुक गये। असमंजस में पड़ गये। कैसे सामना होगा। दुल्ले भट्टी के साथ? राहगीर और अन्य लोग उनकी ओर हैरानी से देख रहे थे। सलीम को इस पहनावे में आने का अफ़सोस हुआ। सोचा, उसे साधारण आदमी के भेष में आना चाहिए था। चलो खुदा को जो मंजूर, वही होगा। गर ज़रूरत पड़ी तो हम लोग पचास-साठ लोगों पर तो भारी पड़ेंगे ही।

सलीम का इशारा मिलने पर सभी आगे बढ़ने लगे।

गाँव के पास पहुँचकर एक ग्रामवासी से सिपाही ने पूछा—

"दुल्ले का घर किस ओर है, सोहिणया?"

"कहाँ से आये हो?" देहाती ने उनके हथियारों तथा पहनावे की ओर ग़ौर से देखा।

"लाहौर से।" उस घुड़सवार ने बताया।

"आपको लध्धी के दुल्ले से मिलना है?" उसने फिर पूछा—

"हाँ, हाँ।"

"क्यों, क्या ज़रूरत आ पड़ी है?"

सलीम को इस देहाती पर गुस्सा तो आया, मगर उसने प्रकट न होने दिया। उसने सोचा, लाहौर, दिल्ली में तो ऐसे देहाती उसकी ओर देखने की जुर्रत भी नहीं करते। यह हमारे साथ बहस कर रहा है। उसके सिखाये सिपाही ने कहा, "ठहरना है। रात को रुकेंगे। फ़जर समय चल देंगे। बहुत आगे जाना है।"

"वो सामने जो खुला चौगान नज़र आ रहा है न...?" देहाती ने बाँह लम्बी कर इशारा कर पूछा।

"हाँ, हाँ, नज़र आया।"

"और वो उस बड़े पीपल के बायीं ओर, वहाँ पहुँचकर पूछना, दुल्ले की हवेली जाना है।"

"पूछेंगे किससे?" एक घुड़सवार ने पूछा।

"कोई तो होगा ही वहाँ। नहीं तो वैसे ही आवाज़ लगा देना, पीपल के पत्ते बता देंगे, दुल्ले की हवेली कौन-सी है। ना हुआ तो पिंडी की दीवारों से पूछ लेना, वे भी बता देंगी।" कहकर देहाती हँसने लगा।

वे उलझन में चलने लगे तो देहाती, फिर बोला, "सीधे ही अन्दर न चले जाना हवेली में। आवाज़ दे देना पहले। दुल्ले का गुस्सा बहुत सख्त है। यदि भड़क गया, फिर जल्दी काबू नहीं आयेगा। वह तो लाहौर के बादशाह को भी कुछ नहीं समझता। हाँ, एक बात और, यदि उसका बड़ा भाई मेहरू पोस्ती हवेली में हुआ तो फिर कोई डर नहीं। नशा पानी साथ ले जाना।"

"नशा काफी है। तुम्हें चाहिए तो दे दें?" घुड़सवार ने पूछा।

"मैं तो नशा करने वालों के पास भी नहीं जाता। मेहरू पोस्ती को ही दे देना।"

सलीम तथा उसके अंगरक्षकों को मालूम नहीं था, यह देहाती दुल्ले की टोली का रमज़ा था, जो किसी काम से इस ओर आया था।

घुड़सवार चल दिये तो उन्होंने देहाती की आवाज़ फिर से सुनी, "एक बात का और ख़याल रखना, हवेली के पास जाकर घोड़ों से उतर जाना। चढ़े-चढ़ाये ही अन्दर

न घुस जाना। अपने सामने दुल्ला किसी को घोंड़े पर नहीं बैठने देता।"

घुड़सवार कुछ डरे-सहमे से शहज़ादा सलीम की ओर देखने लगे। सलीम भी अन्दर से डरने लगा। कहीं उसने यहाँ आकर कोई भारी गलती तो नहीं कर दी?

फिर वे धीरे-धीरे बड़े पीपल की ओर बढ़ने लगे। रमज़ा तेजी से झिड़ी वाले कुएँ की ओर चल दिया।

बड़े पीपल के पास एक घुड़सवार की निगरानी में घोड़े छोड़कर सलीम और उसके सिपाही अपने वस्त्रों के नीचे हथियार छुपाकर हवेली के द्वार पर जा खड़े हुए। उस समय लध्धी आँगन में बैठ दाल बीन रही थी, फुल्लराँ चौके में थी।

"यही होगी दुल्ले की माँ...।" सलीम ने सोचा।

अनजाने आदमियों को देखकर लध्धी ने दाल वाली थाली एक ओर रख दी। फुल्लराँ तेजी से अन्दर चली गयी। लध्धी सिर के दुपट्टे को ठीक से सँवारते हुए दरवाज़े की ओर आयी।

"अम्मी, मैं शेखू, लाहौर से सलाम करने आया हूँ।" आगे बढ़कर सलीम ने कहा।

"शेखू? कौन शेखू...पुत्तर?" लध्धी हैरान हुई।

"अम्मी, बादशाह हिन्द का फ़रज़न्द, शेखू बाबा। अब्बा हज़ूर ने बताया, तेरी एक माँ पिंडी में है। सलाम करने चला आया।"

"हयाती भोगे जिउणे जोगे।" लध्धी ने अनमने भाव से आशीष दी।

"अपने भाई दुल्ले से भी मिलना है अम्मी। सुना है, वह तो बड़ा बहादुर योद्धा निकला है।" सलीम ने प्रशंसा की।

"कैसा बहादुर पुत्तरा? एक तो खुद सिरफिरा है, साथ में साथी-मित्र भी वैसे ही हैं। जिस ओर जाते हैं, दशहत फैला आते हैं। बहुत मना करती हूँ। मेरे कहने से, रुकते नहीं। अब तूने उसे भाई कहा है तो समझा उस शोहदे को। उसके भेजे में कोई बात घुसे।" लध्धी ने जानबूझकर दुल्ले के लिए अंट-शंट कहा।

"अम्मी, शहंशाह-ए-हिन्द का पुत्र तो सारी हयाती तेरा कर्ज़दार रहेगा। जब मालूम हुआ, मैं इधर भागता आया। तेरे लिए तो अम्मी जैसा दुल्ला, वैसा मैं...।"

"जीउंदा रहे पुत्तर...।" लध्धी ने सलीम का कन्धा थपथपाया फिर बोली, "उधर दीवानखाने में जाकर बैठो पुत्तरो। दुल्ला अभी आता ही होगा। मैं कुछ खाने-पीने के लिए ले आऊँ। इतना सफ़र कर के आये हो।"

सलीम और उसके सिपाही दीवानखाने में जा बैठे।

× × ×

लध्धी अन्दर से भयभीत थी। फुल्लराँ के पास कानाफूसी करते हुए बोली।

"धीये, मालूम नहीं क्यों आये हैं? अकबर कहते हैं, लाहौर में ही है। पुत्तर को कोई भेद जानने के लिए भेजा होगा। जानती थी, एक दिन ऐसे ही होगा। भला

तख़्तों को कब सुभीती लगेंगी दुल्ले जैसों की करतूतें। काफी मना करती हूँ। कपास की कुट्टियों को मुँह न मार, यह गले से नीचे नहीं उतरेगी। अब यह सब कुछ देख भाल कर जायेंगे, फिर फ़ौज ले आ चढ़ेंगे। इनके साथ तो लिहाज़दारी भी बुरी और बिगाड़ भी बुरी। धीये, मेहरू कहाँ है? उसे भेज दे, दुल्ले को खबर कर दे। असावधान हाथी को तो गधा भी अड़ंगा दे देगा।"

"अब पोस्ती का क्या मालूम, अम्मा कहाँ होगा। आवाज़ लगाते जाओ तो वो अन्दर होता नहीं। कई बार समझते हैं, वो कहीं बाहर होगा तो वो पोस्त पीकर अन्दर गहरी नींद में सो रहा होता है।"

"फुल्लराँ, बात लम्बी न कर धीये...।"

"मगर अम्मा, ये कहने क्या आये हैं?" फुल्लराँ के चेहरे पर भी डर था।

"कहना क्या है। कहता है मैं अकबर बादशाह का पुत्तर हूँ।"

"हाय अम्मी, सच में?" फुल्लराँ ने सीने पर हाथ रखा।

"बताया तो यही है।"

बख़्तो तथा सलीमो भी पीछे आ खड़ी हुईं।

"अरी अम्मी, हम भी देख लें, बादशाह का पुत्तर कैसा है?"

"आराम से अन्दर बैठो, नहीं तो चोटी खींचकर बताऊँ मैं।" लध्धी ने झिड़क दिया।

"अम्मा...एक बार।" सलीमो ने मिन्नत की।

"चलो लड़कियाँ अन्दर।" फुल्लराँ ने धमकाया तो लड़कियाँ मुँह बनाते हुए अन्दर चली गयीं।

"नूरे से भी कह, उनके सामने न आयें। बहू को भी बाहर न निकलने देना। इन मुग़लेटों का क्या भरोसा। मैं देखता हूँ मेहरू कहाँ है। तू कड़ाही से दूध निकाल, शक्कर मिला।"

मेहरू हवेली के पिछवाड़े पशुओं के बाड़े में, एक ढीली-सी खाट पर औंधे मुँह पड़ा मिल गया।

"जुग जुग जीये मेरा बच्चा। दिन बढ़े से तेरी शक्ल नहीं देखी। माँ का कलेजा तप रहा था। उठ पुत्तर।" लध्धी ने मेहरू के सिर पर हाथ फेरा।

"इतने मोह-प्यार से तो तूने मुझे कभी लोरी भी नहीं दी होगी। आज क्या ख़ास बात है माँ?" मेहरू ने सीधे हो, थोड़ा नाराज़गी में पूछा।

"जा बच्चे, दुल्ले को खबर कर दे, लाहौर दरबार से अकबर का पुत्तर आया है। सीधे घर में।" लध्धी के स्वर में मिन्नत थी।

"शरीर तो सारा टूट रहा है। हाथों-पैरों में जरा भी जान नहीं। ये तो मरी पड़ी है। बस साँस ही चलता है मेरा, लगता है घड़ी भर में यह भी नहीं रहेगा। नशा है तेरे पास तो बता।" मेहरू अँगड़ाई लेने लगा।

"अरे मैं क्या जानूँ..."

"तुझे सब मालूम है माँ। फत्तु मिरासी आ जाये तो झट चुका देगी उसे मशक"।

"नशे बिना तो पुत्तरो तू एकदम नीचे रह जाता है। कहाँ से चिपटा ली तूने यह सौगात। मैं देखती हूँ, कहीं कुछ अन्दर पड़ा हुआ है तो। गर दुल्ले को मालूम हो गया तो मुझ पर बिगड़ेगा।"

लध्धी तेज़ी से हवेली अन्दर मुड़ गयी।

मेहरू ने झपटकर लध्धी से शराब का कटोरा लिया और बेसब्र होकर एक ही घूँट में आधा कटोरा निगल लिया।

"यह हुई न बात। पहले तो जैसे छप्पड़ का पानी ही पीते रहे।" मेहरू के अन्दर जान आयी। "अब बता कहाँ जाना है? कौन आया है लाहौर से।"

"पुत्तर दुल्ले को...।"

"कुएँ में फेंक दुल्ले को माँ। लाहौर की बात कर। मैं सीधा ही जाकर भिड़ जाऊँगा उनसे। कौन से चिड़िया-जानवर हैं उनके साथ।" मेहरू ने बाकी कटोरा भी मुँह को लगा लिया। फिर ललकारा मारा।

"मैं तो जिन्न-भूत बनकर चिपट जाऊँगा उन्हें...।"

"अरे न बच्चे।" लध्धी ने डर से उसके मुँह पर हाथ रखा, "दीवारों के भी कान होते हैं पुत्तरा। मुग़लेटे बहुत ऊँचे हैं। तू जा मेरे पुत्तर, मेरे शेर। जा, जाकर दुल्ले को खबर कर दे।"

"मुझे पंसेरा पोस्त चाहिए माँ।" मेहरू रिरियाया।

"मैं तुझे धड़ी (दस सेर) दूँगी पुत्तरा।" लध्धी फिर से उसके सिर में हाथ फेरने लगी।

नशे की लोर में मेहरू उठा।

"अरे पुत्तरा, सीधे आमों वाले कुएँ पर जाना।"

मेहरू ने जूती बगल में दबायी और तेज़ी से हवेली के पिछवाड़े के रास्ते बाहर निकल गया।

तेज़ भागते देख मेहरू को पीपल के नीचे बैठे किसी ने छेड़ा, "हवा से मुकाबला कर रहा है पोस्तिया, खैर सुख तो है।"

"हाँ, हाँ।" मेहरू ने उँगली से झिड़ी की ओर इशारा किया। "अरे जूती तो पहन लेता।" किसी और ने कहा।

"इतना वक़्त किस भड़ुऐ के पास है।" हवा में बाजू लहराते वह और भी तेज़ भागने लगा।

पीपल से थोड़ा परे खड़ा सलीम का सिपाही भी मुस्कराने लगा।

"खोटा सिक्का भी कभी-कभी चल जाता है।" अन्य किसी ने कहा। पीपल के

नीचे जमा सभी हँस दिये।

इतने में ही मेहरू काफी दूर निकल गया था।

पीपल के नीचे बैठे सभी व्यक्ति एक-दूसरे से घोड़ों के बारे में इशारे से पूछताछ कर रहे थे। जानता कोई नहीं था। ये कौन हैं?

21

मेहरू के झिड़ी पहुँचने से पहले, रमजा ने लाहौर से आयी सेना की टुकड़ी के साथ हुई सारी बातचीत का ब्योरा दुल्ले को बता दिया। किस ढंग से हवेली में पहुँचना होगा। वे इसी पर विचार कर रहे थे। मेहरू भी आ गया। आज वह कुछ ज्यादा ही रंग में था।

उसकी बातें सुनकर फत्तु हँस दिया, "कभी नशा इसके नीचे होता है, कभी इसके ऊपर। परन्तु आज तो मेहरू के कुत्ते आसमान की ओर भौंक रहे हैं। अब तो इसे हम भी लाहौर से आये ही लग रहे होंगे।"

जब पिरथे ने कहा, "हमने बग्गा मलकीरा भी लूटा और मेधा खत्री भी। शाही सिपाहियों के घोड़े भी छीने, उनकी मूँछ मुँड़वायी। मुग़लेटे चुपचाप ही न चढ़ आये हों। मालूम तो करें?"

दुल्ले को थोड़ा फ़िक्र हुआ, "घर में औरतें भी अकेली हैं...।"

"यहाँ बैठे रहने से कुछ नहीं होगा।" रूड़ा बोला।

"उठो फिर।" दुल्ले के कहने की देर थी। सभी एकदम तैयार हो गये।

"सैदे, तू जा भई, अपने आदमियों को खबरदार कर दे। कहना, दुल्ले ने कहा है, पच्चीस-तीस जितने भी हों, हथियार लेकर तैयार रहें।"

सैदा उसी वक़्त दौड़ पड़ा।

पीपल के पास खड़े घोड़े तथा उसके निगरान को देखकर सभी हैरान रह गये। "ये तो आठ-दस घुड़सवार ही लगते हैं। फ़ौज कहीं बाहर तो नहीं रोक आये?" सदीक ने पूछा।

पीपल के नीचे चबूतरे पर एक बुजुर्ग बैठा था। पिंडी का तो नहीं था। दुल्ला उसके पास गया, पूछा, "मियाँ जी कहाँ से आये हो? इधर पिंडी में तो कभी देखा नहीं।"

"मैं परदेसी हूँ शेरा।" बुजुर्ग बोला।

"यहाँ रिश्तेदारी है क्या?"

"हाँ, नज़दीकी रिश्तेदारी ही है।"

"कौन है?"

"मुहम्मद सदीके के।"

"मियाँ खैर मुहम्मद वाले सदीके से।"

"हाँ, हाँ।"

"आ जाओ, फिर दूध-लस्सी की सेवा करें।"

"जीता रह शेरा, अल्लाह राज़ी रखे। घर से खा-पीकर आया हूँ।"

"कितनी देर से यहाँ बैठे हैं बाबा?" दुल्ले ने पूछा।

"बस तुम्हारे आने से कुछ घड़ी पहले ही आया हूँ।"

"हवेली के अन्दर कौन गये हैं, मालूम है। ये घोड़े भी खड़े हैं?"

"मेरे लिए तो सभी अजनबी हैं...।"

घोड़ों की निगरानी करने वाला घुड़सवार पूरे ध्यान से उनकी बातें सुनने का यत्न कर रहा था।

"पिरथे, आ फिर टकरायें इनसे, देखें कौन हैं।" दुल्ले ने पिरथे तथा सभी की ओर देखा। सभी हवेली की ओर चल दिये।

"यदि लाहौर से फ़ौज लेकर आये हों तो?" सदीक ने डर जाहिर किया।

"कोई भी हो, अब बाहर तो नहीं खड़े रहना। सामना तो करना ही पड़ेगा। दुल्ले का साया देख ले तो जून बदल लेंगे। देखते हैं, किसने हिम्मत की है, शेर के घर में पैर रखने की। आओ...।"

सभी हवेली के अन्दर आ गये।

इससे पहले कि लध्धी उन्हें आगे बढ़कर ख़बरदार करती, दुल्ला और उसके साथी दीवानखाने में दाखिल हो गये।

एक जैसे ऊँचे-तगड़े आदमी, अचानक सिर पर आ खड़े देख सलीम और उसके अंगरक्षक घबरा गये। एक बार तो सभी की साँस तक रुक गयी। दुल्ले आदि हथियार बन्द थे और लाहौर वाले लापरवाह से। कुछ पल तो उनकी अक्ल चकरा गयी।

सलीम हौसला कर उठा और बाँहें फैलाकर आगे बढ़ते हुए बोला, "मैं अपने भाई दुल्ले भट्टी से मिलने आया हूँ। दुल्ले भट्टी की बहादुरी के चर्चे अब लाहौर दरबार में भी होने लगे हैं।"

"ज़र और ज़ोर वाले भट्टिओं की पिंडी में आये हैं। मंसूबे ठीक नहीं लगते लाहौर दरबार के।" दुल्ले ने सलीम की आँखों में आँखें डालीं।

"अपने भाई, अपने भाईजान को मिलने आया हूँ। तू ही है न अब्दुल्ला।"

"हूँ तो मैं ही, मगर मैं अब्दुल्ला नहीं, दुल्ला हूँ, दुल्ला भट्टी। अब्दुल्ले तख़्तों के होते हैं। मुझे अभी भी यकीन नहीं आ रहा। लाहौर को क्या मुसीबत आ पड़ी। रावी उलटी बहने लगी। इस तरह तो रब की दुनिया की चूलें हिल जाएँगी। समझ में नहीं आ रहा, सलाम करूँ या बाँहों में लूँ।" दुल्ला व्यंग्य से हँस दिया।

"मैं तो बाँहों में लेने आया हूँ भाई जान।" सलीम फिर दुल्ले की ओर बढ़ा।

"इस तरह से तो बादशाहियों को नींव उखड़ जायेगी। क्यों पिरथे?" दुल्ले ने

पिरथे की ओर देखा, “न कभी आगे न कभी पीछे ही सुना, जो बन्दे खुद को अल्लाह समझते हों, वे पिंडी के रास्तों की धूल फाँकने आयें।”

“मैं सच कह रहा हूँ, अब्दुल्ला भाई...।”

“तू, अब्दुल्ला नहीं, दुल्ला, दुल्ला भट्टी भी कह सकते हो।”

“हाँ, हाँ दुल्ला भट्टी, राठौर, सूरमा...।”

“हम लाहौर से आये हैं लध्धी अम्मी को सलाम कहने। इसकी मिट्टी को सलाम करने। थोड़ी देर के लिए ही सही, मैं दूध से भी तेरा भाई हूँ। मैंने तो यही सुना है।” कहते हुए सलीम उसी प्रकार बाँहें फैलाये खड़ा रहा।

“यह ठीक है या कुफ़र, अल्लाह जानता है या माँ लध्धी जानती है। कुछ लोग भी कहते हैं। गर तू भी तस्लीम करता है और खुदा भी जानता है कि तेरा दिल साफ़ है तो फिर आ...।”

दुल्ला बाँहें फैला आगे बढ़ा।

दोनों एक-दूसरे के गले लग गये।

“माशा अल्लाह...।” एक अंगरक्षक के मुँह से निकला। उनकी साँस में साँस आयी।

दीवानख़ाने के बाहर, दीवार की आड़ में खड़ी लध्धी ने भी चैन की साँस ली।

अन्दर महफ़िल जुड़ गयी। रूड़ा, सदीक, फत्तु सभी सेवा में लग गये। शाही आदमियों के आगे लूटी गयी शाही नियामतें परोसी जाने लगीं।

दीवानख़ाने का बाहर का दरवाज़ा अचानक किसी ने खटकाया। दुल्ला हैरान हुआ। रूड़े को दरवाज़ा खोलने को कहा। सलीम और उसके अंगरक्षक चौकन्ने हो गये।

हाजी चिराग़दीन थोड़ा-सा अन्दर आया तो दुल्ला तुरन्त खड़े हो, आधा झुककर बोला, “सलाम कहता हूँ हाजी मियाँ।”

मियाँ चिराग़दीन तसबीह भी फिराता रहा और सभी के सलाम का जवाब भी देता रहा। फिर मेहमानों की ओर अजनबी निगाह से देखा, दुल्ले की ओर देखा।

“ये मेहमान लाहौर से आये हैं बाबा।” दुल्ले ने बताया।

“स्वागत है सोहिणओ...।” हाजी ने कहा।

दुल्ले ने तफसील से बताया तो हाजी बोला, “पुत्तरो बात यह है कि गर आदमी अपना स्वभाव बदल ले तो वैर, दुश्मनी बहुत पीछे रह जाती है। मगर गौर करने वाली बात यह है कि, आदमी अपना स्वभाव कैसे बदले। गर बदल ले तो खुदा बन जाये। आदमी तो शैतानी करता रहता है। शैतानी में लड़ाई पैदा होती है। एक पूछता है, आग कहाँ से आयी? दूसरा कहता है, अंगारों से। पहले वाला पूछता है, अंगार कौन लेकर आया? दूसरा कहता है, एक लड़ाई। लड़ाई का समय कलयुग

होता है बरखुरदारो।"

"हाजी बाबा, यह माँ को सलाम करने आये हैं।" दुल्ले ने और भी स्पष्ट किया।

"जी सदके आये। सारा मुल्क इनका है। सारी ख़लकत चाकर हैं। एक बात है पुत्तरो, अगर दुनिया का स्वभाव ऐसा ही हो जाये, जो आज ऊँचे हैं वे नीचे हो जायें और जो नीचे हैं, वो ऊँचे हो जायें तो यह दुनिया जन्नत हो जाये। मगर होता क्या है कि ऊँच-नीच की दूरी बढ़ती ही जाती है...।"

"आप सही फरमाते हैं हाजी मियाँ।" इस बार सलीम बोला।

"चलता हूँ पुत्तरो, तुम्हारे रंग में भंग...।"

"नहीं, नहीं हाजी बाबा। बताया नहीं आज कैसे इस वक़्त...।"

"इधर से गुज़र रहा था बरखुरदार। बातें होती सुनीं, दरवाज़ा खटका दिया। मन किया, दुल्ले पुत्तर के साथ दो-चार बातें कर लूँ। यहाँ तो मजलिस लगी है।" चिराग़दीन लौट पड़ा। फिर दहलीज़ पर जाकर बोला–

"दुल्ले पुत्तर, बरक्ताँ के घर के आगे से निकाल दे। उनका कुत्ता बहुत बुरा है।"

दुल्ला उठकर, हाजी मियाँ की बाँह पकड़ चल दिया।

थोड़ा परे जाकर चिराग़दीन खड़ा हो गया, "देख बरखुरदार, मैं तुम्हें बहाने से बाहर लाया हूँ। बरक्ताँ के घर में तो कोई कुत्ता ही नहीं है। मगर एक शाही कुत्ता तेरी हवेली में ज़रूर बैठा है। खबरदार रहना। सीधे आदमियों से बड़े हाकिम अपने बड़े मकसद आसानी से हल कर लेते हैं।"

"मैं ध्यान रखूँगा बाबा। इन्हें भेजकर कल मिलने आऊँगा।"

"जीता रह पुत्तर।" तसबीह फिराता चिराग़दीन चल दिया। दीवानखाने के अन्दर आते ही दुल्ले ने फत्तु मिरासी से कहा, "जा, अन्दर से एक मटकी और उठा ला।"

अँधेरी रात ने पिंडी पर काली चादर तान दी थी।

दुल्ले के दीवानखाने में आधी रात तक कहकहे गूँजते रहे।

लध्धी घबरायी और डरी हुई बार-बार दीवानखाने की दीवारों से आकर कान जोड़ने लगती।

लड़कियाँ शहज़ादे की एक झलक पाने के लिए उचकती रहीं।

मेहरू नशे में धुत्त पशुओं और घोड़े-घोड़ियों के बीच गहरी नींद में सोया था।

नूरा और उसकी बहू भी खा-पीकर अपनी कोठरी में जा लेटे थे–

× × ×

उधर लाहौर में शहंशाह-ए-हिन्द जलालुद्दीन अकबर की नींद कुछ उड़ी हुई थीं।

मुराद सिन्ध की ओर फ़ौज लेकर गया हुआ था।

शेखू बाबा बागियों के गाँव में।

अगर दोनों पुत्तर न लौटे तो? नरम बिस्तर पर लेटे शहंशाह को नींद नहीं आ रही थी।

22

शहंशाह अकबर के सूहियों ने जैसे ही उसे दो बहुत अहम ख़बरें सुनाईं तो बादशाह के लिए मौसम एकदम खुशगवार हो गया।

"मिर्ज़ा निजामुद्दीन के नेतृत्व में गज़नी पर फतेह हासिल हुई है। छोटे शहज़ादे मुराद ने जंग में बहुत जौहर दिखाये हैं। फ़ौजें लाहौर की ओर लौटने लगी हैं।" यह पहली ख़बर थी।"

"शेखू बाबा, दुल्ले भट्टी को साथ लेकर लाहौर की ओर आ रहा है। यह दूसरी ख़बर थी।

निजामुद्दीन के बारे में तो अकबर को कोई भ्रम नहीं था। परन्तु शेखू बाबा अपनी मुहिम को इसी प्रकार अंजाम देगा, इसका तो उसने सपने में नहीं सोचा था। यह तो शेखू ने 'अजमत' (करामात) कर दिखाई। वह अपनी पहली आज़मायश में भी खरा उतरा।

प्रसन्न मुद्रा में खड़ा अकबर अपनी रिहायशगाह से बाहर खड़ा किले की दीवार की बगल से निकलती रावी का शोर सुन रहा था। आज यह शोर उसे तानसेन के संगीत की तरह मदहोश कर रहा था।

× × ×

दुल्ले और उसके साथियों ने वर्षों बाद लाहौर देखना था। सभी अत्यन्त खुशी से झूम रहे थे।

वैसे लाहौर की ओर जा रहे दुल्ले के पिंडी से चलते समय लध्धी अत्यन्त परेशान थी। दुल्ले ने उसे सख़्ती से वरजा था, "माँ, यह न कहना, लाहौर की ओर जाता रास्ता मौत का रास्ता है।" फिर भी माँ के मुँह से निकल ही गया, "इस दिशा की ओर जाने की भट्टिओं को मनाही है पुत्तरा।"

"माँ, मैं बार की मिट्टी में पैदा हुआ हूँ...।"

"अरे पुत्तरा, वो शाही लोग, पता नहीं किस साजिश में आये हैं।"

"माँ, डरा नहीं मुझे। अगर वह किसी ताक में हैं तो तेरा दुल्ला भी किसी ताक में है। अगर वे किसी बहाने से लाहौर की ओर ले जा रहे हैं तो मैं भी बहाने से देख आऊँ, शाही अदब-आदाब क्या होता है। वह भी शाही मेहमान बनकर। रोक न मुझे माँ। आशीष दे, दुआ कर, मैं भी उन स्थानों तक जाऊँ, जहाँ अब्बा और

दादा...।" इससे आगे दुल्ला कुछ बोल न पाया।

"अरे, दुआएँ कैसे दूँ पुत्तर।" लध्धी अभी भी भयभीत थी।

"माँ, तू तो सच में भयभीत कर रही है?"

"क्या करूँ पुत्तरा, माँ जो हुई, डर तो मन में अपने-आप आ ही जाता है।" लध्धी की आँखें भर आयीं।

मगर इन सभी बातों को याद करते हुए भी दुल्ला अन्दर से एकदम खुश था। उसकी टोली भी मस्ती में थी। दुल्ले को एक ही बात का फ़िक्र था। उसे अपने साथ पिंडी तथा आस-पास के गाँवों से, नौजवानों का एक बड़ा समूह अपने साथ लाना चाहिए था। सलीम ने समझाया, "इतने आदमी एक साथ देखकर शहंशाह नाराज़ होंगे। हमने तो शाही तख्त साथ राबता बनने के लिए रिवायत बनानी है। अपनी ताकत दिखाने के लिए नहीं जाना। बड़े मौके आयेंगे, सभी को बारी-बारी लाहौर दिखा देना। बादशाह ने तो कहा था, दुल्ला भट्टी अकेले हो खूब मजलिस होगी।"

दुल्ला फिर भी अपने हम-प्याला साथी साथ ले आया था। मगर उसे अजीब लग रहा था। इतने आदमी तो जंगल-पानी जाते समय भी इकट्ठे हो जाते हैं। कभी उसे लगता, उनके साथ कोई धोखा तो नहीं हो रहा? रास्ते में एक पड़ाव पर दुल्ले ने मौका देखकर, पिरथे, सदीक, रूड़े, लहिणे तथा रमज़ा से अपना खदशा ज़ाहिर किया, "अगर हमें लाहौर में बन्दी बना लिया गया तो...?"

"मगर बादशाह का पुत्तर तो कहता है, दुल्ला दूध-भाई है।" पिरथे ने फ़िक्र से कहा।

"इन मुग़लों का न कोई बाप है ना कोई पुत्तर या भाई होता है। तख्तों की खातिर तो यह ...।"

"जानता है रूड़े, अगर यह बात हुई तो हमने कौन-सी चूड़ियाँ पहनी हैं।" दुल्ले ने टोकते हुए कहा, "जितने हम आदमी हैं, उससे दुगुने आदमियों के तो सिर उतार ही देंगे।"

"बिना हथियारों के कैसे...।"

"पिरथा, मौका आया, हथियार तो इनसे ही छीन लेंगे हम।"

दुल्ला समझता है, साथियों या बैरियों के सामने यह नहीं ज़ाहिर होने देना कि हम लोग डरे हुए हैं। फिर बोला, "इन मुग़लों को यही मालूम होना चाहिए, हम तो लाहौर मेला देखने आये हैं। तख्त अपना खेल खेलेगा और हम अपना खेलेंगे। हम मौत से कब डरने वाले हैं पिरथे, बाबा चिराग़दीन कहता है, जितनी देर हमने जीना है, कोई मार नहीं सकता और जब मरना होगा तो कोई बचा नहीं सकेगा।"

दुल्ले की बातें सुनकर सभी हौसले में आ गये।

शहज़ादा सलीम के स्वागत के लिए किले के अन्दर दरबार सजाया गया था। शहंशाह अकबर तथा दरबारी इन्तज़ार में थे। सूहिये पल-पल की ख़बर तक पहुँचा

रहे थे।

शाही कायदे कानून के अनुसार, किले का बड़ा दरवाज़ा सिर्फ शहंशाह अक़बर तथा उसके ख़ास आदमियों के लिए ही खुलता था। अन्य सभी दरबारी, अहलकार, अमीर, वज़ीरों को दरवाज़े के मध्य से झुककर निकलना पड़ता था।

दरवाज़े के ठीक सामने, शहंशाह अकबर ने अपना सिंहासन आज इस प्रकार लगवाया था, कि खिड़की से किले के अन्दर दाखिल होता हर आदमी अपने आप बादशाह के आगे झुक जाता था।

किले के सामने आकर सलीम का काफिला रुक गया। सलीम और उसके अंगरक्षक घोड़ों से उतर गये। दुल्ला और उसके साथी अभी घोड़ों पर ही थे।

"यहाँ उतरना पड़ेगा। घोड़े किले के अन्दर नहीं जायेंगे।" सलीम ने कहा।

"किले का द्वार खुलवाने के लिए कहो, घोड़े अन्दर चले जायेंगे।" दुल्ला बोला।

"शाही मर्यादा है, घोड़े किले के अन्दर नहीं जा सकते।" सलीम ने बताया।

दुल्ला और उसके साथी हैरान से घोड़े पर से उतर आये।

"अब तो जा सकते हैं अन्दर?" दुल्ले ने व्यंग्य से पूछा।

"आओ।" सलीम छोटी खिड़की की ओर बढ़ा।

"यह द्वार क्यों नहीं खुल रहा।" दुल्ले ने पूछा।

"यह सिर्फ शहंशाह के लिए खुलता है।"

"कोई ख़तरा है?"

"शहंशाहियों को सौ खतरे होते हैं। क्या मालूम कोई दुश्मन ताक में हो और दरवाज़ा खुलते ही तुरन्त हाथी-घोड़े, तोपें लेकर अन्दर घुस जाये। हिफाज़त के लिए यह सब करना पड़ता है।" सलीम ने समझाया।

"अच्छा, हमने सोचा था, बादशाहियाँ डराना ही जानती हैं, यह तो खुद ही डरी हुई हैं, आज मालूम हुआ।" दुल्ला हँसने लगा।

सलीम को यह बात चुभी तो सही, मगर उसने ज़ाहिर न होने दिया। वह खिड़की के पास जाकर बोला, "आ जाओ मेरे पीछे-पीछे।" सलीम एकदम झुककर अन्दर दाखिल हुआ तो दुल्ला तुरन्त शाही रहतल की नीयत समझ गया। उसने अपने साथियों से कहा, "यहाँ हमें मूर्खों तथा बुद्धू होने का स्वाँग करना है।"

अन्दर जा सलीम ने दुल्ले को भी अन्दर आने के लिए कहा।

दुल्ले ने पहले अपना बायाँ पैर अन्दर रखा, फिर दायाँ और अपनी पगड़ी का शमला खिड़की से बचाते हुए अन्दर जाकर सीधा खड़ा हो गया। दुल्ले के साथी भी ऐसे ही अन्दर दाखिल हुए।

दरबारियों, अहलकारों ने मुँह में उँगलियाँ ले लीं।

"या खुदा, दुल्ला भट्टी ने तो शहंशाह-ए-हिन्द को जूती दिखाई।"

शहंशाह अकबर दुल्ले की हिमाकत को ताड़ रहा था।

जब सभी अन्दर दाखिल हो गये। सलीम उन सभी के आगे चल दिया। सलीम के स्वागत के लिए दरबारी उठकर खड़े हो गये। झुक-झुककर सलामें होने लगीं। सलीम ने भी शहंशाह के आगे जाकर आधा झुककर सलाम किया।

दुल्ला तथा उसके साथी मूर्खों की भाँति, इधर-उधर किला देखने में लगे रहे। दरबारियों को ताकते रहे। बादशाह तथा सिंहासन की ओर भी आँखें फाड़कर देखने लगे। शाही रिवायत के अनुसार न वे बादशाह के सामने झुके और न ही सलाम कहा।

रमज़ा खुश हो, ऊँची आवाज़ में बोला, "दुल्ले ओए हाथी देख...।" सभी पागलों की तरह उधर देखने लगे।

"उधर घोड़े भी...।" सदीक ने इशारा किया।

दरबारियों के चेहरे पीले पड़ गये। बादशाह का खून खौलने लगा। शाही दरबार की इतनी तौहीन? इन गँवारों को ज़रा भी अक्ल नहीं। ये जानते ही नहीं, शहंशाह के सामने पेश कैसे होते हैं। अपने गुस्सा पर काबू डाल, उसने सलीम को घूरा, जैसे कह रहा हो, "यही सिखाकर लाये हो?" अगर पुत्र से वादा न किया होता तो ऐसी गुस्ताखी करने वाले का सिर यहीं पर कलम करवा देता।

दरबारी अभी ठीक से बैठे भी नहीं थे, सहमे से खड़े थे। सलीम भी सकते में था। उसके लिए यह समय इतना कठिन था, ना वह अब्बा हुज़ूर से माफ़ी माँग सकता था, न सभी के सामने दुल्ला से कुछ कह सकता था।

दुल्ला भट्टी तथा उसके साथी बेपरवाह और हैरत से शाही दरबार की चकाचौंध देखने में लगे हुए थे। वैसा दुल्ला, अकबर बादशाह के पास बड़े लोगों, आस-पास खड़े पहरेदारों की ओर देखते हुए सोच रहा था, अपनी सुरक्षा के लिए बादशाह को इतने व्यक्तियों की ज़रूरत पड़ती है। इतना बड़ा किला, हाथी-घोड़े... हमसे तो कहा था, घोड़े अन्दर नहीं जाते। अन्दर तो पूरी फ़ौज है। अगर हमें यहाँ कत्ल ही कर दे...। उसने घूमकर पीछे किले के दरवाज़े की ओर देखा... यहीं पर मेरे अब्बा और दादा की लाशें लटकती रही होंगी...।

अभी दुल्ले का खून खौलने लगा। गुस्से से मूँछें फड़कने लगीं। दरबारी अभी भी भयभीत थे। ऐसी हरकत उन्होंने न कभी देखी न सुनी थी। कोई आम आदमी शहंशाह के सामने खड़े होकर भी ऐसी हरकतें कर सकता है।

अबुल फ़ज़ल तो निकट जाकर दुल्ले को छूकर देखना चाहता था। यह सचमुच ही हमारे जैसा हाड़-मांस का आदमी है या इसकी मिट्टी कोई दूसरी है।

सलीम शर्मसार हो, अब्बा के निकट जाकर बोला, "इन देहाती गँवारों को क्या मालूम, शाही मर्यादा क्या होती है। ये जाहिल लोग हैं। शाही दरबार देखकर इनके होश गुम हो गये हैं।"

"हमें यह इतना जाहिल तो नहीं लगता शेखू बाबा। शाही ताकत से त्राह कर तो मवेशी भी सींग नीचे कर लेते हैं। यह तो हमें जूतियाँ दिखाता है।"

"सही फरमा रहे हैं, अब्बा हज़ूर। मगर इतना सोचने की अक्ल कहाँ है इनमें। लाहौर शहर दिखाने के लिए मैं इन्हें यहाँ से ले जाता हूँ, फिर बाहर-बाहर से ही रुखसत कर दूँगा।" सलीम ने बादशाह के साथ कानाफूसी-सी की।

"यह दुल्ला वही है, जिसकी शिकायतें मिलती हैं, कहीं किसी और को तो नहीं ले आया?"

"वही दुल्ला है अब्बा हुज़ूर, साँदल बार का दुल्ला।"

"वो तो साँदल बार का मुकद्दम बना फिरता है। ग्रामवासियों से कहता है, लगान नहीं देना। यह शख्स तो नीम-पागल लगता है।" अकबर अभी भी दुल्ला और उसके साथियों को कहर भरी नज़रों से घूर रहा था।

"कहता भी होगा, हमारे सामने यह है क्या चीज़।" सलीम, बादशाह के तेवर नर्म करना चाहता था।

दुल्ला तथा उसके साथी अभी भी बेसिर-पैर की हरकतें कर रहे थे। रूड़े ने एक तिपाई पर पड़े फूलदान से फूल निकाल लिए और उन्हें सूँघने लगा।

"यह ठीक है। हमने तुम्हारे साथ वादा किया है। मगर यह मौका...।"

"नहीं अब्बा हुज़ूर। अभी और भी कई मौके आयेंगे। मैं दुल्ले की माँ से वादा करके आया हूँ। दुल्ला सही सलामत पिंडी ज़रूर जायेगा।"

"तख्तों के लिए बड़ा कुछ दाँव पर लगाना पड़ता है शेखू बाबा। हुकूमत के लिए वादे कुरान की आयतें नहीं होतीं।" अकबर ने सलीम को निज़ाम की सियासत समझानी चाही।

"इस बार नहीं अब्बा हुज़ूर। शहंशाह-ए-हिन्द वादाखिलाफी कर सकता है, मगर एक अब्बा नहीं। अगर यह अपनी हरकतों से बाज़ न आया, पचास घुड़सवार काफी हैं, इसकी गर्दन पकड़ने के लिए। इस प्रकार करने से, हुज़ूर की इज्ज़त भी रहेगी और मेरी भी।"

दरबारी अभी भी साँस रोके, यह नया तमाशा देख रहे थे। धीमी स्वर में हो रही शहंशाह तथा शहज़ादे की गुफ्तगू का रहस्य, उनके मन में बेशुमार संशय पैदा कर रहा था।

अचानक शहंशाह अकबर की आवाज़ सुनाई दी—"इन देहातियों को लाहौर शहर घुमाओ। यह शहज़ादा सलीम के मेहमान हैं। इन्हें मालूम हो, बादशाह अपनी रियाया से लगान क्यों वसूल करता है। शहर घूमकर ये देख लें, रियाया के जान-माल की हिफाज़त हुकूमत किस प्रकार करती है।"

शाही फरमान सुनते ही दुल्ले तथा उसके साथियों को सलीम तुरन्त किले से बाहर ले आया और कहा—

"जाओ, लाहौर के बाज़ार देखो। मगर शोरगुल न करना। ये शहरी आदमी हैं, हो-हल्ला पसन्द नहीं करते। एक ख़याल और रखना, शहंशाह लाहौर में ही हैं। समय से लौट जाना। तुम्हारे ठहरने का इन्तज़ाम हमने नहीं किया।"

"तुमने तो कहा था लाहौर में बेशक महीना रहो और अब एक रात भी...।"

"दुल्ले भाई जान शहंशाह को कश्मीर की ओर जाना है और पीछे से कोई...।"

"समझ गये हम।" दुल्ला एकदम से बोल उठा, "दूसरी बात है, हमें ठिकानों का फ़िक्र भी नहीं। लाहौर से निकल जायें, ठिकाने बहुत हैं। अगर कोई ना भी दे, हम खुद ही बना लेंगे। घोड़े मँगवा दो हमारे...।"

× × ×

लाहौर के बाज़ारों में घूमते हुए सारी टोली खुलकर हँसी। सदीक बोला, "बादशाह का जना कहता है, हुड़दंग न करना। हम हुड़दंग करने ही तो आये हैं।"

"करना भी तभी है, जब बादशाह लाहौर में है।" रूड़ा बोला।

"दुकानों वाले कैसे देख रहे हैं। इन्होंने पहले कभी आदमी नहीं देखे क्या?" रमज़ा हँसा। वह बाज़ारों की रौनक देख-देखकर हैरान हो रहा था।

"आदमी तो बहुत देखे होंगे, पिंडी के बलवान नहीं देखे होंगे। वह आज देख रहे हैं।" लहिणा बोला और सामने हलवाई की दुकान की ओर ललचायी नज़रों से देखने लगा।

"लारें निकल रही हैं न?" दुल्ले ने छेड़ा।

"तेरे शाही दरबार ने तो पानी भी नहीं पूछा। भूखे पेट तो सफर भी किया जायेगा।"

लहिणे की बात तो सही थी, मगर दुल्ला चाहता था, घूम-फिरकर पिंडी के रास्ते चल देना चाहिए। फिर भी बोला, "देख ले लहिणे, हम आदमी भी कम हैं और हैं भी लाहौर में।"

"हम तो शाही मेहमान हैं।"

"हलवाई के तो नहीं न।"

"भूखे तो हम भी नहीं जायेंगे फिर।" पिरथे भी लहिणे के साथ सहमत हो गया।

"जहाँ हम आगे बढ़ रहे हैं, उधर से वापसी का कोई रास्ता नहीं है पिरथे। झड़प हो गयी तो मैं टाल नहीं पाऊँगा। अपनी तैयारी भी नहीं हैं और यह मौका भी नहीं था चिराग़दीन मियाँ बताता है, अगर अपना पक्ष कमज़ोर हो, तो टक्कर टालनी चाहिए।" दुल्ले ने समझाया।

"दुल्ले, शाही रहतल देखकर कमज़ोरी दिखाता है।" रूड़े ने रड़का दिया।

"यह बात है तो आओ फिर।"

और सभी हलवाइयों की दुकानों में जा घुसे।

× × ×

जिस समय, पिंडी के रास्ते में दुल्ला तथा उसके साथी सघन शहतूत की छाया में बैठे थे, मिठाइयों के नाम लेकर उनके स्वाद तथा बेस्वाद होने को बढ़ा-चढ़ाकर चर्चे कर रहे थे। ठीक उस समय लाहौर के हलवाई किले के बाहर इकट्ठे होकर हाल-दुहाई मना रहे थे।

बादशाह की रजामन्दी से कुछ हलवाइयों को उनके सामने पेश हो, फरियाद करने का हुक्म दिया।

"हुज़ूर, देहातियों ने हमारा सारा सामान मिट्टी-धूल में मिला दिया।" दुकानदार रोने-पीटने लगे।

"दुकानों के अन्दर उन्हें घुसने क्यों दिया।" बादशाह ने गुस्से में पूछा।

"हुज़ूर कह रहे थे, हम बादशाह के मेहमान हैं। उन्होंने तो हज़ूर का खौफ़ ही दिल से निकाल दिया था, कि हज़ूर लाहौर में हैं।" दूसरा हलवाई रोते हुए बोला।

"देहाती जंगली गधे होते हैं, इतनी समझ होती तो...।" अकबर सलीम की ओर झाँका।

"हज़ूर माई-बाप। गधे ज्वार भी चर गये हैं और हमारा नुकसान भी कर गये।" हलवाई रोकर कह रहे थे, मक्कारी अधिक कर रहे थे।

सलीम ने हलवाइयों को समझाया, वे लोग जाकर अपना काम-धन्धा देखें। इस समय बादशाह का मिज़ाज ठीक नहीं। मैं इनका रवैया देखकर बात करूँगा।

"हज़ूर से कहो, लुटेरे तो ज़मीन पर पैर भी नहीं रख रहे थे। अब तो भेड़ों के भी सींग निकल आये हैं। वे तो बादशाह की शान में भी अंट-शंट बक रहे थे।" एक हलवाई ने जलती आग में और तेल डाला।

"अभी तुम लोग जाओ, मैं खुद देखने आऊँगा, कितना नुकसान कर के गये हैं।"

सलीम ने हलवाइयों को तो भेज दिया, मगर खुद चिन्ता में डूब गया। यह दुल्ला शाही मेहरबानी का उलटा मतलब तो नहीं ले रहा? उसकी हरकत टकराव वाली है। हिन्द के शहंशाह को सलाम न कर, एक प्रकार से उसने तख्त की अवहेलना की है। अब लाहौर के बाज़ार में भी उलटा-सीधा कर गये। पिंडी जाकर रौब झाड़ेगा, दुल्ले की हवा की ओर तो कोई देख नहीं सकता। उसे मालूम नहीं, हमने तो सारे हिन्द को अपनी जाँघों के नीचे दे रखा है। राजपूत अपनी बेटियों के रिश्ते लेकर आते हैं। हमने तो जयमल तथा फत्ते जैसे राजपूतों की साँस नहीं निकलने दी। दुल्ले को शायद अपनी ताकत का कुछ अधिक ही गुमान हो गया है। यही बातें अगर अब्बा हज़ूर से कहूँ तो...। मगर तख्तों के पास भी बड़े काम होते हैं। ऐसे दुल्लों के लिए तो हमारे पहरेदार ही काफी हैं। चलो देखते हैं। सियार की जब कज़ा आती तो वह जंगल से शहर की ओर भागता है। चलो, पहले अब्बा हज़ूर की परेशानी तो दूर करूँ...।

× × ×

उधर रास्ते में दुल्ले के साथी एक गाँव में चौधरियों की हवेली देखकर डाका मारने की योजनाएँ बनाने में लगे हुए थे।

"हथियार भी तो आसपास में नहीं हैं कोई।" सदीक ने माथा खुजलाते हुए कहा।

"जंगल अपने ही हैं। खुंगरी (नुकीली) वाली टहनियाँ तोड़ लेते हैं। ठिकाने पर लग गये तो एक भी पानी नहीं माँगेगा।" डाके के नाम से ही रमज़ा के हाथों में खुजली होने लगी थी।

अँधेरा होने पर वे गाँव की हवेलियाँ देखने लगे। सभी ओर लट्ठमार घूमते नज़र आने लगे। घोड़े उन्होंने जंगल में बाँध दिये थे।

चक्कर लगाकर वे लौट आये।

"डाके का काम आगे के लिए टाल दे दुल्ले।" पिरथे ने राय दी।

डाके के लिए बड़ा जुगाड़ करना पड़ेगा।"

"तेरे बादशाह अकबर ने कहना है, औरतों की तरह आये, औरतों की तरह लौट गये। यह तो पिंडी के भट्टिओं के लिए ताना है।" रमज़ा आज कुछ करने के रौ में था।

"देख लो सभी ऊँची जगह पर पंजा लड़ गया तो फिर पीछे हटना नहीं होगा।" दुल्ले ने खबरदार किया।

"किसी साँप को बिल से तो निकाले।" रमज़ा उतावला था।

"अगर निकलते ही डस लिया तो।" रूड़ा बोला।

"यह तो सामना होने पर पता लगेगा। अगर हमने पहले फन कुचल दिया तो फतह हमारी, अगर उसका दाँव पड़ गया तो मात।"

"पिरथे, मात देखनी बहुत कठिन है। चिराग़दीन का मत है, लड़ाई तो कभी भी लड़ी जा सकती है, मगर सयाना आदमी उसी लड़ाई में कूदता है, जिसमें जीत बेशक न हो, मगर हार का डर भी न हो।"

"दुल्ले, तू तो हर मौके पर चिराग़दीन ही बना रहता है।" पिरथा हँस दिया।

"मैं तो तुमसे कह रहा हूँ भई। डाका मारना है तो उठो। आगे मैं रहूँगा।" दुल्ले ने दिलेरी से कहा।

सभी जंगल में बैठे थे। तसल्ली से चर चुके घोड़े आराम से खड़े थे। ठीक इसी समय घुड़सवारों की एक टोली धूल उड़ाती पास से गुज़री।

सभी हैरान हुए।

"अकबर के सिपाही तो नहीं?" रूड़े ने पूछा।

"इस समय कहाँ जा रहे होंगे।"

"पिंडी तो नहीं जा रहे।"

"क्या मालूम?"

"घोड़े तो ठीक तरह से बाँधे हुए हैं न?" दुल्ले ने पूछा।

"हाँ, हाँ।" रमज़ा बोला।

"सो ले दो घड़ी। तड़के पहर चलेंगे। फ़ज़र की नमाज़ से भी पहले।"

दुल्ले ने कहा और घास पर लेट गया।

"नींद कहाँ आयेगी अब।" कहते हुए सदीक उठ बैठा। "जेब में शक्करपारे चुभ रहे हैं।" उसने सभी को थोड़े-थोड़े बाँट दिये।

"तू अपनी आदत से बाज़ नहीं आया।" दुल्ला शक्करपारे खाते हुए बोला।

कुछ देर बाद सभी चुप हो गये।

उनींदे में दुल्ले को लगा, पक्षी चहकने लगे हैं। वह हैरान रह गया। दिन इतनी जल्दी चढ़ आया। उसने उठकर देखा, नूराँ सिरहाने खड़ी है। नूराँ यहाँ जंगल में? वह चौंककर उठ बैठा। इधर-उधर झाँका, आँखें मलकर देखा। ना पक्षी चहक रहे थे, ना ही कहीं नूराँ थी। उसने तारों की ओर देखा। अभी फ़ज़र का तारा नहीं चढ़ा था...। दुल्ला गहरी सोचों में डूब गया, नूराँ क्यों नज़र आयी? किसी मुसीबत में तो नहीं? सब कुछ छोड़-छाड़ कर वह मेरे साथ चली आयी। मुझे उसकी ठीक तरह से परवाह करनी चाहिए थी। वह खुद को धिक्कारने लगा। अब पिंडी जाकर सबसे पहले नूराँ के पास ही जाऊँगा...।

फिर बाकी बची रात दुल्ले को नींद न आयी। तारों में से उस नूराँ का चेहरा ही नज़र आता रहा।

23

सूरज शिखर पर था। अपने साये भी पैरों के नीचे आ रहे थे। पिंडी पर एकदम धूल के बादल छा गये। हैरान हुए लोग अपनी छतों पर चढ़कर देखने लगे,...यह क्या आफत आयी। कुछ लोग बाहर गलियों में भी निकल आये।

लोगों को भैंसें, गायें, बछड़े, बछियों के रंभाने की आवाज़ें सुनाई दीं।

इतना बड़ा रेवड़ कहाँ से आ रहा है पिंडी की ओर? अकबर की फ़ौजें लोगों को भुलावे में डालने के लिए आगे पशु लेकर तो नहीं आयीं। लोगों को कुछ समझ में नहीं आ रहा था। लोग अचम्भे में थे।

उधर दुल्ला तथा उसके साथी पशुओं के साथ अठखेलियाँ करते आ रहे थे।

"वो आदमी दरख्त से बँधा सोच रहा होगा, फ़ौज आ गयी।" सदीक ने कहा।

"अल्लाह जाने, हमने तो जो कार्यवाही करनी थी, कर दी।" रमज़ा हँसा।

"तेरे ही हाथों में खुजली हो रही थी काफी।" पिरथा बोला।

"और क्या करता, डाका तो हुआ नहीं। मैंने सोचा, जाते-जाते चौधरियों के गाँव से पशु ही हाँक ले जायें। भागते चोर की पगड़ी ही हाथ आ जाये तो गनीमत होती है।" रमज़ा ने कहा।

"सोच लो, अकबर के पिछवाड़े मिर्चें लड़ जायेंगी। उधर हलवाई भी रोने-पीटने में लगे होंगे।"

"सदीक, हम अकबर को मिर्चें ही तो लड़ाना चाहते हैं।" दुल्ले के स्वर में घृणा थी।

"एक बार और सोच ले रमज़ा, अगर पीछे से फ़ौज आ गयी तो फिर नहीं हटने देंगे।"

"पिरथे, यह तू मुझसे क्यों कह रहा है—पीछे नहीं हटना। इतने बरस इकट्ठे रहते हो गये, रमज़ा के स्वभाव को तू नहीं जानता। हगने के बाद आगे होते हैं, पीछे नहीं। पशु निगाह में रखो। गाँव की हद तक ले जाना रमज़े का काम रहा।" रमज़े ने पिरथे की बात से चिढ़कर कहा।

फिर उन्होंने जो कुछ चौधरियों के गाँव में किया था। पिंडी के लोग फटी आँखों से देखने लगे।

पशु पिंडी पहुँच गये और खुले स्थान पर जैसे पशुओं की मंडी लग गयी।

दुल्ले आदि से आगे बढ़कर मिलने वाला पहला आदमी फत्तु मिरासी ही था। आज तो बिना कुछ बोले ही उसकी आँख बार-बार फड़कने लगी थी। फत्तु जैसे गया, वैसे ही मुड़ आया। पीपल के नीचे जमा भीड़ कुछ पूछना चाह रही थी, मगर फत्तु हाथ खड़ा कर सभी से सब्र करने को कह, उतावलेपन से अपने घर की ओर जा रहा था।

थोड़ी देर के बाद लोगों ने फत्तु मिरासी का पीपा खड़कता सुना। "चुप करके सुनो।" एक ने लोगों को डपटा।

फत्तु मिरासी की हाँक गलियों से निकल ऊपर, छतों, मुँड़ेरों से होकर लोगों तक पहुँचने लगी।

"गाँव-वासियो दुल्ला भट्टी अर्ज़ करता है, जिस घर में दुधारू नहीं हैं, वे बड़े पीपल के सामने चरागाह वाले स्थान पर आकर गाय, भैंस, बछड़ा-बछरी, जो लेना चाहें, ले जायें। एक गठरी चारे की दुल्ला अपने पास दे देगा। जिसके पास पहले से ही दुधारू है, उसे आने की ज़रूरत नहीं।"

सारी पिंडी में लोगों ने इस सूचना को सुना। लोग चरागाह वाले स्थान पर ज़मा होने लगे। पलों में ही भीड़ जुट आयी। अजीब मंजर था। बछड़े-बछेरी अपने माँ को टोलते फिर रहे थे।

रूड़े, पिरथे, सदीक आदि ने हथियार मँगवा लिए थे और लाहौर से आने वाले रास्ते पर तैयार-बर-तैयार थे।

फिर दुल्ले की बुलन्द आवाज़ लोगों को सुनाई दी।

"अगर किसी आदमी ने लूट का माल समझकर पशु को भूखा रखा तो दुल्ले के कहर से बचने के लिए पिंडी छोड़नी पड़ेगी।"

एक व्यक्ति जल्दबाजी में घर से रस्सा लाना भूल गया, उसने नीचे बाँधी अपनी लुंगी ही भैंस के गले में डाल दी।

भूखे-रँभाते पशुओं को पानी मिला। चारा-भूसा खाने को मिला। बहुत सारे लोगों ने चाव से उन्हें नहलाकर उनके जिस्म चमका दिये। किसी ने घर में पशु घुसाते उसे चाँदी सुँघायी। अजनबी स्थान पर भी पशु शान्त हो गये।

सूने आँगन में किल्ले से बँधे दुधारू देख गाँव वासी दुल्ले को दुआएँ देने लगे।

पिंडी में दुल्ले की दिलेरी की फिर से चर्चा होने लगी। दूसरी ओर गाँव में चौधरी, चाचा जलालदीन, मौलवी तथा दुर्गा बामण के पैरों तले चिनगारियाँ निकलने लगीं। अहमद चौधरी तो ज्यादा ही खफ़ा था।

"गरीब-गुरबा तो अब दुल्ले को ही बादशाह समझने लगे हैं।"

"बादशाह बनना इतना आसान नहीं चौधरी, देखता जा गाँव पर कहर आया कि आया।" मौलवी ने लोगों को डराया।

"पहले दुल्ले के बाप ने लोगों का जीना दूभर किया था, अब...।"

"अब क्या...।" पास बैठा एक और बुजुर्ग इल्मदीन बोला, "आगे वालों के रास्ते, पीछे वालों के पैतंड़े।"

"वह तो ठीक है मियाँ इल्मदीन, आगे तो जो हुआ सो हुआ। अब तो अकबर बादशाह सारे हिन्द पर कब्जा किये बैठा है। वो इस जैसे के पीछे क्या आयेगा।"

"मैं समझता हूँ, तख्त को नाराज़ करना कोई सयानापन नहीं। दुल्ले को तो बादशाह का एहसान मानना चाहिए। यहाँ उलटी बात है, वो तेरी नमाज़ पढ़ें, तू उनके लोटे तोड़ दे।" मौलवी भी पिंडी के चौधरियों के सुर में सुर मिलाता था।

"इल्मदीन, लाहौर जाने से पहले दुल्ला मुझे धमकी देकर गया था, मैंने तो बातें लाहौर तक भेज दी थीं।" अहमद चौधरी ने बताया।

"अब वह चौधरियों को धमकी देने लगा है।" इल्मदीन हैरान हो गया।

"क्या बात करते हो इल्मदीन, कहाँ रहता है। मौलवी से पूछ, इसे भी मालूम है, वह तो लगान वसूलने ही नहीं देता। मुझसे कहता है, चौधरी, मैं तेरी इज्ज़त करता हूँ। अगर पिंडी में बसना नहीं तो लगान वसूल कर ले। अगर बसना है तो चुपचाप अपनी हवेली में जाकर बैठ जा। लाहौर से कोई जवाब-तल्बी करने आये तो उसे मेरे पास भेज देना, इल्मदीन, तुझे इल्म है, पिछली रबी का पिंडी के किसानों से दुल्ले ने लगान वसूल करने ही नहीं दिया और अब खरीफ़ सिर पर आयी खड़ी है, देखते हैं, क्या करता है। वह तो और गाँव के आदमियों से भी यही कहलवा रहा है कि किसी ने लगान नहीं देना और जाट-बूटों को तो यही चाहिए होता है।"

बातें करते समय ही मियाँ चिरागदीन उनके पास आ बैठा। दुआ सलाम के

बाद हाजी ने कहा, "चौधरी साहब, जिसकी पैदाइश हुई है, उसे एक दिन कज़ा भी आनी है। आनी है कि नहीं।" हाजी ने सभी को ओर देखा।

"कज़ा तो आनी है हाजी मियाँ।" मौलवी बोला।

"अल्लाह का एक भी आदमी ऐसा नहीं जो कब्र में नहीं पड़ेगा। मगर दुल्ला तो कोई विरला ही बनता है। हम-आप तो गर्म हवा तक नहीं बर्दाश्त कर सकते।"

"हाजी मियाँ ठीक कहते हो, दुल्ला कोई विरला ही बनता है। अब इस दुल्ले के कारण भी पिंडी उजड़ेगी। देख लेना, ये बातें बहुत लम्बी नहीं खिंचेंगी। बादशाहियाँ ऐसे तो नहीं चलतीं।"

"चौधरी, यह अच्छी बात है, तू बादशाहियों की सिफ़त करता है। करनी भी चाहिए, जब उनका रिज़क खाते हैं। मगर एक बात है, ना हमें बोलने की आज़ादी है और न अपनी मर्ज़ी से रहने-बसने की। मैं समझता हूँ, वो पक्षी कितना मूर्ख होता है, जो बैठा तो वृक्ष की एक टहनी पर होता है, साँस भी खुली हवा में लेता है। जहाँ मन करे उड़ सकता है, फिर भी वह सिफ़त-बड़ाई पिंजरे वालों की करे।" कह चिराग़दीन ने फिर से तसबीह हाथ में ले ली।

"हाजी मियाँ, आदमी ज्यों-ज्यों बूढ़ा होता जाता है न, उसके अन्दर जो भी अच्छा-भला होता है, वह सड़ सूख जाता है। ना उसे बादशाह अच्छे लगते हैं, ना बादशाहियों के काम। वह हयाती को मुश्किल रास्तों पर ले जाता है।" चौधरी अपनी बात कह हाजी की ओर देखने लगा।

चिराग़दीन, चौधरी की रमज़ समझ रहा था। उसने बहस में पड़ना उचित न समझा। वैसे भी वह बहस में पड़ता नहीं था। या तो बात को किसी और तरफ मोड़ देता था या फिर खुद वहाँ से उठकर चल देता था। अब भी 'या-अल्लाह, मेहर करना' कहते वह उठ खड़ा हुआ।

उसी समय पीपा खड़कने की आवाज़ इस ओर आती सुनाई दी, जैसे कोई इधर ही आ रहा हो।

"बैठ जा हाजी मियाँ अब। सुन तो ले, आखिर और क्या होने वाला है।" चौधरी ने व्यंग्य से कहा।

"अब पिंडी में रोज़ नये तमाशे।" कह इल्मदीन हँस दिया। हाजी चिराग़दीन रुक गया।

गाँव के चौकीदार की आवाज़ सुनाई दी।

"पिंडी वासी और हर आम-ख़ास को इत्तलाह हो, लाहौर से कानूनगो आया है। सभी किसानों, जाटों को पटवारख़ाने पहुँचने का फ़रमान है।"

"लो आ गये खसम।" चौधरी के चेहरे पर रौनक आ गयी।

और मौलवी, जलालदीन से कह रहा था, "हमें तो लाहौर जाना पड़ेगा। इस तरह तो दुल्ला हमारी पगड़ियाँ धूल में अटा देगा।"

चौकीदार दूर निकल गया। मगर उसके पीपे की खड़कने की आवाज़ अभी

भी सुनाई दे रही थी।

सूरज ढल गया था। झन्नाँ के उत्तर की ओर, लीपे सँवारे घर में, नूराँ की जाँघों पर सिर रखे दुल्ला, उसे लाहौर दरबार की बातें सुना रहा था। जब दुल्ले ने बताया, वे कैसे बुद्धू बनकर बादशाह के दरबार में हरकतें कर रहे थे तो हँसती हुई नूराँ आवेश में आ दुल्ले के सिर को बाँहों में कस लेती थी।

देर रात तक दुल्ला उसे कभी हलवाइयों की, कभी पशु हाँक कर लाने तथा कभी अकबर के पुत्र की बातें सुनाता रहा।

"हाय, तूने तो मुझे चूल्हा भी नहीं जलाने दिया।" नूराँ को याद आया तो वह दुल्ले को परे धकेल उठ खड़ी हुई।

दुल्ले ने तुरन्त उसे बाँहों में भर अपने ऊपर खींच लिया। आधा नज़र आता चाँद भी बदली में छुप गया था।

24

गर्मी का मौसम गुज़रता जा रहा था।

आधी रात के बाद खेस लपेटने जैसी ठंड होने लगी थी।

सुबह-सुबह फुल्लराँ चौंक में झाड़ू देने लगी! हवेली के पिछवाड़े और आँगन में झाड़ू-पोंछा और गोबर-कूड़े का काम तो शल्ला टुंडे के छोटे भाई की औरत अल्लारखी करती थी। वह काफी दिन चढ़े आती थी। लध्धी ने दूध बिलोकर चाटी से मथानी निकाल ली और साफ कर एक ओर रख दी। फिर मक्खन की पेडों से कटोरा भरकर एक बड़े बर्तन से ढककर, फुल्लराँ के पास आ खड़ी हुई। "धीये, सूरज हाथ भर चढ़ आया, दुल्ला अभी जागा नहीं?"

"उठ जायेगा। आधी रात के बाद तो हवेली में आया है।" फुल्लराँ ने लापरवाही से कहा और झाड़ू एक ओर टिका दी।

"कहाँ से आया इतनी रात को?" लध्धी ने चिन्ता से पूछा।

"अम्मा कोई एक जगह हो तो बताऊँ। तुम्हें मालूम तो है, जिनके साथ होता है। उनके पास नहीं होगा तो जो झन्नाँ के किनारे जो रखी है, उसके पास होगा।"

"मैं तो धीये बहुत कलपती हूँ सिरफिरे को। अल्लाह की मेहर से वंश बढ़ा है। अकबर की आँख में तो पहले से भट्टिओं का यह गाँव रडकता है। इसे वक़्त-बे-वक़्त का कोई ध्यान नहीं रहता अब लाहौर जाकर मालूम नहीं क्या किया होगा। और मालूम नहीं पशु किन-किन के हाँककर ले आया। सारा गाँव ही खाली कर दिया होगा। मैं लेती हूँ इसकी खबर...।" बुदबुदाती हुई लध्धी, दुल्ले को जगाने चल दी।

जब दुल्ले पर पड़ा खेस लध्धी ने जोर से खींचा तो दुल्ला झटके से उठ बैठा। हैरान हो माँ की ओर देखने लगा। वह तो नूराँ के साथ झन्नाँ में तैर रहा था।...

डूबते सूरत की लाली में, उसका ताजे गुलाब-सा खिला चेहरा सुनहरा हो चुँधिया रहा था। उसकी मोटी भूरी आँखें और भी गहरी हो गयी थीं। भीगी नूराँ कोई जल-परी लग रही थी। दुल्ले ने सिर झटकाया, सब गुड़-गोबर हो गया। "क्या करती है माँ। सोने भी नहीं देती दो घड़ी।" रोब जताते दुल्ले ने माँ से खेस छीन, फिर ऊपर तान लिया और आँखें मूँद टूटे सपने का सिरा पकड़ने लगा।

"ओए सोने के आलसी ऊपर सिर पर आ बनी है और तुझे नींद सूझ रही है।" लध्धी ने फिर से खेस खींचना चाहा। "तू तो जाग रही है न माँ।" कसकर पकड़े खेस के भीतर से दुल्ला बोला।

"औरतों के जागने का कोई अर्थ मानते हैं मर्द। मैं तो तेरे अब्बा-दादा के समय भी जागती थी। मेरी एक मान लेते तो...।"

"माँ, मुझे सोने दो।"

"अरे चौकीदार कल से पीपा पीट रहा है। कानूनगो आया है गाँव में।"

लध्धी ने फ़िक्र से बताया।

"कानूनगो आया है तो आता रहे। मुझे तो सोने दे।" दुल्ले ने पहले वाले रोष से ही कहा।

"अरे सोने कैसे दूँ? जिनकी भैंसें-गायें हाँककर लाया हैं, क्या मालूम उन्होंने तफ़्तीश भेजी हो।"

"अरे माँ, कल के मरे, कल ही दबाये गये। तू जा, जाकर अपना काम कर। जब मुझे बुलावा आयेगा, देख लेंगे।"

"पुत्तर, वक़्त देख...।"

दुल्ले ने खीझकर खेस परे फेंक दिया और उठ बैठा।

"मुझे मालूम है माँ, मैं यह सब क्यों करता हूँ।"

"मुझे क्या मालूम पुत्र। मैं तो समझती हूँ...।"

"नहीं माँ, मैं मौज-मस्ती नहीं करता, ना ही निकम्मा हूँ। जब से तूने मुझे अपनी वार्ता सुनाई है, एक बात मेरी भी सुन ले, मैं बाप-दादा के रास्ते पर ही चलूँगा। सोऊँ या जागूँ, मुझे रोकना ना। जलालदीन चाचा, पिंडी के चौधरी, और भी होंगे, जो मर्ज़ी कहते रहें, मैं अकबर से वैर निकालूँगा। गर उसने मेरी नींद हराम की है सुख की नींद वह भी नहीं सो पायेगा। बन्दा बार-बार जन्म नहीं लेता माँ। मैं बादशाह के किसी भी आदमी को नहीं बख्शूँगा, चाहे साहूकार हो, व्यापारी हो या चौधरी हो। पिंडी के नज़दीक से जो भी गुज़रेगा, दुल्ले को लगान देकर जायेगा। चाहे छीनकर लूँ या सिर उतारकर...।"

"इस तरह पुत्तर तू वैर नहीं निकाल रहा, वैर कर रहा है।"

"जो मर्ज़ी समझ ले। अब अकबर हमारी पहुँच से बाहर नहीं।"

"इतना टेढ़ा न जा पुत्तर। वे फ़ौजों लश्कर वाले, हाथी-घोड़े तोपें वाले...।"

"माँ, भूत डरने वाले को ही डराते हैं। अकबर लगान माँगता है अपनी ऐश

करने के लिए। हम लगान नहीं देंगे। वह फिर भी चौधरियों को अच्छे लगते हैं और हम बुरे। अमीरों ने गूँ खाया दवाई के लिए, गरीबों ने खाया पेट भरने के लिए।" दुल्ला उठ खड़ा हुआ। नीचे बाँधी तहमद को कसकर ठीक किया। फिर पैरों में जूती डालने लगा।

"कौन तेरे साथ सिर खपाये। तेरी तो ज़िद भी उलटी होती है। तेरा किया मेरे आगे पेश आयेगा दुल्ले। चंदरे, यह तो सोच, घर में जवान बेटियाँ हैं। नूरे का अभी-अभी निकाह किया है। तेरी बीवी है, माँ है, एक वो है, घोड़ों वाली औरत जिसने लोक-लाज सब किल्ली पर टाँग दिया है।...नूराँ। झन्नाँ की मछलियाँ खाने वाली।"

"माँ, उस बारे और कुछ न बोलना।" दुल्ला एकदम भड़क उठा।

"कैसे न कहूँ। दो जगह पर औरतें रखकर बसेरा कैसे होगा। गर वे फ़ौजें चढ़ा लाये, सभी को बन्दी बना ले जायेंगे। और तू कहता रह, डरने वालों को भूत डराते हैं।"

"ऊँट पर चढ़े भी रोती जा रही है। जा, अपना काम कर जाकर। लस्सी का डोल मेरे सिरहाने रख जा। सोचने दे दो घड़ी मुझे। फिर पटवारखाने जाकर देखता हूँ कि कौन-सा चौधरी लगान उगाहने की हामी भरता है।"

लध्धी जाने लगी तो दुल्ला फिर बोला, "एक मेरी बात हमेशा याद रख माँ, मुझे नूराँ का उलाहना फिर कभी न देना।"

लध्धी कुछ पल खड़ी दुल्ले की ओर देखती रही, फिर उसके लिए लस्सी लेने चली गयी।

दुल्ला तैयार होकर मुख्य द्वार की ओर बढ़ा। अभी भी वह आँगन के बीच में ही था, पीछे से फुल्लराँ की आवाज़ सुनाई दी, "रोटी तो खा जाता। पीछे से तेरी माँ लड़ेगी मेरे साथ, मेरा पुत्तर भूखे पेट चला गया।"

"इसे थोड़ा ठंडा कर ले। इतने गर्म से तो तेरी जीभ जल जायेगी, गले से कैसे उतरेगी।" दुल्ला फुल्लराँ की ओर गहरी नज़र से देख, हँस दिया।

"बाहर जो सौतन तूने रखी है, वह तो पंखा झुलाकर तुझे खिलाती होगी। साथ में खीर भी पकाती होगी वहाँ।"

"कहो तो तेरे लिए ले आऊँ वहाँ से?" दुल्ला हँस दिया।

"उसकी खीर खाती है, मेरी जूती।" गुस्से में फुल्लराँ ने एड़ी जोर से बजायी।

"सारा दिन मिर्चें खाती रहती है क्या।"

"तू तो मिश्री चबाता होगा...।"

"बग्गा मलकीरे के मेवों से पेट भरा कि नहीं।"

"मेवे से पेट भर ले, या रोटी से। गले से उतरा जैसा गुड़ वैसा गोबर।" नाक सिकोड़ते हुए फुल्लराँ चौके की ओर चल दी।

दुल्ला कुछ कहने लगा था, मगर कुछ सोचकर मुड़ा और बाहर निकल गया।

लध्धी लस्सी वाला कटोरा चौके में रखने आयी तो फुल्लराँ ने उसी लहज़े में पूछा, "अब कहाँ भेजा है अपने सूरमा को?"

"पहली बात तो यह है, तुझे कितनी बार समझाया है जाते हुए आदमी को पीछे से हाँक नहीं लगाते। मगर तेरी जीभ तो कुत्ते की पूँछ है।"

"अम्मा वो सामने हो तो। जब भी देखती हूँ उसकी पीठ ही नज़र आती है। क्या करूँ फिर? सामने तो टिकता नहीं तेरा पुत्तर, जैसे मैं डायन हूँ।"

"अरी मेरा पुत्तर तेरा कुछ नहीं लगता? सिर के खसम को ऐसा बोलते हैं।" लध्धी खीझी तो हुई थी, गुस्से में आ कुछ ज़ोर से बोल उठी। उठकर नूरे की कोठरी की ओर झाँकी, कहीं लड़के और बहू ने सुन न लिया हो।

"और कैसे बुलाऊँ उसे अम्मा। मुझसे तो उसे बू आती है। तुझे मालूम है तो कितने ठिकाने इसने बना रखे हैं या फिर तेरे साथ भी मुमाश्ते करता है।"

"वो मेरे कहने में कहाँ है? मेरी सुनता ही कब है? तू कर ले मुमाश्ते। तू तो औरत है उसकी।"

"वह मानता कब है मुझे अपनी औरत। पूछती हूँ, बाहर क्या करता है इतनी रात तक तो कहता है औरतें नहीं पूछ-पड़ताल करतीं। अपने बच्चे पाल और अल्लाह का नाम ले। रौब मारता रहता है, गर ज्यादा सिर चढ़ेगी तो दूसरी को सिर पर लाकर बिठाऊँगा।" फुल्लराँ रोने लगी।

"अरी खसम के होते हुए रोने लगी, मैं किसे रोकर दिखाऊँ, जिसके साँईं को ग़ौर भी नसीब नहीं हुई।" लध्धी फिर गुस्से में आने लगी।

"इतनी भड़क न अम्मी, तेरे पुत्तर के यही लक्षण रहे तो मैं भी सारी हयाती तेरी तरह...।"

"साँप जैसी जहरीली जीभ वालिए, कुछ तो शर्म कर। ख़ुदा से डर। इतना मुँह न फाड़...।"

अन्दर से निकल बख्तो और सलेमो माँ और अम्मा की झड़प सुनने लगी।

"अम्मा, दिन तो निकल लेने दो...।" बख्तो ने अँगड़ाई लेते हुए कहा।

"देख न धीये, फ़ज़र के समय कैसी बात मुँह से निकालती है तेरी माँ।" लध्धी दुखी होते हुए बोली।

"माँ, कैसा सब्र करती है। इसका मुँह तो हमेशा ही सूजा रहता है।" सलेमो हँस दी।

"हँस लो, जितना हँसना है। मुझे तो नज़र आ रहा है तेरा अब्बा मुझे रंडी कर जायेगा और अकबर के सिपाही हमें बाँध ले जायेंगे।"

"हे मेरे मालिक, या खुदा, कैसी जली-भुनी बातें कर रही है। तेरी जीभ से कीड़े पड़े?" गुस्से, रोष तथा खीझ से लध्धी काँपने लगी।

"कीड़े पड़ेंगे अम्मा, देखती जा। जो तेरे पुत्र के लक्षण हैं, यही कुछ हे देख

लेना। भला बता तो, बग्गा को लूटने की क्या ज़रूरत आ पड़ी? चलो लूट लिया, उसका सिर काटने की क्या ज़रूरत थी? चलो सिर काट भी लिया, टोकरी में रख कर अकबर के पास भेजने की क्या ज़रूरत थी भला?"

"ये तू अपने खसम से पूछ।"

"खसम से क्या पूछूँ, शाही नेमतें तो तू भी खाती रही है।"

"मर तेरे..., तू लध्धी के खाने-पीने पर नज़र रखती है। लध्धी थूकती है अकबर पर और उसकी नेमतों पर। मेरी बादशाही तो गयी दुल्ले के बाप के साथ ही। खा-पहन लिया जो खाना-पहनना था उसके जीते जी।" लध्धी रोने लगी।

"खा-भोगकर तो सभी थूकते हैं। फुल्लराँ ने नाक-मुँह सिकोड़ते हुए कहा।

"अरी हरामखोर, एक तेरा खसम मेरा खून पीने में लगा है, दूसरी तू मेरी सौतन बनी बैठी है। लगता है, तू इस घर की नहीं। जलालदीन का साया पड़ गया है तुझ पर।" कहते हुए लध्धी ने पहले से नाक-आँखें पोंछीं।

"मैं क्या समझूँ परछाइयों को। मुझे बहुत बुरे सपने नहीं आते। पिंडी उजाड़ नज़र आती है। बख्तो, सलेमो को मुग़लेटे घसीटते फिरते हैं। नूराँ लहू में भीगा कराहता सुनाई देता है। उसकी बहू दोनों हाथों से पीटती नज़र आती है।" कहती फुल्लराँ का गला रुँध गया।

"नूरा जाग गया धीये, बहू।" अचानक लध्धी को उनकी याद आ गयी। "अभी तो सो रहे हैं अम्मा" कहते सलेमो ने नज़र झुका ली।

लध्धी, फुल्लराँ की बातें सुनकर पसीज गयी। धीमे से बोली।

"अल्लाह को याद कर धीये।"

"अल्लाह के बीच में तेरा पुत्तर अटका बैठा है अम्मी।" फुल्लराँ ने भर आयी आँखें पोंछीं।

"घबरा न धीये, कुत्तों के भौंकने से हाथी रास्ता नहीं छोड़ते। तू मेरे पुत्तर दुल्ले की बीवी है और दुल्ले की रगों में साँदल बार के भट्टिओं का लहू है। पटवारखाने गया है, लाम पर नहीं गया। पटवारखाने गया भी पिंडी के लोगों के लिए है। वे लगान लेने आये हैं और लगान तो दुल्ले के बाप ने भी नहीं दिया था, दुल्ला क्या देगा।"

"नहीं अम्मा, मामला लोगों को देना है, दे चाहे न दे। तेरा पुत्तर कैसे बेग़ानी फुलवारी के नीचे टकुआ देता फिरता है। उसे अपनी बेटियों की आबरू नज़र नहीं आती?" फुल्लराँ फिर आवेश में आ गयी।

"अक्ल से बात कर मूर्ख औरत...। तेरी तो वो बात है, बनिया भी ढीला और गुड़ भी ढीला। तू क्यों मन छोटा करती है? दुल्ले के जीते जी किसी की हिम्मत नहीं देहरी अन्दर पैर भी रख जाये। अरी मुग़लों के लिए तो मेरा पुत्तर मेहरू ही भारी पड़ेगा।" लध्धी ने गुमान से कहा।

"तेरे मेहरू की पीनक लग जाये तो बेशक कोई कुछ कर ले जाये। नशा टूटा

हो तो वह पड़ता भी मूँदा है।"

बख्तो तथा सलेमो हँसने लगीं। वे घुटनों में मुँह छुपाने लगीं। "मूर्ख औरत, तू तो सदा बुरा सोचती है। जितनी देर लध्धी जीती है, नशा क्यों टूटेगा उसका भला। तू जानती नहीं, गर वो अपनी करनी पर आ जाये तो दस जनों पर भारी पड़ेगा।"

"जानती हूँ तेरे मेहरू को। गर वो अपनी आयी पर ना आ जाये तो नशा टूट जाये। फिर एक ज़ना ही, दस पोस्तियों की कब्र खोदकर दबा आये।" इस बार फुल्लराँ का चेहरा भी कुछ चहक उठा।

"सलेमो समझा ले अपनी माँ को, गर मेरे सामने बदशुगनियाँ बोलने से बाज़ न आयी तो मैं उसकी चोटी खींच हाथ में दे दूँगी।" लध्धी अब थकने लगी थी।

"माँ क्यों अम्मी के साथ बहस कर रही हो।" सलेमो ने सुलह करवाने के रौ में कहा।

"चुप कर, बड़ी आयी अम्मा की हिमायती। चल जाकर बैठ। चार टाँके लगा ले चादर पर। निकाह के समय क्या सिर लेकर जायेगी मेरा? लड़कियाँ ज्यादा नहीं बोलतीं। बख्तो को भी साथ ले जा अन्दर। अपनी भाभी को भी उठा दे अब। घर में सास जागती फिरती और बहू अभी सो रही है यह कोई...।" कुछ कहते-कहते वह चुप कर गयी और लध्धी की ओर झाँकी, अम्मा ने उसे सिर पर ज्यादा चढ़ा दिया है, पुत्र, पुत्र करती वह किसी को कोई काम में हाथ नहीं लगाने देती।"

लध्धी कुछ बोलने लगी थी, जल्दी से बख्तो उसके पास जा खड़ी हुई, "अम्मा, तू अब कुछ न कहना...।" बख्तो ने हाथ जोड़े "मेरी माँ ने आज सवेरे उठते ही भरिंड खा लिए हैं।"

फुल्लराँ दोनों लड़कियों की ओर कड़वाहट से झाँकी। वे अन्दर चली गयीं।

"देखूँ अल्लाहरखी आयी कि नहीं।" बहाने से यहाँ से टलने के लिए लध्धी पशुओं की ओर जाने के लिए उठी।

तभी दुल्ला तथा उसकी टोली अन्दर दीवानख़ाने की ओर चले गये।

लध्धी कुछ देर तक आँगन में खड़ी सोचती रही। फिर अपने मन में ही कोई निर्णय ले लिया। मुँह से ऊँची आवाज़ निकली, "पहले इन कुत्तों से बात करूँ।"

अपने सिर पर पल्ला सँवारती वह दीवानखाने की ओर चल दी।

25

दीवानखाने में दाखिल होते ही दुल्ले की टोली एक-दूसरे को छेड़ने लगी। सभी कुछ अधिक मस्ती में थे।

मगर, दीवानखाने के अन्दर अचानक लध्धी को आये देख सभी ने साँस खींच लिये।

पिरथा, रूड़ा और लहिणे तो एक साथ ही बोले, "माथा टेकते हैं अम्मा लध्धी।" लहिणे ने उठकर पैरों को हाथ भी लगाये।

बाकी सभी चोर आँखों से लध्धी के तेवर ताड़ने लगे।

"तुम्हारे दादा के सिर में गूँ, औंतरे अम्मा भी कहते हैं और नाम भी लेते हो।" लध्धी के चेहरे पर झलकते गुस्से में भी ज्यादातर को ममता नज़र आयी।

"तेरे बच्चे हैं अम्मा, जो मर्ज़ी कह ले। माँ की डाँट भी तो नसीब वालों को मिलती है अम्मा। माँओं के सामने तो अल्लाह भी कान पकड़ लेता होगा।" पिरथा सच में कानों को हाथ लगा माफ़ी माँगने का नाटक करने लगा।

"तू तो पिरथा कब से इतना सयाना हो गया। बड़ी-बड़ी बातें करने लगा है। दुल्ले को लड़ने के सिवा और कुछ आता नहीं।" लध्धी ने मुँह बिचकाकर दुल्ले की ओर देखा।

"ऐसे ही दुल्ले को न झिड़क अम्मा। आज तो दुल्ले ने, सारे चौधरी, मुकद्दम मूत की झाग की तरह बिठा दिये। अगर दो-तीन दुल्ले और होते तो अम्मा फिर...।"

"दुर फिट्टे मुँह तेरी अक्ल को पिरथे। मैंने तो समझा था तू सयाना हो गया है। तुझे तो माँओं के साथ बात करने का ढंग भी नहीं आता। अन्धा जुलाहा, माँ से छेड़-छाड़...।" माँ ने पिरथे के कन्धे पर एक धौल जमा दिया।

"अम्मा, हम तो हुए डंगर...ढोर। मदरसे का दरवाज़ा नहीं देखा।" अक्ल कहाँ से आयेगी? तेरा दुल्ला तो मौलवी को पीटकर भाग आया था। अब हमारा मनसबदार है, यही मुकद्दम है, यही चौधरी है, यही बादशाह है। जिधर दुल्ला, उधर हम। एक ही बात कहनी है अम्मा, हमारे लिए ऊपर अल्लाह है तो धरती पर दुल्ला।" पिरथा गर्व से दुल्ले की ओर झाँका।

"अरे इसकी सिफ़ते कर-कर इसे आसमान पर चढ़ाया हुआ है, तभी तो घर में पैर नहीं टिकाता। अब कोई नया स्यापा तो नहीं कर आये पटवारखाने में?" लध्धी ने फ़िक्र से पूछा।

"अम्मा, काबुल के वीरों के लिए रोज़ भागदौड़।" फतु बोला।

"तू चुप कर रे, ख्वाजा की गवाह मेढ़की। दुल्ला तू क्यों नहीं बोलता। पीठ क्यों किये बैठा है माँ की ओर?"

"माँ, वहाँ सौ से अधिक खलक्त जुड़ी थी, कानूनगो आया था लाहौर से फ़रमान लेकर। शाही फ़रमान वाला परवाना पढ़कर सुनाया, लगान इकट्ठा करे गाँव का चौधरी, नहीं तो पिंडी वाले बादशाह का कहर झेलने के लिए तैयार रहें।" फिर उसने पूछा, "पिंडी का चौधरी कौन है।" कहकर दुल्ला चुप हो गया।

"फिर क्या हुआ?" लध्धी ने अधैर्य से पूछा।

"होना क्या था, पहले अहमद चौधरी खड़ा हुआ, फिर फ़जलदीन चौधरी के साथ चाचा जलालदीन भी खड़ा हो गया। चौधरी ने कहा, हमारी तो यहाँ कोई सुनता ही नहीं। अब तो दुल्ला ही गाँव का फ़ौजदार है। इसी से ही पूछ लो, लगान

देगा तो।"

"फिर पुत्र?" दुल्ले के और भी करीब हो गयी लध्धी।

"माँ, मैंने कहा, मुझसे क्या पूछना है, पिंडी के किसान खड़े हैं बाहर, उन्हीं से ही पूछ लो।"

कानूनगो मेरी ओर घूरते हुए बोला, "तुझे क्या तकलीफ है?" मुझे गुस्सा आ गया, मैंने कहा, "तकलीफ है तभी तो कहा है, गाँववालों से पूछ लो।" कानूनगो ने कहा, "तू ही बता दे, तू उनका लीडर बनकर आया है।" मैंने कहा, "हम अभी ज़मीन जोतते-बोते हैं। पालन-पोषण हम करते हैं। जब फसल आती है तो बादशाह को हिस्सा क्यों चाहिए? हमारी मर्ज़ी है, दें या ना दें। ये चौधरी और चाचा जलालदीन कर देते हैं तो जाओ, हम न रोकेंगे।" और माँ कानूनगो उठा। पटवारखाने से बाहर देखने लगा। किसानों की भीड़ देख गया होगा। अपनी हिफाज़त के लिए दो सिपाही लाया था, उनकी ओर देखा। पहले तो वे भी डर गये। फिर पटवारी ने उनके पास जाकर मालूम नहीं क्या घुसर-पुसर की। अपने ख़ाते समेटकर वह रफू चक्कर हो गये।

दुल्ले की बात सुनकर सभी हँसने लगे।

"वे रफू-चक्कर नहीं हुए दुल्ले, लाहौर जाकर उन्होंने एक की चार-चार बतानी है। जब वो फ़ौजें ले आये, फिर तुम लोगों को तो रफू-चक्कर होने का वक़्त भी नहीं मिलना। क्यों पिंडी की जड़ों को तेल दे रहे हो। वह ज़ालिम है, बच्चो। लध्धी ने बहुत मुश्किल वक़्त देखा है। करतूतें तुम करोगे और भट्ठी में तपना मुझे पड़ता है। वह वक़्त फिर से लौट आयेगा पुत्तरो, याद रखना मेरी बात।"

"जब वो वक़्त आयेगा, तब देख लेंगे माँ। अब तू अन्दर जा माँ। हमें करने दे मौज दो घड़ियाँ। क्या मालूम, तेरे कहे अनुसार, मुगलेटे कब चढ़ आये। खा-पी तो लें। हमारे यही काम आयेगा।" दुल्ले ने लापरवाही से कहा।

"मैं कब कहती हूँ न खाओ-पिओ। मगर साँपों के बिलों में तो हाथ ना डालो, बच्चो। ये मुग़लेटे, ना अपने बाप के सगे ना अपने पुत्तरो के सगे ना अपने भाइयों के, तुम क्या लगते हो उनके। उन्हें तो सिर्फ अपने तख़्तों की फ़िक्र रहती है।" लध्धी के चेहरे पर उदासी थी।

"ठीक है माँ, जैसा तू कहे, वैसा ही करेंगे। अब तो अल्लाह के वास्ते अन्दर जा। दो घड़ियाँ तो चैन से बैठने दे।"

लध्धी गहरी साँस लेकर उठ खड़ी हुई।

"देख माँ," दुल्ला ने सख़्ती से कहा, "अकबर ने हमारे साथ बहुत कर लिया। अब अकबर का आदमी तो हम कोई भी नहीं छोड़ेंगे। हमसे माँगता है मामला और हम उसके आदमियों से माँगते हैं। पिंडी से मामला देने के बिना तो हम इधर से जानवर को भी निकलने नहीं देंगे। तू कह दे रोटी-पानी नहीं खाना, हम नहीं खायें-पियेंगे, तू बेशक कह दे साँस नहीं लेना, वो भी नहीं लेंगे, मगर जो बात अकबर

और हमारे रास्ते में आयेगी, वो हम नहीं मानेंगे। माँ अपनी जगह पर है और हमारे मंसूबे अपनी जगह पर। बस मैं कुछ और नहीं कहूँगा।"

लध्धी के चेहरे पर, चिन्ता, फ़िक्र तथा गर्व के कई मिले-जुले भार उभर आये। उसने सभी की ओर बारी-बारी से देखा, मुँह में बुदबुदायी, "कहाँ से कुत्तों का टोला इकट्ठा हुआ है।" और दीवानखाने से बाहर निकल गयी।

"अम्मा तो ख़फा हो गयी लगती है।" रूड़े ने फ़िक्र से कहा।

"माँओं को फ़िक्र होती ही है।" रमज़ा ने दुख से कहा, उसकी माँ दो साल पहले ही मर गयी थी।

"क्या सोच रहा है पिरथे?" गहरी सोचों में डूबे पिरथे ने दुल्ले को झिंझोड़ा।

"मैं सोच रहा हूँ, कानूनगो वाला पंगा महँगा तो नहीं पड़ेगा?"

दुल्ला हँसा, "जब हुआ पंगा तो फिर महँगा क्या और सस्ता क्या। वो कहते हैं न ओखली में सिर दिया तो...।"

"बड़े-बड़े खातों में क्या देख रहा था कानूनगो?" रमज़े ने पूछा।

"क्या मालूम, मेरे लिए भी काला अक्षर भैंस बराबर है।"

"अम्मा ने पढ़ने तो डाला था मौलवी के पास। गर मदरसे से न भागते तो हमने मौलवी-मुलावियों को दो नहीं गिनने देना था।"

"अब कौन-सा गिनने देते हैं।" दुल्ला फिर से हँसा।

"अब और बात है।"

"और कौन-सी बात है? पिरथे तू बड़ी गहरी घुंड़ियाँ डालता है बातों में।" दुल्ला खीझ गया।

"घुंड़ियाँ नहीं डालता दुल्ले। किसी को दलील से चुप करवाना और बात होती है और धौंस देकर चुप करवाना और बात होती है।"

"हाँ, तेरी यह बात तो कुछ-कुछ समझ में आ रही है।"

"क्या मालूम होता है, मदरसे से भाग कर अच्छा किया।"

"क्या करता, भागना तो पड़ता ही।"

"क्यों, क्या हुआ था?"

"रूड़े से पूछ वो भी तो मेरे साथ था...।"

"ना ना, मुझे क्या मालूम, मैं तो दुल्ले से भी एक दिन पहले ही मौलवी को सलाम कह आया था।" रूड़ा हँसा।

"दुल्ला सरदार तो फिर आलम-फाज़िल होकर निकला। फत्तु ने टकोर लगायी।

"मैंने कहाँ जाना था मदरसे पिरथे। माँ ने कहा, बादशाह का हुक्म आया है... तुझे पढ़ने डालना है। मुझे मदरसे छोड़ आयी।"

"वो तो मालूम है दुल्ले, मगर तू भागा क्यों?" पिरथा आज पीछे पड़ा हुआ था।

"कहा तो, रूड़े से पूछ ले।"

"तू खुद क्यों नहीं बताता? अल्लाह ने इतनी बड़ी जीभ लगायी है।" रूड़े ने दुल्ले को टोहका मारते हुए कहा।

"बात तो कोई इतनी बड़ी नहीं थी और है भी। मैं तो चाहता था, गढ़े मुर्दे क्या उखाड़ने। मगर तुम हटते ही नहीं। मुझे अभी दो-तीन दिन ही हुए थे, मदरसे जाते हुए। एक दोपहर को मौलवी मेरे पास आया। हाथ में बेंत पकड़े हुए। मेरे पास आ कर कहने लगा। "फरीद के छोटे, खड़ा होकर अपना सबक सुना।" मैंने कहा, "मौलवी मियाँ, मुझे मेरे नाम से बुला।" उसके माथे पर बल पड़ गये। कहता, मैं उस्ताद हूँ, जैसे मर्ज़ी बुलाऊँ, तू आगे से बोलने वाला कौन है?"

मैंने कहा, "मेरी माँ ने मेरा नाम दुल्ला रखा है, मुझे दुल्ला कह कर बुला।"

मौलवी तो आग-बबूला हो गया। कहता, "मैं तेरे जैसे गधों को ही अक्ल देने के लिए मदरसा चलाता हूँ। मैं तुझे बन्दा बनाकर छोड़ूँगा। बादशाह का हुक्म है, तालीम हासिल कर, तू बड़ों की इज्ज़त करना सीखेगा और बादशाह तुझे राजदरबार में अच्छा रुतबा देगा।"

"फिर?" पिरथे की आँखों में शरारत भरी चमक थी।

"अगले दिन भी ऐसे हुआ, फिर उससे अगले दिन भी, मौलवी ने फिर वही कहा, फ़रीद के छोटे, सबक सुना खड़ा होकर।"

"मैं खड़ा हो गया, पूछा, मियाँ जी, सबक याद करने से क्या होगा। उसने कहा, तुझे अक्ल आयेगी। मैंने पूछा, अक्ल क्या करेगी? उसने कहा, तू सयाना बनेगा, तेरा नाम होगा, तेरी मशहूरी होगी।"

मैंने कहा, "मियाँजी, यह तो बहुत लम्बा रास्ता है। झट मशहूरी करवानी हो तो कोई और राह है।"

मौलवी ने कहा "बुरे काम करेगा तो हर ओर तेरी बदनामी होगी। सभी लोग तुझे बुरा-भला कहेंगे।"

"मैंने तो फिर मौलवी को उठाकर धक्का मारा। मदरसे में शोर मच गया। मैं भाग आया। सभी ओर 'दुल्ला दुल्ला' हो गयी।"

सभी हँसने लगे।

"फिर?" पिरथे की हँसी अभी भी नहीं रुक रही थी।

"फिर तुम्हें मालूम है, तब से तुम्हारे ही साथ हूँ। कभी नन्दी मिरासण से गालियाँ खा ली, कभी माँ से। एक दिन बाहर से आया तो मेरा कान मरोड़ माँ ने पूछा, कहाँ से आया है खोते?"

मैंने कहा, "पहले कान तो छोड़। मैंने दोनों हाथ से अपना कान पकड़ लिया, कहीं जड़ से निकल माँ के हाथ में ही न चला जाये।" दुल्ले की बात सुन सभी ने ठहाका ज़ोर से लगाया।

"हँसने वाली बात नहीं। माँ तो मुझे पकड़कर बैठ गयी, कहने लगी, पढ़ने तू गया नहीं। चार अक्षर सीख जाता तो अकबर कोई ओहदा बख्श देता। उसने मुझ से कहा भी है। मगर शायद मेरे सिर में अक्ल वाला खाना नहीं होगा। एक दिन मियाँ चिराग़दीन के साथ बातें हो रही थीं। उसने कहा, दुल्ले, अकबर तुझे ऐसे ही पढ़ने के लिए नहीं भेजना चाहता। इसका, कोई मतलब तो ज़रूर होगा। वह सोचता होगा, दुल्ले थोड़ा पढ़ जाय तो दरबार में मुलाज़िम बनाकर रख लूँ और फिर सारी हयाती तख्त को सलाम करवाता रहे। उसके अन्दर डर होगा, कहीं अपने बाप-दादा की तरह गाँव वासियों को भड़काकर कोई बगावत न खड़ी कर दे। आज मुझे वो सारी बातें कुछ-कुछ समझ में आ रही हैं।"

"जजमानो, मुझे एक बात और भी समझ आती है।" फत्तु बोला।

"लो, इसे भी अब बातों की समझ आने लगी है।" रमज़े ने तीर छोड़ा।

"इसकी बात भी सुन लो यार।" सदीक ने कहा।

"मीरज़ादे, क्या समझ में आया है?" पिरथे ने पूछा।

"मुझे लगता है, अपना कुआँ उदास हो गया होगा।"

"कुएँ का तो पता नहीं उदास हुआ है कि नहीं, तेरी जीभ को प्यास लगी है।" सदीक ने कहा तो फत्तु फीकी हँसी हँस दिया।

"ठीक है। बुरे आदमी की अच्छी बात भी धूल में मिल जाती है।" फत्तु ढीला-सा बोला।

"चलो यार, मीरज़ादे ने बार-बार कहना है, आज कुएँ पर होते हैं इकट्ठे।" दुल्ले ने ऐलान किया, "जब से लाहौर से लौटे हैं, कुएँ पर गये ही नहीं।"

"सन्ध्या समय?" रूड़े ने पूछा।

"सन्ध्या के बाद।" कह दुल्ला उठ खड़ा हुआ। फिर अचानक उसे कुछ याद आया, सदीक से कहा, "आज गहिणे को भी बुला लेना। पता करें, कितनी तैयारी की है।"

और सारे दीवानखाने से बाहर आ गये।

26

आमों की झिड़ी से पार, झन्नाँ की लहरों में डूबते सूरज का प्रतिबिम्ब आँखें चौंधिया रहा था। कुएँ के पास वाले बेंच पर दुल्ले की टोली के सभी आदमी एक-एक आकर जुड़ने लगे।

उधर पिंडी में चौधरी के घर के पास मस्जिद के बाहर बरगद के नीचे बने चबूतरे पर बैठे चौधरियों के हुक्के की नली घूम रही थी। तीखे़ तम्बाकू की गन्ध चबूतरे के माहौल में मँडरा रही थी।

जुलाहों की बस्ती की ओर आता फत्तु मिरासी एकदम सजा धजा आता नज़र आया।

"अहमद शाहा, ये मीरज़ादा कुछ ज्यादा ही हवा के घोड़े पर चढ़ा रहता है भला? इसकी टौहर तो देखो।" चौधरी फज़लदीन ने कहा तो सभी उधर देखने लगे।

आज फत्तु मिरासी, माँड लगी पगड़ी बाँधे आ रहा था। पगड़ी का शमला मस्ती में आये कबूतर की पूँछ की तरह ऊपर की ओर फैला हुआ था। कुछ और करीब आया तो चौधरी को नयी लुंगी और पैरों में नुकीली जूती भी नज़र आयी।

"फज़लदीना, बात यह है कि, फत्तु चढ़ा है दुल्ले के हाथों में। सयाने कहते हैं, बुलाया पंच, अनबुलाया भड़आ। यह हरेक किसी का भड़आ बना फिरता है। जिधर खाने को मिले, हवा-मुर्गे की तरह इसका मुँह उधर ही घूम जाता है।"

इतने में फत्तु एकदम करीब आ गया।

"आज तो भई मीरज़ादे या तो ससुराल जा रहा है या वहाँ से लौट रहा है।" जलालदीन ने मज़ाक करते हुए फत्तु को छेड़ा।

"भला हो चौधरियो। सरदारियाँ बनी रहे। बरगद की छाया में बैठे रहो।" फिर गर्दन खुजलाते हुए बोला, "हम गरीबों का क्या ससुराल जाना हुआ।"

"चढ़ाई तो पूरी है मिरासिया।" जलालदीन फिर बोला।

"देख लो, चौधरी, तुर्रे वाली पगड़ी भी बाँध ली। चाँदी के बटनों वाली कमीज़ भी, नयी लुंगी भी। नुकीली जूती भी पहन ली। फिर भी मज़ा नहीं आया चौधरी।" फत्तु की आँख खुद व खुद दब गयी।

"क्यों सालियाँ रूठ गयीं?" जलालदीन ने भी स्वाद लिया।

"कि खाने-पीने को नहीं मिला?"

"गरीबों का क्या खाना-पीना सरदारो। खाना तो अमीरों का होता है। उनका खाने को जो दिल करे, गरीबों को खाने को जब मिल जाये। हमारा क्या है, घर के पीरों के तेल के मरुंडे।" मिरासी की आँख फिर से दब गयी।

"अगर ये बात है तो मिरासी के, मज़े क्यों जाँचता फिरता है?" अहमद चौधरी ने ज़रा तीखे ढंग से पूछा।

"बस जी, अल्लाह झूठ न बुलावे, ससुराल गया मैं तो जैसे चौधरी ही नज़र आ रहा था। भला हो, सरदारी बनी रहे।" कह तेजी से फत्तु निकल गया।

चौधरी को कुछ पल समझ न आयी। वह हक्के-बक्के से चले जाते फत्तु की ओर देखते रहे। फिर फज़लदीन बोला, "यह मिरासी तो अपनी ही झंड कर गया लगता है।"

"चौधरी फज़लदीना, मीरज़ादा मारता है टीटणे। लूट, डाके, झीना झपटी मारता दुल्ले तथा इसके जैसे ही खाने-पीने वाले चौकड़ी लगाये बैठे रहते हैं। तभी तो इनके पेटों में डायन बैठी रहती है। इन्होंने तो उलटा बोलना ही है। इल्मदीन कहता है,

इन लोगों का क्या है, खाना हलवाइयों का, भौंकना कसाइयों का।"

बातें करते ही फत्तु दूर निकल गया था।

उसी समय एक साँईं फकीर बगल में गठरी दबाये मस्जिद के आगे आ खड़ा हुआ। कपड़े मैले थे। साँईं के सिर की पगड़ी भी ढीली हो गयी थी। साथ में उसके एक सुन्दर-सा लड़का भी था।

"अल्लाह के बन्दो, यहाँ घड़ी भर बैठ जायें?" साँईं ने पूछा।

चौधरी ने देखा, उन दोनों के पैर धूल से अटे पड़े थे। दाढ़ी भी बिखरी हुई थी।

"कहाँ से आये हो साँईं लोगो?" अहमद चौधरी ने पूछा।

"साँप, बारिश, फ़कीर का देश कैसा?" गठरी नीचे रखकर बैठते हुए साँईं ने कहा।

चौधरी अपनी बातें करने लगे।

साँईं और उसके साथ वाला लड़का एक पोटली खोलकर, रूखी-सूखी रोटी खाने लगे।

चौधरी कभी दुल्ले की, कभी उसके बाप-दादे की, कभी अकबर की बातें करते रहे। कभी-कभी साँईं चौधरियों की बातों की ओर ध्यान देने लगता, कभी मस्ती में आँखें मूँद लेता। अचानक साँईं ने हेक लगायी–

जहाँ देखो तहाँ कपट है, कुछं ना पाइओं चैन
दगा बाज़ संसार तथा गोश पकड़ि हुसैन।।

गाते-गाते साँईं उठकर नाचने लगा। लड़का भी साथ नाचने लगा। चौधरी अचम्भे से दोनों को देखने लगे।

"साँईं बाबा की बड़ी बरकतें कोई हमारे लिए भी दुआ करो।"

अहमद चौधरी ने नाचते दरवेश को कहा।

साँईं रुक गया। पूछा, "किन के लिए दुआ करूँ?"

"क्या हुआ है तुम लोगों को?" साँईं ने पूछा।

"एक आदमी है, उसने हमारी नमाज़ों को, हमारे अल्लाह को दिक्कत में डाला हुआ है।" अहमद चौधरी ने बताया।

"अब अल्लाह पर भी आफत आ पड़ी है? साँईं हँस दिया। फिर चुप हो गया। नज़र झुका ली।

"साँईं लोग बताया नहीं कहाँ से आये हो?"

"तुम कौन हो, पहले यह बताओ?"

"हम पिंडी के चौधरी हैं। तभी तो कहा, हमारे लिए दुआ करो।"

"चौधरियों के लिए दुआ करूँ कि पिंडी के लोगों के लिए?"

"हमारे लिए साँईं बाबा। हमारी जिन्दगी के लिए। हमारे घरों के लिए।"

"क्या हुआ तुम्हारे घरों को?"

"एक गँवार लुटेरा है। हमारी पगड़ियाँ धूल में मिला रहा है।"

"कौन गँवार है?" साँईं ने पूछा।

"यहाँ का ही है, पिंडी का। दुल्ला नाम है। रंडी औरत का पुत्तर है।"

"सुहागन का होवे या रंडी का, पुत्तर तो पुत्तर ही होता है। क्या कहता है वो?"

"कहता है, गाँव के चौधरी मेरी जूती पर हैं। मामला न खुद देता है, ना किसी और को देने देता है।" फज़लदीन ने बताया।

साँईं सोचने लगा।

कुछ देर बाद साँईं ने पूछा, "यह बन्दा ज़ोर-जुल्म से लोगों को अपने पीछे लगाता है कि लोग खुद ही उसके पीछे चलने लगे हैं?"

"उसका नाम ही ऐसा है साँईं लोग। सुनते ही अगला भीगी बिल्ली बन जाता है।"

दरवेश हँस पड़ा और हँसता ही रहा।

"हँस रहे हो साँईं।" फज़लदीन ने हैरानी से पूछा।

"क्या नाम बतलाया उसका?"

"दुल्ला, दुल्ला भट्टी।"

"बात यह है, देश पंजाब में घर-घर दुल्ले पैदा होंगे। आपका फ़िक्रमन्द होना ठीक है। अब इसका इलाज कोई नहीं। मेरी दुआ बेअसर जायेगी चौधरी। ये तो होना ही था। अल्लाह का शुक्र करो, दुल्ला यहाँ पिंडी में पैदा हुआ।"

"गलत कहता है साँईं। उस रंडी के पुत्तर ने हमारा जीना हराम कर दिया है। तुम कहते हो, उसके यहाँ पैदा होने के लिए हम अल्लाह का शुक्र करें।" अहमद चौधरी ने गुस्से से कहा।

"दरवेश, पीर, फकीर सभी को कूड़ा समझा जाता है। हमारा न कोई देस न ठिकाना, न ऊपर न नीचे।"

"बादशाहों का तो देस होता है न फ़क्कर मियाँ और उसके कायदे-कानून भी होते हैं। अल्लाह की रज़ा होती है तभी तो राज-भाग मिलता है।"

"कौन कहता है ये बातें?" साँईं सभी चौधरियों की ओर झाँका।

"सारी ख़लकत जानती है।"

"यह बात गलत है रब के बन्दो। ख़ुदा किसी को भी किसी के वश में नहीं डालता। हर आदमी अपनी तकदीर का खुद मालिक है।"

"यह बात बादशाह तक पहुँच गयी तो?" फज़लदीन ने साँईं को डराया।

"तो क्या हुआ। फ़कीर की गठरी में कौन-सी मोहरें हैं, तुम्हारा बादशाह ज़ब्त कर लेगा। पकड़कर ले जायेगा, ले जाये। हमारा क्या है, जैसा बाहर, वैसा तेरे बादशाह की कैद के अन्दर। हर एक जो पैदा हुआ है, उसे अपने ढंग से साँस लेने का हक़ है। जैसा बादशाह चाहता है, वैसे ही लोग जियें, यह अपराध है। [illegible]ने तो

अल्लाह का शुक्र करना है, जब मौका मिला, कर लेते हैं।" साँईं ने ऊपर की ओर उँगली सीधा तानते हुए कहा।

"यह ठीक है, तुझे कोई फ़र्क नहीं पड़ता साँईं बाबा, मगर यह तथा उसके आदमी लोगों को जलती आग में झोंक रहे हैं, उन्हें बादशाह का डर नहीं है?"

"दुल्ले को इल्म होगा, यह पंजाब की मिट्टी बहुत गरूर तथा आबरू वाली है। यह मिट्टी बादशाहियों से बाग़ी ही है। यहाँ हाकिमों के हुक्म नहीं चलते। इस ज़मीन पर अल्लाह के बन्दे बसते नहीं, उनका सिर खुदा के आगे ही झुकता है और जिनका सिर एक बार खुदा के आगे झुक गया, वह सिर फिर बादशाह के आगे नहीं झुकता। मैं अल्लाह के बन्दों से मिलने के लिए इधर घूम रहा हूँ। तुम्हें एक दुल्ले का फ़िक्र है, यहाँ पंजाब की मिट्टी में तो दुल्लों की, नस्ल चलती रहेगी। यहाँ दुल्ले पैदा होते ही रहेंगे। तुम चौधरी हो, उसूलों की, कायदे-कानूनों की बात कर रहे हो। समझ लो, कायदे-कानूनों की आँखें नहीं होतीं। किसी के ऊपर दया करने तथा अमन-अमान से दुनिया से ऊपर कोई बड़ा कायदा-कानून नहीं। ये बातें कह देना अपने बादशाह को।" कहकर साँईं ने अपने साथ वाले लड़के को कहा, "माधो...माधो लाल, मेरा लाल हुसैन...।"

माधो समझ गया। वह उठकर नाचने लगा और गाने लगा।

मियाँ गल्ल सुणी न जाँदी सच्ची,
सच्ची गल्ल सुणी वे क्योंकर,
कच्ची हड्डां विच रची...।

दोनों गाते रहे। नाचते रहे। उनके आस-पास लोगों की भीड़ जमा हो गयी। थोड़ी देर बाद वे रुके और जाने के लिए गठरी को बगल में दबा लिया।

"फकीर साँईं, हमने आपको दुआ करने को कहा था, आपने हमें शाप दे दिया, दुल्ले पैदा होते रहेंगे। अब हम तहख़ानों में...।"

"रब के बन्दो, ये साँईं ने नहीं कहा। दरवेशों की क्या औकात, बादशाह के अमीरों, वज़ीरों, चौधरियों की शान में कोई गुस्ताखी करे।"

"साँईं बाबा, तूने अभी तक नहीं बताया कि, कहाँ से आया है और जात कौन-सी है?" अहमद चौधरी ने फिर पूछा।

"बताया तो था, दरवेशों की कोई जात नहीं होती, कोई शहर-ग्राम नहीं होता।"

"दुल्ले को जानता है साँईं बाबा।"

"दुल्लों को सारी दुनिया जानती है। अपनी मिट्टी में दुल्लों से लौ जलती है और चौधरी जनों, लोकमन दुल्लों के लिए दीवार की ओट बनकर रहती है।"

"ऐसा न बोल साँईं बाबा। क्या मालूम मुग़ल सिपाही भेष बदलकर तेरी बात सुन लें और फिर...।"

"एक बात साँईं की याद रखना, जब लोग एक मुट्ठी होकर चलते हैं तो

बादशाह क्या, बलवान क्या और शक्तिशाली क्या सभी लोगों की बाढ़ में बह जाते हैं।" कहकर साँईं चल दिया।

"अब किधर साँईं बाबा?" फज़लदीन ने पूछा।

"फकीरों का जहाँ मुँह होगा, वहीं चल देंगे। इस मिट्टी में पैदा हुआ दुल्ला देखना था। कैसा बन्दा है अल्लाह का, जिससे चौधरी इतना भय खाते हैं।"

"जिधर मुँह है, उसी रास्ते पर चलते जाओ। आगे किसी आदमी से पूछ लेना आमों वाले कुएँ पर जाना है। वहीं होगा दुल्ला।"

"बसते रहो।" कह साँईं वहाँ से गाते हुए चल दिया–

निमाणिया दी रब्बा रब्बा होई
भठ पई तेरी चिटटी चादर
चंगी फ़कीरा दी लोई...।

साँईं गाता जा रहा था। चौधरी पहले से भी अधिक चिन्तित नज़र आ रहे थे।

"अब तो साँईं लोग भी दुल्ले की हिमायत करने लगे हैं।" फज़लदीन को बहुत दुख हुआ।

"हम हैं गाँव के चौधरी। गर बादशाह ने आँखें फेर लीं तो हमारा चौधरी पुत्र भी छीन लिया जायेगा। समय से सूचित कर दे।"

"पिंडी के लोग दुल्ले को ऐसे सलाम करते हैं, जैसे वही लाहौर का हाकिम हो।" अहमद चौधरी बहुत खार खाये बैठा था "हम लोगों का तो लोगों को अब कोई डर ही नहीं रहा फिर?"

"मैं एक बार लाहौर होकर आ जाऊँ। फिर देखना।" जलालदीन की बात सुन सभी चौधरी गुस्से से भरे उठ खड़े हुए।

× × ×

उधर साँईं दरवेश और माधो लाल आमों वाली झिड़ी के कुएँ की ओर जा रहे थे। पिंडी के लोग, एक अजनबी फ़कीर की ओर हैरानी से देख रहे थे।

वे दोनों बेपरवाह चलते हुए घूम-घूमकर नाच भी रहे थे और गा भी रहे थे।

27

झिड़ी में, कुएँ पर सारी टोली दुल्ले की प्रतीक्षा में थी।

रूड़ा, पिरथा, गाहणा, लहिणा, सदीक, रमज़ा, सैदा, तारी तथा अन्य नये नौजवान जो दुल्ले के ग्रुप में शामिल हुए थे।

"शल्ला और फत्तु पता नहीं कहाँ मर गये?" सदीक खीझ रहा था।

"दुल्ले ने कहा था, कुएँ पर मिलेंगे।" रमज़ा बोला।

सभी परेशान थे।

इतने में पिरथे ने देखा, फत्तु झिड़ी की ओर आते रास्ते पर तेजी से आ रहा था, "मीरज़ादा तो वो आ रहा है।"

सभी उधर देखने लगे, "यह तो वर बना हुआ है।" रूड़ा हैरानी से बोला।

फत्तु उनके पास झिड़ी में पहुँच गया।

"अब तो भेड़ें भी मक्के जा रही हैं सदीके।" गाहणे ने फत्तु की तैयारी देख मसखरी की।

"अल्लाह के बन्दो, कर लो मज़ाक, फत्तु तुम लोगों में ही खेला-पला है। अल्लाह मलकीरे को जन्नत में हूरें बख्शे, उसके थान का कपड़ा सिला है। हमारी ग़रीबों को तो इतनी ही खुशी होती है। तुम लोगों को यह बात सुभीती नहीं कि फत्तु ने आज नुकीली जूती भी पहनी है।" फत्तु ने तहमद उठा अपनी जूती दिखाई।

"गुस्सा हो गया मीरज़ादे।"

"हम गरीबों के कैसे गुस्से और कैसी खुशी रमज़ा। गुस्सा कर, करेंगे भी क्या? घर सूत ना ताना जुलाहों से लाठी-फटका।" कह फत्तु ने बात हँसी में उड़ा दी।

"दुल्ला नहीं देखा?" पिरथे ने पूछा।

"उसे आना था यहाँ पर क्या?"

"किधर गया होगा। शल्ला भी नहीं आया। वो तो सबसे पहले आता है।"

"इस तरह अकेले तो वह कहीं भी नहीं जाता। गाहणे, तू जाकर मालूम कर अम्मा लध्धी...।"

"सदीक! मैं नहीं जाऊँगा अम्मा लध्धी के पास। मेरी तौबा।" गाहणे ने कान पकड़ लिये।

"चल अम्मा के पास न जा, शल्ला टुंडे के घर चला जा।"

"टुंडे का अब्बा बहुत सनकी है। मुझे देखते ही वह गालियाँ देने लगता है।" गाहणे ने भी एक तरह से इनकार कर दिया।

"फत्तु तू ही चला जा। आज तो काफी सजा-धजा भी हुआ है।"

"जहाँ जूते पड़ने हो, उधर फत्तु मिरासी को धकेल दिया करो। जब लूट का माल बाँटना होता है तो तब कहते हो, मीरज़ादे थोड़ा-सा हटकर बैठ। जब अंगूरी के प्याले गटकते हो, तब फत्तु भी सज-धज दिखाई नहीं देती। मैं तो नमक का ढेला चाटने लायक ही हूँ। पिरथा जाये। लहिणा जाये, सदीक, रमजा या रूड़ा जाये। इनके पैरों में भी क्या छाले पड़े हैं?" फत्तु मिरासी अपने रंग में आ गया।...

"मैंने मिरासण से कह दिया है, तैयार रहे, फत्तु मिरासी आज पूरी तैयारी से आयेगा।"

"मीरज़ादे तू तैयारी कर या कुछ भी कर। तू जाने तेरी मिरासण जाने, मगर मुझे उधर जाने के लिए न कह। हमारा मुँह तेरे अल्लाह ने कुहाड़े से फाड़ डाला

है। टुंडे का पता करने गया, कुछ और मुसीबत न गले डाल लाऊँ। पहले वो गाली देगा, फिर मुझसे भी रहा नहीं जायेगा। फिर टुंडे का अब्बा दवाखाने पड़ा होगा या रूड़ा जाट।" सभी ने रूड़े की ओर देखा।

लहिणे ने झिड़ी की ओर से आते दो आदमियों को देख कहा, "कोई अजनबी दिखाई देते हैं।"

"एक तो कोई फ़कीर लगता है।" पिरथा बोला।

"ये तो नाच-गा रहे हैं।"

"ये घरों की ओर नहीं गये, यहाँ से क्या मिलेगा।"

वे जैसे-जैसे नज़दीक आते गये, आवाज़ स्पष्ट होती गयी।

तेरे शहु आवण दी वेरा
सुत्ती है तो जाग
तेरे शहु आवण दी वेरा।

सभी उठ खड़े हुए। सदीक ने थड़े पर एक चादर बिछा दी।

"बिराजो बाबा।" पिरथे ने झुककर चादर की ओर इशारा किया।

"तुममें से दुल्ला कौन है?" साँईं ने पूछा और चादर पर बैठ गया।

"दुल्ले का इन्तज़ार तो हम भी कर रहे हैं बाबा।"

"माधो चल अपने रास्ते चलें।"

माधो उठ खड़ा हुआ।

"बाबाजी, दुल्ला आता ही होगा।" रमज़ा फ़िक्र से बोला।

साँईं गाने लगाः

कित्थे नी तेरे माणिक मोती
औह देख जंज तेरी आयी खलोती

दोनों नाचने लगे... गाते रहे।

कहै हुसैन फ़कीर निमाणा
पउ साई दे राहिं...। कित्थे नी तेरे माणिक मोती...।

गाते-गाते वे चल दिये। पिरथे आदि के रोकने पर भी न रुके। वे कहते ही रहे, "हमें खिदमत का मौका तो दो बाबा।"

मगर साँईं और माधो झिड़ी से बाहर निकल गये।

सूरज अब छिप चुका था।

दुल्ला अभी भी नहीं आया था।

सभी फ़िक्रमन्द थे। रूड़े ने कहीं भी जाने से साफ इनकार कर दिया था। पिरथे को और भी फ़िक्र, साँईं ने उनके पास पानी तक नहीं पिया था। दुल्ले के बारे में पूछा और उठकर चल दिये, कहीं ये लाहौर के सूफिये तो नहीं थे जो भेष बदल कर घूम रहे थे।

"दुल्ला कहाँ रह गया?" यह अब चिन्ता की बात थी।

आखिर रमज़ा उठा, "मैं जा रहा हूँ अम्मा लध्धी के पास।" और वह चल दिया।

"अरे गधे, सीधे ही अन्दर न घुस जाना, हाँक दे देना पहले।" पीछे से पिरथे ने ऊँची आवाज़ में खबरदार किया।

× × ×

काफी देर के बाद रमजा लौटा। उसकी ढीली-सी चाल देखकर सभी समझ गये। फिर भी उसे घेर लिया।

"दुल्ला घर में भी नहीं?" रमज़ा ने बताया।

"क्या कहा अम्मा ने?"

"कहना क्या है, मुझे चार गालियाँ देनी थीं, दे दीं। पहले तो कहने लगी जिउण जोगे, वो तो घर में नहीं। जब मैंने कहा, वो तो कुएँ पर भी नहीं आया तो कहने लगी, इस समय कुएँ पर क्या कर रहे हो?" मैंने कहा, "ये न पूछ अम्मा।"

"क्यों न पूछूँ, उजड़जाणे, निर्लज्ज, औंतरे पता नहीं क्या-क्या नहीं कहा अम्मा ने। मैंने कहा, अम्मा, जो मर्ज़ी कह, हमने कुरान की कसम ली है, हमारी टोली अपना भेद ज़ाहिर नहीं करती।" मुझसे कहने लगी, "कुएँ में मर, दुल्ले की ढ़ाणी अपनी खोपड़ी में सींग लगाये फिरती है। मैं तो फिर भाग ही आया इधर।"

रमज़ा की बातें सुन सभी सोच में पड़ गये। इस समय वे जायें भी तो कहाँ। ऊपर से रात होने वाली थी। सभी के चेहरे पर डर था। सभी दुल्ले के साथ ही शेर थे।

"फत्तु से कह पीपा खड़काये।" सदीक के बोलों में उदासी थी।

"इस तरह तो सभी को मालूम हो जायेगा।"

पिरथे ने अभी कहा ही था, दो घुड़सवार एकदम उनके सिर पर आ खड़े हुए। सभी चौंक गये। झिड़ी में अँधेरा हो चुका था। एक घोड़े पर बैठे व्यक्ति को उसके डील-डौल से सभी ने पहचान लिया।

"दुल्ले, तू ने तो यार हम सब की जान ही सुखा डाली।" पिरथे ने बगलगीर हो उलाहना दिया।

"वक़्त निकल गया था और चलते-चलते देर भी हो गयी थी।"

"खबर तो करता...।"

"ख़बर देने वाला धागा ही टूटा रहा।" दुल्ला हँस दिया।

"साथ में कौन साथी है दुल्ले घोड़े भी अजनबी हैं।" सदीक ने पूछा

"जब अपना साथी कह दिया तो फिर घोड़े कैसे बेगाने हुए। अपने ही हैं और साथी हैं, अली सौदागर, घोड़ों का व्यापारी।"

"अच्छा, अली खाँ! तो यह घोड़े पर क्यों बैठा है? नीचे उतर आओ मियाँ।" रूड़ा खुश हो गया। अली खाँ को सभी जानते थे। वह बादशाह अकबर के लिए

कन्धारी तथा तुर्की नस्ल के घोड़े खरीदकर लाता है। दुल्ले के पास वह पहले भी तीन बार ठहर चुका था। जब अली दुल्ले के पास ठहरता तो खूब दावतें चलतीं, गोश्त पकते और अंगूरी उड़ती।

अली भी जानता है, दुल्ले के पास ठहरने से उसे कोई ख़तरा नहीं होता। नहीं तो इतना कीमती माल देखकर किसी की भी नीयत बिगड़ सकती है।

"हम तो बहुत फ़िक्रमन्द थे दुल्ले, कहीं अकबर के सिपाही के हाथों में न आ गया हो।" रूड़े के स्वर में फ़िक्र और खुशी का मिला-जुला भाव था।

तभी एक व्यक्ति हाँफते हुए थड़े के पास आ खड़ा हुआ।

"अरे टुंडे तू कहाँ रह गया था?" सदीक ने रौब से पूछा।

"दुल्ले से पूछ।" टुंडे ने गहरी साँस लेते हुए कहा।

"अरे, तू इतना पीछे रह गया था।" दुल्ले ने हँसते हुए पूछा।

"मैं तुम लोगों की तरह कौन-सा चार टाँगों पर था? मेरी तो बाजू भी एक ही है।"

शल्ले की बात सुनकर सभी हँसने लगे। बोझिल माहौल सुखमय लगने लगा था।

"लो भई मित्रो, अली खाँ हमारा मेहमान है, गाहणे तू कोई बछड़ा या भेड़ ले आ गाँव से। यहीं पर पका लेंगे। ईंधन काफी है और रात अपनी है। सदीके तू कोई मटकी-मश्क निकाल दबायी हुई। अली की आज शाही दावत करनी है।"

सभी खुश हो गये।

"रूड़े, पहले घोड़े बाँध दे परे। ध्यान से जाना। जानवर अजनबी भी हो तो मान जाता है। घोड़े देखना। पाँच सौ घोड़े लेकर जा रहा है अपना यार अकबर के पारा। घोड़ा एक रो एक बढ़िया है। गबखी भी फिरालती है जिरग रो।"

घोड़ों की प्रशंसा सुन अली सौदागर मूँछों को ताव देने लगा। दावत की तैयारी होने लगी।

गाहणा गाँव की ओर दौड़ गया।

सदीक शराब की मटकी उठा लाया।

फत्तु, तारी और शल्ला भट्ठी में ईंधन आदि डालने लगे।

लहिणे ने एक मशाल जलाकर, थड़े के नज़दीक फँसा दी। जंगल में मंगल हो गया।

रूड़ा घोड़े बाँधकर आया तो कहने लगा, "दुल्ले, सच में घोड़ों को देख आँखों में सुकून आता है। मन करता है, झपटकर उस पर बैठ जाऊँ और उड़ जाऊँ अम्बर की ओर।"

"आज रहने दे रूड़े। एक तो अँधेरा है, दूसरा बादल घने हैं, फिर घोड़े भी अभी अजनबी हैं। मुझे लगता है, तू बादलों में ही फँस जायेगा।"

फत्तु मिरासी की बात पर सभी हँस पड़े।

दुल्ला, पिरथे को इशारे से एक ओर ले गया और कुछ देर उसके साथ गुफ़्तगू करता रहा। फिर अली सौदागर के पास बैठते हुए दुल्ले ने पिरथे से कहा, "सदीक को साथ ले जा और गाँव से और...।"

"कर लेंगे हम सब कुछ, तुम बेफ़िक्र होकर दावतें उड़ाओ...।" पिरथा, सदीक को साथ लेकर खिसक गया।

दुल्ले की दावत अन्तिम पड़ाव पर थी। सभी शराबी हो चुके थे। लहिणे की तो ज़बान भी लड़खड़ाने लगी थी।

नशे में तो अली सौदागर भी था। वह जबर्दस्ती स्वयं को चौकन्ना दिखाने का यत्न कर रहा था। उसे अपने घोड़ों का फ़िक्र था और अपने पड़ाव पर भी पहुँचना था।

"दुल्ला ख़ान, हमें तारों में ही फ़ज़र के समय निकलना है घोड़े लेकर लाहौर की ओर। मुझे पड़ाव पर छोड़ आओ अब।" संयत करते हुए भी अली खाँ की आवाज़ लड़खड़ा रही थी।

"घोड़े जहाँ पहुँचने थे, पहुँच गये हैं अली खाँ। इतना फ़िक्र क्यों करता है। अब तू अपना फ़िक्र कर, अपने पैरों पर वापस जायेगा कि चार आदमी छोड़कर आयें।" दुल्ले के तेवर अचानक बदले तो उसके साथी भी हैरान रह गये।

अली खाँ सौदागर का तो नशा ही उतर गया।

"क्या कह रहा है दुल्ले भाई। यार घात करने लगा है।"

"यह यार घात नहीं अली खाँ, यह तो अकबर को सौगात लौटाने का मौका है। उसका कोई भी साहूकार, व्यापारी, सौदागर हम इधर से गुज़रने नहीं देते।"

"सोच ले दुल्ले। घोड़े अली खाँ से नहीं छीन रहा, बादशाह अकबर से छीन रहा है।" अली के स्वर में धौंस भी था और मिन्नत भी।

"फिर तू क्यों फ़िक्र कर रहा है?" दुल्ला नशे में हँसा।

"ये घोड़े बादशाह की अमानत हैं दुल्ले।"

"बादशाह की अमानत हैं, तभी तो छीन रहा हूँ। तेरे साथ मेरी कोई दुश्मनी नहीं अली खाँ। मेरे आदमी तुझे कुछ नहीं कहेंगे। साथ में वक़्त मौका देख ले। इस झिड़ी में तो हम हाथी 'खपा' देते हैं।"

अली सौदागर ने देखा, आधी रात का समय, चारों ओर सघन वृक्षों का झुंड। बगल में बहता दरिया।... उसका चेहरा उतर गया। यहाँ तो किसी को उसकी चीख भी सुनाई नहीं देगी। दुल्ले के साथियों ने तो अपने हाथों में हथियार भी उठा लिए थे। चुप रहने में ही भलाई है। एक बार यहाँ से निकल जाऊँ। बादशाह स्वयं हिसाब-किताब कर लेगा। उसने सहमे और डर भरे स्वर में कहा, "दुल्ले, मैं तो चला जाऊँगा। सौदागर हूँ, नफ़ा-नुकसान तो होता ही आया है। मगर यह सौदा बादशाह

का है, उसके कहर से बचना।"

"अली खाँ, तुम अपनी ख़ैर मनाओ। जब तेरे बादशाह का समय आयेगा तो देखा जायेगा। एक घोड़ा मेरी ओर से ले जा तोहफ़ा। आखिर तू हमारा यार है। पैरों से तो नहीं जाने देंगे। दिन चढ़ने से पहले-पहले पिंडी की हद से निकल जा और घोड़े भी वहीं छोड़ देना। मेरे आदमी ले आयेंगे। प्याला और पीना है तो बता दे।" दुल्ले ने उसका कन्धा थपथपाया।

"प्याले जो पीने थे, पी लिए दुल्ले तेरे साथ। इतना याद्र रखना, तूने उस बादशाह की मूँछ को हाथ लगाया है, जिसने तेरे बाप...।"

"अली खाँ...।" अचानक शेर की तरह दहाड़ा दुल्ला, "बस, एक लफ़्ज भी और कहा तो मैं ज़बान खींच लूँगा। मैं ऊब गया हूँ सुन सुन कर। अकबर ने उन्हें एक बार लटकाया था और तुम उन्हें रोज़-रोज़ लटकाते हो। आगे कुछ न कहना अब नहीं तो मेरे आदमी तुझे यहीं भून कर रख देंगे। कह देना जाकर अपने बादशाह से, फ़रीद भट्टी के पुत्तर दुल्ला भट्टी ने छीन लिए हैं। हौसला है तो वापस ले जाये। अगर तूने भी अपनी रड़क को निकालना हुआ तो कभी भी आ जाये आजमाने। दुल्ला और उसके साथी सरेआम तुझे चुनौती देते हैं। तुझसे इसलिए कुछ नहीं कहा, क्योंकि तू अकेला है और तेरे पास कोई हथियार भी नहीं है। जा, रब राखा।"

अली सौदागर, दुल्ला के चार साथियों से घिरा, गाँव की सीमा से निकलने के लिए, पोड़े पर जा बैठा।

28

पिंडी की गलियों में फत्तु मिरासी पीपा खड़खड़ाता आगे-आगे था। उसके पीछे दुल्ला, पिरथा, रूड़ा, गाहणा, सदीक, रमज़ा तथा और भी थे कुछ तमाशबीन। बच्चों का हजूम भी था। रूड़ा, पिरथा बच्चों को डपट देते तो थोड़ा पीछे हट जाते, मगर अगले पल फिर से उनके साथ मिलते।

वे पिंडी के घर-घर जा रहे थे।

"जमालदीन चाचा घर में हैं।" एक घर के आगे जाकर सदीक ने हाँक लगायी और कुंडा खटखटाया।

जमालदीन तेज़ी से बाहर आया, "अच्छा, सदीक है... साथ में दुल्ला भी है... अरे पूरी टोली ही है।" देखकर जमालदीन खुश हो गया।

"बाबा जब फत्तु पीपा खड़खड़ाता है तो जान लो दुल्ला ही होगा।" पिरथे ने आगे बढ़ते हुए कहा।

"मेरे लिए तो तुम सभी दुल्ले ही हो। आओ, अन्दर आओ।"

"अन्दर आने की फुरसत नहीं चाचा। पहले यह बता, फसल कैसी हुई है?" दुल्ले ने पूछा।

"अल्लाह की मेहर है दुल्ले। इंशा अल्लाह अगर समय पर बारिश हो गयी तो परिवार के खाने लायक अनाज हो जायेगा।"

"अगर अपने परिवार के लिए ही है तो अकबर को क्या देगा।" दुल्ले ने फिर पूछा।

"अकबर ले जाये या टब्बर खा ले। एक का ही पेट भरेगा दुल्ले।" जमालदीन ने सच्ची बात कही।

"चाचा पहले टब्बर का पेट भरो, कुछ बच जाये तो अकबर का। हम घर-घर यही देख रहे हैं।"

"पुत्तर दुल्ले, उसकी मार कौन सहेगा?" जमालदीन की आँखों में दुल्ला को डर नज़र आया।

"चाचा तेरे तक पहुँचने से पहले बादशाह को हमारे साथ दो-दो हाथ करने पड़ेंगे। ये नज़र आ रही है हमारी फ़ौज। अब हर गाँव में ऐसी फ़ौज होगी।"

"माशा अल्लाह! जीते रहो पुत्तरो। तुम्हारे होते पिंडी का नाम रहेगा। भट्टिओं के लहू का बदला लिया जायेगा सोहणिआ। अब तो डर की कोई बात ही नहीं। मैं तो खुद ही कह दूँगा। दुल्ला लगान देगा तो मैं भी राज़ी हूँ। कह जमालदीन हँसने लगा।

"इसी बात पर कायम रहना चाचा।"

"अल्लाह को जाँन देनी है दुल्ले।" जमालदीन ने कसम लेने के अन्दाज़ में अपने सीने पर हाथ रखा।

दुल्ला और उसके साथी अगले दरवाज़े की ओर बढ़े। सदीक का अब्बा पहले ही बाहर खड़ा था। अन्य घरों के मुखिया भी अपने घरों से बाहर निकल देख रहे थे, दुल्ला और उसकी टोली आज कर क्या रही है।

"अपनों पर ही हमला करने आये हो आज क्या?" सदीक का अब्बा हँस दिया।

"सदीक के अब्बा का घर है, इसलिए इसे अभी तक लूटने से छोड़ा हुआ है। नहीं तो मालूम है न, आस-पास के चौधरियों को नींद नहीं आती रात को।" दुल्ला भी हँस दिया।

"हमें गली से गुज़रते देख चौधरियों की तहमदें गीली हो जाती हैं। फिर भागते हैं दिल्ली-लाहौर की ओर।"

"आज क्या तमाशा है पुत्तरो?" जावेद मियाँ ने पूछा।

"तमाशा क्यों नहीं चाचा। हम तो हाँक लगाते फिरते हैं, मामला वसूल करने आये लाहौर से सरकारी आदमियों को, हममें से कोई भी लगान नहीं देगा।" दुल्ले ने बताया।

"दुल्ले पुत्तर, ऊँची जगह हाथ डालने लगे हो। वे तगड़े हैं, बड़े लोग हैं, वे...।"

"बस चाचा, बहुत सुन लीं ऐसी बातें। वे भी हमारी तरह ही पैदा हुए हैं। बादशाह हो, फ़क़ीर हो या भिखमंगा हो, पैदा होने पर ही मुल्क देखता है न? फ़ौत होकर चला जाता है। हाजी मियाँ भी तो यही कहता है चाचा, और कोई रास्ता ही नहीं। गर कोई और रास्ता है तो बता?"

"रास्ता तो एक ही है दुल्ले।" जावेद मियाँ ने ढीले स्वर में कहा।

"फिर? आखिर फ़ौत ही होना है तो मौत को आँखें दिखाओ और कहो, या फिर हमारे साथ आकर दो-दो हाथ कर ले।" दुल्ला सीना तानकर बोला।

"ठीक कहता है पुत्तर, मगर तेरा भी घर-बार है, बाल-बच्चे हैं। सदीका भी घर-परिवार वाला है। मैं तो कहता हूँ तुम सभी के माँ, पुत्तर, धीयाँ, बहुएँ तुम्हारे मुँह देखने को तरस जाते हैं सोहणिओ...।"

"चाचा मोह की जंज़ीर से न बाँध दे हमें। हम बहुत दूर निकल आये हैं। दूसरी बात मियाँ चिराग़दीन की कहने लगा हूँ, वह बताता है, डर आदमी को मौत के आने से पहले ही मार देता है। और बन्दा रोज़ मरता है।"

"सही बात है पुत्तरा।"

"चाचा, लगान देना ही हुआ तो देंगे, खैरात की तरह। देंगे भी तब जब ज्यादा हुआ। गर वे लगान माँगने आते हैं तो भिखारियों की तरह आयें। लुटेरों और हाकिमों की तरह नहीं। वे धौंस से आते हैं तो हम उन्हें गाँव की सीमा में पैर नहीं रखने देंगे।" कहते हुए दुल्ले के चेहरे पर लाली आ गयी।

सारी टोली अगले दरवाज़े की ओर बढ़ गयी।

× × ×

फत्तु ने चौधरियों के ऊँचाई की ओर मस्जिद के पास जाकर भी पीपा खड़काया। बरगद के नीचे बैठे चौधरी पहले से ही परेशान थे।

"ख़ुदा का कहर टूटे इस साँड़ पर, इसने तो हमारी नींद ही छीन ली है।" अधिक हुक्का पीने के कारण होठों के पास से जली दाढ़ी को खुजलाते हुए चौधरी फज़लदीन ने जल-भुनकर कहा।

"किसकी बात कर रहे हो चौधरी।" पास बैठे मौलवी ने पूछा।

"गाँव में एक ही तो साँड़ है, दुल्ला।"

"कभी सींग मारता है कभी लातें।" मौलवी बोला।

"भूल रहे हो मौलवी मियाँ, गाँव में तो साँड़ों का हज़ूम है पूरा।" जलालदीन ने और जानकारी दी।

"ठीक है चौधरी। दुल्ला तो अब हर एक से दुश्मनी मोल ले रहा है। बग्गा, मेधा खत्री और अब अली खाँ के घोड़े छीन लिये।" अहमद चौधरी भी पिंडी की

सारी खबर रखता था।

"अली खाँ तो ख़ास आदमी है बादशाह का।" फ़ज़लदीन ने हैरान होते हुए कहा।

"खास हो, आम हो, यह परवाह करता है किसी की?"

"पिंडी में तो कोई भी नहीं इसे नकेल डालने वाला?" मौलवी ने अत्यन्त दुख से कहा।

"रंडी का पुत्तर है। नकेल डालेंगे, आगे से गाली देगा।" फ़ज़लदीन ने कहा।

"अब तो बादशाह की मार पड़ी तभी अक्ल ठिकाने आयेगी।"

"सभी डरते हैं लाहौर जाने से। ऊपर बादशाह नीचे दुल्ला।"

"अब तो पिंडी में उलटफेर हो गया मियाँ। अब ऊपर दुल्ला है, नीचे बादशाह। कहते हैं न, रब नज़दीक है या मक्का। वही बात है।"

सभी चौधरी, मौलवी अपने-अपने दुखड़े रोने लगे।

फत्तु मिरासी की खड़खड़ाते पीपे की मद्धम आवाज़ अभी भी चौधरियों को सुनाई दे रही थी।

"मौलवी मियाँ, तुम्हारा तो दुर्गा बामण के साथ लेना-देना है न...।" जलालदीन ने पूछा।

"ना ना चौधरी, ये क़ुफ्र हैं। लेना-देना कोई नहीं है। मेरे लिए तो वो काफ़िर है। हाँ, उठना-बैठना है, कभी रास्ते में सामना हो गया तो दुआ-सलाम हो जाती है बस। हाँ, दोनों के लिए एक बात साझी है दुल्ले वाली। जितना मैं दुल्ले को... उतना वह भी...। ये बातें ज़ाहिर करने वाली नहीं होतीं।" कहकर मौलवी ने इधर-उधर देखा, जैसे उसे डर हो, कोई सुन न रहा हो?

"मौलवी साहब, बात यह है, दुल्ले ने हरकत ही ऐसी की है। हम तो घर में बैठे ही डरते जा रहे हैं।" फ़ज़लदीन उसकी हरकतें ताड़ते हुए बोला।

"चिन्ता और फ़िक्र आदमी को वक़्त से पहले कब्र में डाल देते हैं, चौधरी।" मौलवी ने कहा।

"चिन्ता-फ़िक्र वाजिब है मौलवी मियाँ। दुल्ला अब अकेला नहीं। आधी पिंडी उसके साथ है। बार के सभी डाकू, लुटेरे उसके पास आने लगे हैं। क्या खानगाह डोगरा, क्या रसूलपुर, जलालपुर, साकला कौन-कौन-से गाँव का नाम लूँ। अब दिन-रात, गुमाश्तों की खिचड़ी पकती रहती है। दुल्ले की बातें लाहौर-दिल्ली में होने लगी हैं। अकबर बादशाह मालूम नहीं, अपनी नींद क्यों नहीं खोल रहा। एक हमले की ज़रूरत है बस। ये सोचते हैं रब को भी इन्होंने ही ऊपर रखा है, नहीं तो नीचे आ गिरता।" फज़लदीन ने गुस्से और नफ़रत से कहा।

"हम लगे हैं अपने ढंग से चौधरी। हमें अपनी चमड़ी भी तो बचानी है। दुल्ले को मैं जानता हूँ, मेरे पास ही पढ़ने भेजा था लध्धी ने। वो तो छोटी उम्र में ही बहुत बिगड़ा हुआ छोकरा था। मुझे मदरसे में धक्का देकर भाग निकला था। अब ऐसे

आदमी से सीधे क्या टकराना। अब इसका दबाव पिंडी से बाहर भी फैल गया है। सारे पंजाब के लोगों को मालूम है, पिंडी में कोई दुल्ला है। तभी तो उसके ज़मीन पर पैर नहीं पड़ते। भला आदमी हवा में कितनी देर तक खड़ा रह सकता है। बस सब्र रखो, देखते जाओ...। जो वो हाथों से कर रहा है न, वो दाँतों से भी नहीं खुलेगी उससे।" कहते हुए मौलवी ने दो-तीन बार अपनी दाढ़ी को सहलाया।

"दुर्गा कहाँ है। नज़र नहीं आया कुछ दिनों से।" फज़लदीन ने पूछा।

मौलवी थोड़ा और करीब होकर धीरे से बताने लगा, "उसे लाहौर भेजा है। इसीलिए तो कहा है, देखते जाओ। ये बात अपने तक ही रखना अभी।"

"इतना क्यों डरता है मौलवी मियाँ?"

"डरना ही पड़ता है। जो आदमी बग्गा मलकीरा और अली खाँ जैसों को कुछ नहीं समझता, परवाह नहीं करता, उस पत्थर पूजने वाले बामण को क्या समझेगा। जैसे मुर्गी की गर्दन मरोड़ी, वैसे ही दुर्गा की भी...।" कह मौलवी साये लम्बे होते देख खड़ा हुआ और 'अल्लाह हाफिज़' कह मस्जिद की ओर चल दिया। उसकी नमाज़ क़ा वक़्त होने लगा था।

दुल्ला तथा उसके साथी अभी भी पिंडी के घर-घर जाकर मामला ना देने के लिए किसानों को दृढ़ कर रहे थे।

उन सभी ने निश्चय किया, अगले दिन वे पड़ोसी गाँवों में भी जायेंगे। जब गाहणा लुहार के द्वार की ओर गये तो उसने अपने घर की पिछली कोठरी खोलकर दिखाई।

तलवारें, छवियाँ, बर्छे, ढालों का ढेर देखकर दुल्ला तथा उसके साथियों की आँखें चमक उठीं। दुल्ले ने गाहणे को अपनी बाँहों में भर लिया और कहा, "अब तू कुएँ पर आ सकता है।"

अँधेरा होने तक पिंडी के लोगों को फत्तु मिरासी का खड़कता पीपा सुनाई देता रहा।

29

दुल्ले ने अपने साथियों तथा नये शामिल हुए नौजवानों को तीरन्दाजी, तलवार बाज़ी तथा नेज़ा चलाने में माहिर करने के लिए नया ढंग ढूँढ़ा है। वे शिकार पर निकलते हैं। घात कैसे लगाते हैं। आँखों में आँखें डालकर, बिना आँख झपके सामने वाले पक्षी पर कैसे झपटना है। दुल्ला तथा उसके साथी नये लड़कों को सिखाते हैं। मनोरंजन भी होता है और झिड़ी में भट्ठियों पर पकवान बनते रहते हैं।

दरिया पार से आज वे हिरन का शिकार कर लौटे थे। फत्तु भी एक शिकार कानों से पकड़े लटकाये आ रहा था।

पिरथा, रूड़ा तथा लहिणा, फत्तु को छेड़ रहे थे, हँस रहे थे, "मीरज़ादे, इससे

तो तेरी मिरासण का पेट भी नहीं भरेगा, तू क्या खायेगा।"

"मिरासण मेरे साथ, मैं तुम्हारे साथ। यूँ ही वो नहीं आधे कोस तक हिरन के पीछे भागता रहा। मैं ना होता तो मार लेते हिरन... बड़े शिकारी। तीर कमान उठाते ही तो पीछे से हवा पहले सरक जाती है।"

परे झाड़ियों में सदीक, रमज़ा तथा तारी हिरन की खाल को उतारकर साफ़-सफ़ाई करते हुए हँसने लगे।

शल्ला भट्ठी के पास खड़ा था और कड़ाही में पानी भी भर रहा था। दुल्ला थड़े पर बैठ सभी की ओर ताक रहा था। अजीब-सा माहौल था। जंगल में धुआँ ही धुआँ। दुल्ला हैरान हुआ, यह धुआँ कहाँ से आया? तरह-तरह के पक्षियों की आवाज़ सुनाई दे रही थी।

दुल्ला थका हुआ था, अधसोई हालत में कभी आँखें मुँद जातीं, कभी खुल जातीं। अपने काम से व्यस्त उसके साथी जैसे हवा में उड़ते-फिरते हों। वह आँखें मलता, यह क्या हो रहा है मुझे?

तभी दुल्ले ने देखा, गाँव की ओर से नूरा दौड़ता आया और आकर बताया, "अब्बा, लाहौर से बेग़म आयी है, अकबर भी। हमारे घर में आकर रुकी है।"

"यहाँ क्या लेने आयी है?" दुल्ला हैरान-सा उठ बैठा।

"अम्मा ने बुलाया है। कहती है बेगम को आगे मक्का जाना है। तुम्हें घर पर बुलाया है। उसके ठहरने का इन्तज़ाम करना पड़ेगा।"

"रूड़े, तुम लोग हिरन पकाओ भट्ठी पर, मैं अभी आया। नूरा कहता है बेग़म आयी है लाहौर से।"

"बादशाह की बेगम आयी है, तो ठीक है, तू क्यों अपनी लुंगी ऊपर उठाये जा रहा है?" रूड़े की गहरी बात सुन सभी हँसने लगे।

हवेली की ओर दुल्ला चल नहीं रहा था जैसे उड़ रहा था। उसने देखा, हवेली के बाहर हाथी, घोड़े, पहरेदार खड़े थे। इतना लाव-लश्कर। अन्दर गया तो माँ लध्धी भी एकदम नये कपड़ों में घूमती नज़र आयी। फुल्लराँ ने लाल रंग की चूड़ियाँ कब चढ़वा ली। बख्तो, सलेमो और नूरे की बहू सभी इतने खुश क्यों दिखाई दे रहे हैं। इतना चाव तो किसी को नूरे के विवाह पर नहीं आया था। क्या हुआ इन सब को? मेहरू भी पूरे नशे में है। नशा कहाँ से आया? किस खुशी में इतनी चढ़ा ली इसने?

दुल्ले ने देखा, अकबर की बेग़म अन्दर रंगीन पलँग पर बैठी हुई है। एक नौकरानी उसे पंखा झुला रही है। रंगीन पलँग कहाँ से आया? सारी हवेली में इत्र की खुशबू किसने बिखेर दी।

दुल्ला एकदम बेगम के सामने जा खड़ा हुआ। न दुआ न सलाम, बेग़म की आँखें लाल हो गयीं, "इस मर्द को अन्दर आने की इजाज़त किसने दी? पहरेदार कहाँ हैं?"

दुल्ले के अन्य साथी भी अन्दर आ घुसे हैं। ये कैसे आ गये। इन्हें तो मैं झिड़ी में छोड़कर आया था।

"पिरथे, कुएँ पर कौन है? तुमसे कहा था भई हिरन चूल्हे पर पकाओ, मैं आ रहा हूँ।" दुल्ला नाराज़ हुआ।

"हम बेग़म देखने आ गये। महल के अन्दर तो इनकी झलक भी नहीं मिलती। सोचा, देख आयें, ये भी हमारे जैसे ही हैं कि इनके हाथ-पैर कुछ ज्यादा हैं।"

"ठीक है, ठीक है। देख लो अच्छी तरह?" दुल्ला बेग़म की ओर देखकर खिलखिलाकर हँस दिया। फिर अचानक उसमें कोई भूत आ घुसा, बोला, "और अच्छी तरह से देखना है तो मैं इसे आँगन में घसीट लेता हूँ।" उसने बेग़म की चोटी पकड़ी और उसे हवेली के आँगन में खींच लाया. "लूट लो, इसका हार शृंगार, धन-माल जो भी है।"

लध्धी, फुल्लराँ तथा बेटियाँ-बहू सभी हाथ जोड़े दुल्ले के आगे मिन्नतें करने लगीं, "यह क्या कर रहा है दोज़खिया, दुष्टा, तेरी करतूतें हमें भुगतनी पड़ेंगी।"

बेग़म ने भी मिन्नत की, "तू मेरे पुत्तर शेखू के बराबर है दुल्ले। यह धन-माल तो मुझे सच्ची दरगाह पर चढ़ाना है। पीरों-फ़कीरों को नाराज़ नहीं करते पुत्तर। पुत्रों की हाय बहुत बुरी होती है। तुम्हें धन की ज़रूरत है तो मैं लाहौर हुक्म भेज देती हूँ।"

"यहाँ पिंडी में तेरा हुक्म नहीं चलता। यहाँ दुल्ले की बादशाही है। एक बात और सुन ले, दुल्ला कभी खैरात में धन नहीं लेता। धन लेने का अपना ही ढंग है दुल्ले का। पानी निचोड़ना हो तो कपड़े को ही मरोड़ना पड़ता है।" कहकर दुल्ले ने बेग़म की चोटी और भी ज़ोर से मरोड़ दी।

बेग़म की चीख निकल गयी।

"एक बात और बता देना अपने बादशाह को, दुल्ला कभी अपने लिए डाके नहीं मारता। ना ही बादशाहों की तरह कभी माँगने जाता है। लाहौर वाले आते हैं भिखारियों की तरह... और हमारे लोगों के मुँह से टुकड़ा भी छीनकर ले जाते हैं।"

"अरे पुत्तर, शेखू तुम्हें अपना बड़ा भाई तस्लीम करता है। इस लिहाज़ से भी मैं तेरी माँ...।" बेग़म ने दूसरा दाँव लगाया।

"तू शेखू की माँ है, इसका मुझे कोई रंज नहीं। तू मेरी भी माँ बन सकती है। मगर तू बादशाह की बेग़म है। मेरे लिए यही बड़ी बात है।" दुल्ले ने फिर से बालों को खींचा।

"तुम्हें शहंशाह की फ़ौजों का खौफ़ नहीं?" पीड़ा से बिलबिलाती बेग़म अपने असली रंग में आने लगी।

"शाही फ़ौजों की बात फिर करना, अभी तुम अपनी फ़िक्र करो।" दुल्ला बेग़म को बालों से खींच चक्कर देने लगा।

"अपनी मौत का सामान इकट्ठा कर रहा है दुल्ले।"

"दुल्ले को मौत का भय न दिखा रानी। तूने यहाँ दुल्ले की बादशाही में आकर हमें इज्ज़त बख्शी है। हमारा फर्ज़ बनता है कि तेरा सम्मान करें। नूरे अन्दर से कैंची तो पकड़ा।"

नूरा तुरन्त कैंची ले आया।

डरी हुई बेग़म ने फिर से चीख मारी "कोई है?" उसने ताली बजायी।

इतने में दुल्ले ने उसकी चोटी को फिर से खींचा और कैंची से चोटी को काट डाला। फिर हवेली के खम्भे की किल्ली पर चोटी को टाँगते हुए कहा, "जा रानी, अब चाहे तू मक्का जा या लाहौर जा। तेरी चोटी यहाँ पिंडी में हमारे किल्ली पर लटकती रहेगी। अपना धन-माल भी साथ ले जा। दुल्ले के पास धन-दौलत की कमी नहीं।"

लध्धी दुहाई देने लगी। खुद पिटते-पिटते जाकर दुल्ले को पीटने लगी। दुल्ला भी ज़ोर-ज़ोर से शोर मचाने लगा।

फिर पिरथा, रूड़ा आदि भी दुल्ले को पीटने लगे।

वह एकदम चौंककर उठ बैठा। उसके साथी उसे झिंझोड़ रहे थे। वह भौचक्का-सा इधर-उधर देखने लगा न यहाँ हवेली थी, ना बेगम, ना हाथी-घोड़े। वह कुएँ के निकट थड़े पर लेटा था। सारा शरीर पसीने से भीगा हुआ था।

"घोड़े बेचकर सोया है, कब से तुझे उठा रहे हैं।"

दुल्ले ने सिर पकड़ लिया। अजनबी नज़र से झिड़ी की ओर देखने लगा।

"पहले कभी झिड़ी नहीं देखी क्या?" पिरथे ने कुहनी मारी। दुल्ले ने सिर को झटका दिया।

"हुआ क्या?" रूड़े ने फ़िक्र से पूछा।

"हुआ तो कुछ नहीं...।" दुल्ला फीका-सा हँस दिया।

"गोश्त कब का पक चुका है। समय से खा लो, नहीं तो यह फिर जंगल की ओर निकल जायेगा।" फत्तु ने भट्ठी के पास खड़े हो कहा।

दुल्ला, पिरथा तथा रूड़े को एक ओर ले गया। जब मुड़े तो पिरथे ने सदीक से कहा, "घोड़ा तैयार कर।"

कुछ देर बाद दुल्ला घोड़े पर बैठा, हाथ में बरछा लिए झन्नाँ के उत्तर की ओर जाने से पहले समझा गया, "कोई ख़ास बात हो तभी आना उधर, नहीं तो यहीं पर मिलेंगे कल।"

बरछा दीवार से टिका दुल्ले ने घोड़ा बाँधा, उतावलेपन तथा चाव से भागती आयी नूराँ के सिर से दुपट्टा उतर गया।

दुल्ले ने घोड़े की काठी से बँधा डोल खोलकर नूराँ को पकड़ाते हुए कहा, "इसे किसी और बर्तन में डाल दे और देख दारू-वारू का कुल्ला पड़ा है तो।"

"ये क्या है।" नूराँ ने पूछा।

"गोश्त है। हिरन का शिकार खेला था आज। मेरे साथी झिड़ी में खा-पी रहे हैं और मैं...।" दुल्ले ने इतने मोह से उसकी ओर देखा कि नूराँ की जैसे जान ही निकल गयी हो। उसके मुँह से निकला, "हाय, मैं मर जाऊँ।"

बाहर का द्वार बन्द कर, आँगन में चारपाई बिछाकर नूराँ खाने-पीने का इन्तजाम करने लगी। अन्दर दीया जला आयी।

"नूरी, आज तो बहुत बुरा सपना देखा मैंने। गर उस घड़ी मेरे यार-साथी मुझे झिंझोड़कर जगाते ना तो मैं बेग़म को हवेली से घसीटकर बाहर फेंक देता।"

"हाय अल्लाह, अब कौन-सी बेग़में नज़र आने लगीं तुझे?" नूराँ हैरान हुई।

दुल्ला, नूराँ को सपने के बारे में बताने लगा।

हैरानी से कभी नूराँ की आँखें फैल जातीं, कभी मुँह खुल जाता। कभी वह घबराकर दुल्ले को बाँहों में भर लेती या उससे खुद लिपट जाती।

"सपना तो बहुत बुरा आया है। रानी की चोटी काटना बुरा शगुन होता है। क्या मालूम अकबर घर फ़ौजें ले आये।" नूराँ ने संशय से कहा और दुल्ले का हाथ अपने हाथ में लेकर सहलाने लगी।

"मैं भी यही चाहता हूँ नूरिये, एक बार आमना-सामना हो। मैं अकबर की आँखों में आँखें डालकर देखूँ। वह जान ले कि साँदल बार के भट्टी, बादशाह की आँखों में देखने की जुर्रत कर सकते हैं...।" दुल्ले ने नूराँ के गले में अपनी बाँह डाल उसे खुद से जकड़ लिया।

"बादशाहों को क्या पड़ी है, वह ऐसे-वैसे की आँखों में झाँकता फिरे। उनकी ओर से रोज़ लोग मरते हैं। जैसे बन्दे, वैसे कीट-पतंगे।" नूराँ ने चेहरा उठाकर दुल्ले की ओर देखा।

"ऐसे न कह नूरिये, मरते होंगे लोग। तेरा दुल्ला ऐसा-वैसा नहीं, न ही कोई कीट-पतंगा। साँदल बार में माँ ने एक ही दुल्ला जन्मा है। इतने बरस बीत गये, कोई बादशाह की आँखों में नहीं झाँक पाया। मुझे तो बार के हर नौज़वान को अब दुल्ला बना देना है...।"

नूराँ घूमकर दुल्ले के सामने हो गयी। उसका सिर अपनी छाती से लगा लिया। फिर दोनों हाथों में सिर लेकर पीछे कर उसकी आँखों में झाँका। देखती रही उस ओर। फिर तरस तथा स्नेह से बोली, "क्या कर देते हो तुम, मुझे। दूर होता है तो गालियाँ देती हूँ, खीझती हूँ। पास होता है तो मेरी ज़बान बन्द हो जाती है। मैं तो गूँगी हो जाती हूँ। सोचती हूँ, तेरी माँ है, बीवी है, पुत्तर-धीयें हैं। मेरे हिस्से में तुम कितना आते हो। बादशाह से भी टक्कर ले ली तूने। तेरे साथ कितने लोगों की हयाती बँधी है। तू सँभलकर क्यों नहीं चलता, तेरे लिए...।"

दुल्ले ने उसके मुँह पर हाथ रख दिया।

"बस नूराँ, मोह-प्यार मुझे करना नहीं आता। न मुझसे सुना जाता है। इतना जान ले, तेरा दुल्ला, बादशाह अकबर की धौंस सहने के लिए पैदा नहीं हुआ। तुझे बताया था न, माँ ने सान लगी तलवार का पानी चटाया था। यह चटाना मुझे चैन से सोने नहीं देता नूराँ। आँख लगती है तो मुझे अब्बा, दादा दिखाई देते हैं। पिंडी उजाड़ दिखाई देती है। माँ विलाप करती सुनाई देती है। क्या करूँ? तू ही बता नूराँ। मेरी आँखों से नींद रूठ बैठी है। जी करता है, दीवारों से टक्कर मारूँ, ज़मीन फाड़ दूँ, अम्बर को आग लगा दूँ। फिर न मुझे अपनी औरत नज़र आती है न पुत्तर-धीयाँ, न ही माँ दिखाई देती है। सच कहूँ तो, तू भी नज़र नहीं आती। नूराँ, माफ़ करना मुझे।" दुल्ला, नूराँ के गले से लग गया।

नूराँ के आँसू बहने लगे।

दुल्ले ने नूराँ को अपने से अलग किया, "कुछ खाने-पीने को है तो चल खायें। रोने-धोने के बहुत मौके आयेंगे।"

"चौके में ही आ जा।"

दोनों चौके में बैठ गये। नूराँ ने चूल्हा जला दिया।

नूराँ ने अभी दो ही रोटियाँ उतारी थीं। दुल्ले ने कहा, "सारी पका ले, इकट्ठे बैठकर खायेंगे।"

तभी कोई दरवाज़ा तोड़ने लगा।

दुल्ला तेज़ी से उठा। जाकर दरवाज़ा खोला। फत्तु मिरासी हाँफते हुआ अन्दर आया।

"आमों वाले कुएँ को मुग़लों के सिपाहियों ने घेरा डाल लिया है।"

"कितने आदमी हैं?"

"पच्चीस-तीस तो होंगे ही।" फत्तु अभी भी हाँफ रहा था। दुल्ला सोच में पड़ गया।

"झिड़ी में अपने कितने आदमी हैं?"

"सभी घिर गये हैं सरदारा।" फत्तु रुआँसा हो गया।

"तू तुरन्त जाकर गाँव में अपने आदमियों को ख़बर दे।"

"कहना जो भी हथियार हाथ लगे, लेकर झिड़ी की ओर आओ।"

नूराँ रोटी का थाल लिए आँगन में आ खड़ी हुई।

उस समय दुल्ला फत्तु को कुछ समझा रहा था। सुनते ही फत्तु हवा हो गया।

दुल्ले ने तेजी से अपना घोड़ा खोला।

"रोटी?" पूछते ही नूराँ की साँस रुक गयी।

"फिर कभी।" कहते ही दुल्ला उछल कर हाथ में बरछा पकड़े आँधी की तरह घर से निकल गया।

नूराँ मुँह खोले खड़ी देखती रह गयी। उसके हाथ से रोटी वाला थाल नीचे गिर गया।

30

आमों की झिड़ी दोहरे घेरे से घिरी हुई थी।

मुग़ल सिपाहियों ने झिड़ी को घेरा डाला हुआ था।

फत्तु मिरासी तथा झिड़ी से दाँव लगाकर निकले शल्ले की फुर्त्ती से पिंडी से इकट्ठे किये नौजवानों ने मुग़लों को घेरा डाल लिया था। पिरथे, रूड़े, सदीके तथा अन्य कई झिड़ी के अन्दर घिरे हुए थे।

मुग़ल सिपाही, अन्दर और बाहर भी दुल्ले के साथियों की मार से घिरे थे। अब ना वह झिड़ी के अन्दर जा सकते हैं और न बाहर भाग सकते थे।

दूर से घोड़ा भगाते आये दुल्ले ने नेज़ा उछालकर जब ललकारा लगाया, "तगड़े हो जाओ...।" तो मुग़ल सिपाही हक्के-बक्के रह गये। उन्होंने देखा, हरेक सिपाही के पीछे दुल्ले के दो-दो आदमी बर्छे साधे खड़े हैं। उनकी जान सूखने लगी। मुँह पर हवाइयाँ उड़ने लगीं। हाथ में पकड़े बर्छों और कमरबन्दों से बँधी तलवारों के होते हुए भी वे घोड़ों पर बैठे काँपने लगे।

"जीते जी वापस जाना चाहते हो कि दो-दो हाथ करके देखने हैं?" दुल्ले ने चुनौती दी।

मुग़ल सिपाहियों का लीडर घोड़े से नीचे उतरा। हाथ में पकड़ा बर्छा उलटा कर दिया। दुल्ले की ओर आया। कमरबन्द में बँधी तलवार खोली और दोनों हथियार ज़मीन पर रख दुल्ले के आगे झुक गया। "हम तो मुलाज़िम हैं सरदार। सरकार के चाकर। हुक्म के गुलाम। हाकिमों ने कह दिया, जाओ, दुल्ले के हाथ-पैर बाँधकर घसीटकर ले आओ। हम चल दिये सरदारा। इनकार करते, उधर भी मौत थी, इधर भी मौत थी। हम जानते थे... ऐसा होगा नहीं। हम बाल-बच्चेदार हैं सरदार। हमें बख़्श दो, सही सलामत जाने दो हमें। कह देंगे, दुल्ला हमें मिला ही नहीं।" लीडर घुटने के बल नीचे बैठकर कहता गया।

"तुम्हारा बादशाह कहाँ है आजकल?" दुल्ले ने पूछा।

"सुनते हैं हुज़ूर ने कश्मीर से कूच किया है इधर। रास्ते में ही होगा कहीं। कहते हैं लाहौर पहुँचने ही वाला होगा। पक्का मालूम नहीं हमें। बादशाहों की बातें ऊपर वाले ही जानते हैं। हमने उसे कभी देखा नहीं है। हमारे लिए तो सूबा लाहौर ही बादशाह है। उसने कहा..., शहंशाह का हुक्म है... दुल्ले को बाँधकर यहाँ पेश करो।"

"तुम्हारा बादशाह, लाहौर बैठा हो चाहे दिल्ली में हो या कशमीर में बैठा हो दूर से मसले छाँटने लगा हुआ है। मुश्कें बाँधनी हैं दुल्ले की तो खुद भिड़कर देखे। नहीं तो अपने पुत्रों को भेजे। कह दो उससे जाकर।"

"हम ठहरे गुलाम। चार सिक्के देते हैं तो हमारा टुकड़ा चलता है। शाही

दरबारियों के तो मुँह खुले हुए हैं। जो मर्ज़ी हुक्म देते रहें। हमें तो 'जी हुज़ूर' कहना ही पड़ता है। मुलाज़िम जो हुए। अल्लाह जानता है, इधर आने के लिए हम दिल से राज़ी नहीं थे भट्टी सरदारा।" लीडर विनती करने लगा।

"तेरे लाहौर वाले तो एड़ियाँ उठाकर देखते होंगे कि दुल्ला किसी घोड़े के पीछे बाँधकर घसीटते लाया जा रहा होगा?" दुल्ला हँसा।

"हमें बख्श दो। हमारी ख़ता माफ कर दो। लाहौर वाले तो फक्कड़ बातें करते हैं। हम अपने मुँह से कैसे कहें।"

"खड़ा हो।" दुल्ले ने रौब से कहा।

सिपाही काँपती टाँगों से खड़ा हो गया। डर से आँखें फैल गयीं। क्या मालूम, बरछा आर-पार कर दे। उसके हाथ जुड़ गये।

"अपने बादशाह से कहना, दुल्ले को पकड़ना है तो कोई माँग रखकर पकड़ लो। यूँ पचास-सौ आदमियों से नहीं पकड़ा जायेगा दुल्ला।"

इतने में घात लगाकर आगे बढ़ते पिरथा, रूड़ा, गाहणा, सभी साथी झिड़ी से बाहर निकल आये।

अपने साथियों को देख सदीक ने ललकारा मारा, "या अली।" फिर सभी ने बर्छे, तलवारों को लहराकर 'या अली' कहा तो झिड़ी के वृक्षों पर बैठे पक्षी घबराकर उड़ गये। घोड़े भी डरकर पौड़ मारने लगे।

"पिरथे, इनसे घोड़े लेकर झिड़ी में बाँध दे और रूड़े तू हथियार जमा करवा ले।" दुल्ले ने हुक्म सुनाया।

"इनका क्या करना है...?" रमज़ा ने दुल्ले से पूछा।

"इन्हें जाने दो।"

"मैं उस्तरा लाऊँ सरदार?" शल्ले ने चहेड़कर पूछा।

"उस्तरे का क्या करना है?" दुल्ले ने झिड़का।

"मेरा जी करता है, हथियारों के साथ-साथ मूँछें भी जमा कर लूँ।" शल्ले के चेहरे पर शरारत थी।

"इस बार मूँछों सहित ही जाने दो। फिर इधर मुँह करेंगे तो...।"

"मूँछें मूत के साथ...।"

"चुपकर ओये शल्ले, टूटे जूते की भाँति बढ़ता ही जा रहा है...।"

दुल्ले की फटकार सुन शल्ले ने जीभ काट ली और टुंड से कान खुजलाने लगा।

फत्तु मिरासी भी निकट आ गया। उसने शल्ले की बात सुन ली थी और दुल्ले की डपट भी। वह शल्ले की ओर झाँकते हुए बोला, "अक्षर एक नहीं जानता, नाम इल्मदीन।"

फत्तु की आँख बार-बार भिंचने लगी। दुल्ला और उसके साथी हँस पड़े।

मुग़ल सिपाही नज़रें झुकाये खड़े थे।

सारी बार में दुल्ले की धूम फैल गयी। घर-घर में बातें होने लगीं। चौधरियों ने अपनी हवेलियों में सुरक्षा का पहरा और भी सख्त कर दिया।

पिंडी में भी, बरगदों, पीपल के नीचे दुल्ले की टोली के ही चर्चे होने लगे। हाजी चिराग़दीन को अधिक फ़िक्र था। उसे डर था पिंडी पर कोई भयानक कहर टूटने वाला है। पिंडी फिर से उजड़ेगी। खँडहर होगी। घर-घर विलाप होंगे। इस फ़िक्र से घिरा वह दुल्ले से मिलने चल दिया।

सन्ध्या का समय था। मवेशी घरों की ओर मुड़ते हुए धूल के बादल बनाते जा रहे थे। औरतें और लड़कियाँ घड़े सिरों पर रखे कुएँ की ओर जा रही थीं, कुछ औरतें पानी लेकर लौट भी रही थीं। बच्चे गलियों में हो-हल्ला करते हुए छलाँगें मारते एक दूसरे पर मिट्टी उठाकर फेंक रहे थे। पिंडी की महरी रज़्जो ने बड़े पीपलों के बायें हाथ को थोड़ा हटकर अपनी दानों वाली भट्ठी जला ली थी। उसका थका-हारा-सा घरवाला उसकी मदद कर रहा था। पाँच-छः आदमी झोली में दाने डाले भट्ठी को घेरे खड़े थे।

हाजी चिराग़दीन हाथ में तसबीह पकड़े, कुरान की आयतें दुहराते हुए दुल्ले की हवेली के करीब आया तो पीपल के नीचे बैठे एक व्यक्ति ने बताया।

"मियाँ जी, दुल्ला तो गाहणे लुहार के घर पर है।"

चिराग़दीन गाहणे के घर की ओर मुड़ पड़ा।

दुल्ला इस समय, गाहणे की भट्ठी पर बैठा बर्छे, बल्लम तथा तलवारों की परख कर रहा था।

"धार और भी तेज करो गाहणे। हथियार अपने मार से ही काम तमाम...।"

मियाँ चिराग़दीन को एकदम अपने सिर पर आता देखकर दुल्ले के बोल टूट गये और वह थोड़ा-सा झुककर बोला, "सलाम कहता हूँ बाबा।"

"वाले कम सलाम बरखुरदार, जीता रह, लम्बी हयाती होवे।" गाहणे ने भी सलाम किया।

"बाबा आज इधर कैसे...?" दुल्ले ने पूछा।

"तुझे ही ढूँढ़ता फिर रहा हूँ।"

"किसी से कह देना था, मैं चला आता।"

"सब्र ही नहीं दुल्ला। बड़ा हो-हल्ला हो रहा है गाँव में। जितने मुँह उतनी बातें। सुन-सुनकर मेरे तो कान थक गये हैं। यह सच है तूने मुग़ल सिपाहियों से घोड़े छीन लिए और हथियार भी?" हाजी के चेहरे पर दुख तथा चिन्ता थी।

"यह सच है हाजी मियाँ।"

"बरखुरदारा, तुझे मालूम है, इसका हश्र क्या निकलेगा?"

"बाबा, बादशाह ने मुझे पकड़ने के लिए सिपाही भेजे थे। आये तो वे थे, हम तो नहीं गये। आज वे झिड़ी में आये हैं भला हमारे घर में आयेंगे, रोकना तो

पड़ेगा ही बाबा।"

"तभी तुझे ढूँढ़ता हुआ आया हूँ दुल्ले। मेरी हयाती निकल गयी हैं। बाल सफेद हो गये हैं। मैंने बहुत कुछ देखा, बर्दाश्त किया है। तू मज़े से डाके मार। सूरमें ऐसा करते ही आये हैं। मगर तू ज़िद से बादशाह के आदमियों का नुकसान करता है; यह सही बात नहीं है पुत्तर...।"

"हाजी बाबा बात यह है...।"

"अभी कुछ न बोल पुत्तर, मेरी बात पहले पूरी होने से पहले", "मियाँ चिराग़दीन ने टोका, "बग्गा मलकीरा को लूटा, उसका सिर लाहौर भेजा... और भी है जो तूने किया, बादशाह की ताकत को सीधी चुनौती दी है। तेरे लिए बहुत मुश्किलें खड़ी हो जाएँगी दुल्ले। लूटमार, डाके, हत्याएँ, यह तो शराय में है नहीं पुत्तरा। बाग़ी हाने का भी कोई ढंग होता है।"

"हाजी बाबा, दुल्ला अपने लिए कभी बागी नहीं हुआ। जब गरीबों के घर जाता हूँ, उनके पास खाने लायक अनाज भी नहीं होता। मामला कहाँ से दें? तुम ठीक कहते हो, मैं अकबर के आदमियों का नुकसान करता हूँ। वो सारा माल गरीबों में बाँट देता हूँ बाबा। जिन घरों ने कभी दुधारू नहीं देखा, उनके खूँटे से भैंस बाँध आया हूँ। गर अनाज हाथ लगा तो अनाज दे आया हूँ।"

"ये बातें किस-किस के पास जाकर समझायेगा दुल्ले।"

"हाजी बाबा, समझाने की ज़रूरत क्या है। गरीबों के घरों में जलते चूल्हे से बोलते हैं, बच्चों के पेट भरे हों, वो बोलेंगे, उनके आँगन में खड़ी भैंसे-गाँयें बोलेंगी।" दुल्ले ने गर्व से कहा।

"दुल्ले, यह गुमान न करना बादशाह अकबर तुमसे डरता होगा। वो डरता है कि, दुल्ले की छूत सारे पंजाब को न लग जाये।"

"छूत तो लग गयी है बाबा। अब घर-घर में दुल्ले हैं। एक हाँक दूँगा, सैकड़ों दुल्ले हथियार लेकर पलों में आ खड़े होंगे। किसी दिन परखना हो तो देख लेना। मेरे भाई, मेरे वीर, हमारे गबरू अपनी मिट्टी के लिए और अपने घरों-परिवारों के लिए मेरे साथ खड़े हैं बाबा।" दुल्ले के स्वर में विश्वास था।

"तब्दीली लोगों को पागल बनाती है बरखुरदार, मगर बादशाही के निजाम में जीने के लिए आदमी को अपनी जगह स्वयं तलाशनी पड़ती है और दूसरों के सिर अपने आगे झुकाने के लिए, अपना सिर तख्त के आगे झुकाना पड़ता है।" हाजी चिराग़दीन जिन्दगी के तजुर्बे से बोला।

"तख्त के आगे सिर झुकाती है मेरी जूती। हाजी बाबा जो सिर खुदा के आगे झुक गया, वह अब अकबर के आगे कैसे झुकेगा। तू ही बता ख़ुदा बड़ा है कि अकबर?"

गाहणा ध्यान से दोनों की बातें सुन रहा था। उसे यह ध्यान ही नहीं रहा कि भट्ठी ठंडी होने लगी है।

"दुल्ले, निचली सीढ़ी से ऊपरी सीढ़ी पर पैर रखने के लिए आदमी को कई बार

अपनों के सिरों पर भी पैर रखना पड़ता है। मुग़ल निज़ाम ऐसे ही चलता है पुत्तर। कई सिर ऐसे होते हैं, जिन्हें सलामत रखने के लिए, आदमियों से भेड़-बकरियों की तरह जिबह किया जाता है।"

"हाजी बाबा, तेरी बात ठीक हो सकती है। मगर मैं अकबर के निज़ाम के ताने-बाने का मोहरा नहीं हूँ। ना ही मुझे ऊपरी सीढ़ी चढ़ने की लालच है। मैं तो इतना जानता हूँ बाबा, अकबर के साथ मेरी टक्कर होगी। मेरा जन्म इस टकराव से हुआ है। मैं तो इस टकराव से निकली चिनगारी हूँ। टकराव के अंज़ाम का मुझे इल्म है। बन्दा दो बार नहीं पैदा होता बाबा। ये बातें तूने ही सिखायी हैं बाबा। अब तू ही मुझे इस रास्ते से वापस लौटाना चाहता है।" दुल्ला, हाजी मियाँ की ओर देख मन्द-मन्द मुस्कराने लगा। हाजी नज़रें नीचे किए तसबीह फिराता रहा। वैसे बैठे ही बोला, "मुझे तेरी माँ बताती रही है, बहुत जुल्म सहे। सारा कुनबा तबाह करवा लिया...।"

"इसीलिए तो बाबा मैं तख्त संग टक्कर लेने के लिए ढंग अपनाता हूँ। मुझे ज्यादा सयानी बातें नहीं आतीं। मैं थोड़ा सीधा-सा हूँ। मगर एक बात है बाबा, पिंडी के लोग देखेंगे, पिंडी के लोग क्या सारा पंजाब जानेगा, दुल्ला जीयेगा तो शान से, मरेगा तो शान से। अकबर की धौंस दुल्ला कभी नहीं मानेगा।"

मियाँ चिराग़दीन ने हाथ ऊपर कर दुआ माँगी। उठ खड़ा हुआ। चलते हुए रुक गया।

"तेरी मर्ज़ी ऐ पुत्तर, इंशा अल्लाह तू अपनी बात मनवा सके। चौधरियों के घरों को छोड़कर पिंडी के सारे लोग तेरे साथ हैं पुत्तर। जब तूने मौलवी की तालीम की लगाम नहीं लगवायी, तुझसे बादशाह की लगाम भी कबूल नहीं होगी। अपना ख़याल रखना। हर समय खबरदार रहना। मुग़ल अपने बापों, भाइयों, बेटों के भी सगे नहीं होते।... तू तो...।"

"बाबा, मैं मुग़लों का बाप-भाई-पुत्तर नहीं हूँ। मेरे लिए ना कोई मुसलमान है ना हिन्दू ना सिक्ख। मेरे साथ रामदासिये हैं, चूहड़े, महिरे, जाट, खत्री सभी हैं। हम सभी एक-दूसरे को धरती के जाये समझते हैं। इन पर जो भी जुल्म करेगा, चौधरी हो या बादशाह, वो हमारा वैरी होगा। और मैं कुछ नहीं कहूँगा।" दुल्ला पैरों की ओर देखने लगा।

"मुझे भी और कुछ नहीं कहना बरखुरदार। खबरदार रहना। जागते रहना। अल्लाह मेहर करेगा। अल्लाह भी जागते बन्दों पर मेहर करता है।"

तसबीह फेरते चिराग़दीन चला गया।

गाहणा और दुल्ला तब तक चिराग़दीन की ओर देखते रहे, जब तक वो मोड़ मुड़कर नज़रों से ओझल न हो गया।

"अरे-अरे, भट्ठी ठंडी हो गयी, लकड़ियाँ और डाल दुल्ले।" कह गाहणे ने ठंडा हुआ लोहा फिर से भट्ठी पर रख दिया।

31

हवेली से बाहर निकलते ही दुल्ला पहले पिरथे के घर गया।

"पिरथा तो खेत की ओर गया है।" उसके बाबा ने बताया।

"मैं उधर ही जा रहा हूँ, अगर किसी और तरफ से आ गया तो उसे झिड़ी की ओर भेज देना।"

"मुझे तो गुरु दरबार जाना है ननकाणा, मेरे होते ही वापस आ गया तो कह दूँगा।"

पिरथे के बाबा की बात सुनकर दुल्ला लौट पड़ा। पिरथा उसे रास्ते में ही मिल गया।

"पिरथे, अपने सभी आदमियों को इकट्ठे कर लो झिड़ी में? मैं उधर ही हूँ।"

"बात क्या है?" पिरथे ने पूछा।

"वही बात करते हैं, आ जाओ झटपट...।" कह दुल्ला झिड़ी की ओर चल दिया।

थोड़ी देर बाद रूड़ा, सदीक, पिरथा, रमज़ा और फत्तु मिरासी झिड़ी में ये बाकी साथियों को ख़बर भेज दी गयी थी।

"मित्रो बात यह है कि मालूम हुआ है, लाहौर से पिंडी पर फ़ौज चढ़ाने की योजनाएँ बन रही हैं। हम भी तैयार रहें। साथियों को जोड़ें। रूड़े कितने आदमियों का बन्दोबस्त कर सकता है।"

"यहाँ गाँव में तो हैं पाँच-सात बेली।"

"अब पाँच-सात से मसले हल नहीं होंगे। बार के नसीब बदलने हैं। अब सैकड़ों की ज़रूरत पड़ेगी। तेरा ननिहाल गाजिआणा है न?"

"वहीं है।" रूड़ा बोला।

"तेरी जान-पहचान है वहाँ?"

"काफी हैं। मामा लोगों ने कहा हुआ है कि भानजे ज़रूरत पड़ी तो सारा गाजिआणा भेज देंगे।" रूड़े ने गर्व से बताया।

"ज़रूरत पड़ गयी है रूड़े। आग लगने पर मश्कें नहीं मिलेंगी, हमें पहले से ही जुगाड़ करके रखना है। तुरन्त चला जा, दस, बीस, चालीस जितने भी मिलें, साथ ले आ। हथियार हो तो भी, न हो तो भी। सभी अपने संग-रिश्तेदारों आदि के पास चले जाओ...।"

"सरदारियाँ बनी रहे, मैं पीपा न खड़का दूँ।" कहते स्वाभाविक ही फत्तु मिरासी की आँख मिंच गयी।

"ओए मीरज़ादे, तू क्या ऊपर से गिरा है, तेरी कोई रिश्तेदारी नहीं है?"

"आया तो मैं भी चौधरियों के रास्ते से ही हूँ। रिश्तेदारी भी बहुत है। मगर हमें पीपे खड़काने या ढोलकी पीटनी होती है। उसके लिए तो मैं ही काफी हूँ।"

"तू गाहणा से कह शाम को कुएँ पर आकर मुझे मिले। दौड़ जा, पीछे मुड़ कर ना देखना, वरना मैं तेरा पीपा खड़का दूँगा।"

"सरदारियाँ बनी रहे।" कहते हुए फत्तु मिरासी सचमुच ही दौड़ने लगा और झिड़ी से बाहर निकल गया।

"वक़्त से जायें फिर?" सदीक ने पूछा।

दुल्ले का इशारा पा, सभी अपने-अपने रास्ते पर चल दिये। दुल्ला कुछ देर तक सोचता रहा, फिर उठा और झिड़ी से बाहर निकलकर दरिया के साथ-साथ उत्तर की ओर चल दिया।

× × ×

दुल्ले को देखते ही नूराँ खिल गयी।

"आज फज़्र के समय ही रस्सा उतार दिया खरलों की औरत ने।" उसने शरारत से कहा।

"नूरीये, क्यों ज़ख्मों पर मिर्चें डालती है। मुश्किल से दो घड़ी निकालता हूँ तुझे देखने के लिए। तू हाथ में कटार पकड़े रखती है हर समय।"

"जख्म भी तेरे हैं और मिर्चें भी तेरी हैं। मैं तो कहती हूँ कटार भी तूने ही दे रखी है मुझे।" नूराँ के चेहरे पर अभी भी शरारत थी।

"आज क्या खाया है तूने?"

"मिर्चें।" नूराँ खिलखिला दी। फिर एकदम गम्भीर हो गयी।

"हमारा क्या खाना, न सुहागनों में न रंडियों में। मैंने तो वादा पूरा निभाया, कोई और होती तो...।"

"ऐसे न कह नूराँ। कोई भी ऐरी-गैरी नूराँ कैसे बन जाती। मुझे तो तू अभी भी वैसे ही नज़र आती है। दीवार की ओट में चादर ओढ़े हमारा रास्ता रोकती हुई।" करीब आ दुल्ले ने उसके कन्धे पर हाथ रख दिये।

नूराँ दुल्ले की आँखों में देखने लगी, लगातार।

"इस तरह क्या देख रही है?"

"देख रही हूँ, यह वही दुल्ला है, पिंडी का बलवान सूरमा। अमावस्या की रात हमारे पशु खोलने वाला जो बाद में कहता था, आ नूरीये, सारी हयात इकट्ठे जिये, और मैं अपने अब्बा चाचाओं से कह आयी थी।"

"मेरे पीछे न आना। गर मौलवी ने मुहतबर लोग बुला लिए तो दुल्ले के साथ खड़ी हूँगी।"

"और मैंने कहा था, तेरे पैरों के नीचे अपनी हथेलियाँ रखूँगा।"

"रखी फिर?" नूराँ ने चुनौती दी थी।

"तू नीचे देखती कब है...।" दुल्ला तुरन्त नीचे बैठ गया और उलटी हथेली ज़मीन पर टिका दी। "रख पैर अपने...।"

नूराँ ने देखा। वह भी बैठ गयी, "तेरी यही बातें तो मुझे खींच लायीं तेरे साथ। दरिया किनारे रात को कहता था, एक चाँद ऊपर खड़ा है और एक चाँद मेरी गोद में है, याद है?"

पता नहीं कब, दुल्ले की बाँहों ने नूराँ को अपने घेरे में ले लिया। साँसें गर्म हो गयीं। नूराँ को खुद से लिपटाते हुए वह धीमे से बोला, "वो चाँद तो आज भी मेरी बाँहों में है। आज वह आँखें लगा, झुमके पहन नीचे उतर आया है।"

नूराँ एकदम पिघल गयी।

× × ×

दुल्ला जाने के लिए तैयार खड़ा था। नूराँ चुप थी, उदास-उदास। "नूराँ, बहुत मुश्किल वक़्त आने वाला है। अकबर कभी भी पिंडी पर फ़ौज चढ़ा सकता है। हम अब तैयारी में जुट जायेंगे।"

"तू मुझसे कह, मुझे क्या करना है। गर कहे तो झिड़ी में आ बैठूँ।"

"झिड़ी के लिए हम बहुत हैं नूरीये। बस, मुँह से मुँह न मोड़ना, ना आँखें मैली करना। अब मुझे आने में देर-अवेर हो जाया करेगी। दुआ करना, हम अकबर को भगदड़ मचा दें। फिर मैं सोचता हूँ, नूराँ हम दरिया पार पक्का डेरा बना लेंगे। इधर कभी आना ही नहीं।"

नूराँ, दुल्ले के करीब आकर बोली, "अल्लाह जानता है, दरिया आर रख या पार रख, नूराँ तेरे लिए जीती है। नूराँ को अब कहाँ जाना है। तू आ जाता है तो जी उठती हूँ, चला जाता है तो...।" नूराँ की आँखें भर आयीं। उसने मुँह फेर लिया।

"ऐसे न कर नूराँ। हँस के जाने दे मुझे। नहीं तो दुल्ला, अकबर को टक्कर देने लायक नहीं रहेगा।"

नूराँ ने दुल्ले की ओर मुँह फिराया और भरी आँखों से मुस्कराने की कोशिश करने लगी।

दुल्ला अपना हाथ छुड़ाकर झिड़ी की ओर आ गया।

× × ×

दुल्ले के साथी रिश्तेदारियों में गये हुए थे। गाहणा लुहार, तारी, फत्तु मिरासी और शल्ला, झिड़ी में कुएँ के पास ही एक छिपे हुए स्थान पर हथियारों का भंडार जमा करने में लगे हुए थे।

फुरसत मिलने पर शल्ला और तारी शिकार ढूँढ़ने के लिए चल दिये। गाहणा, फत्तु और दुल्ला थड़े पर आ बैठे।

सबसे पहले पिरथा लौटा। उससे देखते ही दुल्ला खुश हो गया। "यार-दोस्तों के बगैर झिड़ी एकदम सूनी हो जाती है पिरथे। कुछ मिला भी या यूँ ही जाकर गँवाया।"

"मिला तो बहुत कुछ है। कहते हैं, नगाड़े पर चोट लगते ही चालीस-पचास बीसी आदमी अँधेरा बन जाएँगे पिंडी की ओर। ज्यादातर नौजवान तो एकदम तैयार बैठे हैं। कहते हैं, तुम्हारी हाँक पीछे सुनाई देगी, हम पहले वहाँ खड़े होंगे। कहते हैं तख़्त लाहौर के साथ हमारा भी कुछ लेना-देना है। दुल्ले, मुझे लगता है, ये वक़्त अब जल्दी ही आने वाला है।" पिरथे ने फ़िक्र से कहा। "कोई ख़बर आयी है...।"

"मेरे मामा का दामाद लाहौर दरबार में चाकरी करता है। उसने बताया, सूबेदार, दुल्ले पर काफी नाराज़ है और पिंडी पर फ़ौज भेजने की बातें हो रही हैं। मामा ने कहा है, चौकन्ने रहो वो सोये पड़े को न आ दबोचे।"

"गाहणे हथियार तो कम नहीं पड़ेंगे।" दुल्ला ने पूछा।

"इस ओर से बेफ़िक्र रह। मैंने तो लोगों के घरों में बठल-बाल्टियाँ नहीं छोड़ीं। तू इस बात की फ़िक्र न कर, इसका इस्तेमाल कैसे करना है।" गाहणे को अपने हुनर पर गर्व था।

"सदीक, रमज़े को वापस आने दो। नये लड़कों को बताओ, नेज़ा कैसे पकड़ना है। वार कैसे रोकना है। घोड़े पर बैठे पैंतरे कैसे बदलना है। भागते जाते घोड़ों पर कैसे बैठना है।"

फिर दुल्ला तथा पिरथा आने वाले दिनों के बारे में योजनाएँ बनाने लगे। जंग लड़नी पड़ेगी तो मुग़लों से कैसे निपटना है। पिंडी को कैसे बचाना है?

उस समय शल्ला और तारी एक खरगोश उलटा लटकाये आते नज़र आये।

"आ गये तेरे शिकारी।" फत्तु ने छेड़ा।

"कड़ाही चढ़ा दे चूल्हे पर।" टुंडे शल्ले ने खरगोश ऊपर उठाकर दिखाते हुए कहा।

"इससे तो नमक-मिर्च भी नहीं देखा जायेगा।" फत्तु ने फिर से छेड़ा।

"आप साला तिनका नहीं तोड़ता, दूसरों को ऐसे ही मेहमान बनाये रखता है।" पिरथे ने फत्तु की गर्दन पर धौल जमाया।

"भला हो, आज तो पिरथे जाट के अन्दर भी मिरासियों का लहू बोलने लगा है।" गर्दन खुजलाते, पीछे हटकर फत्तु ने फिर से वार किया।

अब दुल्ला, शल्ला और तारी भी हँस पड़े।

सारे अभी हँस ही रहे थे, जब हवेली राम हलवाई का लड़का बुधराम एक अजनबी आदमी को झिड़ी में ले आया।

"ये बैठा है दुल्ला सरदार।" बुधराम ने इशारे से बताया।

अजनबी आदमी दुल्ले के पैरों पर गिर पड़ा, "दुहाई ऐ सरदार। मुझे अकबर के कहर से बचाओ।"

दुल्ले ने हैरान हो पिरथे की ओर देखा।...कौन है यह, पिंडी कैसे आ गया? अकबर की कोई चाल तो नहीं? तख़्त बहुत साजिशें करते हैं। यहाँ झिड़ी में हमारे

आदमी देखने आया होगा। बादशाहियाँ बहुत नीचे उतर आती हैं।...

पिरथा समझ गया, तुरन्त अजनबी आदमी को उठाकर एक ओर किया और थोड़ा हटकर बैठने को कहा।

"कौन हो? कहाँ से आये हो? क्या किया है अकबर ने?" दुल्ले ने एक ही साँस में कई प्रश्न पूछ डाले।

"तेरी बहुत बड़ाई सुनी है, दुल्ले सरदार। लाहौर तक बातें होती हैं तेरी। मैं तो अपनी बेटी के साथ रावी में डूबकर मरने लगा था। एक भले आदमी ने कहा पिंडी जा, वहाँ दुल्ला है, उससे फरियाद कर।" वो आदमी फिर रोने लगा।

दुल्ला खीझने लगा, "पहेली न डाल, सीधी बात कर, हुआ क्या है?"

"लाहौर के निकट के गाँव का मैं देबू ब्राह्मण हूँ। मेरी एक बेटी है सुन्दरी। मुश्किल से पन्द्रह बरस की होगी। गाँव के चौधरियों ने लाहौर जाकर बादशाह के अमीरों-वज़ीरों से कहा, पंडित की बेटी तो बादशाह की रानी बनने लायक है। एक दिन लाहौर दरबार से आदमी आये और कहने लगे, पंडित, तेरी बेटी बहुत खूबसूरत है। यह तो बादशाह के महलों में रहने लायक है।"

मैंने कहा, "मेरी बेटी तो अभी बच्ची है। अभी इसके खेलने-खाने के दिन हैं। महलों में तो यह नौकरानी बनकर रह जायेगी।" उन्होंने धमकी दी, "मुग़लों का 'यासा' कानून बादशाह को हक़ देता है, ज़मीन और आसमान के दरम्यान जो भी चीज़ है, मख्लूक है, वह बादशाह की मिल्कियत है। लिहाज़ा जो भी सुन्दर औरत हो, बादशाह चाहे तो उसे अपनी बेगम बना सकता है। तू खुद ही अपनी बेटी का निकाह बादशाह से पढ़वा दे।"

मैंने इनकार किया तो वे मुझे पकड़कर लाहौर ले गये। मैंने वहाँ भी अर्ज़ की।... "हुज़ूर, आप मुसलमान हो, मैं हिन्दू ब्राह्मण। मेरी बेटी की ज़िन्दगी बर्बाद न करो। ना मुझे कोई लालच है न मेरी बेटी को बेगम बनने की कोई ख्वाहिश है।"

"...बादशाह माना नहीं। कोतवाल ने मुझे डराया, शहंशाह तेरा सिर कलम करवा देगा। तेरी बेटी के साथ निकाह भी कर लेगा। तेरे टब्बर को देश निकाला भी दे देगा।... तुझे तो बादशाह का शुक्रगुज़ार होना चाहिए, वो तेरी बेटी को अपनी रानी बनाने लगे हैं। सोच ले, उजड़ना है या बादशाह के साथ साक-रिश्तेदारी बनानी है।"

"मेरे घर के आस-पास पहरा लगा दिया। मैंने कहा, मुझे कुछ मोहलत दो, मैं अपनी बिरादरी के साथ बात कर लूँ। मैंने सोचा, सारे परिवार के साथ रावी में छलाँग लगा दूँ। फिर तुम्हारा नाम सुना, उस भले आदमी ने कहा, साँदल बार में दुल्ला भट्टी बहुत ग़ैरतमन्द आदमी है और सरदारा मैं अपनी बेटी लेकर रावी पार कर आया।" बात खत्म कर ब्राह्मण ने आँखें पोंछीं।

"तेरी बेटी कहाँ है।" दुल्ले ने पूछा।

"अम्मा लध्धी के पास है हवेली में" बुधराम बोला। "संयोग से मैं उधर जा रहा था, अम्मा ने कहा, इसे दुल्ले के पास ले जा।"

"पिरथे, तू इधर ही बैठ। सदीक, रमज़ा आदि को भी अभी आना है। मैं घर से होकर आता हूँ।"

दुल्ला बुधराम तथा देबू ब्राह्मण के साथ पिंडी की ओर चल दिया।

हवेली के आँगन में लध्धी, फुल्लराँ, बख्तो तथा सलेमो सुन्दरी को घेरकर बैठी थीं। वह लगातार रो रही थी। उसने कुछ खाया-पिया नहीं था। लध्धी उसे दिलासा दे रही थी।

दुल्ला, पंडित तथा बुधराम जब अन्दर आये तो बख्तो और सलेमो उठकर अन्दर चली गयीं। दुल्ले ने देखा, लड़की तो बख्तो से भी छोटी थी। उसने रो-रोकर अपनी आँखें सुजा ली थीं।

दुल्ले ने अपने सिर से पगड़ी उतारी और उसे चादर की तरह खोलकर सुन्दरी के सिर पर देते हुए कहा, "आज से तू मेरी बेटी है। यह पगड़ी नहीं, तेरे सिर की चादर है। जितनी देर तक दुल्ला भट्टी जियेगा, तेरे सिर की चादर को हाथ डालने वाला कोई पैदा नहीं हुआ।" उसने सुन्दरी के सिर पर हाथ रख दिया।

देबू ब्राह्मण सिसकियाँ लेने लगा। सुन्दरी भी रोने लगी। "पंडित, रोने-धोने से कुछ नहीं होगा। सुन्दरी अब मेरी मुँहबोली बेटी है। अकबर से कह, हिम्मत है तो दुल्ले से आकर ले जाये सुन्दरी को।"

ब्राह्मण दुल्ले के पैरों पर गिर पड़ा। आँसुओं से उसके पैर धो दिये। दुल्ले ने उसे उठाया, हौसला दिया, "तगड़ा हो जा, मर्द बन। अब तू दुल्ले की हिफाज़त में है। जा अपनी बिरादरी में से कोई लड़का ढूँढ़ ले। सुन्दरी का ब्याह मैं करूँगा। बार के लोगों और अकबर को मालूम हो, दुल्ला भट्टी गर किसी को बेटी बनाता है तो निभाता भी है।"

ब्राह्मण ने स्वयं को सँभाला।

फिर दुल्ला लध्धी की ओर मुड़ा, "माँ, तू इसे बुधराम के घर पर छोड़ आ। वहीं खा-पीलेंगे। बुधराम...रख लेगा न इन्हें घर पर?" दुल्ले ने पूछा।

"मुझे दुख हुआ दुल्ले, तुझे पूछने की ज़रूरत पड़ी।" बुधराम ने सच में दुखी होकर कहा।

"जब तक सुन्दरी का निकाह नहीं होता, ये तेरे घर पर हीं रहेंगे।" दुल्ले ने कहा, फिर ब्राह्मण का कन्धा थपथपाया, "जा, जाकर कोई लड़का देख ले।"

"लड़का तो मैंने देख रखा है सरदारा। इसके ब्याह की बातचीत चल रही थी।"

"कल सुबह चला जा। बारात ज्यादा नहीं आनी चाहिए।" कह दुल्ला झिड़ी की ओर चल दिया।

लध्धी सुन्दरी को लेकर बुधराम के घर ले जाने के लिए उठ खड़ी हुई।

32

ऊँची जगह वाले बरग़द के नीचे थड़े पर चौधरी जुड़े बैठे थे। हुक्के की नली बारी-बारी सभी के हाथों में घूम रही थी। सभी चौधरी कुछ अधिक ही परेशान लगते थे। दुल्ले भट्टी के द्वारा एक हिन्द ब्राह्मण तथा उसकी बेटी को पिंडी में बुधराम के घर पर ठहराये जाने की बात उन्हें हज़म नहीं हो रही थी। सभी खफा थे।

"बात यह है जलालदीन चौधरी तेरा भतीजा तो शेर की पूँछ खींचने से पीछे नहीं हट रहा। अकबर भी तो आखिर हिन्द का शहंशाह है। अब यदि बादशाह को किसी ब्राह्मण की लड़की पसन्द आ गयी तो कोई दुनिया से निराली बात तो नहीं है। हिन्द की रियाया बादशाह की मिल्कियत है। इसकी प्रत्येक अच्छी-बुरी चीज़ पर बादशाह का पूरा हक़ है। एक ब्राह्मण अपनी बेटी को लेकर दुल्ले की हिफाजत में आ बैठा है। यह तो बादशाह की हत्तक है। बादशाह अपनी मर्ज़ी पूरी नहीं करेगा तो क्या हम-आप करेंगे? दुल्ले ने तो हद ही कर दी और सुना है, दुल्ले ने कहा, ब्राह्मण की बेटी मेरी बेटी है मुँह बोली। इस तरह से कभी हुआ है।" अहमद चौधरी ने बात कर नफ़रत से थूक दिया।

"अभी तो और भी अति होना बाकी है चौधरी। दुल्ला यहाँ ब्राह्मण की बेटी का निकाह भी करवा रहा है। ये तो बादशाह को सीधे ही धमकी है। अब अकबर शहंशाह बड़ा न हुआ, दुल्ला बड़ा हो गया।" जलालदीन ने गुस्से में हुक्के का कश ज़ोर से खींचा कि उसे खाँसी छिड़ पड़ी।

बातें सुनते फज़लदीन चौधरी से अब चुप न रहा गया, बोला, "जलालदीना, दुल्ला तो यहीं पर अपनी अलग डफली बजाता जा रहा है। उसे इल्म नहीं होगा, गाँव वालों को नाराज़ करने का हाल क्या होता है।"

"फज़लदीन, सयाने कहते हैं, अल्लाह गंजे को नाखून न दे। दुल्ले भी अपने पैरों पर खुद ही कुल्हाड़ी मारेगा। एक तो रंडी का पुत्तर, ऊपर से अड़ियल टट्टू, वैसे ही यार बेली। गंजा अपना सिर ज़ख्मी कर लेता है, दुल्ला अपना घर उजाड़ लेगा। देखते रहना।"

"देख ही रहे हैं जलालदीना चौधरी।" रहमत अली तथा अहमद ने एक साथ कहा। फिर खिजाबी दाढ़ी पर हाथ फेरते हुए रहमत अली ने कहा, "बादशाहियाँ इतनी ढील कहाँ देती हैं। सूह है कि बादशाह इधर फ़ौज भेजने वाला है।"

"भेजेगा ही, नहीं भेजेगा तो जगह-जगह पर दुल्ले उगने लगेंगे।" फज़लदीन ने हुक्के की नली मुँह से निकालते हुए कहा। फिर मस्जिद के दरवाज़े में बैठे एक लड़के को आवाज़ दी, "ओए छोरे, हुक्के का पानी बदल दे।"

"मुझे तो लगता है दुल्ला अब खत्रियों को भी मरवायेगा।" अहमद चौधरी ने कहा।

"हाँ हाँ, ब्राह्मण और उसकी बेटी बुधु के घर पर हैं।"

"तभी तो बुधु इस ओर आया ही नहीं।"

"तीस बरसों का होने वाला है बुधु और घर आ गयी है पंडित की जवान छोरी। क्या पता सोचता हो, पंडित की बेटी को अपने घर में ही रख ले?"

"अच्छा, तभी घर से बाहर नहीं आता?"

"औरतों का चक्कर बुरा होता है।" रहमत अली ने कहा तो सभी चौधरी हँसने लगे। रहमत अली जब बोलता था तो जीभ की तरह उसका सामने वाला एक दाँत भी हिलने लगता था।

मस्जिद के बाहर बैठा लड़का पानी बदलने के लिए हुक्का उठाकर ले गया है।

अहमद चौधरी ने देखा, परले ओर से लध्धी अपनी हवेली की ओर जा रही थी, "ये किधर से आ रही है।" हैरानी से जैसे उसने स्वयं से पूछा।

"बुधराम के घर से आयी होगी।" फ़ज़लदीन ने अनुमान लगाया।

फिर चौधरी, हुक्का लेकर गये लड़के का इन्तज़ार करने लगा।

× × ×

झिड़ी वाले कुएँ पर मेले-सी रौनक थी।

दुल्ले के साथियों ने चूल्हे पर कई कड़ाहियाँ चढ़ा रखी थीं। पक रहे चावलों की महक झिड़ी के अन्दर फैली हुई थी।

फत्तु मिरासी आज फिर पूरी सज-धज में था, वह हर एक से पूछता था, "मैं चौधरियों-सा तो नहीं लग रहा?"

जब अगला कहता, "नहीं।"

फत्तु खुश हो जाता, "तो फिर ठीक है।"

आज देबू ब्राह्मण की बेटी सुन्दरी की बारात आने वाली थी। दुल्ले के आदमी, हथियार उठाये, चारों ओर सख्त निगाह रखे हुए थे। कुछ आदमी झिड़ी के बाहर भी खड़े थे। ये सारा इन्तज़ाम पिरथे तथा रूड़े के ज़िम्मे था। दुल्ले ने सभी को होशियार रहने को कहा था। क्या मालूम किस ओर से अकबर के सिपाहियों या चौधरियों के लट्ठमार आ जायें।

देबू ब्राह्मण डर के मारे बार-बार देवी का ध्यान कर रहा था।

दुल्ला भट्टी इस समय तैयार होकर हवेली से बाहर निकला। सोने के बटनों वाली घुटनों तक की लम्बी कमीज। कली सूफ की तहमद, नुकीली मुड़ी हुई तिल्ले की जूती। सिर पर माँड़ लगी तोते रंग वाली पगड़ी का खड़ा तुर्रा। शमला और नुकीली मूँछें।

शल्ले का छोटा भाई हवेली के पिछवाड़े से घोड़ी निकाल लाया। सामने से आता हाज़ी चिराग़दीन उससे आ मिला।

दुल्ले ने सलाम कहा।

"माशा अल्लाह। आज तो बरखुरदार, परदेस जा रहा है।"

"देबू पंडित की धीया का निकाह है आज। बारात आयेगी। कुएँ पर। फ़ुरसत हो तो उधर आ जाना।"

"तुम्हें देखकर रूह को सुकून आ जाता है पुत्तर। लाहौर के बादशाह का क्या रौब होगा। जो हमारे पिंडी के बादशाह का रौब है। माशा अल्लाह।" चिराग़दीन ने फिर से कहा।

"घोड़ी पर ले चलूँ, बाबा?"

"नहीं बरखुरदार। अपना ख़याल रखना। चौधरी बहुत खफ़ा हैं। लाहौर तक मुखबरी हो रही है।" चिराग़दीन फ़िक्रमन्द हो गया।

"बाबा, चौधरियों को तो अकबर से इनाम-इकराम लेने होते हैं।"

"इनाम कोई बड़ी शै नहीं है दुल्ले। हयाती से बड़ा इनाम नहीं होता।"

"बाबा जब तक अल्लाह के लोग मेरे साथ हैं, मुझे रत्तीभर भी फ़िक्र नहीं। दुल्ले को अपना वादा निभाना है। पंडित की बेटी को अपनी बेटी कहा है और अब उसका निकाह कर मज़हब के बाबुल का फर्ज़ भी पूरा करना है। आगे जो होगा अल्लाह जानता है।" कहकर दुल्ला घोड़ी पर बैठ गया।

"जीता रहे पुत्तरा।" मियाँ चिराग़दीन ने ऊपर की ओर हाथ उठाकर दुआ माँगी। दुल्ले ने घोड़े को एड़ लगायी।

उसकी पीठ निहारते कुछ देर चिराग़दीन वहीं खड़ा रहा। अपने मन में बातें करने लगा, "मुझे इल्म है पुत्तर, तेरी हयाती बहुत लम्बी नहीं होगी। बादशाहियों को कहाँ सुभीती हैं ऐसी बातें।"... उसने आँखों की नमी साफ़ की और तसबीह फेरते हुए आगे चल दिया।

× × ×

बारात समय पर आ गयी, जैसे उन्हें भी कोई डर हो। शादी की रस्में होने लगीं।

दुल्ले ने डेढ़ सौ करीब अपने आदमियों को इस प्रकार आड़ में तैयार रहने को कहा था ताकि अकबर के सिपाही हमला करें तो उन्हें पीछे से घेरा जा सके। झिड़ी के अन्दर भी आदमी लगातार गश्त लगा रहे थे।

वही बात हुई। रस्में अभी पूरी नहीं हुई थीं चौधरियों के लठैतों ने झिड़ी को घेरा डाल दिया।

सदीक द्वारा बात दुल्ले तक पहुँची। सारे सावधान हो गये। कुछ आदमी मंडप की हिफाज़त के लिए छोड़कर सभी ने सोची-समझी योजना के अनुसार मोर्चे सँभाल लिए।

झड़प तो हुई। लाठियाँ भी चलीं। लठैत समझ गये, हम थोड़े हैं और आगे-पीछे

से घिरे हुए हैं। भागने ये देंगे नहीं, हथियार फेरने में ही भलाई है। वे हैरान थे, दुल्ले के आदमी किस प्रकार हैं। ये तो अन्धे-बहरे साँड़ की तरह सीधी टक्कर मारने आते हैं। मरने से तो ये डरते नहीं, ये तो...।

उन्होंने दुल्ले के आगे हथियार डाल दिये।

"पिरथे इनके हाथ बाँधकर चौधरियों के ओर की मस्जिद के बाहर ले चल। चौधरी भी देख लें। फत्तु कहाँ है, उससे कह दो, पीपा खड़खड़ाते हुए उधर जाये, हम बेटी की विदाई करके आते हैं।"

× × ×

मस्जिद के आगे चौपाल में लोगों का हजूम इकट्ठा हो गया। जात-गोतों की परवाह किये बगैर सारी पिंडी ही जैसे घरों से बाहर निकल आयी थी। औरतें, लड़कियाँ नज़दीकी घरों की छतों पर जा चढ़ीं। हैरान हुए तमाशबीनों का शोर धूल की तरह ऊपर उठ रहा था। परन्तु सभी चौधरी साँस रोके बैठे थे।

इतने में दुल्ला तथा उसके साथी भी आ पहुँचे।

चौपाल में सन्नाटा खिंच गया।

थड़े पर बैठे चौधरियों के हुक्के की गुड़गुड़ बन्द हो गयी थी।

सभी को दुल्ले भट्टी की बुलन्द आवाज़ सुनाई दी, "पिंडी वालो, इन लठैतों ने एक गरीब ब्राह्मण की बेटी के निकाह में रुकावट डाली थी। हमने फैसला किया है, इन्हें सौ-सौ जूते लगाये जायें और मुँह काला कर जिधर से आये हैं, उधर भेज दिये जायें। किसी को ऐतराज़ तो नहीं है, बोलो।"

सारा शोर शान्त था। दुल्ले ने थड़े पर मजलिस लगाये बैठे चौधरियों की ओर देखा। कोई कुछ न बोला। बाहर से आये लट्ठमारों ने कहा, "हमें माफ़ कर दो भाई। हम तुम्हारे कसूरवार हैं।"

"वो वक़्त निकल गया है, अब तो सौ जूते खाने पड़ेंगे और गिनती भी तुम खुद करना।"

"गिनती गलत हुई तो ...।" फत्तु पूरे जोश में था बोला—

"गलत करेंगे तो फिर एक से शुरू कर लेना।"

भीड़ हँसने लगी। लट्ठमारों की गर्दनें झुक गयीं। चौधरियों के पैरों के नीचे आग जलने लगी।

जूते पड़ने लगे। जब गिनती पूरी हो जाती तो उसका मुँह काला कर छोड़ दिया जाता।

"मुझे एक जूता और मारो।" एक लठैत ने मिन्नत की।

"और नहीं मारना, ये दुल्ले की कचहरी है, तेरे बादशाह का दरबार नहीं।" दुल्ले ने कहा।

"खुदा के वास्ते, एक जूता और मारो।" लठैत ने विनती की। गाँव के लोग

तथा चौधरी बहुत हैरान हुए।

दुल्ले के इशारे पर एक जूता और मार दिया गया।

जब उसे छोड़ा गया तो उसके साथी ने पूछा, "एक जूता ज्यादा क्यों खाया?"

"गलती लग गयी थी, गिनती में एक जूता कम था। मैं डर गया, यदि किसी और ने ना गिना होगा तो सौ और खाने पड़ेंगे। सौ खाने से तो एक ज्यादा खाना ही बेहतर है।"

जब भीड़ बिखरने लगी, दुल्ला घोड़ी पर बैठ गया तो चौधरियों से कोई बोला।

"खुद को इतना ही गैरतमन्द तथा जुर्रतमन्द समझता है तो जाकर बादशाह से टक्कर ले। यहाँ दो-चार आदमियों पर रौब दिखाकर...।"

"कौन अपनी मौत को हाँक मार रहा है? ज़रा सूरत तो अपनी दिखाना।" दुल्ले ने खड़े-खड़े ही घोड़ी को मोड़ लिया।

"मैं कह रहा हूँ।" थड़े से ऊपर उठकर जलालदीन थोड़ा आगे आया।

"चाचा तू है?" दुल्ले के चेहरे पर व्यंग्य था।

"हाँ मैं हूँ। माथा भिड़ाना है तो तख्त से लगा, फिर देखते हैं तेरी राजपूती धौंस की हवा कैसे सरकती है?" जलालदीन ने ईर्ष्या से कहा।

"तख्त से माथा भिड़ाने की खातिर तो ये वारदातें कर रहा हूँ। दिल्ली-लाहौर घूमता फिरता है। जा, जाकर अपने बादशाह से कह दे, दुल्ला और उसके आदमी कहते हैं ... एक बार सामने तो आये। पता लग जायेगा उसे भी कि दुल्ला क्या शै है। इन बरगदों के नीचे बैठकर बातें करना आसान होता है चाचा। मुख़बरी करने जाता तो है ही, और चौधरी भी जाते हैं। कह दो जाकर बादशाह को। जब मर्ज़ी आ जाएँ दुल्ला तैयार है। दुल्ला अब मौत से नहीं डरने वाला।"

घोड़ी बेचैन होने लगी तो दुल्ला उस जगह पर चक्कर लगाते बोलता गया।

चौधरी हुक्का पीना भी भूल गये।

दुल्ला फिर वैसा ही हँसा और पहले की तरह अपने साथियों को लिए झिड़ी वाले कुएँ की ओर हवा हो गया।

33

सन् 1589 का फरवरी महीना।

बहार का मौसम दस्तक देने को तैयार था।

लेकिन कश्मीर से लौटे अकबर के तेवर चढ़े हुए थे। पिंडी से अपने घोड़े और हथियार गँवा आये सिपाहियों की इत्तलाह उसे मिल चुकी थी। फिर एक ब्राह्मण का निकाह रोकने के लिए गये राठौर तथा चौधरियों के लठैत जूते खा और मुँह काला करवाकर लौटे थे।

अकबर बेहद परेशान था। साँदल बार का यह बागी राजपूत आखिर चाहता क्या है? यह बागी टकराव की निरन्तर वारदातें कर मेरी हस्ती का मज़ाक़ बना रहा है या उसे इतनी समझ नहीं, एक शहंशाह की ताकत क्या होती है। अभी तक तो हम उसे लुटेरा और गँवार ही समझ रहे थे। मगर वो तो लगातार मेरी सत्ता पर वार पर वार करता जा रहा है। मेरे सिपाहियों, कानूनगो, पटवारियों, चौधरियों, व्यापारियों की तौहीन भी करता है और उन्हें जलील भी करता है।

ये दुल्ला मेरे लिए कोई मुसीबत तो नहीं बन रहा? शेखू लाहौर ले आया था, सलाम तो क्या करना था, पहले जूती दिखाई। लाहौर के बाज़ारों में खलबली मचा गया। अब तो वो तमाम हदें पार करता जा रहा है। हम तो सोचते थे, कमज़ोर आदमी को प्रोत्साहित करते जाओ, अधिकतर वो अपनी मौत आप ही मर जाता है। मगर यह तो रस्सी से साँप बनता जा रहा है। इसका इलाज तो करना ही पड़ेगा। खुद जाऊँ...? लेकिन मेरे इतने मनसबदार, फ़ौजदार, सिपाही क्या सोचेंगे, हिन्द का शहंशाह हमारी बहादुरी पर यकीन नहीं रखता? वैसे भी यह हिन्द के शहंशाह के खिलाफ है। एक बादशाह ही दूसरे बादशाह को चुनौती दे सकता है। हमने तो सुना है, वह कहता फिरता है, होगा कोई हिन्द का बादशाह, मैं साँदल बार का बादशाह हूँ। निज़ामुद्दीन को लाहौर लौटने दो, फिर देखते हैं। निज़ामुद्दीन लाहौर के रास्ते में ही है। गज़नी पर फतह हासिल हो गयी है। आज तो सूबे लाहौर में जश्न मनाने का मौका है। मगर...।

दरबारी शहंशाह की चिन्ता को समझते थे। शहंशाह के मन के अन्दर चलते तनाव को महसूस करते थे। अकबर के निज़ाम का रोजनामचा लिखने वाला बदायूँनी तो बादशाह से भी अधिक चिन्तित था। उसे शक था, ऐसी हालत में बादशाह कभी भी पिंडी में फ़ौज भेजने का हुक्म दे सकता था। बादशाह को तो और भी कई बड़ी चुनौतियाँ तथा मुसीबतें हैं। बंगाल की ओर से बगावत उठ रही थी। राणा प्रताप की निज़ाम विरोधी हरकतें शहंशाह को सुख से सोने नहीं देतीं। दक्खन की ओर से बगावतों की ख़बरें आ रही हैं। मुट्ठी भर साँदल बार तो एक हमले की मार है। शहंशाह की फ़ौजें तो दो घड़ियों में उन्हें नेस्तनाबूद कर सकती हैं। पिंडी का तो नामो-निशान ही नहीं मिलेगा कहीं से।...

इन्हीं सोचों में घिरा बदायूँनी अपना सिर थामे बैठा था। जब एक पहरेदार ने आकर सूचना दी।

"शहंशाह, जनाब को याद फरमा रहे हैं।"

उदास-सा बदायूँनी उठकर, पहरेदार के साथ ही चल दिया।

× × ×

निज़ामुद्दीन के कब तक लाहौर पहुँचने की ख़बर है?" अकबर ने बदायूँनी को आते देखकर कहा।

"जहाँपनाह, खबर आयी है, वो सूरज अस्त होने तक नहीं तो फ़जर तक पहुँच

जायेगा।" निकट आ बदायूँनी इबादत करने के अन्दाज़ में झुक गया।

"एक खबर और भी है...।" अकबर कहते-कहते रुक गया। "फरमाइये जहाँपनाह।"

"दुल्ले बागी ने इस बार फिर...।" अकबर ने बदायूँनी की आँखों में झाँका।

"बुरी खबर है हुज़ूर। हमारे सिपाही फिर खाली हाथ लौटे।"

"एहतियात रहे, रोज़ानामचे में बार की कोई वारदात और तख्त की ओर से की गयी किसी भी कार्यवाही का ज़िक्र नहीं आना चाहिए।" शहंशाह ने हिदायत दी।

"ऐसा ही हो रहा है हज़ूर।" बदायूँनी ने सिर झुकाया।

"किसी भी सरकारी फेहरिस्त में दुल्ला भट्टी और उसके वालिदों का ज़िक्र नहीं आयेगा।"

"बिल्कुल नहीं आयेगा जहाँपनाह। इस बात का पूरा ख़याल रखा जा रहा है।"

"मुग़ल निज़ाम के अन्दर ऐसी लोक-बगावतों की कोई खास अहमियत नहीं दी जा सकती।" अकबर ने फिर से हिदायत दी।

"आप दुरुस्त फरमा रहे हैं जहाँपनाह।"

"तमाम दरबारियों, मनसबदारों, सिपहसालारों और सूबेदारों को इत्तलाह की जाए, कल दरबार में हाज़िर रहें।" अकबर ने हुक्म दिया।

"कोई खास ऐलान होगा हज़ूर।" बदायूँनी ने झिझकते हुए पूछा।

"कल इल्म हो जायेगा।" कह अकबर अपनी आरामगाह की ओर चल दिया।

किले के अन्दर पहरा और भी सख्त कर दिया गया था।

रात को अकबर बेहद परेशान था। नींद नहीं आ रही थी। शराब के प्याले का भी कोई असर नहीं हो रहा था। आरामगाह के हर कोने में दुल्ले का भूत दिखाई दे रहा था। वह सोच रहा था, शहंशाही कोई थाल में परोस के पेश नहीं करता। कितने गर्दिश के दिन देखे थे अब्बा हुमायूँ ने।... शेरशाह सूरी से हार खाकर सिन्ध-बलूचिस्तान की पहाड़ियों में छिपकर जान बचाता फिरता था। बैरम खाँ बताया करता था, बादशाह अब्बा ने बहुत कष्ट सहे, मगर हौसला न छोड़ा। पढ़ने का काफी शौक था, अपना किताब-खाना बनाया हुआ था। अब्बा ने तो मुझे भी पढ़ने के बहुत यत्न किये। उस्तादों का प्रबन्ध किया। मैं ही कबूतर उड़ाने में मस्त रहा।

अब्बा हुमायूँ को याद करते हुए अकबर जज़्बाती हो गया। ख़ुदा जन्नत नसीब करे, काश आज वे देखते उनका पुत्र शहंशाह-ए-हिन्द हैं। मैं तो तेरह वर्ष की आयु से ही युद्ध लड़ता आया हूँ।... अब कोई साँदल बार से सिर उठा लेता है, कोई काबुल से, कोई बंगाल से। वे यह नहीं समझते, जिन्होंने तख्त हासिल करने के लिए अपने लहू की भी परवाह नहीं की, वे इतनी आसानी से तख्त से दूर कैसे हो जायेंगे? सत्ता पर कब्ज़ा करना जितना मुश्किल है, सत्ता को सँभालना उससे भी काफी मुश्किल है। निज़ाम की खातिर तो हमने बैरम खाँ जैसा हीरा शख्स गँवा

लिया। उसकी मेहरबानियाँ, वफादारियाँ हम कैसे भूल सकते हैं। तेरह वर्ष की उम्र के बादशाह को सँभालने वाला बैरम खाँ ही था, मगर हवस बड़ी ज़ालिम होती है। यह किसी को भी माफ नहीं करती। हमने उसे सब कुछ छोड़-छाड़कर मक्का जाने का हुक्म दिया और रास्ते में ही उसका कत्ल हो गया।

हमने तो अपनी दाई के पुत्र को भी नहीं बख्शा। बार का बाग़ी यह नहीं जानता, बादशाह गर तख्त पर बैठना जानता है तो वह लड़ना भी जानता है। मैंने एक पागल हाथी को खदेड़ दिया था, यह दुल्ला चीज़ ही क्या है। मैं तो खुद आगे बढ़कर युद्ध लड़ता आया हूँ। शायद मेरी रगों में तैमूर का लहू ही मुझे युद्धों के लिए उकसाता रहता है।

... दुल्ला जानता नहीं है, राणा उदय सिंह जैसे राजपूत मेरा नाम सुनकर ही मैदान छोड़कर भाग गये थे। अकबर लड़ना ही नहीं जानता, बहादुरी का मूल्य भी जानता है। जयमल और फत्ता अगर बहादुरी से लड़े थे तो उनके बुत बनवाकर दिल्ली में लगवाये।

...और सुना है, दुल्ला भट्टी भी राजपूत नसल का है। अबुल-फज़ल ने बताया था... ये महाराज भाटी के वंशजों में से है। ये राजपूती लहू ही शायद इन्हें टिकने नहीं देता। यह दुल्ला कहीं लाहौर तख्त पर कब्जा करने के ख्वाब तो नहीं देख रहा? तख्त हासिल करने के लिए तो जान हथेली पर रखकर जंग-ए-मैदान में आना पड़ता है। बाज़ी मार ली तो तख्त, बाज़ी हार गयी तो तख्ता...।

...दुल्ला मेरे शाही दरबार का वैभव देख गया है एक बार। हीरे-जवाहरात से जड़े सिंहासन। पीछे खड़े हो पंखे झुलाती हसीन बाँदियाँ, झुक-झुककर सलाम करते दरबारी, अमीर, वज़ीर। किले के आँगन में शृंगारित खड़े हाथी और जब हम घुटनों तक लटकता बाला-पोश पहन और हीरे जड़ी पगड़ी सिर पर रखे सिंहासन की ओर आते हैं।... दुल्ले ने मेरा यही रूप देखा था, और अब खुद को साँदल बार का बादशाह कहलाता है, कल को लाहौर का कहेगा।

...मुझे इल्म है, सारे दरबारी और अन्य अहलकार मेरे आगे दिल से नहीं झुकते होंगे, उनके अन्दर डर-भय होना लाज़िमी होगा। अबुल-फज़ल कहता है, यहूदियों की राय मेरे बारे में अच्छी नहीं। वे समझते हैं, बादशाह पाखंडी है, चतुर है, कपटी है और मालूम नहीं क्या-क्या कहते हैं। ये बातें इस शर्त पर बतायी गयी थीं कि किसी और के आगे प्रकट नहीं की जायेंगी, नहीं तो यहूदी चौकन्ने हो जायेंगे। वे तो यह भी कहते हैं, बादशाह अपनी बड़ाई का भूखा है, भला अपनी प्रशंसा का कौन भूखा नहीं होता? यहूदी तो ये भी कहते हैं कि अकबर में पड़ोसी राज्यों को हड़पने की लालसा है। इसमें क्या गलत है? अगर मैं हमलावर नहीं हूँगा तो दूसरे हमला कर सकते हैं। हमें बन्दी बना सकते हैं। बादशाह को हमेशा दूर की बात सोचनी चाहिए।

...दुल्ला अब बहुत मनमानी करने लगा है। उसकी नकेल तो कसनी पड़ेगी।

हम समझते हैं, पिंडी पर फ़ौज चढ़ाना ऐसे लगता है, जैसे एक हाथी चूहे को मारने जा रहा हो। मेरी रियाया क्या सोचेगी? हिन्द के शहंशाह को पिंडी के एक मामूली से बाग़ी को पकड़ने के लिए फ़ौज की ज़रूरत पड़ गयी। मगर जब चूहा धरती पर इतने बिल बना दे और हाथियों के पैर उनमें धँसने लगें तो...। तो क्या हमें पिंडी को एक बार फिर से उजाड़ना पड़ेगा? बीते समय को फिर से दुहराना पड़ेगा?

बेचैनी में अकबर ने पहरेदार को भेजकर अपने चहेते बीरबल को बुलवा भेजा।

दरबारी तो हुक्म मिलते ही इस प्रकार भागते थे, मानो इधर आने के लिए तैयार ही बैठे हों।

बीरबल ने आते ही झुककर सलाम कहा और पूछा, "हज़ूर अभी तक जाग रहे हैं। परेशानी की वजह जान सकता हूँ।"

"इधर रियासत में क्या हो रहा है, इल्म है सभी को?" बादशाह ने अपना माथा सहलाते हुए पूछा।

बीरबल को बादशाह का संकेत समझ न आयीं। वह वैसे ही सवालिया निशान बना खड़ा रहा।

"इधर साँदल बार है एक, वहाँ एक दुल्ला मेरी पगड़ी तक हाथ डालने लगा है।"

"खामख्वाह परेशान होते हैं हज़ूर। मुग़ल हुकूमत के सामने यह दुल्ला-शल्लु क्या चीज़ है।"

"बीरबल तुझे मालूम है, उसने कितनी वारदातें की हैं? हमारे सिपाही पिंडी की ओर जाने से ऐसे डरते हैं, जैसे रास्ते में दुल्ले के आदमी नहीं भेड़िये बैठे हों।"

"जहाँपनाह, भट्ठी में से दाना तिड़केगा, भट्ठी तो नहीं तोड़ डालेगा।" बीरबल अभी भी संजीदा नहीं लग रहा था।

"दाना उछलकर आँख में भी लग सकता है, बीरबल।" बादशाह का रुख हाकिमाना हो गया।

"क्या चाहते हैं, हुक्म करें, तालीम होगी।"

"कल दरबार में पान के बीड़े और तलवार म्यान से बाहर निकालकर रखे जायें।" अकबर ने फरमाया।

"ऐसे ही होगा हज़ूर। गुस्ताखी माफ़, हज़ूर, किसे भेजना चाहते हैं?"

"कल दरबार में मालूम हो जायेगा।"

"ठीक है हज़ूर। आप आराम फरमायें...।"

बीरबल आज्ञा लेकर बाहर निकल गया।

बादशाह अभी भी पीठ पीछे हाथ बाँधे बेचैनी से कमरे में चक्कर काट रहा था।

34

पिंडी में आये दिन अफवाहें फैलने लगीं।

घरों में, चौपालों, मैदानों, पीपल तथा बरगद के नीचे चबूतरों पर, मस्जिद के अन्दर-बाहर। चौधरियों की हवेलियों के अन्दर, बाजीगरों, रासगीरों की झुग्गियों में, अफवाहों का डर तथा डर की अफवाहें तेज़ आँधी सी घूमने लगीं।

"... बादशाह खुद पिंडी की ओर आ रहा है।

... फ़ौजें पिंडी की ओर आ रही हैं।

... अकबर बादशाह का पुत्तर दुल्ले को पकड़ने के लिए आ रहा है।

... दुल्ले के सिर पर इनाम का ऐलान हो गया है।

... दुल्ले को पकड़ने वाले को जागीरें बख्शी जायेंगी।

... बादशाह के सेनापतियों में दुल्ले को पकड़ने का मुकाबला हो रहा है।"

जैसे-जैसे अफवाहें फैल रही थीं, चौधरी तथा उनके पुत्र खुश हो रहे थे। कोई कहता, दुल्ले से बदला लेने का यही एक मौका है। दूसरा कोई कहता, नूरे को अब सबक पढ़ाने का समय आ चुका है।

ये अफवाहें तथा बातें, दुल्ले तथा उसकी टोली तक भी पहुँचीं और लध्धी तक भी पहुँचीं। मेहरू के अलावा सारा परिवार फुल्लराँ, लड़कियाँ, नूरा, बहू एक-दूसरे के सामने आने से डरने लगे। घर में अजीब प्रकार की उमस, तनाव और खामोशी का माहौल बन गया। यह खामोशी उनके कानों में हर समय चीख-चिल्लाहट डालती-सी लगती।

लध्धी तो चलती-फिरती बोलती रहती। लड़कियाँ हैरान होतीं, अम्मा किसके साथ इतनी बातें कर रही है? आटा गूँधने लगती तो परात में इतना ज्यादा पानी पड़ जाता। आटा पूड़े पकाने वाला बन जाता। हाँड़ी में दाल रखती तो पानी देखना भूल जाती। दाल जलने लगती।

ऐसे दिनों में दुल्ला अपने साथियों के साथ, आमों की झिड़ी में बैठे सलाह-मशवरा करता रहता था।

"पिरथे, अब हम पीछे नहीं मुड़ सकते।" दुल्ला टक्कर लेने के लिए दृढ़ था।

"पीछे मुड़ने वाला हम में से कौन है दुल्ले वीरे।"

"अफवाहें बड़ी सुनते हैं रोज़। ये सारी एकदम झूठी नहीं होतीं। लाहौर दरबार की बातें कुछ हवा के कन्धे पर तथा कुछ के कन्धों पर चढ़ कर आती हैं। हमें तैयार रहना चाहिए। ऐसा न हो, उधर आग लग जाये और मश्कें हमारे हाथों में न हों।"

"तैयारी पूरी है दुल्ले भाई। इतने बरसों से तैयारी ही तो कर रहे हैं।" रूड़ा बोला। वह बैठा-बैठा तलवार से पत्थर से जंग उतार रहा था।

"गाहणा कहाँ है?" दुल्ले ने पूछा।

"वे तो इधर कम ही आता है अब तो। उसकी भट्ठी धधकती रहती है। अहरण पर हथौड़ा चलता रहता है।" रूड़े ने बताया।

"उससे कहना, तेरे हथियारों को परखने की घड़ी सिर पर आ खड़ी हुई है।"

फत्तु मिरासी भट्ठी की ओर से आया, "अल्लाह बरकत बनाये रखें, सरदारी बनी रहे। इस बात का कोई फ़िक्र ना करो। गाहणे का हथौड़ा मारते-मारते तो अब फत्तु की मछलियाँ भी बनने लगी हैं। गर कहो तो भाइयो, दिखाऊँ?" फत्तु अपनी मछलियाँ दिखाने के लिए बाजू अकड़ाने लगा।

पिरथे ने छेड़ा, "मीरज़ादे, देखना ज्यादा ज़ोर न लगा देना, पीछे से कहीं हवा सरक जाये।"

सभी ठहाका लगाकर हँस दिये।

"पिरथे।" दुल्ला अचानक संजीदा हो गया, "हमारे पास अब तक कुल कितने आदमी हो गये हैं?"

"अगर लाहौर की फ़ौजों से जोड़कर देखना है तो ज्यादा नहीं हैं, और अगर जैसे हमने आदमियों को अपने साथ इकट्ठा किया है, उस लिहाज़ से कम भी नहीं।"

"सीधे तरह से क्यों नहीं बताता?" दुल्ले ने तेज़ी से कहा।

"सत्तर बीसी तो पिछले दिनों में गिने थे और भी नये हैं आठ-दस बीसी, एक-दो नये रोज़ ही आ जाते हैं।"

"हथियार हैं उनके लिए भी।"

"सभी के पास एक-एक तो है ही। गाहणा बहुत हिम्मती है, हथियार की कमी नहीं आयेगी।"

"घोड़े ठीक हैं, सही है, उनके दाना-पानी का...।"

"क्यों फ़िक्र करता है भाई। घोड़े सदीके ने मेरे खेतों के कुएँ के पास डेरे पर रखे हैं। सदीके के कुत्ते कैसे हैं भेड़िये हैं... वे तो चिड़िया को भी पास नहीं फटकने देते। वहाँ घोड़ों के लिए घास और दाना-पानी दोनों काफी हैं। पच्चीस-तीस नये लड़के तो वहीं रहते हैं डेरे पर। आज दिखा लाऊँगा तुम्हें। कैसे तलवारें चलाते हैं और नेज़े कैसे।" पिरथे ने विस्तार से बताया।

"अच्छी बात है। इनके इम्तहान की घड़ी आने ही वाली है। तू अब ऐसे कर सदीक, रूड़े, रमज़ा और भी जो मिले, कह दे, अपने आस-पास निकल जायें और अपने आदमियों को खबरदार कर दो, कहो तैयार रहे। नहीं तो कहो, इकट्ठे होकर, झिड़ी की ओर आ जायें और कुछ सदीक के डेरे पर पहुँचें। लंगर-पानी जमा करो। यहाँ भी और झिड़ी में भी अब आस-पास और रिश्तेदारियों में कोई नहीं जायेगा। अपने हथियार अपने पास रखें और जानवरों को खिला-पिलाकर तगड़ा रखें। अकबर को मालूम होना चाहिए, भाड़े के लड़ाकुओं में और अपनी मिट्टी तथा लोगों से लड़ने वालों के बीच कैसा फर्क होता है।" कहते हुए जोश में दुल्ले की मूँछें फड़कने लगीं।

"इसी प्रकार ही होगा दुल्ले।" पिरथे ने हौसले तथा दिलेरी से कहा।

"और जब अकबर सिंहासन पर बैठा अपने दरबारियों से झूठी प्रशंसा सुनता रहता हो, उस समय हम जाकर उसके सिपाहियों के सिर काट डालें और लाहौर के आस-पास मुग़लानियाँ अपने सिर पीटती विलाप करती नज़र आयें। उनके खसमों को गौर भी नसीब न हो। जाओ, निकल जाओ गाँवों की ओर। कहो, ये साँदल बार के लोगों की ओर से जेहाद है। ऐसा न हो, मुग़ल फ़ौज ले आयें और हम सोते ही रहें।"

"अल्लाह बरकत बनाये रखे सरदारा मैं....।" फत्तु मिरासी कुछ कहने लगा।

"तू गाहणे लुहार के पास जा और अपनी मछलियाँ और ज़रा बड़ी कर ले। जब मुग़लों संग आमना-सामना होगा तो तेरा पीपा खड़कता रहे और हम तलवारें खड़काते जायें। अभी हाल की घड़ी तू यहीं पर बैठ। भट्ठी के पास लकड़ियाँ इकट्ठी कर, इनकी बहुत ज़रूरत पड़ेगी। मैं गाहणे के पास जा रहा हूँ...।"

"गर कहें तो सरदारा मैं भी साथ चलूँ?" फत्तु ने जल्दी से आते हुए कहा।

"ना, ना, तुझसे कहा है न, तूने पीपा खड़काना है। वहाँ गाहणे की भी भट्ठी के सेंक से तेरे डोलों की मछलियाँ भाग जायेगी।" दुल्ला हँस दिया।

"अल्लाह तेरा शुक्र है। अब तो सरदार भी हमारे भाईचारे में शामिल हो रहा है।" फत्तु ने दुआ माँगने समान हाथ ऊपर उठाते हुए कहा।

सभी फिर से हँस दिये।

× × ×

दुल्ला अपने साथियों के साथ बिना पंखों के उड़ता जा रहा था। रमज़ा, सदीक, रूड़ा सभी हैरान हैं...ये तो दो खेतों को एक ही छलाँग में पार कर गया। क्या हो गया है इसे?

अचानक दुल्ला रुका। देखा झन्नाँ के पार पश्चिम से काली घटा चढ़ती आ रही है।...साथ ही ठंडी हवा चलने लगी। काली चिड़ियों का झुंड उसके सिर पर से गुज़र गया। बायीं ओर से तीतर बोला, 'सुजान तेरी कुदरत...।' झिड़ी की ओर से मोर के कूकने की आवाज़ आयी ...हैं...। हिरनों की डार हमारे इतने नज़दीक कैसे आ गयी? दुल्ला हैरान हुआ। इतने में रमज़ा, सदीक तथा रूड़ा भी उसके निकट आ गये। रूड़ा तो एक हिरनी की पीठ सहलाने लगा।

दुल्ले ने रूड़े को पीछे देखने का इशारा किया।

सभी के होश उड़ गये। दुल्ले के क्षेत्र में अकबर बादशाह तथा बीरबल शिकार खेलते फिर रहे थे। कहाँ हैं इनके हिमायती सिपाही? अगर हम इन्हें अभी घेर ले? उसने धीरे से रूड़े से पूछा, "पिरथा, गाहणा तथा लहिणा कहाँ हैं...?"

"वे तो झिड़ी में नये लड़कों को तलवार चलाना और वार रोकना सिखा रहे हैं।" रूड़े ने बताया।

हिरनों की डार एकदम चौंककर भाग निकली, पीछे अकबर तथा बीरबल सरपट घोड़े दौड़ाते जा रहे थे। दुल्ला ने अपने साथियों की ओर देखा। तुरन्त फैसला हो

गया। वे बादशाह तथा बीरबल का पीछा करने लगे।

मगर यह क्या? इतना धुआँ कहाँ से आ गया? कुछ भी दिखाई नहीं दे रहा था। दुल्ला रमज़ा को आवाज़ें देने लगा। बादल इतने नीचे कैसे आ गये।

वे अन्धाधुन्ध घोड़े भगाते रहे। आगे धुआँ गायब हो गया। बादल भी कुछ ऊँचे हो गये। लेकिन बादशाह और बीरबल किधर गये? और हिरनों की डार? सभी को पकड़कर तो नहीं ले गये कहीं? दुल्ला तथा उसके साथी सोच में खड़े हैं। देखते हैं, सामने से दो भट्ट आ रहे हैं? ये जंगल में क्या कर रहे थे। मगर भट्ट, दुल्ले की प्रशंसा करने लगे। बड़ाई करने लगे उसके पूर्वजों के नामों पर यशगान गाने लगे। दुल्ले के लहू को ग़ैरतमन्द का लहू कहकर बड़ाई करने लगे।

खुश होकर दुल्ला ने भट्टों को घोड़ा खैरात में दे दिया। भट्ट, दुल्ले की खैर माँगते चल दिये। अभी वे ज्यादा दूर नहीं गये थे। वे फिर से अकबर बादशाह तथा बीरबल बन गये। दुल्ला हैरान है, ये काला जादू तो नहीं जानते?

दुल्ले का घोड़ा दुल्ले की ओर वापस आ रहा है। नज़दीक आने पर देखता है, घोड़े की पूँछ तथा कान काट दिये गये हैं। हैं? ये तो अकबर ने मेरी तौहीन की है, मुझे चुनौती दी है।

"पीछा करो।" दुल्ले ने अपने साथियों को ललकारा।

पल-क्षण में ही अकबर तथा बीरबल को इन्होंने घेर लिया। काबू भी कर लिया। गुस्से में दुल्ले ने दोनों की मूँछें भी काट दीं। वह तो उनके कान भी काटने लगा। रमज़ा ने रोक दिया...।

अचानक लाहौर की ओर से... फिर धुआँ उठने लगा। फ़ौजें आँधी की तरह से आती नज़र आने लगीं। दुल्ला अपने साथियों की ओर देखने लगा तो वे कहीं नज़र न आये। कहाँ चले गये वे? डर गये? सामने से उठता धूल का अन्धड़ पिंडी की ओर चढ़ने लगा। अब उसे साथी भी नज़र आने लगे। तोपों के गोले फटने की आवाज़ सुनाई दी। एक गोला तो दुल्ले की हवेली के आँगन में आकर फट गया।

माँ लध्धी ज़ख्मी हो दुहाई देने लगी। एक ओर नूरा तड़पने लगा। फुल्लराँ, बख्तो, सलेमो कहाँ गयी सारी की सारी। मुग़ल सिपाही बन्दी बनाकर तो नहीं ले गये?

दुल्ला अपने साथियों को ऊँची-ऊँची आवाज़ देने लगा। दहाड़ने लगा। ललकारें मारने लगा...।

माघ महीने की अत्यन्त ठिठुरन भरी रात में दुल्ले की ललकार सुन सारा टब्बर उठ बैठा। लध्धी नंगे पैर ही भागती आयी। दुल्ले को झिंझोड़ा वह पसीने से एकदम भीगा हुआ था। चौंककर एकदम से उठ बैठा। उसने घबराकर इधर-उधर देखा। अँधेरे में कुछ भी दिखाई न दिया। लध्धी ने उसके माथे का पसीना पोंछा...। "क्या हुआ पुत्र?" लध्धी ने करीब आ, स्नेह से उसके कन्धे पर हाथ रखा।

"माँ तेरे हिसाब से तो मैंने बहुत बुरा सपना देखा है।" दुल्ला अन्दर की ओर चल दिया तो लध्धी ने अल्लाह का शुक्र किया, "पुत्तर जाग रहा है।"

अन्दर आ, रज़ाई में घुसकर दुल्ले ने सपना सुनाया, फिर माँ से ही पूछा, "तू ही बता माँ, मुझे इस प्रकार के सपने क्यों आने लगे हैं? पहले बेगम की चोटी काट डाली। अब अकबर की मूँछें काट दीं। अकबर की फ़ौजें पिंडी की ओर आती नज़र आती हैं। कहीं अकबर के साथ टक्कर तो नहीं होने वाली? मैं तो उस घड़ी का इन्तज़ार कर रहा हूँ।" कहकर दुल्ले ने रज़ाई ऊपर खींच ली और अपना चेहरा उसमें छिपा लिया।

रज़ाई के अन्दर भी उसे फिर से अकबर घूरता नज़र आने लगा, "अकबर, इस प्रकार टकराने से तो यह बता कि मैदान में कब टकरायेगा।"

लध्धी कुछ पल वहाँ खड़ी रज़ाई के अन्दर दुल्ले को बुदबुदाती देखती रही, फिर गहरा साँस भर उसकी कोठरी से बाहर आ गयी।

× × ×

मस्जिद की ओर, बरगदों के निकट जो ढलान दरिया की ओर उतरती है, उधर किनारे के साथ बहने की दिशा में चलते जायें तो सरकंडों का सघन झुरमट है, बीच में दलदल भी है। अगर इधर से कोई गुज़रे तो पैरों की आहट सुनकर मेंढक, कछुये दरिया में कूदने लगते हैं। कई बार तो खतरनाक साँप भी रेंगते नज़र आते हैं।

अभी पौ फटी नहीं थी। उस समय की नमाज की मद्धम-सी बाँग दुल्ले को सुनाई दी। वह सरकंडों से थोड़ा-कर मिट्टी की एक ऊँची-सी ढेरी पर बैठा था। आसमान में अभी भी तारे खिले हुए थे। गाहणे लुहार का हँसिया-सा बना चन्द्रमा, दुल्ले को अपनी ओर टिकटिकी लगाकर देखता प्रतीत हुआ। ठिठुरन भरा समय था।

चारों ओर सुनसान था। दरिया चुपचाप बह रहा था। पल-पल कम हो रही चन्द्रमा-तारों की मद्धम-सी लौ खामोश थी। सुबह के वक़्त की ठंडी हवा एकदम खामोश थी। यहाँ से थोड़ी दूरी पर आमों की झिड़ी भी चुप थी। रात को देखे सपने के कारण दुल्ला बेहद परेशान था। उसका मन कर रहा था कि वह दहाड़कर इस भयानक चुप्पी को तोड़ दे।

फिर वह अपने पास हथियारों तथा आदमियों का हिसाब-किताब करने लगा। घोड़े भी हैं, राशन पानी की भी कमी नहीं आयेगी। कितनी लम्बी टक्कर हो सकती है...। एक बार तो मुग़लों को धूल चटा देंगे। ज़रूरत के समय लोग धोखा तो नहीं दे जायेंगे। देखी जायेगी अब तो?। क्या है भट्टिओं के खून में? काँटा पिंडी वालों को चुभता है, पीड़ा हमें होती है। यह पीड़ा चौधरियों को क्यों नहीं होती? ना मौलवी को होती है, न दुर्गा ब्राह्मण को होती है।

अब अपने आदमियों की पड़ताल करनी पड़ेगी। अब झिड़ी के अन्दर मौज़-मस्ती करने का समय नहीं। चौधरी तथा मौलवी के साथ बहस करने का भी समय नहीं रहा। अब ध्यान इस ओर लगाना होगा। लोगों को अपने साथ जोड़ना है। बाबा चिराग़दीन कहता है, अगर लोग साथ हैं तो हाकिमों की फ़ौजों में भगदड़ मचाना

मुश्किल नहीं होता। लड़ने का ढंग आना चाहिए। लड़ने का ढंग तो मेरे आदमी सीख ही रहे हैं। मैं उन्हें बताऊँगा, सुख से नींद सोने का समय गुज़र गया है। अब जागते रहना होगा। जागने पर बादशाह की मर्ज़ी नहीं चलती, जागने वाले को जकड़ना आसान नहीं।

पूर्व की ओर से पौ फटने लगी। दुल्ले ने देखा, तारे गायब होने लगे थे। अँधेरा छिटक रहा था। दरिया के परले किनारे पर दुल्ले को काला साया-सा नज़र आया जैसे कोई जानवर पानी पीने आया हो। दुल्ला उठा, अपनी हवेली की ओर जाने की बजाय सीधा गाहणे लुहार के घर की ओर चल दिया।

35

शाही किले के अन्दर तख्त लाहौर का दरबार।

बादशाह अकबर की आरामगाह से लेकर दरबार तक मखमली गलीचे बिछे हुए थे। सूबा लाहौर, अमीर वजीर, मनसबदार और दरबारी शहंशाह की प्रतीक्षा कर रहे थे।

बादशाह के हुक्म पर शाही कायदे-कानून और हुकूमती अन्दाज़ में पान का बीड़ा तथा तलवार को म्यान से बाहर निकालकर रख दिया गया था। दरबारी जानते थे, यह परम्परा मंगोलों तथा चंगेज़ खान के समय से चली आ रही थी। इसका मकसद था, जो शख्स या सूरमा बादशाह के इरादे की पूर्ति के लिए बीड़ा उठायेगा, वही शख्स तलवार को म्यान में डालेगा।

सारा दरबार पान के बीड़े और म्यान से बाहर निकली तलवार को बहुत ध्यान से बार-बार देख रहा था।

तभी पहरेदार की आवाज़ सुनाई दी।

"होशियार, खबरदार जहाँपनाह, किबलाये-आलम रमूज़े सल्तनत शहंशाह-ए-हिन्द जलालुद्दीन अकबर पधार रहे हैं।"

तमाम मौजूद व्यक्ति सावधान हो गये और सलाम करने के लिए थोड़ा-सा झुक कर खड़े होने की मुद्रा में आ गये।

अकबर शहंशाही अन्दाज़ में चलते हुए अपने सिंहासन पर आ बैठा। उसका इशारा पाकर दरबारी तथा अन्य सभी भी बैठ गये।

तख्त पर बैठते ही अकबर ने सभी की ओर बारी-बारी से देखा और उसकी नज़र पान के बीड़े तथा चौकी पर पड़ी नंगी तलवार पर जा टिकी।

दरबार में सन्नाटा पसरा हुआ था। कुछ दरबारियों को तो अपने दिल की धड़कन भी साफ सुनाई दे रही थी। दरबार में इतनी खामोशी थी, किले की फसील की बगल से बहते रावी दरिया की लहरों का शोर साफ सुनाई देने लगा था।

शहंशाह ने अबुल फज़ल की ओर देखा वह तुरन्त खड़ा हो गया। बादशाह के प्रत्येक इशारे को समझने में उसे महारत हासिल थी। वह दरबारियों की ओर मुखातिब हुआ।

"किबला-ए-आलम, जहाँपनाह का खास हुक्म है। दुल्ला उर्फ दुल्ला भट्टी साँदल बार का बाग़ी, फरीद का पुत्र, साँदल का पोता, साकन पिंडी गिरफ्तार होना चाहिए। जीवित। जहाँपनाह, दुल्ले को कैद करने वाले को जागीरें तथा इनाम देकर मालामाल कर देंगे। दरबार में उसे रुतबा हासिल होगा। जहाँपनाह की ओर से उसे हर प्रकार की इमदाद हासिल होगी।"

ऐलान के बाद भी दरबार में पहले जैसा ही सन्नाटा पसरा रहा। सभी दरबारी तथा दूसरे अधिकारी डरे हुए एक-दूसरे की ओर देखने लगे। बादशाह तीखी नज़रों से सभी को ताड़ने लगा।

शहंशाह-ए-हिन्द हैरान था, परेशान अधिक था। वह सोचने लगा, क्या दुल्ला इतनी बड़ी चुनौती है हुकूमत के लिए? मेरे सिपहसालार भी म्यान से निकाली तलवार की ओर आँख उठाकर देखने के लिए तैयार नहीं। क्या ये सभी इतना भी नहीं समझ सकते, शहंशाह को दुल्ले जैसों से तथा उसकी ओर से उकसाये जा रहे बाग़ी विचारों से भारी खतरा है? मुग़ल सल्तनत में किसी को भी गर्दन ऊँची करके जीने की मनाही है। और खासकर बार के बाशिन्दों को जो बगावत के झंडे बुलन्द करते घूमते हैं। लिहाजा इन्हें मिट्टी में मिलाकर सल्तनत के सामने नीचा कर दिखाना ज़रूरी है। मेरी ख्वाहिश है, दुल्ले को जीते-जी घसीटकर मेरे सामने पेश किया जाये। हम उसे अपनी हयाती के लिए भीख माँगते देखना चाहते हैं।... मगर ये सभी औरतों की तरह नज़रें झुकाये बैठे हैं...।

दरबारी, वजीरों, मनसबदारों के झुके हुए सिर देखकर आँखें सुर्ख़ हो गयीं।

ठीक इसी समय, कन्धार फतह कर लौटा मिर्ज़ा निजामुद्दीन दरबार में हाजिर हुआ और उसने फर्शी सलाम किया।

"तस्लीमात जहाँपनाह!"

निजामुद्दीन के चेहरे पर कन्धार को फतह करने का अभिमान झलक रहा था। पहले वह दरबार की साजिशी चुप्पी से हैरान हुआ। जब उसे दरबारियों की झुकी गर्दनों की असलियत मालूम हुई तो उसने तुरन्त जाकर पान का बीड़ा मुँह में डाला और तलवार उठाकर म्यान में डाल दी।

एक बार फिर निजामुद्दीन ने शहंशाह को एकदम झुककर सलाम कहा और अर्ज किया, "हुक्म की तामील करने की इजाज़त दें जहाँपनाह।"

"इजाज़त है।" दरबारियों तथा हाज़िर मुहतबरों को अकबर की प्रभावशाली आवाज़ सुनाई दी, "फतह नसीब हुई तो जागीरों, मरतबों और कुल फ़ौज की मुख्तारी हासिल होगी। ख़याल रहे, दुल्ला हमारे सामने जीवित पेश होना चाहिए।"

"जहाँपनाह, मेरा पिंडी जाना और वापस आना ही है। इंशा-अल्लाह दुल्ला

शहंशाह-ए-हिन्द के कदमों में होगा।"

"आमीन।" सभी मौजूद व्यक्ति एकसाथ बोल उठे और दुआ के लिए उनके हाथ आसमान की ओर उठ गये।

"कूच की तैयारी करो।" अकबर ने हुक्म सुनाया।

"मिर्ज़ा निजामुद्दीन उत्साह के खास रौ में तेजी से दरबार से चला गया।

दरबार में कानाफूसी होने लगी।

कोतवाल ने आकर शहंशाह को इत्तलाह दी, "पंजाब के मल महिते दूर-दूर से अपने इलाके की वारदातों के बारे में इत्तलाह करने आये हुए हैं।"

"पेश करो।" अकबर भी अपना ध्यान दुल्ले से हटाना चाहता था। सूहिये, मुखबिर और चौधरी पेश होते रहे। कुछ व्यापारी, साहूकार तोहफ़े लेकर आये। अकबर कुछ-कुछ खुशी के रौ में आने लगा।

कभी-कभी ब्रीरबल व्यापारियों, साहूकारों को निशाना बनाकर अपने फन का मुज़ाहरा करता तो बादशाह हँसने लगता। बादशाह को हँसते देख दरबारियों को भी हँसना पड़ता।

आखिर में एक शाही उलेमा उठा।

"हज़ूर की इजाजत हो तो कुछ अर्ज़ करूँ?"

बादशाह ने उसकी ओर रज़ामन्दी से देखा।

"जहाँपनाह, यहाँ लाहौर में एक फकीर साँईं घूमता रहता है। हुज़ूर के पास पहले भी शिकायतें पहुँची हैं। वह खुद को सूफ़ी कहलाता है। इस्लामी शरहा के विरुद्ध उसने दाढ़ी-मूँछ कटवा दी है। हिन्दू पीरों की भाँति लाल कपड़े पहनता है। एक हिन्दू लड़का माधोलाल अपने साथ रखता है और उसके साथ गलियों में नाचता फिरता है। यह फ़कीर शरीयत के विरुद्ध हरकतें करता है। इसके कारण इस्लाम की तौहीन होती है और मज़हब को बहुत खतरा है।"

"कौन फकीर है?"

"हज़ूर, वह अपने-आप को साँईं शाह-हुसैन कहलाता है।" उलेमा ने बताया।

"कोतवाल।" बादशाह गुस्से से बोला।

कोतवाल ने तुरन्त हाज़िर होकर सलाम कहा।

"फ़कीर शाह हुसैन, जो भी है, हथकड़ियाँ और बेड़ियाँ लगाकर दरबार में हाज़िर किया जाये।" हुक्म देकर बादशाह शाही उलेमा की ओर झाँका और फरमाया, "कल दरबार में साँईं की पेशी के समय सभी उलेमा हाज़िर रहेंगे।"

कोतवाल सलाम करके चला गया।

× × ×

साँईं शाह हुसैन लाहौर की गलियों में गाता फिर रहा था। माधो लाल भी साथ था। पहले शाह हुसैन बोल निकालता। बाद में माधो लाल बोल उठाता—

चीरी आयी ढिल्ल न काई
क्या राजा क्या राणा।

जासूसों, मुखबिरों ने ख़बर कोतवाल तक पहुँचा दी। सिपाही को ले वह तुरन्त रवाना हो गया और शाह हुसैन को जा पकड़ा। थोड़ा-सा रौब भी दिखाया—

"साँईं लोग, तुझे कोई इल्म नहीं। शहंशाह यहाँ लाहौर में हैं, तू गलियों में घूमता-फिरता है। यह क्या भेष बना रखा है तूने? न तू मुसलमान दिखाई देता है न ही हिन्दू?"

"कौन शहंशाह कौन पातशाह? सभी पातशाहों का पातशाह तो मेरा अल्लाह, मेरा खुदा, मेरा साँवला। बाकी सभी तो प्यादे हैं मियाँ। हुक्म आता है और सभी को ले जाता है। साथ ही तेरे शहंशाह को भी।" शाह हुसैन ने आसमान की ओर उँगली सीधी की और फिर नाचने लगा।

डाहदे दे व्यादड़े आयि
आके हाथ उन्हाँ तकड़े पायि,
मेरा चारा कोई न चल्ली...।

"साँईं बाबा, रुक जा।" कोतवाल ने रुतबे का रौब दिखाया। शाह हुसैन के पाँव थम गये।

"शहंशाह का हुक्म है, तुम्हें बेड़ियाँ डालकर उनके सामने पेश करूँ। मैं तेरी फ़कीरी का लिहाज़ करता हूँ, कहीं कोई दुर असीस न दे दे। जा रावी पार चला जा। मैं बादशाह से कह दूँगा, मुझे साँईं बाबा कहीं नज़र नहीं आया।"

"न तेरे शहंशाह को यहाँ बैठे रहना है, न तेरी कोतवालियों को रहना है, न मनसबदारियाँ रहेंगी।" शाह हुसैन ने ऊपर की ओर देखते हुए कहा।

"यहाँ बादशाहियाँ भी रहेंगी और कोतवालियाँ भी।" मलिक अली कोतवाल ने अपनी गर्दन अकड़ाकर कहा। तो शाह हुसैन फिर से गाते हुए नाचने लगा।

कैंदे घोड़े हस्ती मन्दिर
कैंदा है धान माल
कहाँ गये मुल्लां, कहाँ गये काज़ी
कहाँ गये कटक हज़ार...।

"इसे पकड़कर रावी के पार छोड़ आओ।" कोतवाल ने सिपाहियों को हुक्म दिया।

दो सिपाहियों ने नाचते-गाते शाह हुसैन को काबू किया। तीसरे ने उसके मुँह पर हाथ रख उसका गाना बन्द करवाया और वे उसे घसीटकर ले जाने लगे।

ऐसा अजब तमाशा देखकर गुजरते हुए कई लोग वहाँ इकट्ठे होने लगे। काफी भीड़ जमा हो गयी। मगर जब कोतवाल मलिक अली, हाथ में बेंत का डंडा पकड़े खड़े शमले तथा गहरी आँखों से मूँछों को ताव देते हुए लोगों की ओर देखा तो ना

देखने का ढोंग कर लोग खिसकने लगे।

घसीटकर ले जाते हुए शाह हुसैन को कोतवाल ने धमकाया, "जब तक शहंशाह लाहौर में हैं, इधर मुँह न करना। नहीं तो बन्दी खाने में डाल देंगे।"

शाह हुसैन की आवाज़ अभी भी सुनाई दे रही थी–

कहाँ गये मुल्लां, कहाँ गये काज़ी
कहाँ गये कटक हज़ार...

अगले दिन भी सिपाही हैरान रह गये।

शाह हुसैन लाहौर के एक बाज़ार में बैठा खरबूज़े बेच रहा था। खबर कोतवाल तक पहुँची।

मलिक अली एकदम गुस्से में कई सिपाहियों संग आया। शाह हुसैन उस समय अपनी मस्ती में बैठा ऊँची आवाज़ में हाँक लगा रहा था, "टके-टके का खरबूज़ा, मुफ्त में एक पुत्र। टके-टके का खरबूज़ा, मुफ्त में एक पुत्र।"

खरबूज़ा खरीदने के लिए औरतों की भीड़ जमा थी। कोतवाल ने आते ही रौब मारा, "साँईं लोग, तुझे लाहौर में दाखिल होने के लिए मना किया था। मैंने बादशाह को इत्तलाह की है, साँईं तो कब का लाहौर छोड़ गया है। तू यहाँ खरबूज़े बेच रहा है।"

"खरबूज़े मेरे नहीं...।" साँईं ने लापरवाही से कहा।

"किसके हैं?"

"यहाँ एक भला आदमी बैठा था। उसे कोई काम आन पड़ा। मैं इधर आ रहा था। उसने कहा, मेरे खरबूज़ों की रखवाली करना ज़रा। मैं अभी काम खत्म करके आता हूँ। मैंने सोचा उसके आने तक खरबूज़े ही बेच देता हूँ।" इतना कह शाह हुसैन ने फिर से हाँक लगायी...।

"टके-टके का खरबूज़ा, पुत्तर मुफ्त में।"

"मुफ्त में पुत्तर वाली क्या बात हुई?" कोतवाल ने हैरानी से पूछा।

"बात यह है कि जो औरत साँईं के हाथ का खरबूज़ा खायेगी, उसके पुत्तर होना निश्चित है। अगर तेरी औरत को लड़का नहीं हुआ तो अभी टके में बिक रहा है। बोल एक पुत्तर लेना है कि दो?" साँईं फ़कीर हँस दिया।

मैं कोड़ों से चमड़ी खींच लूँगा। दौड़ जा इधर से। शहंशाह तक मुखबिरी हो गयी तो मेरी पेशी हो जायेगी, तुझे भी बन्दी खाने में फेंकना पड़ेगा।"

खरबूज़े छोड़कर शाह हुसैन उठकर नाचने-गाने लगा।

डाहदे दे व्यादड़े नी आये
आन के हथ्थ उन्ही तकड़े नी पाये...

कोतवाल के इशारे पर सिपाहियों ने शाह हुसैन को पकड़ा और फिर से रावी पार छोड़ आये।

× × ×

शाह हुसैन की फक्कड़पन तथा मनमर्ज़ी की खबरें रावी पार से भी आने लगीं। हर रोज़ कोई न कोई शिकायत बादशाह के पास पहुँचने लगी। कोतवाल को फिर से बुलाया गया। उसे बादशाह का कहर बदर्शत करना पड़ा।

"क्या हमारा निज़ाम इतना कमज़ोर हो गया है, एक फ़कीर को नहीं पकड़ पा रहा? हम साँदल बार के बागियों को कैसे पकड़ेंगे?"

गुस्से में आये कोतवाल ने काफी भागदौड़ के बाद रावी पार से शाह हुसैन को पकड़ लिया।

"फ़कीर साँई, अब तू चाहे बददुआ दे या गालियाँ दे, इस बार मैं ख़ाली हाथ नहीं मुड़ूँगा।"

बादशाह के हुक्म के अनुसार साँई को बेड़ियाँ डालकर दरबार में हाज़िर किया।

लाहौर के सारे मौलवी-काज़ी बुलाये गये।

अकबर बादशाह ने, दरबार में विशेष तौर से हाज़िर मख्दूमल मुलक (यह मौलवी खुद को हज़रत अली के अंश से 'उल्वी' कहलाता था।) से कहा, "इस फ़कीर पर दोष है, यह इस्लामी शरह के विरुद्ध हरकतें करता है। इससे सवाल-जवाब करके जाना जाये, यह सच में अल्लाह का कोई बन्दा है या कोई पाखंडी है।"

मख्दूमल मुलक ने तुरन्त उठकर सलाम किया, फिर कहा, "हज़ूर, सारी खलकत जानती है, यह फ़कीर इस्लाम धर्म की तौहीन करता है।"

ज़ंज़ीरों में जकड़ा शाह हुसैन 'उल्वी' की ओर देखकर हँसा और ज़ंज़ीरें खड़काते हुए नाचने-गाने लगा।

आप कमीना तेरी अक्ल कमीनी,
कोण कहे तू दाना
इन्नी राहीं जाँदे डिठड़े मीर मलकु सुल्ताना
आप मारे ते आप जीवाले,
अज़राईल बहाना
कहै हुसैन फ़कीर साँई दा
बिन मसलत उठ जाणा।

"हज़ूर अब तो सबूत भी पेश हो गया है। इसे सज़ा मिलनी चाहिए।" मुख्दूमल मुलक ने माथे पर त्यौरियाँ डालते हुए कहा।

गाते-गाते शाह हुसैन अचानक चुप हो गया। पहले उसने बादशाह की ओर देखा, फिर मख्दूमल मुलक की ओर देखकर कहा, "माथे पर इतनी सिलवटें क्यों डाली हुई हैं अल्लाह के बन्दे। हँस, खुश रह। हयाती में हँसने से बड़ी कोई शै नहीं।" कहकर शाह हुसैन खुलकर हँसने लगा। फिर बादशाह की ओर देखकर पूछा, "तेरे नौकर

मुझे अल्लाह की तौहीन करने के जुर्म में पकड़ लाये हैं। यह ठीक है?"

"हाँ, तुझ पर इल्ज़ाम है, तू इस्लाम की तौहीन करता है।"

"मैं तेरे उल्वी के सामने एक सवाल रखना चाहता हूँ।"

"इजाज़त है।"

शाह हुसैन उल्वी से मुख़ातिब हुआ।

"तू खुद के उल्वी कहलवाता है न?"

"कहलवाता नहीं, मैं उल्वी हूँ। हज़रत अली साहब की नस्ल में से हूँ।" मुलक ने अहंकार से कहा।

"ठीक है तू हज़रत साहब की नस्ल में से है। तू समझता है अगर तू नहीं होगा तो इस्लाम को बड़ा खतरा हो सकता है।"

"हाँ, मैं ऐसा मानता हूँ।" उल्वी ने घमंड से कहा।

"इस्लाम में पाँच खम्भे रूपी उसूल हैं, इनमें तेरा भी तौहीद (विश्वास) हैं। मेरा भी हैं। इस बात पर हम बराबर हुए। बाकी रहे चार, तुमने हज और ज़कात छोड़ दिये हैं। मैंने रोज़े और नमाज़ छोड़ दिया है। फिर मुझ अकेले को ही सज़ा क्यों मिले। तुम भी तो सज़ा के उतने ही हकदार हो।" शाह हुसैन ने अकबर की ओर देखा, "तू खुद को शहंशाह-ए-हिन्द कहलाता है। तू अपनी रियाया को क्या देता है? मेरे पास देने को बहुत कुछ है। दरिया बहता है ना, इसके पास भी बहुत कुछ होता है देने को। कई दरिया ऐसे भी होते हैं, अपने पानी को बाँटते ही नहीं, भरे-भराये सागरों में जा गिरते हैं। तू ऐसा ही दरिया है। साँईं को ऐसे दरियाओं की ज़रा भी कद्र नहीं। तुम राजा बादशाह, शहंशाह, उलेमा सभी ऐसे ही हैं। बहुत कुछ होता है उनके पास, मगर वे भरे-भराये खारे सागर में जा गिरते हैं।"

साँईं शाह हुसैन की ज़िरह सुनकर बादशाह अकबर सकते में आ गया। वह इस बात से भी हैरान था, इस फ़कीर को तो बादशाह की भी परवाह नहीं, इसकी इतनी ज़ुर्रत। अगर इसे कैद कर भी लिया तो यह बन्दीखाने में पड़े ही निज़ाम के खिलाफ़ बकता रहेगा। यह साँईं फ़कीर तो सचमुच ही ख़ुदा का बन्दा प्रतीत हो रहा है, इसे कैद करने से कोई फ़र्क नहीं पड़ेगा, न बाहर घूमते हुए। यह भी हो सकता है, बन्दीखाने में इसे फेंकने से मेरी ही बदनामी होगी। इस प्रकार के फक्कड़ लोगों को बन्दिशों में रखना उचित नहीं है। इनकी बददुआएँ बड़ी जल्दी असर करती हैं।... सोचते हुए बादशाह ने हुक्म दिया।

"इस खुदा के बन्दे को छोड़ दिया जाये। इससे कहा जाये, यह इस्लाम के विरुद्ध सरेआम अपने ख़याल नष्ट न करे? ना ही दारू का नशा करके लाहौर की गलियों में सरेआम खुद को तमाशा बनाये।"

जब कोतवाल ने शाही फ़रमान सुनते ही सिपाहियों को, शाह हुसैन की बेड़ियाँ खोलने का इशारा किया तो शाह हुसैन ने कहा, "बादशाह, तेरा यह उल्वी खुद को

बहुत मज़हबी और इबादत करने वाला समझता है। यह ऊपर से मस्कीन नज़र आता है, मगर अन्दर से अहंकार भरा हुआ है। इबादत, रियाज़त कर यह खुद को खुदा के नज़दीक समझता है। परन्तु सच यह है कि, खुदा ऐसे बन्दों से दूर भागता है।"

"हज़ूर यह मेरी भरे दरबार में तौहीन कर रहा है। ना इसने खुद कभी नमाज़ पढ़ी है न कभी बाँग दी है।" मख्दूमल मुलक तिलमिलाया।

"बाँग तो मुर्गे भी देते हैं।" शाह हुसैन हँसा, "उन्हें तो तुम शाम के वक़्त हाँड़ी में फेंक देते हो।"

"हज़ूर सुन रहे हो, यह सरेआम इस्लामी शरीयत को बदनाम करता है। एक बात और भी है जहाँपनाह, आज्ञा हो तो अर्ज़ करूँ।"

"आज्ञा है।" बादशाह को इस बहस से आनन्द आने लगा था।

"जहाँपनाह, यह फ़कीर सतलुज से पार हिन्दुओं के पीर से मिलने जाता है। क्या मालूम मुख़बिरी करता हो। पक्की इत्तलाह है, उधर सिक्खड़ों के पीर ने एक किताब बनायी है, अपने धर्म की; उसमें इस्लाम की निन्दा की है।"

"क्या यह सही है?" अकबर ने शाह हुसैन से पूछा। "जिस शख़्स को तेरा 'उल्वी' हिन्दुओं तथा सिक्खड़ों का पीर कहता है, वह बहुत दानिशमन्द है। उसने एक धर्म ग्रन्थ बनाया है, उसमें मुसलमान पीरों के कलाम भी शामिल हैं। मैं भी अपना कलाम लेकर उसके पास गया था। उस महापुरुष से गुफ्तगू कर रूह को चैन मिलता है। वो मेरे साथ मसलत करते हैं तो इसे मैं अपनी खुशकिस्मती समझता हूँ...।"

"उस पीर का कोई नाम है?" अकबर ने पूछा।

"बादशाह, पीरों-फ़कीरों को नाम से नहीं, उसके कार्यों से जाना जाता है। वैसे उसका नाम अर्जुन देव है।"

"हज़ूर यह फकीर धोखा दे रहा है। हमने तो यहाँ तक सुना है, वह फकीर अल्लाह को नहीं मानता। वो तो कुछ मूर्ख तथा कच्चे मुसलमानों को अपने मुरीद बनाये फिरता है। कहता है, हिन्दू-मुसलमान बाद में हैं, बन्दे को पहले मनुष्य होना चाहिए। खुदा या रब बन्दे के अन्दर होता है। बन्दे को यह अपने अन्दर से ढूँढ़ना चाहिए। इस तरह वह सिक्ख पीर इस्लाम को बहुत कमज़ोर कर रहा है। जहाँपनाह और इस साँई की उसके साथ साँठ-गाँठ है।" मख्दूमल मुल्कशाह हुसैन को फँसाने के लिए हर तरीका इस्तेमाल कर रहा था।

"ये जो कह रहा है, क्या वो सही है?" बादशाह ने फिर फ़कीर से पूछा।

"एक दम सही है। मैं पहले भी वहाँ जाता था, अब भी जाऊँगा। सिक्खों की पाँचवीं गद्दी है। फ़कीरों-सन्तों का कोई धर्म नहीं होता। फ़कीरों का कोई दोष नहीं होता। उनका कुछ भी नहीं होता और सब कुछ भी होता है।" बेड़ियाँ अब तक खुल चुकी थीं। शाह हुसैन फिर से नाचने-गाने लगा।

साड़े तिन्न हथ्थ मुलक तुसाड़ा

क्यों जूह पराये मल्लणा
कहै हुसैन फ़कीर साँईं दा
अन्त खाक विच रलणा।

बादशाह अकबर का इशारा पाकर, कोतवाल ने शाह हुसैन को बाहर की ओर भेज दिया। बाहर रावी के किनारे माधो लाल उदास-सा बैठा था।

लाहौर के लोगों ने देखा, शाह हुसैन, माधो लाल का हाथ थामे पहले की तरह ही गा-नाच रहा था।

सज्जण दे हथ्थ बाँह असाडी
क्यों कर आखाँ छडड़ वे अणिआ।...सज्जण दे...

धुम्म चरखडिया वे...
तेरी कत्तण वाली जीवे
नलीयाँ वटटण वाली जीवे।
धुम्म लरखडिया वे...

जिस समय शाह हुसैन वजद में आया, लाहौर की गलियों में नाच रहा था, उसी समय बादशाह की शाही फ़ौजें मिर्ज़ा अलाउद्दीन की अगुवाई में, लाहौर के बाज़ारों से निकल पिंडी की ओर कूच कर रही थीं।

36

मिर्ज़ा निजामुद्दीन कुछ-कुछ परेशान था। वह सोच रहा था, अपने छोटे भाई अलाउद्दीन को पिंडी की ओर भेजकर उसने कोई गलती तो नहीं की? दुल्ले की ताकत का उसने गलत अन्दाज़ा तो नहीं लगा लिया? आखिर यह दुल्ला है कौन? कई बार अनजान दुश्मन बहुत भारी पड़ता है। मौलवी तथा ब्राह्मण को ज़िम्मेवारी तो सौंपी है, किसी बहाने से दुल्ले को कुछ दिनों के लिए जंग से दूर ही रखें। मालूम नहीं ये उनके वश की बात है भी या नहीं। क्या मालूम दुल्ले के ही सूहिये हों। बार के लोगों का यकीन नहीं करना चाहिए।

मगर वे तो खुद ही बहुत डरे हुए लग रहे थे। पाखंड तो नहीं कर रहे थे...।

निजामुद्दीन को याद आया, जब वह दुल्ला भट्टी को ज़िन्दा पकड़ने का वादा कर के आया था, भरे दरबार में उसी दिन पिंडी का मौलवी तथा ब्राह्मण उसके पास फरियाद लेकर आये थे। कैसे मिन्नतें कर रहे थे।

"हज़ूर मैं पिंडी का मौलवी।"

"हज़ूरे वाला मैं पिंडी का पंडित हूँ।"

...मैं हैरान हुआ कि अल्लाह और ईश्वर इकट्ठे कैसे हो गये। पूछा, "माज़रा

क्या है, मुल्ला-पंडित इकट्ठे फिर रहे हो?"

"गर्ज़ एक ही है हज़ूर।" दोनों खिसियानी हँसी हँस दिये।

"इधर मनाहीं वाले रास्ते की ओर किसकी इजाज़त से अन्दर आये हो?" मैंने गुस्से तथा रौब से पूछा था तो कैसे थर-थर काँपने लगे थे।

"हज़ूर आपके पहरेदार हमारे वाकिफ़ हैं, पहचानते हैं हमें। हम दोनों बादशाह के वफादार हैं हज़ूर।" मौलवी ने कहा था।

"आज आने का क्या कारण है?" मैंने पूछा था।

"दुल्ला भट्टी ने हमारा जीना हराम किया हुआ है। वह जानता है, हम दिल्ली-दरबार के खैरखाह हैं। बादशाह के वेदाम गुलाम हैं। हमें मालूम हुआ है, दुल्ले को सबक सिखाने का बीड़ा आपने उठाया है। आपके सिपाहियों ने तो पिंडी को लूटना ही है हज़ूर। अपने सिपाहियों से कहियेगा, हम दोनों के घरों को, माल-असबाब, बहू-बेटियों को न छुएँ हज़ूर।" मौलवी के शब्दों में तरलता थी।

मैंने कहा था, "अभी तो हमने ढंग से लाहौर भी नहीं छोड़ा, पनाह माँगने पहले ही आ गये हो...।"

"समय रहते ही आपको बताने आ गये हज़ूर।" दोनों एक साथ बोल उठे थे।

"अगर दुल्ले का हाथ ऊपर हो गया, फिर दुल्ले को जाकर सलाम करोगे।" मैंने कहा था।

"तौबा हज़ूर।" दोनों ने कान पकड़ लिए थे।

"तुम तो चढ़ते सूरज को सलाम करने वाले ही थे, डूबते की ओर पीठ करने वाले...।"

"दुल्ला तो बेशक सोने का बनकर आ जाये हज़ूर।" पंडित बोला था।

"उसके साथ कलाम नहीं करेंगे हज़ूर। सरकार को जरा-सा भी शक हो, बेशक कोड़ों से हमारी चमड़ी उतार देना। यह ब्राह्मण जो कहता है, वही करता भी है। हज़ूर।"

"पंडित सही कहता है?" मैंने मौलवी से पूछा था।

"ये तो नाम का ही पंडित है हज़ूर, आधा तो मुल्ला है।"

"ठीक है, मैं सिपाहियों को हिदायत कर दूँगा।" मैंने कहा था।

"एकदम तैयारी से चढ़ाई करना हज़ूर। दुल्ला भी दस-बारह बार के गाँवों से आदमी इकट्ठे करने में लगा हुआ है। जितने लँगड़े-लूले, पोस्ती बेकार फिरते-घूमते हैं, सभी अब नेज़े उठाये घूमते हैं।" पंडित ने बताया था।

मैंने कहा था, "निजामुद्दीन को कोई रोके तो सही। मैं तो चाहता हूँ कोई रोकने वाला सूरमा मुझसे टकराये। कह देना दुल्ले से, ये शहंशाह-ए-हिन्द की फ़ौजें हैं, लँगड़े टुंडे पोस्तियों की टोली नहीं है।"

"उधर दुल्ला भी यही कहता फिरता है हज़ूर, यह लाहौर शहर नहीं, दुल्ले की

बार है।" मौलवी ने कहा था।

मेरा गुस्सा तो सातवें आसमान पहुँच गया यह सुनकर, "मुझे डराने के लिए आये हो...।"

उन्होंने कान पकड़ लिये, "हमारी यह मज़ाल, हम ऐसा सोचें। हम तो बताने आये हैं, दुल्ला बहुत डींगें मारता फिरता है। कहता है, देखते हैं, कौन शेर के मुँह में हाथ डालता है।" मुझे हँसी आ गयी," "चूहा पहाड़ से टक्कर लेने को फिर रहा है। कहा, मौलवी मियाँ, निजामुद्दीन को रोकने के लिए बड़े जिगर की ज़रूरत है। जब मेरे सिपाहियों ने पिंडी को घेरा डाल लिया तो इल्म हो जायेगा दुल्ले को, हुकूमत से छेड़खानी करना किस भाव पड़ती है।"

"दुल्ला अलग मिट्टी का बना हुआ है हज़ूर।" पंडित के चेहरे पर डर साफ झलक रहा था।

"तुम क्या समझते हो, मुग़ल निज़ाम दुल्ले की मेहरबानियों के कारण सलामत है?" पंडित की बातों से मुझे क्रोध आ रहा था!

पंडित सबसे डर गया, "मैंने यह तो नहीं कहा हुज़ूर मैं तो कह रहा था दुल्ला...।"

"नाम मत लो उस ख़बीस बदबख्त का मेरे सामने।" मेरे तेवर देखकर दोनों दो कदम पीछे हट गये। मैंने कहा–

"बेखौफ़ होकर अपने घर जाओ। चौधरियों, साहूकारों, आढ़तियों से कहो, दुल्ले से डरकर उसके तहखानों में ही न हगते जायें। बाहर निकलें। निजामुद्दीन के लिए अपनी तिजोरियों के मुँह खोलें। दुल्ले की मौत लाहौर से चल पड़ी है। जाओ, अगर नींद आये तो जाकर सो रहो...।"

"हमारी नींद का तो हुज़ूर दुल्ला दुश्मन बना बैठा है।" उन्होंने कहा।

"मैंने मना किया था, उस मरदूद का नाम न लेना मेरे सामने?"

"क्या करें हज़ूर, हमें तो सोते हुए भी दुल्ला ही नज़र आता है।"

"मैंने तो हुज़ूर पंजाब छोड़कर जाने का मन बना लिया है।"

दोनों के चेहरों पर दहशत देखकर मैंने पूछा था, "इतना खतरनाक है वह?"

"हज़ूर, गुस्ताख़ी माफ़ हज़ूर, दुल्ला शहंशाह के आदमियों पर ही हाथ डालता है। व्यापारियों को मारता है, साहूकारों को लूटता है। महाजनों के बही-खातों में आग लगा देता है। चौधरियों के पशु खोलकर ले जाता है, मगर सभी कुछ गरीबों में बाँट देता है। सारी बार के किसानों को मामला देने से उसने बाग़ी कर दिया है। कहता है, ज़मीनें हमारी हैं, बादशाह मामला लेने का हक़दार कैसे बनता है...।"

मैं तो सोचने लगा...यह तो सच में हुकूमत को आँखें दिखाने का मसला है। मैं तो समझ रहा था, यह कोई मामूली लुटेरा होगा। वो तो निज़ाम का बहुत बड़ा दुश्मन निकला। उसने पूरी तैयारी भी की होगी। अब समझ में आ रहा है, दरबार में मौजूद अमीरों-वज़ीरों ने दुल्ले को पकड़ने के लिए पान के बीड़े और तलवार से

मुँह क्यों मोड़ रखा था... हूँ, तो यह बात है। सचमुच मैं अन्दर से कुछ डर गया था, मगर उनसे कहा था, "जाओ। फ़िक्र न करो। मुझ पर भरोसा रखो। मैं रावी तथा झन्नाँ की बार में से भट्टिओं की जड़ें खत्म कर दूँगा। दुल्ले को इल्म नहीं होगा, हुकूमत से विरोध अल्लाह का विरोध है और अल्लाह का विरोध करने वालों को निजामुद्दीन कभी बख्शता नहीं। दुल्ला जानता नहीं, शाही फ़ौजों के सिपाहियों से तो रब भी पनाह माँगता है, यह दुल्ला क्या शै है।"

मौलवी तथा पंडित दोनों खुशी से वापस लौट गये। शायद उनका मकसद पूरा हो गया था। मैंने ही आवाज़ देकर रोक लिया। वे तो सहम ही गये एकदम से। होठ सूख गये। पूछा, "क्या हुआ?"

"हमसे कोई ख़ता हो गयी तो माफ़ करना।" पंडित ने कठिनता से स्वर निकाला।

"दुल्ले को पहचानते हो क्या?" मैंने पूछा।

"हमारे हाथों में खेलता रहा है हज़ूर।" मौलवी ने गर्व से बताया।

"कद-काठी कैसी है?"

"दो गज से तो लम्बा ही होगा। तगड़ा इतना है, साँड़ों को पूँछ से पकड़कर खींच लेता है। चौड़ी छाती क्या है, चक्की का पुड है। बाँहें लम्बी। मूँछें खड़ी, मोटी आँखें, गर किसी की ओर सुर्ख आँखों से देख ले तो जान साँसत में डाल दे। उसके सामने खड़ा आदमी ऐसे लगता है जैसे शेर के सामने गीदड़ खड़ा हो।" सचमुच मैं अन्दर से धसक गया था। पंडित अभी भी उसके बारे में मालूम नहीं और क्या-क्या कह रहा था। मैंने कहा, "एक काम कर सकते हो...।"

"हुक्म करें हज़ूर।" दोनों ने सिर झुकाकर कहा।

"दुल्ले को किसी बहाने से कुछ दिनों के लिए पिंडी से बाहर भेज सकते हो क्या...।"

पहले दोनों सोच में पड़ गये। फिर मौलवी ने कहा, "इंशा अल्लाह, हम कर सकते हैं।"

"बदले में इनाम और तोहफे मिलेंगे शहंशाह की ओर से। सिफारिश मैं करूँगा।" मैंने लालच दिया।

"ज़िन्दा रहे तो इनाम ज़रूर लेंगे हज़ूर।" पंडित ने ढीले स्वर में कहा।

"इतने डरते हो...?"

"क्या करें, लड़ाई अन्धी होती है, गुस्ताफ़ी माफ़ हज़ूर, नेज़े, तलवारें देखते थोड़ी हैं, मौलवी कौन है, पंडित कौन है। फिर भी हम तख्त लाहौर की खिदमत करेंगे। मगर हमारी एक ही अर्ज़ है, सिपाहियों से कहना, हमारे घरों की ओर न देखें, न माल-सामान तथा न ही बहू-बेटियों की ओर।"

"मसला एकदम सीधा है।" मैंने कहा था, "तुम लोग मेरा काम करना मैं

तुम्हारा करूँगा।"

मौलवी और पंडित बेहद खुश हुए और वापस लौट गये। मगर मुझे इतनी परेशानी क्यों है? मैंने तो दुल्ले को मामूली लुटेरा समझकर अपने छोटे भाई को भेजा है। बाज़ी उलटी तो नहीं पड़ जायेगी? एक अच्छे बहादुर सेनापति से हार जाने से इतनी शर्मिन्दगी नहीं होती, मगर एक गुमनाम बागी से हारना बहुत बड़ी लानत होगी।

ऐसी सोचों में डूबे निजामुद्दीन से नींद कोसों दूर थी। ये बातें दो दिन पहले की हैं। अभी तक तो अलाउद्दीन के नेतृत्व में फ़ौजें पिंडी के निकट पहुँच गयी होंगी या पहुँचने वाली होंगी।

निजामुद्दीन ने अपनी निगरानी में सारी तैयारी करवाकर उन्हें कूच करवाया था। सैनिक, साईस, लुहार, बढ़ई, रथवान, गाड़ीवान, ऊँट, घोड़े, हथियार, राशन-पानी एक-एक चीज का खुद मुआयना किया था। अलाउद्दीन को कई गुप्त हिदायतें दी थीं, तो भी मन स्थिर नहीं था।

× × ×

मौलवी तथा ब्राह्मण टेढ़े-मेढ़े रास्ते हर हालत में फ़ौजों से पहले पिंडी पहुँच गये।

रास्ते में दोनों ने संयुक्त तौर पर योजना बना ली, दुल्ले को पिंडी से बाहर किस बहाने से भेजना है।

आते ही दोनों अपनी योजना को कार्यान्वित करने में जुट गये।

37

पिंडी के मुँड़ेरों पर दिन चढ़ते ही अफवाहों नें आकर डेरे लगा लिये। तरह-तरह के लोग तथा उनकी तरह ही रंग-बिरंगी अफवाहें।

ऊँचे ओर की मस्जिद के सामने, बरगद के नीचे जुड़ी भीड़ तथा भीड़ में बैठे चौधरियों के मनों में ख़ौफ था। जिन पुराने आदमियों ने फ़रीद भट्टी के समय पिंडी को उजड़ते देखा था, उनकी आँखों तथा चेहरे पर अजीब तरह की दहशत थी। सभी अपनी-अपनी ही हाँक रहे थे। किसी मेले की तरह शोरगुल मचा हुआ था। फिर भी कुछ-कुछ बातें लोगों के कानों में पड़ रही थीं।

"मुग़लेटों का लश्कर पिंडी के नज़दीक पहुँचने ही वाला है।"

"सुना है अकबर बादशाह खुद आ रहा है।"

"हाथी, तोपें, घुड़सवार, पैदल...इतने सिपाही, कोई गिनती ही नहीं।"

"बादशाह नहीं आ रहा, उसका कोई फ़ौजदार आ रहा है।"

"कहाँ से सुना है।"

"मौलवी कह रहा था।"

"हाँ हाँ, सुना है।" एक फ़ौजदार ने पान का बीड़ा मुँह में डालते हुए कहा, "मैं पिंडी को बर्बाद कर दूँगा, खँडहर बनाकर रख दूँगा।"

"वे दुल्ले को ज़िन्दा पकड़ने के लिए आ रहे हैं।"

"हाँ, बादशाह ने कहा है, बार में से भट्टिओं का बीज नष्ट कर देना है।"

लोग इन आवाज़ों को पहचानते हैं। कभी चौधरी फ़जलदीन बोलता है, कभी जलालदीन, कभी अहमद चौधरी। अब तो इनके पुत्र भी ऐसी मजलिसों में हिस्सा लेने लगे हैं। फ़ज़लदीन के पुत्र लखण तथा अहमद चौधरी का पुत्र अब्दुल्ला तो कहता है, वे आगे जाकर बादशाही फ़ौजों का स्वागत करेंगे। मौलवी का पुत्र दरगाही भी उनके साथ जाना चाहता है।

अब शायद जलालदीन का पुत्र लुडडण बोल रहा था, "बादशाह, एकदम गुस्से में है। उसने कहा है, दुल्ला मेरे आदमियों के सिर उतारता है, अब अपना सिर उतारने के लिए तैयार रहो।"

कोई नहीं देख रहा था, कौन, क्या कह रहा है। बातें थीं, जो सभी के सिरों पर मक्खियों-सी भिनभिना रही थीं। पिंडी के लोग अपने काम-धन्धे छोड़कर इधर आ रहे थे। कभी-कभी तो कोई आदमी बेमतलब ही भीड़ से निकलकर एड़ियाँ उठाकर, आँखों पर हाथों की ओट करता लाहौर वाले रास्ते की ओर ध्यान से देखते हुए कहता, "धूल उड़ रही है, फ़ौजें आ गयी हैं।"

दूसरी ओर बड़े पीपल की ओर भी पिंडी के लोग इकट्ठे थे। बातों तथा अफवाहों का अन्धड़ इधर भी चल रहा था। खेती-बुआई करने वाले, बाज़ीगर, चरवाहे, मवेशियों वाले सभी अपनी-अपनी सुना रहे थे।

"...फ़ौजें आ गयी हैं?"

"सुना है वह अकेले दुल्ले भट्टी को पकड़ने के लिए आ रहे हैं।"

"भट्टी ऐरा-गैरा नहीं बन सकता।"

"वो तो गरीबों को रोटी देता है।"

"दुल्ला चौधरियों के पशु खोल लाता और हमारे घरों में बाँध जाता है।"

"हमारा तो दुल्ला ही बादशाह है।"

"हम तो दुल्ले के साथ हैं।"

"आओ फिर झिड़ी की ओर चलें।"

ज्यादातर नौजवान आमों की झिड़ी की ओर चल दिये।

× × ×

चौधरियों के चेहरों पर चिन्ता कम और पिंडी पर टूटने वाले कहर की खुशी अधिक थी।

अहमद चौधरी ने हुक्के का कश खींचते हुए कहा, "मालूम अब चलेगा, जब

बादशाह के सिपाही दुल्ले के परिवार को घसीटकर ले गये।"

"चौधरी, यह कहर दुल्ले की हवेली पर ही नहीं गिरेगा, देखते जाना, पिंडी के घर-घर में विलाप होंगे। जो ज़िल्लत और बेइज्ज़ती होगी, वो अलग है।" फज़लदीन ने कहा।

"पहले क्या हुआ? जो ज़िन्दा है, वो जानते नहीं।" अफ़जल ने चौधरी फज़लदीन की हामी भरी, "सही है तेरी बात। जंगल को आग लगती है तो जानवर-परिन्दे भी राख हो जाते हैं। साथ दुल्ले और उसके साथियों ने कौन-सा कम किया है बादशाह के साथ। अब वह दाँव पर हैं। अगर मुग़लों को हाथ डाल, औरतों को चक्कर दिलाना चाहते हैं तो घुमाते जायें। हमारी बला से।"

अफ़जल चौधरी से बातें करते हुए हाजी चिराग़दीन उनके निकट आ खड़ा हुआ। बोला, "इस तरह न कहो चौधरियो, पड़ोसियों के घर को आग लगे तो सेंक खुद को भी आता है।"

"सेंक तो आयेगा ही, हाजी मियाँ। जब तक दुल्ला पिंडी में है, पिंडी सुख से नहीं बस सकेगी। अपने पहले मेरी बात बाँध लो जी, दुल्ले को नकेल डालकर पकड़ने के लिए, पिंडी के और दस घरों में विलाप पड़ेंगे तो सौदा बुरा नहीं रहेगा...।"

"तेरी तो वो बात है चौधरी, पड़ोसी की दीवार अवश्य टूट जाये, चाहे उसके नीचे अपना पुत्र भी मारा जाये।"

"तो भी सौदा घाटे का नहीं।" चौधरी ने ढीठपन से कहा।

"अहमद चौधरी बार की मिट्टी का अन्न खाता है। बन्दे को इतना अहसान फरामोश नहीं होना चाहिए।" चिराग़दीन ने दुखी होकर कहा, "तुम्हारी बात एकदम सही है कि दुल्ला लूटमार करता तथा डाके मारता है। ज़रा सोचो, उसने किनको लूटा, किनसे छीना। कभी किसी गरीब राहगीर, बंनजारे या किसी चरवाहे आदि को लूटा क्या? जो बन्दे साहूकार, व्यापारी और अन्य बुरे लोग गरीबों का खून चूसते हैं, दुल्ला उन्हें लूटता है और गरीबों में तकसीम कर देता है। क्या बुरा करता है वह। दुल्ला इस धरती का असली पुत्र है। बादशाह की चापलूसी कर रुतबे हासिल कर लेना कोई बड़ी बात नहीं। बादशाह तो अन्य लोगों से भी बड़े लुटेरे हैं, दूसरों के राज्यों पर कब्ज़ा करने के लिए बेशुमार हत्याएँ करते हैं। तुम्हारी नज़र में गर दुल्ला हत्यारा है तो अकबर उससे भी बड़ा हत्यारा है।" कहकर हाज़ी तसबीह फेरने लगा।

"हाजी मियाँ, अब तुम्हारी उम्र नहीं रही, बादशाह के बन्दीखाने के कष्ट सहने की। ऊपर से जंग सिर पर आ बैठा है, अपनी ज़बान को जंज़ीर से बाँधकर रख ले।" चौधरी जलालदीन ने जल-भुनकर कहा।

"किस-किस की जुबान को जंज़ीर से बाँधेगा चौधरी? मेरा क्या है, जो चार साँस बाकी है, वो अल्लाह की है। तेरे कहने पर वो भी क्या बादशाह के पास गिरवी रख दूँ?"

चौधरियों तथा उनके पुत्र, पोतों तथा अन्य लोगों ने पहली बार मियाँ चिराग़दीन से इतना कठोर बोलते सुना था। वे हैरान रह गये। फज़लदीन ने बात बदलनी चाही, कहा, "हाजी मियाँ, साँसें तो सभी को अल्लाह मियाँ ने दी हैं। मगर समझ में नहीं आता, अम्मा लध्धी ने क्या खाकर दुल्ला को पैदा किया है। न यह चौधरियों की परवाह करता है, न बादशाह की। अगर कोई आदमी बिल में हाथ डालने से डसा जाये तो वह फिर से उस बिल में हाथ नहीं डालता। मगर यह तो बार-बार शेर की मूँछ खींचने में लगा हुआ है।"

"अब आ गये हैं न खसम। नज़दीक ही आ रहे हैं।" अहमद चौधरी ने कहा।

"मालूम तो अब होगा। दुल्ला तो अल्लाह को टोकरा ही समझता था। फैल सूफियाँ तो देखो, दिन के समय शिकार खेलना, शाम के समय झिड़ी में गोश्त पकाना, रात को डाके मारना। और तो और, एक औरत भी रखी हुई है। परे पिंडी से झन्नाँ के किनारे।" फज़लदीन ने थोड़ा नमक-मिर्च लगाकर बात सुनाई।

"चल अब आ ही गये हैं, बिगड़े साँड़ों को सीधा करने। मालूम अब लगेगा जब हाथों से लगायी, दाँतों से खोलनी पड़ेगी।" इस बार इल्मदीन चौधरी बोला।

"याद है इल्मदीन चौधरी, दुल्ले के बाप के समय बादशाह की फ़ौजों ने पिंडी की क्या हालत की थी। हाथियों को शराब से मस्त कर कैसे पिंडी की दीवारें, दरवाज़े तुड़वाये थे। छतें बर्बाद कर दी थीं।"

"अब भी ऐसा ही होगा अफज़ल मियाँ। देखते जाओ।"

"देख ही रहे हैं।" काफी देर से चुप बैठा रहमत अली बोला।

लाहौर की ओर से एक काला बादल धीरे-धीरे ऊपर की ओर उठता धुआँ, पिंडी की तरफ फैलता जा रहा था।

अहमद चौधरी कुछ देर फैलते आते बादल की ओर देखता रहा, फिर बोला, "रहमत अली, उठो, समय पर घर-ठिकाने की ओर चलें। बे वक़्त की बारिश आफ़त होती है।"

"हाँ हाँ, समय से अपने गहने-पैसे भी दबा दें।" फज़लदीन ने भेद भरा इशारा भी किया।

पता नहीं कहाँ से बुधराम सिर पर आ टपका। वह लोगों के पीछे ही छुपा बैठा था। एकदम से बोला।

"हाँ हाँ रहमत अली, साथ ही वक़्त से अपनी बेग़म भी सँभाल दो।"

"ओए खबीस खत्री, तुझे कितनी बार मना किया है, मर्दों में बैठकर जनानखाने की ओर नहीं जाते।"

"चाचा मैं तो मर्दों के उठने पर ही यह कहा है।" बुधराम हँस दिया।

"जलालदीन, इस खत्री को समझा ले नहीं तो मैं किसी दिन इसकी शाही रग

पर छुरी रखकर इसे हलाल कर दूँगा।" कहते हुए रहमत अली का दाँत तेज़ी से हिलने लगा।

"चाचा, देख लो, फिर नयी बेगम को चाची कहने वाला पिंडी में और कोई नहीं होगा।"

चौधरी तथा अन्य लोग इन बातों का मज़ा लेते हुए हँस रहे थे।

हाजी चिराग़दीन ने बुधराम को झिड़का, "मूर्ख, अपने से बड़ी उम्र के आदमियों के साथ अदब-आदाब से बोला करते हैं।"

बुधराम का सिर फिर से भीड़ में छिप गया।

"यह समय मज़ाक का नहीं बुधराम...।" अहमद चौधरी बोला, "फ़िक्र करने का है।" फिर चढ़ती आ रही काली घटा की ओर देखने लगा, "मालूम नहीं फज़लदीना, पिंडी पर सचमुच ही कहर ढहने वाला है। सच बात है, रहमत अली तू समय से घर जा।"

"सुनो बादल गरज़ रहे हैं।"

"अरे बूँदा-बाँदी तो होने भी लगी।" भीड़ में से कोई बोला।

"बादल गरज रहा है या अकबर की तोपें चल रही हैं?"

"क्या, आ गयीं फ़ौजें?"

"कोई जाकर दुल्ले से कहो आ गये हैं तेरे मेहमान।" जलालदीन बोला।

"तो समझें पिंडी की बुरी गत होने वाली है।"

कुछ देर तक कोई न बोला।

काली घटा और भी ऊपर चढ़ आयी। अचानक ज़ोर से बारिश होने लगी। सभी जल्दी से मस्जिद की ओर चल दिये। बरसात और भी तेज़ हो गयी।

"लगता है, अम्बर के टाँके खुल गये हैं, तभी सारा चूने लगा है।" इल्मदीन ने खुद को झोंके से बचाते हुए कहा। बारिश बहुत तेज़ थी। बरगद के पत्तों से सनसनाती हुई गुज़र रही थी।

अचानक ठंड बढ़ गयी। मगर बादल कुछ देर बाद आगे निकल गया। सभी मस्जिद से बाहर निकल आये। आस-पास तो कीचड़ हो गया था, मगर सब कुछ साफ-सुथरा धुला हुआ-सा प्रतीत होने लगा था। बरगद के पत्ते भी चमक उठे थे।

उसी समय सभी ने देखा, उनके निकट से दुल्ला तथा उसके साथी, घोड़ों पर, गड्ढों में पड़े पानी की छींटें उड़ाते, आमों की झिड़ी की ओर जा रहे थे।

उनके पीछे बुधराम भी सरपट भागने लगा। सभी हैरान हुए, देर तक उधर ही देखते रहे।

38

पिंडी पर चढ़ा सूरज, अफवाहों की गठरियाँ बाँधे, धीरे-धीरे लाहौर की ओर कहीं अस्त होने के रास्ते पर पड़ गया था। रात ढलने से पहले एक और काली घटा चढ़ते देख लोगों के अन्दर सहम छा गया। यदि बेमौसम की झड़ी लग गयी तो...। सोचते हुए वे अपने कच्चे कोठों तथा फसलों के नुकसान के बारे में फ़िक्रमन्द होने लगे। ऊपर से एक और आफ़त जंग की अफ़वाहों से उनकी जान साँसत में आयी हुई थी।

पक्की उम्र के आदमी तो लोगों को दुआएँ माँगते देखे हैं, "अल्लाह रहम, खुदा रहम, यह कहर बर्दाश्त करने का तौफीक दो।"

अब जब मौलवी बाँग देता तो मस्जिद के अन्दर नमाज़ अदा करने के लिए अधिक लोग इकट्ठे होने लगे। मौलवी इन अवसरों का फायदा उठाने लगा। उसकी दुआ लम्बी होने लगी। वह शरीयत की बातें अवश्य बताना चाह रहा था। मगरिब की नमाज़ के समय तो वह सबसे अधिक समय लगाने लगा था। आज भी मस्जिद के अहाते में काफ़ी लोग इकट्ठे थे। मौलवी अपने पूरे जोश में था।

"बन्दा काफ़िर और इस्लाम के बीच में खड़ा है। इस्लाम ख़ुदा की ओर बुला रहा है। काफ़िर उसके विरोध का ऐलान करता है। मेहरबान अल्लाह ने सीधा रास्ता दिखाने के लिए अपने पैगम्बरों, रसूलों तथा मौलवियों को भेजा है। खुदा के इन व्यक्तियों की मिसाल एक बहते हुए चश्मे की तरह है। एक सच्चा मुसलमान अपनी हयाती को अल्लाह की ताबेदारी में ढाल देता है।

जब आदमी लापरवाही और बे-उसूल में हद से बढ़ जाता है और खुल्लमखुल्ला ख़ुदा की बगावत करने लगता है तो वह इस धरती पर उम्र भर के लिए बोझ बन जाता है। लिहाज़ा वह इस बात का हिस्सेदार बन जाता है, उसे इस दुनिया से मिटा दिया जाये...।

...इस्लाम मज़हब हिदायत करता है, जो लोग बिना किसी वजह-जमायत से नमाज़ पढ़ने के लिए हाज़िर नहीं होते, वे सच्चे मुसलमान नहीं। याद रखो, जमायत के बग़ैर इस्लाम नहीं और अमीर के बग़ैर जमायत नहीं। जमायत से चिपके रहो ... जमायत में बरकत है। जमायत में हिफाज़त है। भेड़िया उसी बकरी को खाता है, जो दूर निकल जाती है।"

मौलवी और भी हिदायतें देता रहता। अधिकतर के ध्यान उखड़ गये। उन्हें पिंडी पर आने वाले कहर का डर सताने लगा। वे खड़े-खड़े थकने लगे। मौलवी अभी भी कुछ न कुछ कहता जा रहा था, "ख़ुदा के बन्दे को पाँचों वक़्त नमाज़ पढ़नी चाहिए।" अल्लाह के सिजदे में खड़े आदमियों को मौलवी की कोई-कोई बात ही समझ आ रही थी। अल्लाह, ख़ुदा, नमाज़, जमायत...रहमतें...जन्नतें...। और मस्जिद में पाँचों वक़्त ख़ूब रौनक लगने लगी।

× × ×

दुल्ला तथा उसके साथी तैयारी में व्यस्त थे। दिन-रात वे आस-पास के गाँवों में घोड़े दौड़ाते फिराते हैं। आज भी वह झिड़ी की ओर मुड़ रहे थे, दुल्ले ने झिड़ी की ओर से आते मौलवी को देखा। उन्होंने घोड़े धीमे कर लिए तथा पास पहुँचते ही कहा, "मौलवी मियाँ सलाम कहते हैं।"

"वालेकुम सलाम। सब खैराँ मेहराँ है न? मैं तो दुल्ला तुझे ही ढूँढ़ रहा था।" मौलवी ने दाढ़ी खुजलाते हुए कहा।

"दुल्ले को ढूँढ़ने निकला है मियाँ, लाहौर से कोई शाही फरमान तो नहीं आया?" दुल्ला हँसा।

"शाही फ़रमान आने में देर लगती है क्या। वो तो हवा के कन्धे पर आता है। और भी बहुत-सी बातें हैं कहने-बताने वाली। तू खड़ा ही कब होता है।"

"तुम्हारे सामने खड़ा तो हूँ मौलवी मियाँ।" दुल्ला फिर से हँस दिया।

"इस तरह नहीं दुल्ले। तू तो अभी भी घोड़े पर ही सवार है।"

"आओ, फिर कुएँ पर बैठते हैं।"

"नहीं दुल्ले हवेली चलते हैं या मेरे घर पर।"

"कोई खास बात लगती है।" दुल्ला ने अपने साथियों की ओर देखा। कुछ पल सोचता रहा, फिर उसने घोड़े पिंडी की ओर मोड़ते हुए कहा–

"आ मौलवी मियाँ, दुल्ले ने आज तक किसी का ताना नहीं बर्दाश्त किया।"

× × ×

दीवानखाने के अन्दर जाते समय, दुल्ले ने कहा, "मौलवी मियाँ, ज़रा बाहर रुकना पड़ेगा, अन्दर से बैठक तेरे बैठने लायक तो बना लें।"

मौलवी एकदम डर गया, "कोई खास वजह है।"

"कल रात को यहाँ यार-दोस्त दारू-वारू पीते रहे। बाकी सामान बिखरा पड़ा होगा। प्याले-वियाले इधर-उधर कर लें ज़रा। तू तो हुआ शरा-शरीयत वाला और हम हैं... ।"

"रहने दे दुल्ले ... ।" मौलवी ने टोका, "इतनी कोई बड़ी बात नहीं। मैंने तो तेरे साथ बस दो-चार बातें ही करनी हैं, वो कहीं पर भी बैठ कर लेते हैं।"

"अच्छा, तो फिर आ जा अन्दर।"

"रूड़े जा भई, काज़ी मियाँ को फल-मेवे खिला ज़रा। यह मुफाती (धार्मिक) आदमी है। इनका अल्लाह के साथ सीधा राबता (सम्पर्क) है।"

"भई खुद तो तुम काबुली अंगूरी पीते हो, और मौलवी के लिए... ।"

"हमें तो बताया गया है कि मौलवी और शराब शराय में नहीं। हमें जहन्नुम में नहीं जाना।" दुल्ले ने व्यंग्य से कहा।

"कौन बता गया है इसे? खुद खरीदकर पीना मौलवी के लिए हराम है। मुफ्त की यह शै मुल्ला-काज़ियों के लिए हलाल होती है।" मौलवी हँस दिया तो उसकी

दाढ़ी भी हँसती नज़र आयी।

"फिर तो मौज़ हो गयी। रूड़े एक प्याला दे मौलवी मियाँ को भी। धो-माँजकर साफ कर ले पहले। अब मालूम हुआ कि ये नियामतें तो अल्लाह की तरफ से भेजी गयी हैं।"

मौलवी कहना तो चाहता था, ऐसा न कह। मगर दुल्ले के डर के कारण कुछ न बोला। इतने में रूड़े ने उसके हाथ में प्याला ला थमाया।

मौलवी दुल्ले के और भी करीब हो गया। प्याले से घूँट भर कर धीमे से बोला, "मैं तेरे लिए दुआ करने की खातिर तुझे ढूँढ़ रहा था।"

"यह तो मेरे अच्छे नसीब हैं।"

"मालूम हुआ है कि, लाहौर की ओर से फ़ौजें आ रही हैं?" मौलवी ने पूछा।

"हमें मालूम हुआ है, ये ख़बर तुमने यहाँ तक पहुँचायी है।" दुल्ला बेबाकी से बोला।

दुल्ले की बात सुन मौलवी को एकदम हथ्थू आ गया और गला मलते हुए उसकी आँखें फैल गयीं।

"अल्लाह हाज़िर नाज़िर है दुल्ले। मुझे तो चरवाहों ने बताया है। कल-परसों से लाहौर की ओर से धूल बहुत नज़र आने लगी है।" मौलवी ने हकलाते हुए कहा।

"कोई बात नहीं मौलवी मियाँ। तू मौज़ कर। एक प्याला और पी। फ़ौजें अभी दूर ही होंगी। अब अगर चढ़कर आ रही हैं तो आने दो। दुल्ले और उसके बेली तो खुद उस घड़ी का इन्तज़ार कर रहे हैं।"

"दुल्ले, अल्लाह झूठ न बुलाये, मैं तो दुआ कर रहा हूँ, इंशा अल्लाह यह नहश घड़ी कभी न आये।"

"पिरथे, अपने मौलवी मियाँ को अपनी पिंडी का बहुत फ़िक्र है।" दुल्ले ने पिरथे की ओर देख आँख दबायी।

"फ़िक्र तो हमेशा ही रहता है दुल्ले। पिंडी का फ़िक्र नहीं करेंगे तो और लाहौर का करेंगे क्या? मैं तो यह कहने के लिए तुम्हें खोजता फिर रहा था, तू कुछ दिन यहाँ से टल जा, यह तेरे हक़ में रहेगा।"

"क्यों?" दुल्ला हैरान हुआ, "खुद कह रहा है कि फ़ौजें चढ़ी आ रही हैं और साथ ही कहता है, यहाँ से परे चला जा? मौलवी साहब, ये तेरा मदरसा नहीं हैं, मैंने यहाँ तुझे जी जनाब तथा हाज़िर जनाब नहीं कहना। यह दुल्ले की हवेली है। यहाँ किताबें सफ़े पलटकर नहीं पढ़ी जातीं। यहाँ दिन-रात मशक्कत होती है। कभी गर्दन टूटती है, कभी टाँग टूटती है। यहाँ किसी के कान नहीं पकड़े जाते और न ही कहा जाता है, फ़रीद के छोटे, चल उठकर सबक सुना। यहाँ दिन-रात सिर हथेली पर रख जंग में लड़ने-मारने के दाँव-पेंचों के सबक पढ़ाये जाते हैं और तू कहता है कि मैं कुछ दिन यहाँ से दूर चला जाऊँ।"

दुल्ले के गुस्से भरे तेवर देखकर मौलवी थोड़ा-सा खिसिया गया। "हाँ, मैं यही

कहता हूँ। आने वाली घड़ियाँ तेरे साथ वफा नहीं करेंगी। यह वक़्त तेरे ऊपर बहुत भारी है। तुझे फतह नसीब नहीं होगी और पिंडी तबाह हो जायेगी।"...कहकर मौलवी ने प्याला खाली कर एक ओर रख दिया।

दुल्ले के साथियों में चिन्ता नज़र आने लगी।

"अल्लाह के बन्दे आने वाला वक़्त भी देख लेते हैं।" सदीक ने धीमे से कहा।

"फिर तो कोई हल भी होगा मियाँ?" दुल्ले ने गहरी साँस ले पूछा।

"सिर्फ़ तीन दिन लाहौर तथा अपने आप में दूरी डाल ले दुल्ले। पिंडी की हद छोड़ जा। वापस लौटेगा, इंशा-अल्लाह फतह होगी।"

"माशा अल्लाह, मौलवी मियाँ को तो बार की फ़िक्र होने लगी। अब मुग़लेटों के साथ लड़ते हुए काम भी आ गये तो दफनाते समय कोई फातिहा पढ़ने वाला भी तो होगा।" रमज़े ने हँसते हुए कहा।

अँधेरा होने लगा था। दुल्ले ने छेड़ा, "मौलवी मियाँ, बाँग देने का समय न निकल जाये कहीं।"

"दुल्ले भई। दुल्ला तो अब मुल्ला भी बन गया है। यह तो अब मौलवी को मत देने लगा है।" मौलवी ने हँसते हुए कहा।

"सुन ओए मौलवी...", रूड़े के शराबी बोल लड़खड़ाये, "दुल्ले को तो तूने अब मुल्ला बना दिया है। ऊपर से मुग़लों की फ़ौजें चढ़ती आ रही हैं। अब चारों ओर इस्लाम ही इस्लाम बिखर जायेगा। रूड़ा जट्ट बता किस ओर...।"

"दुल्ले, लगता है रूड़े ने काबुली अंगूरी कुछ अधिक ही चढ़ा ली है। मैं अब चलता हूँ। मेरी पेशीनगोई का ख़याल रखना, सिर्फ तीन दिन की बात है, फिर बाज़ी अपनी है।" मौलवी उठा और लड़खड़ाते पैरों से बाहर निकल गया।

कुछ पल दीवानखाने में चुप्पी छायी रही।

पहले पिरथा बोला, "दुल्ले, मुझे लगता है, मौलवी की कोई चाल है। अब इसे पिंडी की फ़िक्र कैसे होने लगी, सोचने वाली बात है।"

"सही पकड़ा है। या तो यह लाहौर से चली साजिश का मोहरा है या यहाँ के चौधरियों की कोई कारसाज़ी है। वे हमें यहाँ से दूर करना चाहते हैं। हम तो यहाँ से हटेंगे नहीं। गाँवों में जाना है। इमदाद लेने मैंने मामा के पास चनिओट। अकबर के साथ भिड़ना है तो अकबर के समान होकर टकराना भी पड़ेगा।" दुल्ले ने कहा।

"मगर अब मैंने कहीं नहीं जाना। मौलवी यह न समझे, हमने दुल्ले को लड़ाई से पहले ही मैदान से बाहर कर दिया है।"

"यह तो ठीक नहीं होगा दुल्ले। मामा लोगों से इमदाद मिली तो शाही फ़ौजों साथ टक्कर...।"

"इतनी चिन्ता न कर पिरथे। अपने लोगों की ओर से पीठ दिखाकर मैं बार की मिट्टी को मुँह दिखाने लायक नहीं रहूँगा। मामा लोगों को सन्देशा भेज देंगे, वहीं आ जायेंगे।"

"हमारा जाना बनता है मामा लोगों की तरफ। फ़ौजें हम रोककर रखेंगे। हम पिंडी में इस बात का धुआँ भी नहीं निकलने देंगे, दुल्ला कहाँ है। सदीके को साथ ले जा या रूड़े आदि किसी को भी। मामा लोगों को हमसे ज्यादा जंग का इल्म है और इस समय हमें सयाने लड़ाकुओं की ज़रूरत है।"

"तू जो कहे पिरथे, तुझे भी पिंडी का उतना ही फ़िक्र है, मगर मैं इस समय मुँह कैसे मोड़ूँ। झिड़ी में इकट्ठे हुए सैकड़ों नौजवान जो मेरे नाम पर ही आये हैं, क्या सोचेंगे भई, दुल्ला हमें जंग की भट्ठी में फेंक गया और खुद दौड़ गया है...। मैं तो मेहरू और नूरे को भी तैयार रहने के लिए कहने लगा हूँ और तुम लोग मुझे ही...।"

झुँझलाहट में दुल्ले से कुछ बोला न गया।

पिरथा, रूड़ा और सदीक नज़रें झुकाये सोच में पड़ गये।

"रूड़े, मेहरू तथा नूरे को हाक लगा ज़रा, अन्दर है तो।" दुल्ले ने चुप्पी तोड़ी।

रूड़ा उठकर अन्दर गया। फिर तुरन्त लौट आया और बोला, "नूरे से कह दिया है, मेहरू यहाँ हुआ तो अभी आ जायेगा।"

कुछ देर बाद नूरा झिझकते-झिझकते अन्दर आया। फिर मेहरू भी आ गया।

"सदीके, मेहर खान को प्याला दे भई एक।" दुल्ले ने कहा।

मेहरू का चेहरा खिल गया।

"नूरे को भी दे दे।" दुल्ले ने फिर कहा।

"अब्बा मैं...।" नूरा को कोई बात सूझी नहीं।

"तू जवान हो गया है न पुत्तर। सूरमा है। प्याला पकड़।" पिरथे ने नूरे की पीठ थपथपायी।

"चाचा मैं...।" नूरे ने सिर हिलाया।

"प्याला पकड़ ले शेरा। शक्ल से मर्द लगता है।" रूड़े ने नूरा का हौसला बढ़ाया।

"मैंने कभी पी नहीं चाचा।" नूरा हिचकिचाया और अपने अब्बा की ओर देखा।

"अरे ये तो मर्दानी सौगात है मूर्ख। हमें मर्दों की ज़रूरत है, अब्बा अकबर की फ़ौजें सिर पर चढ़ती आ रही हैं। औरतें ने थोड़ा लड़ना है। पकड़ ले प्याला।" पिरथे ने ज़ोर डाला।

"नूरे, पकड़ ले पुत्तरा।" दुल्ले ने भी रजामन्दी दिखाई।

नूरे ने प्याला पकड़ लिया।

"शाबाश...।" सभी ने एक स्वर में कहा।

नूरे ने प्याला मुँह को लगाया। उसे घुड़घुड़ी-सी हुई। मुँह का स्वाद कड़वा हो गया। उसे शर्म भी आ रही थी।

मेहरू ने फटाफट दो प्याले अन्दर फेंके। तीसरा भी भरवा लिया। वह मौज़

में आ गया।

"मेहर खान।" दुल्ला अपने बड़े भाई की ओर मुखातिब हुआ।

"मेरे भाई, दो दिन तूने और नूरे ने घर का ख़याल रखना है। फिर हम जानें और हमारा काम जाने।"

"कोई खास बात है क्या।" तीसरा प्याला भी एक ही साँस में खाली करते हुए मेहरू ने पूछा।

"अकबर की फ़ौजें पिंडी की ओर आ रही हैं।" दुल्ले ने बताया।

रूड़े ने मेहरू को चौथा प्याला भी भर दिया।

नशे की झोंक में मेहरू ने डींग हाँकी, "कहें तो फ़ौजों को रास्ते में ही उलटा लौटा दूँ?"

"कहीं नहीं जाना। घर का ख़याल रखना है बस।" दुल्ले ने सख़्ती से कहा।

"तू जिधर मर्ज़ी जा। मैं दो दिन हवेली पर से हवा को भी गुज़रने नहीं दूँगा। नशे-पत्ता मेरा रख देना, फिर देखना मेहर ख़ान के हाथ।" चौथा प्याला गटक कर मेहरू तेजी से बाहर निकल गया।

नूरे का प्याला अभी भी खाली नहीं हुआ था। दुल्ले ने उसे समझाया, "तू अपने साथियों के साथ रहना। जो तेरे दोस्त हैं, जीता, गेला, भिट्ट जैला। एक दूसरे की मदद करना। चौधरी शुरू से ही खार खाते हैं, उनकी ओर से खबरदार रहना। उनके सुक्खा, खोखर, निहालू कोई दाँव ना लगा लें। जहाँ जाना, इकट्ठे ही जाना। पिरथे आदि को मालूम है, कितने बरसों से हमसे वैर निभाते जा रहे हैं। याद है न पिरथे?" दुल्ले ने नूरे से नज़र हटाकर पिरथे की ओर झाँका। "वो शिकार वाली बात...।"

"याद है।" पिरथा हँस दिया।

और दुल्ले की आँखों के सामने वो सारी घटना साकार होने लगी।

× × ×

शाम का समय। वे सभी झन्नाँ के पार हिरन का शिकार कर लौटे थे। दरिया किनारे, फज़लदीन का लुडडण, जलालदीन का लखण, अहमद चौधरी का अब्दुल्ला और मौलवी का दरगाही भी हवाखोरी करने निकले थे। अब वे भी स्वयं योद्धाओं को देखकर उनपर छींटाकशी करने लगे। दुल्ले इत्यादि को देखकर लुडडण ने कहा, "शिकार छीन ले इनसे...।"

कभी घुलते, कभी निशाने लगाते, तकरार तो पहले भी कई बार हो चुकी थी। "कोई नहीं टकरायेंगे, देख लेंगे, निपट लेंगे कभी भी तुम्हारे साथ भी।" ऐसी बातों से बात कभी आगे नहीं बढ़ी थी। आज चौधरियों के लड़कों की टोली काफी बड़ी थी। दुल्ले आदि अभी इधर आकर कपड़े ही पहन रहे थे, अब्दुल्ले ने घमंड से कहा, "यह शिकार आज चौधरियों के घर में पकेगा।"

"पहले शिकार करना तो सीख लो।" दुल्ले ने कहा।

"चौधरियों के लिए उनके निचले लोग ही शिकार करते हैं।" लुडडण ने व्यंग्य

किया।

सदीक गुस्से में आ गया, "निचले लोग तो और भी काफी कुछ करते हैं।"

"और क्या करते हैं?" दरगाही ने अकड़ के कहा।

"तुम्हारी औरतों के साथ सोने का काम भी करते हैं।"

लुडडण ने गुस्से से सदीक को ज़ोर से थप्पड़ लगा दिया। दुल्ले ने तुरन्त लुडडण को नीचे गिरा दिया। फिर सभी गुत्थमगुत्था हो गये।

बरगद के नीचे हुक्का पीते चौधरियों को किसी ने बताया, "पत्तण (किनारे) की ओर लड़ाई हो रही है। दुल्ले तथा लुडडण के आदमी आपस में भिड़ गये हैं।"

तुरन्त सभी उठ खड़े हुए और झन्नाँ के घाट की ओर बढ़े। और भी जिन्होंने सुना, सभी के उसी की तरफ कान खड़े हो गये।

सभी ने दूर से ही देखा, सारे लड़के एक-दूसरे से भिड़े हुए थे। अहमद चौधरी ने दूर से ही धमकाया। अन्य कई लोग भी दोनों पक्षों के बीच जा खड़े हुए।

"क्यों लड़ रहे हो?"

"सदीका चौधरियों की बेइज्ज़ती कर रहा है।"

"क्या कहता है?" अहमद चौधरी की त्यौरियाँ चढ़ गयीं।

"मैं बता नहीं सकता।"

"पूरी बात बता सकता हूँ।" कहते हुए पिरथे ने अपनी कुहनी से निकलता लहू पोंछा।

"तू भी बता बड़ा अगुआ बनना है तो।" फज़लदीन ने घृणा से कहा।

"हम शिकार मारकर लाये हैं।" अबदुल्ला ने कहा, "ये चौधरियों के घर पर पकेगा।"

"इसरो पूछ, कभी दरिया पार किया है, कैसे करते हैं?"

"तू बड़ा तैराक है न?" अब्दुल्ला ने नाक से निकलता खून पोंछा।

"हाँ हाँ, आज तक तो यही बड़ा रहा है न।"

"गालियाँ क्यों देता है चौधरियों को?" अहमद ने बात बदलकर सदीक की ओर देखा।

"यह कहता है, निचले लोग चौधरियों के लिए शिकार करते हैं।"

"बुरी बात कही है कोई?" फज़लदीन ने फिर आँखें दिखायीं।

"हम चौधरियों से लेकर खाते हैं। ये हमारा शिकार छीनने का क्या हक़ रखता है। ज्यादा शौक चढ़ा है तो दरिया पार करके दिखाये, एक बार और ले जाये शिकार।"

"चुनौती दे रहा है?" अब्दुल्ला ने धौंस देते हुए कहा।

"ऐसे ही समझ ले, फिर।" सदीक ने लापरवाही से कहा।

"ठीक है, मैं पार करता हूँ, कौन जायेगा मेरे साथ?" अब्दुल्ला ने झन्नाँ की ओर जाते हुए कहा।

"मैं चलता हूँ।" दुल्ले ने कहा।

भीड़ इकट्ठी हो गयी। दरिया किनारे मेला-सा लग गया जैसे।

चौधरियों में से एक बोला, "जो दूसरे किनारे पर हाथ लगाकर लौटा, शिकार उसका।"

दोनों ने झन्नाँ में छलाँगें लगा दीं।

अब्दुल्ला जोश तथा गुस्से में आया। मगरमच्छ की तरह फुफकारते हुए दुल्ले को पीछे छोड़ते हुए काफी पीछे छोड़ गया।

किनारे की ओर से ललकारने की आवाज़ आ रही थी। दुल्ला अपनी सहजता से तैरता रहा। उसका रोज़ का काम था। झन्नाँ का दूसरा किनारा अभी थोड़ी दूर था। अब्दुल्ला की चाल धीमी होने लगी और दुल्ला भी उसके बराबर आ गया। अब्दुल्ला किनारे से पहले ही लौटने लगा।

चौधरियों के पक्ष ने बहुत शोर मचाया। ललकारे लगाये। दरगाही तथा लुडडण भी शोर मचाने लगे। दुल्ला जब दूसरे किनारे पर पहुँचा तब अब्दुल्ला लौटते समय आधे रास्ते तक पहुँच गया था। दुल्ले ने कुछ पल साँस लिया और फिर झन्नाँ में तैरने लगा।

गाँव में शोर मचाने पर दुल्ले के और भी साथी आ गये थे। सभी दुल्ले को उत्साहित करने लगे। जितनी देर तक दुल्ला किंनारे पर न पहुँचा, शोर मचता रहा। शर्मिन्दगी मानते हुए चौधरी तथा उनके लड़के बहुत पहले ही मुड़ गये थे।

बाद में लडडण ने अब्दुल्ला से पूछा, "किनारा तो नज़दीक था तो तू पहले ही क्यों मुड़ पड़ा था।"

"उधर मैं तथा दुल्ला इकट्ठा होते किनारे पर। यदि मुझे नीचे गिराकर धक्का-मुक्का मार देता तो फिर...?" कहते हुए अब्दुल्ला ने नज़रें झुका लीं।

"हम इनसे फिर कभी निपटेंगे।" लुडडण ने कहा।

दुल्ला दरिया वाली बाज़ी तो मार गया था। मगर यह बाज़ी बहुत महँगी पड़ी। चौधरियों के लड़के, दुल्ले तथा उसकी टोली के पक्के दुश्मन बन गये। दोनों पक्ष पूरी तरह से होशियार रहते। कई बार टकराव होते-होते रह जाते। कोई भी दूसरे पक्ष के प्रति चौकन्ना रहते।

समय चलता रहा।

सभी ब्याहे गये। बच्चे हो गये। बच्चे मदरसे में पढ़ने लगे। परन्तु मन और आँखों से कड़वापन न गया। जब चौधरियों का दाँव लगता, इसकी हेठी या निषेध करने की कोई कसर न छोड़ता। यह अन्दरूनी खार/नफरत बच्चों के लहू में भी मिल गयी। लुडडण का खोखर, लक्खण का सुक्खा, दरगाही का सुल्तान, दुल्ले का नूराँ, पिरथे का जीतू तथा रूड़े के जैले के साथ पूरी दुश्मनी रखते थे। कई बार झड़पें होतीं। कभी कोई किसी की कमीज़ पर स्याही गिरा देता, कोई किसी का कलम चुरा

लेता या किसी का जूता बाहर फेंक देना आदि। यह सब चलता रहता।

दुल्ले के पुत्र जहान ख़ान तथा कमाल खान ननिहाल में थे। अकेला नूराँ खाता-पीता था, खुले हाथ-पैरों की भाँति दुल्ले की तरह लम्बा कद और भरपूर जवान निकल रहा था। वह अपने साथियों के साथ कसरत करता, दौड़ें लगाता, लध्धी उसके ऊपर से मिर्चें बार-बार चूल्हे में फेंकती।

"अम्मा, इस बार मुझे मेले में अपने साथियों के साथ कुश्ती करनी है।" एक दिन नूरे ने कहा।

"खुशी से कुश्ती कर पुत्र। अल्लाह रसूल तुझे जीत दिलाये। तेरी कभी भी पीठ न लगे।" लध्धी आशीर्वाद देती।

मेला भी आ गया। नूराँ अपने दोस्तों—जीतू, जैला, दीना, मिट्ठू तथा अन्य के साथ मेले में आ गया। कुछ देर तक सभी इधर-उधर घूमकर मेला देखते रहे। यहीं पर ही पिरथा, रूड़ा तथा दुल्ला इत्यादि भी मेले में थे और चौधरियों के पुत्र भी। आँखों में रड़क तो थी ही, मगर सारे एक-दूसरे से टलते हुए मेले की रौनकें देखते रहे।

शाम के वक़्त ढोल बजने लगा।

सारा मेला ही कुश्ती वाली जगह पर आ इकट्ठा हुआ। कुछ लोग ऊँटों पर चढ़े हुए थे। कुछ घोड़े-घोड़ियों पर भी थे।

कुश्ती करने वाले पहलवान, नौजवान लँगोटे लपेटे घेरे में आ गये।

नूराँ भी आगे आया और खेत कटवाने वाले से कहने लगा, "मेरा भी कोई साथी लाओ।"

"तू बच्चा है अभी।"

"इसलिए तो कहा है कि मेरा साथी बुला।"

दुल्ला हैरान हुआ, नूराँ दायरे में है। उधर फज़लदीन चौधरी का लक्खण यह सब देख रहा था। उसे अपने सुक्खे पर बड़ा गर्व था। साथ ही चौधरियों के होते हुए, एक रंडी औरत का पोता दायरे में आकर कहे, मेरा कोई साथी लाओ। उसने सुक्खे से कहा, "जा पुत्तर पटका कर मार इसे ज़मीन पर, इसे भी पता लगे चौधरियों के पुत्तर भी शेरनी का दूध पीते रहे हैं।"

सुक्खे ने आते ही घेरे की मिट्टी को चूमा, माथे तथा जाँघों को थपथपाते हुए कहा, "इसके साथ मैं दो-दो हाथ करूँगा।"

यह पहली कुश्ती ही थी। बड़ों की बारी आखिर में आने वाली थी। दुल्ले का माथा ठनका। कुश्ती के बहाने दुश्मनी ना निकाले...। उसने पिरथे आदि को ख़बरदार रहने के लिए कहा।

ढोली ने ढोल पर चोट लगायी। घेरे के आस-पास लोग तुरन्त नूराँ तथा सुक्खा के पक्षों में बँट गये।

नूराँ तथा सुक्खा आधे झुके एक-दूसरे के ऊपर झपटने के लिए आगे बढ़े। लोगों की साँसें रुक गयीं। सुक्खे ने नूरे को टाँगों से पकड़ना चाहा। नूराँ एकदम से घूमा और सुक्खे को पीछे से बाँहों में भरकर ज़ोर से ऐसे घुमा दिया, फिर कमर को अटका कर नीचे गिराया और पलटकर सुक्खे की छाती पर जा बैठा। जोश में आये हजूम ने आसमान सिर पर उठा लिया। नारे लगाये, जयघोष लगाय, गये। एक ऊँट ने अपनी कमर को ऊँचा किया, जैसे वह भी कुश्ती में शामिल हो।

खिलाने वाले ने नूरे का हाथ ऊपर उठाया। सुक्खा नज़र झुकाये घेरे से बाहर निकल गया।

तब भी कपड़े पहनते सुक्खे ने कहा था, "इनसे किसी और तरीके से निपटेंगे।"

आज दीवानख़ाने में बैठे दुल्ले को... और तरीके से निपटेंगे की बातें याद आ रही थीं। बरसों हो गये हैं, कभी आमने-सामने यूँ टक्कर नहीं हुई। मगर अब पिंडी की ओर फ़ौजें चढ़ती आ रही हैं और अगर चौधरी ने दाँव लगाया हो तो। इसलिए वह नूरे को समझा रहा है, चौधरियों की ओर से सावधान रहना है।

नूरे ने नज़रें झुकाये रखीं तथा उसके हाथ में पकड़े प्याले को देखकर सदीक ने कहा, "नूरे, मर्द बन भई, खींच ले इसे।"

नूरे ने सभी की ओर देखा और आखिर में अपने अब्बा की ओर देखा।

"पी ले नूरे, इसकी ज़रूरत पड़ेगी तुझे।"

नूरे ने दिल को सख्त किया, आँखें मूँद लीं और प्याला मुँह को लगा लिया।

"शाबाश।" पिरथा खुश हो गया, "यह हुई न मर्दों वाली बात।"

"जा, जा के लेट जा अब।"

नूराँ उठकर चला गया। वह जैसे हवा में चलता जा रहा था। फिर सभी दुल्ले को तड़के मुँह अँधेरे मामा लोगों की ओर जाने के लिए मनाने लगे।

× × ×

मौलवी दुल्ले की हवेली से निकलकर, मस्जिद की ओर जाने के बजाय एक ओर चलने लगा। नमाज़ का वक़्त निकल चुका था। चौधरी अहमद के सामने से आते देख उसने दूसरी ओर मुड़ना चाहा, इतने में चौधरी ने उसे पुकार लिया।

"मौलवी मियाँ, आज उलटी तरफ से कैसे आ रहे हो, खैरियत तो है?" चौधरी ने व्यंग्य किया।

"दुल्ले भट्टी की ओर गया था चौधरी साहब।" मौलवी ने दाढ़ी पर हाथ फिराने के बहाने से मुँह पर हाथ कर लिया।

"आक्रमण होने लगा है फिर...।" चौधरी अन्दर से खुश लगा।

"लगता तो है चौधरी साहब।"

"माल-असबाब का फ़िक्र करें फिर...सँभाले।" चौधरी ने पूछा।

"क्यों शर्मिन्दा करते हो चौधरी। तेरे अपने भेद हैं और लाहौर तख्त के साथ

साँझ है। दूसरी बात यह भी है, पिंडी का मौलवी हो और बादशाह अकबर की फ़ौजें, सेनापति हो निजामुद्दीन मिर्ज़ा और पिंडी के चौधरियों, साहूकारों, मालिकों को अपना माल-असबाब सँभालने का फ़िक्र हो, लानत है मौलवी पर...।"

"पक्की बात है।" चौधरी ने हामी भरी।

"इलाही मोहर।" मौलवी ने फिर से दाढ़ी सँवारी।

"फिर फरीद भट्टी का तुख्म क्या कहता है।"

"कहना क्या है, वो तो पिंडी छोड़कर भागने की तैयारी कर रहा है।"

"पक्की इत्तलाह है?"

"चौधरी साहब, आपके सामने ही आ जायेगी। उधर बादशाह की फ़ौजें पिंडी को घेरा डाल लें, इधर से दुल्ला पिंडी से भगोड़ा हो जाये।"

"शहंशाह की फ़ौजों का नाम सुनते ही हवा सरक गयी?" चौधरी हँस दिया।

मौलवी को भी हँसना पड़ा। मगर उसने तुरन्त मुँह के आगे हाथ रख लिया।

"ख़बर दे दे, भागने से पहले ही फ़ौजें उसे घेर लें।"

"नहीं चौधरी, दुल्ले के भागने में ही बादशाह का हित है। शमले वाली पगड़ी यूँ ही पैरों में मसल दी जायेगी और मूँछों के कुंडल ऐसे ही निकाल दिये जायेंगे।"

"खतरा हुआ तो समय रहते ही खबर देना।"

"घोड़े बेचकर सो जाओ चौधरी।"

अहमद चौधरी मूँछों को ताव देते हुए चलने लगा।

मौलवी ने खुलकर साँस लिया ही था, पीछे से तेज़ी से चलते आते दुर्गा पंडित ने हाँक मार दी, "मौलवी इन्द्रीस मियाँ।"

"कल को कहाँ मरा था पंडिता।" मौलवी के अन्दर शराब अपना रंग दिखाने लगी थी।

"कहता है मुझे, नज़र ख़ुद नहीं आता। ना मस्जिद में, न घर में था। बाँग भी आज नहीं दी तुमने।" पंडित ने रोष से कहा।

"मैं तो आज दुल्ले की हवेली में बाँग देकर आया हूँ।"

"हाँ हाँ, तेरी शक्ल से यही लग रहा है। जो मिर्जा निजामुद्दीन के साथ वादा किया था, उसका क्या बना?"

"मैंने तो अपना काम खत्म कर लिया। दुल्ला आज पिंडी छोड़ देगा।"

"फिर तो मेरा भी जाना बनता है।" पंडित ने जल्दी से कहा।

"तेजी से जा फिर, नहीं तो दुल्ला निकल जायेगा तो पीछे से धूल चाटते रहना।"

"मियाँ तूने ठगी मार दी मेरे साथ।"

"ठगी कैसी?" मौलवी हैरान हुआ।

"हमने मशवरा किया था, दोनों इकट्ठे जायेंगे।"

"अलग-अलग बात कहने से अधिक असर करती है। देखते जाओ।" कहकर मौलवी चल दिया।

दुर्गा पंडित खड़े पैर लौट आया। घर आकर खड़ाऊँ पैरों में डालीं। सफेद धोती बाँधी। माथे पर लम्बा तिलक लगाया। बगल में पत्री दबायी और दुल्ले की हवेली की ओर चल दिया।

अब तक सूरज डूब गया था। अँधेरा होने लगा था। माघ की ठंडी हवा के कारण मोटे कपड़ों में से ठंड जकड़ती जा रही थी।

दीवानखाने के बाहर वाले दरवाज़े पर दस्तक हुई। संदीक ने खोला तो पंडित दुर्गा... शिव-शिव-शिव कहते हुए अन्दर आ गया।

"लो ब्राह्मण को भी पिंडी का फ़िक्र होने लगा, लगता है।" दुल्ला हँस दिया।

"दुल्ला ठीक है तू।" पंडित ने खिसियाते हुए कहा।

"तेरी मेहर है पंडित। पिरथे, मूढ़ा दे भई पंडित को।"

"बैठूँगा नहीं दुल्ले भाई। मुझे फ़िक्र के कारण नींद नहीं आती रात को। दिन के समय तो तू मिलता ही नहीं, इसलिए इस समय आया हूँ।"

"तू इतना फ़िक्र कर रहा था तो पंडित पहले क्यों नहीं आया तू?" दुल्ले के चेहरे के व्यंग्य को पंडित न देख पाया।

"बात तो सचमुच बहुत फ़िक्र वाली है दुल्ले।"

"परलो आने वाली है क्या?" दुल्ले के चेहरे पर अभी भी हँसी के भाव थे।

"कुछ ऐसी ही बात है? गाँव पर बहुत भारी समय आ गया है। बुध के घर में शनि घुस आया है। तेरे लिए तो यह बेहद मुश्किल समय है दुल्ले। पूरे तीन दिन मुसीबत का समय है। मैं इसका उपाय करूँगा, मगर तुझे तीन दिनों के लिए पिंडी से बाहर जाना पड़ेगा।" कहते ही पंडित ने अपनी पोथी खोल ली।

"यह तो कमाल हो गया पंडित जी। मौलवी का अल्लाह भी कहता है, तीन दिन बहुत भारी है, अब तेरा ईश्वर भी यही कहता है कि तीन दिनों का क्रोपी है। सिखड़ों का कोई आदमी नहीं आया। रूड़े, पिरथे मालूम करो भई, उनका रब क्या कहता है?"

"सिखड़े तो काफ़िर होते हैं दुल्ले। वे नहीं मानते यह सब कुछ। लाहौर से परे एक नगरी बसई है।... इधर ननकाणा भी है एक। वहाँ कोई सिखड़ों का नानक है। गुरु कहते हैं उसे। उसकी गद्दी चल रही है। अब कोई पाँचवाँ नानक बैठा है। ये सभी काफ़िर हैं। वे क्या आयेंगे।"

"पंडिता एक और भी है साँईं फकीर, लाहौर की तरफ। इधर भी आता है कभी-कभी अपने मुर्शिद के पास। वो नहीं आया।" दुल्ला ने उसी रौं में कहा।

"वो भी काफ़िर हैं दुल्ले। वो तो आधा पागल है। किसी माधो नामक लौंडे को साथ रखता है। इस्लाम की तौहीन करता है। ये सभी ही अल्लाह तथा परमात्मा की

ओर से धकेले गये आदमी हैं। इनका क्या नाम लेना। मैं तो बताने आया था तेरी सलामती और पिंडी के बचाव के लिए पूजा करनी है। देवी की आराधना करनी है। रात के अँधेरे में तीन दिनों के लिए चुपचाप पिंडी छोड़ जा। पीछे मुड़कर नहीं देखना, नहीं तो सारी पूजा, मेरी तपस्या व्यर्थ चली जायेगी।"

"पूजा के लिए सामान घर में है या इधर से भिजवा...।" पंडित ही...ही...ही कर हँसने लगा, "दुल्ला तुझे अल्लाह ने बड़ी अक्ल दी है। तू बहुत समझदार है। मैं चलता हूँ। देवी कृपा करेगी। भला होगा।"

पंडित शिव-शिव उच्चारते हुए निकल गया।

× × ×

सभी गहरी सोच तथा फ़िक्रों में डूबे थे। दुल्ले को इस प्रकार पिंडी छोड़ने के लिए कहने के पीछे क्या साजिश हो सकती है। वे समझते हैं, दुल्ला पिंडी में रहे, अपने लोगों के साथ खड़ा हो, ये बहुत बड़ी बात है मगर शाही फ़ौजों के साथ टक्कर लेने के लिए मामा लोगों से मदद लेने जाना, इससे भी बड़ी बात है...।

दुल्ले को खुद भी समझ में नहीं आ रहा, ये मौलवी तथा पंडित अचानक पिंडी तथा उसके ख़ैरखाह कैसे बन गये। कोई बात तो ज़रूर है। इन्हें पिंडी का इतना फ़िक्र क्यों होने लगा, ये मुग़लों का कोई जंगी दाँव तो नहीं...?

दुल्ला बहुत परेशान हो गया, "पिरथे, मेरा मन कहता है, इस घड़ी हमें पिंडी के लोगों के साथ खड़ा होना चाहिए।"

"दुल्ले भाई, लोगों के साथ हाथ-पैर हम मारने लगे हैं। हमें अपनी ताकत का अन्दाज़ा है। सभी नये नौजवान हैं, कइयों को तो हथियार भी ढंग से पकड़ने नहीं आते। माहिर लोगों से मदद नहीं लेंगे तो मुग़लों की फ़ौज का एक भी हमला हमें बाढ़ के पानी की भाँति बहाकर ले जायेगा। तुझे ननिहाल की तरफ जाना ही पड़ेगा दुल्ले। हम लहिणे, गाहणा, शल्ला तथा अपने सारे आदमियों को चौकन्ना रखेंगे। हमें दो-तीन दिनों के लिए उन नये जवानों को काबू में रखना है। समझ लेंगे, हमला बोलने से अधिक शोर मचाना है, मगर हमला करना नहीं है। बैरी को कोई फैसला लेने नहीं देंगे। दो दिन उन्हें दुविधा में रहने देंगे। तू इमदाद लेकर आ जायेगा, फिर हम आँधी की तरह चढ़ जायेंगे और मुग़लों पर तेज तूफान की तरह बरस पड़ेंगे।"

"बातों के किले बनाने आसान हैं पिरथे। अगर मुग़लेटों ने पहले ही अपना दाँव समझ लिया, फिर।" रूड़े ने पूछा।

"मुझे तेरी बात समझ नहीं आती रूड़े, तू मुग़लेटों की तरफ का है या पिंडी का। जब भी बोलता है...।"

"भाई मेरे, मैं तुझे हर तरफ से खबरदार कर रहा हूँ। इतना गर्म क्यों हो रहा है।" रूड़े ने पिरथे को ठंडा करना चाहा।

"मैं काफी खबरदार हूँ। इसलिए तो दुल्ले को चनिओट जाने के लिए चिरौरी

कर रहा हूँ।"

"पिंडी को तथा बार के नौजवानों को अल्लाह भरोसे छोड़कर मुझे यहाँ से भगाने में लगा है।" दुल्ले ने कड़वेपन से हँसते हुए कहा।

"हाय ओए अल्लाह, मेरी बात समझ नहीं रहे हो। मेहरू यहाँ है, तेरा पुत्तर नूरा भी यहाँ है...और... ।"

"पोस्तियों तथा घोरों के सहारे जंग लड़नी है... । इनके ऊपर बहुत उम्मीदें न रखें तो अच्छा है।" रूड़ा बीच से ही बोल उठा।

"आधी हार तो रूड़े तू बातों-बातों में करवा देता है। मेहरू का नशा पूरा हो तो वह दसों पर भारी होता है। मैं तो इतनी बात जानता हूँ, मेहरू लड़े या न लड़े। अपने आदमी मैदान में पैर गड़ाये रखें या पीठ दिखाकर भाग आयें... ।"

"पिरथे, रूक ज़रा।" दुल्ले ने टोका, "एक बात मुझे भी समझाओ। गर हमने पिंडी बचा ली तो ठीक नहीं तो मुग़लेटे हमारी औरतों की बेइज़्ज़ती करेंगे और आदमियों की लाशें पिंडी की गलियों में सड़ेंगी। ये होगी पिंडी की नियति। ये अब हमारे हाथ में है, मुग़लों को रोकना है या पिंडी को ज़लील करवाना है।"

"दुल्ले, मुग़लों को रोकने के लिए हम अभी काफी नहीं। हम उन्हें रोककर रख सकते हैं, परन्तु मुकाबला नहीं कर सकते। ज़िद ना कर, हम तुझे चनिओर की ओर भेज रहे हैं। पिंडी का फ़िक्र तुम्हारे जितना ही हमें भी है।" पिरथा एकदम दृढ़ता से बोला।

"झिड़ी में बैठ नौजवानों को मैं मुँह दिखाने लायक नहीं हूँगा।" दुल्ले ने दुखी होकर कहा।

"झिड़ी में ही चलते हैं। वे भी हमारी राह देख रहे होंगे। ये मसला वहीं रखेंगे। यदि सभी ने कहा दुल्ले को जाना चाहिए तो ना चाहते हुए भी तुझे जाना पड़ेगा दुल्ले। गर उन्होंने कहा, दुल्ला हमारे साथ रहे तो ठीक है।"

दुल्ला तथा उसके साथी झिड़ी की ओर चल दिये।

अँधेरा और भी घना हो गया था। पिंडी के लोग दरवाज़े-खिड़कियाँ बन्द करे अपने-अपने घरों में बैठे थे।

39

अमराई के कुएँ पर युवकों तथा बड़ी उम्र के व्यक्तियों का मेला-सा लगा हुआ था। थड़े के नज़दीक दरख्त पर जलती हुई मशाल अटकायी हुई थी। रमज़ा ने ज्यादा मशालें जलाने से मना किया था। झिड़ी में सभी दिशाओं से घोड़ों के हिनहिनाने की आवाज़ें सुनाई दे रही थीं। युवकों में पूरा उत्साह था। कुछ अपने हथियार तीखे करने में लगे हुए थे। कुछ गीली रेत से हथियारों पर लगा जंग उतार रहे थे। जिन्हें

घोड़े दिये गये थे, वे घोड़ों की देखभाल कर हरे थे।

इतने में दुल्ला तथा उसके साथी झिड़ी के अन्दर पहुँचे तो एकदम से शोर होने लगा, "दुल्ला आ गया... दुल्ला आ गया।"

अगले ही पल इधर-उधर बिखरे खड़े युवक तथा अन्य सभी दुल्ला भट्टी को घेरा डाल खड़े हो गये। दुल्ला थड़े पर चढ़कर खड़ा हो गया। उसके हाथ में पकड़ा लम्बा बरछा आसमान की ओर तना हुआ आम के दरख्तों को छूता नज़र आया। चारों ओर चुप्पी छा गयी। झिड़ी में जहाँ तक मशाल की रोशनी भी नहीं पहुँच रही थी, वहाँ तक युवक खड़े थे।

झिड़ी में दुल्ले की आवाज़ गूँजी।

"साथियो, तुम्हारे अन्दर यह डर नहीं रहना चाहिए कि मुग़लेटे हज़ारों की तादाद में हमारी धरती की ओर बढ़ते आ रहे हैं। हम शेरों, भेड़ियों की भाँति घात लगाकर हमला करेंगे। वे पच्चीस सौ, तीस सौ, पचास सौ, कितने भी हों, हमारा एक ही आदमी उनके लिए काफी है। यह भूमि सदियों से हमें पालती आयी है। इसकी रक्षा हमें ही करनी है। मुग़लेटे कहते हैं, यह धरती अल्लाह की है और उसके बाद बादशाह की है। हम कहते हैं, यह धरती हमारे पूर्वजों की है, हमारे बुजुर्गों की है उसके बाद हमारी है। गर वे हथियार बन्द हैं, फ़ौज वाले हैं तो होने दो। इसका मतलब यह नहीं कि, वे हमारे बसे-बसाये घरों को उजाड़ने चल दें। बादशाह को ईर्ष्या है, साँदल बार के निवासी लाहौर दरबार को सलाम नहीं करते। हम कहते हैं और हाजी चिराग़दीन भी कहता है, जो सिर अल्लाह के आगे झुक गया, वो सिर किसी और के आगे नहीं झुक सकता। उन्हें क्या हक़ है कि वे हमारे घर की बहनों-बेटियों और औरतों को मवेशियों की भाँति हाँक ले जायें और हमारी मस्जिदों-मन्दिरों में अपने घोड़ों की लीद बिखेर जायें। साथियों, आदमी एक ही बार मरता है। हम आन से जीते रहे हैं, आन से ही मरेंगे भी। इस वक़्त मैं यही तुम लोगों से कहने आया था।"

"मेरी भी एक बात सुन लो भाइयों...।" पिरथा थड़े के नीचे खड़े-खड़े ही बोला, फिर उचककर थड़े पर जा खड़ा हुआ, "हमारी जंग शाही फ़ौजों के साथ है, मेरे भाइयों। हमने दुल्ले से कहा है, दो-चार जने, नज़दीकी गाँवों में जाकर पुकार लगाये। उन गाँवों से और आदमी भी हम अपने साथ जोड़ लें। आदमियों की हमें ज़रूरत है। मगर दुल्ला इस बात के लिए राजी नहीं हो रहा। कहता है, इस समय मैं अपने लोगों को पीठ नहीं दिखा सकता। हारें या जीतें, मगर मैं मोर्चा से नहीं हटूँगा। मैं तुम सभी से पूछता हूँ, दुल्ले को बाहर के लोगों से इमदाद लेनी चाहिए कि नहीं।"

पिरथा की बात सुन झिड़ी में इकट्ठा सारा समूह एकदम खामोश हो गया। दुल्ला बोल उठा, "मेरे वीरों, मेरे भाइयों, सभी कहेंगे, मुश्किल घड़ी में दुल्ला अपनी

जान बचाकर भाग गया है। एक सूरमा के लिए यह बात किसी गाली से कम नहीं होगी।"

अब सदीक थड़े पर खड़े हो बोलने लगा, "मैं, दुल्ले को हाजी बाबा चिराग़दीन की नसीहत याद दिलाता हूँ। उन्होंने एक दिन कहा था, "मोर्चा जीतने के लिए, मोर्चा छोड़ना भी जंग में एक दाँव होता है। मोर्चा छोड़ना दुल्ले को भारी गाली लग सकती है, मगर साथियो, तुम सभी के साथ हम एक जुआ तो खेल सकते हैं। वरना हमें मालूम है, नतीजा क्या होगा।"

दुल्ला फिर बोला, "भाइयो! मैं तुम्हारे जैसा ही आदमी हूँ। तुम सभी में से ही एक हूँ। इस धरती पर जन्मा, पला। इसे छोड़कर मैं कैसे जाऊँ। एक बात जान लो, हम गिनती में कम ज़रूर हैं, मगर कमज़ोर नहीं।"

पिरथे ने दुल्ले को टोका, "हम जानते हैं, हम कमजोर नहीं हैं, मगर कम हैं। करारे हाथ दिखाये दुश्मन को चित नहीं किया जा सकता। हाथ डालना है तो तगड़े होकर डालें वरना न डालें। मैं सभी भाइयों से पूछता हूँ, कुल दो दिनों की बात है, दुल्ले को गाँवों की ओर जाना चाहिए या नहीं?"

"मुझे कुछ कहने का हक़ है?" गाहणा ने पूछा।

"पूरा हक़ है।" दुल्ला बोला।

गाहणा थड़े पर जा चढ़ा, बोला, "दुल्ले भाई, झिड़ी में जितने भी नौजवान व्यक्ति यहाँ खड़े दिखाई दे रहे हैं, वे सभी इसीलिए यहाँ हैं, क्योंकि दुल्ले ने उन्हें हाँक लगायी है। ये सभी लड़ने-मरने के लिए इसलिए तैयार हैं, क्योंकि इन्हें दुल्ला खड़ा नज़र आता है। कोई कहेगा, दुल्ले लड़ाई के लिए कोई धोबी पटका लगाने का गुर सीखने गया है, कोई कहेगा, यहाँ हमें मुग़लों के वश कर खुद कहीं हरन हो गया है। दुल्ले के बगैर बारातें और सरदार के बगैर फ़ौजें रंडी हो जाती हैं...।"

"गाहणा ठीक कह रहा है, तभी तो मैं तुम लोगों के साथ खड़ा हूँ। मगर गाहणे और तुम सभी को यह जान लेना चाहिए कि यहाँ सभी दुल्ला हैं, कोई बन चुका है और कोई बनने वाला है। अकबर की हुकूमत और हम में यही तो अन्तर है, हम सभी को दुल्ला और सरदार समझते हैं। मियाँ चिराग़दीन कहता है, मशीन का कोई पुर्जा छोटा हो सकता है, मगर मशीन चलाने में उसकी ज़रूरत बड़े से बड़े पुर्ज़ा से कम नहीं होती। तुम सभी मेरे लिए, पिंडी के लिए बहुत मूल्यवान हो। यह समय दलीलों में जाने वाला नहीं है। बार जितनी मेरी है, उतनी तुम्हारी भी है। तुम्हारे सिरों पर भी इस धरती का कर्ज़ है, मेरे सिर पर भी है। फिर मैं तुम लोगों को मुसीबत में डालकर कैसे जाऊँ।"

दुल्ले की बात सुन सामने समूह में से एक व्यक्ति बर्छा ऊपर की ओर लहराकर बोला, "दुल्ले सरदार, यह ठीक है, हम गिनती में कम हैं, मगर जितने भी हैं, अकबर की फ़ौज को धकेलने के लिए काफी हैं। मगर लड़ने लायक शायद न हों। तुमसे

कहते हैं, गाँवों की ओर जा, जाकर उन्हें पुकार या जो मर्ज़ी कर। बाहर से आयी इमदाद हमारे हौंसले अवश्य बढ़ा देगी।"

"हमारे दुश्मन भी तो काफी हैं, लाहौर की ओर देखे तो...।"

"गाहणे...।" पिरथा ने उसे टोका, "अब कब्रों की पड़ताल का समय नहीं है, वैरियों के लिए कब्र खोदने का समय है। दुल्ले को एक दाँव खेलना ही पड़ेगा।" पिरथा का स्वर थोड़ा कठोर हो गया।

"उसका दाँव हमें भी तो मालूम हो।" गाहणा, दुल्ले को भेजने के पक्ष में नहीं था।

"तुमसे क्या छुपा है गाहणे, जंगी दाँव सदा आसमान से गिरी बिजली-सा पड़ता है और ज़मीन को दो-फाड़ कर देता है।"

"हमें तो लगता है, रूड़ा, सदीका और पिरथा दुल्ले को भगाना चाहते हैं।" गाहणा शान्त नहीं हो रहा था।

"यह भ्रम है तुम्हारा गाहणे। इसका मतलब है कि तुमने भी दुल्ले को जाना ही नहीं है।" पिरथा कुछ खीझकर बोला, "याद है, क्या कहता था बाबा चिराग़दीन एक दिन...तू भी तो वहीं था...।" पिरथे ने गाहणे को घूरते हुए कहा।

हाजी बाबा ने कहा था, "आदमी का ईमान पक्का हो। उसके अन्दर अपनी मिट्टी तथा अपने लोगों का दर्द हो तो वह चाहने पर भी भाग नहीं सकता। सूहिये, गद्दार, मुखबिर, चापलूसिये मैदान में तुम्हारे साथ आगे बढ़ते हुए भी कब बेईमान हो जायें, क्या मालूम। हम दुल्ले को कहीं ईद मनाने के लिए भेज रहे हैं। चार आदमियों को अपने साथ जोड़ने के लिए मिन्नतें करने जाना है।"

सारा समूह सोचने लगा। गाहणा बोला, "हमें इस बात की चिन्ता नहीं, हम थोड़े हैं। हमें तो यह फ़िक्र है, ज़रूरत के समय दुल्ला हमारे साथ नहीं होगा। वैरी तो जब तक साँसें चल रही हैं और रगों में लहू दौड़ रहा है, पिंडी की हद में मुग़लों को पैर नहीं रखने देंगे। दुल्ले भाई तू जा, वैसे अपने मामा लोगों के पास, बेशक गाँवों में। हमें मालूम है, तुम दिल से जाना नहीं चाहते, मगबर आज पिंडी तथा बार के लोग चाहते हैं, तुम इस धरती के भले के लिए जाओ। हमारा अल्लाह बेली।"

"मुझे भरोसा है, बार के लोग कोई गुड़ की भेली नहीं, जिन्हें मुग़लेटे उठाकर मुँह में डाल लेंगे।" दुल्ला बोला। "गुड़ की भेली के ऊपर बर्रो भी बैठे होते हैं सरदार। मुग़लों से यह भी बताना पड़ेगा क्या। अल्लाह बरकत बनाये रखे।" एक ओर खड़े फत्तु ने दूर से ही ज़ोर से कहा।

"मित्रो!" दुल्ले ने हाथ में पकड़ा बर्छा ऊपर की ओर तानते हुए कहा, "तुम्हारी ख्वाहिश है मैं जाऊँ जबकि मैं चाहता हूँ, तुम्हारे बीच में रहूँ। समूह में रब बसता है। पिरथे के कहे अनुसार, हम जुआ खेलकर देख लेते हैं। हम काफी अर्सा सोये रहे हैं। अब जागने का समय आ गया है। गर अभी भी कोई सोया हुआ है तो वह

जाग जाये। यदि सच में जाग उठा हो तो हथियार अपने काबू में रखे। यदि हथियार भी हाथों में हैं साथियो... आओ फिर जंग करें।

हम दो दिन यहाँ नहीं होंगे, तुम्हारा काम यह है कि जितनी देर हम वापस न आयें, तब तक मुग़लेटों को रोककर रखना है। यहाँ गाहणा, रमज़ा, शल्ला, फत्तु, लहिणा सभी तुम्हारे साथ हैं। लंगर-पानी की कमी नहीं है। नशे-पत्ते की कमी भी नहीं आयेगी। अब की घड़ी मौज़ मस्ती कर सकते हो, फिर हम सभी वस्तुएँ तभी मुँह लगायेंगे जब मुग़लेटे औधे मुँह पिंडी की हद में पड़े होंगे। एक बात मेरी सीख लो, चाहे कोई समझदार हो, बड़ा हो, हम उम्र हो या छोटा हो, मैं तो यह भी कहता हूँ चाहे पुत्र या बाप हो, अगर वह रणभूमि में दूसरे पक्ष की ओर से सामने हो, कोई लिहाज़ न करना। अच्छा दोस्तो! रब राखा।"

"रब राखा।" सभी की संयुक्त आवाज़ झिड़ी में गूँज उठी। पिरथे, सदीक तथा रूड़े ने एक जोश भरे उत्साह से और दुल्ला ने अनमने मन से घोड़े मोड़ लिये।

"मामा लोगों के लिए दारू की एक मशक ले चलें?" सदीक ने पूछा।

"मामा लोगों के पास काफी होगी। अब हवेली की ओर मुड़ना मुश्किल है सदीके।" दुल्ला ने कहा।

"यह भी मामा लोगों को खुश करने के लिए तेरा जंगी दाँवपेंच ही समझ लेते हैं।" रूड़ा हँस दिया।

"सीधा-सीधा कहो न, एक मशक साथ ले चलते हैं, मामा लोगों को बीच में क्यों घसीट रहे हो।" दुल्ला उनकी मंशा जानता था।

उन्होंने घोड़े हवेली की ओर मोड़ लिये।

× × ×

हवेली के पिछवाड़े दुल्ला तथा साथी घोड़ों से उतरे। जानकार होने के कारण उन्होंने धीरे से दरवाज़े की चिटकनी हटायी और बड़ी सफ़ाई से रूड़ा कन्धे पर मशक उठा बाहर आ गया। घोड़ों पर चढ़ने ही लगे थे कि लध्धी एकदम भूत की तरह प्रकट हो गयी। सभी हक्के-बक्के एक-दूसरे का मुँह ताकने लगे।

माघ महीने का ठिठुरता आधा चाँद भी हैरानी से देखता रह गया।

आगे बढ़कर लध्धी ने एक घोड़े की रास थाम ली।

"माँ को चकमा देने लगे थे।" लध्धी के स्वर में फटकार कम, ममता ज्यादा थी।

"माँ, रास्ता छोड़ दे। तू खुद ही तो कहती है, परदेस जाते समय किसी को टोकते नहीं।" दुल्ले ने रास छुड़ानी चाही।

"पुत्र, ये कोई वक्त है, परदेस जाने का?"

"परदेस जाने का कोई वक़्त होता है माँ।" दुल्ले ने बात को हँसी में टालना चाहा।

"पुत्तरो, अड़ोसी-पड़ोसी बता रहे हैं, मुग़लों का लश्कर आ रहा है।"

"आ रहा होगा।" दुल्ले ने लापरवाही से कहा।

"अगर वे मुग़लेटे यहाँ आ धमके तो तुम्हें कहाँ ढूँढूँगी मैं।"

"मामा लोगों के पास जा रहे हैं।"

"अरे पुत्र, तेरे मामा हैं, मगर मायकेवाले तो मेरे हैं। छुपा क्या रहा है। वहाँ के चौधरियों को फिर से लूटने तो नहीं जा रहा।"

"माँ, कोई काम आदमियों के करने वाले होते हैं। औरतों को उसमें दख़ल नहीं देना चाहिए।" देर होते देख दुल्ला ने रूखेपन से कहा।

"अरे बड़ा आया आदमियों वाला, तू क्या समझता है औरतों को। अपनी माँ की ओर देख। हर औरत क्या लध्धी बन सकती है। औरतें हैं तो ख़लकत (दुनिया) है। जो जंग मैंने लड़ी है हयाती (जिन्दगी) के साथ, मर्द क्या लड़ेंगे। चरखा कात-कातकर, सूत बाट-बाटकर तुम्हें पाला और घर का खर्च भी चलाया। तू तो चार महीने के बाद पैदा हुआ था। तू क्या जाने माँ के सब्र को। मेरी तो भरी झोली धरती में गिर कर मिट्टी हो गयी।" लध्धी की आँखें भर आयीं और वह रोने लगी।

"पड़ गयी मुसीबत...।" पीछे खड़ा रूड़ा धीमे से बुदबुदाया।

"माँ, अब हमें रोक ना। घर में मेहरू है, नूराँ है, फुल्लराँ और लड़कियाँ सभी तेरे हवाले हैं। मौलवी और पंडित ने कहा है, मेरे ऊपर तीन दिन संकट के हैं, पिंडी से दूर रहने को भी कहा है। इसलिए जा रहा हूँ। हमने सोचा, नजूमियों की बात भी रह जायेगी, मामा लोगों से मदद भी ले आयेंगे। हम बस गये और आगे...।"

"लोगों का मुँह कैसे बन्द करूँगी पुत्तरो। कहेंगे, लध्धी के सूरमे को क्या मुसीबत आ पड़ी जो मुश्किल समय में पीठ दिखा गया।"

"घबरा न माँ। अकबर की फ़ौजें हमारी दीवारें तो तोड़ सकती हैं, यहाँ की ज़मीन तो उठाकर नहीं ले जा सकतीं। रहेंगे तो सभी यहीं। झिड़ी में मेरे आदमी पूरी तैयारी से हैं। मुसीबत आ पड़ी तो वे दुल्ले ही हैं माँ। अल्लाह का नाम लेकर हमें रुख़सत कर दे। आशीष दे, दुआ कर, देर हो रही है।" दुल्ले ने माँ के हाथ से जोर से लगाम छीन ली।

"बच्चों से मिल लिया तूने पुत्तर। तू तो जंग छेड़ने जा रहा है और नयी दुल्हन का तो अभी चाव भी नहीं उतरा होगा। मेहरू तो मालूम नहीं कहाँ होगा। फुल्लराँ से कुछ कहता जा।" लध्धी ने चिरौरी की।

"माँ, अब पीछे की ओर न मोड़। चलते समय सम्बन्धों की दुहाई न दे। दुआ कर, इंशा अल्लाह जीते रहे, फिर मिलेंगे।"

लध्धी पीछे हट गयी।

सभी जने उछलकर घोड़ों पर जा बैठे और रात के अँधेरे में वे हवा हो गये।

× × ×

पिंडी पर सहमा-सा दिन चढ़ आया।

लध्धी खाली दालान में बदहवास-सी खड़ी थी। सारी रात उसे नींद नहीं आयी थी। उसे लगा, एक बार फिर उसके साथ ठगी हो गयी हो। उसका सभी कुछ लूट लिया गया हो। रात को उन्नींदे में उसे हवेली के खम्भे गिरते नज़र आते रहे। दुल्ले का अब्बा और दादा नज़र आते रहे। अब वह हैरान हुए सोच रही थी कि जागते समय भी सपने आते हैं?...

अन्दर सोये घर के सदस्य जैसे-जैसे नींद से जागते गये, वैसे उठकर बाहर लध्धी के पास आ खड़े हुए। फुल्लराँ फिर एक-एक करके बख्तो, सलेमो, नूराँ और उसकी दुल्हन अभी सो रहे थे। मेहरू तो वैसे भी जैसे घर के सदस्यों की गिनती में आता नहीं था।

"अम्मा, कहाँ भेजा है अपने लाड़ले को?" फुल्लराँ ने तंज से पूछा।

"अरी, अल्लाह का बख्त है, फज़र के समय ही बोलने लगी, ज़रा सोच तो लिया कर। मेरा पुत्तर तेरे सिर का साँईं है। आदमी इस तरह घर से जाये तो दिल डूबने लगता है।" लध्धी के चेहरे पर चिन्ता थी।

"अब तेरे पुत्तर को हमसे ज्यादा पिंडी का फ़िक्र है। हम क्या लगते हैं उसके। उसकी ना कोई औरत, न बेटी, न पुत्तर। ना उसके आने का पता लगता है, न जाने का। जब से हथियार उसके हाथ में आये हैं, हम तो तभी से जिबह किये पड़े हैं।" फुल्लराँ धीरे-धीरे तन्दूर के समान तपने लगी।

"अम्मा, तुम आगे से कुछ न कहना मेरी माँ को अपनी भड़ास निकाल लेने दो।" बख्तो ने तेज़ी से आगे बढ़कर लध्धी के आगे हाथ जोड़ा।

"मैं बोलने लायक रही कहाँ हूँ मेरी धीये। मुझे तो मूल से सूद की चिन्ता अधिक खाये जा रही है। हमने तो सब देख-सुन-भोग लिया। अच्छा-बुरा जो भी था। धीये, तुम लोगों ने तो अभी देखा ही क्या है। नूराँ मेरा पुत्तर, अभी तो दुल्हन के हाथों से विवाह की मेहँदी नहीं उतरी! मुग़लेटों ने आकर ताड़-ताड़ चाबुकें मार, रोते-कराहते औरतों को बाँध घसीट लेना है। मुझे बहुत बुरे सपने आते रहे हैं धीये।" लध्धी रोने लगी।

"इसलिए तेरा सूरमा दौड़ गया है ना। मुझे सब कुछ बता दिया है नूरे ने। तेरे दूसरे सूरमे मेहरू को हवेली का मुहतबिर बना गया है। मुख्तारनामा दे गया है उसे। याद है, कहता था, ज़हाँ एड़ी मार दूँ, धरती से पानी निकाल दूँगा और अब...।"

"माँ, तू चुप नहीं रह सकती। अब्बा तो गया है मामा लोगों के पास। अम्मा, हमें भी भेज ननिहाल नहीं तो...।"

"इतना डरने की ज़रूरत नहीं बच्चों। अगर हमारा हश्र का दिन आ ही गया है

तो भी मुग़लेटे हमें जीते-जी नहीं पकड़ पायेंगे।" लध्धी ने हौसला दिया।

"मैं तो अम्मा कोठरी को आग लगा, बीच में ही जल मरूँगी।" बख़्तो बोली।

"मैं भी कौन-सा पीछे रहूँगी, तेरे साथ आ लिपटूँगी।" सलेमो ने बख़्तो को बाँहों में लेते हुए कहा।

"अगर मरना ही हुआ तो ऐसे थोड़ा मरेंगी हम। पाँच-दस मुग़लेटों को मारकर मरेंगी। हमें इस मिट्टी ने पाला-पोसा है। अब समय आया है, इस मिट्टी का कर्ज़ उतार देने का।"

"अम्मा, मुझे तो बहुत डर लग रहा है।" सलेमो का चेहरा पीला पड़ने लगा।

"डर से तो आदमी मरने से पहले ही मर जाता है धीये। तू दुल्ले की बेटी है। हमें तगड़ा होना पड़ेगा। तुम्हें क्या मालूम अकबर के सिपाही तुमसे ज्यादा डरे हुए हैं। उनके लिए तो दुल्ले का नाम ही दहशत है। उसका नाम सुनते तो मुग़लेटे अपनी सलवारों में ही हग देते हैं...।"

जब लध्धी कह रही थी तो फुल्लराँ नाक-भौं चिढ़ा रही है।

फिर लध्धी ने कहा, "मेहरू तथा नूरा से कहो, हवेली से बाहर ना जायें दोनों। मुग़लों का सामना करने वाला कोई मर्द तो हवेली में होना ही चाहिए। हवेली को ताला लगा दो बाहर से। हथियार अपने पास रखो। आँगन में लकड़ियों का ढेर जमा कर लो। कल भट्ठी लगायेंगे और ऊपर रखेंगे तेल का कड़ाहा। छतों पर पत्थर, रोड़े रख लो। बड़ा कड़ाहा पानी का भरकर उबाल लेना। मुग़लेटे याद रखेंगे, बार की औरतों से सामना हुआ है।" बोलते हुए अम्मा का चेहरा धधकने लगा।

अम्मा लध्धी के अन्दर इतना जोश देखकर फुल्लराँ के तेवर बदल गये। वह धीमे से बोली–

"अब और कोई रास्ता भी तो नहीं रह गया अम्मा। सलेमो बेटी अम्मा जैसा कह रही हैं, तुरन्त करो।"

"हमारे पास आज का, हद से कल का दिन है। बरकताँ बता रही थी, लोग कहते हैं, फ़ौजें तो पहुँच चुकी हैं पिंडी के नज़दीक। परसों का मालूम नहीं, मुग़लेटों के कारण चूल्हे में आग जलेगी भी कि नहीं।" लध्धी फ़िक्र से आसमान की ओर देखने लगी।

सूरज अब निकल आया था। पिंडी के घरों से धुआँ ऊपर की ओर उठने लगा था। लोग जाग चुके थे।

फुल्लराँ बाटी में दूध डालकर मथने लगी थी, जैसे वह पहले कोई गीत गुनगुनाने लगती थी... आज बार-बार उसका हाथ और ध्यान भटकता जा रहा था।

अम्मा के साथ दोनों लड़कियाँ हवेली के आँगन में सामान इकट्ठा करने लगी थीं।

× × ×

समय गुजरता रहा। सूरज शिखर की ओर आया और ढलने के रास्ते चल दिया।

शाम से थोड़ा पहले पिंडी के लोगों ने कोई भयानक आवाज़ सुनी, जैसे आस-पास कहीं तोप का गोला फटा हो।

"आ गये मुग़लेटे अम्मा...।" सलेमो चीख मारकर लध्धी की टाँगों से चिपट गयी।

40

अचानक ज़ोर-ज़ोर से किसी ने हवेली का दरवाज़ा खटखटाया। "आ गये अम्मा।" कहते हुए सलेमो का चेहरा पीला पड़ गया। बख्तो तथा नूराँ की दुल्हन तुरन्त अन्दर घुस गयी। आँगन में लकड़ियाँ फेंकती, फुल्लराँ भी भाग कर लध्धी के पास आ खड़ी हुई।

"अम्मा, अम्मा लध्धीये...।" कोई नाम लेकर पुकार रहा था। लध्धी दरवाज़े के पास जा खड़ी हुई। यह तो फत्तु की आवाज़ है। अनुमान लगाते लध्धी ने दरारों से झाँका। बाहर फत्तु ही ज़ोर-ज़ोर से दरवाज़ा खटखटा रहा था।

"अम्मा... दरवाज़ा तो खोलो।" फत्तु की आवाज़ भर्रायी-सी लगी।

"दरवाज़ा अब नहीं खुलेगा। तुझे जो भी कहना है, बाहर से ही कह दे।" लध्धी ने सख्ती से ताड़ना की।

"बाहर से बताने वाली बात नहीं है अम्मा।"

लध्धी को लगा, फत्तु हाँफ रहा है, जैसे कहीं दूर से भागता आया हो।

"तूने क्या कहना है, कह दे। दुल्ला घर में नहीं है।" लध्धी ने बहुत ज़ोर से कहा, मानो अन्य लोगों को भी सुना रही हो।

"मैं तो खबरदार करने आया था अम्मा, मुग़लों की फ़ौज काले बादलों समान चढ़ आयी है।"

"कहाँ हैं वे अभी तक?"

"वे तो सिर पर आ पहुँचे हैं अम्मा।"

"तू क्यों हाँफ रहा है। मालूम है हमें, जा अपनी नन्दी को सँभाल, उसे मुग़लेटे न पकड़ लें।"

"मुग़लेटे ले भी जायें तो नन्दी कपास के गोलों जैसी है अम्मा, गले से नीचे नहीं उतरेगी।"

"इतना नाज़ है नन्दी पर?"

"और ऐसे ही तो नहीं दुल्ले सरदार की पूँछ बना फिर रहा हूँ।"

"जा फिर जाकर झिड़ी में अपने आदमियों को खबर दे।" लध्धी ने लापरवाही से कहा।

"उन्हें खबर है अम्मा। इस घर का हम सभी को ज्यादा फ़िक्र है।"

"हमारा इतना फ़िक्र न करो। लध्धी की हवेली में घुसने के लिए मुग़लों को भैंस जैसा कलेजा चाहिए। तू जाकर अपना बचाव कर।"

दूर कहीं से शोरगुल तथा हमले की आवाज़ सुनाई दी।

"मैं जा रहा हूँ अम्मा।"

लध्धी ने तख़्तों की दरारों में से देखा, फत्तु मिरासी डरता हुआ, इधर-उधर ताड़ते हुए झिड़ी की ओर दौड़ता जा रहा था।

लध्धी तेजी से अन्दर की ओर पलटी। हाँक लगायी "अरे नूरा...।"

अन्दर से निकलते हुए नूरा से लध्धी ने पूछा, तेरा ताया कहाँ है पुत्तर।"

"भीतर है अम्मा।"

"उसे बुला ला पुत्तर।"

नूरा पलटा तो लध्धी ने उसे रोका, "ठहर जा पुत्तर।" फिर खुद ही तीर की तरह हवेली के पिछवाड़े चल दी।

मेहरू औंधे मुँह पड़ा था। आधी रज़ाई नीचे गिरी पड़ी थी।

"अरे मेरे सोहणे पुत्तर, मुग़लेटे आ गये हैं पिंडी में।" लध्धी प्यार से मेहरू की पीठ सहलाने लगी।

मेहरू पर कोई असर ना हुआ।

"मेहरू, अरे मेहरू, मेहरू खान, मेरा सूरमा पुत्तर।" लध्धी ने उसे झिंझोड़ा।

"माँ... सोने दे मुझे।"

"अरे सोने कैसे दूँ पुत्र तुझे? उठ जा मेरा पुत्तर मेहरू खान।"

"नशा न होने से आधा तो मैं पहले ही सोया होता हूँ। इस घड़ी तो तेरा मेहरू खान जैसा जीता होता है वैसा ही मरा होता है।"

"माँ सदके पुत्तरा, मरें हमारे दुश्मन।"

"दुश्मन कैसे मरेंगे माँ? इस समय तो हाथ-पैर टूट रहे हैं। सिर मालूम नहीं कहाँ है। मैं तो एकदम बिखरा हुआ हूँ। चाहे टोकरे में डाल ले।" कहते हुए उसने दीवार की ओर मुँह घुमा लिया।

"नशा तो तेरे पर से वार दूँ पुत्तर।" लध्धी उसके सिर पर हाथ फिराने लगी।

"जो भी तेरे पास है ले आ फिर। मैं उठने लायक तो हूँ।" लध्धी दीया लेकर दुल्ले के तहखाने से एक घड़ा निकाल आयी। मुश्क आते ही मेहरू की आँखें फटाक से खुल गयीं और चमकने लगीं।

कुछ देर के बाद उसका रगों में जमा और सुस्त हुआ लहू ज्वार-भाटा बनने के लिए दौरा करने लगा।

× × ×

हवेली के आँगन में बनी भट्ठी पर रखे बड़े कड़ाहे में बख्तो, सलेमो तथा नूरा की दुल्हन पानी भर रही थी। फुल्लराँ ने नीचे आग जला दी थी। लध्धी छत पर कंकड़-पत्थर इकट्ठे करने में व्यस्त थी। बाहर गलियों में लोग इधर-उधर भागते सुनाई दे रहे थे।

मेहरू आँगन में आया और शेर की तरह गरजा, "मैं मुग़लों के हाथियों पर से घोड़े चढ़वा दूँगा।"

लध्धी तेज़ी से नीचे उतरी। बख्तो, सलेमो, दुल्हन सहम गयी। इस घड़ी भी फुल्लराँ मुँह फेर हँसने लगी।

"माँ, ज़रा दरवाज़ा खोल, देखूँ कहाँ हैं मुग़लेटे।" मेहरू फिर गरजा। "अरे पुत्र, मैं सदके, मैं वारी जाऊँ। दरवाज़ा नहीं खोलना। इधर खिड़की में से निकल जा।" लध्धी ने निकट आ उसका कन्धा थपथपाया।

"पीछे हो जा माँ, अब मेहरू खान खिड़की से नहीं निकलेगा। शेर-हाथी कभी खिड़कियों से निकलते हैं? जल्दी कर मैंने अपने यार-दोस्त इकट्ठे करने हैं।"

"अरे ना पुत्र, दरवाज़ा न खुलवा। मैं तेरे लिए कुछ और ढूँढ़ती हूँ, गर कुछ पड़ा हो तो। जा इधर से निकल जा पुत्तर।" लध्धी ने खिड़की की ओर इशारा किया।

"माँ, बता लाहौर पर हमला करना है कि सीधा अकबर की पगड़ी पर ही जाकर हाथ डाल दूँ।"

"पुत्तर, लाहौर क्या करने जाना है।"

"जाना क्यों नहीं बुढ़िया।" मेहरू ललकारा।

"मुग़लेटे तो पिंडी के दरवाज़े पर आ बैठे हैं पुत्तर। अपने बाप-दादा का कर्ज़ चुकाने का वक़्त आ गया है बेटा।"

"अपना राठ साहब कहाँ है माँ, वह नहीं हड़का रहा मुझे, तेरा लाडला।" मेहरू ने तिरछी नज़र से फुल्लराँ की ओर देखा।

"अरे सोहणे, वो तो तेरे मामा के पास गया है।"

"मक्खन तो वह खाता रहा, लस्सी तू मुझ देती रही। अब ज़रूरत के समय वो मामा की गोदी में छिपा जाकर।"

"ऐसा न कह पुत्र। उसे लड़ना आता है, वह लड़ेगा भी। वो तो ऐसी चोट मारेगा कि...।"

"रहने दे माँ रहने दे, तू तो उसकी तरफदारी करती रहती है।" मेहरू ने रूठा सा मुँह बनाया।

"अरे नहीं पुत्तर उसे बेहद फ़िक्र है इस मिट्टी की। अपनी पिंडी की। यहाँ के खेतों, किसानों की। तभी तो वह उन्हें लगान नहीं देने देता अकबर को। वो तो बादशाह के आदमियों को लूटता रहा और ज़रूरत-मन्दों में बाँटता रहा। अपने

लिए तो वह साँस भी नहीं लेता। तू भी तो उसी बाप का पुत्तर है, तुझे मैं कौन-सा रास्ते से उठाकर लायी हूँ।"

"क्या मालूम माँ, ले आयी हो। अब नशा खिल रहा है, ताने देकर नशा खोटा न कर। मैं जा रहा हूँ साथियों की तरफ।" मेहरू खिड़की की ओर लपका।

"अरे पुत्तर, सीधा हमला न करना। वे बहुत ज्यादा हैं और हम...।"

"देखती जा माँ, क्या करते हैं हम। चलते समय ज्यादा नसीहतें ना दे। मुग़लों को तो मैं ऐसे मसल दूँगा, जैसे पोस्त के डोड़े मसल देता हूँ।"

"पुत्तर, होश में रह। यदि मुग़लेटों की लाहौर की ओर से आती रसद लूट लो तो खुद ही भूखे मरेंगे। छुरी पेट में लगे तो पीड़ा बहुत होती है।" लध्धी ने समझाया।

"पते की बात कही है बुढ़िया तूने। अच्छा, मैं जा रहा हूँ। तू खिड़की बन्द कर ले। एक घोड़ा तैयार कर देना, मैं आया" मेहरू खिड़की से छलाँग लगाकर बाहर निकल गया।

लध्धी ने अभी खिड़की बन्द भी नहीं की थी। गोलियों की गूँज सुनाई दी। लध्धी भीतर से काँप गयी। वह दौड़कर आँगन में आ गयी।

"बख्तो, सलेमो, अरे नूरा, हमला बोल दिया रे।"

फुल्लराँ ने भट्ठी में आग और भी तेज कर दी।

× × ×

जब मेहरू अपनी टोली लेकर झिड़ी में गया, वहाँ दुल्ले के साथियों तथा अन्य नये आये नौजवानों की बड़ी भीड़ जुटी हुई थी।

मेहरू तथा उसके टोली को घोड़ों पर चढ़े देख, जो उन्हें जानते थे, हँसने लगे।

"अपना फ़ौजदार तो आ गया है, अब कोई चिन्ता नहीं।" फत्तु मिरासी ने अपने अन्दाज़ में मेहरू का स्वागत किया।

"फ़ौजदार आगे और हम इसके पीछे, देखते हैं मुग़लेटे कैसे भागते हैं।" रमज़ा ने हँसते हुए कहा।

मेहरू ने घोड़े से एकदम नीचे छलाँग लगायी, "अगर कहो तो सीधा दिल्ली ही चले जायें पहले?"

"लाहौर नज़दीक है।" फत्तु ने फिर मज़ाक किया।

"लाहौर तो हम टूटे नशे से भी दबा लेंगे।" मेहरू ने ज़ोर से बर्छा ज़मीन में गाड़ दिया। वह सीधा खड़ा हो गया।

"दुल्ले ने कहा है, उसके लौटने तक हमला नहीं बोलना है।" गाहणे ने खबरदार किया।

"गाहणे, दुल्ला मेरा हाकिम नहीं। अब तो मेहरू खान अपना हाकिम खुद ही

है। हमला तो होगा ही। रोकना नहीं हमें। वरना मुग़लों से पहले कहीं तुम्हारा न हिसाब करना पड़े। हमला तो हम करेंगे और अकेले ही बोलेंगे। हमारे साथ कोई नहीं जायेगा हम अपना निपटा लेंगे, तुम अपना निपटा लेना। क्यों भई दोस्तो...?" मेहरू ने अपने आदमियों की ओर झाँकते हुए पूछा।

"मेहरू, हमारे पास अब अधिक बातें करने का समय नहीं। यह बता हमला कब बोलना है। गर नशा नीचे उतरने लगा तो...।"

"मेहरू, अभी तो मुग़लेटों ने भट्ठियाँ जलायी होंगी। गोश्त पक रहा होगा।" गाहण ने हँसते हुए कहा।

"फिर इससे सही मौका कब आयेगा। हमने तो बिजली की तरह उनपर टूट पड़ना है और बाज़ की तरह वापस लौट आना है। तैयार हो फिर...?" मेहरू ने अपने आदमियों से फिर पूछा।

"एकदम...।" सभी ने बर्छे हवा में लहराये।

"आओ फिर।"

मेहरू के साथियों ने गाहणा, रमजे को रोकने का मौका ही न दिया। उन्होंने घोड़ों को एड़ लगायी और बर्छे सीधे कर उड़ गये। झिड़ी में इकट्ठे सभी खुलकर हँसे और आँखें फाड़कर देखते ही रह गये।

× × ×

अचानक आँधी की तरह चढ़े आते घुड़सवारों को देखकर मुग़ल सिपाही एकदम घबरा गये।

"दुल्ला आ गया... दुल्ला।" चीखते हुए सिपाही जलती भट्ठियाँ छोड़ अपने तम्बुओं की ओर भागे।

देखादेखी चारों ओर हाहाकार मच गयी। भयानक शोर सुनकर अपने तम्बू में थकावट उतार रहा, निजामुद्दीन का छोटा मिर्जा अलाउद्दीन के हाथ से शराब का प्याला छूट गया।

मेहरू तथा उसके साथी तेज़ हवा की तरह आये। कड़ाही में पकता गोश्त उड़ेल दिया गया। चावल कहीं, तम्बू कहीं, घोड़े-घोड़ियाँ बेलगाम हुए इधर-उधर भागने लगे। भौंचक्के हाथी चिंघाड़ने लगे। मुग़लों को समझ में नहीं आ रहा था, ये भूत हैं या बार के आदमी हैं। जब मुग़ल सेना कुछ सँभली। अधिकतर ने हथियार सँभाल लिये। ये क्या हुआ...? कौन हैं...? घेरा डाल लो। सभी ओर से यही आवाज़ें आने लगीं। तब तक मेहरू तथा उसके सभी साथी झिड़ी में जा पहुँचे।

"यह क्या कौतुक था? भई यह तो कमाल हो गया? यह करामात कैसे हो गयी?" रमज़ा, गाहणा, फत्तु, शल्ला, सैदा तथा झिड़ी में जुड़ा सारा समूह हैरान, मुँह फाड़े पोस्तियों की ओर देखने लगा।

"गर मेहरू धावा बोल सकता है, हम तो मुग़लों को चीरकर रख देंगे।" रमज़ा

हौसले से बोला। भीड़ में से किसी ने नारा लगाया, "या अली...।" झिड़ी 'या अली' की आवाजों से गूँज उठी।

मेहरू के साथियों की शान बढ़ गयी।

एक सिपाही तो अपनी सलवार के नेफ़े में से जुएँ निकाल रहा था। वो तो नंगा ही दौड़ने लगा।

"एक हमले के लिए बैठा था, मेरा बरछा सीधा...।"

बात पूरी होने से पहले ही सभी हँसने लगे।

"मैं तो डोडे की बोरी उठाकर भाग आया।" एक और ने कहा।

"हाँ, तभी पीछे से आवाज़ लगा रहा था, अरे मेरी पोस्त छोड़ जा, बेशक मेरी गर्दन उतारकर ले जा।"

सभी जोर से हँसने लगे।

अधिकतर के मन से जंग का डर कम होने लगा। कई लोग तो इस तरह भी सोचने लगे कि "एक बार जाकर देखो तो...।"

मेहरू ने अपने साथियों को फ़ौजदार की भाँति हुक्म दिया, "अपना रसद-पानी तैयार करो भाई।"

पोस्त की पूरी बोरी, झिड़ी में रखे एक कड़ाही में उलट दी गयी।

गाहणा अभी भी हैरान था। ये सब हुआ कैसे? यदि मुग़लों पर हमारे नशेड़ी पोस्ती इतने भारी पड़ सकते हैं तो हम तो उनके सिर उतार देंगे। काटकर रख देंगे।

पीछे भागते मुग़लेटों को लाहौर नहीं मिलेगा...।

"गाहणे।" मेहरू की आवाज़ सुन गाहणा सोच से निकला और मेहरू के पास आ गया।

"मुझे ऐसा लगा जैसे मौलवी और दुर्गा बामण वहीं हैं।"

गाहणा और भी हैरानी से मेहरू की ओर देखने लगा, "अपनी पिंडी वाले?"

"हाँ, हाँ।"

"मेहरू खान नशा हावी होगा तुझ पर। भ्रम हुआ होगा तुझे।"

"क्या बातें कर रहा है। अल्लाह की कसम, सच कह रहा हूँ। जब शोर पड़ा तो वे एकदम तम्बू से बाहर निकले थे। मुझे देखते ही मुँह घुमाकर अन्दर मुड़ गये।"

"अगर यह सच है तो क्या कर रहे होंगे वहाँ?" गाहणे ने फ़िक्र से पूछा।

"यह तुम्हें मालूम होगा।" मेहरू ने लापरवाही से कहा।

"मुझे तो लगता है, ये अन्न-पानी खाते हैं पिंडी का और मुखबरी करते हैं बादशाह की।"

"अगर यह बात है तो फिर रगड़ा दे दे इन्हें। नशा भी आज खासा चढ़ा है मुझे और मांसपेशियाँ भी फड़क रही हैं। एक हल्ला और मार आयेंगे रात को, फिर अगले दिन तुम जानो, तुम्हारा काम जाने। दुल्ले सूरमे को खबर करो, पोस्तियों ने

मुग़लों के खेमों में भगदड़ मचा दी है। अब इधर न आये।" कह मेहरू खुलकर हँस दिया।

"मेहरू, दुल्ला भागा नहीं यहाँ से, ना ही कहीं छुपा हुआ है वह तो धरती का आदमी है। तू भी इस धरती का आदमी है। यह बार जितनी दुल्ले की है, उतनी तेरी और हमारी भी है। दुल्ला तो आदमियों की परख करने गया है, इस मिट्टी की किसको, कितनी फिक्र है। आदमी की असल पहचान मुश्किल घड़ी में ही होती है। कल का दिन जैसे-तैसे निकालना है हमें, फिर तो दुल्ला हमारे दरम्यान ही होगा। अब तू भी है, जिसने अपनी धरती को पीठ नहीं दिखाई। उधर तेरा एक चाचा है जलालुद्दीन उस कारण भट्टियों का मुँह काला हो रहा है।"

"सभी तो जलालुद्दीन नहीं हो सकते गाहणे।" कहते हुए मेहरू कड़ाहे की ओर झाँका, "अरे, लाओ भी एक गिलास। नहीं तो मेहरू की टाँगें अकड़ने लगेंगी। फिर जैसे कीकर की लकड़ी पड़ी होगी, वैसे ही मेहरू पड़ा होगा।

मुग़लों के पड़ाव की ओर से गोली दागे जाने की आवाज़ आयी।

"मुग़ल धावा बोलेंगे।" रमज़ा ने चिन्ता से कहा।

"हमें तो लगता है, मुग़लों का सेनापति डर के मारे पाद रहा है।" फत्तु मिरासी की बात सुनकर सभी हँस दिये।

"खुश कर दिया, ये गिलास मीरज़ादे को दे दे भई।" मेहरू अब पूरी लहर में था।

अचानक मुँह-सिर ढके खड़ी लध्धी को देखकर सभी हैरान रह गये। इकट्ठे हुए आदमियों के समूह से सलाम और 'पैरी पोणा' जैसी आवाज़ें आने लगीं।

"पुत्तरो, मुग़लेटे तो पिंडी के दरवाज़े पर आ खड़े हुए हैं।"

"आज तो मेहरू बाजी़ मार गया अम्मा।" गाहणे ने अभिमान से कहा।

"दुल्ला कब लौटेगा।" लध्धी ने गाहणे की बात जैसे अनसुनी कर पूछा।

"कल, नहीं तो परसों पक्का है।"

फिर वह मेहरू की ओर पलटी, "जीते रह मेरा पुत्तर। सभी कहते हैं, ये खोटा सिक्का है। पुत्तरो, खोटा सिक्का तभी चलता है, जब खरे खाइयों में छिपकर देखते हैं।"

मेहरू ने अभी-अभी अफीम वाला पानी पिया था। वह लध्धी के निकट आया, "माँ, हम तो मुग़लों के तम्बू फाड़ आये हैं। तुझसे कहा था, मेहरू अपनी करनी पर आ जाये तो लाहौर-दिल्ली मेरे लिए एक ही है। सोलह मुग़लेटों को जहन्नुम छोड़ आये हैं। अब रात को देखना उनके खेमों में प्रलय कैसे आती है।"

"अरे मैं सदके अपने पुत्र से इस घड़ी। तू ही मेरा हीरा पुत्र है। पिंडी की लाज रखी तूने सोहणे। नहीं तो पिंडी वाले ताने देते। जीता रह पुत्तर। जाती हूँ, घर में लड़कियाँ घबरायी बैठी हैं।"

झिड़ी में बैठे, पिंडी तथा आस-पास के गाँवों से आये नौजवानों तथा सयानी

उम्र के व्यक्तियों को देखकर लध्धी के मुरझाये चेहरे पर रौनक लौट आयी।

हवेली की ओर लौटते हुए लध्धी सोच रही थी, "अब लगता है, पिंडी अभी बसी हुई है।"

× × ×

झिड़ी में अँधेरा होने के कारण शल्ले ने बुझ चुकी मशाल फिर से जला दी।

सूरज कब का दरिया की ओर सरकंडों से नीचे उतर चुका था। चारों तरफ अँधेरा पसरने लगा था।

आसमान में आधा चाँद पहले से ही लटका हुआ था, मगर उसका वजूद और रोशनी नाम-मात्र-सी ही थी।

मेहरू तथा उसके साथी नशे में किलकारियाँ मार रहे थे। एक-दूसरे को छेड़ रहे थे। मुग़ल सिपाहियों की बातें कर हँस रहे थे। फत्तु, शल्ले की ओर देखकर बोला, "इस समय तो इनके कुत्ते आसमान में भौंक रहे हैं भई।" और दोनों हँसने लगे।

बात मेहरू ने सुन ली।

"ये कुत्ते मुग़लों के तम्बुओं में भी भौंकेंगे टुंडे।" मेहरू ने रड़कता जवाब देते हुए अपने साथियों से कहा, "लो भई मित्रो, कोई कमी-बेशी हो तो पूरी कर लो अभी। फिर हमने मीरज़ादे और गाहणे साथ एक शर्त लगानी है।"

"शर्त?" सभी नशे में जंगली बिल्लियों से आँखें नचाते हुए बोले।

"हाँ, यहाँ से झिड़ी से घोड़ी को एड़ लगाकर छलाँग लगायेंगे और मुग़लेटों के सिरों पर जाकर उतरेंगे। वे सोये हुए चिंघाड़ने लगेंगे, सोचेंगे, ये आसमान से कौन आ टपके?"

"शर्त क्या लगानी है, वो तो बता?" गाहणे ने खुश होकर पूछा।

"शर्त यह है भई, अगर हम रास्ते में घोड़ों से नीचे न उतरे तो दुल्ले और तुमने जो दारू-शारू और जो भी नशे साहूकारों से लूटे हैं, वे हमारे होंगे। गर हम सीधे मुग़लों के सिरों पर जाकर उतरे, फिर हम तुमसे वो खो लेंगे।"

मेहरू की बात सुन सारी झिड़ी हँसने लगी।

"मेहरू सरदारा, इस बार तो मुझे भी अपने साथ ले जा।" फत्तु ने अपने परिचित मज़ाकिया अन्दाज़ में कहा।

"ना ओए मीरज़ादे, तू दुल्ले की टोली का है। सूरमे ऐसे नहीं लड़ते। वह दाँव लगाकर लड़ते हैं। अब हमारी बारी है। हमें ही जाने दो।"

सारे पोस्ती नशेड़ी तैयार होने लगे।

गाहणे ने उन्हें रोका, "खा-पी चुके हो, सो जाओ।"

"खाया-पिया फिर सोने नहीं देता गाहणे। ये तो हमें खुजली कर रहा है। हट, पीछे हो जा। हमें रोकने की कोशिश न कर।"

"रात के समय लड़ने का कोई उसूल नहीं है।" गाहणा ने ज़ोर दिया।

"हम उसूलों से बाहर हैं। वे लाहौर से उसूलों पर चढ़ कर आये हैं क्या?" उन्होंने अपने घोड़ों को एड़ लगायी। गाहणा पीछे हट गया और मेहरू की टोली झिड़ी से बाहर निकल गयी।

× × ×

मिर्ज़ा अलाउद्दीन के खेमे के बाहर सख्त पहरा था। एक सिपाही मशाल लिए खड़ा था। अलाउद्दीन की हिदायतों पर सिपाहियों की एक टुकड़ी पूरी तरह से तैयार तथा होशियार-खबरदार थी।

अँधेरे में तूफान की तरह चढ़ आयी मेहरू की टोली ने जब सामने से 'या अली और अल्लाह हो अकबर' के नारे सुने तो नशेड़ियों की हवा सरक गयी। मगर अभी नशा उन पर हावी था और वे मुग़लों की मार के अधीन आ चुके थे। पीठ दिखाकर भागने की बजाय मेहरू ने भी जवाब में ललकारा मारा।

तलवारों से तलवारें जा टकरायीं। ढालों की खड़खड़ाहट सुनाई दी। आर-पार होते बर्छों ने सिपाहियों में कराहने की आवाज़ें आने लगीं। वृक्षों के घोंसलों में सोये बेफ़िक्र परिन्दों को भी मुसीबत आ पड़ी। वे भयानक चीत्कार करते उड़ गये।

चारों ओर कोई नज़र नहीं आ रहा था और हमला इतना अचानक और बेतरतीब था, वे अन्धड़ की भाँति गये और फुस्स होकर लौट आये। किसके क्या लगा, किसने मारा, कौन मरा, इतना सोचने तथा देखने का वक़्त ही कहाँ था।

झिड़ी के बाहर खड़े होकर मेहरू ने अपने आदमी गिने। चार कम थे। मेहरू के कन्धे पर भी नेज़े का ज़ख्म था। कुरता खून से भीग गया था। खून अभी भी रिस रहा था।

"घर चलते हैं।" मेहरू ने सुस्त आवाज़ में कहा।

नशा उतर रहा था।

घोड़े भी थके-थके-से पिंडी की ओर चल दिये।

मेहरू ने आधी रात हवेली का दरवाज़ा खटखटाया।

× × ×

ज़ख्मियों को देखकर लध्धी का कलेजा फट गया। उसने ज़ोर से छाती पीटते हुए चीख मारी, "ओए मेरे सोहणे...।"

पल में ही फुल्लराँ, बख्तो, सलेमो, नूरा दम्पति बाहर आँगन में निकल आये। सलेमो तो ज़ोर-ज़ोर से रोने लगी। अड़ोसी-पड़ोसी भी बाहर छतों पर निकल आये।

"अम्मा लध्धी, सीढ़ी लगा दे।" कई तो मेहरू को और भी नज़दीक से देखना चाहते थे। एक ने तो उतावलेपन में आ छत से नीचे छलाँग लगा दी।

आँगन भर गया।

"दीया जलाओ री।" फुल्लराँ ने कहा।

"बख़्तो धीये चूल्हा जलाकर पानी गर्म कर दो।"

"गर्म पानी का तो कड़ाहा भरा पड़ा है अम्मा। मैं अभी लाती हूँ।" वह भाग कर गयी।

"मैं मलहम ले आऊँ।"

बेसुरत हुई लध्धी को समझ नहीं आ रहा था, पहले कौन-सा काम करे।

अड़ोसी-पड़ोसी सभी काम में हाथ बँटाने लगे। बरकता, बख़्तो के पास आँगन में चली आयी।

दीये की रोशनी में लध्धी ने कहा, पुत्तरो, देखो तो, जख़्म कहीं बहुत गहरे तो नहीं।"

एक सयानी उम्र के पड़ोसी ने देखा, जख्म गहरे नहीं थे। बरछा घिसट कर निकला था। ज़ख्म चमड़ी पर ही था। मेहरू के साथियों के भी जख़्म बहुत गहरे नहीं थे।

सभी के ज़ख्म साफ कर दिये गये, फिर मलहम लगा पट्टियाँ बाँध दी गयीं। साथ ही साथ वे मेहरू से बातें भी पूछते जाते। मेहरू अपने दस्ते की बहादुरी की बातें बताता तो कुछ सुनकर हँसते, कुछ हैरान होते। औरतें त्राहि-त्राहि करने लगतीं।

थोड़ी देर के बाद सभी अड़ोसी-पड़ोसी एक-एक कर जैसे आये थे, वैसे जाने लगे। जब सभी चले गये, मेहरू ने रूठने के अन्दाज में लध्धी से कहा, "माँ, सुबह हम नहीं जायेंगे।"

"अरे पुत्तर, एक दिन में ही...।"

"अपने सूरमा को बुला ले, दुल्ले को। अगर बरछा ज़रा-सा भी इधर से उधर हो जाता तो मैं तो गया था डोडो के भाव।"

"इतना कुछ तो होता ही है पुत्तर। जंग लड़ने गया था, बारात में थोड़ा न गया था?"

"मेरे चार जोड़ीदार मर गये माँ। अगर हम पकड़े गये होते तो हमारे सिरों पर बर्छे टाँग देते मुग़ल।"

"सोहणे, तूने तो गाँव की लाज रख ली। जा धीये बख़्तो, दूध में हल्दी डालकर ले आ।" लध्धी मेहरू की बाजू पर लगी एक रगड़ को प्यार से सहलाने लगी।

"दुखता है माँ।" मेहरू एकदम तड़प उठा। झटके से उसने बाजू खींच ली। लध्धी ने हाथ पीछे खींच लिया। वह भी एकदम डर गयी थी।

"पुत्तर, एक बात बता, पीठ दिखाकर तो नहीं भागा?"

"क्या कहती हो माँ?" मेहरू ज़ख्मों की पीड़ा भूल गया, "सोलह की गर्दन तो दिन में ही उतार दी थी। रात को मालूम नहीं कितने मारे होंगे। हमने तो चीखें मारते और गिरते ही देखे।"

"जीता रह पुत्तर। माँ के दूध की लाज रखी तूने।" लध्धी मेहरू के सिर पर

हाथ फिराने लगी।

"माँ एक बात और है, अपने सूरमे से कहना, मुग़लों से पहले अपनी पिंडी के मुग़लों से निपट ले।"

"पिंडी के कौन से मुग़ल पुत्तर?" लध्धी हैरान हुई।

"मौलवी और दुर्गा पंडित मैंने वहीं घूमते देखे हैं मुग़लों की तरफ।"

"घर का भेदी बहुत बुरा होता है पुत्तर।" लध्धी फ़िक्र में डूब गयी। नूरा, मेहरू के पायताने बैठा बातें सुन रहा था। वह धीरे से बोला, "अम्मा, ताया तो ज़ख्मी हो गया है और अब्बा ननिहाल में। कल फिर मैं जाऊँ?"

"ना रे सोहणे, तेरी कोई उम्र है मुग़लों से लड़ने की?"

"उम्र को क्या है अम्मा। पिंडी के मेरी उम्र के सारे लड़के तैयार हैं। चौधरियों के खोखर, निहालू व सुल्तान जैसे चार-पाँच हमारे साथ न भी हुए तो भी क्या फ़र्क पड़ेगा। हमने हथियार एक जगह पर छुपा रखे हैं।" नूरे ने गर्व से बताया।

"अरे पुत्तर, मुग़लेटों की फ़ौज के साथ, गाँव के छोरे क्या लड़ पायेंगे।"

"हमने कोई फ़ौज थोड़ा न बनायी है अम्मा। हम लोगों की तो टोली है। हमने कौन-सा तनख्वाहें लेकर लड़ना है मुग़लों की तरह। हम तो अपने घरों की हिफाज़त के लिए लड़ेंगे। हमने एक योजना भी बनायी है।"

"वाह पुत्तर। तू कब से योजनाएँ बनाने लगा है?" लध्धी को नूरा की बातों पर यकीन नहीं आ रहा था।

"सच कहता हूँ अम्मा, हम सीधा नहीं लड़ेंगे। हम जायेंगे रात के अँधेरे में, जब मुग़ल सोये होंगे। जायेंगे भी ऐसे, जैसे गायों के झुंड में भेड़िया जाकर शह लगा लेते हैं। फिर एकदम भगदड़ डाल देंगे। दादा-पड़दादा का नाम भी तो चमकाना है।"

"जीये पुत्तर जीये। बाप-दादा का नाम ज़रूर चमकाना। जा अपनी माँ से जाकर दुआएँ ले ले सोहणिया।"

जब अम्मा के घर की लड़कियों ने नूरा की बातें सुनीं तो सभी ने आँखें भर लीं। उसकी पत्नी सिसकने लगी।

"अम्मा, इन्हें क्या हो गया है, लड़ने मैं जा रहा हूँ।" नूराँ ने दिलेरी से कहा।

"तू इस घर का चिराग है पुत्तर। इस प्रकार जाने से दुख तो होता ही है ना।" कहते हुए लध्धी की आवाज़ भर्रा आयी।

"यह बात नहीं अम्मा। मैं तो सोच रही थी, अगर मैं भी मर्द होती तो आज नूरे भाई के साथ जाती।"

"अम्मा, मुझे भी भाई के कपड़े दे दे। मैं भी जाऊँ। देखूँ तो सही मुग़लेटे आखिर हैं कैसे।" सलेमो ने कहा।

"उतावली क्यों हो रही हो धीये। ये बाहर लड़ेंगे, हम अन्दर से लड़ेंगे। थोड़ा सब्र रखो।"

पास खड़ी फुल्लराँ ने नूराँ को अपनी बाँहों में ले लिया और रोने लगी।

"माँ, अगर ऐसे भेजेगी तो मैं भी रोने लगूँगा।" नूरा ने रोष से कहा।

"अल्लाह मेहर करेगा पुत्तर, ध्यान से जाना। खैर, सुख से लौटना। पाँच-सात मुग़ल मारकर ही आना।" कहते हुए भी फुल्लराँ रोती रही।

"नूराँ पुत्तर, मेरी एक बात पल्ले बाँध ले। अपने साथियों को भी कह देना। मुग़लेटों को ज़ख़्मी ज्यादा करना, मारना कम। ज़ख्मी आदमी शोर ज्यादा मचाता है और अपने पाँच-दस साथियों को लड़ाई से बाहर कर लेता है। मरा हुआ तो अकेला ही होता है। मरने वाले से ज्यादा चीखने-चिल्लाने वाला अपने सिपाहियों को अधिक डराता है पुत्तर।"

"तेरी नसीहत याद रखूँगा अम्मा। मेरी टोली इन्तज़ार कर रही होगी, मैं जाता हूँ अब। वरना, वे लोग अकेले ही निकल जायेंगे। फिर लोग कहेंगे, बाप भी रणभूमि छोड़ गया, पुत्तर भी। लोग हमें जीने नहीं देंगे अम्मा। हम जीते जी ही मर जायेंगे। गाँव में गर्दन नीचे करके जीना भी कैसा जीना हुआ अम्मा?"

"जा पुत्तर। रब राखा। पीछे से मेहरू का घोड़ा खोल ले।"

× × ×

जब नूराँ एकदम तैयार होकर हवेली से बाहर निकला तो उसे पीछे मुड़कर देखने का हौसला न हुआ। जानता था, सभी की आँखों से झन्नाँ बह रही होगी।

41

शहंशाह-ए-हिन्द जलालुद्दीन अकबर का सबसे काबिल तथा बहादुर सिपहसालार मिर्ज़ा निजामुद्दीन अपने छोटे भाई अलाउद्दीन को पिंडी भेजकर बहुत परेशान था। यह सोच रहा था, उसने कोई बड़ी गलती तो नहीं कर ली। अभी तक तो उसे पिंडी को मटियामेट कर वापस लौट आना चाहिए था। सूहिये बता रहे थे कि शाही फ़ौज के पच्चीस-तीस सिपाही मारे गये हैं। ये तो भारी शर्मिन्दगी की बात है। अलाउद्दीन क्या कर रहा था वहाँ? एक-दो पहर की सारी बात थी। मुझे खुद वहाँ जाना पड़ेगा नहीं तो बादशाह के आगे पेश होगी और मुझसे जवाब-तलबी की जायेगी।

और निजामुद्दीन अपनी विशेष टुकड़ी लेकर पिंडी की ओर रवाना हो गया।

लोग देखते, हैरान होते। एक-दूसरे से बातें करते। दो से चार, चार से बीस, बीस से सैकड़ों लोगों तक बातें फैलती गयीं और आगे बढ़ती गयीं।

"इधर पिंडी की ओर कौन-सा बादशाह है, अकबर ने जिस पर धावा बोला?"

"सुना है, दुल्ले को पकड़ने के लिए जा रहे हैं।"

"बार वाले दुल्ले को?"

"हाँ, हाँ और कौन-सा दुल्ला है यहाँ?"

"दुल्ला अब इतना बड़ा सूरमा है, फ़ौज की ज़रूरत पड़ गयी?"

"क्या कहते हो तुम। दुल्ला कोई ऐरा-गैरा नहीं बन सकता। दुल्ला ऐसे कई अकबरों पर भारी है।"

और दुल्ले के बारे में किंवदन्तियाँ फैलने लगीं।

दुल्ले के लोग गीत गाने लगे।

जवान-जहान लड़कियाँ सुई-धागे से चादरों पर 'दुल्ला' लिखकर कढ़ाई करने लगीं।

दुल्ला पुत्र ए शेर बग्गे दा
उहदे शेरें वरगे तौर
उहदे होणं बक्की लखी से,
जिहणी टुरदी सुब टकोर।

इधर निजामुद्दीन पिंडी की हद में अलाउद्दीन के खेमे में जा पहुँचा। गुस्से तथा रोष से वह इधर-उधर चक्कर काटता जा रहा था। बाहर सख्त पहरा था। फ़ौज के किसी भी छोटे-बड़े ओहदेदार को अन्दर जाने की मनाही थी। इसके बावजूद एक सिपाही डरते-डरते अन्दर आया।

"हज़ूर, गाँव का मौलवी इन्द्रीस मियाँ आया है।"

"आने दो उसे।" निजामुद्दीन खड़ा हो गया।

अन्दर दाखिल होते ही मौलवी ने झुककर उसे सलाम कहा।

"हज़ूर का इकबाल बुलन्द रहे।

"इकबाल बुलन्द गया अन्धे कुएँ में। रात को दुल्ला फिर से हमारे पच्चीस-तीस सिपाहियों पर प्रहार कर गया। इस प्रकार तो मेरी सारी फ़ौज लाहौर की ओर मुँह कर लेगी।" निजामुद्दीन ने अपना सारा गुस्सा मौलवी पर निकाल दिया।

"दुल्ला कैसे आ सकता है, हज़ूर?" मौलवी ने हैरानी से पूछा।

"आने के लिए वो क्या मौलवी से पूछने जायेगा?"

"दुल्ला नहीं होगा हज़ूर।"

"और कौन इधर झाँकने की जुर्रत कर सकता है?"

"मुझे पूरी तसल्ली है हज़ूर, दुल्ला इधर नहीं है। वह चनिओट भाग गया है। उसका पोस्ती भाई या फिर उसका बेटा नूराँ हो सकता है। मगर वो तो एकदम बच्चा है, लड़कियों-सा कोमल। निकाह कर दिया है उसकी छोटी ही उम्र में। भला विवाहित आदमी लड़ने लायक कहाँ रह जाता है। आठ-दस छोकरे होंगे उसके साथ या फिर इधर झिड़ी है एक। दुल्ले के आदमियों ने भूत-प्रेत का डेरा कह उस पर कब्जा किया हुआ है। दुल्ले के सभी आदमी वहीं मौज़-मस्ती करते हैं। हुज़ूर आप खामख्वाह परेशान हो रहे हैं। हमने वादा किया था, दुल्ले को पिंडी से दूर रखना

है, हमने वो वादा पूरा किया है। हमने दुल्ले से कहा, दुल्ले, गर बाज़ी मारनी है तो पिंडी और लाहौर से दूरी बना ले और दुल्ला मोर्चा छोड़ गया।"

"तुम कहते हो, दुल्ला पिंडी में नहीं है। गर नशेड़ी तथा उसका नाजुक से लड़के ने हमारे सिपाहियों का यह हाल कर दिया है तो दुल्ला खुद आकर पता नहीं...।" निजामुद्दीन और भी परेशान हो गया।

"फ़िक्र न करें हज़ूर, ये तो दूध का उबाल है, झट नीचे उतर जायेगा। ये तो पानी की दो छींटों से उतर जायेगा।"

"तुम्हें कहावतें सूझ रही हैं और उधर मैं चिन्ता के अंगारों में भस्म हो रहा हूँ।" निजामुद्दीन का पारा नीचे नहीं उतर रहा था।

"उन्हें जो करना था, कर चुके। नशा उतर गया और अब वे घोड़ों से उतरने लायक भी नहीं रहे होंगे।" मौलवी, निजामुद्दीन को धीरज बँधा रहा था।

"शहंशाह को मैं क्या मुँह दिखाऊँगा? क्या कहूँगा जाकर, नशेड़ियों और छोरों ने शाही फ़ौज, जिसने सारे हिन्द में धाक बना रखी है, मात खा आयी।" मिर्जा ठंडा नहीं हो रहा था।

"यह मसला तो हल हुआ समझो हज़ूर।"

"ये मसला टेढ़ा है मौलवी। जैसा तुम सोच रहे हो, बात वैसी नहीं। ये लड़ाई हमारी नहीं है। मेरे और मेरे सिपाहियों के आगे खूँखार, वहशी, जालिम, दिलेर जितने मर्ज़ी दुल्ले आ जायें। उनसे आधी को तो मैं अकेले ही धूल चटा सकता हूँ। मगर ये तो बिल्ली की तरह शह लगाकर झाड़ियों की ओट में छिपे रहते हैं। रात पड़ते ही झपटते हैं और शाही फ़ौजियों को चूहों की तरह दबोच ले जाते हैं। अँधेरे में हमारे सिपाही भटक जाते हैं। उन्हें सुरत नहीं रहती, कौन अपने सिपाही हैं और कौन बाग़ी हैं। बाग़ी क्या कहें, लुटेरे हैं, लुटेरे। रात को हमारे एक फ़ौजदार ने घबराकर अपने ही चार सिपाहियों को मार डाला। यह कोई लड़ाई है। यहाँ सूरमों का क्या काम? ये तो दाँव है, जो लगा गया, उसकी फतह, जिस पर लग गया..., वो तो तुम जानते ही हो मियाँ। मुझे तो शहंशाह की ओर से भी मार और अपने हम ओहदेदारों से भी। मैं तो लाहौर सोया नहीं चार दिन, इधर भागता आया। ये बैठा है अलाउद्दीन, कहता है, हम किससे लड़ें। पिंडी की औरतों और बच्चे से लड़ें शाही फ़ौज का कोई उसूल भी होता है। अब वे उसूलों का क्या करें? बार का चौधरी भी नज़र नहीं आता, तब शिकायतें, फरियादें कर इसने लाहौर को परेशान कर दिया था, अब मालूम नहीं कौन-सी खाई में जा छिपा है। मैं तो सोचता था, पिंडी की हद के बाहर ही मसला हल हो जायेगा, मगर मामला इतना लम्बा खिंच गया। मौलवी मियाँ, अब देखना, फ़ज़र होने दे, फिर क्या हालत करता हूँ मैं पिंडी और पिंडी वालों की। एक ख़बर तूने अच्छी दी कि दुल्ला पिंडी से बाहर है। मैंने लाहौर जाकर बादशाह का सामना भी करना है। मैं काबुल-कन्धार में तबाही मचाकर आया हूँ और यह पिंडी मेरे गले

की हड्डी बन गयी है। लाहौर में मुझसे ईर्ष्या करने वाले बैठे हैं। मुझे इस बात का इल्म है कि जब मैंने पान का बीड़ा मुँह में डाला था, मिर्जा निजामुद्दीन इतना बेवकूफ आदमी नहीं। मैं समझ गया था, दरबारी मुँह दबाये क्यों हँस रहे थे। मगर अब तो छिपकली को निगलना ही पड़ेगा, मगर दाग़दार नहीं हूँगा।" उसने अपनी बात खुद ही रोकते हुए पूछा, "शराब का एक प्याला लेगा मियाँ?" निजामुद्दीन ने खुद अपना प्याला मुँह को लगा लिया।

"हज़ूर की तरह तो नहीं पी सकूँगा। बस आपका साथ देने के लिए ज़रा-सी मुँह को लगा लूँगा। हुज़ूर का कहा भी तो नहीं लौटा सकता।" मौलवी ने मिस्कीन बनते हुए कहा। वैसे तो शराब के नाम से ही उसके मुँह में पानी आ गया था।

मिर्जा निजामुद्दीन ने एक प्याला मौलवी के आगे बढ़ाया और अपना प्याला फिर से भर लिया।

आधा प्याला पी चुकने के बाद मौलवी ने दुबारा तसल्ली करवाना चाही, "मैं यकीन दिलाता हूँ हज़ूर, दुल्ला पिंडी में नहीं है।"

"उस खबीस का नाम फिर से ले लिया तूने मियाँ। पीता जा, मौज़ कर। दुल्ला है क्या शै मेरे सिपाहियों के सामने। दिन निकलने तो दे, फिर तुम्हें दिखाते हैं, निजामुद्दीन की फ़ौजे आखिर क्या चीज़ हैं। मगर सब से बड़ा स्यापा यह है, इन बारवालों की लड़ाई बहुत गलत है। आमने-सामने तो आते नहीं। चोरों की तरह आते हैं। दाँव लगाते हैं। अब दाँव लगाने वालों से लड़ें कैसे? ये तो ऐसे आते हैं जैसे ज़मीन पर एकदम से उग आये हों। हमारे सिपाही अभी तैयार भी नहीं होते। अब नंगे बदन आदमी खुद से लड़े या इनसे।" बात खत्म कर निजामुद्दीन ने प्याला उठाकर मुँह को लगा लिया।

"इतने फ़िक्र की कोई बात नहीं है। ना दुल्ला यहाँ है न उसके संगी-साथी। कल के छोकरे की एक धावे की मार थी। अपने सिपाहियों की हिदायत करना ना भूले हज़ूर। हमारा माल-असबाब और हमारा असल ख़ाना।" मौलवी असल मकसद की ओर आया।

"मालूम है, मालूम है। सिपाहियों को खास हिदायतें की हुई हैं। मालूम है क्या कहा है इनसे?" निजामुद्दीन को नशा होने लगा था।

"क्या मालूम हज़ूर।"

"कहा है, मौलवी और पंडित, चौधरियों के घरों की ओर तो देखना भी नहीं और बाकी लोगों का कुछ छोड़ना नहीं।"

निजामुद्दीन हँसा, साथ ही ताली बजाकर पहरेदार को अन्दर बुलाया, "फ़ौजदार से कहो, उसे तलब किया है।"

पहरेदार उसी पल मुड़ गया।

जब फ़ौजदार ने आकर सलाम किया तो निजामुद्दीन ने हुक्म सुनाया—"अपने

सिपाहियों से कहो, धावा करने के लिए तैयार रहें। मौलवी ने बताया, पिंडी वालों ने अन्दर ले ताले लगा लिए हैं। सीढ़ियाँ साथ ले जाना। रस्सी भी ले जाओ। घरों में उतरो, जो मिलता है लूट लो। उठाने वाली शै उठा लो, तोड़ने वाली तोड़ दो और चलने वालों को बाँधकर घसीटकर ले आओ। दुल्ला तो भाग गया है, उसका बेटा, भाई, औरत, बेटियाँ हैं, किसी को नहीं छोड़ना। जितनी टुकड़ियाँ चाहते हो साथ ले जाओ, नहीं तो सारी फ़ौज ले जाओ। मालूम तो हो, हमने भी पान का बीड़ा मुँह में डाला था। मालूम है, लाहौर से चलते समय शहंशाह ने क्या कहा था?"

"नहीं हज़ूर।" फ़ौजदार ने ढीले से कहा।

"कहा था, बार में ख़ून की नदी हो, दुश्मन का बीज नाश हो। फिर कोई सिर उठाने लायक न रहे। समझ गया न?"

"समझ गया हज़ूर।" फ़ौजदार ने सलाम करने के लिए सिर झुकाया और मुड़ने लगा।

"सुन।" निजामुद्दीन को कुछ और याद आ गया, "रात को जागते रहना। अगर कोई चोर की तरह आये तो उसे घेरा डालकर बाँध लो। उनमें दुल्ला कोई नहीं है, बस ऐरा-गैरा ही है। जा, फ़जर के समय अच्छी खबर देगा तो लाहौर दरबार में तेरा ओहदा ऊँचा करने की मैं सिफारिश करूँगा।"

फ़ौजदार ने एक बार फिर से सिर झुकाया और खेमे से बाहर निकल आया।

निजामुद्दीन ने अलाउद्दीन की ओर देखा, "फ़ौजदार को अपनी निगरानी के अधीन रखना तुम्हारा जिम्मा है।"

"मौलवी मियाँ, जानता है, मैंने अपनी जिम्मेवारी निभायी है।" अलाउद्दीन ने कहा।

"हाँ, तेरी जिम्मेवारी और कार्यवाही की मुझे ख़बर है।" निजामुद्दीन की बात सुनकर अलाउद्दीन ने सिर झुका लिया।

निजामुद्दीन, मौलवी की ओर पलटा, "मियाँ, अपना प्याला उठा और खत्म कर।"

"जैसी आज्ञा हज़ूर।" मौलवी ने आसमान की ओर हाथ उठाकर कहा। "पी ले। पी ले ज़रूरत हो तो प्याला और भी भर ले। अन्दर उड़ेल और अपने घर जा। दुल्ले के आदमियों ने इधर से निकलते देख लिया तो कोई ख़ैर बाकी नहीं रहेगी।"

"बाहर अभी रोशनी है हज़ूर, ज़रा अँधेरा होने पर...।"

"इतना डरता है दुल्ले के आदमियों से।"

"आप नहीं जानते हज़ूर। फसादियों से जंगल भरा हुआ है। मालूम नहीं दुल्ला क्या खिलाता है, घर-घर में दुल्ले बनते जाते हैं। हमारे परिवार को तो साथ ही लेते जायें हज़ूर। अब पिंडी में रहने का कोई हाल नहीं रहा। गर दुल्ले ने न मारा तो उसके आदमी मार डालेंगे। यहाँ झिड़ी में एक कुआँ है। वहाँ दिन-रात मश्कें होती हैं। गाँवों से नौजवान आते ही रहते हैं। गोश्त पकते हैं, शराबें उड़ायी जाती हैं।

टाकरा तो होगा ही होगा हज़ूर। मज़बूत होकर सामना करना पड़ेगा।"

"मौलवी मियाँ, हौसला कर। तेरी बातें तो हमारे सिपाहियों के हौंसले ही पस्त कर देंगी। इतना ना डर। तेरे खानदान की हिफाज़त होगी। पक्की बात है बस जान बचाकर निकल जा। निगाह रख जाकर। दुल्ले के आदमी क्या मंसूबे बना रहे हैं। खबर देना समय पर।"

मौलवी उठा नहीं। असमंजस से घिरा बैठा रहा।

"मौलवी मियाँ, हमें अब अकेला छोड़ दो। हमने कोई योजना भी बनानी है।"

ना चाहते हुए भी मौलवी को उठना पड़ा।

"सुन, पंडित को खबरदार कर देना। इधर न आये अब। कोई चौधरी भी न आये अब। उधर पिंडी में सिवा तेरे और किसी को कोई खबर नहीं, कल फज़र के समय क्या होने वाला है। अगर किसी को भनक पड़ गयी तो तेरी ख़ैर नहीं।"

मौलवी ने खेमे से बाहर निकल चारों ओर निगाह डाली। सूरज कब का डूब चुका था। मुग़ल फ़ौज के रसोइये भट्ठियों पर रात के खाने की तैयारी में लगे हुए थे।

लोगों की नज़रों से छिपता हुआ मौलवी पिंडी आ गया। उसने देखा, दुल्ले का बेटा नूरा और उसके यार-दोस्त घोड़ों पर सवार झिड़ी की ओर जा रहे थे।

42

दिन अभी चढ़ा नहीं था।

पिंडी की हवा ठिठुरन भरी थी। लध्धी पहर के तड़के ही, जब मौलवी ने पहली बाँग दी थी, खिड़की खोलकर बाहर खेतों में निकल गयी थी। वापसी में उसे कई बार भ्रम हुआ, जैसे कोई इसका पीछा कर रहा हो। वह घबराकर पीछे देखती रही। आहट लेती रही कोई नज़र न आता तो खुद को फटकार देती, "अरी लध्धिये, तू तो अपने पैरों की आहट से भी डरने लगी है।" फिर भी वह पहले से अधिक चौकन्नी हो गयी। वह दायें-बायें देखती हुई हवेली के पास आ गयी।

और नज़दीक आयी तो दरवाज़े के पास किसी को मुँह-सिर ढककर खड़े देख वह सच में ही डर गयी। वह पीछे ही रुक गयी। मगर साये ने पदचाप सुन ली थी।

साया तेज़ी से लध्धी को ओर बढ़ा, "अम्मा, माथा टेकती हूँ।"

"नन्दी है?" लध्धी ने आवाज़ पहचानकर पूछा।

"नन्दी ही हूँ अम्मा।"

"अरे जा मिरासन, मेरी जान ही निकाल दी थी। मैंने सोचा, कोई मुग़लेटा खड़ा है।"

"मुग़लेटे भी आ जायेंगे अम्मा। मैं तो एक और बुरी खबर लेकर आयी हूँ।"

"अरी काले मुँह वाली, सुबह-सुबह ही क्या कहने आयी है। दिन तो निकलने

देती।" लध्धी ने कलेजे पर हाथ रखते हुए पूछा।

"अम्मा, नूराँ पकड़ा गया है रात को। उसके साथ और भी लड़के थे। सभी को बाँध लिया है उन्होंने।" नन्दी ने रोते हुए बताया।

"हाय मेरा सोहणा। मैं तो कल्प रही थी, अभी तो उसके दूध पीने के दिन हैं और वो लहू के साथ खेलने निकल गया।" लध्धी रोने-पीटने लगी। दबी आवाज़ से रोने लगी, जैसे किसी ने उसका मुँह दबा रखा हो।

"अम्मा, मिरासी अभी आया था झिड़ी से। मैं तो सुनते ही इधर भाग आयी। अम्मा खबर तो और भी एक बुरी है...।"

"इससे बुरी खबर और कौन-सी होगी नन्दी। मेरा सोहणा, मेरा चिराग पकड़ा गया। मुग़ल उसके साथ कम बुरा बर्ताव नहीं करेंगे? अब फुल्लराँ को कैसे बताऊँ। मैं तो कह ही नहीं पाऊँगी यह बात।" लध्धी फिर रोने लगी।

"अम्मा..., अम्मा...।"

लध्धी ने जैसे सुना ही नहीं। वैसे ही रोती रही।

"अम्मा लध्धीये...।" नन्दी ने बाजू से झिंझोड़ा, "मिरासी कह रहा था, मुग़ल आज पिंडी पर धावा बोलेंगे। बचाव हो सकता है तो कर लो।"

"हमारा बचाव करने वाला तो अपना बचाव करते हुए खुद भाग गया नन्दीये। यह समय था, पिंडी की हद पर खड़े होने का। वह तो खुद ही सारे दरवाज़े खोल गया है। मैं किसके पास जाकर रोऊँ। मुग़लेटों ने तो आना ही है। दुल्ले ने बाप-दादा की आन-शान मिट्टी में मिला दी। दुल्ले ने मेरे दूध को लाज लगा दी। नन्दीये, यह बात सही है, मौलवी और बामण पिंडी के कभी नहीं बने। इन्होंने ही मुख़बरी की होगी, 'दुल्ला यहाँ नहीं।' दुल्ले का न रहने का भेद बना रहता तो अच्छा रहता। दुल्ले का नाम सुनते ही मुग़लों को मिर्गी पड़ने लगती है। यह तो मौलवी जैसे का बेड़ा गर्क होगा।" कह लध्धी अपने पल्ले से आँखें पोंछने लगी।

"अम्मा मैं अब चलूँ। घर के दरवाज़े खुले हैं।" कह नन्दी एकदम तेज़ कदमों से घर की ओर चल दी।

× × ×

लध्धी के अन्दर जाते ही आँगन में शोक फैल गया। लध्धी तथा फुल्लराँ गले मिलकर रोने लगीं। बख्तो और सलेमो भी सिसकने लगीं।

फिर अमराई की झिड़ी से आयी खबर पल-क्षण में मुँह-मुँह से चलती सारी पिंडी में फैल गयी। हर एक, दूसरे के कान से मुँह सटाकर बताता–

"रातीं मुग़लेटों ने दुल्ले का नूराँ पकड़ लिया है।"

× × ×

दिन काफी चढ़ आया था।

पिंडी के लोग डरे-डरे, अपने नित्यकर्मों से अभी फारिग़ नहीं हुए थे। अभी तो

नन्दी मिरासन ने अपनी आदत से मजबूर सिर्फ़ दस-पन्द्रह घरों में ही फ़ौजों के चढ़ आने की खबर सुनाई थी और साथ ही हिदायत की थी, भाई किसी और से बात न करना। अपना समझ, बताने आयी थी।

अभी लोगों ने अपने बाल-बच्चों की, अपनी बेगमों की हिफाजत के लिए सुरक्षित स्थानों की तलाश भी नहीं की थी, मुग़लों की ओर तोप का गोला दागने की डरावनी और भयानक आवाज़ पिंडी में सुनाई दी।

लोग घरों की छतों पर चढ़कर देखने लगे। मुग़लों की फ़ौज धूल उड़ाती पिंडी की ओर आती नज़र आयी। कुछ सिपाहियों ने लम्बी सीढ़ियाँ भी उठायी हुई थी।

पिंडी के लोगों में भगदड़ मच गयी। चीख-चिल्लाहट फैल गयी। डर से पीले पड़े चेहरे और तेज़ धड़कते दिलों पर हाथ रखे, औरतें, लड़कियाँ, बच्चे और पक्की उम्र के मर्द, इधर-उधर भागने-छिपने के लिए सुरक्षित स्थान ढूँढ़ने लगे। चारों ओर बेहद शोरगुल मच गया था।

मुग़ल फ़ौज हर पल पिंडी के नजदीक आती जा रही थी। पिंडी के कुछ लोग तो अभी लिहाफ़ों में ही पिलटे सो रहे थे। उनमें से एक मेहरू भी था।

× × ×

झिड़ी में भी अब हरकत होने लगी थी। पूरे दो दिन से हाथ पर हाथ धरे बैठे रहने से वे भी उकताये और खीझे हुए लग रहे थे। गाहणे, लहिणे और रमजी ने मशविरा किया... "दुल्ले का अब और इन्तज़ार करने का फायदा नहीं। मुग़ल हमला करने बढ़ते आ रहे हैं। लड़ाई अब और टाली नहीं जा सकती। यदि आगे बढ़कर हमला ना भी करे तो भी अपने बचाव के लिए तो लड़ना ही पड़ेगा। झिड़ी में बैठे अधिकतर व्यक्ति उतावले हो रहे थे। वे कहने लगे, या तो हमें घर वापस जाने दो या हमला करने दो। पहली बार लड़ाई में कूद, तो अधिक हड़बड़ाहट में थे। चनिओट की ओर निगाह रख रहे गाहणा इत्यादि उन्हें थोड़ा धीरज रखने के लिए कह रहे थे, क्या मालूम, दुल्ला कब वापस आ जाये।

परन्तु अब मुग़ल सिर पर चढ़ते आते देख गाहणे ने अपने साथियों में चक्कर लगाया। कहने लगा, "अब दुल्ले के एहसानों का बदला चुकाने का समय आ गया है मित्रो। जिनके पास घोड़ों की ज़ीने हैं, उन्हें कस लो। अपने हथियारों को सँभाल लो। अपने सूहिये झिड़ी के बाहर मुग़लों की ताक में हैं। इशारा मिलते ही हम मुग़लों पर टूट पड़ेंगे। ख़याल रखना है, हमें उनके साथ घात तो करना ही पड़ेगा, खुद को बचाना भी पड़ेगा। वे गिनती में बहुत अधिक हैं, बेशुमार और हम अँगुलियों पर गिनने लायक। याद रखो, सीधी लड़ाई से टलना होगा। हम तो सिर्फ घात लगायेंगे और दाँव लगाते ही मुग़लों को ढेर कर देंगे। जैसे फ़सल काटी जाती है। वह किले तथा मोर्चों में लड़ने के आदी रहे हैं और हमारे किले, मोर्चे हैं—जंगल, बेले, टीले-गड्ढे और झाड़ियाँ हैं। वे हमारी ज़मीन छीनने आये हैं और हमें अपनी ज़मीन बचानी है। कमर कस लो साथियो... रब राखा।" गाहणे ने दोनों बाँहें हवा में लहरायीं।

"रब राखा।" झिड़ी से आवाज़ गूँजी और हज़ारों बाजू हवा में तन गयीं।

कुछ ही देर बाद 'या अली और अल्लाह-हू-अकबर' का भयानक शोर सुनाई दिया।

मुग़ल सिपाही गाँव के सीवान पर आ पहुँचे थे।

अमराई की झिड़ी से अचानक सैकड़ों व्यक्ति गरज़ते, ललकारते निकले और आमने-सामने टक्कर हो गयी। मुग़लों ने अभी मोर्चा नहीं लिया था। दो-दो, तीन-तीन सिपाहियों ने मिलकर सीढ़ियाँ उठायी हुई थीं। तलवारें, म्यानों में थीं। नेज़े उलटे पकड़े हुए थे। सिपाही दीवारों की ओट लेने के लिए पिंडी की गलियों की ओर भागे, गलियाँ जंग का मैदान बन गयीं। घर के अन्दर से औरतों तथा बच्चों की चीख-पुकार सुनाई देने लगी।

कुछ सिपाहियों ने घरों की दीवारों से सीढ़ियाँ लगा लीं। घबराये हुए सिपाही आपस में ही लड़ने-झगड़ने लगे। कुछ घबराकर पीछे अपने पड़ाव की ओर भी भाग निकले। गलियाँ लहू लुहान हो गयीं। पिंडी की औरतें खुरचे, चिमटे, घोटने, झाड़ी में जो भी हाथ आया, उन्होंने छतों पर चढ़ आये सिपाहियों को पीट डाला। कई तो सीढ़ियों समेत गलियों में भी जा गिरे। किसी की बाजू टूट गयी, किसी की टाँग टूट गयी। कोई सिर के बल गिरते ही अल्लाह के प्यारे हो गये।

छतों पर से एक-दूसरे को उत्साहित करने की आजाज़ें सुनाई देने लगीं—

"अरी रहमते तगड़ी हो जा, मुग़ल आ गया है।"

"बरक़ते इनके सिर पर घोरणा ठोकना ज़ोर से।"

"तुम्हारी मुँडेर से सीढ़ी लगी हुई, उसे नीचे फेंक दो।"

मगर वह किस-किस को नीचे फेंकती। मुग़ल सिपाही हज़ारों की गिनती में थे। एक गिरता, चार और चढ़ आते। कुछ ने घरों के अन्दर छलाँग भी लगा दी। औरतों और लड़कियों को बाँध लिया। घर के दरवाज़ों को आग लगा दी। लस्सी के भगौने उड़ेल दिये। घी की मटकियाँ तोड़ दीं। किसी घर के चूल्हे पर पड़ी रोटी सड़ने लगी। किसी की दाल जल गयी। भैसें-गायें रस्से तुड़ाकर भागने लगीं। बछेरे-बछड़े सभी भाँ-भाँ करने लगे।

ऐसे समय में चौधरियों के दरवाज़े अन्दर से बन्द रहे। मौलवी तथा पंडित के घर की छतों पर कोई न चढ़ा। बाकी सारी पिंडी का हाल ऐसा हो गया जैसे कुम्हारों के बर्तनों में अचानक भिड़ते हुए साँड़ आ घुसे हों।

पिंडी की गलियों में लाशों के ढेर लग गये।

बसती पिंडी एक बार फिर से उजड़ गयी।

जब मेहरू को मालूम हुआ, मुग़लों ने लध्धी, फुल्लराँ, बख्तो, सलेमो को बाँध लिया है तो वह दाँव लगाकर मुग़ल सिपाहियों से बचते-बचाते घोड़े पर सवार, आँधी की तरह चनिओट की ओर चल दिया।

× × ×

इधर झिड़ी में बचकर आये दुल्ले के आदमी काफी भयभीत लग रहे थे। कई तो वापस मुड़ने की भी सोचने लगे थे। उनके लिए जंग का पहला तजुर्बा ही बहुत भयानक रहा था। अधिकतर को तो अपनी हिफ़ाजत करने की बात समझ में ही नहीं आयी थी।

मगर गाहणा पूरे जोश में था, "शाबाश साथियो, हम थोड़े थे, तब भी अपने से चौगुने मुग़लों को काट डाला। पिंडी की गलियों में जाकर देखो, कैसे मुग़लों की लाशें धूल में अटी पड़ी होंगी। आज दुल्ला अपने साथ होता तो आज यह मसला और ही ढंग से हल हो सकता था।

"दुल्ले का सारा परिवार घसीटकर ले गये गाहणे।" रमज़ा ने कहा।

"यह बहुत बुरा हुआ है साथियो। यह हमारे लिए बहुत शर्म की बात है। दुल्ले को क्या जवाब देंगे?" गाहणे ने दुखी होते हुए कहा।

"मुग़ल तो पिंडी की ओर भी लड़कियों तथा औरतों को ले गये हैं।" एक और ने बताया।

"इसलिए तो कह रहा हूँ, आज अगर दुल्ला होता तो यह मसला किसी और तरीके से हल होता।"

"एक सिपाही ने तो मेरी आँख ही निकाल देनी थी, अगर मैं उसकी जान न ले लेता।" एक नये नौजवान ने जोश से बताया।

"शल्ले, फत्तु को अपने साथ ले ले और राशन-पानी का बन्दोबस्त करो। भट्ठी जला लो। दो-चार जने लकड़ियाँ इकट्ठी कर लो भाई। लहिणे तू जल्दी जा और हकीम को साथ ले आ झिड़ी में।"

सभी अपने-अपने कामों में व्यस्त हो गये।

जब झिड़ी में ज़ख्मी नौजवानों के ज़ख्मों पर मलहम, तेल, हल्दी लगाकर पट्टियाँ बाँधी जा रही थीं। फत्तु और अन्य भट्ठियों पर गोश्त पका रहे थे। गाहणा अपने सभी नौजवानों की देखभाल और जाँच करवा रहा था। बहुत गहरे ज़ख्मों वाले दर्द से कराह रहे थे। ठीक इसी समय चनिओट की ओर घोड़े को तेज़ी से भगाता जा रहा था।

अचानक उसे सामने से उड़ती हुई धूल नज़र आयी। वह डर गया। घोड़ा रोक लिया। मुग़ल फ़ौजें कहीं इधर तो नहीं आ गयीं।

दूसरी ओर एक दूरी पर खड़े घुड़सवार को देख दुल्ला तथा उसके मामा भी हैरान हुए... कहीं मुग़लों का जासूस तो नहीं? धीरे-धीरे दोनों ओर से घुड़सवार आगे बढ़े तो दुल्ले ने मेहरू को पहचान लिया, यह तो मेहरू है।

फिर जब मेहरू उनसे आ मिला तो उसे पिंडी के साथ हुई घटनाएँ बतायीं। दुल्ले को ताने दिये, उसकी बहादुरी को ललकारा।

जैसे-जैसे वह मेहरू की बातें सुनते गये, दुल्ले और मामा की आँखों में लहू उतर आया।

"हमें नींद कैसे आती। हम तो उनका इन्तज़ार कर रहे थे।" दुल्ले ने अपने पीछे चार-पाँच सौ हथियारबन्द नौजवानों के समूह की ओर इशारा करते हुए कहा, "अब हम आ गये हैं मेहरू, मुग़लों के एक-एक जख़्म का हिसाब...।"

"किस-किस से हिसाब लेगा? वो कोई एक है?" मेहरू अभी भी गुस्से में था।

मामा लोगों को अभी भी मेहरू की बातों पर पूरी तरह से यकीन नहीं आ रहा था। वे सोचते, नशेड़ी आदमी को जागते हुए भी भूत नज़र आते हैं।

"दुल्ले, दुविधा में न पड़ो, घोड़ों को एड़ लगा, चले।" पिरथे ने कहा। उन्होंने मेहरू के जख़्म देख लिए थे। उसकी बातों में कोई न कोई सच्चाई तो होगी ही।

जब उन्होंने गति पकड़ी तो पिंडी की ओर जाते रास्ते पर धूल के बादल और भी गहरे होने लगे।

43

मिर्ज़ा निजामुद्दीन बाँधकर लायी गयी दुल्ले के परिवार की औरतों के सामने बहुत ग़रूर से खड़ा था। उसके साथ उसका भाई अलाउद्दीन और कुछ अंगरक्षक भी थे।

तम्बू के आस-पास सख्त पहरा था।

निजामुद्दीन तथा मुग़लों को देखकर लड़कियाँ लध्धी के पीछे दुबक गयीं।

"कहाँ गया तेरा सूरमा, जो कहता था मैं प्रलय ला दूँगा...।"

"तुम्हें मालूम है वो यहाँ नहीं है। जो भी कहना है, उसी से कहना।" लध्धी ने अत्यन्त क्रोधित स्वर में कहा।

"ओए, रस्सी जल गयी, बल नहीं जाते भई।"

लध्धी खामोश रही। फुल्लराँ तथा लड़कियों की आँखों में डर तथा दहशत साफ़ दिखाई दे रही थी। निजामुद्दीन को यह सब देखकर अच्छा लग रहा था। वह लड़कियों की ओर एकटक देखने लगा तो लध्धी से बर्दाश्त नहीं हुआ।

"सूरमे, सूरमों की तरह लड़ते हैं, औरतों के साथ नहीं...।"

"सूरमे औरतों की तरह भाग जायें तो?" निजामुद्दीन ज़हरीली हँसी हँस दिया।

"मेरा नूरा पुत्तर कहाँ है?" लध्धी ने पूरे रौब से पूछा।

"अब तो वो...।" निजामुद्दीन कुछ कहते-कहते रुक गया।

"उसे भी रख, यहाँ हमारे साथ।"

निजामुद्दीन खुलकर हँसने लगा। लगातार हँसता रहा। फिर पूछा, "बच्चों से बहुत प्यार है तुम्हें?"

"माँओं को होता है।" लध्धी ने कहा।

"तुम किसे मानती हो?" निजामुद्दीन ने रौब से पूछा।

"मैं अपने बच्चों को मानती हूँ।"

"मैं पूछता हूँ बुढ़िया, तू शहंशाह-ए-हिन्द को मानती है?"

"मैं अपनी धरती, अपनी पिंडी को मानती हूँ।"

"कौन-सा है तेरा वतन?" निजामुद्दीन के माथे पर त्यौरियाँ पड़ गयीं।

"मुझे क्या मालूम।"

"तू अपने मुल्क को नहीं जानती?" निजामुद्दीन और भी गुस्से से बोला।

"जानती हूँ, अपने मुल्क को।"

"कौन-सा है फिर?"

"जहाँ मेरा खावन्द रहता था, जहाँ मेरे बच्चे रहते हैं।"

"कहाँ रहते हैं तेरे बच्चे?"

"पिंडी में। साँदल की बार में।"

"देखा...।" निजामुद्दीन ने अलाउद्दीन की ओर देखा, "मैं ठीक कहता हूँ, औरतें आदमियों से अधिक खतरनाक होती हैं।" लध्धी व्यंग्य से हँस दी।

"हँस क्यों रहे हो?"

"मैं हँस रही हूँ तेरी बातों पर। भूल गया, औरतें माँएँ भी होती हैं। तुम यहाँ सब औरतों के पैदा किये ही चल-फिर रहे हो। छोरियों की ओर मैली आँख करता है, यह तू कल की अपनी माँओं की ओर मैली नज़र से देख रहा है।"

"सुन लिया?" निजामुद्दीन के तेवर और भी चढ़ गये। रात को किये हमले की खुशी काफूर हो गयी। लध्धी का उसकी आँखों में आँखें डालकर बात करने का ढंग उसे अपनी तौहीन लगा। गुस्से में पैर पटकते वह तम्बू से बाहर निकल आया। दूसरे लोग भी उसके पीछे-पीछे आ गये।

"इन औरतों की अक्ल दुरस्त करने के लिए इन्हें भूखा रखो।" हुक्म देकर निजामुद्दीन अपने खेमे में चला गया।

लध्धी से हुई बातों को भुलाने के लिए उसने तुरन्त शराब का एक प्याला गटक लिया।

× × ×

सूरज छिपने के कारण शाही फ़ौजों के पड़ाव पर अँधेरा पसरने लगा। इसी अँधेरे की ओर में पिंडी का मौलवी तथा दुर्गा पंडित निजामुद्दीन के खेमे में दाखिल हुए।

निजामुद्दीन इस समय एकदम नशे में था।

"मुबारक हज़ूर। पिंडी की ईंट से ईंट बजा दी आपने। पिंडी कब्रगाह बन गयी है। मालूम होता है हुज़ूर जश्न-ए-फतह मना रहे हैं?" मौलवी ने निजामुद्दीन के हाथ में पकड़े प्याले की ओर देखते हुए कहा।

"मातम-ए-शिकस्त मना रहे हैं मौलवी मियाँ।" निजामुद्दीन ने जल-भुनकर कहा, "दुल्ले की माँ मेरी गिरफ्त में भी मुझे आँखें दिखा रही है।"

"गला दबाने से आँखें बाहर की ओर निकल आती हैं हज़ूर।"

"उधर पिंडी में तो मातम छाया हुआ है, इधर क्यों?" दुर्गा पंडित ने हैरानी से पूछा।

"यह फतह ना मुकम्मल है अभी। शहंशाह की इच्छा है, दुल्ले को पेश करो, वो भी ज़िन्दा होना चाहिए। मौलवी मियाँ बेशुमार सिपाही मारे गये हैं। ताज्जुब है भट्टियों की औरतें भी लड़ती रही हैं। इतनी गिनती में सिपाही कभी बड़ी जंग में नहीं मारे गये। क्या-क्या बातें सुनी हैं मैंने। कोई औरत गर्म पानी सिपाहियों पर डाल रही है, कोई गर्म तेल। हमारे सिपाही इतने झुलस गये, लड़ने के काबिल ही नहीं छोड़े। कोई गुजरी, कोई चमारी, कोई चूहड़ी, कोई मलेछ, ये कोई लड़ाई है। ये हमारी लड़ाई नहीं। पिंडी की गलियों में हमारे सिपाहियों की लाशें पड़ी हैं, और तुम कहते हो...जश्न-ए-फतह हो रहा है।" निजामुद्दीन ने गुस्से और खीझ से शराब का प्याला एक ही साँस में गटक लिया।

"दुल्ले भट्टी का परिवार तो बाँध लाये हज़ूर।" मौलवी ने किसी तरह से निजामुद्दीन के गुस्से के रौ को बदलना चाहा। निजामुद्दीन ने ताली बजायी।

उसी क्षण एक पहरेदार ने आ आधा झुककर सलाम कहा।

"जा जाकर दुल्ले की ज़ौजा (बीवी) दुल्ले की दुख्तर, बहू और माँ को इधर ले आ।"

पहरेदार मुड़ने लगा तो पंडित ने हाथ जोड़े—

"नहीं हज़ूरे, पहले हमें यहाँ से जाने दो। पिंडी की औरतें बहुत बेशर्म हैं हज़ूर। हमें यहाँ देखकर मालूम नहीं क्या-क्या बकवास कर दें।"

"ये बामण इतनी मिन्नत क्यों कर रहा है।" निजामुद्दीन ने मौलवी की ओर देखा, फिर पंडित से पूछा, "तेरा घर-बाहर तो ठीक है ना उधर तो कोई गड़बड़ नहीं की, मेरे सिपाहियों ने।"

"अभी तक तो सब ठीक है हज़ूर। बाद का मालूम नहीं। दुल्ला अभी पकड़ा नहीं गया हज़ूर। वह हमें यहाँ बसने नहीं देगा।"

"घबरा न जब तक दुल्ला मेरे काबू में नहीं आ जाता, हमारा पड़ाव यहीं रहेगा। शहंशाह की ओर एक सन्देश भेजना है... 'जहाँपनाह का सिपहसालार निजामुद्दीन, दुल्ला भट्टी वल्द फरीद भट्टी, साकिन पिंडी के पूरे परिवार को बाँध लिया गया है। अब वो हमारी गिरफ्त में है। दुल्ला खुद भाग गया है। जहाँपनाह, अब बख्शीश करें, जागीरें, ओहदे देने का ऐलान करें। इजाज़त दें, इन कैदियों को लाहौर दरबार में पेश करूँ।'" जब ये बातें निजामुद्दीन पूरे घमंड से कह रहा था, उसी समय एक नौजवान बगैर इजाज़त लिए हाँफते हुए अन्दर दाखिल हुआ।

"गुस्ताखी माफ़ हो हज़ूर, इत्तलाह मिली है, दुल्ला आ गया है।"

"आ गया दुल्ला।" पंडित की जैसे चीख ही निकल गयी और धोती में ही उसका पेशाब निकल गया। वह निजामुद्दीन के पैरों पर गिर पड़ा।

"हमें बचा लो हज़ूर। हमारे परिवारों को बचा लो। दुल्ले को सारी खबर मिल चुकी होगी। दुल्ले को तो पिंडी के मवेशी भी जाकर सब बता देंगे। हमें अब वह ज़िन्दा नहीं छोड़ेगा हज़ूर।"

"खड़ा हो जा।" निजामुद्दीन ने धमकाया, "तू शहंशाह की फ़ौज की हिफाजत में बैठा है, फिर भी दुल्ले से डरता जा रहा है।"

पंडित काँपती टाँगों से उठ खड़ा हुआ।

"हज़ूर आपको नहीं मालूम। दुल्ला तो अन्धड़ है, जिधर झूल गया सभी कुछ मटियामेट कर देगा। आप उसे जानते नहीं हज़ूर। उसका क्या भरोसा। यहाँ किसी भी ज़मीन से उग आये।" मौलवी ने खोखली हँसी हँसते हुए कहा।

"हज़ूर हमें तो शक है, वह काला जादू जानता है।" पंडित बोला।

"तभी कायरों की तरह मोर्चा छोड़कर भाग गया है।"

"मोर्चा नहीं छोड़ा होगा। वह किसी दाँव से गया होगा।" मौलवी बोला।

"खुद कहते हो अब सात ख़ैर पड़ेगी, दुल्ला भाग गया है। गाँव खाली पड़ा है। अभी कहते हो, किसी दाँव से गया होगा। मुझे समझ में नहीं आता, तुम लोग दुल्ले की ओर हो या मेरी ओर।"

"हज़ूर, ऐसा सोचते हैं तो हम पर लानत है। हम अपनी वफादारी का सबूत कैसे दें?" मौलवी ने फ़िक्र से कहा।

"मौलवी साहब, सबूत देने के बहुत मौके आयेंगे। मुझे तो बड़ा फ़िक्र यह है कि, दुल्ला भट्टी यहाँ नहीं था और मेरे सैकड़ों सिपाही मारे गये। अब वह आ गया है, मालूम नहीं अल्लाह आगे क्या खेल दिखायेगा।"

"अल्लाह के नीचे तो शहंशाह है हज़ूर। शहंशाह को खुश कर लिया तो अल्लाह खुद ही खुश हो जायेगा।"

"शहंशाह के फरमान पर फरमान आ रहे हैं, दुल्ला भट्टी ज़िन्दा पकड़ा जाये। कहाँ से लाऊँ दुल्ला? दुल्ले की माँ मेरी कैद में है। बूढ़ी हो गयी है। नहीं तो अपना तुखम उसकी कोख में रख देता और नया दुल्ला बना शहंशाह से कहता, यह रहा दुल्ला, थोड़ा बड़ा होने दो।"

निजामुद्दीन एकदम खीझा हुआ था।

"हज़ूर एक बात और है...।"

"बस, मौलवी, अब और कोई बात नहीं होगी। अब तुम जाओ। मुझे कुछ सोचने दो, कल क्या करना है।"

"हमारी अर्ज़ कबूल करो हज़ूर। पिंडी तो उजड़ गयी। यहाँ अब ईंट-मिट्टी

के ढेर रह गये हैं। गाँव की औरतें तथा बच्चे हमें पत्थर मार-मारकर मार डालेंगे।" मौलवी तथा पंडित चिरौरी करने लगे।

"जाओ, मेरे सिपाहियों से पनाह ले लो। अल्लाह का वास्ता है, मुझे अकेला रहने दो।" निजामुद्दी अब पूरी तरह से खीझ गया था।

दोनों जने खेमे से बाहर आ गये।

निजामुद्दीन के बुलावे पर फ़ौज के सरदार खेमे में आ गये।

सभी के चेहरे पर चिन्ता और जिज्ञासा झलक रही थी।

निजामुद्दीन के हाथ में शहंशाह अकबर की ओर से भेजा शाही परवाना था, जिसने उसने सभी को पढ़कर सुनाया था।

"जनाब शहंशाह तो सोचता होगा, दुल्ला तो पहले दिन से ही हमारी कैद में है।"

"हाँ, वे तो यही सोचते होंगे, उनकी ख्वाहिश क्या है, यह भी तुम सभी ने सुन लिया है।" कहते हुए निजामुद्दीन ने ठंडी साँस ली।

"गुस्ताखी माफ़ हज़ूर, एक बात समझ नहीं आ रही। हमारे पास हाथी, घोड़े हथियार तथा सिपाहियों की कमी नहीं है। खाना पानी भी काफी है। फिर भी बार के लोग हम पर भारी पड़े हैं। हम तो पिंडी की गलियों में पड़े अपने सिपाहियों से उठा लाने की हिम्मत नहीं कर रहे। उनकी लाशें कुत्ते खींचते फिर रहे हैं।"

निजामुद्दीन ने बात करने वाले फ़ौजदार की ओर कहर भरी निगाह से देखा। फिर उसका गुस्सा बेकाबू हो गया, "बार के लोग दो बार नहीं पैदा हुए, ना ही लध्धी ने दुल्ला को दो बार पैदा किया है। मुझे लगता है, तुम लोग अपनी माँओं से पैदा नहीं हुए। तुम सभी की आन ही मर गयी है। बादशाह का नमक हराम करने लगे हो, तुम सभी बदजात। दुल्ले का नाम सुनकर ही सभी का खून जम जाता है, टाकरा क्या करोगे उसके साथ? अब मुझे ही दो हाथ दिखाने होंगे। दुल्ला भूल गया है कि उसके बाप-दादा के साथ तख्त लाहौर का कैसा ताल्लुक रहा है। अब वह फिर शहंशाह-ए-हिन्द के सिपहसालार मिर्ज़ा निजामुद्दीन को आँखें दिखाता है और तुम लोग...?"

निजामुद्दीन के तेवर देखकर सभी फ़ौजदारों ने नज़रें झुका लीं। खेमे के अन्दर सन्नाटा था। सभी अन्दर ही अन्दर शर्मिन्दा हो रहे थे। दुल्ले की गैरहाज़िरी में भी जंग दो दिन तक चलेगी, इस बात को तो सपने में भी नहीं सोचा था। सभी महसूस कर रहे थे, शाही फ़ौज के लिए। यह बहुत भारी बेइज्ज़ती की बात है।

और अब तो दुल्ला भी आ गया है।

"मुझे तो यह हक़ नहीं कोई मशविरा दूँ, अगर आज्ञा हो तो...।" अलाउद्दीन झिझकते हुए बोला।

"कहो, क्या कहना चाहते हो।" निजामुद्दीन के स्वर में अभी भी खीझ थी।

"सारा लश्कर एक ही बार झोंक देते हैं। वो क्या बताते हैं झिड़ी वहाँ जो कोई भी है, सभी को बर्बाद कर आते हैं।"

"यह समय भी आयेगा। मगर वह खबीस तो सामने से टकराते ही नहीं। वे अँधेरे में आते हैं, औरतों की तरह मुँह नहीं दिखाते। तुम तो दिन के समय भी सोये रहते हो। अगर बादशाह को किसी ने जाकर खबर दे दी, शाही फ़ौज बार की औरतों से मात खाकर लौट आयी है, शहंशाह हम सभी को धरती में गाड़ ऊपर से कुत्ते छोड़ देगा।"

एक और फ़ौजदार कुछ बोलने के लिए उठा।

"बैठा रह। अब मैं कोई बहाना नहीं सुनूँगा। एक मौका और देना है। आखिरी हमला। माथे पर शिकस्त खाने का कलंक लेकर मैं लाहौर नहीं लौटूँगा। दुल्ला हाथ नहीं आया तो मैं खुद सभी को मौत के घाट उतार दूँगा। नशा खाना है, खा लो, शराब पीनी है, शराब पी लो। औरतों की ज़रूरत है, पिंडी की काफी सारी बाँधकर लाये हैं। शर्त यह है, पहले निजामुद्दीन मिर्ज़ा को खुश करना पड़ेगा, फिर तुम जानते ही हो...मिर्ज़ा कैसे खुश होगा।"

निजामुद्दीन का इशारा पाकर सारे फ़ौजदार खेमे से बाहर आ गये। शाही सेना के रसोइये और सिपाही मिलकर इस समय भोजन पकाने में व्यस्त थे। दूर तक मशालें जलती हुई नज़र आ रही थीं। एक ओर से निकलते हुए अजीब तरह की बदबू आयी। सभी ने हाथ अपने नाक पर रख लिये।

"सिपाहियों से कहो, फारिग होने के लिए कहीं दूर जाकर मरें?" एक फ़ौजदार ने मुँह सिकोड़ते हुए कहा।

"दूर कैसे जायें, डरते हैं।" दूसरा फ़ौजदार बोला।

"डर कैसा?"

"दुल्ले का।"

"क्यों?"

"यदि उकड़ूँ बैठे और दुल्ले का तीर आकर लगा तो।"

इस बात पर सभी फ़ौजदार ज़ोर से हँसना चाहते थे, मगर मिर्ज़ा निजामुद्दीन से मिली अभी-अभी फटकार के कारण चिन्ता में डूबे हुए थे।

"मिर्जा साहब भी कभी धमकियाँ देता है, कभी चापलूसी करता है।"

"कभी तोला, कभी माशा।"

"कहाँ आ फँसे।"

फिर सभी फ़ौजदार, अगले दिन के हमले की रणनीति बनाने के लिए एक खेमे में चले गये।

44

आज सर्द रुत की यह दोपहर बहुत उदास थी। सूरज की धूप गुनगुन पानी की तरह कुछ राहत तो देती थी, मगर अन्दर की कँपकँपी नहीं हटाती थी। झिड़ी के दरख़्त सहमी-सहमी बहती हक़ में आहें भरते नज़र आ रहे थे। आज तो कहीं पक्षियों के चहचहाने की आवाज़ें भी सुनाई नहीं दे रही थीं।

दुल्ला अपने मामा लोगों और कई व्यक्तियों के साथ कुएँ के नज़दीक थड़े पर शोक ग्रस्त बैठा था। अपने साथ पाँच सौ नौजवान और ले आया था। दुल्ले को देखते ही, गले मिलते ही गाहणे का रोना निकल आया।

पिंडी की हालत देखकर पिरथा, रूड़ा तथा सदीक भी गहरी चिन्ता में डूबे बैठे थे। दुल्ले के साथ आये नौजवान तथा झिड़ी में पहले से इकट्ठे हुए आदमी इतने खामोश थे। इस खामोशी का भीतरी शोर दुल्ले से सहन नहीं हो रहा था।

दुल्ले ने चारों ओर निगाह मारी, झिड़ी, कुआँ, सूखे पत्ते, पक्षी, जानवर, हवा सब ऐसे लग रहा था, जैसे दुल्ले को घेरे शोक मना रहे हों।

"अम्मा लध्धी, नूरा, बच्चे, भाभी सभी मुग़लों की कैद में हैं दुल्ले भाई।" बताते हुए गाहणे का रोना निकल गया, "तू तो हमें यतीम करके दौड़ गया।" गाहण ा रोता गया।

"गाहणे। मुझे दुख है, तू भी औरों की तरह सोच रहा है। ननिहाल में मैं दावतें खाने नहीं गया था। तू और ताने दे दे, रो कर न दिखा। देख ही रहा है, ननिहाल से मैं अकेला नहीं लौटा?"

"मैं तो देख रहा हूँ। यहाँ मैं किस-किस का मुँह बन्द करूँ। पिंडी की गलियों में लाशें तो अभी तक धूल में पड़ी हैं। मुग़लेटों ने घरों में कोई औरत नहीं छोड़ी, चूल्हा जलाने तक के लिए।"

"गाहणे, सूरमे तेरी तरह रोते नहीं। तू तो औरतों की तरह रोने लगा है।"

"रोऊँ न दुल्ले, मुझे आगे कुछ नज़र नहीं आता।"

"हौसला रख, अब आ गये हैं हम। इक्कीस का इकतीस करके आयेंगे। जैसे मुग़लों ने पिंडी की इज्ज़त बर्बाद की है, अब इन मुग़लेटों के घरों में विलाप होगा। अब उनके चूल्हों में आग नहीं जलेगी...।" कहते हुए दुल्ला, गाहणे की पीठ पर हाथ फिराता जा रहा था।

"मिर्ज़ा अभी गया नहीं। वह तो अन्धकार-सा बैठा है, कहता है, दुल्ले को बाँधकर ले जाना है, ज़िन्दा ही।"

"खबर कर दो फिर उसे, कह दो तगड़ा हो जाये निजामुद्दीन, साँदल बार का दुल्ला आ गया है।"

कहीं से तेज हवा का झोंका आया, आँधी जैसा। झिड़ी के दरख़्त जोर से हिलने

लगे, जैसे कह रहे हों–

"अब आ गया है दुल्ला... दुल्ला आ गया है।"

गाहणा हैरान हुआ, ऊपर झूमते हिलते दरख्तों की ओर झाँकते हुए जोश से भर गया।

पिंडी की ओर से एक वृद्ध हाथ में छड़ी पकड़े धीरे-धीरे चलता, झिड़ी की ओर आते देख, पिरथे ने पूछा। "मुग़लों ने बूढ़ों से कुछ नहीं कहा क्या?"

"यह तो अपना हाजी मियाँ चिराग़दीन है।" रमज़ा ने बताया।

"इसकी तो गर्दन हिल रही है चलते हुए।" दुल्ला हैरान रह गया।

"दो दिनों की लड़ाई ने इतना बूढ़ा कर दिया क्या?" सदीक ने पूछा।

चिराग़दीन उसके नज़दीक आ गया। दुल्ले ने उठकर सिर झुकाया और बैठने के लिए जगह दी।

"बाबा, तुम तो कितने कमज़ोर लग रहे हो।" दुल्ले ने उसके चेहरे की ओर देखते हुए फ़िक्र से कहा।

"तुम लोगों को देखने के लिए ही साँस चल रही थी पुत्तरो। तीन दिन हो गये न, पिंडी के किसी के घर में चूल्हा नहीं जला। जिस 'होनी' से मैं डरता था, वही देखता रहा बरखुरदारा। पिंडी फिर से खँडहर हो गयी है।"

दुल्ला और उसके साथियों ने शर्म से नज़रें झुका लीं।

"बाबा, मैं इमदाद लेने गया था ननिहाल से...।"

"सफाई ना दे पुत्तरा। मैं जानता हूँ, एक-दो या दस-बीस आदमियों से मुल्क की किस्मतें नहीं बदलतीं। आदमियों की ज़रूरत तो पड़ती ही है...।"

"क्या करूँ बाबा, ना मैं खुद कुछ लिखना-पढ़ना जानता, ना वे जाने जिन्हें मैं लेने गया था। हाजी मियाँ, ऊँटों और गँवारों को किसी मुहिम के लिए तैयार करना बहुत मुश्किल होता है। नहीं तो मैं...।"

"कुछ न कह बरखुरदार। मैं तेरी मुश्किल समझता हूँ। मगर यह न भूलना अच्छी बात है कि तुम यहाँ ज्यादातर अनपढ़ हो। अनपढ़ों को मैं गँवार नहीं कहता। जिन लोगों ने मुल्क की तकदीरें बदलीं, उनमें अनपढ़ों ने ज्यादा काम किया है। पढ़े-लिखे तो साज़िशें रचते हैं या दगा देते हैं। अनपढ़ तो जैसे अन्दर से वैसे बाहर से। बताने तो मैं आया हूँ पुत्तरो, गलियों में पड़ी लाशें अब बदबू देने लगी हैं...।"

"बाबा, बस एक दिन और...।"

"मैं समझता हूँ पुत्तर," चिराग़दीन बोला, "यह ना सोचना, पिंडी के लोग जो अल्लाह की मेहर से बच गये, वो अपने घरों को ठीक करने में लगे होंगे। उन्हें मालूम है, फ़ौज अभी यहीं बैठी हुई है। मगर उन्हें इस बात की भी आस है, दुल्ले ने अभी आना है। चौधरी तो हवेली के भीतर बैठे भी काँपते रहे हैं। मौलवी और पंडित दो दिनों से दिखे नहीं। मुखबिरों को दोनों ओर डर रहता है। पिंडी उजड़

गयी तो भी बरखुरदारो, बातें तुम्हारी ही होती रहीं। हाजी की एक बात याद रखना, जंग में कभी भी आस का पल्ला न छोड़ना। मैं तो तब से देख रहा हूँ, जब से तू तैयारी कर रहा है। गाहणे की भट्ठी दिन-रात सुलगती थी, तब लड़कियाँ-छोरियाँ, चादरों-तकियों गिलाफों पर तेरे नाम की कढ़ाई करती थीं। हर एक दुल्ला नहीं बन सकता। जो मुहिम लड़कियों-चिड़ियों की सुई-धागों तथा गीतों में आ मिले, उसे रब भी नहीं मार सकता। मैं चलता हूँ, चौकन्ना रहना। अगर अल्लाह ने कुछ और साँस दिये तो पिंडी को फिर से बसता देख सकूँगा...।" चिराग़दीन धीरे-धीरे चलता झिड़ी से बाहर हो गया।

फिर दुल्ला, उसका मामा—भानजे, पिरथा, रूड़ा, सदीक, गाहणा से दो दिनों की वारदातें सुनने के लिए उसके आस-पास हो गये।

फत्तु, रमज़ा तथा शल्ला ने भट्ठी में आग जला दी थी।

× × ×

पिंडी में पड़ी लाशें बदबू देने लगीं। मालूम नहीं कहाँ से घूमता-घामता फ़कीर शाह हुसैन, मरे सिपाहियों को देखता, दुखी हृदय से सीधे झिड़ी की ओर चल दिया। अपने मुरीद माधो लाल से बातें करने लगा, "ये लोग भी तो किसी के पुत्र, भाई या वालिद हैं। इन्हें गोर भी नसीब नहीं होगी। कितने बच्चे यतीम हो गये होंगे माधो। यह सब बादशाह के लिए लड़े हैं मेरे माधो लाल हुसैन और जानता है बादशाह कश्मीर में रंग-रलियाँ मना रहा होगा। यहाँ उसके मोहरे गलियों में पड़े खराब हो रहे हैं।

चलते-चलते शाह हुसैन गाने लगा—

क्यूँ गुमान जिन्दू नी
आख़िर माटी सिऊँ रल जाणा...।

साथ में माधो लाल भी गाने लगा, "आखिर माटी सिऊ रल जाणा...।" बार-बार गाते हुए जब वे झिड़ी में गये, तब दुल्ला और उसके साथी मुग़लों पर हमला करने की योजना पर विचार कर रहे थे।

दुल्ले ने साँईं फ़कीर के बारे में हाजी चिराग़दीन से बहुत कुछ सुन रखा था, साँईं को न रब का डर है, ना अकबर बादशाह का डर है। वह तो लोगों का आदमी है, उसने कौन-सी बादशाह से जागीरें लेनी हैं।

दुल्ले ने साँईं को सलाम कहा। उसके साथियों ने भी फ़कीर को सिजदा किया।

"इधर बहुत खतरा है साँईं।" दुल्ले ने कहा।

"फ़कीरों को कैसा खतरा।" शाह हुसैन ने बेपरवाही से कहा।

"तीर, तलवार न साँईं लोग देखते हैं, न फ़कीर, न चोर-उचक्के। जब बन्दे के हाथ में हथियार होता है तो साँईं लोगों तथा दरवेशों का मूल्य कम हो जाता है।

हथियार वाला आदमी तो आँखों-कानों से अन्धा और बहरा हो जाता है।"

"तू दुल्ला ही है न?" शाह हुसैन ने पूछा।

"मैं ही दुल्ला हूँ साँईं।"

"और तेरे संगी-साथियों का भी नाम होगा?"

"फ़कीर मियाँ दुल्ले के आदमी नामों से नहीं जाने जाते। हम सारे ही दुल्ले हैं।" दुल्ला ने गर्व से अपने साथियों की ओर देखा।

"तेरी बातें तो लाहौर से पार निकल गयी हैं सूरमे।"

"हाँ-हाँ, तभी तो अकबर ने मुझे कैद करने के लिए फ़ौज भेजी है।" दुल्ला हँस दिया।

"तुझ पर अल्लाह की मेहर है दुल्ले। आखिर बादशाह अपनी औकात पर उतर आया है। उससे तो जंगल के जानवर अच्छे हैं, जो दूसरे जानवरों को अपना पेट भरने के लिए ही मारते हैं और यहाँ बादशाह अपने लालच, अपनी हदें बढ़ाने के लिए बेगुनाहों का कत्ल करवाता है।"

"पिंडी में देख लिया साँईं, बादशाह क्या करतूतें कर रहा है। जोर-जुल्म तो हमारे बाप-दादा ने नहीं सहा, हम क्या सहेंगे। साँईं बाबा, वो लोगों का गला दबाकर लगान लेते आते हैं। हम नहीं देते। कह दिया, किसानों के पास अगर ज्यादा बचेगा, तभी देंगे। ज्यादा होगा कहाँ से? किसानों को अपने खाने लायक पूरा नहीं पड़ता। बार में जब तक दुल्ला ज़िन्दा है, बादशाह के मंसूबे पूरे नहीं होंगे साँईं मियाँ।"

"दुल्ले, मैंने देखा है, पिंडी की गलियों में कुत्ते मरे पड़े व्यक्तियों को खींच-घसीट रहे हैं। बादशाह इन बातों को खेल समझता है।"

"मौत को तो हम भी खेल ही समझते हैं साँईं। मगर यह कोई अपनी मर्ज़ी से खेले, यह दुल्ले को गवारा नहीं, चाहे वह बादशाह ही क्यों न हो। बन्दा, बन्दा से ऊँचा नहीं हो सकता रसूल की बात अलग है।"

"दुल्ले, हमारे लिए तो रसूल की बात भी अलग नहीं। रसूल को बनाने और मानने वाला बन्दा ही होता है। मैं तो हूँ सूफ़ी, मलंग, दरवेश तो भी दुनियादार आदमियों का फ़िक्र कर रहा हूँ। आदमी दुनियादार है तो तभी दुनिया आगे चलती है। हमने तो गलत वालों को सीधे रास्ते डालना है, चलने लगे तो वाह भली नहीं तो अल्लाह बेली।" और शाह हुसैन उठकर गाने लगा–

अमलाँ दे ऊपर होग नबेडा
क्या सूफ़ी क्या भंगी
जो रब भावे सोई थीसी
सोई बात है चंगी...
सोई बात है चंगी...।

माधो लाल भी साथ नाचने लगा। दुल्ले के कुछ आदमी भी नाचने लगे। झिड़ी

में से चारों ओर से आवाज़ें आने लगीं, "सोई बात है चंगी...।"

दुल्ले ने फत्तु को इशारा किया, वो भागता आया।

"मीरज़ादे, साँईं के लिए कुछ खाने-पीने के लिए ले आ। गाँव में तो सभी के चूल्हे ठंडे हैं।"

फत्तु भट्ठी की ओर भाग गया।

"रब के बन्दे, खाने की मुझे कोई ज़रूरत नहीं, मगर यहाँ बन में बैठे बात बहुत बुरी लगती है। मैं खाने लगूँ और अचानक मुग़ल यहाँ आ धमके। तू तो बड़ा सूरमा है दुल्ले। खाने-पीने के झमेले में ना पड़ दुल्ले, हम फ़कीरों को कहीं से भी खाने को मिल ही जायेगा। तू सुल्तान की फ़ौजों की अकड़ तोड़ दे। उनमें बहुत खुदी आ गयी है। यह वक़्त नहीं कहता, मैं यहाँ खाने के लिए बैठूँ।"

"साँईं, अभी तो हम सभी को खाना है।"

"खाओ, तुम सभी को खाने की ज़रूरत है। तुम्हारा खाना बन रहा है। मैं तो लोगों को जगाता फिरता हूँ। इधर सोयों को जगाने आया हूँ। तुम लोग तो जाग रहे हो, अच्छी बात है। एक बात न भूलो, सुल्तान के बन्दी खाने की दीवारें बहुत ऊँची नहीं।" कहकर शाह हुसैन ने कम्बली कन्धे पर रख ली।

"साँईं, बन्दी खाने की दीवारों के अन्दर पहुँचने से पहले, हमें लाहौर में अकबर की जड़ें खोदने का प्रबन्ध करना, तख़्त लाहौर को भगदड़ डालनी है।"

"मुझे तेरे बारे में मालूम है दुल्ले। बादशाह, सुल्तान ज़ुल्म करते रहे, दुल्ले, सूरमे ज़ुल्म रोकते रहेंगे और फ़कीरों को सोने नहीं देना। मेरा मुर्शिद बहिलोल शाह दरियाई, अल्लाह का बन्दा है। वो भी बादशाह से खफ़ा होकर इधर ही आ बैठा है। बादशाह ना पीरों-फ़कीरों के होते हैं न बाग़ियों के। हमने भी उसके कायदे-उसूलों से इनकारी होने का रास्ता अख़्तियार किया है। तभी तो लोगों को जगाता फिरता हूँ। जब भी मेरी सुरति टिकती है, मैं अपने मुर्शिद के पास बैठा होता हूँ, बहिलोल शाह के पास। उसकी बद्दुआओं में बादशाह को अल्लाह की मार पड़ेगी। एक मेरा राह है, एक तेरा राह है। जब हमने तीन ओर से बादशाह को घेरा डाला है तो उसके लिए चौथा यह बचेगा, डूब मरना। इसलिए कहता हूँ दुल्ले, तेरी बातें होती हैं गाँवों में, ग्रामों में, शहरों में और ज़ो बात गाँवों में चली जाये, फिर उसके पीछे लड़ने-मरने के लिए लोग भागते आते हैं। बस बन्दे को जागते रहना चाहिए। सोये हो तो रब भी सो जाता है। फ़कीर तुझे जागते रहने की सदा देने आया है। तू बार का सूरमा है। अन्दर बाहर से सूरमा अपने सिर के इन्साफ की खुद की तलवार है। ख़बरदार रहना। हम तो चलते फिरते रहते हैं। हमें चलते रहने का ही हुक्म है। पिंडी की हदों के बाहर बादशाह के निज़ाम की हदों से भी पार। हदें तो बादशाहों के लिए होती हैं, पीरों-फ़कीरों के लिए कौन-सी हदें।

साँईं फिर से गाने लगा—

ऐ थो रहणा नाहीं
कोई बात चल्लण दी करके
बड़े ऊँचे महिल उसारिओं
गोर निमाणी घर वो...।

और वे दोनों गाते-गाते झिड़ी से बाहर निकल गये।

जैसे ही साँईं फ़कीर और माधो लाल झिड़ी से बाहर निकले, दुल्ला एकदम अपने साथियों की ओर पलटा और झिड़ी में उसकी आवाज़ गूँज उठी।

"सोये हो तो जाग जाओ। जाग जाओ...जागो!!"

"जाग रहे हो तो हथियार उठाओ।"

"हथियार पास है तो लड़ाई की तयौरी करो।"

× × ×

सारी पिंडी हरकत में आ गयी। घोड़ों पर जीनें कसी जाने लगीं। बरछे हाथों में और तलवारें कमरबन्दों में अटका ली गयीं। अन्य हथियार ज़रूरत अनुसार बाँटे जाने लगे। भट्ठी की आग में पकते गोश्त की महक सारी झिड़ी में फैल गयी।

× × ×

जब सभी खा-पी चुके तो पिरथा और सदीक दुल्ले के पास आये, "धावा कब बोलना है?"

थड़े पर बैठा दुल्ला गहरी सोच में था। उसे अपनी माँ, बीवी और बेटियों-बहू के साथ पिंडी की सभी औरतों-बेटियों की फ़िक्र हो रही थी। मालूम नहीं, मुग़ल सिपाही उनके साथ कैसा व्यवहार कर रहे होंगे। उसे स्वयं पर खीझ और गुस्सा आ रहा था, मगर वह अपनी मनःस्थिति अपने साथियो पर ज़ाहिर नहीं कर रहा था। बाहर से शान्त नज़र आते दुल्ले ने पिरथे से कहा, "धावा बोलने से पहले अपने सभी आदमियों को यहाँ बुला लो, मैंने कुछ बातें साफ करनी हैं।"

एकदम से आवाज़ें दी जाने लगीं। सभी थड़े के पास घेरा डाल खड़े हो गये। दुल्ला थड़े पर खड़ा हो गया। एकदम चुप्पी छा गयी। "मेरे साथियो, मित्रो, इस धरती के पुत्तरो, मालूम है तुम्हें हम किससे लड़ने जा रहे हैं?" दुल्ले ने कड़कती आवाज़ में पूछा।

कुछ पल चुप्पी छायी रही, फिर समूह में से आवाज़ें आयीं।

"बादशाह की फ़ौज से।"

"मुग़ल सिपाहियों से।" एक अन्य बोला।

"मुग़लेटों साथ।" किसी और ने कहा।

"हमें क्यों लड़ना पड़ रहा है?" दुल्ले ने फिर पूछा।

अब कोई आवाज़ सुनाई न दी। सभी एक-दूसरे का मुँह देखने लगे। फिर किसी एक ने धीमी आवाज़ में कहा—

"पिंडी का दुल्ला लड़ रहा है, इसलिए हम भी लड़ने आये हैं।"

"नहीं साथियो। यह लड़ाई अकेले दुल्ले की नहीं, हम सभी की है। साँदल बार के लोगों की है। ये ज़मीन किसकी है?" दुल्ले ने पूछा।

"हमारी है।" झिड़ी गूँज उठी।

"ये बार किसकी है?"

"हमारी है।" पहले की तरह ही ऊँची आवाज़ आयी।

"ज़मीन जोतता कौन है?"

"हम जोतते हैं।"

"फसलें कौन पकाता है।"

"हम करते हैं देखभाल।"

"फिर यह अकबर हमारे बीच कहाँ से आ गया, लगान उगाहने वाला?" दुल्ला गरज़ा।

"हम लगान नहीं देंगे।" सैकड़ों आवाज़ें गूँज उठीं।

"हम लड़ेंगे।" दुल्ला फिर से गरज़ा।

"हम लड़ेंगे।" बरछे हवा में लहराये गये।

"हम लड़ेंगे अपनी ज़मीन के लिए।" दुल्ले ने म्यान से तलवार निकालकर लहरायी।

"लड़ेंगे।"

"हम लड़ेंगे अपने जीने के लिए।"

"लड़ेंगे।"

"हम लड़ेंगे, हम लड़ेंगे।"

"जब तक हमारी साँसें हैं, हम लड़ेंगे।"

सभी ने हथियार हवा में लहराये और गरज़े, "हम लड़ेंगे।"

घबराये हुए पक्षी झिड़ी में चीखने-चिल्लाने लगे। डरपोक जानवर इधर-उधर भागने लगे। साँप, चूहा बिलों में घुसने लगे।

"तैयार रहो साथियो, हम जल्दी ही कूच करेंगे।" दुल्ले की आवाज़ सुनकर बेहद जोश में आये साथी अपने घोड़ों तथा हथियारों की ओर चल दिये।

दुल्ले का मामा जंग खाँ दुल्ले को एक तरफ ले गया।

"भानजे, यहाँ एक और दाँव खेलकर देख ले।"

"दाँव तो मुग़ल खेल गये हैं मामा। सारा परिवार बाँधकर साथ ले गये।" दुल्ले ने दुखी होकर कहा।

"अब खीझ या गुस्से से नहीं, अक्ल से चाल चलनी पड़ेगी। वे बेशुमार हैं और हम...।"

"मामा...।" दुल्ला भड़क उठा, "मामा, सीधे-सीधे कह क्या कहना चाहता है।"

"तू मेरे साथ चार-पाँच आदमी लेकर आ भरोसे वाले, दरिया की ओर चलते हैं।"

× × ×

ठंडी हवा जिस्म को चीरती जा रही थी।

अँधेरा अब और भी घना हो गया था।

दुल्ला, उसका मामा, पिरथा, रूड़ा, सदीक, रमज़ा और गाहणा, झाड़ियों से बचकर बहते दरिया के उत्तर की ओर चल दिये।

सामने कुछ साये शह लगाकर चलते नज़र आए तो पिरथे ने ललकारा मारी", वहीं रुक जाओ, जाना नहीं वरना...।"

साये जड़ हो गये।

"कौन है?" दुल्ले ने रौब से पूछा।

सायों में से कोई नहीं बोला।

"कहाँ जा रहे हो?" दुल्ले ने समझा, उसके अपने ही आदमी हैं, क्या मालूम लड़ाई से डरकर भाग रहे थे।

"बरछा आर-पार जायेगा, बोलो कौन हो?" रूड़ा दहाड़ा।

"हमें तो खुद मालूम नहीं, हम इस समय कहाँ हैं।" एक मिमियाती-सी आवाज़ सुनाई दी।

"तुम दुल्ले के पूर्वजों की धरती पर हो...।"

"हम भटक गये हैं।"

"कौन हो तुम?"

"हम शहंशाह के सिपाही हैं।"

"यहाँ क्या करने आये थे।"

"हवा खाते इधर आ गये, अब रास्ता भूल गये हैं।"

"हथियार हैं?" दुल्ले ने पूछा।

"खाली हाथ हैं।"

"जाओ, चले जाओ यहाँ से। बार के लोग रास्ता भटकने वालों तथा हथियार हीन को कुछ नहीं कहते। नहीं तो दिन चढ़े तुम्हारी लाशें...। मुड़ जाओ जहाँ से आये हो।"

सिपाही अँधेरे में ठोकरें खाते पीछे की ओर मुड़ गये।

× × ×

दुल्ले आदि सभी दरिया के किनारे आ गये। जंग खाँ, दुल्ला तथा उसके साथियों को अपनी युद्ध-नीति समझाता रहा। आखिर में उसने समझाया।

"एक घुड़सवार भेजते हैं पैगाम देकर मिर्ज़ा के पास।"

"सदीक को भेज देते हैं।"

"पैगाम भी दे दे और अपने कान मिर्ज़ा के मुँह के करीब ही रखो।"

फिर काफी देर तक, वे सभी लड़ाई के दाँव-पेंचों की बातें करते रहे। सदीक को सब कुछ समझा दिया गया।

झिड़ी की ओर मुड़ते ही अचानक दुल्ले को याद आया, "मेहरू कहाँ है?"

"वो तो इधर आया ही नहीं झिड़ी की ओर।" पिरथा हैरान हुआ।

"कहाँ गया होगा?" दुल्ले को उसकी चिन्ता होने लगी।

"पिंडी तक तो अपने साथ था। गलियों में पड़ी लाशों को देखकर मालूम नहीं कहाँ चला गया।"

"मैंने घर की ओर मुड़ते देखा था।" सदीक ने बताया।

"घर तो उजड़ा पड़ा होगा। वहाँ कौन होगा अब।"

सभी झिड़ी में आ गये।

"मीरज़ादे, मेहरू का पता कर भई, कहाँ है?"

"सरदारियाँ बनी रहे, अभी जाऊँ या फज़र की नमाज़ के समय।"

दुल्ला ने फत्तु की ओर देखा, मशाल की मद्धम लौ में फत्तु की आँख फड़कती नज़र आयी।

"अभी और वापस आकर बताना है।"

फत्तु हाथ में बरछा लेकर चल दिया।

दुल्ले के आदमी झिड़ी में जगह-जगह अलाव जला, खुद को गर्म रख रहे थे।

"सदीके आराम कर ले अब। फ़ज़र होते ही, अल्लाह का नाम ले लेना मित्र। रब-राखा।" कहकर दुल्ला, गाहणे को साथ ले, उस तरफ चल दिया, जहाँ हथियार पड़े थे।

45

मिर्ज़ा निजामुद्दीन, बादशाह अकबर की ओर भेजे गये पैगाम के जवाब का इन्तज़ार बहुत शिद्दत से कर रहा था। गाँव से बाँधकर लायी गयी औरतों में से एक हसीन लड़की को सिपाही उसके खेमे में सूरज ढलते ही छोड़ गये थे।

निजामुद्दीन तो चाहता था, दुल्ला भट्टी को सबक सिखाने के लिए, दुल्ले की बेटियाँ, बहू या बेगम को अपने खेमे में बुलाये। मगर जब सिपाहियों ने बताया, दुल्ला आ गया है और इन औरतों ने अपने गले में बँधे ताबीज़ों में संखिया छुपा रखा है तो मिर्ज़ा निजामुद्दीन ने अपना इरादा बदल लिया। वैसे भी उसने जब से सुना था 'दुल्ला आ गया है' उसे जाड़े में भी पसीने छूटने लगे थे।

मिर्ज़ा की साँस जो थोड़ी-बहुत बची हुई थी, लाहौर से आये एक सन्देशवाहक ने निकाल दी थी।

"एक लुटेरे को पकड़ने के लिए शाही लश्कर इतने दिन डेरा लगाये रखेगा?"

इस प्रकार सिपाहियों में बगावत फैलने का डर है। यह शहंशाह-ए-हिन्द की तौहीन है? क्या अब पिंडी के बाग़ियों को सबक सिखाने के लिए, बन्दी बनाने के लिए खुद शहंशाह को धावा बोलना पड़ेगा? अगर दो दिनों के अन्दर-अन्दर मसला हल नहीं होता तो अपने-अपने घर चले जाओ...।"

इस धमकी भरे पैगाम ने मिर्ज़ा निजामुद्दीन को जीते जी मार दिया। बादशाह की नज़रों में वह एक हारा हुआ सिपहसालार बनकर रह गया। कन्धार की फतह भी धूल में मिल जायेगी। क्रोध में उसने शराब का प्याला अन्दर उड़ेला और ताली बजायी...।

पहरेदार अन्दर आकर आधा झुक गया।

"कहाँ मर गये सारे के सारे? एक-एक को उलटा लटका दूँगा। तमाम सूबेदारों को तुरन्त हाज़िर होने को कहो।" कहते हुए उसने पूरी ताकत से पैर ज़मीन पर पटका। पहरेदार एकदम से बाहर निकल गया।

इस समय एक सिपाही ने अन्दर आने की आज्ञा माँगी। "दुल्ला भट्टी ने पैग़ाम भेजा है हज़ूर।" अन्दर आते ही सिपाही ने बताया।

"कहाँ है वो हराम का पिल्ला?" सन्देश पढ़कर निजामुद्दीन दहाड़ा।

सिपाही तुरन्त बाहर निकल गया।

निजामुद्दीन ने सोचा, "इतनी जुर्रत? मिर्ज़ा निजामुद्दीन, सिपहसालार शहंशाह-ए-हिन्द को इस प्रकार ललकारेगा अब वो। वो तो हमें भूत बनकर चिपट रहा है। अत्यन्त हद कर रखी है उसने। अति और खुदा का वैर होता है। वो तो खुद ही मर रहा है। ठीक है, सूबेदार, फ़ौजदार आ रहे हैं—पूछते हैं, वो क्या कहते है?"

इतने में सभी सूबेदार, फ़ौजदार खेमे के बाहर इकट्ठा हो गये। निजामुद्दीन के कहने पर जब सभी अन्दर आये तो वे घबराये हुए थे। भयभीत थे। मालूम नहीं क्या होने वाला है। हल्ला बोलना है या वापस कूच करना है...।

निजामुद्दीन ने कहा, "दुल्ला भट्टी ने पैग़ाम भेजा है। कहता है, सिपाहियों को क्या मरवाना। भट्टी एक और मुग़ल चार लड़ेंगे। मंजूर है?"

"हमें क्या समझता है दुल्ला? हम कोई भेड़-बकरियाँ हैं? हद हो गयी हज़ूर। लानत भेजो उसे, कहो, भट्टी भी एक और मुग़ल भी एक रोज़-रोज़ तो नहीं मरना।" एक फ़ौजदार भड़क उठा।

"इतनी जल्दबाज़ी न करो। तू तो काँपने लगा है गुस्से से। बैठ, ये समय तरकीब लड़ाने का है। यदि भट्टी खुद ही मरने लगे हैं, मैं तो सोचता हूँ, ऐसे ही कर के देख लेते हैं। उसके अहंकार को तो काबू करना ज़रूरी है।" मिर्ज़ा ने समझाया।

"ये मुग़लों के लिए भारी बेइज़्ज़ती की बात है हज़ूर। एक प्रकार से दुल्ले ने मुग़लों की ग़ैरत और बहादुरी की हत्तक की है। भट्टी एक और मुग़ल चार। इतने सूरमे पैदा हुए हैं वो।" एक और ने गुस्सा दिखाया।

"कितने होंगे वो? अहंकार हमेशा गिराता है। सूरज ढलने से पहले हम खत्म कर देंगे उन सभी को। आपका गुस्सा वाज़िब है। दुल्ले ने एक प्रकार से मुग़लों को नहीं शहंशाह को ललकारा है और अब मौका है, दुल्ले को उसी के दाँव के साथ धोबी-पटका देना चाहिए।"

"अगर जनाब इस प्रकार सोचते हैं तो ठीक है। भेज दीजिए सन्देश, तुम उधर से एक भट्टी भेजते रहो, इधर से हम चार सिपाही भेजते रहेंगे।" सभी सहमत हो गये।

"दुल्ला यह भी कहता है, कोई बेईमानी नहीं होनी चाहिए। फिर हम भी पाबन्द नहीं रहेंगे।" मिर्ज़ा ने जानकारी दी।

"हम बेईमानी क्यों करेंगे, जिन्होंने चार भेजने हैं? जब तक दुल्ला खुद मैदान में नहीं आता, हम चार सिपाही भेजते रहेंगे।"

"ठीक है। पहले भी तो चोरों की तरह ही आते रहे हैं। अब मालूम होगा, जब आमना-सामना होगा। देख लेंगे, किस-किस ने अपनी माँ का दूध पिया है।"

सभी ने मशविरा कर दुल्ले को पैगाम भेज दिया।

× × ×

चौधरियों की हवेलियों को छोड़कर, बाकी की उजड़ चुकी पिंडी के बचे-खुचे लोग हैरान थे। हाजी चिराग़दीन तो परेशान भी था। यह क्या सोचा दुल्ले ने? इस प्रकार तो...।

दुल्ला और उसके साथियों ने झिड़ी से निकलकर पिंडी की सीमा पर आकर मोर्चा लगा लिया। मामा, भानजा, गाँवों से आये अन्य नौजवान पूरे जोश में थे। आस-पास के सभी गाँवों में भी यह बात फैल गयी। लोग इकट्ठे होकर पिंडी की ओर आने लगे जैसे वे कोई मेला देखने जा रहे हों। कुछ लोग कन्धों पर अपने छोटे बच्चों को भी बिठाकर चल दिये।

इस अनोखी जंग, भट्टी एक और मुग़ल चार, लोगों को समझ में नहीं आ रहा था। यह लड़ाई तो बराबरी से नहीं। सभी एक-दूसरे से अपने सन्देह प्रकट करते। देखने वाले तमाशबीनों की भीड़ लड़ाई करने वालों से अधिक जुड़ आयी थी।

हाज़ी चिराग़दीन दुल्ला को समझाने चल दिया।

मिर्ज़ा निजामुद्दीन की ओर से दुल्ले की चुनौती कबूल कर लेने के बाद दुल्ले तथा उसके मामा लोगों ने, फैसला कर लिया, पहले कौन जायेगा, उसके बाद कौन जायेगा।

सामने निजामुद्दीन की फ़ौजें भी आ डटीं। उनके घोड़े हिनहिनाने लगे। निजामुद्दीन एक हाथी ऊपर चढ़े जंग के पहले मौके के मुकाबले का इन्तज़ार कर रहा था। वह काफी उतावला लग रहा था।

इधर नगाड़े पर चोट मारने से पहले, दुल्ले ने अपने साथियों को समझाया,

"सभी एकदम तैयार रहेंगे। अगर मुग़ल बेईमानी करेंगे तो मेरे एक इशारे पर धावा बोल देना है।" फिर उसने बरछा लहराकर आवाज़ बुलन्द की–

"हम जियेंगे अपनी ज़मीन के लिए।"

"हम जियेंगे।"

"हम लड़ेंगे अपनी ज़मीन के लिए।"

"हम लड़ेंगे।" सामूहिक आवाज़ गूँजी।

"हम मरेंगे अपनी ज़मीन के लिए।"

"हम मरेंगे।"

अब इकट्ठे हुए लोग भी बोल उठे। आवाजों की ऐसी बुलन्दी सुनाई दी कि सामने खड़ी मुग़ल सिपाहियों की भीड़ के चेहरे पीले पड़ गये।

दुल्ले के इशारे पर नगाड़े पर पहली चोट मारी और फिर लगातार वह पड़ने लगी।

दुल्ला का भानजा शेर खाँ आगे बढ़ा। घोड़ी ने अगले दोनों पैर ऊपर उठाकर अपना इरादा बताया। शेर खाँ ने बरछा हवा में लहराया। दूसरा बरछा, इस ढंग से काठी से लटकाया था, ज़रूरत पड़ने पर तुरन्त हाथ में आ जाये।

सामने से मिर्ज़ा के चार सिपाही कमान से निकले तीर के समान शेर खाँ की ओर बढ़े।

शेर खाँ ने भी पैर से ही घोड़े को हवा बना दिया। घोड़ी ने लगाम इस प्रकार से खींची, जैसे कह रही हो, मुझे भागने दें। निकट आकर शेर खाँ ने लगाम मुँह में पकड़ दूसरा बरछा भी हाथ में ले लिया और चार सिपाहियों के बीच में घुस कर ललकारा मारा। दो सिपाही ज़ख्मी होकर ज़मीन पर लोटने लगे। शेर खाँ की घोड़ी भी ज़ख्मी होकर गिर पड़ी। आपस में टकराने पर शाही लश्कर का एक घोड़ा वैसे ही पैरों के नीचे से निकल गया और सवार उसके नीचे आकर अपनी टाँग तुड़वा बैठा।

जब शेर खाँ तलवार खींच कर चौथे सिपाही की ओर भागा तो डर के मारे मैदान छोड़ गया। शेर खाँ गिरे हुए और ज़ख्मी सिपाहियों पर वार करने लगा, मगर कुछ सोचकर इरादा बदल लिया। उसने एक सिपाही का घोड़ा पकड़ा और छलाँग लगाकर उस पर चढ़ बैठा। एक पल के लिए वह इकट्ठी हुई शाही सेना की ओर ताकने लगा फिर घोड़ी की लगाम इस प्रकार खींची कि वह अगले खुर उठा ज़ोर से हिनहिनाया, जैसे शाही सेना को दाँत चिढ़ा रहा हो। फिर शेर खाँ ने घोड़े को पिंडी की ओर मोड़ लिया।

पिंडी की सीमा की ओर सें जै-जैकार सुनाई देने लगी। शाही लश्कर में सन्नाटा छा गया। शर्मिन्दगी से मिर्ज़ा निजामुद्दीन जल-भुन गया।

दूसरी ओर, नगाड़े पर फिर से चोट पड़ने लगी।

दुल्ला का मामा जंग खाँ आगे बढ़ा वह पहले से ही क्रोध और रंज से भरा

हुआ था। उसकी बहन लध्धी तथा बच्चे मिर्ज़ा की कैद में थे। वह भूखे शेर की भाँति गया और जाते ही मुग़ल सिपाहियों पर टूट पड़ा।

तलवारों से तलवारें भिड़ गयीं। सिपाहियों ने अपनी रणनीति अनुसार जंग खाँ को घेरा डाल लिया। अपने ज़ख्मों की परवाह न करता, वह सिपाहियों के वार रोकता भी रहा और वार करता भी रहा। खून उसके सिर को चढ़ चुका था। ऐसा लगाता था, जैसे जंग खाँ के अन्दर कोई प्रेत आ घुसा हो। अब सिपाही भी ज़ख्मी हो गये। जब जंग खाँ वार करते समय गरजता तो सिपाहियों के हाथों से हथियार छूट जाते।

अपने हिफाज़ती दस्ते से घिरा, निजामुद्दीन इस जंग का नज़ारा देखते हुए ज़ख्मी साँप की तरह विष घोल रहा था और अपने सिपाहियों को गालियाँ भी देता जा रहा था। साथ ही हिदायतें भी देता जा रहा था, "घूमकर, सामने होकर टक्कर, पीछे देख, वार करो...।" ये बातें जंग के मैदान तक नहीं पहुँच रही थीं। मगर निजामुद्दीन खुद अपने-आप को मैदान-ए-जंग में महसूस कर रहा था। जब कोई सिपाही ज़ख्मी होकर गिरता तो वह कहता, "इस कायर को इधर आने दो, इसका सिर मैं खुद कलम करूँगा।"

दो सिपाही रण छोड़ गये, दो ज़ख्मी होकर मैदान में गिर पड़े। जंग खाँ भी ज़ख्मी था। कुरता लहू के साथ भीग गया था। जंग खाँ ने घोड़ा मोड़ कर तलवार को हवा में लहराकर ललकारा लगाया तो एक ज़ख्मी सिपाही उठकर वार करने लगा, जंग खाँ के हाथ में उसकी बाजू आ गयी, उसने तुरन्त घोड़े को एड़ लगायी। सिपाही साथ ही घसीटता गया। यूँ लगता था जैसे भेड़िया, भेड़ का कान मुँह में डाल अपने साथ घसीटता जा रहा हो। थोड़ी दूर जाकर जंग खाँ ने सिपाही की बाजू को छोड़ दिया और वह मुर्दे की तरह औंधे मुँह जा गिरा।

जंग खाँ अपने साथियों में आ मिला।

पिंडी के लोग पहले की तरह ही चिल्लाये, सीटियाँ बजायीं और नारे लगाये। मलहम-पट्टी करने वाले तुरन्त जंग खाँ को एक ओर ले गये।

शाही लश्कर में एक बार फिर से मातम छा गया। "ये तो शहंशाह-ए-हिन्द अकबर के सिपहसालार की सरासर तौहीन है...।" मिर्ज़ा के अन्दर कमीनगी ने सिर उठाया। कुछ करना पड़ेगा। इस प्रकार से यह मसला हल नहीं होगा।

दूसरी ओर दुल्ले के पक्ष से फिर नगाड़े पर चोट लगायी गयी। दुल्ला का छोटा मामा जलाल खाँ, अपने घोड़े पर मैदान में उतर आया।

अपने चार सिपाहियों को मैदान में भेजने से पहले, निजामुद्दीन ने उन्हें फटकारा, "मुग़ल फ़ौज की बदनामी नहीं होनी चाहिए। तुम चार और भट्टी एक। शर्म-हया नहीं आती? जब बादशाह तक खबर पहुँचेगी, तब तुम्हें कोड़े मार-मारकर वो तुम्हारी चमड़ी उधेड़ देगा और फिर बन्दी खाने से फिंकवा दिये जाओगे। बन्दीखाने में मरने

से बेहतर है जंग में मरना सूअरो! तुम लोग तो औरतों से भी गये-गुज़रे हो। बादशाह सही कहता था, शाही लश्कर में हिजड़े भर्ती हो गये हैं। इस बार मर जाओ या मार आओ। दूसरा रास्ता ही कोई नहीं।" या अली का जयघोष करते हुए सिपाही जलाल खाँ की ओर बढ़े।

× × ×

उधर हाजी चिराग़दीन संशयित मन से सीमा की ओर आ निकला। वह हैरान हुआ, "इतनी भीड़? कहाँ ढूँढ़े दुल्ला को?" उसने किसी से पूछा तो उसने बताया।

"मियाँ जी, जहाँ नगाड़ा बज रहा है दुल्ला वहीं है।"

मियाँ चिराग़दीन बड़ी मुश्किल से रास्ता बनाते हुए नगाड़े की आवाज़ की ओर चल दिया। लोग चिल्ला रहे थे।

चिराग़दीन को देखते ही दुल्ले को फ़िक्र हो गया, "बाबा, इधर न आना। यहाँ खतरा है।"

"मेरी इतनी फ़िक्र न कर बरखुरदार। मैंने सुना है, यहाँ कोई अनोखी जंग हो रही है।"

"हाँ ठीक सुना है बाबा।"

"भट्टी एक और मुग़ल चार।"

"हाँ, हाँ।" दुल्ले का ध्यान मैदान की ओर था।

"तभी मैं चला आया।"

"बाबा, यहाँ भगदड़ मच गयी तो बूढ़े शरीर से बचाव नहीं होगा। उधर एक ओर बैठ जा।"

"मैं इतना भी बूढ़ा नहीं दुल्ले। तेरा बाबा और मैं इकट्ठे ही लड़ते रहे हैं। तुम डरना ना भट्टी पुत्तर। तेरी लड़ाई है अपने जीने के लिए, अपनी पिंडी के लिए, अपने लोगों के लिए और वे लड़ रहे हैं बादशाह को खुश करने के लिए, जागीरें, मर्तबे लेने के लिए। वो कैसे जीत जायेंगे पुत्तरा। इधर अपनी मिट्टी के पुत्तर, अपनी मिट्टी के लिए लड़ रहे हैं। दूसरी ओर चन्द-सिक्कों-कौड़ियों के लिए। दुल्ले, मैं जानता हूँ, वो लोग हमारे साथ क्या मुकाबला करेंगे।"

"अभी इन बातों का समय नहीं है बाबा। तुम एक तरफ हो जाओ, थोड़ा पीछे रहो।" दुल्ला अगली बारी के लिए तैयार पिरथे के पास जा खड़ा हुआ।

"जैसे तुम मुनासिब समझो पुत्तर।" अपने मुँह में ही बुदबुदाते हुए हाजी चिराग़दीन पीछे हटकर लोगों की भीड़ में मिल गया।

उधर मैदान में जलाल खाँ के साथ शाही फ़ौज के चार सिपाही आ भिड़े।

चारों से घिरा जलाल खाँ बाज की आँख से ताड़ता रहा, फिर पूरी फुर्ती से जंगी पैंतरे लगाता, अपना बचाव कर वार करने लगा। वह उन चारों के काबू नहीं आ रहा था। दाँव लगने से अचानक उसने एक सिपाही की कमर से बरछा आर-पार कर

दिया। उसने भयानक चीख मारी और घोड़े की पीठ लहू से भीगने लगी।

निजामुद्दीन यह सब देख रहा था। गुस्से में उसके नाखून हथेलियों में चुभ गये।

इतने में जलाल खाँ ने दूसरे सिपाही को भी ढेर कर दिया।

अब सिपहसालार के सब्र का प्याला भर गया। जिसने चार सिपाहियों की न चलने दी, वह बाकी दो का क्या हाल करेगा? सोचकर निजामुद्दीन ने लड़ाई में तय किये उसूलों की परवाह न करते हुए दगाबाज़ी और हेरा-फेरी का रास्ता अख़्तियार करते हुए, तुरन्त चार घुड़सवार और भेज दिये।

दुल्ले के पक्ष की ओर हाहाकर मच गयी।

शोर बढ़ने लगा।

उधर छः सिपाहियों ने मैदान में जलाल खाँ को घेरकर कत्ल कर दिया।

दुल्ले ने हर पल अपने आदमियों को तैयार रहने को कहा हुआ था।

"हल्ला बोल...।" दुल्ले ने ललकारा लगाया। पलों में सैकड़ों की भीड़ हज़ारों पर टूट पड़ी।

मिर्ज़ा के सिपाही तैयार नहीं थे। वो तो इसी भ्रम में थे कि अब एक-एक के साथ चार-चार का मुकाबला होगा। ना किसी के पास घोड़े थे न ही हथियार। वे सभी तो तमाशबीनों की तरह खड़े थे।

"मिर्ज़ा ज़िन्दा नहीं छोड़ेगा। मामा की लाश उठाने से पहले, वहाँ मिर्ज़ा की लाश भी रखनी पड़ेगी।" दुल्ले की दहाड़ सुनकर मुग़ल सिपाहियों के हाथ-पैर ठंडे पड़ गये।

ईर्ष्या, नफरत तथा जोश से दुल्ला तथा उसकी देहाती फ़ौज शाही लकीर का उल्लंघन कर अन्दर जा घुसे। नेज़े, तलवारों तथा तीरों रो शाही खेमे चिन्दी-चिन्दी से होने लगे।

दुल्ले तथा उसके नजदीकी साथियों ने निजामुद्दीन को घेरा डाल लिया। सामने मौत को देखकर निजामुद्दीन की आँखें फैल गयीं। उसने सोचा, हार तो होगी ही, यदि यहाँ से भी गया तो बादशाह फाँसी पर लटका देगा। मैं तो जागीरें और ओहदे चाह रहा था।

पिरथा नेज़े का वार करने ही लगा था तो दुल्ले ने हाथ खड़ा कर उसे रुकने को कहा।

"यह शिकार मेरा है पिरथे।"

पिरथा, रूड़ा, सदीक, रमज़ा पीछे हट गये।

"तगड़ा हो जा निजामुद्दीन। किसी और को अपने साथ लेना है तो ले ले। मार एक और चार या छः वाला खेल खेलना है तो भी मैं तैयार हूँ। बार का पुत्तर दुल्ला भट्टी बल्द फरीद भट्टी अब आ गया है। अपने खुदा को याद कर ले, नहीं

तो अपने बादशाह को याद कर ले।"

दुल्ले की आँखों में लहू उतरा देख, निजामुद्दीन डर से काँपने लगा। उसे लगा, दुल्ला जैसे आँखों की ज्वाला से ही उसे भस्म कर देगा। डरते हुए मिर्जा के हाथ जुड़ गये, "मुझे बख्श दे दुल्ला सरदार।" वह इधर-उधर देखने लगा, फिर अचानक तेज़ी से भाग उठा, जहाँ पिंडी की औरतों को बन्दी बनाकर एक तम्बू में रखा हुआ था। सभी उसके पीछे भागने लगे।

निजामुद्दीन लध्धी के पैरों पर जा गिरा।

"अम्मा, खुदा का रहम। मुझे बचा ले अम्मा। तू मेरी धर्म की माँ है। मैं तेरा पुत्तर हूँ। पनाह अम्मा, अपने इस पुत्र को पनाह दे दे माँ।" लध्धी के पैर पकड़े मिर्ज़ा चिरौरी करने लगा।

दुल्ला तथा उसके साथी पीछे आ खड़े हुए। दुल्ले को ज़िन्दा देखकर लध्धी का चेहरा खिल गया। दूर बैठी दुल्ले की बेटियाँ, बहू और फुल्लराँ भी निकट आ खड़ी हुईं।

"माँ, पीछे हो जा, यह जंग है। इसे हमारी ओर आने दो। इसने लड़ाई का उसूल तोड़ा है। दगा कर मामा जलाल खाँ को मरवा दिया है। परे हो जा माँ, मैं वार करने लगा हूँ।" दुल्ला तलवार ले आगे बढ़ा।

लध्धी के पैरों पर सिर रखे निजामुद्दीन कांपता जा रहा था।

"पैरों में गिरे को नहीं मारना पुत्तर। यह भट्टियों की तौहीन है।"

"माँ, तू यह क्या कह रही है? इस सूअर ने तुम सभी को यहाँ बन्दी बना लिया। सारी पिंडी को उजाड़ दिया।"

"पुत्तर दुल्ले, इसने मुझे माँ कहा है।"

"यह इस कमीने की कोई चाल होगी।"

"मेरे जीते जी तू इससे कुछ नहीं कहेगा पुत्तर।" लध्धी ने निजामुद्दीन को पैरों से उठा अपने पीछे कर लिया।

"आगे से हट जा माँ। इसका सिर उतारे बिना मेरा खून ठंडा नहीं होगा।"

"पहले मेरा सिर उतार दे, फिर पुत्तरा, इसका उतार देना।"

"अम्मा, जीता रहा तो दुल्ले सरदार का भाई बनकर जीऊँगा।" पीछे से निजामुद्दीन गिड़गिड़ाया।

"माँ, तू समझती क्यों नहीं, यह बादशाह, यह सिपहसालार सभी ऐसे ही करते हैं, जब मौत सिर पर नज़र आती है तो किसी को माँ, किसी को भाई बना लेते हैं, फिर जब दाँव लगता है तो अपनी औकात पर आ जाते हैं। ये मुग़ल साँप है माँ। ये सिर्फ डसना ही जानते हैं। ये दोमुँहे होते हैं मुग़ल। एक ज़बान से वादा करते हैं, दूसरे से दगा करते हैं। इन्हें मारने पर ही अकबर को मालूम होगा कि पिंडी के भट्टियों में अभी भी आन कायम है और उन्हें लड़ना भी आता है।" दुल्ला निजामुद्दीन की

बाँह पकड़ खींचने लगा तो वह फिर से लध्धी के पैरों से लिपट गया।

"पिरथे, खींच ले इसे इधर को।"

पिरथा आगे बढ़ा तो लध्धी बोल उठी, "पुत्तरो, अब यह मेरी शरण में आ गया है। हम इन मुग़लेटों की तरह दगा-फरेब नहीं करते। मुग़लेटों और भट्टियों में यही तो फ़र्क है।" फिर लध्धी ने दुल्ले की ओर देखा, "इसे बख्श दे दुल्ले, नहीं तो हमेशा भट्टियों को शर्मिन्दा होना पड़ेगा।"

दुल्ले का तलवार वाला हाथ धीरे-धीरे नीचे आ गया। "ठीक है, माँ, मैंने तेरे दूध का कर्ज भी तो देना है। तेरे कहने पर एक बार इसे छोड़ देता हूँ।"

"तूने मेरी हयाती बख्शी है। तेरा यह एहसान मैं कभी नहीं भूलूँगा। दुल्ले भट्टी।" निजामुद्दीन ने झुककर उसे सलाम कहा।

"पिरथे, रूड़ा, बाँध लो इस खंजीर को। कहो, पहले अपने सिपाहियों से कहकर पिंडी की गलियों से लाशें चुकवाये। बाकी इसके सूरमे यहाँ से वापस लौट जायें। नहीं तो हमें उन्हें भगाना भी आता है। पिंडी के आस-पास कोई भी मुग़ल सिपाही नज़र न आये हमें।"

लध्धी के मना करते-करते भी उन्होंने निजामुद्दीन की मुश्कें बाँध दीं।

46

अँधेरा होने तक, मिर्ज़ा के सिपाही पिंडी की गलियों से मुर्दा पड़े सिपाहियों की लाशें ढोते रहे।

दुल्ले ने लध्धी, फुल्लराँ, नूरे की बीवी, बख्तो, सलेमो तथा पिंडी की अन्य सभी औरतों, लड़कियों से रूड़े और रमज़े की हिफाज़त में पिंडी भेज दिया।

जब लध्धी ने उजड़ी हवेली के आँगन में खड़े होकर पूछा, "फुल्लराँ, नूरा कहाँ है? मेहरू कहाँ है।"

फिर हवेली से बात बाहर निकल गयी। लोग अपनों को ढूँढ़ने लगे। पूछने लगे। पता करने लगे। गहिणे का भाई लड़ाई में मारा गया। पिरथा का छोटा भाई भी मारा गया था। नूरा तथा उसकी टोली के लड़के भी घरों में नहीं लौटे थे। मालूम नहीं कैद में थे या मारे गये थे। मेहरू भी नहीं मिल रहा था।

लध्धी ने सुना, पिंडी के घर-घर में रोना-पीटना होने लगा था। जब उसे मालूम हुआ कि नूरा और मेहरू भी लापता हैं तो वो भी रोने पीटने लगी।

"अब्बा कहाँ है?" सलेमो ने रोते हुए पूछा।

"वो तो वहाँ है जहाँ मिर्ज़ा को पकड़कर रखा हुआ है।" एक पड़ोसी ने बताया।

रूड़ा, रमज़ा, गहिणा दुल्ला की ओर चल दिये।

अब फत्तु मिरासी भी मुग़लों की ओर भागा।

दुल्ले को जब मालूम हुआ कि नूरा हवेली नहीं पहुँचा, उसने तलवार निजामुद्दीन की छाती से लगाकर पूछा, "मेरा पुत्तर नूरा कहाँ है?"

निजामुद्दीन का चेहरा पीला पड़ गया। उसने हकलाते हुए कहा–

"नूरा तो लाहौर के बन्दीखाने में भेज दिया गया है। यहाँ उसकी हिफाजत नहीं हो सकती थी। सिपाहियों पर भरोसा नहीं था, क्या मालूम कब कोई...।"

"सच कहता है?" दुल्ले ने तलवार की नोक को थोड़ा दबाया।

"खुदा को हाज़िर-नाज़िर जानकर कहता हूँ दुल्ले भाई। अब तो मैंने तुम्हें अपना भाई बना लिया है। तेरी माँ मेरी मज़हबी माँ बन गयी है।"

"हम तुझे झिड़ी के कुएँ में उलटा लटका देंगे, जितनी देर नूरा घर में नहीं आ जाता।"

"मैं तेरा गुलाम हुआ। चाहे बाँधकर रख, चाहे छोड़, चाहे उलटा लटका दे।" मिर्ज़ा की बेबसी जानकर दुल्ले की त्यौरियाँ ढीली पड़ने लगीं।

"यहाँ मेरे पास अंगूरी शराब की मश्कें भरी पड़ी हैं। कहो तो दुल्ला भट्टी सरदार को भाई बनाने की दावत कर दूँ?" निजामुद्दीन ने अपने दाँव की पहली चाल चली।

"तेरे सिपाहियों ने सारी पिंडी को खँडहर बनाकर रख दिया और हम तेरे साथ दावतें उड़ायें? तू समझता क्या है भट्टियों को?" दुल्ला का हाथ फिर से तलवार पर चला गया, "शुक्र कर अल्लाह का। माँ तेरे सिर पर हाथ रख गयी है।"

"दुल्ले सरदार ने अभी भी मुझे अपना भाई नहीं माना।"

"माँ ने कहा, पैरों में गिरे को सूरमे नहीं मारते। मैंने तेरी जान बख्श दी। बस इतनी-सी बात है।"

"यही तो कर्ज़ है मेरे सिर भाई। माँ ने पुत्तर तस्लीम कर लिया। अब पुत्तर को भी भाई तस्लीम कर लेना चाहिए।"

दुल्ला अब ना भूला। पिरथा, रूड़ा, सदीक, रमज़ा, गाहणा, तथा अन्य सभी दोनों की बातें पूरे ध्यान से सुन रहे थे। लगता था, मिर्ज़ा का दाँव अपना असर करने लगा था। किसी ने भी निजामुद्दीन की आँखों में कमीनगी नहीं पहचानी थी। उन्होंने दावत कबूल कर ली।

नशे के असर के अधीन निजामुद्दीन ने अपनी बाँहें खुलवा लीं और दुल्ले को बार-बार अपनी बाँहों में लेने लगा। दुल्ले के साथियों ने शाही लूट का माल तो बहुत खाया-पिया था, मगर शाही दावत का स्वाद पहली बार चखा था। वे प्याले भर-भर शराब के अपने अन्दर उड़ेलने लगे। दुल्ले इत्यादि की हिफाज़त के लिए सौ के करीब घुड़सवार एक ओर खड़े, इस इन्तज़ार में थे कि दुल्ला कब चलने के लिए कहेगा। "दुल्ले मेरे भाई, अपने घुड़सवारों से कह दे, इधर से एक मशक उठा लें और अपनी

दोस्ती के जश्न मनायें, थोड़ा परे होकर।" मिर्ज़ा ने दूसरा मोहरा चला।

शराबी दुल्ले को अफसोस हुआ, यह ख़याल उसे क्यों नहीं आया। उसने पिरथे से कहा, "जा, जा कह दे उनसे, वे भी ऐश करें। अब मरे हुए के साथ मरा तो नहीं जाता न। नहीं तो कह दे उन्हें, एक मशक ले झिड़ी में चलें। हम अभी आते हैं।"

पिरथा, दुल्ले को एक ओर ले गया।

"दुल्ले, अपने आदमियों को न दारू के लिए कह। न यहाँ से जाने के लिए कह। इनका हमारे नज़दीक रहना ही ठीक है।"

"पिरथे अब तो मिर्ज़ा...।"

"नहीं दुल्ले, मुग़लों पर मुझे यकीन नहीं अभी भी।"

"अब भाई बन, वह भाई मार नहीं करेगा।" दुल्ला नशे में था।

"यह सब अपना... कल से...।"

"छोड़ पिरथे, अब शक की गुंजाइश नहीं रही। मैंने तो माँ का कहा मानना है। आ जा एक-एक प्याला और ले ले और अपने आदमियों को झिड़ी की ओर भेज दे। आज की रात बेफ़िक्र होकर सोवें, कल की कल देखेंगे।"

जब दुल्ला और पिरथा फिर से उनमें आ बैठे तो निजामुद्दीन ने उनकी प्रशंसा की।

"मैं तो अब तुम्हारे साथ शामिल हो जाऊँगा। मिलकर डाके मारेंगे और अकबर की नींद हराम कर देंगे। अब तो जैसे दुल्ला, वैसे मैं।"

खुशी में दुल्ले ने ललकारा लगाया, "तोड़ देंगे दिल्ली के कंगूरे।"

"भाइयो, पेशाब आ रहा है, दुल्ला कहो तो थोड़ा परे करके कर आऊँ।"

"और हमारे सिरों पर करेगा क्या?" कह रूड़ा हँस दिया।

निजामुद्दीन के पैर अभी बँधे हुए थे। वह धीरे-धीरे चलते हुए उधर गया, जहाँ उसके खास सिपाही बैठे हुए थे। पेशाब करने के बहाने उसने अपने साथियों से गुफ्तुगू की।

"चौकन्ने रहना। सो नहीं जाना। रात को हम यहाँ से भाग जायेंगे। यह भेद नहीं बताना कि दुल्ले का बेटा कहाँ है। ज़िन्दा है या मर गया है। अगर दुल्ले को ज़रा भी शक हो गया कि नूरा को मार दिया गया है, फिर वो हमें जीते जी बाहर नहीं निकलने देगा। इधर मेरे नजदीक आ।"

एक सिपाही उसके पास आया।

निजामुद्दीन ने अपनी जेब से एक पुड़िया निकालकर उसे देते हुए कहा—

"जब मैं चला जाऊँगा, फिर तुझे बुलाऊँगा। फिर तुझे प्याले भरने को कहूँगा। वे सभी नशे में हैं। तुम खिदमत करने के बहाने वहाँ आना और प्यालों में यह...।"

"समझ गया हज़ूर। मगर वहाँ दुल्ला होगा।" सिपाही ने काँपते हुए कहा।

"अपनी ज़बान सँभाल। दुल्ला, अब दुल्ला नहीं है। वो तो मरा हुआ शेर है और घड़ी-पल में।"

"ठीक है हज़ूर।"

"एहतियात रखना। फिर देखना मिर्ज़ा के हाथ। मैं तो गज़नी के बादशाह को लोहे के चने चबा आया हूँ। ये दुल्ला कौन-से खेत की मूली है।"

निजामुद्दीन बाज़ी पलटने की आस में, अन्दर से खीझते, जलते, फिर से आ उनकी टोली में शामिल हो गया।

× × ×

सूरज तो आज भी आम दिन की तरह ही निकला था। परिन्दे अपना दाना चुगने के लिए घोंसलों से निकल चुके थे। हवा में आज ठंड कुछ अधिक थी। लोग चादरें तथा खेस लपेटे खेतों की ओर जा रहे थे। पिंडी की गलियों से लाशें तो बेशक रात को ही उठा दी गयी थीं, मगर लहू भीगी मिट्टी जगह-जगह पर पड़ी हुई थी।

झिड़ी में दुल्ले के आदमी आधी रात तक दुल्ले का इन्तजार करते रहे। ठंड से बचाव के लिए उन्होंने आग जलायी हुई थी। कुछ अपने घरों में चले गये थे।

जब दुल्ला, पिरथा, रूड़ा, सदीक तथा रमजा दिन चढ़ने तक भी न लौटे तो सभी को फ़िक्र होने लगा।

"दावत इतनी लम्बी खिंच गयी है? कहीं नशे में औंधे मुँह तो नहीं पड़े? आओ पता करें?" अनुमान लगाते हुए फत्तु को साथ लेकर चालीस-पचास लोग उधर चल दिये जहाँ मिर्ज़ा की फ़ौज़ों का पड़ाव था।

वहाँ पहुँच सभी हैरान थे। ना यहाँ दुल्ला था, ना उसके यार-बेली। मिर्ज़ा और उसकी फ़ौज़ भी कहीं नज़र न आयी।

दुल्ले के आदमियों ने चारों ओर निगाह डाली।

निजामुद्दीन के बहुत सारे घोड़े तथा सैनिक कुछ इधर-उधर पड़े थे। बुझ रहे चूल्हों से अभी भी धुआँ उठ रहा था। पानी के मटके टेढ़े पड़े थे। कुछ परे एक सिपाही की लाश को कुछ कुत्ते मिलकर घसीट रहे थे और आपस में लड़ भी रहे थे। जगह-जगह पर घोड़ों की लीद पड़ी थी। मुग़ल सिपाहियों के वहाँ नजदीक ही हगने के कारण तीखी बदबू फैली हुई थी। मिर्ज़ा निजामुद्दीन का खेमा चिन्दी-चिन्दी हुआ, एक ओर पड़ा मुग़ल फ़ौज की हुई दुर्दशा बयान कर रहा था। टूटे हुए बरछे, तलवारें, ढालें इधर-उधर पड़े नज़र आ रहे थे। "कहाँ गये सब?" फत्तु के चेहरे पर फ़िक्र नज़र आने लगी थी।

निजामुद्दीन के खेमे के पास खड़े सभी उदास थे। खेमे के अन्दर शराब पीने वाले प्याले टेढ़े पड़े थे। निकट पड़ी एकाध आधी मशक का मुँह अभी भी खुला हुआ था।

दुल्ले के आदमी ने एक ओर पड़ी तलवार को फुर्ती से उठाते हुए पूछा।

"ये तो दुल्ले भट्टी की तलवार है न?"

फत्तु ने तुरन्त उसे पहचान लिया। वह हैरान हुआ, "या अल्लाह, दुल्ला तो इसे एक पल को भी अपने से दूर नहीं करता।"

"दुल्ला यहाँ से हवेली तो नहीं चला गया?"

"क्या मालूम?"

"और मुग़लेटे?" किसी दूसरे ने पूछा।

"वे लाहौर की ओर चले गये होंगे।"

"मगर निजामुद्दीन की तो मश्कें बाँध ली गयी थीं और दुल्ले ने कहा था, जब तक नूरा घर नहीं आयेगा, इसे झिड़ी में बाँधे रखना होगा।" फत्तु घबराया हुआ, गिरे पड़े तम्बू को उठा-उठाकर देखने लगा।

"चलो हवेली चलते हैं।"

रास्ते में उन्हें हाजी मियाँ चिराग़दीन खेतों की ओर से नज़र आया। सभी ने उसे सलाम कहा।

"जीते रहो पुत्रो। तुमने पिंडी की लाज रखी।"

"हाजी बाबा, दुल्ले तथा उसके साथी रात को लौटे नहीं, घर पता करने जा रहे हैं हम।"

"मालूम करो पुत्तरो। इन मुग़लेटों का कोई दीन-धर्म नहीं होता। गर्ज़ के समय तो यह थूका हुआ भी चाट लेते हैं। देखा, लड़ाई के समय कैसे ठगी मारी थी। अल्लाह की मार पड़े इन कसाइयों पर।" दोनों हाथ ऊपर उठाकर मियाँ चिराग़दीन बद्दुआ देने लगा।

सभी आदमी पहले से भी अधिक फ़िक्रमन्द हुए दुल्ले की हवेली की ओर बढ़ गये।

47

लाहौर के शाही किले के अन्दर, बन्दीखाने के बाहर सख्त पहरा लगा हुआ था। पहरेदार दुखी और ऊबे-थके से खड़े थे। उन्हें कड़ी हिदायत थी, जब तक कोई दूसरा आदेश नहीं मिलता, आँख तक नहीं झपकाना।

एक पहरेदार के तो पैर खड़े-खड़े सूज गये थे।

"हमें यहाँ जलने-मरने के लिए क्यों खड़ा किया है?" एक पहरेदार ने खीझकर दूसरे से पूछा।

"तेरा नाम क्या है?" दूसरे पहरेदारों में से एक ने पूछा।

"यहाँ नामों को कौन पूछता है, भाड़े के टट्टू कह दो।" किसी दूसरे ने कहा।

"सभी ही भाड़े के टट्टू हैं। वैसे मेरा नाम, माँ ने जमालदीन रखा है।

"आज शहंशाह के दरबारी तथा बड़े ओहदे वाले इतनी हरकतें क्यों कर रहे हैं?" पहले पहरेदार ने अपने सूजे हुए पैरों वाले पहरेदार जमालदीन से पूछा।

"शहंशाह कश्मीर से लौट आये हैं क्या?"

"शहंशाह तो अभी रास्ते में ही हैं। यह शोरगुल तथा भागदौड़ तो आधी रात से लगी हुई है।" तीसरे पहरेदार ने बताया।

"यह तो कोई खास ही बात होगी। एक तो यह चौधरी, कोतवाल बेहद खराब हैं। भेद कोई नहीं देते। अब अन्दर बेशक कोई कैदी हो या ना हो। खुली आँखों, खड़े-खड़े पहरा देना पड़ेगा। यदि कोताही हो गयी तो...।" कहते हुए जमालदीन ने अपना हाथ ऐसे घुमाया, जैसे कोल्हू चलत रहा हो।

"जमालदीना, अगले तो जान ही निकाल देंगे।"

"अरे बता तो दो, आखिर क्या हुआ है। सभी बातों-बातों में मेरा भूत निकाल दोगे।"

"जब मालूम हो गया, अन्दर कौन-सी बला कैद है, तुम्हें हाजत हो जायेगी।"

सभी बहुत दुखी थे, मगर इस बात पर वह फीका-सा हँस दिये।

"बता तो सही, बात क्या है? क्यों जान निकाल रहे हो। मुझे तो आधी रात को उठाकर यहाँ खड़ा कर दिया और हुक्म दिया। आँख नहीं झपके भी वरना...।"

"नहीं तो कोल्हू में जोता जायेगा।" कहते हुए जमालदीन ने फिर हँसने का यत्न किया, मगर उसे हँसी न आयी और वह अपने सूजे हुए पैरों की ओर देखने लगा।

"हाँ, हमारे साथ ऐसा ही होगा। कोल्हू का बैल तो हमारे लिए ही है, खुद हाकिम अपनी औरतों की गोद में सो गये होंगे।"

"हाकिमों को सोने का हक़ है। बात ऐसी ही हुई है।"

"बन्दरियों ने लड़का पैदा कर दिया क्या?"

"इससे भी आगे की बात है"

"रावी उलटी बहने लगी है?"

"उससे भी परे की।"

"किलेदार की पूँछ उग आयी क्या?"

"इससे भी परे।"

"मेरे सब्र को आजमा न। जो भी तू है। बुझारत न डाल, बता क्या हुआ है?" जमालदीन खीझ गया।

"दुल्ला भट्टी तथा उसके आदमियों को बन्दीखाने में फेंक दिया है।"

"दुल्ला पकड़ा गया?" जमालदीन चीख-सा पड़ा।

"धीरे बोल मरदूद। यहाँ उसके आदमी भेष बदलकर फिर रहे होंगे?"

"हाँ... सारा स्यापा तो यहीं है।" जमालदीन की डर से आँखें फैल गयीं।

"इसलिए तो हाकिम कह गये हैं, खड़े पैर, खुली आँख पहरा देना है नहीं तो...।"

"कोल्हू का बैल बनना पड़ेगा।" जमालदीन उतावली में बोला।

सभी पहरेदार उखड़ा-उखड़ा-सा हँस दिये।

"कोल्हू तो बनना ही पड़ेगा जमालदीन। किसान होकर डाके मारने, लूटमारी कर बादशाह से माथा लगाना।"

"बादशाह की बोली बोल रहा है बदवख्त। तू अब...।"

जमालदीन मालूम नहीं क्या कहने वाला था। निजामुद्दीन अपने खास हिफाज़ती दस्ते के साथ बन्दीखाने की ओर आ निकला। उसके साथ लाहौर का दीवान और कोतवाल भी थे।

उन्हें देखते ही सभी पहरेदारों ने अपने साँस रोक लिए और एकदम सावधान हो गये।

"जागते हो न खंजीरो?" निजामुद्दीन के मुँह से जैसे आग निकली।

"मिर्जा साहब।" कोतवाल निजामुद्दीन को इशारे से एक ओर ले गया।

"जनाब-ए-अली, बात यह है, दुल्ला को बहुत देर तक बन्दीखाने में रखना ठीक नहीं।" कोतवाल ने धीमे स्वर में कहा।

"अभी तो वह ज़ंज़ीरों से जकड़ा हुआ है, फिर भी डर रहा है।" मिर्ज़ा के स्वर में अहंकार था।

"तुम बेहतर जानते हो। वैसे यह गिरोह बहुत अक्खड़ है। इनका दाँव पड़ गया, क्या मालूम कब बन्दीखाने से फ़रार हो जायें।"

"क्या कहना चाहता है?" निजामुद्दीन ने कोतवाल की आँखों में देखा।

"शाम पड़ने से पहले, फ़र्द-जुर्म लगाकर काज़ी से फैसला ले लो।"

"शहंशाह लाहौर में नहीं हैं।"

"तो क्या हुआ?"

"दीवान कहता है, शहंशाह से फैसला लेना और फिर तामील करना मुनासिब नहीं। एक दिन की तो बात है। शहंशाह रास्ते में हैं। कल पहुँच जाएँगे।"

"दीवान अपनी जगह ठीक है। मगर आप दुल्ले भट्टी को नहीं जानते। मालूम नहीं वो किस मिट्टी का बना हुआ है देखते जाओ?"

"हाँ देखा है। मैं ही लेकर आया हूँ ज़ंज़ीरों से जकड़कर। घोड़ों के पीछे बाँधकर।" मिर्जा ने घृणा से कहा।

"एक बार दीवान बहादुर को भी दिखा लो। दो गज़ से भी लम्बा गबरू ज़ंज़ीरों में जकड़े हुए भी, बन्दीखाने में कैसे शेर की तरह गरज़ता है।"

"अब उसकी वो दहाड़ मर गयी है कोतवाल साहब।"

"सिपहसालार साहब, फिर आपने दुल्ले को समझा ही नहीं। मैं जानता हूँ, वह मुग़ल-सत्ता की आँखों में रावी की रेत की तरह रड़कता है और शहंशाह की सरदारी कबूल करने से बागी है। मगर वह...।"

"कोतवाल, जितनी दुनिया मैंने देखी है और जंग लड़ी है। इतना तो मैं भी

समझता हूँ जो शख्स शहंशाह की परवाह नहीं करता, उसके दस्तूर-कानून को नहीं मानता। उसे निजाम के उसूलों की भी परवाह नहीं। वह मामूली नहीं हो सकता। एक बार तो उसने मेरे जैसे सिपहसालार को भी मुसीबत में डाल दिया होगा।"

"कोई खास बात है?" दीवान पूछते हुए उनकी ओर आया।

"इतनी भी कोई खास बात नहीं।" कहते हुए कोतवाल हँस दिया।

"दीवान साहब, कोतवाल कह रहा है। शहंशाह का इन्तज़ार करके भी कोई ज़रूरत नहीं। दुल्ले को तुरन्त...।"

"कोतवाल तो यह भी कह सकता है, शहंशाह की भी कोई ज़रूरत नहीं। इतनी लियाकत तो है इसमें। हुकूमत सँभाल सकता है।"

"दीवान साहब आप मेरी तौहीन कर रहे हैं।" कोतवाल गुस्सा खा गया।

"मैं आपकी प्रशंसा कर रहा था कोतवाल साहब। प्रशंसा तो मुझे सिपहसालार साहब की भी करनी चाहिए, जिन हालातों में यह दुल्ले भट्टी और उसके साथियों को पकड़ लाये।" दीवान साहब ने मिर्ज़ा की ओर भेदभरी निगाह से देखा।

"दीवानसाहब, आपको मेरी बहादुरी पर शक है?"

दीवान सिर्फ हँस दिया। फिर उसने कहा, "हमें शहंशाह का इन्तज़ार कर लेना चाहिए। चलो, सूबेदार बहादुर से सलाह लेते हैं।"

चलते समय निजामुद्दीन ने पहरेदारों पर फिर से रौब डाला, "जागते रहना। खबरदार रहना। वरना कोड़ों से चमड़ी उतरवा दूँगा।"

दीवान साहब, मिर्ज़ा, कोतवाल तथा उनका हिमाज़ती दस्ती लौट गया। कोतवाल ने फिर कहा, "काज़ी साहब को बुला भेजो। उसके पास भी कोई मंसूबा होगा ही। दुल्ला भट्टी जब तक जीता है, यह हमारी तरक्की का शरीक है। इस रोड़े को रास्ते से हटाना पड़ेगा जनाब।"

कोतवाल की बात का किसी ने कोई जवाब न दिया। "मैं सूबा लाहौर से बात कर लूँ।" कहकर दीवान उससे अलग होकर चल दिया।

× × ×

दुल्ले को जब होश आया तो उसने खुद को ज़ंज़ीरों से बँधे बन्दीखाने में देखा तो जोर से दहाड़ा, "धोखा किया कमीने, भाई बनकर भाई से घात किया।" वह छटपटाया। टाँगें-बाँहें मारने का यत्न किया। और भी ज़ख्मी हो गया। गुस्से और रोष से ज़ंज़ीरों को काटने लगा। दाँतों से खून निकल आया। गिट्टे पर भी लहू निकल आया। बेबस हो वह रोने-सा लगा।

"माँ, मालूम नहीं तू कहाँ होगी। मैंने तुझसे कहा था न माँ, यह दोमुहे साँप हैं। ये किसी के न पुत्र बनते हैं न मित्र। मुझे इसका सिर तोड़ देने देती। तू कहती रही, पैरों में गिरे को न मार। अब इस साँप ने धोखे से साँपों भरे इस कुएँ में फेंक दिया है। मालूम नहीं, मेरे साथी कहाँ होंगे। वे किसी और कोठरी में ज़ंज़ीरों में जकड़े पड़े होंगे। तू इस खंजीर को पहचान नहीं पायी माँ। तेरा दुल्ला तो अपने सिर पर चढ़े

कर्ज को उतारते ही ठगा गया। भुगतना भी अब मुझे ही पड़ रहा है। बाज़ी उलटी कर दी तूने माँ। दुल्ले तो शह देकर भी मात खा गया। तू बड़ा जुआ खेल बैठी है माँ। तूने अपने हाथों से हमें मुग़लों की झोली में डाल दिया माँ। हम तो जीते-जी इनके हाथ न आते। मैदान में तो हमने इनके घोड़ों, हाथियों, तोपों की भी परवाह नहीं की थी। माँ, ये साँप तेरे पैरों पर आ गिरा था। तूने तो मुझे उजड़ी पिंडी की भी कीमत वसूलने नहीं दी। इन कुत्तों ने हमारी हवेलियाँ, हमारे घर सभी खँडहर कर दिये। हमारी फसलें सड़-मुरझा गयीं। धरती बंजर हो जायेगी...। पिंडी तो रो रही है। अच्छा होता, तेरे पैरों पर गिरे उस मरदूद का सिर मैं उतार देता। ऐसे ही तेरे दूध का कर्ज़ उतारता रहा। दुल्ले का सिर पहले कभी नहीं झुका था। माँ, अब दुल्ले के कन्धे पर सिर ही नहीं रहा।"

दुल्ला फिर से छटपटाया। ज़ंज़ीरें खींचीं। अपने गिट्टे ज़ख्मी कर लिए। ललकारा। ज़ोर से दहाड़ा।

"एक बार खोलकर तो देख कुत्ते के तुख्म। धोखेबाज, पल-पल में चोला बदलने वाले खबीस...।" हाथ-पैर चलाता दुल्ला साँड़ की तरह छटपटाता रहा।

पहरेदार डरते-डरते कोठरी के दरवाज़े की ओर आये। "हम पर रहम करो भाई। हमने नौकरी करनी है। बन्दीखाने में बोलने की मनाही है।"

"वो अपनी बेटी का खसम, थूक कर चाटने वाला सूअर मिर्ज़ा कहाँ है?" दुल्ले ने जंज़ीरें खड़काते हुए पूछा।

तभी बन्दीखाने की ओर से कुछ दरबारी आते नज़र आये। पहरेदार फुर्ती से पीछे हटकर, सावधान होकर पहरे पर डटकर खड़े हो गये।

48

शाही किले के बाहर, रावी के किनारे शाह हुसैन, उसका मुरीद माधो लाल और अन्य कई फकीर वजद में आ नाच रहे थे। उनके आस-पास काफी भीड़ जुड़ी हुई थी।

मैंनूं अंवणी जो आखदी कप्त नी
मैंनूं भोली जो आखदी कप्त नी

मैं पछी को मारां लप्त नी
मैं पछी को मारां लप्त नी।

आवाज़ दीवारों से पार किले के अन्दर तक सुनाई दे रही थी।

"ओए सुनो।" दुल्ले ने दरवाज़े के पास आ पहरेदार को हाँक लगायी।

पहरेदार डर गया। इधर-उधर देखते हुए फुसफुसाया। "क्यों मुझे कोड़े लगवाने का मौक़ा बना रहे हो। बन्दीखाने वालों के साथ पहरेदारों को बोलने की मनाही है।"

"बाहर साँईं घूम रहा है। उसे इधर बुला सकता है?"

"क्यों मुझे कोल्हू में जुतवाना चाहते हो। शहर पर मुनादी हो चुकी है बादशाह की ओर से, जो भी कोई दुल्ले को देखने आयेगा, उसे भी बन्दीखाने में फेंक दिया जाये।" कह पहरेदार जमालदीन पीछे हो गया। उसने दूसरे पहरेदारों को अपने पास बुलाया, "ये दुल्ला बातें करने से बाज नहीं आता। गर किसी ने देख लिया तो...।"

"फिर तो कोल्हू में...।" दूसरों ने जमालदीन को छेड़ा।

दुल्ला लाचार हो दरवाज़े, के सीखचे को पकड़ खींचने लगा। झिंझोड़ने लगा। ऊँची आवाज़ में बोलने लगा। कभी अकबर, कभी निजामुद्दीन को गालियाँ देने लगा।

साँईं अभी भी किले की दीवारों के पास नाच रहा था।

× × ×

कोतवाल अपने सिपाहियों के साथ शहर की ओर से किले की तरफ आ रहा था। रावी के किनारे भीड़ देखकर, फिर नज़दीक जाकर साँईं हुसैन को देख उसने धमकाया, "ऐ साँईं मियाँ, भाग जा इधर से, शहंशाह की सवारी आने वाली है।"

शाह हुसैन एक पल के लिए रुका। कोतवाल की ओर देखा, फिर मस्त होकर नाचने लगा—

वड्डे ऊँचे महिल उसारिऔ
गारे निमाणी घरु वे
दूथ्थो रहिणा नाहीं
कोई बात चतजण दी कर वे
दुथ्थो रहिणा नाही...

"साँईं मैं कह रहा हूँ, भाग जा यहाँ से।" कोतवाल ने शाह हुसैन की बाजू को जोर से झटका दिया।

शाह हुसैन रुक गया, "तू बादशाह का मोहरा है, मैं अल्लाह का मोहरा हूँ। तुझे बादशाह हुक्म देता है, आदमियों को पकड़कर कब्र में डाल दे। मुझे अल्लाह हुक्म करता है, नाच और सोयों हुए को जगा दे।"

"मुझे बादशाह का हुक्म है, सोये हुए को जो जगा रहे हैं, उन्हें बन्दी खाने में डाल दे।" इतना कह कोतवाल ने एक बार फिर साँईं की बाजू को मरोड़ दिया।

"तुझे मालूम है, अन्दर किसे कैद किया है?"

"दरवेशों को कष्ट देने वाले, तू कहाँ जाकर भुगतेगा?"

"जब वो वक़्त आयेगा, देखा जायेगा।"

"कोई बड़ा आदमी पकड़ा है क्या?"

"तुझे मालूम नहीं, अन्दर दुल्ले को कैद किया है।"

"त बता रहा है। अल्लाह को बन्दों से पता होता है।" शाह हुसैन ने कहा।

"क्या पता होता है?"

"यही कि दुल्ला अन्दर है।"

"हाँ हाँ।" कोतवाल ने अहंकार से कहा।

"मुझे दुल्ले की रमज़ मालूम है।"

"कुफ्र कहता है साँईं। उसकी रमज़ तो अल्लाह भी नहीं जानता।"

"अल्लाह भी जानता है और मैं भी जानता हूँ।"

"ठीक बात है?"

"पक्की बात है।"

"हमें भी बात दे फिर।" कोतवाल ने कुछ नम्रता दिखाते हुए कहा।

"पहले साँईं की बाजू तो छोड़।"

कोतवाल ने तुरन्त बाजू छोड़ दी।

"बता, भला क्या जानता है?" कोतवाल ने अनजान बनकर पूछा।

"दुल्ले से मुलाकात करवाये तो...।"

"बादशाह ने दुल्ले से मिलने की मनाही की है।"

"ठीक है फिर रब राखा।" कह साँईं नाचते-गाते चलने लगा।

वड्डे ऊँचे महिल ऊसारिऔ
गोर निमाणी घर वो...।

कोतवाल कुछ पल देखता रहा, फिर एक सिपाही से साँईं को रोकने के लिए भेजा।

जब साँईं मुड़ा तो कोतवाल ने कहा, "अगर दुल्ले की रमज़ बतायेगा तो आ जा तुझे दुल्ले से मिलवा दूँ साँईं।"

"हमारे आस-पास कोई भी नहीं आयेगा।" शाह हुसैन ने शर्त रखी।

"मंजूर है।"

कोतवाल, शाह हुसैन को साथ ले किले के दरवाज़े के मध्य में बनी खिड़की से अन्दर निकल गया।

× × ×

पिंडली तक झूलते घिसे से लाल चोले में, कोतवाल के इशारे पर शाह हुसैन, दुल्ले की कोठरी की ओर चल दिया। पहरेदारों ने तुरन्त फकीर को घेर लिया, मगर दूर खड़े कोतवाल ने पुकारकर इशारा किया कि उसे जाने दिया जाये तो पहरेदार सिर झुकाकर अदब से पीछे हट गये।

"हाकिम की चाल में फँस गया न दुल्ले?" करीब होते हुए साँईं ने फ़िक्र से कहा।

"इन कुत्तों ने इतना बड़ा धोखा किया साँईं लोका। भाई बनकर दगा किया। खुद तो मिर्ज़ा माँ लध्धी के पैरों पर गिर पड़ा, अल्लाह के नाम पर अपनी जान बख्शवा ली। मैं क्या करता, माँ का कहना कैसे न मानता?" दुल्ले के चेहरे का दुख

साँईं से देखा न गया।

"दुल्ले, मैंने तुझसे कहा था न, सुल्तान के बन्दीखाने की दीवारें बहुत ऊँची हैं।"

"मुझे दुख यहाँ ऊँची दीवारों के अन्दर आने का नहीं। दुख इस बात का है, इन मरदूदों ने दगा किया मेरे साथ। लड़ाई में हारकर पकड़ा जाता, कोई रंज न होता। जीत-हार तो एक पक्ष की होनी ही थी। मगर...।"

"मैंने सब जान लिया है दुल्ले।" फकीर के स्वर में पीड़ा थी।

"पिंडी के हाल का कुछ पता लगा साँईं?"

"पिंडी का हाल तो ण्डिी जाकर ही पता लगेगा दुल्ले। वैसे सुना है, पिंडी उजड़ गयी है। घर-घर में चीख-पुकार हो रही है।"

"मेरे जीते जी, एक बार तो पता करके आ जा साँईं नहीं तो मरते समय सुरत पिंडी की ओर ही लगी रहेगी।"

"मैं तो कल चला जाऊँ, मगर इनका क्या भरोसा, मेरे लौटने पर तू यहाँ हो या न हो।"

"ओ भले आदमी, यहाँ ज्यादा बातें करने की मनाही है। वो तुरन्त मेरी नौकरी को लात मार देंगे और ऊपर से मुझे बन्दीखाने में फेंक देंगे। इल्ज़ाम लगायेंगे, तेरी दुल्ले के साथ कोई मिलींभगत होगी। अल्लाह के वास्ते, अपने रास्ते पर जा फकीर मियाँ और मुझे चैन लेने दे। कोई बड़ा अहलकार या सरदार आ गये तो जमालदीन तो जुत-जायेगा। कोल्हू में...।"

"दुल्ले तेरा पहरेदार तो कोतवाल से भी अधिक परेशान खड़ा है। देखते है हश्र का दिन कब का है। मैं पिंडी जाकर आता हूँ, दुल्ले मेल होगा तो खबर भी मिल जायेगी।"

"साँईं, दुल्ले को मरने का रंज नहीं। मरना तो है ही एक दिन। हश्र का दिन तो सभी पर आना है एक दिन। रंज इस बात का है, इन्होंने मेरे हाथ-पैर धोखे से बाँध दिये हैं। मरना था तो जंग के मैदान में मरता, इन मुग़लों को ललकारते हुए। इन्होंने कोई मर्दानगी दिखाई है भला?" दुल्ला गुस्से में दाँत पीसने लगा।

"अल्लाह बेली दुल्ले। जीता रहा तो फकीर साँईं का इन्तज़ार करना।"

शाह हुसैन वापस पलटा तो कोतवाल प्रेत की तरह एकदम सामने प्रकट हो गया।

"साँईं मियाँ, बाहर जाने की इतनी भी जल्दी क्या है, ज़रा इधर तो आ एक तरफ।"

कोतवाल के सिपाही शाह हुसैन के पीछे आ खड़े हुए। "फकीरों को कैद करने लगा है क्या?" शाह हुसैन हँसा।

कोतवाल ने अपनी जीभ काटते हुए कहा, "अल्लाह के बन्दे की हत्तक,

अल्लाह की हत्तक होती है हुसैन मियाँ। मैं तो यही पूछना चाहता हूँ, क्या मालूम हुआ है?"

"रमज़ तो अभी हासिल होनी है। बार के जितने भी बागी हैं, सभी की फेहरिस्त बन जायेगी।"

"आ जा, फिर दर्ज़ कर लेते हैं।"

"इतनी जल्दबाजी भी क्या करना?" शाह हुसैन, कोतवाल की बोली बोलकर हँस दिया।

"अन्दर होने की सलाह तो नहीं साँईं?" कोतवाल ने घूरा।

"फ़कीर लोग जैसे बाहर वैसे ही अन्दर। अल्लाह का नाम ही लेना है।"

"मैं तो मज़ाक कर रहा था।" कोतवाल ने पैंतरा बदला।

"फ़कीरों को मालूम होता है, सरकार कहाँ से बोल रही है। सुन, कान इधर कर। दुल्ले ने कहा है, मेरा सिर घूमा हुआ है। बादशाह की फ़ौज के, वो क्या नाम बता रहा था, हाँ मिर्ज़ा, उसने मालूम नहीं शराब में क्या घोलकर पिलाया, सिर हिल गया है। दो-तीन दिनों की मोहलत मिल जाये तो फेहरिस्त बन जायेगी।"

"कोई ठगी तो नहीं मार रहा साँईं।"

"मैं कोई सरकार हूँ जो ठगी मारूँगा।"

"इसे भी फेंको एक कोठरी में। ये फ़कीरों की ज़ात में से नहीं लगता।" कोतवाल भड़क उठा।

"फ़कीरों की बोली समझ नादान, घर कहाँ है समझ नादान। मैं तो कहता हूँ फ़कीर अल्लाह से तो ठगी मार सकते हैं, अल्लाह के आदमियों से नहीं...।"

वह गाने लगा—

घर किथ्थे ई समझ निदानां
फ़क्करां की बोली समझ निदानां
कदी समझ निदानां...।"

"साँईं रुक जा।" कोतवाल ने धमकाया।

साँईं रुक गया।

"दो दिन लाहौर को नहीं छोड़ना।"

"कभी कहता है रावी से इधर नहीं आना, कभी कहता है लाहौर नहीं छोड़ना। तेरी जीभ एक है कि दो?"

"जब तक दुल्ला बागियों के भेद नहीं बताता, तू कहीं भी...।"

"ठीक है, मुझे तीन दिन की मोहलत दे दो।"

"अपने आप इधर आ जाना। नहीं तो हमें लाना भी आता है।"

किले से बाहर जाते हुए शाह हुसैन गाने लगा—

आप कमीना तेरी अक्ल कमीनी

कउण कहै तू दाना
इन्हीं राही जांदे डिठणो
मीर मलकु सुल्ताना...।

और वह किले से बाहर निकल गया।

49

अचानक मौसम खराब हो जाने के कारण, शहंशाह अकबर को रास्ते में ही दो दिनों के लिए पड़ाव करना पड़ा। पीछे कश्मीर में भारी बर्फबारी हो रही थी। एकदम ठिठुरती हवा के साथ ओले भी पड़े। शाही काफिले में हाथियों से फिसलती जगहों पर चलना मुश्किल हो गया।

जब खबर लाहौर पहुँची तो सूबा लाहौर ने दीवान को बुलाकर मशविरा किया, "हमें दुल्ला भट्टी का काम खत्म कर लेना चाहिए। खतरनाक अपराधी को इतनी देर तक बन्दीखाने में रखना अक्लमन्दी नहीं है।"

"सज़ा तामील करने के लिए बादशाह की रजामन्दी लाज़िमी है।" दीवान ने शाही मर्यादा की जानकारी दी।

"पहले सज़ा तक तो पहुँचे। तब तक शहंशाह आ जायेंगे।"

"जो मुनासिब समझो, वो करो।" दीवान ने ढीलेपन से सहमति ज़ाहिर की।

किले के अन्दर ही दुल्ले का मुकदमा सुनने का विशेष प्रबन्ध किया जाने लगा। सभी दरबारियों, अमीरों, वज़ीरों को जो लाहौर में थे, गुप्त सन्देश भेज दिये गये। आम लोगों का प्रवेश एकदम रोक दिया गया। निर्धारित समय पर सभी ने दाखिल हो अपने-अपने स्थान ग्रहण कर लिये। सूबेदार, मनसबदार, सिपहसालार, दरबारी, कोतवाल, किलेदार सभी मौजूद थे।

कचहरी अभी लगी नहीं थी।

काज़ी का इन्तज़ार हो रहा था।

अधिकतर दरबारी और मौजूद व्यक्ति दुल्ले को एक नज़र देखने के लिए उतावले थे। उधर बन्दीखाने की कोठरियों में सीखचों के पीछे कैद कैदी डरे-डरे-से किले के अन्दर होती सारी हलचल को भाँप रहे थे। मालूम नहीं क्या होने वाला है। आज सभी क्यों इस प्रकार इकट्ठे हुए हैं। हम सभी को क्या सूली पर चढ़ाना है या धरती में गाड़कर ऊपर से कुत्ते छोड़ने का इरादा है।

इधर एक-दूसरे से बातें करते दरबारी, वज़ीर अचानक ख़ामोश हो गये।

काजी मुहिओद्दीन घमंडी चाल से चलता हुआ अपने आसन की ओर बढ़ा तो सभी ने अदब से खड़े होकर सलाम कहा।

काज़ी ने हाज़िर शख्सियतों पर सरसरी निगाह डाली। फिर दरबारी वकील की

ओर देखा। वह फ़र्शी सलाम करता हुआ आगे बढ़ा।

"अलीजाह, इजाजत हो तो... ।"

"हाँ, मुल्ज़िमों को पेश किया जाये।" काज़ी ने वकील को टोककर हुक्म सुनाया।

साथ ही कोतवाल ने इशारा किया। कुछ सिपाही तेज़ी से बन्दीखाने की कोठरियों की ओर चल दिये।

दरबारियों में उत्तेजना आ गयी। कई तो एकदम सावधान होकर बैठ गये। सभी एकटक उधर देखने लगे, जहाँ से मुल्ज़िमों को आना था।

कुछ देर के बाद सिपाही, जंज़ीरों में जकड़े दुल्ले भट्टी तथा रमज़ा को ले आये।

अस्थायी विशेष कचहरी में एकदम सन्नाटा था। दुल्ला हैरान था; पिरथा, रूड़ा, गाहणा, सदीक तथा अन्य साथी कहाँ गये? वे कहीं कत्ल तो नहीं कर दिये गये। क्या मालूम मौका देखकर... । उसने रमज़ा की ओर देखा, उसका चेहरा-शरीर बता रहा था, कसाइयों ने उस पर बहुत जुल्म किये थे।

चौबदार ने बेहद अदब से कुरान शरीफ़ पर अपना माथा छुआया, फिर काज़ी के आगे पेश किया।

काज़ी ने खड़े होकर अपने दोनों हाथ कुरान शरीफ पर रखकर कसम खायी।

"मैं मुहिउद्दीन इबर सफिउद्दीन काज़ी इल्म ज़ात पाक इल्हामी किताब की कसम खाकर कहता हूँ, मैं हर हाल हर दम न्याय करूँगा। किसी दबाव के आगे नहीं झुकूँगा। किसी लोभ में नहीं पड़ूँगा।" कहकर काज़ी ने हाथ पीछे कर लिये, फिर तुरन्त हुक्म दिया—

"मुकदमा पेश किया जाये।"

दरबारी वकील आगे आया।

"अलीजाह, इजाज़त हो तो मैं मुल्ज़िमों के नाम पेश करूँ।"

"इजाज़त है।" कहते हुए काज़ी ने हाथ खड़ा कर सभी को खामोश रहने का इशारा किया।

दरबारी वकील फेहरिस्त पढ़ने लगा।

"पहला मुल्ज़िम, दुल्ला भट्टी वल्द फरीद भट्टी, कौम भट्टी निवासी साँदल बार, हुज़ूर के सामने पेश है। दूसरा मुल्ज़िम रमज़ा, वल्दियत नामालूम, कौम नामालूम, निवासी साँदल बार हुज़ूर के सामने हाज़िर है। तीसरा मुल्ज़िम रूड़ा, कौम जाट, वल्दियत नामालूम, निवासी साँदल बार, मुल्ज़िम फ़रार है। चौथा मुल्ज़िम पिरथा, वल्दियत नामालूम, कौम जाट सिक्ख, निवासी साँदल बार, मुल्ज़िम फ़रार है। पाँचवाँ गाहणा, वल्दियत नामालूम, कौम लुहार-हिन्दू, मुल्ज़िम फ़रार है। और भी मुल्ज़िम हैं, सदीक, लहिणा, शल्ला, फत्तु मिरासी आदि सभी फ़रार हैं। अलीजाह इजाज़त हो तो हाज़िर मुल्ज़िमों की फ़र्द-जुर्म (इल्जाम) पेश करूँ।"

"इजाज़त है।" काज़ी कुर्सी पर तनकर बैठ गया।

"अलीजाह, दुल्ला भट्टी वल्द फ़रीद खान भट्टी ने, साँदल बार में शहंशाह की हुकूमत के खिलाफ बगावत की है। इस बाग़ी ने बार के बाशिन्दों को सरकारी मामला देने से इनकार किया है। रावी और झन्नाँ के दरम्यान का इलाका अब लगान देने से मना करता है अब यह बगावत और गाँवों में भी फैलने लगी है और इसके और भी फैलने का खतरा है...।"

"दूसरा जुर्म है, यह बाग़ी दुल्ला भट्टी, वल्द फ़रीद भट्टी सरकारी व्यापारियों तथा साहूकारों को लूटता है। उनका माल लूटकर गरीबों में तकसीम कर देता है इस प्रकार यह अवाम के अन्दर बादशाह के विरुद्ध नफरत के बीज बो रहा है।"

"इसका तीसरा जुर्म है, दुल्ला भट्टी लुक-छिपकर शाही सेना पर हमले करता है। इसने सैकड़ों सिपाहियों को मार डाला है।"

"चौथा ज़ुर्म है, इस लुटेरे दुल्ला भट्टी ने, बग्गा मलकीरा नाम के व्यापारी को पहले लूटा, फिर उसका सिर कलम कर बादशाह को तोहफ़े के रूप में भेंट करने की गुस्ताखी की। यह वाकया लाहौर तख्त के दरबारियों को मालूम है।"

"पाँचवाँ जुर्म, इसने मेधा साहूकार को लूटा।"

"छठा जुर्म यह है, इसने अली सौदागर के पाँच सौ घोड़े छीन लिये, जो वह कन्धार से खरीदकर बादशाह के लिए आ रहा था।"

"और भी काफी जुल्म हैं। यह कभी किसी के मवेशी ले जाता है। कभी पटवारी, कानूनगो को बेइज्ज़त कर पिंडी से निकाल देता है। कभी पिंडी के चौधरियों की पगड़ियाँ उछालता है। पिंडी के नज़दीक के एक गाँव की लड़की नूराँ को जबर्दस्ती अपने घर में बसा लिया है।

"दूसरे मुल्ज़िम रमज़ा, रूड़ा, पिरथा, गाहणा, तथा और जो भी इसके साथ हैं, वे भी दुल्ला भट्टी जितने ही दोषी हैं। ये तो खुदा की मेहर हो गयी, सिपहसालार-ए-आजम मिर्ज़ा निजामुद्दीन एक बहादुर ने दुल्ला भट्टी और उसके साथी बन्दी बना लिये, नहीं तो यह सारे शाही तख्त से टक्कर लेने के मंसूबे बनाते रहते थे। अलीजाह, ये सभी पकड़े गये थे। पिरथा जाट, गाहणा लुहार, रूड़ा जाट और सदीक आदि रास्ते में चकमा देकर फ़रार हो गये। नहीं तो सिपहसालार-ए-आज़म ने शहंशाह को कश्मीर से लौटते हुए सभी को बड़ा तोहफा भेंट करना...।"

"इन बातों का मुकदमे से कोई ताल्लुक नहीं है।" काज़ी ने ऐतराज़ किया।

"माफ़ करना अलीजाह...।" कहते हुए दरबारी वकील सिर झुकाकर खामोश हो गया।

"जो फ़र्द जुर्म लगाये गये हैं, हुकूमत के पास इनका कोई सबूत है।" काज़ी ने पूछा।

"ये सभी सबूत हासिल होने पर ही अलीजाह, फ़र्द-जुर्म तैयार किये गये हैं।"

"गवाह हैं?"

"हज़ूर, जुर्म इतने नंगे-चिट्ठे हैं, गवाहों की कोई ज़रूरत ही नहीं है।"

"ज़रूरत है गवाहों की। कचहरी का दस्तूर है।" काज़ी ने सख्ती से कहा।

"अलीजाह, इस मुकदमे का फैसला जितनी जल्दी हो जाये, उतना ही हुकूमत के हक़ में है। दुल्ले भट्टी ने हुकूमत के विरुद्ध इतने बाग़ी पैदा कर दिये हैं, अब तो यह हमारे आँगन में घुसे बैठे हैं। आज भी क्या मालूम यहाँ..।" दरबारी वकील कचहरी में बैठे सज्जनों की ओर झाँकते हुए चुप हो गया।

कुछ दरबारियों के चेहरे बिना मतलब के डर से पीले पड़ गये। क्या मालूम किसका नाम ले ले या किस पर शक ज़ाहिर कर दे। ये हाकिम कानों के कच्चे होते हैं...सोचते कई यहाँ से चले जाने की तरकीबें भी सोचने लगे।

"तुम्हें गवाहों की ज़रूरत नहीं है?" काज़ी ने दरबारी वकील की ओर से तसल्ली करनी चाही।

"अलीजाह, इस मुकदमे के लिए मुझे गवाहों की ज़रूरत नहीं।" कहकर दरबारी वकील ने, काग़ज़ों का पुलिन्दा काज़ी के आगे रख दिया।

कुछ देर कागज़ों पर नज़र मारने के पश्चात् काज़ी ने सभी की ओर देखते हुए पूछा, "इन मुज़रिमों के बारे में हाज़रीन कुछ कहना चाहते हैं।"

मिर्ज़ा निजामुद्दीन खड़ा होकर सलाम कर कहने लगा, "काज़ी साहब, यहाँ एक फ़कीर साँईं घूमता रहता है। क्या नाम है, हुसैन कि शाह हुसैन। वह अवाम को हुकूमत के खिलाफ़ भड़काता रहता है। उसके बोलों से बगावत की बू आती है। उसकी नकेल ज़रूर कसो हज़ूर। बुरे आदमियों के साथ उसका लिहाज़ है। बड़ी बात है उसकी दुल्ले के साथ साँठ-गाँठ है।"

"हमने देखा है, वो फ़कीर। यहाँ लाहौर की गलियों में नाचता-गाता फिरता रहता है शैदाइयों की तरह। हमें तो कोई शक नहीं हुआ। बुरे आदमियों के साथ उसका सलूक है।"

"अलीजाह, उसमें से तो दुल्ला भट्टी की बू आती है।"

"वे तो कठोर लोग हैं, अल्लाह का बन्दा।" काज़ी ने कहा।

"इस बात पर न जाओ हज़ूर। वो दुल्ला भट्टी का आदमी ही नहीं, उसकी जुबान भी है। कहता है, बादशाहों को अल्लाह नहीं भेजता, ये ज़ोर-जबर्दस्ती से बनते हैं। जिसके हाथ में लाठी, वही बादशाह है।"

निजामुद्दीन की बात सुनकर चारों ओर चुप्पी छा गयी। सिर्फ़ दुल्ले तथा रमज़ा की जंज़ीरों की आवाज़ ही चुप्पी को तोड़ रही थी।

देखने से तो दुल्ला पहले से अधिक हौसले में था, वह सोच रहा था, "गर पिरथा, गाहणा, सदीक और रूड़ा जैसे साथी पकड़े नहीं गये तो जंग अभी खत्म नहीं हुई। हम मुग़लों को मुसीबत में डालते ही रहेंगे। माँ, फुल्लराँ, बच्चे सभी सलामत रहेंगे।

नूराँ को भी ख़बर हो गयी होगी, मैं धोखे से पकड़ा गया हूँ।"

काज़ी की आवाज़ से दुल्ले की सोच भंग हो गयी।

"कचहरी में मौजूद अमीर-वज़ीर, दरबारी क्या ये ख्वाहिश रखते हैं, साँईं हुसैन को पकड़ लिया जाये?" काज़ी ने पूछा।

"अलीजाह क्या सोचते हैं?" एक दरबारी ने पूछा।

"हमें तो वह अल्लाह का आदमी लगता है।"

निजामुद्दीन खड़ा होकर फिर बोलने लगा, "हज़ूर, वो दुल्ला भट्टी से मिला हुआ है। जिस दिन मैंने पिंडी पर धावा बोला था यह फ़कीर तब भी दुल्ला भट्टी के पास ठहरा हुआ था। गर दुल्ला पकड़ा न जाता, इन दोनों ने मिलकर हुकूमत के पैरों के नीचे की ज़मीन खोखली कर देनी थी। दुल्ला बाहर से ज़ोर लगाता था और उसने तगड़ी फ़ौज इकट्ठी कर रखी थी। यह हुसैन बन्दे को अन्दर से तोड़ता है और इसका मुर्शिद पिंडी के नज़दीक डेरा लगाये बैठा है शाह-बहिलाल दरियाई। वह बादशाह से किसी बात से नाराज़ होकर लाहौर को छोड़ गया है। हमारे पास पक्की इत्तलाह है तीनों जने मिलकर लोगों को अन्दर-बाहर से तख्त के विरुद्ध बग़ावत करने के लिए तैयार करने में लगे हैं। यह तिकड़ी लाहौर दरबार के लिए भयानक खतरे वाली है अलीजाह। ये कहते हैं, बार के लोग, चरवाहे, किसान तथा अन्य काम करने वाले हलवाहे गर इकट्ठे हो जायें तो शहंशाह तथा उसकी फ़ौजों को आगे लें।"

"हमें ये बातें सच मालूम नहीं होतीं। हमें तो लगता है साँईं का सिर सन्तुलित नहीं रहा। इसका ज़ेहन उलझा हुआ है।" काज़ी ने अपनी दलील दी।

"हज़ूर, इजाज़त हो तो अर्ज़ करूँ।" एक और दरबारी उठा। काज़ी ने सिर हिलाकर सहमति दे दी।

"मुझे शक है हज़ूर, यह साँईं दुल्ले भट्टी का जासूस है। दो-तीन दिन पहले ही वो दुल्ला भट्टी से मिलकर गया है। उसे किले के अन्दर आने की इजाज़त किसने दी? अगर फ़कीर को पकड़ कर कचहरी में पेश किया जाये, तो कोई साजिश बे-नकाब हो सकती है।"

"शक-शुबहा वाजिब है। हुकूमत के खैर-खाह आदमियों को शक-शुबहा करने का हक़ है। सिपहसालार-ए-आज़म अपने सिपाही को कहो, साँईं शाह हुसैन पर कड़ी निगाह रखे। याद रहे, साँईं को इन बातों की सुह नहीं मिलनी चाहिए। किसी और मुहतिबर ने कुछ कहना है?" क़ाजी ने फिर सभी की ओर निगाह दौड़ाई।

सभी चुप ही रहे।

काज़ी कुछ पल किसी के भी बोलने की प्रतीक्षा करता रहा, फिर खुद ही बोला "अब हमने मुल्ज़िमों को सफ़ाई देने का मौका देना है। वह अपनी हिफाज़त के लिए कुछ कहना चाहते हों तो इजाज़त है।"

काज़ी का इशारा पाकर चोबदार दुल्ला भट्टी के पास कुरान शरीफ लेकर गया तो उसने कसम उठाने से सिर फेर दिया।

"मैं इस अदालत को नहीं मानता। मैं बादशाह की कचहरी के उसूलों पर थूकता हूँ। इस मिर्ज़ा खान ने हमारे साथ द्रोह किया है। अभी भी हमें न्याय मिलने की कोई आस नहीं है। तुम्हारा यह सिपहसालार दग़ाबाज़ है। इसने मेरी माँ के पैरों पर सिर रखकर अपनी जान की भीख माँगी थी। मैंने इसे बख्श दिया। इसने हमारे साथ बहुत बड़ा धोखा किया। फिर भी हुकूमत हमें खतरनाक समझती है तो फाँसी दे सकती है। हम तुम्हारे जैसे सूरमे की तरह जान बख्शवाने के लिए भीख नहीं माँगेंगे।" दुल्ले ने रोष ज़ाहिर करने के लिए ज़ंज़ीर खटखटाये।

"कुछ और कहना है?" काज़ी ने पूछा।

"मैंने जो कहना था, कह दिया है।"

"दूसरा मुल्ज़िम अपनी सफ़ाई में कुछ कहना चाहता है?" काज़ी ने रमज़ा की ओर देखने हुए पूछा।

"जो कहना था, दुल्ले भट्टी ने कह दिया है। मेरा बयान भी वही है।" रमज़ा ने रूखेपन से कहा।

"यह बादशाह की कचहरी है। यहाँ हर एक को अपनी बात कहने का हक़ है। इसके बाद जिले-ए-इलाही के हुक्म अनुसार फैसला सुनाया जायेगा।" काज़ी ने दुल्ले को और मौका देते हुए कहा।

"दुल्ला भट्टी तेरी बादशाहियों से बाहर है। दुल्ला और दुल्ले के आदमियों की अपनी ज़मीन है। वहाँ तेरे शहंशाह का दखल नहीं है। दुल्ला ना खुद मुकदमा सुनता है और न खुद फैसला करता है। वहाँ फैसले बार के लोग करते हैं। हम लाहौर की बादशाही को नहीं मानते। बन्दीखाने की दीवारों के अन्दर तुम्हारा बादशाह हमें फाँसी पर चढ़ा सकता है। मगर वह हमारी ख्वाहिशों को जंज़ीरों से नहीं मार सकता।"

"तू शहंशाह-ए-हिन्द को नहीं मानता।" काज़ी ने आँखें चढ़ाते हुए पूछा।

"मैं खुदा के बग़ैर अन्य किसी शहंशाह को नहीं मानता। ना उसकी सरकार को मानता हूँ।

"अब हर एक अपनी सरकार बनायेगा?" काज़ी बौखला गया।

"हरेक कोई नहीं काज़ी साहब साँदल बार के लोग। साँदल बार के सूरमे और उनमें से खास कर, दुल्ले के आदमी अपनी सरकार स्वयं बनायेंगे। यहाँ न गोलियाँ होंगी न जंग होगी न फाँसियाँ न तेरे जैसे गैर-उसूलों की अदालतें, न बर्बादी ना तबाही, न डंडे की हुकूमत...।"

दुल्ले की बात सुनकर दरबारी वकील गुस्से में उठ खड़ा हुआ और हाथ खड़े करके दुल्ले को उसने रोका।

"अलीज़ाह, यह दुल्ला भट्टी बड़ा बेलिहाज़ मुल्ज़िम है। यह न बादशाह की परवाह करता है, न फ़ौज की। इतना खतरनाक है, जब से बन्दीखाने में डाला है,

किसी पहरेदार ने आँख नहीं लगायी। हममें से अधिकतर सिपाही तो दुल्ले के साये से ही जून बदल जाते हैं। दुल्ला भट्टी क्या है और इसके मंसूबे क्या हैं, हुज़ूर ने देख सुन ही लिया है। आफरीन है सिपहसालार और जो इसे बाँधकर यहाँ लाया।"

"आफरीन नहीं, लानत है इस सूरमे पर।" दुल्ला, निजामुद्दीन की ओर तीखी नज़र से झाँका। मिर्ज़ा ने नज़रें झुका लीं। इसने हमारे साथ ठगी की। ये इतना बड़ा बहादुर ही है तो मेरे साथ दो-दो हाथ करके देख ले। मुझे इसी प्रकार ज़ंज़ीरों में बाँधे रहने दो। मैं ललकारता हूँ, अदालत सुनती है।"

"यह बादशाह की कचहरी है, तेरी बार नहीं। मुल्ज़िम को कोई हक़ हासिल नहीं, इस प्रकार की बे-अदब बातें करने का। इस प्रकार की फिर हिमाकत की तो मैं जीभ खिंचवा दूँगा।" काज़ी ने धमकी दी।

"काज़ी साहब, खुद कहता है, यहाँ अपनी बात करने का हक़ है। खुद ही कहता है बोलने पर जीभ खिंचवा दूँगा। हर मुग़ल दो जीभें लिए फिरता है।"

दुल्ले की बातें सुनकर काज़ी तड़प उठा। कोतवाल की ओर देखने लगा। कोतवाल समझ गया, उसने तुरन्त चार सिपाहियों से दुल्ले के पीछे खड़े होने का इशारा किया।

"दुल्ले को तेरे सिपाहियों का डर नहीं। बार की पिंडी उजड़ गयी, इसका रंज नहीं। मेरे लोग कुकनुस की भाँति उगते हैं और जितनी देर तक बार में एक भी पगड़ी बाँधने वाला जीवित है, वह लाहौर-तख्त के साथ लड़ने-मरने के लिए तैयार रहेगा। बार में अभी भी बहुत दुल्ले जीवित हैं।"

सूबेदार अमीर खिजर खाँ बहादुर एकदम गुस्से में तमतमाया उठ खड़ा हुआ, "काज़ी साहब, इससे कहो अपनी जीभ को बाँधकर रखे। मैं कुछ कहने की इजाज़त माँगता हूँ।"

"इजाज़त है।" काज़ी ने इशारे से दुल्ले को चुप रहने के लिए हिदायत की।

"काज़ी साहब, शहंशाह, मंज़िल-मंज़िल नज़दीक आता जा रहा है। हमें तो फैसला कर लेना चाहिए। बहुत अदब-आदाब में न पड़ो। ये जंगली लोग अदालतों के दस्तूर-उसूल जानते भी नहीं। इन्हें लूट-डाके के बगैर कुछ आता ही नहीं। ये लोग या मरना जानते हैं या मारना। इनकी ताकत बढ़ गयी है। शहंशाह को यह समझते-मानते नहीं। ये समझते हैं, बादशाह हमसे भय खाता है। मुझे याद है, एक बार बादशाह ने कहा था... ये बार के लोग छोटे-मोटे लुटेरे हैं। करते रहे लूट मार। हमारे करने वाले और भी बहुत बड़े काम हैं। काबुल फतह करना है। कश्मीर फतह करना है मगर अब इन लुटेरों के इरादे जानकर लगता है, हमसे कोताही छुपी है। हमारा अनुमान गलत था। ये लुटेरे हैं ही नहीं। ये लोग तो शहंशाह के निज़ाम के सबसे बड़े दुश्मन हैं। लुक-छिपकर लूट करना तो इनका ढंग है। असल में इनकी आँख तख्त लाहौर पर है। यह दुल्ला तो मुग़ल निज़ाम की बल्लियाँ गिराने वाला है। यह दुल्ला तो बादशाह के दीन से भी नाबर है। अलीजाह, अब बात इतनी

बढ़ गयी है, साँदल बार के हरेक गाँव में से दुल्ला भट्टी के आदमियों की बू आने लगी है।"

"अब यहाँ तकरीरें करने का समय नहीं। कोतवाल या सिपहसालार-ए-आज़म कुछ कहना चाहते हो तो कहो।" काज़ी के बोलों में हाकिमाना लहज़ा था।

कोतवाल उठ खड़ा हुआ।

"अलीजाह, फ़कीर साँई हुसैन के लिए तख्त शहंशाह, अल्लाह और लोग सभी एक हैं। वो सभी से बेपरवाह हैं। उसके लिए कोई फरमान जारी करो, जो इस प्रकार...।"

काज़ी ने टोका, "इसके आगे कुछ न कहना।" और उसने हाथ के इशारे से कोतवाल को चुप करवा दिया, "वो फ़कीर बन्दा है, और उसे न किसी से वैर है ना दोस्ती। लोग साँई की बातों का मतलब अपने ढंग से निकालते हैं। मुझे यकीन है, वो असली साँई लोग हैं। उसके बोल हमारे अदब का बड़ा सरमाया है।

"मुग़ल कौम को हुसैन पर गर्व करना चाहिए। वह जहाँ भी जाता है, जो भी कहता है, शायरी करता है। उस पर कोई बन्दिश नहीं है। शहंशाह की ओर से उसे पूरी छूट है। वो तो जगह-जगह से माँगकर खाता है। मुग़ल हुकूमत से उसे क्या खतरा हो सकता है? बस अब और कोई बयानबाज़ी नहीं होगी। अब तो मसला फैसले का है।"

"हम फैसला सुनने के लिए उतावले हैं काज़ी साहब।" एक दरबारी ने खड़े हो अदब से कहा।

काज़ी कुछ देर तक हाथ में पकड़े कागज़ों का पुलिन्दा इधर-उधर पलटकर पढ़ने का दिखावा करता रहा। फिर कागज़ एक ओर रख सभी की ओर झाँककर बोलने लगा।

"दुल्ला भट्टी और उसके आदमी शहंशाह की हुकूमत के शरीक हैं। अब शहंशाह की रिआया से इला हो गया है, दुल्ला भट्टी अपने अन्दर इतना अँधेरा लिए फिरता है। दुल्ले का सबसे बड़ा दोष यह है, इसने सीधे-सादे मेहनतकश लोगों को वरगलाकर उनके हाथों में हथियार दे दिये। दुल्ला भट्टी ने बार के लोगों को हुकूमत का बाग़ी और मुल्क-द्रोही बना दिया है। हुकूमत के लिए दुल्ला भट्टी और इसके साथी बहुत बड़ा खतरा हैं। ये लोग मैं समझता हूँ, इन्हें बागी, लुटेरे कहना अधिक मुनासिब है किसी समय भी लाहौर के ऊपर चढ़ाई कर, बादशाह के लिए नयी मुसीबत खड़ी कर सकते हैं। ये जुर्म बहुत बड़ा गुनाह है और नाकाबिल-ए-बर्दाश्त हैं। चुनांचे फैसला, मुकदमा, सरकार बनाम दुल्ला भट्टी, वल्द फरीद भट्टी वल्द साँदल भट्टी कुल गवाहियों की पड़ताल कर, कुछ सबूतों की जाँच कर, मैं काज़ी महिउद्दीन वल्द सफिउद्दीन काज़ी इल्त-ज़ात इस नतीजे पर पहुँचा है... मुल्ज़िम दुल्ला भट्टी पर जो जुर्म लगाये हैं, सभी साबित होते हैं। हुकूमत और मुल्क के लिए, यहाँ के निवासियों के लिए, दीन-इल्म, ईमान और तहज़ीब के लिए दुल्ला भट्टी का जीवित रहना बहुत बड़ा खतरा है। लिहाज़ा दुल्ले भट्टी को सज़ा-ए-मौत दी जाती है, जो

लाहौर की ख़लकत के रू-ब-रू मैदान-ए-खास में सूली पर चढ़ा दिया जायेगा ताकि लोगों के दिलों के अन्दर दुल्ला का ख़ौफ और बेयकीनी निकल जाये।"

सारे दरबारी, अमीर वज़ीर तथा अन्य खामोश बैठे, बुत बने सुन रहे थे। कइयों ने तो अपनी साँस रोक रखी थी।

दूसरा मुजरिम... काज़ी को फरमान ज़ारी कर रहा, "रमज़ा वल्द नामालूम, इसे पंजाब की धरती से जलावतन किया जाता है। रमज़ा को जीते-जी पंजाब आने की मनाही है। सिपहसालार-ए-आज़म तथा कोतवाल के सिपाही अपनी निगरानी के अधीन रमज़ा को दिन चढ़े बन्दीखाने से ले जायेंगे और पंजाब की धरती से बाहर निकाल आयेंगे। अगर रमज़ा पंजाब की ओर आने की जुर्रत भी करेगा तो उसका सिर कलम कर दिया जायेगा। जिले-इलाही-शहंशाह-ए-हिन्द महान अकबर के लाहौर पहुँचते ही, दुल्ले भट्टी को ख़लकत के रू-ब-रू सूली पर चढ़ाया जायेगा। लाहौर में अमन-अमान रखने का काम कोतवाल और सिपहसालार-ए-आज़म का है।"

काज़ी खामोश हो गया और उसने अपनी कलम तोड़ दी। फिर कुछ पल बाद बोला, "अदालत बर्खास्त।" और कुर्सी से उठ खड़ा हुआ।

सामने बैठे बुतों में भी अचानक हरकत हुई और वे सभी उठकर सलाम करने लगे।

दुल्ला और रमज़ा ने एक-दूसरे की ओर बेहद पश्चात्ताप तथा दुख से देखा। रमज़ा ने कहा, "दुल्ले भाई तूने इस सूअर को अपना भाई कहा था न?" वह निजामुद्दीन की ओर कड़वी निगाह से देखा।

तभी कुछ सिपाही उन्हें खींचकर बन्दीखाने की ओर ले जाने लगे।

50

काज़ी का फैसला, लाहौर की गलियों से होता हुआ, मुँह-दर-मुँह चलता, साँदल बार तक जा पहुँचा। लोग डरने की बजाय लाहौर की ओर चल दिये।

लाहौर की गलियों में तो ढिंढोरा पीटा जाने लगा। बा-हुक्म शहंशाह-ए-हिन्द, लाहौर वासियों को एक ख़ास खुशी की ख़बर सुनाई जाती है। साँदल बार के बाग़ी, लुटेरे दुल्ला भट्टी को मैदान-ए-खास में, शहंशाह के लाहौर पहुँचने पर, उसी दिन पिछले पहर सरेआम सूली पर चढ़ाया जायेगा। यह तमाशा देखने वाला होगा।

ढिंढोरची के आस-पास लोगों तथा बच्चों की भीड़ जुड़ने लगी। वह जहाँ भी जाता, भालू वाले मदारी की तरह भीड़ उसके पीछे हो जाती।

लाहौर की एक सड़क किनारे, शाह हुसैन तथा माधोलाल बादशाह का ऐलान सुनकर नाचने-गाने लगे।

कभी समझ निदाना
घर किथ्थे ई समझ निदाना।

आप कमीना, तेरी अक्ल कमीनी
कउण कहे तू दाना
इन्हीं राही जांदे डिठबो
मीर मलकु सुल्ताना।
कभी समझ निदाना...।

ढिंढोरची अपना ढिंढोरा पीट रहा था। शाह हुसैन तथा माधो लाल अपने रंग में रंगे हुए थे। भीड़ दोनों ओर जुड़ने लगी थी।

किले की ओर से कुछ सिपाही आये और उन्होंने शाह हुसैन का घेरा डाल लिया।

"साँईं लोक, कोतवाल साहब कल से तुझे ढूँढ़ रहे हैं।" एक सिपाही ने रौब से बेंत का डंडा ज़मीन पर जोर से दे मारा।

"अब तो मेरे पास ख़रबूजे खत्म हो गये हैं।" शाह हुसैन ने कहा।

"कौन से ख़रबूजे।" सभी सिपाही हैरान हुए।

"तुम्हारे कोतवाल को लड़का देने वाले।"

"सरकारी आदमियों से मज़ाक़ करता है? कोतवाल का हुक्म है, फ़कीर जहाँ भी मिले, उसे उठा लाओ। अब बता, अपने पैरों पर जाना है कि...।"

"माधो मेरे अजीज़, तुम यहीं पर रुको। मैं तुरन्त वापस आ जाऊँगा।" और शाह हुसैन सिपाहियों के पीछे चल दिया।

× × ×

शाह हुसैन को देखते ही कोतवाल ने मूँछों में ताव देते हुए डपटा, "फकीर लोक, हाकिमों को भी चकमा।"

शाह हुसैन अनजान बनकर गाने लगा।

न सईओं असी नैणां दे आखे लग्गे
जिन्हाँ पाक निगाहाँ हुईआँ...।

"बन्द कर साँईं।" कोतवाल गुर्राया।

शाह हुसैन तुरन्त रुक गया।

"तूने कहा था, दो दिन ठहरकर दुल्ले का सिर दिखाने आ जायेगा और फिर बाग़ियों के नामों की फेहरिस्त...।"

"मलामत ऐ फ़कीरों को, मैं तो भूल ही गया था। चाहो तो इस मलंग को भी दुल्ले भट्टी के साथ ही सूली पर चढ़ा दो। मिज़ाजी बन्दों की तरह याद भी नहीं रहता।" कहकर शाह हुसैन लापरवाही से सिर खुजलाने लगा।

"याद दिलाना तो हमें खूब आता है नींद में सोया आदमी भी नहीं भूलता साँईं लोका।" कोतवाल ने फिर से मूँछों को ताव दिया।

"ऊँचे ओहदे पर बैठा है सरकार, जो मर्ज़ी कह ले। ऊँचाई पर बैठने वालों के

बोलने की कीमत होती है। ऊँची जगह पर खड़ा आदमी, छोटा-सा कंकड़ भी पानी में फेंकता है तो पानी ज्यादा हिलता है। तेरी कही बात का वज़न है। हम फ़कीरों ने तो अल्लाह का नाम ही जपना है, चाहे जागते रहें या सोये रहें। एक बात है, गर कहें तो दुल्ले से अब बाग़ियों के भेद निकलवा लेता हूँ। यही वक़्त है। बहुत ढिंढोरा पीट रहा है तेरा आदमी, दुल्ले को सूली पर चढ़ा देना है। वक़्त निकल गया तो बागियों के भेद भी सूली पर ही चढ़ जायेंगे।"

कोतवाल सोचने लगा।

"हाँ, तेरा सोचना बनता है।" शाह हुसैन हँस दिया।

"क्यों भला?" कोतवाल हैरान हुआ।

"ऊँचे रुतबे वालों और महलों वालों को सोचना ही होता है।"

"सोच रहा हूँ, काज़ी ने फाँसी लगे आदमी से मिलने की मनाही की है।"

"काजी का कहना मान या साँईं का। अगर कोई फैसला नहीं कर पा रहा तो जाने दे मुझे।" कहकर साँईं उठकर चल दिया। कोतवाल कुर्सी से उठा। साँईं के आगे आ रास्ता रोककर बोला।

"चल आ जा साँईं।"

और दोनों किले के अन्दर बन्दीखाने की ओर चल दिये।

× × ×

बन्दीखाने की कोठरी में दुल्ला भट्टी के आस-पास सख्त पहरा था। कोठरी के अन्दर भी उसने बेड़ियाँ पहनी हुई थीं। साँईं शाह हुसैन को देखकर कोतवाल के इशारे पर पहरेदार थोड़ा पीछे हट गया।

साँईं को देखते ही दुल्ला जल्दी से उठकर खींचने वाले दरवाज़े के पास आया और उसकी ओर बेबसी से देखने लगा।

"कुत्तों ने बहुत तकलीफें दी हैं दुल्ले?" पूछते हुए साँईं का चेहरा पीड़ा से भर गया।

"तकलीफों की पीड़ा से अधिक पीड़ा धोखे से पकड़े जाने की अधिक है। फकीर साँईं। पिंडी का हाल सुना।" दुल्ले ने अपने ज़ख्म छुपाते हुए पूछा।

"पिंडी उजड़ गयी है दुल्ले। पिंडी का मौलवी और चौधरी यहाँ लाहौर में है। उन्हें तेरी सज़ा के बारे में मालूम हो गया है। तेरी माँ लध्धी अपने मायके चली गयी है। नूरा अभी भी गुम है। मेहर खान तो फ़कीर हुआ घूमता है। उसने चोला पहन लिया है।"

"और मेरी बीवी, सलेमो, बख्तो और मेरी बहू?"

"तेरी बेगम भी अपनी बेटियों और बहू को लेकर पिंडी छोड़कर चली गयी है।"

"बार के लोगों का क्या हाल है?" दुल्ले ने दुखी होकर पूछा।

"इतना दुखी ना हो दुल्ले। बाज़ी अभी हाथ से गयी नहीं है। पिंडी में तेरी ही बातें होती रहती हैं। अल्लाह तेरे साथ है। समय आयेगा पिरथा, रूड़ा, सदीक, गाहण ा और तेरे और कई आदमी झिड़ी में इकट्ठे होने लगे हैं।"

सुनते ही दुल्ले की आँखें चमक उठीं। उसके मुँह से खुद ही निकला, 'साँईं बाबा' और उसने जोश में आकर सीखचों को पकड़े साँईं के हाथों को ज़ोर से दबा दिया।

साँईं कहता गया, "दुल्ला, पिंडी में सिर्फ एक तेरा ही नाम जीवित है, बाकी सब खँडहर हो गये हैं। एक वक़्त आयेगा, लोग तेरी वाराँ गायेंगे दुल्ले। लड़कियाँ तेरे नाम के गीत गायेंगी। यह अल्लाह का बन्दा कहता है। अब अफवाह है, पिंडी के चौधरियों ने भी लाहौर दरबार में बैठने का हक़ हासिल कर लिया है। बादशाह इस प्रकार के खेल खेलता रहेगा। हुकूमत सोचती है, दुल्ले ने मुग़लों के सैलाब को बाँध रखा था और अब बाँध बहने लगा है। मगर लोग नहीं सोचते दुल्ले, वे फिर से इकट्ठे होने लगे हैं। तू इतना घबरा ना।"

"साँईं बाबा, मैं इन बातों से नहीं घबराता। मैं पकड़ा गया हूँ। मैं तो घबरा रहा हूँ, मेरी मौत के साथ है, लोगों के अन्दर का रोष मर न जाये।"

"दुल्ले मैंने देख लिया है, लोग जी रहे हैं। तू लोगों के साथ जीयेगा। साँदल बार, दुल्ले के नाम पर बसती रहेगी। दुल्ले, तेरे साथ मेरा यह आखिरी मेल है। कोतवाल यहीं कहीं मेरी ताक में है। तगड़ा रहना दुल्ले। मेरा मुर्शिद बहिलोलशाह दरियाई कहा करता है। नगर ढह जाये, दुर्ग ढह जाये, बन्दे का साहस नहीं ढहना चाहिए। खुदा तुम्हें जन्नत नसीब करे। जो बन्दे लोगों के मन में बस जायें, वह जन्नत ही होती है। ऐ दुल्ले। बादशाहियाँ धूल में मिल जायेंगी, दुल्ले जीवित रहेंगे। रब राखा, अल्लाह बेली...।" और शाह हुसैन गाने लगा–

माऐ नी मैं कैनू आखाँ,
दर्द बिछोड़े का हाल
माऐ नी मैं कैनूं आखाँ

शाह हुसैन गाते हुए चल दिया तो कोतवाल पीछे आ गया।

"फिर चकमा देने लगा है सरकार को?"

शाह हुसैन रुका। फिर मुड़कर देखते ही वह फिर से गाने लगा...।

माऐ नी मैं कैनूं आखाँ
दर्द बिछोड़े का हाल

"मुझसे कह दो।" कोतवाल आगे बढ़कर हँस दिया।

शाह हुसैन भी हँसने लगा, कोतवाल हैरान हुआ, साँईं की आँखें भरी हुई थीं।

"फकीर साँईं यह क्या? आ जा कोतवाल चलो। वहाँ बागियों की फेहरिस्त

बनानी है।"

शाह हुसैन, कोतवाल की आँखों में देखने लगा।

"अब तो दुल्ले का दिमाग ठिकाने आ गया होगा?" कोतवाल ने पूछा।

"सरकार जी, दुल्ला भट्टी का तो बहुत कुछ ठिकाने आ गया है।"

"आ जा फिर।"

कोतवाल और शाह हुसैन कोतवाली की ओर चल दिये।

× × ×

कोतवाली में पहुँचते ही, कोतवाल ने एक सिपाही से हुक्म दिया, "कलम-दवात और कागद ला।" और उसने साँईं शाह हुसैन को मेज़ के दूसरी ओर अपने सामने बेठने के लिए कहा।

कोतवाल लिखने लगा, "मैं शाह हुसैन वल्द...," उसने शाह हुसैन की ओर झांका।

"वल्द शेख़ उस्मान, ज़ात जुलाहा, निवासी लाहौर...और भी कुछ पूछना है?"

कोतवाल लिखता गया।

"अब बाग़ियों के नाम लिखवा, तेरा बयान दर्ज़ होगा।"

"कोतवाल साहब, यह फ़कीर आदमी दो दिन बार में घूमता रहा है। हर गाँव के हर घर में गया। पहले गया, एक गबरू था घर में, मालूम हुआ, यह बाग़ी है। मैंने नाम और वल्दियत पूछी, उसने कहा, दुल्ला पुत्र फरीद का। दूसरे घर गया। वह उजड़े हुए घर को ठीक करने लगे। उनके नौजवान का नाम पूछा, वल्दियत पूछी, उसने भी यही कहा, दुल्ला पुत्र फ़रीद का। तीसरे घर में भी जो मिला, उसने यही कहा। चौथे घर भी...।"

"वहाँ भी किसी नौजवान ने कहा, दुल्ला पुत्र फरीद का।" कोतवाल ने कारखाने वाले कुत्ते की तरह कहा।

"क्या कहा सरकार जी, गाँवों का हाल यही हो गया है। नौजवान लड़कों ने अपने नाम बदल लिए हैं। हर कोई 'दुल्ला पुत्र फरीद का' बना घूमता है।"

"ओए करामाती इधर आ ज़रा।" कोतवाल ने पहरे पर खड़े करामत अली सिपाही को हाँक लगायी। कोतवाल करामत अली को हर समय करामाती कहकर ही बुलाता था। व्यंग्य से।

करामत अली ने तीर की तरह अन्दर आकर सलाम ठोंका।

"साँईं, को ले जाकर अन्दर लिटा दे। इसके अन्दर से दुल्ला निकाला है आज।"

करामत अली ने साँईं की बाजू पकड़कर खींचा।

"समझ आ रहा है न?" कोतवाल ने पूछा।

"समझ आ रहा है सरकार। एक बात बताओ; दुल्ला मुँह से बाहर खींचना है कि...।"

"ले जा इसे, समझता है।" कोतवाल हँस दिया तो उसकी मूँछें नाचने लगीं।

अन्दर जाते हुए शाह हुसैन गाने लगा—

सोई कम्म विचार, के कीजियै जी
जाते अन्त नहीं पछुतावणा
कहै हुसैन सुणयाके
असां ख़ाक दे नाल समावणा...।
जाते अन्तु नहीं पछुतावणा...।

करामत अली साँई को अन्दर की ओर खींच ले गया। दूसरे सिपाही और कोतवाल के मातहत अचम्भे से साँई को देखने लगे।

साँई गाता रहा।

कोतवाल कुछ देर तक साँई की आवाज़ सुनता रहा। उसने फिर से पुकारा, "करामाती।"

"जी सरकार।" करामाती भागता हुआ आया।

"छोड़ दे उसे। जाने दे। फ़कीर साँई, अल्लाह का बन्दा है। हमें और भी काम है। मैदान-ए-नखाश का जायज़ा लेना है। सूली तैयार करनी है। जब दुल्ला नहीं रहेगा, बाकी दुल्लों से भी निपट लेंगे।"

कुछ देर के बाद शाह हुसैन गाते हुए बाहर जा रहा था—

आपे मारे ते आज जीवाले
अजुराईल बहाना।
कहै हुसैन फ़कीर साँई दा
बिन मसलत उठ जाना...।

51

चैत्र का महीना। सन् 1589 का एक दिन।

लाहौर में दरबारी, अहलकार, कर्मचारी सभी भयभीत से घूमते थे। सड़कें साफ हो रही थीं। मौसम में गर्मी न होने के बावजूद मश्कों से नालियाँ, सड़कें धोयी जा रही थीं। सभी ओर पहरा बढ़ा दिया गया था। ज़ुहर (सन्ध्या समय की नमाज़) की नमाज़ का समय होने लगा था। मस्जिद के अन्दर से बाँग की आवाज़ें सुनाई देने लगी थीं।

किले की ओर जाती मुख्य सड़क के अहम मोड़ पर मशालें जला दी गयी थीं। शहंशाह-ए-हिन्द का काफिला लाहौर पहुँच चुका था और किसी भी समय शहर के अन्दर दाखिल हो सकता था। सिपाही, फ़ौजदार, कोतवाल सभी चौकन्ने खबरदार हो गये थे। बादशाह के निकलने वाले रास्तों पर कूड़ा करकट तथा भिखमंगे फ़कीरों

को दरवेशों को हटा दिया गया था। हरेक दुकानदार की अपनी दुकानों के बाहर रोशनी कर के रखने का हुक्म था।

कुछ देर के बाद नगाड़े की आवाज़ सुनाई देने लगी। शाही काफिला, गाजे-बाजे के साथ लाहौर के अन्दर दाखिल हुआ। दुकानदार ग्राहक दुकानों से उठकर बाहर आकर आधे झुककर खड़े हो गये। बाज़ारों से निकलता काफ़िला किले के बड़े दरवाज़े के अन्दर गुम होता गया। यह घड़ी अमन-अमान के साथ निकल गयी। किसी को कोड़े नहीं पड़े। किसी को पकड़कर बन्दीखाने में नहीं फेंका गया था। किसी के साथ धक्का-मुक्का नहीं हुआ। लोगों ने चैन की साँस ली।

मगर शहंशाह अकबर को चैन नहीं था। वह बहुत परेशान था। उसे सूबा लाहौर ने, कोतवाल ने और निजामुद्दीन आदि ने मुलाकात कर पिंडी पर चढ़ाई करने से लेकर दुल्ला-भट्टी के पकड़ने तक और अब उसे सज़ा सुनाये जाने के बाद तक के सभी ब्योरे तफशील से बता दिये थे।

सभी अहलकार हैरान तथा बेचैन थे। शहंशाह को उनकी ओर से की गयी कार्यवाही पर खुश होना चाहिए था। शहंशाह का हुक्म भी था दुल्ले को ज़िन्दा पकड़ने का। हमने यह कर दिखाया है। मगर शहंशाह को हमें जागीरें, रुतबे और तोहफे देने चाहिए, परन्तु शहंशाह तो परेशान हो गये। दुल्ले को बन्दी बनाकर हमने कोई कोताही तो नहीं की। बादशाह के उस अनोखे बर्ताव के कारण सभी चिन्तित थे।

उधर अकबर अपने तौर पर दुखी तथा फ़िक्रमन्द था। वह चाहता था, अगर दुल्ला, एक बार उसके सामने आकर सिर झुकाकर माफ़ी माँग ले तो वह तुरन्त दुल्ले को माफ़ कर देंगे। सिर्फ़ माफ़ ही न करे, कुछ जागीरें भी बख़्श देंगे। मगर निजामुद्दीन और कोतवाल तो और भी बहुत कुछ कहते हैं। हमने सोचा था, दुल्ला मौत के भय से झुक जायेगा, अपनी हयाती की भीख माँगेगा। मगर यह तो जिस तरह हमने चाहा था, नहीं हो रहा। दुल्ला किसी मिट्टी का बना हुआ है। जिस तरह वह फाँसी पर चढ़ रहा है, वो तो इस प्रकार लोगो के दिलों में, मन में जीवित रहेगा। यह तो मेरी बादशाही के लिए फटकार है। लानत है। कोई अपनी मौत के बाद भी ज़िन्दा रहे, ये बहुत बड़ी बात है। लोग उसकी बहादुरी की, सुरमगति की बातें करेंगे। लोग शहंशाह-ए-हिन्द को भूल जायेंगे और दुल्ला उनकी यादों में बस जायेगा।

दुखी अकबर ने पहरेदार को बुलाकर कोतवाल को तुरन्त हाज़िर होने के लिए कहा।

× × ×

पहरेदार की बात सुनते ही कोतवाल घबरा गया।... हम सभी शहंशाह से मिल कर आये हैं। इलाके की तमाम घटनाओं के बारे में इत्तलाह कर दी थी। मैंने तो हमेशा वही काम किया है, जिससे सरकार के हाथ ही पक्के हों। किसी ने चुगली

तो नहीं खायी। कश्मीर से लौटे शहंशाह का व्यवहार कुछ शक्की-सा लग रहा है। यही सोचते और काँपते हुए कोतवाल, पहरेदार के साथ चल दिया।

शहंशाह के सामने जाते ही, कोतवाल ने इस प्रकार से झुककर सलाम कहा, सिर धरती से जा लगा।

"दुल्ला भट्टी को कब सूली पर चढ़ाया जाना है?" अकबर ने पूछा।

"जहाँपनाह कल दोपहर के बाद।"

"शहर में कोई गड़बड़ तो नहीं होगी?"

"हजूर गश्त बढ़ा दी गयी है। हर तरफ अमन-अमान रहेगा।"

"दुल्ले को माफ़ी माँगने का मौका दिया था?"

"दिया था हज़ूर। काज़ी गवाह है।"

"क्या कहा दुल्ले ने?"

"वो माफी माँगने के लिए राज़ी नहीं है।"

"मैं पूछता हूँ, क्या कहा था उसने?" अकबर ने खीझकर पूछा।

"हज़ूर कहता है, जब तक तख्त लाहौर में बादशाह है, बार में दुल्ला भट्टी है, माफी कैसी माँगनी?" कोतवाल अभी भी आधा झुककर खड़ा था।

बादशाह सोच में पड़ गया।

कुछ देर बाद अकबर ने कहा, "तू दुल्ले से एक बार फिर पूछना, शहंशाह-ए-हिन्द दुल्ले को मारना नहीं चाहते, अगर वो जिन्दगी के लिए भीख माँगे तो शहंशाह जिन्दगी बख्श सकते हैं। याद रहे, यह बात रुतबे के रौब से नहीं पूछनी, नम्रता-सलीकी से पूछना, इस प्रकार जाहिर करना जैसे बादशाह को दुल्ले से हमदर्दी है।"

"ऐसा ही होगा। हज़ूर।" कहकर कोतवाल और भी झुक गया।

"जा सकते हो।"

कोतवाल सलाम करके पलटा तो अकबर ने फिर रोक लिया, "एक बात और है, अगर दुल्ला माफ़ी माँगने के लिए राज़ी नहीं होता तो तेरा काम है, सूली चढ़ने से पहले दुल्ला भट्टी जो भी आखिरी ख्वाहिश अपने मुँह से निकाले, उसका हर्फ़-हर्फ़ तहरीर कर हम तक पहुँचाना होगा। ना रत्ती कम न माशा बढ़ाना। दुल्ला भट्टी के आखिरी बोल हम जानना चाहेंगे।"

"जी हज़ूर, आपके हुक्म की सही तामील होगी।

"और वो साँई अभी यहीं लाहौर में ही घूमता है?"

"लाहौर में ही है जहाँपनाह।"

"क्या नाम है उसका?"

"हज़ूर, शाह हुसैन।"

"उसे ढूँढ़ो, हम मिलना चाहते हैं, आज ही किसी भी समय जब भी वो मिल जाये।"

"जी हज़ूर।" कोतवाल कुछ पल वैसे ही झुका खड़ा रहा, फिर पिछले पैरों से

बाहर निकल गया।

शहंशाह और भी फ़िक्र में घिर गया। "इतनी फ़ौजें, तजुर्बेकार जंगी सेनापति, फ़ौजदारों की ओर से दुल्ले भट्टी को हराना, पकड़कर कैद करना, सूली पर चढ़ा देना, कोई बहुत बड़ी बात नहीं। हम तो चाहते थे, किसी प्रकार बगावत का बीज नाश हो जाये। हमने तो घर-घर में दुल्ले बो दिये हैं। अब दुल्ले को सूली चढ़ाकर भी यह जंग जीती नहीं जा सकेगी। कोतवाल ने बताया है, बार में तो हर कोई कहता है, दुल्ले पुत्र फरीद का। दुल्ला बन्दीखाने में, जंज़ीरों से बँधे हुए भी अपना खुद्दारी सँभाले बैठा है। हमें मालूम है, वो हमारे आगे नहीं झुकेगा। वो सूली चढ़ जायेगा। इस मौत में भी उसकी जिन्दगी है। हमारी ख्वाहिश थी, हम दुल्ले की आँखों में मौत की दहशत देखें। वह हमारे पैरों पर गिरे और अपनी जान के लिए मिन्नत करे। हम उसे मारना नहीं चाहते, मगर हमारी इच्छा है, उसे मरने की पीड़ा का एहसास हो। मगर हम जानते हैं..." अकबर बेहद उदासी में सोचने लगा, "दुल्ला ऐसा कुछ भी नहीं करेगा। वह मरते-मरते हुए भी हर पल जीता-जी मरेगा। मुग़ल हुकूमत का भय, सूली पर लटकने का डर आखिरी पलों में भी दुल्ले को जीने से अलग नहीं कर सकेगा। इससे बड़ी एक निज़ाम के लिए क्या शर्मिन्दगी हो सकती है एक बाग़ी फाँसी पर लटकते भी निज़ाम को आँखें दिखाये।"

अकबर को पसीने छूटने लगे। उसने ताली बजाकर पुकारा, "कोई है?"

पहरेदार फुर्ती से अन्दर आकर आधा झुक गया।

"शेखू बाबा से कहो शहंशाह याद फरमाते हैं।"

"हज़ूर वो अपनी आरामगाह में हैं।"

"कोतवाल को खबर करो, तुरन्त मिले।"

पहरेदार उसी प्रकार झुके-झुके बाहर निकल गया।

× × ×

कोतवाल ने आखिर शाह हुसैन को ढूँढ़ भी लिया।

किले के अन्दर शहंशाह तथा शाह हुसैन दोनों आमने-सामने खड़े थे। आँखों में आँखों डालकर एक-दूसरे को देखते हुए।

"क्या देख रहा है, साँईं लोक?" बादशाह ने पूछा।

"देख रहा हूँ, मेरे सामने वही आदमी खड़ा है, जिसने सारा हिन्द फतह कर लिया है, फिर भी भूखा है।"

"मेरे सामने एक फ़कीर खड़ा है, जो सदा भूखा नज़र आता है।"

"ना इस प्रकार नहीं, तेरे सामने एक फ़कीर खड़ा है, जिसने अपना अन्दर फतह कर लिया है और मेरा मुर्शिद साँईं बहलोल कहता है, जिसने अपने अन्दर को फतह कर लिया, उसकी वासनाएँ, ख्वाहिशें, भूख सदा के लिए खतम हो गयीं।"

"सुना है तू आदमियों को बाग़ी बनाता फिरता है।" बादशाह ने पैंतरा बदला।

"कान कच्चे हों तो बहुत सुनाई देता है।

"हमने क्या पूछा है?"

"मैंने ठीक बताया है।"

"तू किस ओर है?"

"बादशाह, मैं तेरी रमज़ें जानता हूँ। खुलकर कह, साँईं लोगों से ओट नहीं रखते।"

"तू तख्त की ओर है या बाहर के लोगों की ओर है? और भी कहूँ तो दुल्ले की ओर है?"

"मैं तो भूखों की ओर हूँ, दुखी लोगों की ओर हूँ।" साँईं ने कहा।

"तू शहंशाह को चाहता है या दुल्ले भट्टी को?"

"मैं ऐसे आदमियों को चाहता हूँ जो सभी को टुकड़े दे, कपड़े दे, मकान दे।"

"बार के लोगों ने बगावत क्यों की है?"

"भूखे लोग बगावत करते हैं।"

"तूने देखा नहीं, हमने कितने भले काम भी किये हैं?"

"बाहर आदमी उस समय देखता है, जब अन्दर से खाली हो।"

"अन्दर से खाली कब होता है?" बादशाह को बहस में मजा आने लगा था।

"जब बाहर सारा कुछ उसकी मर्ज़ी के अनुसार हो।" साँईं ने कहा।

"बादशाह, हरएक की मर्ज़ी कैसे पूरी कर सकता है?"

"मन पर फतह हासिल कर। अपने अमलों के साथ। दरिया सूख जाये तो सोमे-चश्में उन्हें फिर से भर देते हैं। गर सोमे ही सूख जायें तो...दरिया क्या करे? तेरे सोमे (स्रोत) सूख गये हैं सुल्ताना। मेरा मुर्शिद कहता है, जानता है न मेरे मुर्शिद को, जो तुझसे खफ़ा होकर पिंडी से परे जा बैठा है...कहता है, यदि शरीर थक जाये तो मन उसे हलका कर देता है, गर मन ही थक जाये तो...। तेरा मन भी थका हुआ है, तेरे स्रोत भी, सूखने लगे हैं। इसलिए जगह-जगह पर बगावतें हो रही हैं।"

"हुकूमतें चलानी इतनी आसान नहीं होतीं साँईं। बाग़ियों के सिर कुचले बगैर हुकूमतें नहीं चलतीं।"

"चलती हैं सुल्तान। भूल रहा है, हुकूमत बिना सिर कुचले भी चलती है। लड़ाइयाँ मीठी भी बनायी जा सकती हैं। माँ अपने बच्चों से लड़ती नहीं ना। घूरती भी है, लाड़ भी करती है। हुकूमत कहती है सभी को सिपाही बना दो। साँईं लोग कहते हैं, सभी को पढ़ाओ, तालीम दो। हुकूमतें दुर्ग-किले बढ़ाना चाहती हैं। हम मदरसे बढ़ाना चाहते हैं...। लोगों के शरीरों पर नहीं, मनों पर हुकूमत करो।"

अकबर खामोश हो गया। शाह-हुसैन के नूरी चेहरे की ओर देखता ही रह गया। मैं तो इसे भिखमंगा फ़कीर ही समझ रहा था। यह फ़कीर तो हयाती और हुकूमत के गहरे रहस्य जानता है। हमने तो सोचा था यह दुल्ले को माफ़ी माँगने के लिए राज़ी कर लेगा।

"साँईं को यहाँ किसलिए तलब किया था?" बादशाह को सोचते देख शाह हुसैन ने पूछा।

"हम दुल्ले को फाँसी पर चढ़ाना नहीं चाहते साँईं। गर वो...।"

तेरी ज़िद मान जाये।" शाह हुसैन ने टोककर कहा।

"हाँ।" बादशाह ने सिर हिलाया।

"भूल रहा है। तू दुल्ले को समझा ही नहीं सुल्ताना। वह दूसरी मिट्टी का बना हुआ है। यह मिट्टी कूटने से नहीं भुरेगी। वह फाँसी पर लटक जायेगा, देख लेना...।"

"ये बातें करते हुए तुझे शहंशाह के कहर का डर नहीं।...।"

"मेरे लिए ये बातें बहुत पीछे रह गयी हैं सुल्ताना। जो दूसरों के लिए जीते हैं, उन्हें मरने से डर नहीं लगता। वह अपने पैरों से नहीं चलते सुल्ताना, वो तो हलके खम्भों से उड़ते हैं। तुझे बहुत कुछ गँवाने का डर होगा। हमारे पास तो गँवाने के लिए कुछ है ही नहीं...।"

"जा सकता है साँईं।" बादशाह के चेहरे पर परेशानी और भी बढ़ गयी। "जाने से पहले एक बात कहता हूँ। तू जितने आदमी सूहिये, मुखबिर बाग़ियों के पीछे लगाये रखता है। साँईं लोगों के पीछे भी लगाये रखता है। इन्हें ज़मीन में छिपी नियामतें ढूँढ़ने में लगा दे। जितना ज़ोर तू किले और फ़ौजें बनाने में लगाता है, धन खर्च करता है, बार की बे आबाद पड़ी ज़मीनों को आबाद करने में खर्च कर, फिर देख, हिन्द के लोग तुझे धरती पर उतरा खुदा कहेंगे।" साँईं कुछ पल खड़े होकर बादशाह की आँखों में सीधा झाँकता रहा। फिर बाहर चला गया।

अकबर गहरी सोचों में उतर गया।

कल दुल्ला भट्टी को फाँसी पर चढ़ाने का दिन है...।

52

लाहौर पहुँच रात-भर आराम कर लेने के बाद भी अकबर बहुत ही थका-थका-सा महसूस कर रहा था। सूबा लाहौर, काज़ी और कोतवाल ने अलग-अलग मुलाकातों में दुल्ला भट्टी से बन्दी बनाने से लेकर फाँसी की सज़ा सुनाने तक बढ़ा-चढ़ा कर ब्योरे बताये थे। बादशाह को खुश होना चाहिए था। मगर दिन चढ़ते ही वह अधिक परेशान हो गये। शाही हकीम बुलाया गया।

रास्ते का पल-पल बदलता मौसम, कभी धूप, कभी बारिश, कभी ओले और लगातार हाथी के हौदे पर बैठना। ऊबड़-खाबड़ रास्ते। हकीम ने पूरी जाँच-परख करने के बाद कहा–

"जिस्मानी तौर पर हुज़ूर बिल्कुल तन्दुरुस्त है।"

"कुछ भी अच्छा नहीं लग रहा।" अकबर ने घोर उदासी से कहा।

"माफ करना, हुज़ूर का मन बीमार है, मन परेशान है, मन थक गया है। इसका एक ही इलाज है। शिकार पर निकलें, खेल-तमाशे करवायें, नाच-गाना करवायें। हुज़ूर अच्छे-भले हो जायेंगे।"

"यह सब कैसे मुनासिब है। उधर बाग़ी दुल्ले को सूली पर चढ़ाने की तैयारी हो रही है, इधर मैं नाच-गाने, शिकार, रंग-तमाशा, ये नहीं हो सकेगा।"

"यत्न करें हज़ूर, कुछ दिन हुकूमत के बोझ से फारिग रहें। फायदा होगा।" कहकर हकीम ने इजाज़त ले ली।

× × ×

काज़ी और कोतवाल चाहते थे, शहंशाह खुद सूली का तमाशा देखे। मगर अकबर अपनी आरामगाह तथा किले से बाहर जाने के लिए राज़ी न हुआ।

लाहौर के मैदान-ए-नखास में सूली तैयार कर दी गयी थी। लाहौर की गलियों में ढिंढोरची हर रोज़ की तरह दुल्ला भट्टी के सूली पर लटकाने का ढिंढोरा पीटता जा रहा था। आज वह यह भी बता रहा था कि ढिंढोरची कह रहा था, "आज सूरज छिपने से पहले, दुल्ला भट्टी को फाँसी पर लटकाया जायेगा।"

शहर तथा गाँवों के लोग टोलियों में, यह अजीब घटना देखने के लिए नखास मंडी में जमा होने लगे।

दोपहर हुई और सूरज ढलने की ओर बढ़ने लगा। वक़्त रेंग रहा था। लोगों के अनुसार, वक़्त थम गया था। काज़ी, कोतवाल, सिपहसालार, दरबारी, चौधरी सभी आगे पीछे पहुँचने लगे। इन सभी के बैठने का विशेष हिफाज़ती प्रबन्ध था। चारों ओर गोल दायरे में लोगों का काफी बड़ा हज़ूम उत्सुकता तथा धड़कते दिल से सूली की ओर देख रहा था। मौसम में इतनी तपिश तो नहीं थी, मगर लोगों के दिलों में हुकूमत के इस फैसले के प्रति नफरत, रोष और गुस्से की तपिश बढ़ती जा रही थी।

हर ओर शोरगुल का आलम था। सिपाहियों के बार-बार मना करने के बावजूद लोग बातें करने तथा चर्चा करने में मशगूल थे।

हवा भी सहमी-सहमी-सी बह रही थी।

गड़ी हुई फाँसी पर झूलते हुए रस्सा अपने कर्ज़ से दूर लग रहा था।

लोगों ने देखा, काज़ी ने कोतवाल की ओर कोई इशारा किया था और कोतवाल ने अगले ही पल गरजकर कहा, "दोषी को पेश करो।"

लोगों का शोरगुल एकदम थम गया। जैसे सैकड़ों हज़ार अदृश्य हाथों ने उनके मुँह बँद कर दिये हों या उनके मुँह से एकदम जुबानें खींच ली गयी हों।

सिपाहियों के भारी पहरे के अधीन, दुल्ला भट्टी ज़ंज़ीरों में जकड़े हुए, सूली वाले स्थान की ओर ले जाया जाने लगा। लोगों ने देखा, उसकी बाज़ुओं तथा चेहरे पर ज़ख्मों के निशान थे। बेशक वह लँगड़ाकर चल रहा था, मगर उसकी आँखें

जैसे अग्नि के समान जल रही थीं। उसकी शमले वाली पगड़ी भी काफी ढीली और बेढ़ंगी-सी बँधी हुई थी। मगर दुल्ले की मूँछें वैसी ही नुकीली थीं।

लोग साँस रोककर सारा मंजर देख रहे थे।

कोतवाल ने सिपाहियों को इशारा किया तो उन्होंने दुल्ले को फाँसी के फन्दे के पास ले जाकर खड़ा कर दिया।

जब दुल्ला सूली के पास जा खड़ा हुआ तो उसका सिर सूली के फन्दे से भी दो गिठ ऊपर नज़र आ रहा था। जल्लाद ने तुरन्त काज़ी की ओर देख उसकी रजामन्दी लेते हुए सूली के रस्से से दुल्ले को जकड़ दिया।

हज़ूम पहले की तरह ही साँस रोके खड़ा देख रहा था।

अब काज़ी आगे आया। एक पल दुल्ले की ओर फिर लोगों की ओर देखा और ऐलान करने लगा।

"...हरेक आम-ए-खास को इल्म हो जाना चाहिए, जो बाशिन्दा शहंशाह-ए-हिन्द महान जलालुद्दीन अकबर के खिलाफ़ बगावत करने की जुर्रत करेगा, हुकूमत के उसूलों, कायदे-कानूनों से बाग़ी होने की हिमाकत करेगा, उसका दुल्ला भट्टी, वल्द फरीद भट्टी, निवासी पिंडी जैसा होगा। सूली पर लटकाये जाने से पहले शहंशाह-ए-हिन्द की ख्वाहिश है, दुल्ले भट्टी को आखिरी मौका दिया जाये। अगर दुल्ला भट्टी अपनी गलतियों के लिए शहंशाह से माफ़ी माँग ले तो शहंशाह इसे माफ़ कर सकते हैं। कोतवाल को हुक्म है, दुल्ला भट्टी की ज़ंज़ीरें खोल दी जायें और इसके दोनों हाथ पीछे कर बाँध दिये जायें।"

सिपाही तुरन्त हुक्म की तामील करने में लग गये।

"दुल्ला भट्टी अपनी आखिरी ख्वाहिश बता सकता है।" काज़ी ने फिर कहा।

दुल्ला भट्टी ने सिर झटककर टेढ़ी हो गयी पगड़ी को सीधा करने का यत्न किया, फिर सभी को दुल्ला भट्टी की आवाज़ सुनाई दी।

"मेरे लोगो, मेरे भाइयो, अकबर के कारिन्दे ने मेरी आखिरी ख्वाहिश पूछी है। लाहौर में बसने वालो तथा मेरी साँदल बार के लोगो, अगर तुम लोग सुन रहे हो तो तुम लोग अपनी 'होनी' के मालिक खुद हो। मैं अकबर को बादशाह नहीं मानता। लुटेरा मैं नहीं यह लोग हैं। हम अपनी ज़मीन के मालिक खुद हैं। हम मशक्कत करते हैं, फसलें हमारी हैं। अनाज हमारा है। ज़मीन किसानों की है, मर्ज़ी भी उनकी चलेगी। हम मामला दे या ना दें। आज दुल्ले को फाँसी पर चढ़ाकर ये समझते होंगे, अब कोई अकबर से आँखें नहीं दिखायेगा। मगर उसे जान लेना चाहिए, दुल्ला मरेगा नहीं। इन बादशाहों के सिर झुकाने वाला रहेगा। जब तक बार में एक भी पगड़ी बाँधने वाला है वह अपनी ज़मीन के लिए लड़ेगा ही। अकबर को इल्म हो जाना चाहिए, बार के वासियों को मौत का कोई डर या खौफ़ नहीं। काज़ी और अकबर जान लें, जो आँखें तलवार की चमक के समय और इनकी तोपों के गोलों से नहीं झपकतीं, वे अपनी मौत के समय भी नहीं चौंकेंगी। बार के कीकर तथा नीम की

कड़वाहट कभी नहीं मरेगी। अकबर कातिल है, कसाई है। उसकी हुकूमत ठगी और धोखे की है। बार के लोग ऐसे बादशाह की हुकूमत पर थूकते हैं। बादशाह आते रहेंगे, जाते रहेंगे। दुल्ला की ज़मीन, बार की ज़मीन लोगों के दिलों में जीवित रहेगी। मैं चला जाऊँगा, मगर अकबर के सिर पर दुल्ला की दहशत बनी रहेगी और उसकी रातों की नींद उड़ती रहेगी। ... और एक बात मैं काज़ी से कहना चाहता हूँ, बार की धरती पर शहतूत होते हैं और बार के नौजवान भी शहतूत हैं, अकबर जितना हमें काटेगा, हम उतना ही फैलते जायेंगे। अब मियाँ काज़ी सूली का फन्दा सिर पर खिंचवाकर अपना काम निपटाये, मेरे लोगों को समय से अपने घरों की ओर भी लाटैना है।"

ठीक इसी समय लोगों के हज़ूम से निकल शाह हुसैन आगे आकर ऊँची-ऊँची आवाज़ में गाने और नाचने लगा—

जिन्नां पाक निगाहाँ हुईआं
सो कहीं न जांदे ठगे।
काले पट्ट पर चढ़े सफेदी
कामु न थींदे बग्गे
शाह हुसैन शहादत पायन
जो मरन मित्रों के अग्गे
काम न थीदें बग्गे...।

कोतवाल दहाड़ा—"पकड़ो इसे।"

कुछ सिपाही दौड़कर गये और साँईं शाह हुसैन को पकड़कर एक ओर ले गये। अचानक शाह हुसैन क्रोधित हो गया, जैसे उसके दिमाग का सन्तुलन बिगड़ गया हो; "यह सुल्तान दोज़ख में जलेगा, इसे कीड़े पड़ेंगे।"

कोतवाल ने तेज़ी से जाकर उसके मुँह पर हाथ रख दिया। दो अन्य सिपाहियों ने उसे नीचे गिरा दिया। कोतवाल आपे से बाहर होता गुस्से से चीखा—

"यदि मेरे वश में हो तो तुझे कीलें ठुकवाकर मरवा दूँ।" कहते ही उसने साँईं की गर्दन पर ज़ोर से धौल जमाया।

स्वयं को सँभालता, गर्दन सहलाता साँईं धीरे से बोला, "कोतवाल, क्या मालूम, मुझसे पहले कीलें तेरे पीछे ही ठुक जायें।"

"दूर ले जाओ इसे यहाँ से।"

सिपाही उसे घसीटकर मैदान से दूर ले जाने लगे।

जब शाह हुसैन को घसीटता जा रहा था, भीड़ में अचानक शोर होने लगा। मालूम नहीं, भीड़ में से किसने किसको पत्थर मारा। हर तरफ से पत्थर पड़ने लगे। लोग इधर-उधर भागने लगे। तभी मिर्ज़ा निजामुद्दीन ने काज़ी के कान में कुछ कहा। काज़ी ने जल्लाद की ओर देखा, जो कब से काज़ी के इशारे का इन्तज़ार कर रहा था।

अचानक लोगों में हाहाकार मच गया।

हवा में लटकती दुल्ला भट्टी की लाश लोगों से देखी न गयी। किसी ने अपनी पगड़ी के लट से, किसी ने अपनी बाजुओं से, किसी ने अपने हाथों से आँखें बन्द कर लीं।

पत्थरों की बारिश फिर से होने लगी।

घबराये और भयभीत अहलकार हिफ़ाजती जगहों की ओर भागे। दौड़ते हुए एक पत्थर काज़ी की कुले वाली पगड़ी पर आकर लगा और पगड़ी दूर जा गिरी और इधर-उधर भागते लोगों के पैरों के नीचे आकर मिट्टी में मिल गयी।

सूरज साँदल बार की ओर से उदय होने के लिए, लाहौर के पश्चिम की ओर धीरे-धीरे नीचे उतर गया।

लाहौर के ऊपर सुरमई अँधेरे की चादर पसरने लगी।

× × ×

बाग़ी लोगों को सबक सिखाने के लिए, दुल्ला भट्टी की लाश को अगले दिन दोपहर तक इसी प्रकार सूली पर लटकते रखने का हुक्म सुनाया गया।

किले में अन्दर अकबर दरबार लगाकर कल की घटना का आँखों देखा हाल जानने के लिए उतावला था।

अली कोतवाल को तलब किया गया।

अमीर, वजीर, दरबारी सभी मौजूद थे।

"हमने तुम्हें सारी कार्यवाही लफ्ज़-ब-लफ्ज़ दर्ज़ करते रहने के लिए कहा था?" शहंशाह ने पूछा "हज़ूर के हुक्म की पूरी तामील की गयी है। इजाज़त हो तो...।"

"इजाज़त है।"

और कोतवाल हर्फ़-हर्फ़ बयान करने लगा। अकबर कमीना है? कसाई है, कातिल और ठग है। यह दोज़ख में जलेगा, कीड़े पड़ेंगे।

जैसे-जैसे अकबर सुनता गया, वैसे-वैसे उसके तेवर बदलते गये। दरबारियों के मुँह डर और अचम्भे से खुले रह गये।

कोतवाल को टोकते हुए अकबर गरज़ा।

"दुल्ला भट्टी और साँईं ने जो भी कहा, हमारी गैर मौजूदगी में कहा। इस मरदूद ने जो भी कहा, हमारी मौजूदगी में कहा। यह सज़ा का हकदार है। इसकी सज़ा यह है, इसकी पीठ में कील ठोंक कर इसे जहन्नुम भेजा जाये। ले जाओ इसे।"

दोपहर के बाद जब सूरज ढलने लगा तो लाहौर के लोगों ने दो जनाज़े कब्रिस्तान की ओर जाते देखे।

एक दुल्ला भट्टी का था और दूसरा अली कोतवाल का।

53

दुल्ले की माँ लध्धी की हवेली को बड़ा-सा ताला लगे देख पिंडी के लोग हैरान रह गये। ... एक दिन पहले तक तो यहीं थी। फुल्लराँ, लड़कियाँ, नूरे की बहू कहाँ चले गये सारे के सारे...।

पिंडी से रौनकें रूठ गयी थीं, मगर पिंडी अभी साँस ले रही थी। पिरथे के भाई की कलाई लड़ाई में कट गयी थी। काले गड़रिये का आधे मवेशी मुग़ल फ़ौजियों के पेट में जा पड़े थे। हाज़ी चिराग़दीन का पोता लापता था। हवेली राम हलवाई का बुधराम भी कहीं गुम था। पिंडी की गलियों से किसी की भी लाश नहीं मिली थी।

बेशक पिंडी के कुछ लोग नाराज़ थे, दुल्ले के कारण पिंडी फिर उजड़ गयी थी। बहुत से लोग मारे गये थे। कुछ ज़ख्मी थे, कुछ अपाहिज़ हो गये थे, तो भी लोग अम्मा लध्धी के पास अपना दुख प्रकट करने आने लगे थे। इतना कुछ हो जाने के बावजूद, हाज़ी चिराग़दीन के यत्नों से लोगों के दिलों में दुल्ले के प्रति हमदर्दी पैदा हो गयी थी।

उजड़े घरों के ठंडे चूल्हों पर फिर से आग जलने लगी थी। पिंडी के चौधरी, दुल्ले के रुपोश हुए साथियों से डरते अभी भी लाहौर में बैठे थे और ज़ोर दे रहे थे कि, दुल्ले के बाकी परिवार को भी पकड़ लिया जाये और पिंडी पर पक्की तौर से चौकी बिठा दी जाये।

अब दरवाज़े को ताला लगा देख कुछ तो सोचने लगे, क्या मालूम बादशाह के सिपाही इन्हें पकड़कर ले गये होंगे। पड़ोसी लोग अपने घरों की छतों से लध्धी की हवेली के आँगन में झाँकते। सूखे पत्ते, तिनके जरा-सी चलती हवा से आँगन में इधर-उधर पागलों की तरह भटकते नज़र आते। वे दुखी होते, दुल्ला का सारा परिवार ही जड़ से उखड़ गया। कभी इस आँगन में रौनक होती थी। कभी मेहरू के साथी नशे में कलाबाजियाँ लगाते थे, कभी सलेमो-बख्तो और सखियाँ मिलकर कातती-बुनती, गीत गाती थीं। लोग खीझते, अकबर को गालियाँ निकालते अपने-अपने कामों में व्यस्त होते जाते।

हाज़ी चिराग़दीन बेहद उदास हो जाता। मरे हुए को थाप करता दरिया की ओर निकल जाता। दूर से झिड़ी नज़र आती। अब यहाँ रात के अँधेरे में मेले नहीं लगेंगे।

अब कुएँ पर बड़े कड़ाहे में गोश्त नहीं पकेगा और ना ही किसी ने किसी गरीब सुन्दरी के सिर पर हाथ रखना था। अब पिंडी की गलियों में से ऊँचा-लम्बा सुडौल, शमले वाली पगड़ी बाँधकर, घोड़े पर सवार, हाथ में लम्बा-सा नेज़ा लेकर कोई नहीं निकलेगा...। सोचते ही हाजी बाबा की बूढ़ी आँखों में पानी तैरने लगा और वह भरी आँखों से झन्नाँ के बहते पानी की ओर देखने लगा।

× × ×

पिंडी में चौकी बिठा दी गयी। सिपाही हरेक पिंडी वासी पर धौंस जमाने लगे। हाज़ी चिराग़दीन ने घर से निकलना ही बन्द कर दिया।

पिंडी में एक बार फिर से सहम छा गया। औरतें और लड़कियाँ सहमते हुए, वक़्त देखकर घर से बाहर शौच इत्यादि के लिए जातीं। वे आस-पास के घरों में इकट्ठी बैठने लगीं। कोई कातती, कोई चादर काढ़ती, कोई फुलवारी निकालती।

एक दिन भाई बरकताँ के घर पर मर्द नहीं थे। गली की सारी लड़कियाँ नसीरा के पास जुड़ी बैठी थीं। लड़की सुक्खो का भाई, मुग़लों के हल्ले में मारा गया था। सुक्खो चादर काढ़ती धीरे-धीरे गाने लगी।

सुन्दर मुन्दरीये हो
तेरा कौण विचारा हो
दुल्ला भट्टी वाला हो
दुल्ले धी विआही हो

सुक्खो के साथ दूसरी लड़कियाँ भी गाने लगीं। फिर नसीरा ने बैण (रोने के गीत) डालने के समयँ लम्बी तान खींची।

बाहर उतरे कुत्ते मुग़लेटड़े दित्ती बैठने मूँछाँ नू ताव वे
तू किथ्थे ऐ वे दुल्ले वीरना, तेरा जग ते रहसी आ नाँ वे...
वे तेरी पिंडी उजड़ गयी वीरना, मैं सच्चीआं दिआँ सुणा वे...

गाते हुए नसीराँ का गला रुँध गया और वह घुटने में चेहरा देकर सिसकने लगी। उसके साथ दूसरी लड़कियाँ भी रोने लगीं। रोते-रोते एक लड़की ने दूसरों से कहा, "सखियो ये देखो।"

घोड़े पर एक आदमी ऊँचा शमला बाँधे, लम्बा-सा नेज़ा पकड़े इस प्रकार बैठा था, जैसे दुश्मन पर वार करने लगा हो।

किसी ने कहा, "यह तो वीर दुल्ला है।" दूसरी ने कहा, "ये तो बाबा दुल्ला है।"

सिरहाने पर धागों की कढ़ाई से बने दुल्ला भट्टी को नर्म हाथों से छूते लड़कियों की आँखें फिर से भर आयीं।

पिंडी छोड़ने से पहले लध्धी दरिया के किनारे नूराँ को देखने गयी। वह सारी रात नूराँ के बारे में सोचती रही थी। यह अभागी दोनों जहानों से गयी। इसका क्या कसूर। फुल्लराँ से डरती इसे हवेली में नहीं रख सकती थी। अब तो हवेली ही उजड़ गयी और फुल्लराँ भी उजड़ गयी। अब कैसी नाराज़गी...

दिन चढ़ते ही लध्धी नूराँ की ओर चल दी।

एक से घर के बारे में तसल्ली की। मगर बाहर से कुंडा लगा हुआ था। पूछा, उसने कहा, पता नहीं बेबे, यह कुंडा तो पाँच-छः दिन से लगा हुआ है।"

लध्धी के तो जैसे किसी ने प्राण ही हर लिए। वह बन्द दरवाज़े के पास ही

बैठ गयी। और रोने लगी।

अब उसका यहाँ क्या था। पिंडी और सूनी हवेली में उसका दिल घबराता था। हवेली में उससे साँस नहीं लिया जाता था। हवेली के हर कोने से, कमरों से, आँगन से कभी मेहरू, कभी दुल्ले, कभी नूरा की आवाज़ सुनाई देती थी। रात के समय उसे लगता, जैसे आँगन में कोई खड़ा हो। वह घबरायी-सी इधर-उधर देखती। उसकी चीखें मारने को दिल करता। इस तरह तो मैं पागल हो जाऊँगी। कितनी देर तक साँपों के पीछे भागती रहूँगी।

अगले दिन दोपहर के बाद पता नहीं उसके मन में क्या आया। वह आमों की बाड़ी की ओर चल दी।

आसमान एकदम साफ था। गहरे नीले रंग का। मौसम खुल गया था। गेहूँ की बालियाँ सुनहरी होने लगी थीं। लध्धी बगैर किसी ओर देखे चलती गयी। सिर पर एक घिसी-सी चादर आधे माथे को ढक रही थी।

झिड़ी ने लध्धी को देखते ही जैसे एक चीख मारी हो। लध्धी ने देखा और उसकी आँखें बरसने लगीं।

झिड़ी के अन्दर हलका-हलका अँधेरा था। परिन्दे अपने घरों में लौटने लगे थे। लध्धी वीरान हुई झिड़ी के सूखे पत्तों पर चलती हुई कुएँ के पास वाले थड़े पर पहुँच गयी।

थड़े पर किसी को सिसकते देख वह हैरान रह गयी। लध्धी कुछ पल खड़ी रह गयी। अभी घना अँधेरा नहीं हुआ था। इतना तो वह जान गयी थी, कोई औरत है। मगर सूनी झिड़ी में, इस समय कौन हो सकता है? धीरे से उसने पूछा, "कौन?"

औरत ने चौंककर लध्धी की ओर देखा, फिर जैसे उसे कोई भूत-चुड़ैल नज़र आ गयी हो। वह छलाँग लगा थड़े से उतरी और भागती हुई झिड़ी से बाहर निकल गयी।

लध्धी उसके पीछे भागी, "नी नूँरा, नी मेरीए धीये, नी रुक जा नी। अब हम दोनों ही सिर से नंगी हो गयी हैं धीये।"

मगर नूराँ रुकी नहीं। वह झन्नाँ के उत्तर की ओर दौड़ गयी। लध्धी आवाज़ें देते कुछ दूर तक उसके पीछे गयी। फिर थककर खड़ी हो गयी। घुटनों के बल नीचे बैठ, ज़ोर से बाँहों को पीटते हुए कहने लगी, "अरी, मैं किस-किस को वापस लेकर आऊँ।"

वह सिसकने लगी। झन्नाँ का बहता पानी भी लध्धी के साथ मिलकर रोने लगा।

× × ×

लध्धी चनिओट अपने भाइयों के पास आ गयी। फुल्लराँ अपनी बेटियों और बहू के साथ अपने मायके चली गयी थी।

कभी सघन बसती हवेली और पिंडी, मुँह खोले लध्धी को देखती ही रह गयी।

जैसे पूछ रही हो, "अम्मा, हमें किसके सहारे छोड़े जा रही हो?" लध्धी को महसूस होता रहा, जैसे पिंडी की धरती चनिओट तक उसे पुकारती आयी हो। वह भरी निगाहों से पीछे देखती, फिर आँखें पोंछ आगे चल देती।

चनिओट आ, लध्धी भाइयों के सामने ज्यादा नहीं आती थी। मन में अफ़सोस था, छोटा भाइ जलाल खाँ, गर पिंडी मुग़लों से जंग क़रने न जाता तो...। भाई भी बहन के सामने नहीं आते थे। सामने होते ही लध्धी में जैसे कोई भूत आ चिपटता। वह अवा-तवा बोलने लगती। भाई समझते थे, पहले ससुर गया, फिर खाविन्द, फिर बड़े पुत्र, दुल्ला और पोता नूरा भी...। क्या करे लध्धी। उसके वश में कुछ भी तो नहीं था...।

लध्धी अकेली होती तो छाती पीटकर रोती, "अरे पुत्तरो, मैं किसके आसरे जीऊँ? तेरी बार की धरती अब किसे आवाज़ लगायेगीदुल्ले पुत्तर। उजड़ गये तेरे कुएँ और आम-दरख्त रे। तुझे मना करती रही, लाहौर की ओर न जाना पुत्तर।" लध्धी रोते-रोते बेहाल हो जाती। कभी वह खुद से बातें करने लगती, कभी दीवारों से कभी-कभी तो वह गायों और घोड़ों से भी बातें करने लगती।

भाई उसकी हालत सभझते थे। उसे रोकते-टोकते न थे। चलो, इस प्रकार से ही सही, अपना मन हलका कर लेती है।

× × ×

चनिओट आये लध्धी को तीन महीने हो गये थे।

एक बार लध्धी ने झिझकते हुए अपने भाइयों से कहा, "कोई जना जाकर पिंडी की खबर तो लाओ।"

"अब पिंडी में हमारा क्या है?" एक भाई ने कहा।

"फुल्लराँ की खैर-खबर भी मालूम नहीं। वहाँ दुल्ले के पुत्तर हैं जहान और कमाल। नूरे की बहू है। कभी उनका भी...।"

"तुझे बताया नहीं। वे कहते हैं, अम्मा, अब जहान और कमाल को भूल जाये। हम इन्हें पिंडी कभी नहीं दिखायेंगे। फुल्लराँ जाती है तो जाये, नूरे की बहू भी। लड़कियों की मर्ज़ी वैसी भी चलती नहीं। वे वहीं रहेंगी।"

लध्धी खामोश हो गयी। क्या बोले। अन्दर से उठी आह अन्दर ही अन्दर कहीं मर गयी। धीमे से बोली, "सच ही तो कहते हैं वीरा, अब तो मेरा कहीं भी कुछ नहीं। मगर मैं किसके सहारे जीऊँ।" वह रोने लगी।

एक दिन एक अजनबी आदमी चनिओट आकर पूछने लगा, "दुल्ला भट्टी के मामा आदि का घर यही है?"

"कहाँ से आये हो भाई?" जंग खाँ ने पूछा।

"मैं दुल्ला भट्टी की ससुराल से आया हूँ। नाई हूँ गाँव का।"

"कोई काम है क्या?" जंग खाँ को शक हुआ। क्या मालूम लाहौर से कोई जासूस ही न आया हो।

"अम्मा लध्धी से मिलना है।" नाई ने कहा।

"वह ठीक नहीं हैं। जो भी कहना है, हमसे कह दो।"

"दुल्ले की बेगम ने अम्मा लध्धी को बुला भेजा है। कहा है, जैसे भी हो, जल्दी आकर मिलें।"

"हम तुम्हें पहचानते नहीं। अगर सन्देशा ठीक वहीं से आया है तो ठीक। अन्न-पानी खा ले। हम तेरे पीछे-पीछे चलेंगे। अगर सच ना हुआ तो...।"

"मालिक हो। इलाके के सरदार हो। कोई आदमी इतनी बड़ी हिमाकत कैसे कर सकता है। हमारा तो पुश्तों से ही यही काम-धन्धा है।"

"ठीक है, ठीक है। क्या करें। समय ही ऐसा आ गया है। पूछ-पड़ताल करनी पड़ती है। तुम खाना-पानी खा-पी लो और वक़्त रहते अपने रास्ते जाओ। हम भी पहुँच जायेंगे। कह जंग खाँ अपनी बहन लध्धी से मिलने चल दिया।

54

लध्धी बैलगाड़ी में बैठी, फुल्लराँ के मायके जा रही थी। जंग खाँ और उसके दो साथी घोड़ों पर सवार साथ चल रहे थे। जंग खाँ ने बहुत मुश्किल से लध्धी को जाने के लिए मनाया था। उसने तो साफ कह दिया था, "पिंडी छोड़ते समय मैं सभी रिश्तेदारियाँ, लिहाज़ छोड़ आयी हूँ। अब मुझे कहीं न ले जाओ। बाकी की साँसें भी यहीं पूरी कर लेने दो। उन्होंने भी तो कहा है, लध्धी अब इधर न झाँको।"

जंग खाँ ने जोर डाला। भाभियों ने समझाया और लध्धी गाड़ी में बैठी हिचकोले खाती, मालूम नहीं कौन-सी सोचों में बही जा रही थी। क्या कहना है फुल्लराँ ने? नूरा तो नहीं आ गया कहीं से? लड़कियों के निकाह करने होंगे? क्या मालूम जहान-कमाल को पिंडी भेजने के लिए राज़ी हो गये हो।

लध्धी को होश तभी आया, जब बैलगाड़ी फुल्लराँ के दरवाज़े जा पहुँची।

लध्धी उतरी। समय के थपेड़े खा पिंजी हुई रुई समान। दहलीज़ पार करने की हिम्मत भी जैसे उसमें नहीं थी, वह गिरने लगी थीं, तभी बख्तो-सलेमो अन्दर से, चीखती-चिल्लाती उससे आ लिपट गयी। लध्धी तो पहले ही मरी बैठी थी, उसका भी स्वयं पर काबू न रहा।

रोती हुई फुल्लराँ, लड़कियों को अम्मा से अलग करने लगी। मगर लड़कियाँ अम्मा को छोड़ नहीं रही थीं। सारा परिवार रोने लगा। अड़ोस-पड़ोस की औरतें भी जमा हो गयीं। जहान-कमाल भी पास आ खड़े हुए।

मामा लोगों से मिलने घर के पुरुष आ गये। आखिर लड़कियों को अम्मा से अलग किया गया। फिर फुल्लराँ, लध्धी के गले मिल रोने लगी। लध्धी भी रोने लगी।

"बस कर अम्मा, सारी हयाती रोना ही है।" फुल्लराँ ने उसे चुप करवाया।

लध्धी कितनी देर तक पल्लू से मुँह ढके बैठी रही। बार-बार आँखें पोंछती रही। फिर थोड़ा सहज हो पूछा, "तूने सन्देशा भेजा था धीये?"

"हाँ अम्मा, समझ में नहीं आ रहा क्या करूँ? तुमसे सलाह लेनी थी, तभी बुला भेजा।" फुल्लराँ ने सिसकी ली।

"मैं अब सलाह देने लायक कहाँ रही धीये। मेरी तो सरदारी खत्म हो गयी।" लध्धी फिर रोने लगी।

"न रो अम्मा।"

"तू कह पुत्र, जो कहना है। रोना तो अब कब तक साथ ही जायेगा।"

फुल्लराँ ने इधर-उधर देखा। बख्तो-सलेमो चूल्हे-चौके में लगी हुई थीं। उसने धीरे से कहा, "अम्मा, बहू के पाँव भारी हैं।"

लध्धी कुछ पल फुल्लराँ के चेहरे की ओर देखती रही। फिर उसकी आँखों में अनोखी चमक आने लगी।

"कब से धीए?" लध्धी ने हौसले से पूछा।

"साढ़े तीन-चार महीने हो गये हैं अम्मा।" बताते हुए फुल्लराँ ले लध्धी की आँखों में झाँका।

"कहाँ है मेरी बेटी?"

"अन्दर है। शर्माती भी है। रोती भी जाती है।"

लध्धी उठी और भीतर जाकर नूरे की बहू को अपने सीने से लगा लिया। फुल्लराँ भी पीछे जा खड़ी हुई। लध्धी गले से लगी बहू को चुप भी करवाती रही और उसके सिर पर प्यार से हाथ भी फिराती रही।

लध्धी के ज़ेहन में सारा कुछ पिछला घूमने लगा। जब दुल्ले के अब्बा को फाँसी पर लटकाया गया था और दुल्ला चार महीने के पश्चात् पैदा हुआ था। नूरे की बहू को बाँहों में भरे बैठी लध्धी को लगा, जैसे उसकी बाँहों में एक और लध्धी आ बैठी हो। लध्धी ने तुरन्त अपने साथ एक फैसला कर लिया।

"फुल्लराँ धीये हम पिंडी जायेंगे, तैयारी कर।"

"कब अम्मा?" फुल्लराँ ने हैरानी से पूछा।

"कब क्या धीए। अभी। बैलगाड़ी बाहर खड़ी है।"

सारे हैरान थे। एकदम लध्धी को यह क्या हो गया। बैलगाड़ी में आते समय वह मुर्दे की तरह आयी थी।

"अम्मा, बख्तो-सलेमो...?" फुल्लराँ ने झिझकते हुए पूछा।

"वे भी साथ जायेंगी धीयें। अगर उनका दिल अभी कुछ और रहने को करता है तो फिर बुलवा लेंगे।"

"और मेरे जहान-कमाल?" पूछते हुए फुल्लराँ अपने भाइयों की ओर झाँकी।

"फुल्लराँ तू जो मर्ज़ी कर, अम्मा जो मर्ज़ी करे। हम रिश्तेदारी का लिहाज कर

रहे हैं। मगर एक बात पक्की है, जहान-कमाल यहीं रहेंगे। यहाँ बड़े होंगे। हम इन छोरों को पिंडी के रास्ते नहीं जाने देंगे। नूरा की बहू जाना चाहती है, जाये। यह आखिरी बात है। हमें और न कुछ कहना है न सुनना।"

अपने भाइयों के तेवर देखकर फुल्लराँ सकते में आ गयी। क्या कहा। यहाँ जन्मी-पली। बेवा होने पर भी इन्होंने ही उसे सँभाला। परन्तु भाइयों के सिर पर सारी उम्र बैठे रहने से हयाती कैसे निकलेगी। उसने तुरन्त फैसला किया, लगा जैसे पिंडी वापस बुला रही हो।

"भाईजान, मैं अम्मा के साथ जाऊँगी। जहान-कमाल को रखो अपने साथ।"

फिर वे लोग फुल्लराँ तथा नूरा की बहू को भेजने की तैयारी करने लगे।

55

आमों की बाड़ी की ओर से सुबह का सूरज धीरे-धीरे ऊपर उठा। वृक्षों से निकलती हवा, जैसे किसी की प्रतीक्षा में गहरी साँसें ले रही थी। झिड़ी के पार झन्नाँ के किनारों से परे खेतों-खलिहानों में लोग अपने दैनिक कार्यों के लिए निकल पड़े थे।

कोई व्यक्ति झिड़ी में से सूखे पत्तों पर चलते हुए सूखे पड़े कुएँ और खाली थड़े की ओर देखता ठंडे साँस भरता निकल गया। हवा में ताजा खिले फूलों की महक थी। सारी बाड़ी साँय-साँय कर रही थी। आसमान में छितराये-से बादल नज़र आ रहे थे।

अचानक एक तेज़ झोंका आया और सूखे पत्ते हवा में उड़ते हुए पहले ऊपर की ओर उठे, फिर इधर-उधर बिखर गये।

पिंडी पर सूरज चढ़ आया था।

पिंडी के लोगों ने अचम्भे से देखा, दुल्ले की हवेली का मुख्य द्वार खुला था।

सारे पिंडी में खबर फैल गयी।

एक छोटी-सी भीड़ हवेली के बाहर आ इकट्ठी हुई। अम्मा लध्धी आँगन में झाड़ू से तिनके, पत्ते बुहार रही थी।

फुल्लराँ ने चूल्हे के पास ईंधन लाकर रखा।

लड़कियाँ तथा बहू एक बड़ा-सा कड़ाहा खींच कर एक ओर ले जाने लगीं तो लध्धी ने बहू को बरजा—

"ना धीये, इन दिनों में ऐसे काम नहीं करते। तुझे मालूम है न, जब दुल्ले के अब्बा को मुग़लेटों ने फाँसी पर लटकाया था तो दुल्ला मेरे...।"

"जानती हूँ अम्मा, जानती कैसे नहीं?" बहू ने शर्म से नज़रें झुकाकर कहा।

"तो फिर जा? जाकर आराम से खाट पर बैठ।" लध्धी ने मोह से उसे झिड़का।

लध्धी भीतर गयी। एक कोने में तलवार पड़ी देखी। पता नहीं कोई मुग़ल सिपाही छोड़ गया था या मेहरू, नूरा या दुल्ला में से किसी की थी। क्या मालूम दुल्ले के किसी साथी की ही हो। लध्धी कुछ पल तलवार की ओर देखती रही, फिर उसे बाहर उठा लायी। उसकी धार परखी और नूरे की बहू के पेट की ओर देखने लगी।

लध्धी के हाथ में नंगी तलवार देखकर, चौके में खड़ी फुल्लराँ घबरा गयी।

लध्धी ने आँखें मूँद एक गहरी साँस ली और मुँह ऊपर उठा दुआ करने लगी।

फुल्लराँ, बख्तो-सलेमो तथा बहू चुपचाप खड़ी अम्मा की ओर देखती रहीं।

कुछ देर के बाद लध्धी ने बरामदे में जाकर तलवार को किली पर टाँग दिया।

फिर बहू के पास आयी। उसके पेट पर धीरे से हाथ रखते हुए बोली, "धीये सोते-जागते, तलवार की ओर देख लिया करना।"

बाहर कोई दरवेश गाते हुए निकल रहा था—

तेरे शहु आवण दी वेरा
सुत्ती है तो जाग
तेरे शहु आवण की बेरा
सुत्ती है तो जाग...।

तभी बाहर खड़ी लोगों की भीड़ को चीरती हुई एक औरत आँगन में आ खड़ी हुई।

लध्धी आगे बढ़ी तो औरत रोते-रोते उसकी बाँहों में आ गिरी। फुल्लराँ हैरान खड़ी देखती रही।

बख्तो-सलेमो और बहू ने एक-दूसरे की ओर सवालिया नज़रों से देखा, "यह कौन है?"

फुल्लराँ ने हिम्मत की और आगे बढ़कर उस औरत को अपने गले से लगाती हुई बोली, "आ बहन नूराँ। अब तो हम दोनों ही सिर से नंगी हैं।" फिर उसने लड़कियों को बताया, "यह भी तुम्हारी माँ है।"

बाहर भीड़ में से एड़ियाँ उठा-उठा कर देखता फत्तु मिरासी भरी आँखों से लध्धी के सामने जाने का साहस नहीं जुटा पा रहा था, नहीं तो वह उसे बताता पिरथा, रूड़ा, सदीक...सभी आज रात को झिड़ी में इकट्ठे होंगे।

बाहर फिरते साँईं की आवाज़ अभी भी हवेली के आँगन तक सुनाई दे रही थी—

सुत्ती है तो जाग
तेरे शहु आवण दी वेरा
सुत्ती है तो जाग...।

□□